Hans-Joachim Mertens/Christian Kirchner/ Erich Schanze

Wirtschaftsrecht

WV studium Band 118

Hans-Joachim Mertens
Christian Kirchner
Erich Schanze

Wirtschaftsrecht

Eine Problemorientierung

2. Auflage

Westdeutscher Verlag

CIP-Kurztitelaufnahme der Deutschen Bibliothek

Mertens, Hans-Joachim:
Wirtschaftsrecht: e. Problemorientierung/
Hans-Joachim Mertens; Christian Kirchner;
Erich Schanze. – 2. Aufl. – Opladen:
Westdeutscher Verlag, 1982.
(WV-Studium; Bd. 118)
1. Aufl. im Rowohlt-Verlag, Reinbek
bei Hamburg
ISBN 978-3-531-22118-2 ISBN 978-3-322-88229-5 (eBook)
DOI 10.1007/978-3-322-88229-5
NE: Kirchner, Christian; Schanze, Erich; GT

1.–7. Tausend Mai 1978
2. Auflage 1982

Umschlaggestaltung: Horst Dieter Bürkle, Darmstadt
Satz: Clausen & Bosse, Leck/Schleswig

ISBN 978-3-531-22118-2

Inhaltsverzeichnis

II. Kapitel
Staat und Wirtschaft – Entwicklung zur Interdependenz

III. Kapitel
Recht, Wirtschaftspolitik, Wirtschaftsrecht

IV. Kapitel
Wirtschaftsrecht und Wirtschaftsordnung

Vorwort

Das vorgelegte Buch soll Studenten der Rechts- und Wirtschaftswissenschaft eine problemorientierte Einführung in das Gebiet des Wirtschaftsrechts vermitteln. Es gibt die Vorlesung «Wirtschaftsrecht» wieder, die die Verfasser als Team in den letzten Jahren mehrfach in Frankfurt für Juristen und Wirtschaftswissenschaftler gehalten haben. Den Ausgangspunkt bildete eine von H.-J. Mertens vor einigen Jahren begründete Lehrveranstaltung, die dann zunächst von Ch. Kirchner, später auch von E. Schanze mitgetragen und entscheidend mit weiterentwickelt wurde.

Das Buch wurde wesentlich durch die intensiven Diskussionen zwischen den Autoren anläßlich der gemeinsamen Lehrveranstaltungen gefördert. Wir haben die einzelnen Kapitel inhaltlich aufeinander abgestimmt, aber darauf verzichtet, Unterschiede in Stil, Darstellungsweise und Akzentuierung gänzlich einzuebnen. Federführend war für das erste Kapitel Ch. Kirchner, das zweite Kapitel E. Schanze, das dritte Kapitel H.-J. Mertens; das vierte Kapitel ist gemeinsam von H.-J. Mertens und Ch. Kirchner verfaßt worden, wobei der Schwerpunkt der Bearbeitung bis einschließlich 3.2.2 bei H.-J. Mertens lag, für den restlichen Teil bei Ch. Kirchner.

Wir legen kein abgerundetes und umfassendes System des Wirtschaftsrechts vor, sondern eine in vieler Hinsicht skizzenhafte und eklektische, die gewohnten Perspektiven eher durchbrechende oder vernachlässigende Einführung in Wirtschaftspolitik und Recht, deren Interdependenz wir als das zentrale Thema des Wirtschaftsrechts verstehen.

Das Buch soll Juristen und Wirtschaftswissenschaftler an eine ihnen beiden aufgegebene interdisziplinäre Problematik heranführen, und zwar in der Form, daß jeder von ihnen die Grundfragen seines eigenen Sachgebiets aus der Sicht des anderen verstehen lernt. Es soll Anschauungsmaterial vermitteln, das nicht als Lernmaterial mißzuverstehen ist, bei aller Unvollständigkeit doch die wesentlichen Quellen erschließen, die dem Studierenden die eigene Problemarbeit ermöglichen, und die Diskussion der Grundfragen von Recht und Wirtschaft fördern. Um eine bessere Lesbarkeit zu ermöglichen, ist der Wortlaut wichtiger Vorschriften in den Text eingearbeitet worden oder im Anhang abgedruckt.

Frankfurt, im November 1977

Hans-Joachim Mertens
Christian Kirchner
Erich Schanze

I. Kapitel
Wirtschaft und Wirtschaftspolitik

1. Wirtschaft

«*Wirtschaft ist jede auf die Befriedigung von Bedürfnissen, demgemäß auf die Erzeugung und Verwendung von Gütern gerichtete schaffende Tätigkeit des Menschen. Dieselbe gewinnt vorzüglich dadurch eine Bedeutung, daß der Mensch die Eigenschaften der Dinge der Außenwelt zu erkennen, diese Gegenstände auf ihre Brauchbarkeit für die Bedürfnisbefriedigung zu prüfen und zu vergleichen, daß er ferner auf Grund gesammelter Erfahrungen auf die Zukunft zu schließen und demgemäß bei allen wirtschaftlichen Handlungen an der Hand vernünftiger Erwägungen einen vorhandene Kräfte, Mittel und Bedürfnisse berücksichtigenden Wahlentscheid zu treffen vermag.*» Meyers Konversations-Lexikon, 4. Auflage 1890, Stichwort «Wirtschaft», 690

«*Da sprach Gott der Herr . . . zum Mann: . . . verflucht sei der Acker um deinetwillen! Mit Mühe sollst du dich von ihm nähren dein Leben lang. Dornen und Disteln soll er dir tragen, und du sollst das Kraut auf dem Feld essen. Im Schweiße deines Angesichts sollst du dein Brot essen, bis du wieder zu Erde werdest, davon du genommen bist.*» Die Bibel, nach der deutschen Übersetzung Martin Luthers, 1. Mose 3, Vers 17–19

«*In der gesellschaftlichen Produktion ihres Lebens gehen die Menschen bestimmte, notwendige, von ihrem Willen unabhängige Verhältnisse ein, Produktionsverhältnisse, die einer bestimmten Entwicklungsstufe ihrer materiellen Produktivkräfte entsprechen. Die Gesamtheit dieser Produktionsverhältnisse bildet die ökonomische Struktur der Gesellschaft, die reale Basis, worauf sich ein juristischer und politischer Überbau erhebt und welcher bestimmte gesellschaftliche Bewußtseinsformen entsprechen.*» Karl Marx, Zur Kritik der Politischen Ökonomie, in Marx/Engels Werke (MEW), Berlin 1974, Bd. 13,8

«*Wirtschaft kann als System zur materiellen Existenzsicherung und laufenden Verbesserung der materiellen Lebensgrundlagen bezeichnet werden. Wirtschaft ist ein Teilbereich des sozialen und kulturellen Lebens. Andere Teilbereiche sind z. B. Kunst, Wissenschaft und religiöses Leben.*» Karl Georg Zinn, Allgemeine Wirtschaftspolitik als Grundlegung einer kritischen Ökonomie, 1974, 56

1.1. *Klärung des Begriffs*

Wirtschaftsrecht betrifft die Regelung der Wirtschaft. Die in dieser Feststellung verwendeten Begriffe bedürfen der Klärung. «Regelung» von Wirtschaft – vom Blickwinkel des Ökonomen her betrachtet – ist «Wirtschaftspolitik». Dieser Terminus setzt seinerseits voraus, daß der Begriff «Wirtschaft» geklärt ist. In der Literatur gibt es vielfältige Versuche, ihn zu definieren. Einige dieser Definitionsversuche sollen hier herausgegriffen werden.

(1) Wirtschaft sei die Gesamtheit der *Einrichtungen und Maßnahmen zur planvollen Deckung des* menschlichen *Bedarfs an Gütern* (v. STACKELBERG 1951, 3). Inhalt des Wirtschaftens sei die *Beschaffung von Wertdingen* zum Zweck der *Bedürfnisbefriedigung* (Stichwort «Wirtschaft» in Gablers Wirtschaftslexikon, 1975, Sp. 2286 f.). Der Zwang zum Wirtschaften ergebe sich aus der relativen Knappheit der Güter; unter «Wertding» sollen diejenigen Güter verstanden werden, mit denen gewirtschaftet wird. Die Definition wird zum Zirkel, zum Verwirrspiel. Begriffe werden mit anderen erklärt, die ihrerseits erklärungsbedürftig sind. Ein weiteres Beispiel: Wirtschaft beziehe sich auf den Ausschnitt menschlichen Verhaltens, der auf *Geschäfte* gerichtet sei (HICKS 1962, 8). Was sind Geschäfte? Wirtschaft setzt bei Karl MARX beim Begriff der *Ware* an;[1] wie ist Ware definiert? Wirtschaft sei mit Hilfe des Begriffs Kommunikation zu klären (LUHMANN, Grundrechte, 1974, 108). Dabei sei Wirtschaft die gesellschaftliche Ordnung der Kommunikation, die die Verfügungen der Menschen über Sachen oder über Menschen und Sachen zur Befriedigung von Bedürfnissen regelt. Vorausgesetzt werden Begriffe wie Bedürfnisbefriedigung und Bedarf. Der Begriff Wirtschaft müsse auch auf das Rationalprinzip abstellen, demzufolge ein gegebenes Ziel mit dem geringstmöglichen Mittelaufwand zu erreichen ist bzw. mit gegebenen Mitteln das bestmögliche Ziel (Wirtschaftlichkeitsprinzip) (WOLL 1976, 33 f.).

(2) Je exakter die Definition die Materie zu erfassen sucht, um so deutlicher wird, daß der Adressat der Definition bereits ein Sachkenner sein muß. Der Definierende faßt mit Hilfe seiner Definition die Teile seiner Erkenntnis zusammen, die ihm relevant zu sein scheinen. Ein Beispiel dafür ist die Begriffsumschreibung von SAMUELSON (1975, 21). Er versteht unter Wirtschaft die Entscheidungen der Gesellschaft und ihrer Mitglieder, wie knappe Produktionsmittel mit alternativer Verwendbarkeit – sei es mit oder ohne Hilfe des Geldes – für die Produktion verschiedener *Güter* verwendet und diese Güter für den gegenwärtigen und künftigen Konsum der einzelnen Individuen und Gesellschaftsgruppen aufgeteilt werden.

(3) Ein anderer Definitionsansatz hinterfragt die Ursache für Wirtschaft und geht auf das menschliche Verhalten ein. Nach MCCONNEL (1975, 7) ist dieses Verhalten durch das Streben des Menschen gekennzeichnet, sein *materielles Wohlergehen* zu verbessern. Unter Wirtschaft versteht er dann das Verhalten des Menschen bei der Herstellung, beim Austausch und beim Verbrauch der materiellen Güter und Dienstleistungen, die er wünscht.

Versuche, den Begriff Wirtschaft durch das Aufteilen menschlicher Handlungen in verschiedene *Handlungsbereiche* (materiell – immateriell)

---

1 Mit Hilfe des Begriffs der Ware, in der die Scheidung von Gebrauchswert und Tauschwert vollzogen ist, analysiert MARX das Wirtschaftssystem seiner Zeit. MARX, Das Kapital, Bd. I, 1972, 184. Er stellt fest (97): «Die Warenform ist die allgemeinste und weitentwickeltste Form der bürgerlichen Produktion.»

zu präzisieren, müssen Kriterien aufzeigen, an Hand deren es möglich ist, bestimmte Handlungen klar dem einen oder dem anderen Bereich zuzuordnen. Solche Kriterien sind bisher nicht genannt worden.

Problemfälle:

(1) In einer Kleinstadt gründen einige Bürger einen Verein zur Förderung des städtischen Musiklebens. Dieser veranstaltet Sammlungen und übt Druck auf das Gemeindeparlament aus, Subventionen für Gastspiele auswärtiger Orchester zu geben. Nach einigen Jahren ist die Kleinstadt durch ihre guten Konzerte weithin bekannt. Die Bürger der Stadt besuchen häufig die angebotenen Konzerte und sparen die Fahrtkosten für Konzertbesuche in der eine Autostunde entfernten Großstadt. Ist die Förderung des lokalen Konzertlebens eine wirtschaftliche Aktivität?

(2) Ein Großunternehmen stiftet der Gemeinde, in der es seinen Verwaltungssitz hat, 50 Bäume. Welche wirtschaftlichen Aspekte hat diese Handlung?

Die genannten Fälle machen es fraglich, ob eine Zuordnung bestimmter Handlungen zu den Handlungskategorien «materiell» oder «immateriell» sinnvoll, ob eine solche Zuordnung in jedem Fall eindeutig ist. Einige Bürger, die dem Verein zur Förderung des städtischen Musiklebens angehören, mögen die Fahrtkostenersparnis als Handlungsmotiv haben, andere die Verbesserung des Rufs ihrer Heimatstadt, andere wiederum die erleichterte Möglichkeit, gute Konzerte zu hören. Die Geschäftsleitung des Großunternehmens mag den Naturschutz fördern; sie mag bemüht sein, die öffentliche Meinung für das Unternehmen günstig zu stimmen; sie mag die Lebensqualität des Gebietes verbessern wollen, um kostengünstiger neue Arbeitskräfte anwerben zu können. Ein Motiv schließt das andere nicht aus; verschiedene Motive können sich überlagern.

Es gibt kaum menschliches Handeln, in dem nicht auch solche Aspekte eine Rolle spielen, die wir herkömmlicherweise dem Bereich Wirtschaft zuordnen. Dies macht *fraglich*, ob es sinnvoll ist, von einem *Handlungsbereich Wirtschaft* zu sprechen. Wirtschaft ist ein *Aspekt*, unter dem Handlungen betrachtet, analysiert und geregelt werden. Welches Motiv für eine Handlung vorrangig ist, interessiert hier nicht.

(4) Aus der Sicht der Ökonomen interessiert, daß Menschen (oder Gruppen von Menschen) *Sachen* oder *Dienstleistungen* zu erlangen trachten. Dieses Trachten nennt man *Bedürfnis*, die Sachen und/oder Dienstleistungen *Güter* (WOLL 1976, 30). Sind diese Güter frei zugänglich (freie Güter) wie Luft im Bayerischen Wald oder Sand in der Wüste, so ist es weder notwendig, daß diese Güter ausgetauscht noch daß sie zugeteilt werden. Da die Bedarfsdeckung bei solchen freien Gütern keine komplizierten Handlungs- und Kommunikationsstrukturen erfordert, untersucht sie der Ökonom nicht. Ihn interessieren nur solche Güter, die im Verhältnis zur Nachfrage, also *relativ knapp* sind. Sind diese Güter tausch- bzw. zuteilungsfähig, so spricht der Ökonom von *wirtschaftlichen Gütern*. Sein Untersuchungsfeld ist die Produktion, die Verteilung und der Verbrauch solcher wirtschaftlicher Güter.

(5) Der wirtschaftliche Aspekt ist damit sehr breit und umfassend und

nicht durch eine Definition abgrenzbar. Die Mehrzahl der menschlichen Handlungen läßt sich ökonomisch interpretieren. Deshalb schlagen einige Ökonomen Einschränkungen vor. Den Versuch, allein auf «materielle» Güter abzustellen, haben wir bereits erwähnt; er erweist sich als unbrauchbar.

Fraglich ist, ob eine Einschränkung sinnvoll ist, die Handeln nur dann als *wirtschaftlich* einordnet, wenn es dem sogenannten Wirtschaftlichkeitsprinzip folgt. Dieses *«ökonomische Prinzip»*, ein Unterfall des allgemeinen *Rationalprinzips*, bezieht sich auf die *Ziel-Mittel-Relation* des Handelns. Es wird entweder die Ziel- oder die Mittelvariable optimiert. Eine gleichzeitige Optimierung beider Variablen (so etwa v. EYNERN 1972, 59) ist logisch nicht möglich.

Problemfälle:

(1) Ein Holzhandelsunternehmen verkauft drei Holzsorten. Die Preise für die drei Sorten, die unterschiedlich knapp sind, richten sich in gegebenen Zeitintervallen nach Mittelwerten aus den Lottozahlen. Liegt wirtschaftliches Handeln vor?

(2) Ein Anleger stellt sein Aktiendepot zusammen, indem er Käufe und Verkäufe nach einem Roulettesystem vornimmt. Handelt er wirtschaftlich?

Die Antwort auf die Fragen wird dadurch erschwert, daß nach dem gängigen Sprachgebrauch «wirtschaftliches Handeln» die Ausrichtung des Handelns am ökonomischen Prinzip impliziert. Danach läge in beiden Fällen kein wirtschaftliches Handeln vor. Würde sich aber herausstellen, daß die nach diesen Zufallssystemen Handelnden erfolgreicher sind als andere, die zwar versuchen, dem Rationalprinzip zu folgen, aber durch ständige Fehlprognosen zu schlechteren Ergebnissen gelangen, so müßte dieses Handeln nach Zufallsgrößen auch nach dem engeren Sprachgebrauch als «wirtschaftlich» bezeichnet werden. Oder soll man sich lediglich an der Motivation des Handelnden orientieren? Verfügten alle Handlungsteilnehmer über vollständige Information und ließen sich alle Handlungsarten im vorhinein exakt einschätzen, könnte dies sinnvoll sein. Ist dies nicht der Fall, kann immer erst in der nachträglichen Betrachtung einer Handlung festgestellt werden, ob sie bezüglich der Ziel-Mittel-Relation optimal war. Es ist daher kaum sinnvoll, nur solches Handeln als wirtschaftliches zu betrachten, das dem ökonomischen Prinzip folgt. Man würde sich dadurch zudem die Möglichkeit verschließen, auch solche menschlichen Verhaltensweisen unter dem wirtschaftlichen Aspekt zu untersuchen, die sich durch Inkonsistenz oder Irrationalität auszeichnen.

(6) Auch dann ist die Heranziehung des ökonomischen Prinzips zur Kennzeichnung von Handlungen als Wirtschaft problematisch, wenn es sich allein auf die Zielsetzung der Handlung bezieht. Denn auch menschliches Verhalten, das vorwiegend wirtschaftlichen Zwecken dient, kann gleichzeitig auf andere, nichtwirtschaftliche Ziele gerichtet sein. Würde man diese ebenfalls beachten, müßte man das ökonomische Prinzip als allgemeines Rationalprinzip formulieren. Ist es bereits fraglich, ob der Mensch bei Verfolgung wirtschaftlicher Ziele dem ökonomischen Prinzip immer folgt

(homo oeconomicus), so ist es erst recht fraglich, ob er seine Handlungen allgemein am Rationalprinzip ausrichtet. Eine solche Verhaltensannahme läuft Gefahr, für eine Analyse des tatsächlichen menschlichen Verhaltens unbrauchbar zu werden.

1.2. *Wirtschaft als offenes Subsystem*

(1) Betrachtet man die Gesamtheit aller Handlungen im sozialen Bereich als *soziales System*, so kann man innerhalb dieses Systems von einem *Subsystem Wirtschaft* sprechen (LEIPOLD 1976, 13, 25). Da sich jedes soziale Handeln, wie dargestellt, unter verschiedenen Aspekten betrachten läßt, ist dieses Subsystem Wirtschaft ein *offenes System*. Für Regelungen im wirtschaftlichen Bereich stellt sich folglich die Frage, wieweit sie über das Subsystem Wirtschaft hinausgreifen sollen.

Problemfall: Ein Ökonom schlägt vor, Werbung zu subventionieren, da auf diese Art und Weise eine reibungslosere Anpassung der Bedürfnisse an das Warenangebot der Wirtschaft zu erreichen sei.

Läßt sich dieser Regelungsvorschlag sinnvoll beurteilen, wenn man lediglich die Auswirkungen innerhalb des Subsystems Wirtschaft berücksichtigt? Betrachtete man Wirtschaft als ein in sich geschlossenes System und forderte man eine Optimierung dieses Systems – etwa unter dem Aspekt eines möglichst reibungslosen Wirtschaftswachstums –, so müßte man diese Forderung als «richtig» ansehen, wenn die vorgeschlagene Maßnahme den verfolgten Zweck erreichen kann. Allerdings müßte man auch bei dieser Beschränkung der Betrachtung auf das Subsystem Wirtschaft beachten, daß sich die Maßnahme notwendigerweise auch auf die Verteilung des *Volkseinkommens* auf verschiedene Gruppen, auf die Veränderung des *Warenangebots* im Zeitablauf und auf die Struktur und die Intensität der *Bedürfnisse* auswirken würde. Diese «Nebenwirkungen» entziehen sich einer «rein wirtschaftlichen» Beurteilung. Würde man also nur auf die im Subsystem Wirtschaft sichtbaren Auswirkungen abstellen, könnte es dazu kommen, daß eine wirtschaftlich rationale Maßnahme sich im Gesellschaftssystem ihrerseits als teilrational oder irrational darstellt.

(2) Geht die Diskussion von Wirtschaft von *Bedürfnissen* aus (dazu oben 1.1), so fragt sich, ob die vorgegebenen Bedürfnisse für den Ökonomen feste *Daten* bedeuten oder ob sich *ökonomische Regelungen* auch auf eben diese Bedürfnisse erstrecken. Diese Fragestellung ist insofern einseitig, als sie von einem Entweder-Oder ausgeht. Das Beispiel der Werbungssubventionierung zeigt demgegenüber, daß sich auch Maßnahmen, die sich anscheinend eng im ökonomischen Rahmen halten, auf die Bedürfnisstruktur auswirken. In der Realität stellt sich folglich nur die Frage, wie bewußt und wie weitgehend der Ökonom auf die Struktur und die Intensität der Bedürfnisse einwirken soll. Ausschalten läßt sich diese Fragestellung kaum.

(3) Die Offenheit des Subsystems Wirtschaft und seine wechselseitigen Beziehungen zu anderen gesellschaftlichen Subsystemen zeigen sich nicht allein in der Beeinflussung des Wirtschaftssystems durch außerwirtschaftliche Faktoren. Das Wirtschaftssystem wirkt seinerseits auf andere gesellschaftliche Bereiche ein. In der Praxis können diese Einwirkungen so gravierend sein, daß man von einer *Ökonomisierung* des gesellschaftlichen Lebens sprechen kann. Für denjenigen, der das Wirtschaftssystem regelt, stellt sich also auch die Frage, wieweit der Aspekt Wirtschaft für das Gesellschaftssystem von Bedeutung sein soll. Dazu ein Problemfall:

Bewirtungsausgaben sollen einer allgemeinen Wertsteuer unterworfen werden. Zu diesem Zweck sind den Finanzämtern von allen Bewirtungen – auch denjenigen von Freunden und Verwandten – genaue Abrechnungen vorzulegen.

Die vorgeschlagene Maßnahme würde einen Lebensbereich, der heute (wohl noch) weitgehend unter nichtökonomischen Aspekten betrachtet wird, in den ökonomischen Bereich hereinziehen. Der Fall weist darauf hin, daß jede wirtschaftliche Regelung zugleich das Problem der *Integration wirtschaftlichen Handelns in soziales Handeln* zu berücksichtigen hat.

1.3. Wirtschaftliche Fragestellungen

(1) Üblicherweise versucht der Ökonom, den Begriff Wirtschaft dadurch genauer zu fassen, daß er bestimmte, als zentral erachtete Fragen stellt, deren Beantwortung den Bereich dessen abdecken soll, was er unter Wirtschaft verstanden wissen will. Geht man dabei vom Produktionsaspekt aus, so lassen sich folgende Fragen formulieren (SAMUELSON 1975, 36):

- Was soll produziert werden?
- Wieviel soll von den einzelnen Gütern produziert werden?
- Für wen soll produziert werden?

Man kann aber auch den Konsumaspekt zum Ausgangspunkt der Fragestellungen machen; diese könnten dann lauten:

- Wessen Bedürfnisse sollen in welchem Ausmaß befriedigt werden?
- Welche Organisation von Produktion und Verteilung soll diesem Zweck dienen?

Geht man weder vom Produktions- noch vom Konsumaspekt aus, könnte eine wirtschaftliche Fragestellung heißen: In welchem Ausmaß sollen wirtschaftliche Handlungen anderen Aspekten sozialen Handelns untergeordnet werden?

(2) Die Fragenkataloge ließen sich erweitern. Mit wechselnden politischen Leitbildern wechseln auch die grundlegenden wirtschaftlichen Fragen. So wird heute vielfach folgende Frage gestellt:

Wie sollen die vorhandenen Ressourcen (Mittel) verwendet werden? In welchem Zeitraum soll das geschehen? Welcher Grad der Rückgewinnung von Grundstoffen aus gebrauchten oder verbrauchten Fertigprodukten wird dabei angestrebt? (GRUHL 1975, 65–72)

Die wohl einschneidendste Änderung in der ökonomischen Fragestellung besteht darin, das Optimierungsproblem vom *Wachstumsproblem* zu trennen und nach der Begründung für die Wachstumsforderung zu fragen.[2] Diese Fragestellung aber läßt sich nicht immanent wirtschaftlich beantworten. Die Einbettung des Subsystems Wirtschaft in das Sozialsystem wird damit schlaglichtartig deutlich (dazu oben in 1.2 und unten in 2.9.1).

Die Mißverständnisse zwischen Ökonomen und Vertretern anderer wissenschaftlicher Disziplinen und/oder Politikern beruhen vielfach darauf, daß man sich nicht darauf einigt, welche Fragestellungen man klären will. Oder man einigt sich nicht über die Interpretation konsensfähiger, aber sehr breiter Fragestellungen.

1.4. Produktion, Verteilung, Konsum

Eine nähere Bestimmung von Wirtschaft könnte erreicht werden, wenn man die drei Unteraspekte von Wirtschaft untersucht, nämlich Produktion, Verteilung und Konsum.

1.4.1. Produktion

(1) Ökonomen stellen die Frage, wie durch den Einsatz verschiedener Mittel (Ressourcen, Produktionsfaktoren) das Produkt erstellt wird (WOLL 1976, 32f.). Dies ist das Problem der *Kombination der Produktionsfaktoren*: Sie sollen so eingesetzt werden, daß durch einen gegebenen Faktoreinsatz das bestmögliche Ergebnis erzielt bzw. das gegebene Ziel mit einem minimalen Faktoreinsatz erreicht wird. Die Diskussion des damit implizit angesprochenen ökonomischen Prinzips (vgl. S. 19f.) hat gezeigt, daß es in keinem Fall allein um eine Optimierung unter (rein) wirtschaftlichen Aspekten gehen kann. Faktoren wie etwa die kulturellen Auswirkungen einer bestimmten Organisation der Produktion oder der Gestaltung der Arbeitsbedingungen sind zu berücksichtigen.

(2) Der Ökonom geht in jedem Zeitabschnitt von einem gegebenen Be-

---

2 Dazu die vom CLUB OF ROME in Auftrag gegebene Studie: D. H. MEADOWS u. a. 1972. Zu den verschiedenen Argumenten für und gegen das Wachstum vgl. Stobbe, 1975, 396–399. Daß trotz der Infragestellung des Wachstumsziels zu Beginn der 70er Jahre dieses heute wieder eine der Kernfragen der Wirtschaftswissenschaft ist, geht daraus hervor, daß die International Economic Association ihren 5. Weltkongreß im Aug./Sept. 1977 unter das Thema «Growth and Natural Resources» stellte. Vgl. den Kongreßbericht in AG 1977, Heft 11, XIIf.

stand an Produktionsmitteln aus (Faktorausstattung). An Produktionsfaktoren werden in aller Regel unterschieden *Arbeit, Kapital* und *Boden.*[3] Die Menge der Produktionsfaktoren ist im Zeitablauf veränderbar. Damit treten zwei Probleme auf: Wieweit sollen die in einem Zeitpunkt vorhandenen Produktionsmittel für die Erzeugung neuer Produktionsmittel eingesetzt werden (Investitionsentscheidung)? Diese Investitionsentscheidung berührt wiederum den Konsumbereich, wenn bei voller Auslastung des Produktionspotentials eine Produktion von Produktionsmitteln nur zu Lasten der Produktion von Konsumgütern erfolgen kann. Das zweite Problem betrifft die Vorausbestimmbarkeit des Effekts von Investitionen.

Problemfall: Es wird ein weiteres obligatorisches Jahr Hauptschule eingeführt. Dadurch soll die Produktivkraft gehoben werden. Läßt sich der wirtschaftliche Effekt dieser Maßnahme abschätzen?

Unter wirtschaftlichem Aspekt bedeutet die Einführung eines weiteren Hauptschuljahres eine Erweiterung der Ausbildung und damit eine Veränderung (Verbesserung?) des in der Volkswirtschaft verfügbaren Arbeitspotentials. Wie sich diese qualitative Veränderung des Produktionsfaktors Arbeit auf die künftige Produktion auswirken wird, läßt sich nur sehr schwer abschätzen. Zugleich zeigt der Fall, daß auch auf dem Investitionssektor eine sehr enge Beziehung von wirtschaftlichen, kulturellen und politischen Aspekten vorliegt.

(3) Beim Produktionsprozeß lautet die institutionelle Fragestellung: *Wer* trifft Produktionsentscheidungen? *Wie* sind die Wirtschaftssubjekte, die Güter für den Austausch (oder die Zuteilung) produzieren (Unternehmen), organisiert? Treffen mehrere Unternehmen unabhängig voneinander Produktionsentscheidungen, so ist zu klären, *wie* diese Einzelentscheidungen koordiniert werden. Die Bedeutung dieser Fragestellungen für den Aspekt Wirtschaft wird in der Praxis dadurch sichtbar, daß der «Bereich Wirtschaft» vielfach mit dem Unternehmensbereich gleichgesetzt wird. Für ein reales Wirtschaftssystem ist die Frage nach der internen Unternehmensorganisation und nach der Koordinierung von Unternehmensentscheidungen zentral.

1.4.2. Verteilung

(1) Die Verteilung wirtschaftlicher Güter stellt das Bindeglied zwischen Produktion und Konsum dar. Für den Ökonomen sind hier zwei Fragestellungen relevant:

– Soll die Verteilung wirtschaftlicher Güter in Form einer *Zuteilung*

---

3 In der neueren ökonomischen Literatur ist nicht mehr durchwegs von «Boden» die Rede; der Terminus «natürliche Ressourcen» (GAHLEN 1971, 11) erscheint passender.

durch eine zentrale Stelle erfolgen, oder soll sie in Form eines *Tauschprozesses* (mit oder ohne Einschaltung des Geldes) zwischen verschiedenen, unabhängig voneinander agierenden Personen und/oder Organisationen vor sich gehen?

– Nach welchen Kriterien soll die Verteilung vorgenommen werden?

(2) Geschieht die Verteilung der Güter durch ein *zentrales* Zuteilungsverfahren, so stellt sich die zweite Frage – nämlich die nach den verwendeten Zuteilungskriterien – zwangsläufig. Es ist offensichtlich, daß sich hier ökonomische und nichtwirtschaftliche Überlegungen ergänzen oder überlagern können. Doch auch wenn man die Verteilung durch einen Tauschprozeß regelt, führt dies keineswegs unbedingt zu einer nur durch wirtschaftliche Faktoren bestimmten Verteilung. Man könnte daran denken, daß für den Tauschprozeß lediglich die Kosten bzw. die Knappheitsrelationen relevant seien. Doch sind die Tauschrelationen auch durch andere Faktoren beeinflußbar. Dazu ein Beispiel:

In einem Wallfahrtsort werden nur solche Händler zugelassen, die dem Bekenntnis der Wallfahrtsstätte angehören. Wallfahrer bemerken eine starke Verteuerung der angebotenen Waren, verglichen mit den Preisen derselben Produkte in den umliegenden Orten.

Im Beispiel wird die Verteilung in Form des *Ware-Geld-Tausches* geregelt. Das Ergebnis dieses Verteilungsprozesses hängt vom freien Marktzutritt ab. Die Marktzutrittsbeschränkung wirkt sich für die Anbieter günstig aus; die Tauschrelationen verschieben sich zugunsten der von ihnen angebotenen Güter.

(3) Beim Verteilungsaspekt wird die politische Dimension der Wirtschaft deutlicher als beim Produktionsaspekt. Zum einen werden Tauschrelationen wie im Beispielfall durch außerökonomische Faktoren beeinflußt. Zum anderen kommt der Verteilung wirtschaftlicher Güter – genauer gesagt, den Verteilungskriterien – unmittelbare Bedeutung für das politische und gesellschaftliche System zu. Es lassen sich in der Geschichte wohl kaum größere Konflikte zwischen organisierten Gruppen nachweisen, bei denen Verteilungsaspekte wirtschaftlicher Art keine Rolle gespielt hätten. Dies will nicht besagen, daß Fragen wirtschaftlicher Verteilung in solchen Fällen alleinige Konfliktursache gewesen wären; wohl aber lassen sich viele dieser Konflikte wirtschaftlich interpretieren. Auch hier zeigt sich der Aspekt Wirtschaft, unter dem Sozialverhalten betrachtet werden kann.

1.4.3. Konsum

(1) Dient wirtschaftliche Aktivität der Bedürfnisbefriedigung mit Hilfe wirtschaftlicher Güter (vgl. oben 1.1), so ist *Konsum nicht Teil* der wirtschaftlichen Aktivität, sondern das *Ziel* dieser Handlungen. Der Vorgang des Konsumierens selbst ist damit für den Ökonomen nur indirekt von

Interesse. Es lassen sich daraus aber Rückschlüsse ziehen auf die vorhandenen *Bedürfnisstrukturen* und auf den künftigen Bedarf.

(2) Auch Aussagen über das Konsumverhalten transzendieren den rein wirtschaftlichen Aspekt. Eigentlich versucht der Ökonom hier, bestimmte psychologische Gesetzmäßigkeiten und soziale Interdependenzen aufzudekken, um aufgefundene Regelmäßigkeiten in Form von Prämissen für seine Aussagen über Wirtschaft fruchtbar zu machen.

Beispiel: Ein Ökonom fordert mehrere Personen auf, den jeweils aus dem Konsum von 1 l Milch subjektiv empfundenen Vorteil (Nutzen) für eine Sequenz von 1 bis 10 l Milch Tagesverbrauch anzugeben. Das «Experiment» zeigt, daß mit zunehmender Konsummenge der Nutzen abnimmt. Der Ökonom mißt jeweils den Nutzen der zuletzt konsumierten Einheit (Grenznutzen) und formuliert folgendes «Gesetz»: Der Grenznutzen sinkt mit wachsender Konsummenge. Läßt sich dieses «Gesetz» als Basis für die Prognose des zukünftigen Bedarfs nach verschiedenen Konsumgütern verwenden?

Das geschilderte Experiment geht auf HANS HEINRICH GOSSEN zurück.[4] Das sich abzeichnende «Gesetz» wird als «1. Gossensches Gesetz» bezeichnet. Es ist für die *Grenznutzentheorie* von Bedeutung (KRELLE/COENEN 1968, 6ff.). Es lassen sich daraus funktionale Zusammenhänge von Verbrauchsmenge und Nachfrageintensität (Nachfragekurve) ableiten. Nimmt man an, daß die Verbraucher dem Wirtschaftlichkeitsprinzip folgen, so läßt sich aus der Gesamtheit der Nachfragekurven direkt auf die Bedürfnisstruktur der Gesamtbevölkerung schließen. Eine Regelung der Wirtschaft unter dem Aspekt der «optimalen Bedürfnisbefriedigung» müßte sich folglich in erster Linie auf die Durchsetzung des Wirtschaftlichkeitsprinzips im Produktionsbereich konzentrieren. Die Verteilung wäre dann so zu organisieren, daß die produzierten Güter dort eingesetzt würden, wo sie den «größten Nutzen» stiften.

(3) Dieses gedankliche Konstrukt einer «idealen» Wirtschaft würde die Aufgabe einer *Regelung* von Wirtschaft weitgehend reduzieren auf die Gewährleistung bestimmter *Rahmenbedingungen*. Die praktische Durchsetzbarkeit eines solchen Modells ist allerdings durch eine Reihe von Faktoren erschwert:

- Das Gesetz vom abnehmenden Grenznutzen gilt nicht allgemein für alle Güter.
- Konsumverhalten ist nicht immer konsistent, erfüllt nicht die Transitivitätsbedingung.[5]
- Ein interpersonaler Nutzenvergleich ist nur möglich, wenn man außer ökonomischen Kriterien auch politische heranzieht.

---

4 GOSSEN 1889, 3. Aufl. 1926; eine kurze Darstellung der Grenznutzentheorie findet sich bei KRELLE/COENEN 1971, 6ff.

5 KRELLE/COENEN 1971, 7. Die einfachste Darstellung der Transitivitätsbedingung für Konsumverhalten besagt, daß, wenn eine Situation w_1 gegenüber einer Situation w_2 vorgezogen wird, und diese gegenüber w_3, daß dann auch w_1 gegenüber w_3 vorgezogen wird.

– Eine Optimierung der Güterversorgung allein unter wirtschaftlichen Gesichtspunkten muß nicht identisch mit einem gesellschaftlichen Optimum sein.

Daraus läßt sich der Schluß ziehen, daß der Versuch, allein aus der Feststellung gewisser Verhaltensweisen beim Konsum und Verhaltensannahmen in diesem Bereich eine «ideale» Wirtschaft konstruieren zu wollen, nicht gelingt. Es ist weder möglich, allein auf das Subsystem Wirtschaft abzustellen, noch kann man empirisch oder normativ von der Beachtung des Rationalprinzips ausgehen.

(4) Läßt sich zwar aus Prämissen über das vorfindliche Konsumverhalten nicht eine optimal funktionierende Wirtschaft konstruieren, so läßt sich die Frage doch so umstellen, daß die *politische* Beeinflussung des Bedürfnisbereichs als Ausgangspunkt einer Steuerung der Wirtschaft verwendet wird. Nach dieser zweiten Vorstellung läßt sich zwischen «richtigen» und «falschen» Bedürfnissen unterscheiden; die Möglichkeit einer individuellen Festlegung der Rangfolge der Bedürfnisse (Präferenzen) wird geleugnet bzw. ausgeschaltet. Auf diese Art und Weise kann man ebenso wie im zuvor diskutierten Modell von einer gegebenen Bedürfnisstruktur ausgehen und danach Produktion und Verteilung regeln.

Auch dieses zweite Modell ist eher gedankliches Konstrukt als eine zutreffende Beschreibung von Wirklichkeit. Doch sind ähnliche Gedanken und auch praktische Regelungsprobleme auch in der Realität anzutreffen. So stößt man häufig auf die Unterscheidung zwischen lebensnotwendigem und Luxuskonsum. Dazu ein Beispiel:

Im Jahre 1970 möge ein deutscher Ökonom festgestellt haben, daß es zum lebensnotwendigen Konsum einer vierköpfigen Familie gehöre, in einer Vierzimmerwohnung mit Bad und Toilette zu leben. Wie würde diese Einschätzung von einem deutschen Ökonomen der Jahrhundertwende beurteilt worden sein, wie würde ein Ökonom der Vierten Welt diese sehen?

(5) Das Beispiel soll darauf hinweisen, daß Bedürfnisse sich nicht festschreiben lassen. Aussagen über sie, sowohl empirische wie normative, sind nur in gegebenen geographischen und zeitlichen Räumen sinnvoll. Dann stellen sich aber folgende Fragen:

Wer fällt Entscheidungen über die Priorität von Bedürfnissen? Wieweit überlagern gesellschaftliche, kulturelle, politische Aspekte die wirtschaftlichen? Zwei Problemfälle:

(1) Durch empirische Untersuchungen sei festgestellt worden, daß 10 % der Bevölkerung Autos mit Höchstgeschwindigkeiten von 200 km/h präferieren. Müssen Politiker dem Rechnung tragen? Müssen sie durch entsprechenden Ausbau des Straßennetzes dem Bedürfnis nach schnellem Fahren entsprechen?

(2) Ein Arzneimittel, das heute der Rezeptpflicht unterliege, wird immer häufiger nachgefragt. Patienten haben keine Schwierigkeit, die Ärzte zur Verschreibung zu veranlassen. Ein Verbraucherschutzverband fordert die Freigabe des Medikaments; die Krankenkassen schließen sich dem an. Soll ein Politiker auf diese Forderung eingehen?

In den gezeigten Fällen bilden sich die Käuferpräferenzen im *privaten* Bereich; nur fragt sich dann, ob und wieweit sie *politisch* akzeptiert werden. Bei Extremfällen wie dem Konsum von Drogengiften scheint die Überlagerung des «wirtschaftlichen» Bedürfnisses durch andere Aspekte völlig eindeutig und wohl auch allgemein anerkannt zu sein. Wie steht es bei Grenzfällen wie etwa dem Zigarettenkonsum, dem Alkoholkonsum?

(6) Der *außerwirtschaftliche* Eingriff in die Bedürfnisstrukturen muß nicht notwendigerweise restriktiv sein; er kann sich auch als Förderung bestimmter Konsumarten darstellen. Die Subventionierung des städtischen Nahverkehrs und der städtischen Theater sind Beispiele solcher Beeinflussungen der Bedürfnisse. Schließlich werden Bedürfnisse auch indirekt dadurch berührt, daß Produktionskosten und damit auch Preise unter außerökonomischen Aspekten beeinflußt werden. Gewährt etwa der Staat Zinsvergünstigungen für Kredite, die der Anschaffung von Melkmaschinen dienen, so wirkt er damit zugleich auf den Milchkonsum ein. Es zeigt sich, daß sich unterschiedliche Mittel und Strategien zur Konsumbeeinflussung anbieten: So kann man den Milchpreis entweder direkt durch Subventionen niedrig halten, oder man kann die Kosten der Milcherzeugung durch Subventionen senken. Diese Beispiele sollen deutlich machen, daß der Konsumbereich in modernen Volkswirtschaften nicht als fixer Ausgangspunkt betrachtet werden kann, an dem sich dann die Regelungsprobleme anderer Bereiche ausrichten; vielmehr ist der Konsumbereich seinerseits ein wichtiger Regelungsbereich, der mit den anderen Bereichen (Produktion, Verteilung) in einem interdependenten System verbunden ist.

Seine Bedeutung für die Wirtschaft könnte der Konsumbereich erst dann verlieren, wenn die Güterknappheit überwunden würde; damit wären die Bedürfnisstruktur und die Verteilung der Güter auf die verschiedenen Bedürfnisse nicht mehr Regelungsprobleme des Subsystems Wirtschaft. Es ist fraglich, ob diese Vorstellung realistisch ist. Um die Güterknappheit zu überwinden, könnte man drei Wege einschlagen:

- Bei konstanten Bedürfnissen werden die Produktionsmöglichkeiten entsprechend ausgedehnt.
- Bei steigenden Bedürfnissen werden die Produktionsmöglichkeiten schneller ausgedehnt, als die Bedürfnisse steigen.
- Bei konstanten Produktionsmöglichkeiten werden die Bedürfnisse reduziert.

Die Aussage über die tatsächliche Langzeitentwicklung muß angesichts der Komplexität menschlicher Motivationsstrukturen und Interaktionsprozesse im Bereich des Spekulativen bleiben. Bisher hat sich gezeigt, daß trotz einer Ausweitung der Produktionsmöglichkeiten die Bedürfnisse jeweils schneller gestiegen sind. Ein wichtiger Faktor für diese Entwicklung war, daß die Ausweitung der Produktionsmöglichkeiten gleichzeitig das Erwartungsniveau bezüglich des Konsums anhebt. Allerdings sind diese Wachstumserwartungen wiederum sozialpsychologische Phänomene, die sich nicht allein unter dem wirtschaftlichen Aspekt betrachten und beurteilen lassen. Jedenfalls ist für eine absehbare Zukunft kaum anzunehmen, daß sich durch eine Überwindung der Güterknappheit der Schwerpunkt des Aspektes Wirtschaft völlig auf den Produktionssektor verlagert.

1.5. *Wirtschaftssysteme*

Es hat sich gezeigt, daß das gesellschaftliche Subsystem Wirtschaft durch eine Vielzahl komplexer Regelungsprobleme gekennzeichnet ist. Es stellt sich die Frage nach der Strukturierung dieses Systems.

1.5.1. Grundsätze der Systembildung

(1) Systembildung ist ein gedanklicher Vorgang, mit dessen Hilfe versucht werden soll, komplexe Zusammenhänge zu erfassen (LEIPOLD 1976, 7). Es handelt sich bei Wirtschaftssystemen nicht um Abbildungen real existierender Volkswirtschaften, sondern um *gedankliche Konstruktionen.*[6] Für die Systembildung im Bereich der Wirtschaft können verschiedene Aspekte als systembestimmend herausgehoben werden.

(2) Ein vielverwendetes Einteilungskriterium ist die *Verfügungsgewalt über Produktionsmittel,*[7] ein anderes die *Zahl der Wirtschaftspläne,* die in einer Volkswirtschaft aufgestellt werden (EUCKEN 1968, 78ff.). Man kann auf *Subordination* oder *Koordination* bei der Zusammenfassung wirtschaftlicher Einzelentscheidungen abstellen (KLOTEN 1955, 131). Man kann darauf abstellen, ob Selbststeuerungsmechanismen *mit* Rückkopplung oder *einfache* Steuerungsvorgänge bestimmend sind. Schließlich erscheint es sinnvoll, nach unterschiedlichen *Systemebenen* zu unterscheiden, etwa nach *Kommunikations- und Sanktionssystemen* (LOWE 1969, 38; GAHLEN 1971, 13).

1.5.2. Probleme der Systembildung

Wirtschaftssysteme können als *Erkenntnismittel* für die Analyse komplexer wirtschaftlicher Zusammenhänge fruchtbar sein: Komplizierte Regelungsprobleme lassen sich mit ihrer Hilfe leichter erfassen. Zudem ist ihr Wert

---

6 HEDTKAMP 1974, 97; PRYBYLA 1969, 10f.; zum systemtheoretischen Ansatz vgl. CSAYKA 1974; v. BERTALANFFY 1968; CHURCHMANN 1968.

7 Vgl. MARX, Das Kapital, Bd. III, 1972, 800; allerdings ist «Verfügungsgewalt über Produktionsmittel» nicht völlig gleichzusetzen mit Eigentum im rechtlichen Sinne. Das «ökonomische Eigentum» betrifft die «Gesamtheit der Produktionsverhältnisse einer bestimmten Gesellschaftsformation»; so KUSIMOW 1976, 97–101.

didaktischer und heuristischer Art (Prybyla 1969, 11).

(1) Den Vorteilen der Systembildung stehen einige Gefahren gegenüber. Unbewußt oder bewußt fließen vielfach in solche Konstruktionen normative Aspekte ein (zum Werturteilsproblem in der Wirtschaftswissenschaft vgl. unten 3). Wirtschaftssysteme werden mit Idealvorstellungen von Wirtschaft oder mit Anti-Idealvorstellungen gleichgesetzt. Es bleibt in der Regel nicht bei dieser ideologischen Verwendung von Wirtschaftssystemen. Es kommt zu einer Verschleierung politischer Argumentationen, wenn deskriptive und normative Aspekte bestehender Wirtschaftsordnungen vermengt werden. Dazu zwei Beispiele:

Ein Ökonom macht die Aussage, im Modell der freien Marktwirtschaft existiere das Problem wirtschaftlicher Macht nicht. Aus diesem Grunde sei es unwissenschaftlich, in der Marktwirtschaft der Bundesrepublik von der Macht der Großunternehmen zu sprechen.

Ein Ökonom macht die Aussage, im Modell der zentral geleiteten Wirtschaft gebe es keine Märkte. Aus diesem Grunde könne ein Schwarzhandel mit Ersatzteilen zwischen einzelnen Industriekombinaten in der Sowjetunion nicht existieren.

Beide Aussagen sind in sich unvollständig. Sie müßten jeweils um die Zusatzaussage ergänzt werden, daß die jeweilige reale Wirtschaftsordnung exakt dem genannten modellhaften Wirtschaftssystem entspreche. Diese Zusatzaussage ließe sich dann überprüfen und gegebenenfalls kritisieren. Die Beispiele sollen die Gefahren aufzeigen, die auftreten, wenn aus der Diskussion eines Wirtschaftssystems bestimmte wirtschaftspolitische Maßnahmen in einer konkreten Wirtschaftsordnung entwickelt werden (vgl. Albert 1954, 30; C. Ott 1972, 363).

(2) Die zweite Gefahr der Systembildung im Bereich Wirtschaft liegt darin, daß die *logische Konsistenz* eines solchen gedanklichen Konstrukts mit *Richtigkeit* gleichgesetzt wird. Vielfach werden logisch in sich stimmige Wirtschaftssysteme, wie etwa das System einer zentralen Planung und Leitung der Volkswirtschaft (reines Subordinationssystem, Zentralverwaltungswirtschaft) und das System der dezentralen Planung und Koordination der Einzelentscheidungen durch ein Selbstregelungsmodell (Koordinationssystem, Marktwirtschaft, Verkehrswirtschaft), als *reine* Systeme angesehen (Eucken 1968, 78 f.). Gelingt es dann, die relative Überlegenheit des einen gegenüber dem anderen System zu beweisen, bedeutet dies zugleich die Forderung nach der Realisierung des «überlegenen» reinen Systems. Anderen möglichen Systemen, die als «*Mischsysteme*» abqualifiziert werden, haften in dieser Diskussion das Odium der Unvollkommenheit und der Verdacht der logischen Inkonsistenz an. Die wirtschaftliche Systembildung wird zum politischen Kampfmittel. Entscheidend ist dabei bereits die Bestimmung der systembildenden Kriterien. So ändern sich die Alternativen, wenn z. B. statt «Zahl der Pläne» (Eucken) die «Verfügungsgewalt über Produktionsmittel» als Kriterium herangezogen wird. Stützt man sich etwa bei der Systembildung im Bereich Wirtschaft auf Kriterien der Kybernetik,

so rücken Fragen der Selbststeuerungsfähigkeit des Wirtschaftssystems – auch beim Subordinationssystem – in den Vordergrund.[8]

1.5.3. Kommunikations- und Sanktionssystem

(1) Jedes Wirtschaftssystem muß über ein *Kommunikations- und Sanktionssystem* verfügen (GAHLEN 1971, 13). Das bedeutet, daß Informationen über Änderungen im Produktions-, Verteilungs- oder Konsumsektor an die wirtschaftlichen Entscheidungsträger gelangen müssen, damit sie reagieren können. Zugleich muß gewährleistet sein, daß die Entscheidungsträger je nach der Zielausrichtung des Systems auf diese Informationen reagieren. Im Falle einer Nichtreaktion oder Falschreaktion muß ein Sanktionsmechanismus einsetzen, der die Systemregelung sicherstellt. Dazu ein Beispiel:

Durch ein Erdbeben wird eine Turbinenfabrik zerstört. Welche Folgehandlungen ergeben sich in einer zentral geplanten und geleiteten Wirtschaft, welche in einer Marktwirtschaft?

(2) Die *zentrale Planungs- und Lenkungsstelle* wird sich von den untergeordneten Wirtschaftseinheiten melden lassen, welche Werksanlagen ausgefallen sind, welche Wirtschaftseinheiten Kapazitäten für die notwendigen Reparaturen frei machen können, welche Lieferungen von Turbinen während der Reparaturzeit ausfallen, welche alternativen Bezugsquellen für diese Zeit in Betracht kommen usw. Auf Grund dieser Informationen *(Kommunikationssystem)* sind Entscheidungen darüber zu treffen, wie, wann und von wem die Reparaturen auszuführen sind, ob und wie die Abnehmer der Turbinen alternativ zu beliefern sind usw. Liegen diese Entscheidungen vor, so müssen Anweisungen an die untergeordneten Wirtschaftseinheiten gegeben werden. Die Einhaltung dieser Anweisungen kann durch verschiedene Mittel sichergestellt werden, etwa durch Strafgesetze (Abweichung von Wirtschaftsplänen und Anweisungen als Delikt); die genaue Einhaltung der Anweisungen kann Grundlage für Planzuweisungen in der Folgeperiode sein. Schließlich kann die Karriere der Leiter der betreffenden Wirtschaftseinheiten an die Planeinhaltung gebunden sein. Für die Betroffenen lassen sich finanzielle Anreize oder Bußen entwickeln.[9] Das *Sanktionssystem* kann dabei mehrere Sanktionsebenen gleichzeitig benutzen.

---

8 Zum Selbststeuerungsaspekt der Wirtschaft vgl. ALLEN 1971, 342–381; P. M. FRANK u. a., Anwendung regelungstechnischer Methoden zur Stabilisierung des Wirtschaftswachstums und des Preisniveaus, Symposium der Gesellschaft für Wirtschafts- und Sozialkybernetik «Anwendung der Theorie dynamischer Systeme im Wirtschaftsbereich», Frankfurt a. M., 3./4. Juni 1974; OERTLI-CAJACOB 1977.

9 Vgl. GAHLEN 1971, 33; HENSEL 1974, 112–115; ausführlich HEUER/KLINGLER/PANZER/PFLICKE 1971, Kap. 5, «Die Regelung der Durchsetzung wirtschaftsrechtlicher Pflichten», 233–267.

(3) Die Zerstörung der Turbinenfabrik wird *in* einem *marktwirtschaftlichen System* andere Reaktionen auslösen. Das Unternehmen, das die Fabrik betreibt, wird sich mit Lieferanten und Abnehmern und mit Reparaturunternehmen in Verbindung setzen und Verhandlungen über Reparaturarbeiten und Verschiebung von Lieferterminen aufnehmen. Die Abnehmer von Turbinen werden ihrerseits andere Anbieter ansprechen, um Turbinenlieferungen zu vereinbaren. Das *Informationssystem* ist *dezentralisiert.* Zentrale *Informationsaustauschstelle* ist der *Markt.* Die Änderungen in der Angebots- und Nachfragestruktur werden an die jeweils Betroffenen gemeldet. Marktteilnehmer, die auf diese Änderungen nicht reagieren oder falsch reagieren, müssen eine Verschlechterung ihrer Marktposition in Kauf nehmen *(Sanktionssystem).* Eine solche Verschlechterung kann etwa darin bestehen, daß ein möglicher Gewinn nicht realisiert worden ist. Besitzt etwa ein Reparaturunternehmen freie Kapazitäten und bietet diese nicht für die Reparatur der Turbinenfabrik an, so erleidet es eine Gewinneinbuße. Bemüht sich die Leitung der Turbinenfabrik nicht schnell um Abhilfe, so wird dadurch der entstehende Verlust vergrößert. Die Funktionsweise des Sanktionssystems in der Marktwirtschaft beruht also darauf, daß, wer falsch reagiert, eine relative Verschlechterung seiner Position – der aktuellen oder der erreichbaren – hinnehmen muß.

2. Wirtschaftspolitik

2.1. *Eingrenzung*

(1) Wirtschaftspolitik läßt sich begreifen als *zielgerichtete Regelung von Wirtschaft.* GIERSCH (1960, 17) umschreibt den Gegenstand von Wirtschaftspolitik arbeitshypothetisch wie folgt:

Wirtschaftspolitik ist die Gesamtheit aller Bestrebungen, Handlungen und Maßnahmen, die darauf abzielen, den Ablauf des Wirtschaftsgeschehens in einem Gebiet oder Bereich zu ordnen, zu beeinflussen oder unmittelbar festzulegen.

Es geht nach GIERSCH (1960, 23) in der Wirtschaftspolitik vornehmlich darum, «die ökonomischen Beziehungen innerhalb der Gesellschaft zu beeinflussen und zu bestimmen». Nach GÄFGEN (1975, 3) geht es bei Wirtschaftspolitik um die gewollte Beeinflussung und Gestaltung des wirtschaftlichen Geschehens. SCHACHTSCHABEL (1976, 11) stellt auf die «voluntaristische Gestaltung und Ordnung der Wirtschaft» ab.

Problem: Die Unternehmensführung eines Großunternehmens gibt Anweisung, für alle Beschäftigten vor Arbeitsantritt eine fünfminütige Yogaübung mit dem Ziel der Steigerung der Arbeitsproduktivität einzuführen. Liegt eine wirtschaftspolitische Maßnahme vor? Wäre die Maßnahme anders zu beurteilen, wenn eine Industrie- und Handelskammer einen entsprechenden Vorschlag für alle Unternehmen in ihrem Bezirk unterbreiten würde, wenn auf Anregung der Industrie- und Handelskammern eines Landes der Landtag ein entsprechendes Gesetz erließe?

Den hier aufgeführten Definitionen zufolge müßten jeweils alle drei Fallvarianten dem Bereich der Wirtschaftspolitik zuzuordnen sein.

Doch würden GIERSCH (1960, 17) und GÄFGEN (1975, 2) bei der ersten Fallvariante klarstellend von «Betriebswirtschaftspolitik» bzw. «Unternehmenspolitik» sprechen. Für die zweite Fallvariante käme die Klassifikation «Verbandspolitik» (GÄFGEN, 118) in Betracht. Die Regelung durch ein Gesetz könnte der «Volkswirtschaftspolitik» (GÄFGEN, 2; v. ARNIM, Volkswirtschaftspolitik, 1976, 17) zugerechnet werden.

(2) Unter Ökonomen besteht keineswegs Einigkeit darüber, welche Handlungen als *wirtschaftspolitische* zu qualifizieren sind. Folgende Einschränkungen werden etwa vorgeschlagen:

- Nur *staatliches* Handeln fällt in den Bereich der Wirtschaftspolitik (PÜTZ 1971, 4; RIESE 1975, 17).
- Nur am *ökonomischen Prinzip* ausgerichtete Entscheidungen (dazu oben 1.1) gelten als wirtschaftspolitische (PÜTZ 1971, 4; TINBERGEN, Über die Theorie der Wirtschaftspolitik, 1972, 383; W. G. HOFFMANN 1966, 163).
- Wirtschaftspolitische Entscheidungen müssen an der *Gesamtwirtschaft* ausgerichtet sein (ZINN 1974, 12; PÜTZ 1971, 6; RIESE 1975, 17).

(3) *Begrenzung auf staatliches Handeln:* Autoren, die nur *staatliches*

Handeln als wirtschaftspolitisch qualifizieren wollen, rechnen dazu auch das «Handeln solcher Institutionen (Körperschaften und freie Verbände), die vom Staat mit bestimmten Funktionen betraut sind» (PÜTZ 1971, 4).

Problem: Der DGB empfiehlt seinen Mitgliedsgewerkschaften, aus «gesamtwirtschaftlicher Verantwortung», die Lohnforderungen im laufenden Jahr merklich unter denen des Vorjahres zu halten. Liegt eine wirtschaftspolitische Handlung vor?

Ist der DGB in diesem Fall mit einer staatlichen Funktion betraut, sind es die Einzelgewerkschaften (Tarifautonomie)? Oder handelt der Staat konjunkturpolitisch und läßt lediglich gewisse Freiräume? Die Fragen lassen sich in einer modernen Industriegesellschaft mit wechselseitigen Beziehungen zwischen den mächtigen Gruppen (oligopolistische Interdependenz) nicht eindeutig beantworten. Es wäre daher wenig sinnvoll, nur staatliches Handeln als Wirtschaftspolitik ansehen zu wollen (GÄFGEN 1975, 2).

(4) *Ausrichtung wirtschaftspolitischen Handelns am ökonomischen Prinzip:* Bezüglich des Handlungsbereichs Wirtschaftspolitik wird das ökonomische Prinzip (dazu oben 1.1) in der Variante verwendet, daß für ein gegebenes Ziel die optimale Mittelkombination gesucht wird (PÜTZ 1971, 4).

Problem: Aus Gründen der Konjunkturdämpfung setzt das Bundeswirtschaftsministerium die Fördermaßnahmen bei Exportkrediten aus, nimmt aber Klein- und Mittelbetriebe davon aus. Liegt wirtschaftspolitisches Handeln vor?

Die Anwendung des ökonomischen Prinzips stößt in diesem Fall auf Schwierigkeiten. Betrachtet man die Zielsetzung «Konjunkturdämpfung», so erweist sich das angewendete Mittel als suboptimal zur Erreichung dieses Ziels. Bezieht man etwa langfristige Effekte der Mittelstandsförderung mit ein, so mag die betreffende Maßnahme auch unter wirtschaftspolitischen Aspekten optimal sein. Dieser Einwand gegen das ökonomische Prinzip betrifft den *Zeithorizont* sowie die *Auswahl* der relevanten wirtschaftspolitischen Ziele. Ein weiterer Einwand betrifft die Einengung auf den Aspekt Wirtschaft. Jede wirtschaftspolitisch intendierte Maßnahme trifft nicht allein das Subsystem Wirtschaft, sondern notwendigerweise auch andere Aspekte gesellschaftlichen Lebens (GÄFGEN 1975, 3). Sollen diese weiteren Wirkungen als «Nebeneffekte» aus der Betrachtung ausgeschlossen bleiben? Sollen sie nur dann Beachtung finden, wenn sie wiederum auf das Subsystem Wirtschaft zurückwirken? Das Problem verdeutlicht, daß die anscheinend saubere und klare Abgrenzung von Wirtschaftspolitik mit Hilfe des Bezugs auf das ökonomische Prinzip trügerisch ist.

(5) *Ausrichtung wirtschaftspolitischer Entscheidungen an der Gesamtwirtschaft:* Diese Eingrenzung kann zum einen bedeuten, daß nur Entscheidungen, welche die *gesamte* Wirtschaft betreffen, Teil der Wirtschaftspolitik sind; zum anderen kann sie auch darauf abstellen, daß eine Maßnahme direkt und explizit das gesellschaftliche Subsystem *Wirtschaft* regelt.

Die Eingrenzung von Wirtschaftspolitik auf die *Gesamt*wirtschaft geht darauf zurück, daß eine «allgemeine Wirtschaftspolitik» gegen sektorale

Wirtschaftspolitiken (Landwirtschaftspolitik, Industriepolitik, Bergbaupolitik usw.) abgehoben werden sollte. Die heutige theoretische Wirtschaftspolitik entstand als wissenschaftliche Teildisziplin mit der zunehmenden Relevanz der gesamtwirtschaftlichen Steuerung (RIESE 1975, 17). Das allein rechtfertigt aber nicht, Regelungen, die sich nur auf räumliche Teilbereiche einer Volkswirtschaft oder auf bestimmte Wirtschaftssektoren erstrecken, nicht als wirtschaftspolitische zu qualifizieren.

Das Problem ist im Grunde ein terminologisches: Wirtschaftspolitik, die sich auf gesamtwirtschaftliche Steuerung bezieht, kann «Volkswirtschaftspolitik» genannt werden (v. ARNIM, Volkswirtschaftspolitik, 1977, 17) und damit klar gegenüber sektoralen oder regionalen Wirtschaftspolitiken abgehoben werden.

Zur wirtschaftlichen Ausrichtung wirtschaftspolitischen Handelns folgender Fall:

Das Ministerium für Jugend, Familie und Gesundheit will die Jugendarbeitslosigkeit lindern und fördert die Anstellung jugendlicher Arbeitsloser in Krankenhäusern und Sanatorien. Handelt es sich um eine wirtschaftspolitische Maßnahme?

Die Maßnahme betrifft vorrangig den Bereich «Jugendförderung». Daneben spielt das wirtschaftspolitische Ziel «Vollbeschäftigung» eine Rolle. Das in 1.1 diskutierte Problem der Vielschichtigkeit sozialen Handelns tritt hier wieder auf. Hatten wir dort festgestellt, daß sich kein klar abgrenzbarer Bereich wirtschaftlichen Handelns nachweisen läßt, so muß dies auch Konsequenzen für den Bereich des wirtschaftspolitischen Handelns haben. Danach handelt es sich bei *Wirtschaftspolitik* um einen *Aspekt von Politik*; dieser tritt je nach Träger der Entscheidung oder der expliziten Zielsetzung mehr oder weniger stark in den Vordergrund. Es taucht zudem das Problem auf, ob man auf die Zielrichtung einer Maßnahme (subjektive Betrachtung) oder auf deren tatsächliche Auswirkung (objektive Betrachtung) abstellen sollte.

(6) Ein derart offenes Verständnis von Wirtschaftspolitik läßt nur eine vorläufige und pragmatische Abgrenzung zu, derzufolge eine politische Maßnahme dann der Wirtschaftspolitik zuzurechnen ist, wenn sie direkt oder in erster Linie wirtschaftliches Handeln betrifft. Neben dieser *Kernzone* der Wirtschaftspolitik können in Einzelfällen auch *Mischzonen* für den Juristen von Interesse sein, in denen das politische Handeln zwar nicht direkt Wirtschaft betrifft, aber dennoch starke Auswirkungen darauf hat. Das Beispiel der Anstellung jugendlicher Arbeitsloser in Krankenhäusern und Sanatorien ist dieser Mischzone zuzurechnen.

Die pragmatische Bestimmung von Wirtschaftspolitik soll nicht ausschließen, daß

- nicht explizit wirtschaftspolitisch intendierte Maßnahmen unter dem Aspekt Wirtschaftspolitik analysiert und beurteilt werden,
- wirtschaftspolitische Handlungen auch unter anderen Aspekten gesehen und gewertet werden.

(7) Bisher hatten wir bei der Qualifizierung einer Handlung als wirtschaftspolitischer auf das Regelungsziel und die Regelungswirkung abgestellt. Um die letztere zu erreichen, muß der Träger von Wirtschaftspolitik mit Macht ausgestattet sein. Rechnet man jedoch nicht ausschließlich staatliches Handeln zur Wirtschaftspolitik, so ist auch die *Machtproblematik* zu erörtern. GÄFGEN (1975, 3) stellt deshalb darauf ab, daß die handelnden Instanzen entweder legitimiert sind oder tatsächlichen Einfluß ausüben. Zur Verdeutlichung ein Fall:

Ein Textilunternehmen in einem Dorf auf der Schwäbischen Alb will die Wirtschaftskraft des betreffenden Landkreises stärken. Aus diesem Grunde fördert es den Ausbau des Verkehrsnetzes und der Bildungsinstitutionen. Ein Student aus demselben Landkreis bringt auf seinem Auto, mit dem er viel unterwegs ist, ein Schild an: «Investitionen im Landkreis A haben sich schon immer gelohnt. Auskünfte erteilt XY.» Handelt es sich jeweils um eine wirtschaftspolitische Maßnahme?

Geht man allein von der Zielrichtung der Aktion aus – Förderung der Wirtschaftskraft des betreffenden Landkreises –, so liegt in beiden Fällen wirtschaftspolitisches Handeln vor. Die tatsächlichen Auswirkungen auf die Wirtschaft des Landkreises dürften jedoch sehr unterschiedlich sein. Auch wenn der Student mit seiner Aktion wirtschaftspolitischen Einfluß nehmen will, so ist der Regelungseffekt zu gering, als daß man noch von Wirtschaftspolitik sprechen könnte. In den gängigen Definitionen von Wirtschaftsrecht kommt diese Machtkomponente darin zum Ausdruck, daß nicht allein von Beeinflussung der Wirtschaft gesprochen wird, sondern von «Gestaltung und Ordnung der Wirtschaft» (SCHACHTSCHABEL 1976, 11).

(8) Deutlicher wird das, was man unter einer wirtschaftspolitischen Entscheidung versteht, wenn man auf die drei Problemaspekte dieser Handlung abstellt. Jede wirtschaftspolitische Maßnahme zeichnet sich durch eine *Entscheidungsproblematik*, eine *Informationsproblematik* und eine *Zielproblematik* aus. Eine Rang- oder Reihenfolge dieser drei Problembereiche läßt sich nicht angeben; sie ist jeweils situationsspezifisch bestimmt. Der deduktive Weg geht von der Zielproblematik aus und findet von dort aus die Informations- und Entscheidungsprobleme (so ZINN 1974, 55ff., RIESE 1975, 13). Der pragmatische Ansatz geht von der konkreten Entscheidungsproblematik aus und findet von da aus die Informations- und Zielprobleme. Die dritte mögliche Reihenfolge erscheint ungewöhnlich, nämlich der Beginn mit der Informationsproblematik, die dann Zielfindungs- und Entscheidungsfragen aufwirft. Dazu ein Beispiel:

Eine Computerfirma bietet dem Bundeswirtschaftsministerium eine Datenverarbeitungsanlage an, mit deren Hilfe sich die Strukturwirkungen aller Investitionen in kürzester Zeit untersuchen lassen. Soll die Anlage erworben werden? Soll auf Grund dieser verbesserten Informations- und Analysekapazität eine Investitionsplanung seitens des Ministeriums vorgeschlagen werden? Sollen die jeweiligen Ergebnisse den Ländern und Kommunen zugänglich gemacht werden, nicht aber den Unternehmen?

Der Fall soll darauf hindeuten, daß auch die Zielproblematik oftmals erst im konkreten Fall auftaucht und daß angesichts der Vielschichtigkeit der Zielbündel einer modernen Wirtschaftspolitik nicht die Statuierung von Globalzielen, sondern die konkrete Abstimmung verschiedener Ziele aufeinander für die Wirtschaftspolitik maßgeblich ist.

2.2. *Ebenen der Wirtschaftspolitik*

(1) Ökonomen haben immer wieder versucht, den Gesamtbereich Wirtschaftspolitik in einzelne Unterbereiche zu zerlegen, nach verschiedenen Tätigkeitsfeldern und Handlungsarten zu unterscheiden. Bei der Unterscheidung nach dem jeweils betroffenen *Wirtschaftsraum* (vgl. oben 2.1) reicht der Bogen von der kommunalen Wirtschaftspolitik bis zur Weltwirtschaftspolitik.

An der Unterscheidung zwischen *Gesamtwirtschaftspolitik* und *sektoralen* Wirtschaftspolitiken (etwa Landwirtschaftspolitik, Bergbaupolitik, Industriepolitik, Handwerkspolitik usw.) ist von Interesse, daß die sektoralen Wirtschaftspolitiken in höherem Maße «außerwirtschaftliche» Gesichtspunkte integrieren, daß etwa die Landwirtschaftspolitik nicht nur nach der optimalen Betriebsgröße fragt, sondern auch nach den sozialen Auswirkungen von Betriebsgrößenänderungen (Bauernlegen). Für den theoretischen Volkswirtschaftspolitiker ist die Gesamtwirtschaftspolitik (Totalpolitik – GÄFGEN 1975, 4) als Optimierungskalkül im (theoretisch) abgegrenzten Subsystem Wirtschaft das wissenschaftlich lohnendere Feld. Daher ist sie versucht, dieses Kalkül schlechthin als Wirtschaftspolitik auszugeben.

«Insgesamt ist also Wirtschaftspolitik gekennzeichnet als möglichst rationales Handeln
a) bestimmter Träger, nämlich derjenigen, die zur Steuerung der Gesamtwirtschaft befugt oder in der Lage sind;
b) in einem bestimmten Eingriffsbereich, nämlich der Wirtschaft;
c) zur Verfolgung bestimmter Primärziele, nämlich solcher, die sich mit wirtschaftlichen Kategorien beschreiben lassen» (GÄFGEN 1975, 3).

Für den Juristen, der an Regelung von Wirtschaft interessiert ist, kann diese etwas einseitige Ausrichtung auf Gesamtwirtschaftspolitik – auch im methodischen Ansatz – nicht verbindlich sein. Das heißt, Wirtschaftsrecht ist nicht notwendigerweise auf Gesamtwirtschaftspolitik zu begrenzen, muß nicht auf das Rationalprinzip im theoretisch geschlossenen Subsystem Wirtschaft abstellen.

(2) Ökonomen teilen wirtschaftspolitische Maßnahmen weiter in *struktur-* und *prozeßpolitische* ein. *Strukturpolitik* betrifft die Änderung (oder Beibehaltung) von Wirtschaftsstrukturen (etwa Wettbewerbsstrukturen), *Prozeßpolitik* die Beeinflussung von Wirtschaftsabläufen (etwa die Spartätigkeit) (v. ARNIM, Volkswirtschaftspolitik, 1977, 17). Wird die Lage bei gegebener Struktur beeinflußt, so spricht man von quantitativer Wirt-

schaftspolitik, wird die Struktur verändert, von qualitativer (Tinbergen, Wirtschaftspolitik, 1972, 22, 29). Wendet man diese Kategorisierungen auf die praktische Wirtschaftspolitik an, so wird die Unschärfe der Abgrenzungen deutlich. Dazu ein Beispiel:

Die Bundesbank hebt den Diskontsatz drastisch an, um das allgemeine Zinsniveau zu erhöhen und so eine Konjunkturdämpfung zu erreichen: Sprecher der Bauwirtschaft verweisen auf den besonders für ihre Branche nachteiligen Effekt dieser Maßnahme.

Handelt es sich bei der Diskontsatzerhöhung um Struktur- oder Prozeßpolitik, um qualitative oder quantitative Wirtschaftspolitik?

Eine Veränderung des Zinsniveaus betrifft nach gängigem Verständnis Prozeßsteuerung. Aber eine solche Maßnahme trifft einzelne Wirtschaftsbereiche unterschiedlich, da der Anteil der Zinslasten an den Gesamtkosten von Branche zu Branche verschieden ist. Selbst innerhalb einer Branche kann es zwischen den Unternehmen große Unterschiede geben. Eine Diskontsatzerhöhung betrifft also nicht nur das Zinsniveau, sondern auch die Branchenstruktur der Gesamtwirtschaft und die Struktur der einzelnen Branchen.

(3) Bei der Kategorisierung wirtschaftspolitischer Maßnahmen kann man noch auf andere Kriterien abstellen, etwa darauf, ob eine wirtschaftspolitische Maßnahme *direkt* oder *indirekt* wirkt, ob sie *kurzfristig* oder *langfristig* angelegt ist, ob sie *rechtliche* Instrumente als wirtschaftspolitische Mittel einsetzt oder nicht. Zwischen diesen verschiedenen Kategorisierungen ergeben sich teilweise Überschneidungen, gewisse Parallelitäten und Ähnlichkeiten. So ist Strukturpolitik in aller Regel nicht kurzfristig ausgerichtet; sie wird zwar oft in Form rechtsförmigen Handelns erfolgen, doch ist das nicht zwingend geboten. Dazu ein Beispiel:

Die Bundesregierung möchte einige strukturschwache Regionen in der Eifel stärken. Sie stellt Mittel für intensive Öffentlichkeitsarbeit zur Verfügung. Die Industrieansiedlung in dieser Region nimmt daraufhin merklich zu.

Bei quantitativer Wirtschaftspolitik wird *Recht* im allgemeinen lediglich für die Kompetenzregelung und die Mittelzuweisungen relevant. Allerdings gibt es auch Fälle, in denen für quantitative Wirtschaftspolitik Gesetze als Mittel eingesetzt werden, etwa Steuergesetze.

(4) Handelt es sich bei strukturpolitischen Entscheidungen um solche, die wesentliche Strukturen des Systems Wirtschaft bestimmen, so liegt es nahe, diesen Teil der Strukturpolitik eigens abzuheben und mit Ausdrücken wie «*Ordnungspolitik*» oder «*Reformen*» zu belegen. So unterscheiden v. Arnim (Volkswirtschaftspolitik, 1976, 17) und Zinn (1974, 12) zwischen Ordnungspolitik, Prozeßpolitik und Strukturpolitik; Tinbergen (Wirtschaftspolitik, 1972, 29) versteht unter qualitativer Wirtschaftspolitik eine Veränderung der Struktur bei gegebenen Grundlagen, unter Reformen (32) eine Veränderung der Grundlagen. v. Eynern (1972, 233) setzt die Begriffe Ordnungspolitik und *Systempolitik* gleich. Es liegt auf der Hand, daß eine

klare Abgrenzung dieses Grundlagenteils der qualitativen Wirtschaftspolitik kaum möglich ist, weil es hier jeweils um eine Hervorhebung derjenigen wirtschaftspolitischen Entscheidungen geht, die von einem bestimmten wirtschaftspolitischen Programm her als wesentlich betrachtet werden. Der Terminus «Systempolitik» (v. Eynern 1972, 233) bringt dies am deutlichsten zum Ausdruck. Welche wirtschaftspolitischen Entscheidungen sind für das Wirtschaftssystem (verstanden als modellhafte Regelung der Gesamtwirtschaft) entscheidend? Bereits erwähnt wurde die Unterscheidung von *Subordinations-* und *Koordinationssystem* (oben 1.5.1). In der herkömmlichen Diskussion entspricht dem die Unterscheidung zwischen *Markt* und *Plan* (Peters 1976, 398). In der Diskussion beherrschen zwei weitere Systemordnungsgedanken das Feld: die Unterscheidung von Wirtschaftssystemen nach der *Zahl* der aufgestellten Pläne (Eucken 1968, 78f.; Hensel 1974, 21f.) sowie die Unterscheidung nach der Art des *Eigentums an den Produktionsmitteln.*[10] Eine ausführliche Kritik dieser Systemansätze ist hier nicht möglich (dazu Leipold 1976, 1–51). Doch lassen sich zwei Kritikpunkte als zentral festhalten: Die genannten Ansätze schreiben jeweils einem Ordnungskriterium systemgestaltende Funktion zu. Sie stehen unter dem Aspekt, welche optimale Ordnung der Wirtschaft (unter bestimmten Zielangaben) erreicht werden soll. Von da aus kommt solchen Unterscheidungen in der wirtschaftspolitischen Diskussion die Aufgabe zu, zwischen «systemkonformen» und «nicht systemkonformen» wirtschaftspolitischen Maßnahmen zu unterscheiden. Die Frage, welche Entscheidungen der qualitativen Wirtschaftspolitik «grundlegend» sind, wird also nicht direkt beantwortet, sondern aus dem gewählten System heraus. Dies stellt die Diskussion um Wirtschaftssysteme von Anfang an unter das normative Vorzeichen der einmal gewählten Systembildungskriterien. Dieser Ansatz scheint für die Diskussion der juristischen Regelungsprobleme von Wirtschaftssystemen zu eng zu sein. Deshalb soll hier ein anderer Weg eingeschlagen werden. Im folgenden Abschnitt soll versucht werden zu bestimmen, welche wirtschaftspolitischen Entscheidungen sich als *Basisentscheidungen* ansehen lassen. Diese Basisentscheidungen gewinnen für den Juristen, der die juristische Struktur eines Wirtschaftssystems herausarbeiten will, besondere Bedeutung als Leitpunkte seiner Untersuchung.

2.3. *Wirtschaftspolitische Basisentscheidungen*

Will man einen Katalog wirtschaftspolitischer Basisentscheidungen bilden, so kann man zuerst ermitteln, welche Entscheidungen im Subsystem Wirtschaft zu treffen sind, und jeweils fragen, wer diese Entscheidungen trifft. Ein einfacher Katalog von Basisentscheidungen sähe dann wie folgt aus:

---

10 Ausführlich zum Stand der Diskussion Peters 1976, 398–405; eine Überlagerung der genannten Systembildungskriterien verwendet Kloten 1955, 123–143.

Wirtschaftspolitische Basisentscheidungen: Katalog 1 a)

(1) Wer trifft die Konsumentscheidungen?
(2) Wer trifft die Produktionsentscheidungen?
(3) Wer trifft die Verteilungsentscheidungen?

Diesen Katalog könnte man durch weitere Fragen erweitern und differenzieren:

Wirtschaftspolitische Basisentscheidungen: Katalog 1 b)

(1) Wer trifft Konsum- und Sparentscheidungen?
(2) Wer trifft Produktions- und Investitionsentscheidungen?
(3) Nach welchen Kriterien wird die Verteilung von Vermögen und Einkommen vorgenommen?
(4) Wer regelt das Geld- und Währungssystem?
(5) Wer trifft die außenwirtschaftlichen Entscheidungen?
(6) Wer trifft die wirtschaftspolitischen Entscheidungen?
(7) Wie funktioniert das Informationssystem?
(8) Wie funktioniert das Sanktionssystem?
(9) Wie ist das Wirtschaftssystem in das Gesellschaftssystem integriert?

Die Problematik eines solchen Katalogs liegt in zwei Punkten: Zum einen werden in modernen *Mischsystemen* Antworten auf die Frage «Wer trifft . . . Entscheidungen?» differenziert ausfallen müssen; es wird selten nur *eine* Gruppe von Entscheidungsträgern für einen Fragenkomplex existieren. In der Antwort müßte man folglich entweder simplifizieren oder gewichten, welchem Entscheidungsträger (oder welcher Gruppe von Entscheidungsträgern) besonderes Gewicht zukommt.

Die Antwort würde also eine *Präferenzordnung* angeben; auf die Frage 1 sähe diese etwa wie folgt aus: Haushalte (konsumierende Wirtschaftssubjekte oder Gruppen von Wirtschaftssubjekten), Unternehmen (produzierende Wirtschaftssubjekte oder Organisationen), Staat. – Wenn man jede einzelne Frage mit einer derartigen Präferenzordnung «beantwortet» hätte, wären damit immer noch nicht die *Interdependenzen* zwischen den einzelnen Vorgängen aufgehellt. Der Zusammenhang zwischen Investitions- und Sparverhalten in einer Volkswirtschaft bliebe etwa unerklärt. Erst durch die Hereinnahme der Frage 8 *(Sanktionssystem)* könnte diese Interdependenz geklärt werden.

Ein anderer Zugang zu wirtschaftspolitischen Basisentscheidungen wäre derjenige über die Frage nach Funktion und Wirkungsmöglichkeit von Wirtschaftssubjekten und -institutionen:

Wirtschaftspolitische Basisentscheidungen: Katalog 2

(1) Wieweit bestimmen Verbraucher und Verbraucherorganisationen die Angebotsstruktur, die Produktionsstruktur und die Art der Investitionen?
(2) Wieweit bestimmen Unternehmen die Produktionsstruktur, die Investitionen, die Konsumstruktur, die Verteilung?
(3) Wieweit bestimmen staatliche Institutionen die Konsumstruktur, die Produktionsstruktur, Investitionen und Sparen, die Verteilung?

(4) Wieweit sind wirtschaftliche Entscheidungen auf der Verbraucher- und der Unternehmerseite durch organisierte Gruppen bestimmt?

Auch ein derartiger Zugang zum Problem erspart einem nicht differenzierende Antworten und die Notwendigkeit, die Interdependenz zwischen den einzelnen Fragen offenzulegen. Dieser zweite Fragenkatalog ersetzt den ersten (Katalog 1 b) keineswegs vollständig. Die Antworten überschneiden sich, sie ergänzen sich aber auch zugleich. Der erste Fragenkatalog stellt die Frage nach dem *Entscheidungsträger*, der zweite läuft hinaus auf die Gestaltung der *Entscheidungsprozesse*. Nach LEIPOLD (1976, 23) lassen sich die Systementscheidungen in zwei Gruppen fassen: Regeln zur Auswahl der Entscheidungsträger und Regeln zur Abstimmung der Entscheidungsprozesse. Dabei scheint die Frage nach der Auswahl der Entscheidungsträger zu eng zu sein; vielmehr geht es auch um *Organisation* dieser Entscheidungsträger und ihren jeweiligen (faktischen) Kompetenzbereich. – Zudem bleibt dieses Abstellen auf *wirtschaftliche* Entscheidungsträger und die Abstimmung *wirtschaftlicher* Entscheidungsprozesse innerhalb des Subsystems Wirtschaft. Daneben ist aber die Frage nach der Integration des Wirtschaftssystems in das Gesellschaftssystem erforderlich (vgl. Katalog 1 b, Frage 9). Auf dieser Grundlage ließe sich nun folgender Katalog wirtschaftspolitischer Basisentscheidungen aufstellen:

Wirtschaftspolitische Basisentscheidungen: Katalog 3

(1) Auswahl, Organisation und Kompetenzzuweisung wirtschaftlicher Entscheidungsträger bezüglich
  (a) Konsum- und Sparentscheidungen
  (b) Produktions- und Investitionsentscheidungen
  (c) der Regelung des Geld- und Währungssystems
  (d) der Systemstabilisierung
  (e) außenwirtschaftlicher Entscheidungen
  (f) wirtschaftspolitischer Entscheidungen
(2) Abstimmung der Entscheidungsprozesse bei
  (a) Konsum- und Sparentscheidungen
  (b) Produktions- und Investitionsentscheidungen
  (c) Geld- und Währungsfragen
  (d) Systemstabilisierungsfragen
  (e) außenwirtschaftlichen Entscheidungen
  (f) wirtschaftspolitischen Entscheidungen
(3) Regeln zur Einordnung des Subsystems Wirtschaft in das Gesellschaftssystem

Auch dieser Katalog weist nicht die Interdependenzen zwischen den Einzelbereichen aus. Doch zeichnet sich hier ein grundsätzliches Problem der Systembildung ab: Die möglichen Interdependenzen der Einzelbereiche sind so vielfältig, daß eine Klärung dieser Frage erst sinnvoll ist, wenn die Basisentscheidungen der drei angesprochenen Bereiche getroffen sind. Als *Basis*entscheidungen der Wirtschaftspolitik mögen die in Katalog 3 genannten deshalb ausreichen. Allerdings ist dieser Katalog sehr abstrakt; er soll im folgenden Abschnitt insofern inhaltlich ausgefüllt werden, als versucht wird, verschiedene übliche Typen von Wirtschaftsordnungen in diesen Katalog einzupassen. Dadurch soll zum einen getestet werden, ob die genannten Basisentscheidungen geeignet sind, signifikante Unterschiede bestehender Wirtschaftsordnungen deutlich zu machen; zum anderen kann auf diese Art und Weise geprüft werden, ob es sich lohnt, diese Basisentscheidungen als Anhaltspunkte für die Darstellung des *Wirtschaftsrechts* einer Wirtschaftsordnung wie derjenigen der Bundesrepublik Deutschland heranzuziehen.

2.4. Einordnung von realen Wirtschaftsordnungen in den Katalog wirtschaftspolitischer Basisentscheidungen

2.4.1. Marktwirtschaft ohne Staatsintervention

Entscheidungsträger für Konsum- und Sparentscheidungen sind die einzelnen Haushalte, für Produktions- und Investitionsentscheidungen die einzelnen Unternehmen (keine Kartellierung). Die Ordnung des Geld- und Währungssystems obliegt einer zentralen (unabhängigen), entweder privat oder öffentlich organisierten Instanz. Eine Systemstabilisierung findet nicht statt. Außenwirtschaftliche Entscheidungen werden von den einzelnen Haushalten und Unternehmen getroffen. Wirtschaftspolitische Entscheidungen betreffen lediglich die Rahmenregelung für das Subsystem Wirtschaft; sie werden von staatlichen Instanzen getroffen.

Konsum-, Spar-, Produktions- und Investitionsentscheidungen werden über den Markt abgestimmt. Maßgeblich für das Austauschverhältnis ist die relative Knappheit eines Gutes am Markt. Dasselbe gilt für außenwirtschaftliche Entscheidungen (Freihandelsprinzip). Geld- und Währungsfragen bedürfen nur insofern einer Abstimmung, als der Geldschöpfungsspielraum der Banken durch das Risiko der Illiquidität begrenzt ist. Das Problem der Abstimmung wirtschaftspolitischer Entscheidungen taucht nicht auf.

Das Subsystem Wirtschaft impliziert eigene Wertmaßstäbe (Marktgerechtigkeit, freie wirtschaftliche Betätigung), die dem politischen System des liberalen Rechtsstaates entsprechen und insofern mit den bürgerlichen Freiheiten korrespondieren.

2.4.2. Zentralverwaltungswirtschaft ohne Selbststeuerungselemente

Alle wirtschaftlichen Entscheidungen (Konsum-, Spar-, Produktions- und Investitionsentscheidungen, die Regelung des Geld- und Währungssystems, die Stabilisierung des Wirtschaftssystems, außenwirtschaftliche und wirtschaftspolitische Entscheidungen) werden von einer politisch legitimierten Zentralinstanz getroffen. Abstimmung von Entscheidungen ist innerhalb dieser Zentralinstanz (zwischen den Abteilungen) erforderlich.

Das Subsystem Wirtschaft ist in allen Einzelheiten an der politischen Zielsetzung des Gesellschaftssystems ausgerichtet.

2.4.3. Zentralverwaltungswirtschaft mit Selbststeuerungselementen

Konsum- und Sparentscheidungen werden von Haushalten, Produktions- und Investitionsentscheidungen werden von Betrieben und Stellen staatlicher Administration getroffen. Diese staatlichen Stellen können entweder in Einzelentscheidungen eingreifen und/oder den Betrieben und Haushalten jeweils den Handlungsrahmen vorgeben. Die Regelung des Geld- und Währungssystems geschieht durch eine Zentralinstanz; Geldschöpfung durch private Kreditinstitute findet nicht statt. Entscheidungen der Systemstabilisierung werden von einer Zentralinstanz getroffen und durch die staatliche Administration und die zentrale Geld- und Währungsinstanz durchgeführt. Außenwirtschaftliche Entscheidungen werden sowohl von Betrieben als auch von seiten der Zentralinstanz getroffen. Wirtschaftspolitische Entscheidungen werden von staatlichen Stellen und der Zentralinstanz getroffen.

Eine Abstimmung von Konsum-, Spar-, Produktions- und Investitionsentscheidungen erfolgt auf zwei Ebenen: Eine marktmäßige Koordination wird überlagert von steuernder Koordination durch die Zentralinstanz. Dasselbe gilt für außenwirtschaftliche Entscheidungen. Auf dem geld- und währungspolitischen Sektor sind Abstimmungen nicht erforderlich. Wirtschaftspolitische Entscheidungen werden von der Zentralinstanz abgestimmt. Das Subsystem Wirtschaft ist grundsätzlich an der politischen Zielsetzung des Gesellschaftssystems ausgerichtet.

2.4.4. Gelenkte Marktwirtschaft (Planifikation)

Konsum- und Sparentscheidungen werden von den Haushalten, Produktions- und Investitionsentscheidungen von den Unternehmen getroffen. Die genannten Entscheidungen ergehen im Rahmen staatlicher Planvorgaben. Zusammenschlüsse von Haushalten und/oder Unternehmen sind möglich. Die Regelung des Geld- und Währungssystems liegt bei einer staatlichen zentralen Instanz. Die Kreditschöpfung ist Instrument quantitativer Prozeßsteuerung und erfolgt durch staatliche Stellen. Die Systemstabilisierung erfolgt durch die Zentralinstanz unter Abstimmung mit der geld- und währungspolitischen Zentralinstanz. Außenwirtschaftliche und wirtschaftspolitische Entscheidungen werden von Haushalten, Unternehmen und staatlichen Stellen getroffen.

Die Abstimmung von Konsum-, Spar-, Produktions- und Investitionsentscheidungen findet über Märkte statt. Staatlich-administrative Stellen beeinflussen vor allem Produktions- und Investitionsentscheidungen mit den

Mitteln gezielter Geld- und Währungspolitik (Investitionslenkung durch Kredite). Außenwirtschaftliche Maßnahmen werden von staatlichen Stellen mittels der Kontrolle des Zahlungsverkehrs mit dem Ausland (Devisenbewirtschaftung) abgestimmt. Wirtschaftspolitische Entscheidungen werden auf der staatlich-administrativen Ebene abgestimmt.

Das Subsystem Wirtschaft ist an politische Zielsetzungen gebunden, wirkt aber seinerseits auf die Zielsetzungen im Gesellschaftssystem ein (Rückkopplung, Interdependenz).

2.4.5. Gemischte Marktwirtschaft

Konsum-, Spar-, Produktions- und Investitionsentscheidungen werden von Haushalten und Unternehmen oder von Zusammenschlüssen derselben getroffen. Als Haushalte und Unternehmen können auch staatliche Stellen fungieren. Die Regelung des Geld- und Währungssystems liegt bei einer relativ autonomen staatlichen Instanz. Kreditschöpfung wird von privaten und öffentlichen Kreditinstituten betrieben. Entscheidungen der Systemstabilisierung werden von staatlichen Stellen und privaten Organisationen getroffen. Auf seiten der staatlichen Stellen kommt der Geld- und Währungsinstanz eine Sonderrolle zu. Außenwirtschaftliche und wirtschaftspolitische Entscheidungen werden von Haushalten, Unternehmen und staatlichen Stellen getroffen; nichtstaatliche Stellen sind wirtschaftspolitisch entsprechend ihrem faktischen Machtpotential tätig.

Eine Abstimmung von Konsum-, Spar-, Produktions-, Investitions-, außenwirtschaftlichen und wirtschaftspolitischen Entscheidungen erfolgt marktmäßig überwiegend in der Form oligopolistischer Interdependenz. Entscheidend für das Abstimmungsergebnis ist die jeweilige Marktmacht eines Akteurs. Innerhalb dieser oligopolistischen Interdependenz agieren staatliche Stellen teils marktmäßig (Staatsunternehmen, Beschaffungspolitik), teils politisch, indem sie entweder als Partner am Abstimmungsprozeß teilnehmen oder indem sie versuchen, den Handlungsrahmen zu beeinflussen (etwa Wettbewerbspolitik) und/oder Ziele wie «gerechte Verteilung», Stabilität, Wachstum usw. zu realisieren.

Das Subsystem Wirtschaft ist weitgehend in das Gesellschaftssystem integriert (Identität der Akteure, Überschneidung von Zielen). Zwischen dem Subsystem Wirtschaft und anderen gesellschaftlichen Subsystemen (politisches Subsystem, kulturelles Subsystem usw.) bestehen Wechselwirkungen (Rückkopplung, Interdependenz).

2.5. Strukturentscheidungen der Wirtschaftspolitik

Wirtschaftspolitische Basisentscheidungen legen zwar die Grundstruktur einer konkreten Wirtschaftsordnung fest; die Diskussion dieser Basisentscheidungen und der daraus hervorgehenden Wirtschaftssysteme deutet aber darauf hin, daß allein diese Basisentscheidungen eine konkrete Wirtschaftsordnung nicht hinreichend determinieren. Außer in den Wirtschaftssystemen 1 (Marktwirtschaft) und 2 (Zentralverwaltungswirtschaft ohne Selbststeuerungselemente) sind in allen anderen Systemen *ständig* Strukturentscheidungen seitens der Wirtschaftspolitik notwendig. Im Rahmen der «gemischten Marktwirtschaft» geht es bei diesen Strukturentscheidungen um eine Beeinflussung des Handlungsrahmens für Unternehmen und Haushalte (Wettbewerbspolitik, geld- und währungspolitische Strukturentscheidungen) sowie um die Beeinflussung faktischer wirtschaftspolitischer Strukturen (regionale und sektorale Verteilung der Produktionskapazitäten, technische Zusammensetzung des Produktivkapitals usw.). Strukturentscheidungen können darauf abzielen, den notwendigen Rahmen für effiziente Prozeßsteuerung zu gestalten und Verfahren dafür bereitzustellen.

In der ökonomischen Literatur wird für den Bereich der wirtschaftspolitischen Strukturentscheidungen auch der Terminus «Ordnungspolitik» verwendet. Dies soll hier nicht geschehen, da sich Ordnungspolitik in erster Linie auf die Basisentscheidungen bezieht und weil Ordnungspolitik vielfach impliziert, daß Wirtschaftspolitik sich auf den Bereich der Strukturentscheidungen zu konzentrieren hat. Dies würde aber die zunehmende Bedeutung der *Ablauf- und Prozeßpolitik* außer acht lassen.

2.6. *Prozeßsteuerungsentscheidungen der Wirtschaftspolitik*

Das Problem der Prozeßsteuerung tritt in der Zentralverwaltungswirtschaft, aber auch in der gelenkten und in der gemischten Marktwirtschaft auf. Besonders seit der «KEYNESSCHEN Revolution» rückt diese Art der Wirtschaftspolitik mehr und mehr in den Vordergrund.[11] Ausgehend von der Erkenntnis, daß ein sich marktmäßig selbst regulierendes Wirtschaftssystem Gleichgewichtszustände bei Unterbeschäftigung kennt (STOBBE 1975, 104–110), wird deutlich, daß sich Vollbeschäftigung und Wachstum nur erreichen lassen, wenn Wirtschaftspolitik durch Einflußnahme auf Makrogrößen (wie Konsum, Produktion, Sparen, Investition, Geldumlaufmenge, Außenbeitrag) Bedingungen schafft, innerhalb deren marktmäßige Koordination die jeweils gesetzten Ziele erreichen kann (zu Einzelheiten der «Globalsteuerung» vgl. IV.3.2.4). Während der *Ökonom* der Effizienz der Prozeßsteuerung sein Augenmerk widmet, interessiert sich der *Jurist* auch für die Kompetenzfragen, die Bedeutung der «policies» für die Einzelentscheidungen, die Verfahrensregelung, die Rechtsförmigkeit der Einzelentscheidungen und ihre gerichtliche Nachprüfbarkeit.

---

11 Das Hauptwerk von JOHN MAYNARD KEYNES, «The General Theory» (1936), hat nicht nur die Wirtschaftstheorie, sondern auch die Praxis der Wirtschaftspolitik maßgeblich beeinflußt; vgl. die Kurzdarstellung des Keynesschen Modells der Unterbeschäftigung bei STOBBE 1975, 104–110.

2.7. *Wirtschaftspolitische Mittel*

Die Reihe tatsächlich angewandter und möglicherweise einsetzbarer wirtschaftspolitischer Mittel läßt sich nicht abschließend aufführen. Sie reicht vom Appell des Wirtschaftsministers an andere Entscheidungsträger bis zum Haushaltsgesetz und zur gesetzlich fixierten Strukturänderung. Der Anteil *rechtsförmigen* Handelns in der Wirtschaftspolitik richtet sich nicht so sehr nach wirtschaftspolitischen Zweckmäßigkeitsüberlegungen als vielmehr nach der Bedeutung rechtlichen Handelns im Gesellschaftssystem insgesamt. Zwischen dem Wunsch des Wirtschaftspolitikers nach flexiblen, weitreichenden Eingriffsmöglichkeiten und dem Bestreben des Juristen, rechtliche Verfahrenssicherheit und Nachprüfbarkeit zu gewährleisten, kann es durchaus zu Konflikten kommen. Aus diesem Grunde läßt sich die Bedeutung rechtsförmiger Mittel für die Wirtschaftspolitik nicht allgemein bestimmen; sie schwankt im Zeitablauf. Zwar lassen sich gewisse Tendenzen aufzeigen, etwa die *zunehmender Verrechtlichung* in den Kompetenz- und Verfahrensregelungen von Behörden (etwa Bankenaufsicht, Versicherungsaufsicht). Doch sagt dies noch nichts darüber aus, auf welchen Ebenen die tatsächlich maßgeblichen Entscheidungen getroffen werden.

Die Mitteldiskussion in der theoretischen Wirtschaftspolitik ist für den Juristen insofern von Interesse, als er mit der Frage konfrontiert wird, ob und wie sich rechtliche Regelungen als Mittel der Wirtschaftspolitik eignen.

2.8. *Die Ziel-Mittel-Problematik*

Ökonomische Untersuchungen auf wirtschaftspolitischem Gebiet wenden sich oft ausführlich der Frage zu, wie bestimmte Ziele am besten erreicht werden können. Das «ökonomische Prinzip» besagt hier, daß diejenige Mittelkombination gesucht wird, die ein gegebenes Ziel optimal erreichen kann (dazu oben 2.1). Begreift der Jurist Recht als wirtschaftspolitisches Mittel, so wird er – diesem Gedankengang folgend – danach fragen, welche rechtlichen Regelungen sich am besten für bestimmte ökonomische Zielsetzungen einsetzen lassen (Steindorff 1973). Einwände gegen die generelle Anwendbarkeit des ökonomischen Prinzips und für die Definition von Wirtschaftspolitik wurden bereits erörtert (1.1 und 2.1). An dieser Stelle geht es darum, ob sich ein solch einfaches Schema überhaupt für wirtschaftspolitische Problemlösungen eignet. Nur dann wäre es für den Juristen sinnvoll, seine rechtsförmigen wirtschaftspolitischen Mittel diesem Optimalitätstest zu unterziehen.

Angriffe auf das *Zweck-Mittel-Schema* sind nicht neu (Myrdal, Das Zweck-Mittel-Verhältnis in der Nationalökonomie, Zeitschrift für Nationalökonomie 1933, 305ff.). Sie betonen vor allem, daß jedes Mittel wiederum Zielcharakter habe, es also keine *wertneutralen* Mittel gebe (Hutchinson 1964, 110–116). Das Problem rationalen finalen Handelns in komplexen Handlungszusammenhängen ist bis heute wissenschaftlich nicht geklärt; es sind vor allem *systemtheoretische* Erklärungen, die durch eine Berücksichtigung von mehr Variablen versuchen, das Ziel-Mittel-Problem neu zu fassen (LUHMANN, Zweckbegriff und Systemrationalität 1973, 106–128). Vereinfachend läßt sich folgendes feststellen: Eine *Zielvorgabe* ist ihrerseits wiederum abhängig von den erwarteten *Zielrealisierungsmöglichkeiten* des *Zielsetzers*; in dem Maße, wie die Bedingungen der Zielrealisierung geklärt werden, verändert sich damit auch die Zielsetzung selbst. Derjenige, der die Zielrealisierungsmöglichkeiten untersucht, nimmt damit seinerseits wiederum auf die Zielsetzung Einfluß. Es kommt zu einem fortschreitenden Lernprozeß, an dem verschiedene Personen und Gruppen beteiligt sein können. Für den Juristen heißt dies, daß er an einem *interdisziplinären Lernprozeß* über die Einsetzbarkeit rechtsförmiger wirtschaftspolitischer Mittel teilzunehmen hat. Auf Einzelheiten der interdisziplinären Zusammenarbeit zwischen Wirtschafts- und Rechtswissenschaft wird in I.3 näher eingegangen.

2.9. *Ziele der Wirtschaftspolitik*

Ist der Jurist an der Regelung von Wirtschaft beteiligt, so ist für ihn nicht nur relevant, welche Mittel die Wirtschaftspolitik einsetzt; von besonderer Bedeutung ist für ihn die Zieldiskussion der Wirtschaftspolitik, denn der «richtige» Einsatz der wirtschaftspolitischen Mittel und damit auch rechtlicher Regelungsformen hängt von der Zielsetzung der Wirtschaftspolitik ab. Für den Juristen ist damit die Frage der Berücksichtigung solcher Zielaspekte bei der Interpretation rechtlicher Normen angesprochen (S. 178ff.). Je komplexer die wirtschaftspolitische Zielstruktur wird, um so schwieriger wird auch für den Juristen die adäquate Verarbeitung dieser Problematik. Zudem ergibt sich für den Juristen die Frage, wie er die spezifische wirtschaftspolitische Zielsetzung mit anderen – spezifisch rechtlichen – Zielsetzungen in Übereinstimmung bringen muß, wie er gegebenenfalls Konflikte zu lösen hat.

2.9.1. Wirtschaftspolitische Zielkataloge

Die theoretische und die praktische Wirtschaftspolitik haben *Zielkataloge* solcher zentralen wirtschaftspolitischen Ziele zusammengestellt, die simultan verwirklicht werden sollen.[12] Der gängige Zielkatalog umfaßt folgende Ziele (PÜTZ 1971, 40):

- Geldwertstabilität,

---

12 Eine Zusammenfassung der Diskussion findet sich bei TUCHTFELDT 1975, 471–478.

– Zahlungsbilanzausgleich,
– Vollbeschäftigung,
– Wachstum,
– gerechte Einkommensverteilung.

Das Gesetz zur Förderung der Stabilität und des Wachstums der Wirtschaft vom 8. Juni 1967[13] nennt in § 1 vier wirtschaftspolitische Ziele, die für die Politik von Bund und Ländern als verbindlich erklärt werden:

Bund und Länder haben bei ihren wirtschafts- und finanzpolitischen Maßnahmen die Erfordernisse des gesamtwirtschaftlichen Gleichgewichts zu beachten. Die Maßnahmen sind so zu treffen, daß sie im Rahmen der marktwirtschaftlichen Ordnung gleichzeitig zur Stabilität des Preisniveaus, zu einem hohen Beschäftigungsgrad und außenwirtschaftlichem Gleichgewicht bei stetigem und angemessenem Wirtschaftswachstum beitragen.

Dieser Zielkatalog (Preisniveaustabilität, hoher Beschäftigungsgrad, außenwirtschaftliches Gleichgewicht, stetiges und angemessenes Wirtschaftswachstum) wird meist als *magisches Viereck* bezeichnet.[14] Der Zusatz «magisch» leitet sich aus der Überlegung ab, daß die genannten Ziele interdependent sind und der Versuch, ein Ziel zu erreichen, zwangsläufig zur Beeinträchtigung der Realisierung der anderen Ziele führt. Neben diesem Problem der *Zielkonflikte* (dazu näher unten 2.9.2) taucht die Frage nach den Zielen dieser Ziele auf. Dieses Problem ist für den Juristen deshalb relevant, weil sich auf diese Art und Weise die Abwägung wirtschaftspolitischer und «juristischer» Ziele leichter durchführen läßt. Beim Ziel *Vollbeschäftigung* (hoher Beschäftigungsgrad) stehen etwa sozialpolitische Aspekte im Vordergrund, beim Ziel *Preisniveaustabilität* geht es unter anderem um Fragen der Verteilungsgerechtigkeit. Das Ziel *Wirtschaftswachstum* greift über den Aspekt Wirtschaft selbst hinaus (dazu oben 1.3) und wirft die Frage nach dem Ziel des Wirtschaftens auf. Es stellt sich also die Frage, ob es sinnvoll ist, in einen Zielkatalog nur solche Ziele aufzunehmen, die sich eindeutig auf den Aspekt Wirtschaft beziehen, oder auch darüber hinausgreifende. Beispiele für weiter ausholende Zielkataloge finden sich etwa bei Bernholz (1972, 26ff.) und Giersch (1960, 68):
– Freiheit,
– Frieden,
– Gerechtigkeit,
– Sicherheit,
– Wohlstand.

Zinn (1974, 55) gibt den wirtschaftspolitischen Zielen ihrerseits einen gesellschaftspolitischen Zielkatalog vor, der die Ziele *Gerechtigkeit, Ordnung* und *Bedarfsdeckung* enthält. Von Tinbergen, der auf die *Wohlfahrt*

13 BGBl. I, 582, geändert durch Art. 12 des Finanzanpassungsgesetzes vom 30. 8. 1971, BGBl. I, 1426.

14 Vgl. A. E. Ott 1967, 93–114.

als Oberziel abstellt (Wirtschaftspolitik, 1972, 50), werden folgende Faktoren genannt, die in die *Wohlfahrtsfunktion* eingehen (51):

(a) Faktoren, die das individuelle materielle und geistige Wohlergehen bestimmen, wie z. B. die Menge der verfügbaren Güter (Nahrung, Wohnraum usw.), der dafür notwendige Aufwand, die Bildungschancen, das Recht zur Mitwirkung an Entscheidungen;

(b) Faktoren, die die Beziehungen zwischen den Individuen bestimmen, wie z. B.
   (1) der dem einzelnen zugestandene Freiheitsgrad,
   (2) die Häufigkeit von Konflikten bzw. der Grad des sozialen und internationalen Friedens und
   (3) die positiven Faktoren in den sozialen Beziehungen, z. B. der Grad der Gerechtigkeit oder das «soziale Klima».

Die Nähe solcher Zielkataloge zu den Wertabwägungen, die von Juristen vorzunehmen sind, wird besonders bei TINBERGEN deutlich, der als Beispiel für die weitere Zielkonkretisierung (51) «die Aufrechterhaltung bestimmter verfassungsmäßiger Rechte» nennt und dabei auf die Menschenrechtserklärung der Vereinten Nationen (Universal Declaration of Human Rights, U.N. Publ. 1949/1.3) verweist. Als direkte Ziele der Wirtschaftspolitik nennt er (56f.):

- Erhaltung des internationalen Friedens,
- maximale Realausgaben pro Kopf bei «Voll»-Beschäftigung und monetärem Gleichgewicht,
- Verbesserung der Verteilung des Realeinkommens oder der Realausgaben auf soziale Gruppen und Länder,
- Emanzipation gewisser nicht gleichberechtigter Gruppen,
- so viel persönliche Freiheit, als mit den übrigen Zielen vereinbar ist.

Dieser Zielkatalog unterscheidet sich in einem wesentlichen Aspekt von den zuvor diskutierten, indem er nicht auf die Wirtschaftspolitik einer *Volkswirtschaft* abstellt, sondern auf diejenige der *Weltwirtschaft*.

Da es kein Kriterium dafür gibt, welche Ziele sinnvollerweise in einen Zielkatalog aufzunehmen wären und welche nicht, wird der Jurist sich zwar an den genannten Hauptzielen orientieren; zugleich ist er aber frei, soweit eine abschließende Zielaufzählung nicht in Gesetzesform vorliegt, weitere Ziele soweit zu berücksichtigen, als sie mit den rechtlichen Wertungen in Einklang stehen. Ob Zielkataloge überhaupt für juristische Abwägungen geeignet sind, hängt davon ab, wie Zielkonflikte (Zielinkompatibilitäten) zu behandeln sind.

2.9.2. Zielinkompatibilitäten

Die wirtschaftspolitische Diskussion um Zielinkompatibilitäten[15] hat in der juristischen Diskussion um Güter- und Interessenabwägung ihre Entspre-

15 Dazu BAUMGARTEN/MÜCKL 1968; KNIPS 1970; HALLER 1973; TUCHTFELDT 1975, 471–478.

chung. In der Ökonomie wird zum einen danach gefragt, wie eine wirtschaftspolitische Entscheidung bei sich ausschließenden Zielen rational getroffen werden kann; zum anderen wird gefragt, wie diese Entscheidung, wenn Rationalität nicht voll erreichbar ist, *intersubjektiv nachprüfbar* gemacht werden kann. Voraussetzung dafür ist eine *Operationalisierung* der verwendeten Begriffe. Die Bundesregierung hat im Jahreswirtschaftsbericht 1969 bezüglich der in § 1 StWG genannten Ziele einen ersten Schritt in dieser Richtung getan, indem sie die Ziele quantifizierte:[16]

(a) *Vollbeschäftigung* (hoher Beschäftigungsgrad): «Arbeitslosenquote (Anteil der Zahl der Arbeitslosen an der Zahl der abhängigen Erwerbspersonen) von 0,8 % bei normalem Winterwetter.»

(b) *Preisniveaustabilität:* «Differenz zwischen der Zunahme des nominalen Bruttosozialprodukts und dem Wachstum des realen Bruttosozialprodukts von 1 %. Ein Unterschied zwischen der nominalen und der realen Zuwachsrate des Bruttosozialprodukts (Deflationierungsfaktor) von 1 % ergibt sich zu einem großen Teil aus den Berechnungsmethoden der volkswirtschaftlichen Gesamtrechnung und den ihnen zugrunde liegenden Preisstatistiken. Diese Größenordnung bedeutet praktisch eine Stabilität des ‹Niveaus› der Marktpreise bei entsprechenden Verschiebungen in der Preisstruktur.»

(c) *Außenwirtschaftliches Gleichgewicht:* «Anteil des Außenbeitrages am Bruttosozialprodukt von 1,5 %. Ein solcher Anteil ist notwendig, wenn die Bundesrepublik ihre Verpflichtungen für Übertragungen an die übrige Welt und Kapitalexporte erfüllen will.»

(d) *Angemessenes Wirtschaftswachstum:* «Zuwachsrate des realen Bruttosozialprodukts von 4 %. In Anbetracht der vorhandenen und verfügbaren Produktionsgrundlagen – insbesondere der abzusehenden Arbeitsmarktlage – erscheint ein Wachstum . . . von 4 % als angemessen, um die übrigen erwähnten Ziele zu erreichen.»

Sind die Ziele quantifiziert, so läßt sich ein zweiter Schritt durchführen, in dem festgelegt wird, welche quantitative Verschlechterung bei der Erreichung eines Ziels durch die Verbesserung bei der Erreichung eines anderen Ziels aufgewogen wird. Durch ein solches Verfahren wird die Entscheidungsfähigkeit wirtschaftspolitischer Instanzen trotz der Existenz von Zielinkompatibilitäten erhöht. Zugleich wird aber deutlich, daß die möglicherweise strittigen Wertentscheidungen lediglich verlagert worden sind, nämlich auf die Ebene der Operationalisierung selbst. Dies ist für den Juristen insofern von Belang, als die Wertentscheidung nicht im gerichtlich zu überprüfenden Einzelfall getroffen wird, sondern generell-abstrakt im Vorgang der Zieloperationalisierung. Es fragt sich, ob diese wie in einem «Normenkontrollverfahren» der juristischen Überprüfung offensteht.

Die Frage von Zielinkompatibilitäten läßt sich neu formulieren, wenn man auf die Problematik der Zweck-Mittel-Relation (oben 2.8) zurückgreift.

---

16 Jahreswirtschaftsbericht 1969 der Bundesregierung, Bundestagsdrucksache V/3786 vom 31. Januar 1969, 35; auszugsweise abgedruckt bei SCHMAHL 1970, 20; grundsätzlich zu den Quantifizierungsproblemen wirtschaftspolitischer Ziele BAUMGARTEN/MÜCKL 1968.

Soll eine konkrete wirtschaftspolitische Entscheidung getroffen werden, so können verschiedene Lösungsmöglichkeiten durchgespielt werden. Diese können sowohl bezüglich ihrer Problemlösungskapazität als auch bezüglich ihrer Zielimplikationen beurteilt werden. Die Frage der Zielinkompatibilitäten stellt sich auf der konkret-politischen Ebene anders dar als auf der abstrakt-generellen. Dazu ein Beispiel:

Die Exportüberschüsse eines Landes mögen so groß geworden sein, daß die Handelspartner auf Abhilfe drängen. Die beteiligten Länder hatten sich gegenseitig international verpflichtet, das Ziel «Außenwirtschaftsgleichgewicht» anzustreben.

Für die Regierung des betroffenen Landes ergibt sich die Dilemmasituation, daß eine drastische Senkung der Exportüberschüsse zu Arbeitslosigkeit führen könnte. Sie kann die beiden Ziele «Außenwirtschaftsgleichgewicht» und «Vollbeschäftigung» nicht gleichzeitig realisieren. Die abstrakt-generelle Abwägung gibt keinen Anhaltspunkt für die praktische Wirtschaftspolitik.

Eine Expertenkommission legt verschiedene Problemlösungsvorschläge vor:

Vorschlag (1): Der Wechselkurs der einheimischen Währung wird heraufgesetzt. Verteuerung von Exporten und Verbilligung von Importen führt zu einer drastischen Senkung der Exportüberschüsse. Die Kapazitätsauslastung der einheimischen Industrie sinkt. Die Arbeitslosigkeit steigt um 1 %.

Vorschlag (2): Es wird eine Exportsteuer eingeführt. Die Exporte sinken. Gleichzeitig sinken auch die Importe, da das frei werdende Exportangebot zum Teil auf dem Inlandsmarkt abgesetzt wird. Die Exportüberschüsse gehen zurück. Die Arbeitslosigkeit steigt um 0,5 %.

Vorschlag (3): Ein Infrastrukturprogramm der Regierung – finanziert durch Kreditaufnahme auf dem internationalen Kapitalmarkt – erhöht die Importe und lenkt einen Teil der Exporte auf den inländischen Markt um. Die Arbeitslosigkeit bleibt konstant. Die Staatsverschuldung steigt an. Das Preisniveau steigt um 1 %.

Die Diskussion der konkret-politischen Lösungsvorschläge erlaubt es, zum einen die jeweilige Wirksamkeit der genannten Maßnahmen zu überprüfen, zum anderen die jeweilige Kombination der unterschiedlichen Zielerreichung zu bewerten. Es wird also eine Wertentscheidung für den Einzelfall getroffen. Diese Art der Entscheidung entspricht weitgehend der juristischen Interessen- und Güterabwägung, mit dem einzigen Unterschied, daß Interessen und Güter in wirtschaftlichen Kategorien gemessen werden. Dies enthebt allerdings den Entscheidenden nicht der Problematik, diese wirtschaftliche Messung ihrerseits wiederum auf gesellschaftliche Wertungen hin zu untersuchen, wie es etwa durch die Erweiterung der wirtschaftspolitischen Zielkataloge durch außerwirtschaftliche Ziele (dazu oben 2.9.1) ermöglicht wird. Für den Juristen bringt diese Problematik eine zusätzliche Aufgabe mit sich: Er muß, soweit rechtsförmige Mittel der Wirtschaftspolitik eingesetzt werden (etwa Gesetze), für diese *Wirkungsanalysen* erarbeiten (Kirchner 1975, 19; Jahr 1964, 16–21). Auf dieser Grundlage ist dann zwar keine völlig rationale Abwägung möglich, aber doch eine transparente, intersubjektiv nachprüfbare. Wieweit sich damit die Methoden der Wirtschaftswissenschaft und der Rechtswissenschaft entsprechen bzw. ergänzen, soll unter 3.3 erörtert werden.

3. Wirtschaftswissenschaft

Regelt der Jurist Wirtschaft, so kann er dies nur dann sinnvoll tun, wenn ihm die wirtschaftlichen Funktionszusammenhänge bekannt sind (COING 1964, 2; KRÜSSELBERG 1973). Er ist dabei auf die Wirtschaftswissenschaft angewiesen; zugleich aber ergibt sich zwischen Rechts- und Wirtschaftswissenschaft ein Spannungsverhältnis, denn beide untersuchen bei der Regelung von Wirtschaft ein und dasselbe Phänomen unter unterschiedlichen Aspekten und möglicherweise verschiedenen Wertprämissen und Zielsetzungen.

Da auf die rechtswissenschaftliche Methode im Zusammenhang mit der Frage nach dem Wirtschaftsrecht und seiner Methode in Kapitel III näher eingegangen wird, genügt hier ein kurzer Abriß der wirtschaftswissenschaftlichen Problematik.

3.1. *Wirtschaftswissenschaft als empirische Realwissenschaft*

Geht es in der Wirtschaftswissenschaft um die Erarbeitung prognosefähiger Aussagen über die Wirtschaft, um sogenannte «synthetisch-nomologische» Aussagen, so läßt sie sich als empirische Realwissenschaft kennzeichnen. Nach diesem Verständnis von Wirtschaftswissenschaft[17] sind Aussagen über Realität intersubjektiv nachprüfbare Sätze, die so lange verwendet werden, als sie nicht falsifiziert sind.

3.2. *Wirtschaftswissenschaft als präskriptive Realwissenschaft*

Wirtschaftswissenschaft kann auch in der Weise betrieben werden, daß sie zum einen von bestimmten Wertprämissen ausgeht – etwa der Erfüllung des ökonomischen Prinzips (so PÜTZ 1971, 4) – und zum anderen Aussagen darüber macht, welcher Zustand einem anderen vorgezogen wird.[18] In diesem Fall sind die betreffenden Aussagen präskriptiver Art.

Versteht sich Wirtschaftswissenschaft als präskriptive Realwissenschaft, so wird sie in ihrer Funktion der Politikberatung nicht lediglich Handlungsalternativen aufzeigen wollen, sondern versuchen, die «richtige» Lösung anzubieten. Ob eine derartige *wissenschaftliche* Handlungsbegründung möglich ist oder nicht, ist strittig.[19] Der darum geführte Streit wird wesentlich von der Frage abhängig, welche Art von Aussagenbegründung man als

---

17 Zu dieser Auffassung zuletzt ALBERT 1976, 4674–4692.

18 Zu dieser Auffassung vgl. GIERSCH 1960, 42–55; MYRDAL 1971; RIESE 1975, 65–81; TEICHMANN 1976, 1–5.

19 Dazu die beiden grundlegenden Sammelwerke: ADORNO/ALBERT/DAHREN-

«wissenschaftlich» ansieht und welche nicht. Diese Frage muß hier nicht entschieden werden.

3.3. *Wirtschaftswissenschaft und Rechtswissenschaft*

Begreift man *Wirtschaftswissenschaft* als *empirische Realwissenschaft*, so läßt sich ein bruchloses Nebeneinander von Wirtschafts- und Rechtswissenschaft so konstruieren, daß man die Rechtswissenschaft ausschließlich auf den normativen, die Wirtschaftswissenschaft ausschließlich auf den Tatsachenbereich verweist (so COING 1964, 1 f.). Dieser einfachen Zuordnung widersprechen zwei Ergebnisse der bisherigen Erörterung (vgl. 2.9.2): In der Diskussion wirtschaftspolitischer Fragestellungen geht es nicht allein um empirisch nachprüfbare Aussagen, sondern auch um die Wertimplikationen verschiedener Problemlösungsstrategien. In der rechtswissenschaftlichen Diskussion geht es nicht allein um Wertungsfragen, sondern auch um die tatsächlichen Auswirkungen rechtlicher Regelungen und deren Bewertung. Das Zuordnungsverhältnis von Wirtschafts- und Rechtswissenschaft stellt sich hier also so dar, daß es die Wirtschaftswissenschaft vornehmlich mit der Klärung wirtschaftlicher Funktionszusammenhänge und mit der intersubjektiv nachprüfbaren Diskussion der wirtschaftspolitischen Zielproblematik zu tun hat, die Rechtswissenschaft mit der empirischen Wirkungsanalyse von Recht und der rechtlichen Wertungsproblematik.

Wird *Wirtschaftswissenschaft* als *normative Wissenschaft* begriffen, so liegt es nahe, der Rechtswissenschaft die Rolle einer Hilfswissenschaft zuzuweisen. Sie hat dann die Frage zu beantworten, wie die «richtige» wirtschaftspolitische Lösung mit minimalen Nebenfolgen zu realisieren ist. Diese Nebenfolgen betreffen die spezifischen Funktionsweisen der Rechtsordnung, über die Wirtschaftswissenschaft von Rechtswissenschaft beraten wird. Rechtliche Wertungen müssen sich entweder denjenigen im Bereich der Wirtschaftswissenschaften unterordnen, oder die auftretenden Brüche müssen über die Konstruktion einer umfassenden normativen Sozialwissenschaft geheilt werden. In dieser umfassenden Sozialwissenschaft wären dann jeweils Wirtschafts- und Rechtswissenschaft ihrerseits für bestimmte interdependente Teilaspekte zuständig. Diese Zuordnungsart von Rechts- und Sozialwissenschaft ist bisher nicht realisiert. In der Praxis würde sie auf die Schwierigkeit stoßen, daß die Rechtswissenschaft in ihrem Beitrag zu einer umfassenden normativen Sozialtheorie deshalb nicht frei erscheint, weil sie ihrerseits in einem konkreten Rechtssystem auf die politisch qua Verfassung niedergelegten Grundwerte festgelegt ist.

---

dorf/Habermas/Pilot/Popper 1969; TOPITSCH 1970; weitere Literaturhinweise bei ALBERT 1976.

II. Kapitel
Staat und Wirtschaft – Entwicklung zur Interdependenz

1. Stellungnahmen und Problemfragen

«Die Staatsverfassung wird um so dauerhafter sein, wenn sie den allgemeinen Wohlstand auf die Ermunterung des Ackerbaus gründet. Handlungen und Fabriken verdienen zugleich eine tätige Beförderung.» Carl v. Dalberg 1795, 27

«Der Staat enthalte sich aller Sorgfalt für den positiven Wohlstand der Bürger, und gehe keinen Schritt weiter, als zu ihrer Sicherstellung gegen sich selbst und gegen auswärtige Feinde notwendig ist; zu keinem anderen Endzwecke beschränke er ihre Freiheit . . .» Wilhelm v. Humboldt 1792 (veröffentlicht 1851), 34

«Der Reaktion war die Bedeutung der politischen Macht immer klar, auch dann, wenn sie sich die liberale Staats- und Wirtschaftstheorie aneignete; die Theorie der Nichtintervention des Staates ist von der Reaktion erst dann akzeptiert worden, als der Staat begann, demokratisch zu werden. Da die Ökonomie den Staat braucht, will sie einen Staat, der die politischen Machtverhältnisse nicht antastet . . .» Franz Neumann 1955, 178

«Die Polykratie der öffentlichen Wirtschaft gewinnt dadurch ihre eigentliche Bedeutung, daß sie mit dem pluralistischen Auseinanderbrechen eines parlamentarischen Gesetzgebungsstaates bei gleichzeitiger intensivster Entwicklung des Staates zum Wirtschaftsstaat zusammentrifft . . .» – Im Staat von Weimar bestehe eine offensichtliche Diskrepanz: «Ein Wirtschaftsstaat, aber keine Wirtschaftsverfassung.» Carl Schmitt 1931, 98

«Die Übersicht über die Befindlichkeiten der Bundesrepublik läßt keinen Zweifel daran zu, daß sie kein Staat im hergebrachten Sinne des Begriffs mehr ist . . . Das Konkret-Allgemeine hat keine Instanz mehr. Der Schutz der Interessen Aller reicht so weit wie die jeweiligen mehrheitlichen Konsense, die in den Gruppierungen der organisierten Interessen zustande kommen . . . Der harte Kern des heutigen sozialen Ganzen ist nicht mehr der Staat, sondern die Industriegesellschaft, und dieser harte Kern ist durch die Stichworte Vollbeschäftigung und Steigerung des Sozialprodukts bezeichnet . . .» Ernst Forsthoff 1973, 158, 159, 164

«Würden wir heute das Wirtschaftsrecht etwa definieren als Verantwortlichkeit des Staates für den Wirtschaftsbereich unter Wahrung der Verfassung, ich bin sicher, daß allein das Wort Staat *Schreckgespenste der Unfreiheit, des Kollektivismus, des bürokratischen Moloch, kurz des neuen Leviathan heraufbeschwört. Und doch wäre der Sache nach nichts anderes gesagt, als daß sich ein Gemeinwesen unter Wahrung sowohl der Einzelbürgerrechte wie auch der Gemeinwohlbelange im Rahmen der Verfassung und durch demokratischen Willenbildungs- und Entscheidungsprozeß bemüht, den optimalen Wirtschaftsablauf zwischen Produktion und Konsumtion zu gewährleisten.»* Rudolf Wiethölter 1965, 54

«Die im Laufe der Neuzeit rapide ansteigende Komplexität der Gesellschaft stellt in wohl allen Sinnsphären, so auch im Recht, neuartige Probleme . . . Die Teilsysteme der Gesellschaft werden mehr als zuvor voneinander abhängig: die Wirtschaft von

politischen Garantien und Steuerungsentscheidungen und die Politik vom wirtschaftlichen Erfolg, die Wissenschaft von Finanzierungen und von Planungsfähigkeiten der Politik, die Wirtschaft von wissenschaftlicher Forschung, die Familie vom wirtschaftlichen Gelingen der politischen Vollbeschäftigungsprogramme, die Politik von den Sozialisationsleistungen der Familie usw. Zugleich müssen aber die Teilsysteme, um je ihre Funktion konstant und zuverlässig bedienen zu können, gegen für sie unbeherrschbare Fluktuationen in je anderen Bereichen geschützt werden. Abhängigkeiten und Unabhängigkeiten der Teilsysteme voneinander nehmen zugleich zu. Im Prinzip ist das möglich, weil die Hinsichten zunehmen, in denen man abhängig und unabhängig sein kann; im einzelnen aber ergeben sich mannigfache Reibungen und Ausgleichungsbedürfnisse, deren Bewältigung dem Recht abverlangt wird.» NIKLAS LUHMANN 1972, 190, 192

Eine historische Reihe von Aussagen zum Verhältnis von Staat und Wirtschaft – Meinungen und Feststellungen, die weitere Orientierung verlangen. Wirtschaftsrecht – so lautet im ersten Kapitel die Eingangsfeststellung – betrifft die *Regelung von Wirtschaft.* Welche Rolle spielt der Staat bei der Regelung von Wirtschaft? Läßt sich das Problem in der Formel von RINCK (1977, 9) zusammenfassen: «Sobald der Staat es unternimmt, die Wirtschaft zu beeinflussen, entsteht Wirtschaftsrecht»? Ist Wirtschaftsrecht allein unter dem Gesichtspunkt der «staatlichen Einwirkungen auf die Wirtschaft»[1] zu begreifen?

1.1. *Erfassung des «neuen» Wirtschaftsrechts nach 1918*

Im juristischen Sprachgebrauch setzt sich der Terminus *Wirtschaftsrecht* erst nach dem Ersten Weltkrieg durch.[2] Mit dem Weltkrieg habe ein neuer Abschnitt der Rechtsentwicklung begonnen, so lautet der Grundtenor der ersten Darstellungen der Materie. «Das neue deutsche Wirtschaftsrecht – Eine systematische Übersicht über die Entwicklung des Privatrechts und der benachbarten Rechtsgebiete seit Ausbruch des Weltkriegs», so überschreibt ARTHUR NUSSBAUM 1920 den ersten Grundriß des «im Wirtschaftsleben geltenden Rechts». Das Einleitungskapitel über «die Umbildung des Privatrechts» bietet eine zeitgenössisch repräsentative Einschätzung der veränderten Situation:

«Ohne Zweifel hat mit dem Weltkriege für die ganze Kulturwelt ein neuer Abschnitt der Rechtsentwicklung begonnen. Das gilt zumal für Deutschland. Zwar wirken die Ereignisse der deutschen Kriegs- und Nachkriegsgesetzgebung heute in

1 Vgl. den Titel der umfassendsten Aufsatzsammlung zum Wirtschaftsrecht im Zeitraum 1946–1970: SCHEUNER (Hg. und Einl.) 1971. Instruktiv für die Epoche von 1920–1933: KLAUSING 1931; für 1920–1945 der rechtfertigende Beitrag von HEDEMANN 1959; Zentralprobleme des Wirtschaftsrechts seit 1949 sind beispielhaft behandelt in der Aufsatzsammlung von L. RAISER 1977.

2 Zur eher unsystematischen Verwendung von Wirtschaftsrecht vor 1918 im einzelnen PIEPENBROCK 1969; SCHLUEP 1968, 25.

ihrer Gesamtheit zunächst noch chaotisch. Die Formen der ordentlichen Gesetzgebung erscheinen aufgelöst, und die Zahl der auf mehr oder minder anormalem Wege erlassenen Verordnungen geht in die Tausende. Immerhin sind in diesem Chaos bereits die ersten Spuren eines neuen Werdens zu erkennen.

Der am schärfsten hervortretende Zug im Gesamtgebilde ist die energisch einsetzende Sozialisierung des Rechtstoffs. Sie geht bei uns aus politischen und wirtschaftlichen Gründen rascher vor sich als in den siegreichen Ländern, aber sie ist im Grunde eine allgemeine Folge der ungeheuren Umwälzung.

In juristischer Hinsicht charakterisiert sie sich vornehmlich als eine Verschiebung der Grenzen zwischen öffentlichem und privatem Recht. Das öffentliche Recht ist in einem stürmischen, aber noch anhaltenden Vordringen begriffen. Zugleich aber zeigt das Privatrecht eigenartige Strukturveränderungen, die durch die Anpassung an die herrschende öffentlich-rechtliche Atmosphäre veranlaßt sind» (NUSSBAUM 1920, 1).

Ähnliche Bewertungen finden sich in den einleitenden Bemerkungen der Darstellung von ERNST HEYMANN, «Die Rechtsformen der militärischen Kriegswirtschaft als Grundlage des neuen deutschen Industrierechts» (1921) wie in den «Grundzügen des Wirtschaftsrechts» (1922) von JUSTUS WILHELM HEDEMANN, dessen wirtschaftsrechtliches Institut in Jena in den zwanziger Jahren zum Mittelpunkt wirtschaftsrechtlicher Forschung wird.

Der zeitgenössische Eindruck eines kriegsbedingten Umbruchs von der *Privatrechtsordnung* zum «öffentlichen» *Wirtschaftsrecht* hat die theoretische Erfassung der offensichtlich geänderten Beziehung zwischen Wirtschaft, Staat und Recht erschwert, wenn nicht verstellt. Wirtschaftsrecht stand zu allen traditionellen Einordnungsschemata des Zivilrechts und des Staats- und Verwaltungsrechts quer. War es der vorübergehende Sammelbegriff für eine Mode, ein Spuk der verhaßten Nachkriegsepoche? – So die Einschätzung des nationalkonservativen Lagers. War es Ausdruck eines neuen Realitätsbezugs von Recht, Vereinigung der zeitbestimmenden «dynamischen» Wirtschaft mit dem traditionellen bürgerlichen Recht? – So etwa HEDEMANN in der Linie der technokratischen «Organisatoren» der Kriegswirtschaft. Schließlich, war es eine erste Verwirklichung der Vision des Sozialdemokraten HUGO SINZHEIMER (1927/28, 149), daß die «Dämmerung der alten privatrechtlichen Götter angebrochen sei und die Morgenröte eines neuen sozialen Rechtszeitalters» heraufziehe?

Diese Fragen und ihre kontroversen Ausgangspunkte, die man bis in die heutige Diskussion hinein verfolgen könnte, zeigen, daß es nicht allein um einen quantitativ veränderten «Einfluß auf die Wirtschaft» geht, sondern daß Probleme eines auch *qualitativ* gewandelten Verhältnisses von Staat und Wirtschaft betroffen sind.

1.2. Problemfragen

Der strukturgeschichtliche Rückblick im zweiten Kapitel soll veranschaulichen, daß *Staat* und *Wirtschaft* nicht als abstrakte, vorgegebene Größen aufeinander bezogen werden können und sich dabei *Wirtschaftsrecht* sozusagen als funktionale Resultante ergibt. Vielmehr sind es *Entwicklungs- und Differenzierungsprozesse* im staatlich-politischen und ökonomischen Bereich, die in Deutschland seit Ausgang der Bismarckzeit den Begriff des Wirtschaftsrechts zunehmend in den Vordergrund der rechtlichen Entwicklung stellen. Zur Erläuterung dieses Zusammenhangs ist zunächst ein Rückgriff auf frühere historische Formen der Staatlichkeit und des Wirtschaftens und deren Verhältnis zueinander erforderlich, bevor auf den Aspekt der organisatorischen Ausdifferenzierung in einem wechselseitig abhängigen (*interdependenten*) Verhältnis von Staat und Wirtschaft eingegangen werden kann. Die historische Perspektive von Staat und Wirtschaft steht unter drei Problemfragen:

(1) *Welcher* Staat ergreift regelnde Aktivitäten?
(2) *Welche* Wirtschaft ist Bezugssystem der Regelung?
(3) Welche historischen *Qualifikationen* von Staatlichkeit und Wirtschaftsorganisation prägen die Problemstellung des «modernen» Wirtschaftsrechts?

2. Historische Grundrelationen zwischen Staat und Wirtschaft

(1) 1977 stellt die Bundesregierung gesetzgeberische Maßnahmen über die Erhebung einer Ausbildungsabgabe zurück, nachdem die Spitzenverbände der Wirtschaft erklärt haben, daß in den kommenden Jahren mit einer ausreichenden Kapazität an Ausbildungsplätzen zu rechnen sei.

(2) 1766 schlägt Friedrich der Große den Textilkaufleuten in Hirschberg vor, ihnen zur Erhöhung der Garnproduktion 1000 Kinder im Alter von zehn bis zwölf Jahren zu schicken, die beim Arbeitsgang des Spinnens eingesetzt werden sollten. Zur Verärgerung des Königs lehnen die Kaufleute das Angebot ab (Blaich 1973, 175).

Wenn von «wirtschaftsregelnden» Aktivitäten eines «Staates» die Rede ist, so könnte damit jede Betätigung einer wie auch immer verfaßten Regierungsgewalt verstanden werden, die Gemeinbelange der jeweiligen historischen Formen von Wirtschaften betrifft. Wo immer regelhafte, rechtsförmige Organisation dieser Verhältnisse auftritt – und dies ist nach Steininschriften bereits in den mesopotamischen Reichen der Fall (Berber 1973, 20) –, so wäre eine Rubrik «Wirtschaftsrecht» betroffen. Unter derartig weitem Blickwinkel hat beispielsweise Max Weber in seiner Rechtssoziologie spezielle historische Relationen von Staat/Recht und Wirtschaft im Rahmen eines allgemeinen Entwicklungsprozesses von Wirtschaft und Gesellschaft beschrieben (M. Weber 1922). Die Probleme, die heute mit dem juristischen Stichwort «Wirtschaftsrecht» umschrieben werden, beziehen sich freilich nicht auf beliebige Gesellschafts- oder Wirtschaftsformen, sondern auf qualifizierte Vorstellungen von Staatlichkeit und Wirtschaft, die ihren historischen Ursprung im europäischen Raum des 17. und 18. Jahrhunderts finden: Sie beziehen sich auf eine Vorstellung von *Staat*, die durch die Tendenzen der Säkularisation, Bürokratisierung und Gesetzlichkeit der Staatsorganisation und des Staatshandelns bestimmt ist (vgl. Krüger 1965, 37ff.). Sie betreffen eine Vorstellung von *Wirtschaft*, die historisch zunehmend als systematischer Regelungszusammenhang verstanden wird, der historisch zunehmend «rechenhaft-kapitalistisch» (M. Weber 1922) organisiert und durch das Vordringen der industriellen Fertigung gekennzeichnet ist.

Staat und Wirtschaft treten dabei in Abhängigkeiten, die durch die folgenden drei Grundrelationen dargestellt werden können:
- merkantile Staatslenkung,
- liberale Wirtschaftsautonomie,
- organisierte Interdependenz.

Diese aus der historischen Wirklichkeit abgeleiteten Grundrelationen sind modellhafte Abstraktionen. Sie stimmen nur teilweise mit den maßgebenden historischen wirtschaftspolitischen Konzeptionen überein, die gewöhnlich in der Reihenfolge Merkantilismus – Liberalismus – Sozialismus referiert werden (Schachtschabel 1976, 39–63, Smelser 1968, 16–22). Während also die ersten beiden Relationen an die historischen wirtschaftspolitischen Konzeptionen des Merkantilismus und Liberalismus anschließen, soll hier die nachliberale Epoche insgesamt unter dem Stichwort *organisierte Interdependenz* zusammengefaßt werden. Dies, um zu kennzeichnen, daß die heute praktizierten wirtschaftspolitischen Konzeptionen bei allen Gegensätzen in den Basisentscheidungen (dazu vorn S. 39ff.) durch ein einheitliches Merkmal des organisierten, regelhaft erfaßbaren *Wechselbezugs* zwischen «staatlichen» und «wirtschaftlichen» *Perspektiven* geprägt sind. Dagegen geht es nicht um die Übernahme der Vorstellung einer Interdependenz von selbständig verfaßten *Ordnungen* von «Staat» und «Wirtschaft», die EUCKEN (1968, 325ff., 332) zur Grundlage der neoliberalen Theorie erhoben hat.

2.1. *Merkantile Staatslenkung*

Die ersten praktizierten Versuche, theoretische Annahmen über wirtschaftliche Zusammenhänge in die Zielsetzung staatlichen Handelns einzubeziehen, werden gewöhnlich als das *merkantilistische* Wirtschaftskonzept zusammengefaßt. Da in den deutschen Einzelstaaten das zentrale Organ der ursprünglich feudalen landesherrlichen Wirtschaftsadministration die fürstliche Hofkammer oder Rentenkammer war, bezeichnet man diese wirtschaftspolitischen Ansätze zu Beginn der kapitalistischen Wirtschaftsweise auch als Kameralismus.

2.1.1. Ausbildung des Steuerstaats

Merkantilismus ist «ein Komplex praktisch politischer, speziell wirtschaftspolitischer Methoden, Mittel und entsprechender Aktivitäten sowie eine Summe von mehr oder minder streng gefaßten Ansichten, Auffassungen, insbesondere auch von Ratschlägen, Regeln und Rezepten» (SCHACHTSCHABEL 1970, 50), die insgesamt auf die *Machtsteigerung* des Landesherrn *durch Steigerung der Staatseinkünfte* zielen. Die wirtschaftspolitischen Aktivitäten stehen im historischen Zusammenhang mit der territorialen Staatsbildung selbst. Wichtiges Merkmal ist die graduelle Ablösung überkommener Privilegien und feudaler Lasten zugunsten einer zentralen Steuererhebung.

> «Die Steuer hat der Staat nicht nur geschaffen. Sie hat ihn auch mitgeformt. Das Steuerwesen war das Organ, dessen Entwicklung die der anderen Organe mitzog. Mit der Steuerforderung in der Hand drang der Staat in die Privatwirtschaften ein, gewann er immer größere Herrschaft über sie. Und die Steuer bringt Geldwirtschaft und rechnenden Geist in Ecken, wo sie noch nicht hausen, und wirkt so formend auf den Organismus zurück, der sie entwickelt hat. Über ihre Art und Höhe entscheidet die soziale Struktur, aber sie wird, einmal da, eine Handhabe, an der soziale Mächte anfassen können, um diese Struktur zu ändern ...» (SCHUMPETER 1918, 1953, 17ff.).

2.1.2. Lenkung der Produktivbereiche

Die Staatstätigkeit im wirtschaftlichen Bereich geht jedoch über die Erhebung von Steuern hinaus. Zur Steigerung der Staatseinkünfte wacht eine zentrale Wirtschaftsbehörde über die Produktionsbetriebe in privater Hand. Der Souverän vergibt entsprechende Privilegien für Wirtschaftsbetriebe. Staatsbetriebe in Form von Domänen und Manufakturen werden errichtet und ausgebaut. Diese eher punktuellen Ansätze zur Hebung der Produktivkraft des Landes sind verbunden mit einer aktiven Geldumlauf- und Geldmengenpolitik. Die Kameralisten sehen die Rohstoffquellen und sonstigen Ressourcen des eigenen Territoriums als konstant und begrenzt an; daher steht der Gedanke im Vordergrund, daß der Reichtum des Staats nur auf Kosten des Reichtums eines anderen Landes vermehrt werden kann. Hieraus folgt die Forderung einer *aktiven Handelsbilanz*, zu deren Verwirklichung eine Reihe von Maßnahmen zur Förderung der Ausfuhr und Verhinderung der Einfuhr von Fertigwaren und zur Förderung der Einfuhr und Verhinderung der Ausfuhr von Rohstoffen vorgesehen werden. Alle diese Maßnahmen beziehen sich allerdings auf eine noch vorindustrielle Wirtschaft mit – soweit meßbar – kleinen Wachstumsraten, bei der die wesentlichen Produktionskapazitäten noch im Agrarbereich liegen. Das zu Anfang des Kapitels wiedergegebene Zitat des letzten Erzkanzlers des Reichs, CARL V. DALBERG, bezeichnet prägnant die merkantilistische Position.

Insgesamt ist das Verhältnis des Staats zur Wirtschaft bestimmt durch den deutlichen *Vorrang* des sich entfaltenden staatlichen Bereichs. Die Wirtschaftslenkung läuft letztlich in der Persönlichkeit des absoluten Herrschers zusammen, der den Staat der absolutistischen Theorie gemäß verkörpert und die Staatsziele mit Hilfe seiner Bürokratie bestimmt und durchsetzt.

2.2. Liberale Wirtschaftsautonomie

War der Merkantilismus «ein Konglomerat von Werturteilen, politischen Empfehlungen und Behauptungen über das Wesen der Wirtschaft» (SMELSER 1968, 16), so bietet die «klassische Nationalökonomie» des Liberalismus, insbesondere repräsentiert durch das Werk ADAM SMITHS und DAVID RICARDOS, einen umfassenden, theoretisch durchkonzipierten wirtschaftspolitischen Ansatz.

2.2.1. Theoretischer Ausgangspunkt

ADAM SMITH knüpft bei seiner Analyse des gesellschaftlich-ökonomischen Systems an das Bild der Maschinentechnik an:

«Systeme ähneln in vieler Hinsicht Maschinen. Eine Maschine ist ein kleines System, das dazu geschaffen ist, in der Wirklichkeit diejenigen verschiedenen Bewegungen und Effekte auszuführen und zu vermitteln, die der Konstrukteur im Sinne hat. Ein System ist eine imaginäre Maschine, entworfen, um in der Vorstellung diejenigen verschiedenen Bewegungen und Effekte zu vermitteln, die in der Wirklichkeit bereits zur Ausführung gelangt sind» (Übersetzung aus A. SMITH 1795, 44).

Grundlage der Theorie, die nicht nur das Verhältnis von Staat und Wirtschaft behandelt, sondern den gesamtgesellschaftlichen Zusammenhang deutet, ist das naturrechtlich abgeleitete Prinzip der freien Entfaltung des Individuums.

«Das Individuum wird als vernünftiges Wesen begriffen, das rational zu handeln in der Lage ist, damit auch selbständige politische Urteile zu fällen und wirtschaftliche Initiative zu entfalten vermag» (SCHACHTSCHABEL 1976, 41).

Der Staatszweck in der liberalen Theorie ist in Deutschland durch die eingangs zitierte klassische Formulierung WILHELM VON HUMBOLDTS in der Jugendschrift «Versuch, die Grenzen der Wirksamkeit des Staates zu bestimmen» (1792, veröffentlicht 1851) bezeichnet:

«Der Staat enthalte sich aller Sorgfalt für den positiven Wohlstand der Bürger, und gehe keinen Schritt weiter, als zu ihrer Sicherstellung gegen sich selbst und gegen auswärtige Feinde notwendig ist; zu keinem anderen Endzwecke beschränke er ihre Freiheit . . .» (HUMBOLDT 1792, 1957, 34).

Das «freie Spiel der Kräfte» (HUMBOLDT 1957, 27) wird als naturgesetzliche Entdeckung eines Funktionsmechanismus verstanden, der kraft seiner Einfachheit und Wirksamkeit der bürokratisch-hierarchischen Maßnahmepolitik des Kameralismus überlegen ist:

«Denn jede einschränkende Einrichtung kollidiert mit der freien und natürlichen Äußerung der Kräfte, bringt bis ins Unendliche gehende neue Verhältnisse hervor, und so läßt sich die Menge der Folgen, welche sie nach sich zieht (selbst den gleichmäßigsten Gang der Begebenheiten angenommen, und alle irgend wichtigen unvermuteten Zufälle, die doch nie fehlen, abgerechnet), nicht vorhersehen» (HUMBOLDT 1957, 31).

Steuerungskapazität und Effizienz der Summe der wirtschaftenden Individuen, oder anders ausgedrückt: der *bürgerlichen Gesellschaft*, werden mit der des absolutistischen Staates verglichen. Die Gegenüberstellung ergibt, daß die einzelnen *Wirtschaftsbürger* neben produktivem Vermögen auch die «richtige» Theorie besitzen und damit zugleich besser imstande sind, Informationen zu sammeln und zur Steuerung des ökonomischen Gesamtmechanismus zu verarbeiten. Entsprechend ist staatliches Handeln von dem *selbstregulativen* gesellschaftlichen Bereich auszuschließen.

2.2.2. Marktsteuerung

Grundlegendes Medium des liberalen Konzepts ist der *Markt*, auf dem die autonomen Wirtschaftsbürger die in zunehmender Arbeitsteilung produzierten Waren und Dienstleistungen nach dem Prinzip *vollständiger Konkurrenz* anbieten und vermitteln. Der Staat hat die *äußere Ordnung* des Marktgeschehens sicherzustellen. Positive Beiträge der grundsätzlich negativ bestimmten Staatlichkeit sind Wahrung des äußeren und inneren Friedens, Bereitstellung funktionsfähiger Zirkulationssysteme (Geld- und Währungsordnung, Kommunikations- und Verkehrssysteme), Eigentumsschutz und Gewährleistung des vertraglichen Versprechens.[3] Rechtlich bedeutet dies ein weitgehend «staatsfreies» Recht als «Verkehrsrecht» der Bürger untereinander, das sogenannte «bürgerliche Recht», sowie ein restriktiv gehandhabtes «Polizeirecht» und Strafrecht als Eingriffsrecht des Staates bei Ordnungsverstößen. Auch außenwirtschaftlich gelten die Grundsätze der Wirtschaftsautonomie. Der Liberalismus besteht auf dem Prinzip des Freihandels, dem Abbau von Handelsbeschränkungen aller Art.

2.2.3. Trennung von Staat und Gesellschaft

Nach allem ist Wirtschaft Teil der *Gesellschaft* und wird grundsätzlich vom *Staat* getrennt gesehen. An diese Trennung von Staat und Gesellschaft knüpft auch die grundsätzliche Scheidung zwischen öffentlichem Recht (Staatsrecht, Verwaltungsrecht, Steuerrecht, Strafrecht) und Privatrecht an (vgl. dazu näher EHMKE 1962, 23 ff.; BÖCKENFÖRDE 1976, 185 ff.).

2.2.4. Die deutsche Variante des bürokratiegetragenen Liberalismus

Die Durchsetzung der modellhaften Vorstellung einer bürgerlich-liberalen Wirtschaft stößt im Deutschland des 19. Jahrhunderts auf vergleichsweise restriktive Vorbedingungen. Eine offene liberale Politik ist hier nur in einer kurzen und späten Periode (etwa 1858–1879) nachzuweisen (vgl. FISCHER 1972, 60ff.; WEHLER 1975, 30ff.). Dies gilt nicht nur für Preußen, sondern auch für die gewöhnlich als liberal angesehenen süddeutschen Staaten. Die deutsche Situation ist insgesamt gekennzeichnet durch eine *Mischung von politischem Konservativismus und einer grundsätzlich liberal eingestellten Verwaltung* (FISCHER 1972, 62). Praktizierte liberale Vorstellungen gehen jedoch nie so weit, daß der Staatsvorrang geleugnet wird; Liberalisierung der tragenden ökonomischen Bereiche erfolgt *von oben*.[4]

---

3 Zu den sozialen, wirtschaftlichen und politischen Voraussetzungen der Vertragsfreiheit in England, Frankreich und Preußen GRIMM 1977.

4 Neben FISCHER 1972 und WEHLER 1975 informieren über die *Wirtschafts- und*

Für die deutsche Variante eines *bürokratiegetragenen* oder *gouvernementalen* Wirtschaftsliberalismus waren zwei Faktoren entscheidend: Erstens hatte Deutschland, anders als die westeuropäischen Staaten England und Frankreich, keine erfolgreichen bürgerlichen Revolutionen, die die politisch-institutionellen Vorbedingungen des Liberalismus geschaffen hätten. Zweitens setzt die entscheidende Aufschwungphase zur Hochindustrialisierung in Deutschland erst 1850 ein, also erst 70 Jahre später als in England. Noch bis Ende der siebziger Jahre des 19. Jahrhunderts ist in Deutschland der Agrarsektor bestimmend; erst gegen Ende der Bismarck-Ära überschreitet die Beschäftigtenzahl der Industrie die der Landwirtschaft (Böhme 1976, 85).

Der Sozialhistoriker Wolfram Fischer faßt den historischen Tatbestand wie folgt zusammen:

«Deutschland war zwar industrialisiert, nicht aber liberalisiert und demokratisiert worden . . . (64). Es mag überraschen, wenn hier angedeutet wird, die Industrialisierung Deutschlands sei unter nicht-liberalen Bedingungen vor sich gegangen. War nicht das Wilhelminische Deutschland ein vollgültiger Partner der liberalen Weltwirtschaft des späten 19. und frühen 20. Jahrhunderts? Hielt es sich nicht an die von diesem System entwickelten Spielregeln wie freien Güter-, Geld- und Menschenverkehr, Goldstandard und Vertragsfreiheit? Waren seine großen Industrien, Banken und Landgüter nicht im Privatbesitz? Enthielten sich nicht Reich und Bundesstaaten aller lenkenden Eingriffe in den Wirtschaftsablauf? Waren nicht die Arbeiter von aller Form der Mitbestimmung ausgeschlossen, lediglich passive Partner der bestimmenden Unternehmerschaft? Das alles ist richtig, und doch erkennt man bei genauerem Zusehen, daß der Obrigkeitsstaat in Deutschland nicht verschwunden war, daß Reste von Bevormundung des Bürgers blieben, daß aber, um es positiv zu wenden, der Staat auch die ordnungsetzende Macht geblieben war, die um des Allgemeinwohls und auch der Staatsraison willen sich nie so weit von der Wirtschaft entfernt hatte, daß es ihm nicht möglich gewesen wäre, im Ernstfall ihre Weichen zu stellen» (65).

2.2.5. Wandlungen des Rechtssystems

Während sich in Frankreich mit der revolutionären Gesetzgebung *(Code civil, Code de commerce, Code pénal)* liberale Prinzipien bereits zu Beginn des Jahrhunderts durchsetzten, registriert Werner Sombart in seinem Rückblick «Die deutsche Volkswirtschaft im 19. Jahrhundert» (1909) eine «innerliche Wandlung, die das Rechtssystem während des 19. Jahrhunderts erfahren hat». Das «moderne Wirtschaftsrecht» – Sombart meint hier das *liberale* Wirtschaftsrecht – stelle «ein System individueller Freiheitsrechte

---

Sozialgeschichte Deutschlands der Sammelband von Wehler 1968, von Conze 1972, die wirtschaftsgeschichtlichen Darstellungen von Harder 1976, Henning 1973, Mottek 1971, Rübberdt 1972 sowie speziell zu Recht und Verwaltung im Preußen des Vormärz Koselleck 1967.

dar» (139). Seine Aufzählung enthält im einzelnen die Freiheitsrechte Gewerbefreiheit, Vertragsfreiheit, Eigentumsfreiheit in den Formen der Verwendungsfreiheit, der Veräußerungsfreiheit und der Verschuldungsfreiheit, weiter die Vererbungsfreiheit und schließlich den Schutz der wohlerworbenen Privatrechte.

Diese *innerliche Wandlung* zum praktizierten Liberalismus, die mit der erfolgreichen Zollvereinspolitik (Deutscher Zollverein, 1834), der Agarreform (in Preußen 1807–1850) und schließlich der formellen Bestätigung der Gewerbefreiheit durch die Gewerbeordnung für den Norddeutschen Bund von 1869 einhergeht, ist Ausdruck des *bürokratiegetragenen* Liberalismus. Zwischen den reformerischen Bürokraten und den führenden Juristen der Zeit besteht ein personeller und intellektueller Zusammenhang.

Herausragendes Beispiel ist das Haupt der Historischen Rechtsschule, FRIEDRICH CARL V. SAVIGNY, der als Rechtslehrer in Berlin das juristische, d. h. genauer: *zivilistische*, Denken nicht nur seiner, sondern auch von Folgegenerationen von Richtern, Anwälten und Staatsbeamten geprägt hat und zugleich als preußischer Minister für Gesetzgebung mit «wirtschaftsrechtlichen» Fragen befaßt war. V. SAVIGNY verkörpert eine widersprüchlich erscheinende Mischung von altständischem Traditionsbewußtsein und konsequent liberaler Rechtsdoktrin. Sein rechtspolitischer Grundansatz kann kaum genauer als mit dem Begriff der «innerlichen Wandlung» beschrieben werden. In der Auseinandersetzung mit dem Heidelberger Rechtslehrer THIBAUT, der als liberaler Politiker auf eine öffentliche Gesetzgebung im Sinne der liberalen französischen Kodifikationen drängte, spricht er seiner Zeit den «Beruf» zur Gesetzgebung ab. Andererseits entfaltet er in seinem «System des heutigen Römischen Rechts» (1840ff.) den Kanon der liberalen Zivilistik des 19. Jahrhunderts.

2.3. *Organisierte Interdependenz*

Wirtschaftsautonomie und liberales Verkehrsrecht tragen zwar das herrschende theoretische Konzept bis in die Doktrinbildung der Bundesrepublik Deutschland hinein. Dennoch ist im Rückblick eine Wende im Verhältnis von Staat und Wirtschaft bereits in dem Zeitpunkt festzustellen, in dem das gerade politisch geeinte Deutschland der Bismarck-Zeit den «Weg zur Großmacht» (BÖHME 1966) im mitteleuropäischen Raum vollendet. Die eigentümliche deutsche Konstellation einer eher unpolitischen *bürokratiegetragenen* liberalistischen Praxis bei Wahrung des *vorliberalen* «starken» Staates hat den verhältnismäßig frühen, aber dezidierten Übergang zur organisierten Interdependenz zwischen Staat und Wirtschaft begünstigt und zugleich schwer erkennen lassen. Der Umschwung ist äußerlich gekennzeichnet durch den Übergang BISMARCKS zur Schutzzollpolitik, die sich in den Zollgesetzen von 1879ff. niederschlägt.

Die moderne deutsche Sozialgeschichte faßt diese Wende unter dem Begriff des «organisierten Kapitalismus». Für die Beschreibung des Verhältnisses von Staat und Wirtschaft, die bisher mit den Merkmalen «Lenkung» und «Autonomie» beschrieben wurde, erscheint es angemessen, das folgende Verhältnis modellhaft als *interdepen-*

dent, als Verhältnis einer mehr oder minder geordneten Wechselbeziehung zu kennzeichnen.[5]

Strukturell verschiebt sich zu diesem Zeitpunkt die praktizierte Relation von Staat und Wirtschaft vom Prinzip der Staatsneutralität zum Prinzip der *zunehmend geregelten wechselseitigen Beeinflussung*. Der rechtliche Ausdruck der wechselseitigen Beeinflussung schlägt sich in einer Rechtsmaterie nieder, die von Juristen erst nach der Kriegswirtschaft 1914–1918 systematisch als «neues Wirtschaftsrecht» erkannt wird. Das gewandelte Verhältnis von Staat und Wirtschaft, das bis heute das Problem «Wirtschaftsrecht» bestimmt, ist mit dem häufig gebrauchten Schlagwort des *Staatsinterventionismus* nur halb bezeichnet. Grundlage des Denkens in Interventionsvorstellungen des Staates ist die liberale Annahme einerseits der *Staatsneutralität* in Wirtschaftsangelegenheiten, andererseits das konstitutionelle Konzept einer *Staatsvollkommenheit*, die nur einseitige Beziehungen zwischen Staatsobrigkeit und Staatsuntertan zuläßt.

Die Entstehung der Bismarckschen Schutzzollpolitik aus dem Zusammenspiel verbandsorientierter Interessen verdeutlicht, daß ein derartiges Konzept die Relationen von Staat und Wirtschaft des nunmehr hochindustrialisierten Deutschlands nicht mehr angemessen umschreibt. Hier kann man erstmals sagen, *daß der Staat ebenso in die Wirtschaft interveniert, wie die Wirtschaft ihre Belange zu Staatsbelangen macht.*

2.3.1. Einfluß von Interessengruppen und neue Qualität staatlicher Wirtschaftspolitik

Die Hochindustrialisierung mit wachsender Konzentration und Marktregulierung durch Kartelle geht einher mit einer zunehmenden überbetrieblichen Organisation von Interessenverbänden, insbesondere der Industrie (etwa: *Centralverband Deutscher Industrieller*, 1876), des Agrarbereichs (etwa: *Vereinigung der Steuer- und Wirtschaftsreformer*, 1876) und – unter einschränkenden Bedingungen – der Arbeiterschaft (*Sozialistische Arbeiterpartei, Gothaer Programm*, 1875) (vgl. Böhme 1976, 79; Brüggemeier 1977; Wehler 1975, 91). Die Schutzzollgesetze 1879 ff. entstehen im Rahmen einer faktischen «konzertierten Aktion» zwischen Reichskanzler, Agrariern und Industriellen *(Roggen und Stahl)*. Auch die folgende Sozialgesetzgebung (1883 Krankenversicherung, 1884 Unfallversicherung, 1889 Invaliditäts- und Altersversicherung; vgl. dazu näher Stolleis 1976, insbesondere 33 ff.), zunächst gepaart mit dem *Sozialistengesetz* (1878–1890), zeigt eine neue Qualität staatlicher Wirtschaftspolitik und Gesetzgebung.

5 Die *sozialhistorische* Diskussion ist zusammengefaßt in dem Sammelband: Organisierter Kapitalismus, Voraussetzungen und Anfänge, H. A. Winkler (Hg.) 1974; Anschluß an die wirtschaftsrechtliche Diskussion mit Quellenbelegen: Brüggemeier 1977, 1978.

Die Konstruktion eines *kollektiven* Versicherungssystems hat keine ausgeprägten Vorbilder in juristischen Mustern der herrschenden zivilistischen Doktrin. Erstmals erscheint rechtliche Regelung als *geplante Sozialtechnologie.* Die sich gerade etablierende universitäre Disziplin der theoretischen Wirtschaftspolitik greift in den politischen Entscheidungsprozeß ein. Bedeutsamstes Beispiel sind die Aktivitäten des *Vereins für Socialpolitik* (seit 1872/73; insbesondere G. v. SCHMOLLER, A. WAGNER, W. ROSCHER, L. BRENTANO; später auch M. und A. WEBER, W. SOMBART; vgl. dazu näher LINDENLAUB 1967, insbes. 29).

2.3.2. Aufbau der Wirtschaftsadministration

Auf der staatlichen Seite werden auf Veranlassung BISMARCKS ministerialbürokratische Einheiten zur Kontrolle der Wirtschaftspolitik ausgebaut: Das *Reichskanzleramt* wird in den siebziger Jahren zusehends auf diese Aufgaben hin ausgerichtet; 1880 übernimmt BISMARCK auch das Ministerium für Handel und Gewerbe. Im gleichen Jahr wird eine Abteilung für wirtschaftliche Angelegenheiten im Reichsamt des Inneren gebildet; weiter entsteht in Preußen ein sogenannter Volkswirtschaftsrat (vgl. FACIUS 1959, 65 f.).

Mit der Gründung der *Reichsbank* (1876) entsteht eine Institution zur Koordinierung geldpolitischer Belange; sie ist allerdings noch nicht – wie später – ein Instrument geldpolitischer Konjunktursteuerung, sondern nur die «erste» Bank in Berlin (vgl. dazu TILLY 1976, 594 f.).

2.3.3. Vorrang der Wirtschaftspolitik

Der Sozialhistoriker HANS-ULRICH WEHLER faßt das Ergebnis der Wende von 1873/79 im Verhältnis von Staat und Wirtschaft folgendermaßen zusammen (1968, 56 f.):

> «Organisierter Kapitalismus und Interventionsstaat bildeten zwei Seiten eines Phänomens, zwei Aspekte der unregelmäßigen Industrieentwicklung im Zeichen der Großunternehmen und des Konzentrationsprozesses. Einerseits führte die von den Interessenten betriebene ‹private Mobilisierung der staatlichen Macht›, ohne deren Beistand sie nicht auszukommen glaubten, ‹zu sehr kräftiger Intervention auf dem Gebiet der Wirtschaft› (H. HELLER). Andererseits griffen politische Leitung, Machteliten, Bürokratie – das, was man gemeinhin abkürzend Staat nennt – durchaus auch aus eigenen Motiven unter dem Diktat der Herrschaftsstabilisierung und -legitimierung immer tiefer in den Wirtschaftsablauf und die Wirtschaftspolitik ein. Keineswegs kann der Interventionsstaat auf die Rolle eines Agenten ‹der› Wirtschaft reduziert werden. Gewiß hatte der Staat mit Hilfe von Handelsverträgen, Konsuln und Kriegsschiffen, Zinsgarantien, Subventionen und diplomatischen Aktionen längst vorher, auch schon in der Freihandelsära, den Wirtschaftsinteressen geholfen. Aber erst der gleichsam hochtourige Industrialisierungsprozeß nach dem Durchbruch der

Industriellen Revolution und vor allem die Ungleichmäßigkeit, die Schwankungen seines Verlaufs, steigerten wegen der unübersehbaren gesamtgesellschaftlichen Auswirkungen der Probleme das Bedürfnis nach Sozialkontrolle ganz ungemein. Auch in dieser Hinsicht stellte die Depression von 1873–79 eine entscheidende Erfahrung dar, nach der die Erprobung von wirksamen Steuerungsmaßnahmen weithin für unabweisbar gehalten wurde. Seit Jahren schon würden ‹alle Gedanken – sorgen- wie hoffnungsvolle – einzig und allein von der Wirtschaftspolitik eingenommen und beherrscht›, urteilte 1879 der Staatssekretär im Reichsjustizamt, Heinrich von Friedberg, jetzt aber seien sie ‹vollends zur Alleinherrschaft gelangt›.»

2.3.4. Wirtschaftspolitik und zeitgenössische Rechtswissenschaft

Die Klage über die *Alleinherrschaft der Wirtschaftspolitik* eines führenden juristischen Ministerialbeamten wird um so verständlicher, wenn man das zeitgenössische Verständnis von *Rechtswissenschaft* berücksichtigt. 1884 erklärt Windscheid in seiner Leipziger Rektoratsrede, daß der «Jurist als solcher» gerade bei wirtschaftlich einschlägigen Gesetzen in der Regel überfordert sei. Er nennt als Beispiele Gesetze «zur Ordnung der gewerblichen Tätigkeit», «zur Abhilfe der sozialen Not», zur «Ordnung des immer häufiger sich geltend machenden Scheckverkehrs» und fährt fort:

> «Welcher Jurist hätte den Mut zu sagen, daß ihm bei Gesetzen dieser Art eine ausschlaggebende Stimme zukomme? Die Gesetzgebung steht auf hoher Warte; sie beruht in zahlreichen Fällen auf ethischen, politischen und volkswirtschaftlichen Erwägungen oder auf einer Kombination dieser Erwägungen, welche nicht die Sache des Juristen als solchen sind» (Windscheid 1884, 1904, 112).

Der sozialhistorische Rückblick auf die Wende von 1873/79 verdeutlicht den wachsenden Rang von Wirtschaftspolitik und – im Gefolge – von Wirtschaftsrecht, das in den Begriffen der «klassischen» Jurisprudenz nicht faßbar ist.

2.3.5. Neomerkantilismus?

Formen und Inhalte der Wirtschaftspolitik, die seit Ausgang des 19. Jahrhunderts praktiziert werden, haben trotz einiger augenfälliger historischer Parallelen (dazu Stolleis 1977, 9f.) nur wenig mit den merkantilen Lenkungsmaßnahmen des absolutistischen Herrschers des 18. Jahrhunderts gemein. Die merkantilen Direktiven gründeten in der angenommenen Machtfülle des Herrschers. Sie waren in der Regel *einseitig* angelegte Maßnahmen im Interesse der Staatsräson, deren Einzelzielbestimmung letztlich im Ermessen des Souveräns liegt. Dagegen sind wirtschaftspolitische Maßnahmen der Regierungen der hochindustrialisierten Nationalstaaten Produkte von *wechselseitigen Koordinierungsvorgängen* zwischen Staat und Wirtschaft. Zentrale Instanzen dieser Abstimmungsvorgänge sind Regierung und Parlament; daneben agieren zahlreiche Institutionen zur Interessenformulierung und -vertretung, Informationssammlung und Beratung, die offen auf politische Entscheidungen Einfluß nehmen. *Die* Wirtschaft entwickelt zunehmend einheitliche wirtschaftspolitische Zielperspektiven. «Private Macht» organisiert sich im *intermediären* Bereich zwischen Individuum und Gesellschaft. Insbesondere den nationalen, dann auch internationalen Großunternehmen kommen politische Gestaltungsräume zu, die den Gedanken der umfassenden staatlichen Souveränität verdrängen. Doch bedeutet die zunehmende Verlagerung des Politischen in die Wirtschaftspolitik hinein keineswegs einen Abbau des staatlichen Regelungspotentials. Gerade umgekehrt nimmt das Regierungssystem des liberalen «Nachtwächterstaates» zunehmend traditionelle «staatsfreie» Bereiche in Anspruch und überzieht sie mit Regelungen.

2.3.6. Krisenmanagement: Kontinuitäten und Brüche von Bismarck bis zur «Konzertierten Aktion»

Mit der Wende zur organisierten Interdependenz wird zum entscheidenden wirtschaftspolitischen und damit auch staatspolitischen Thema die Frage der Krisenbewältigung bei Beibehaltung privatwirtschaftlicher Strukturen. Trotz aller einschneidenden Brüche zwischen dem Kaiserreich, Weimar, dem Nationalsozialismus und dem Aufbau der Bundesrepublik Deutschland stellen das Problem der wirtschaftlichen Krisenbewältigung und entsprechende rechtliche Regelungen eine thematisch verhältnismäßig einheitliche Entwicklungslinie dar. Die Schutzzollpolitik ist beispielhaft für die zunächst punktuelle Behandlung der Frage. In der Kriegswirtschaft 1914–1918 wird der Ausnahmezustand zum Testfall des umfassenden Zusammenspiels zwischen nationaler Privatwirtschaft und kriegsbedingter staatlicher Orientierung. Die Weimarer Zeit setzt diesen Zustand unter Druck der Reparationslasten fort, allerdings zunehmend einbezogen in internationale Wirtschaftsbeziehungen. Die ausgeführte wirtschaftspolitische Theorie des Krisenmanagements bei Fortbestehen der Privatwirtschaft, die «Allgemeine Theorie» des Engländers John Maynard Keynes (General Theory of Employment, Interest and Money, 1936, deutsch: Allgemeine Theorie der Beschäftigung, des Zinses und des Geldes, 1936) trifft in Deutschland nicht mehr auf eine demokratische Administration. Varianten des Einsatzes der Theorie spiegeln sich einerseits im amerikanischen New Deal, im französischen Arbeitsbeschaffungsprogramm, im britischen Wohnungsbauprogramm, im schweizerischen Krisenprogramm, andererseits in der nationalsozialistischen Wirtschaftsverwaltung. Auffälliges Merkmal ist das sogenannte *deficit spending* bei der Durchführung der Arbeitsbeschaffungsprogramme.

Die praktizierte *nationalsozialistische* Wirtschaftspolitik ist eine Kombination von direkter und indirekter Lenkung (Borchardt 1969, 382). Das Privatkapital bleibt zunächst unberührt; allerdings wird die Koalitionsfreiheit bereits 1933, die Marktpreisbildung dann später in zunehmendem Maße ausgeschaltet. Auf dieser Grundlage wird auch die Kriegswirtschaft 1939–1945 organisiert.[6]

Der Wiederaufbau der *Bundesrepublik Deutschland* greift institutionell im wesentlichen auf die Vorgaben der Weimarer Zeit zurück; insbesondere wird das Tarifvertragssystem als Grundlage des Verhältnisses zwischen Kapital und Arbeit wiederhergestellt. Bereits die alliierte Verwaltungspraxis und -gesetzgebung trifft für den Bereich der Bundesrepublik Deutschland die prägende Entscheidung einer grundsätzlich privatwirtschaftlichen, marktförmig gestalteten Wirtschaft.

Die Periode von 1948 bis 1967 ist maßgeblich durch das *ordoliberale* Konzept der *sozialen Marktwirtschaft* (Müller-Armack, Wirtschaftslenkung und Marktwirtschaft, 1947) beeinflußt, das politisch insbesondere durch Ludwig Erhard vertreten wurde. Im Zentrum der Doktrin der «Freiburger Schule» (Eucken, Böhm, A. Weber, v. Hayek, Röpke) steht der Gedanke, daß der Staat den *ordnungspolitischen* Rahmen für den Wirtschaftsablauf zu schaffen habe, in dem die Beteiligten *marktförmig* disponieren. Wettbewerb ist «Aufgabe» (Miksch 1947), «staatliche Veranstaltung». Die wirtschaftspolitisch-steuerpolitischen Prioritäten liegen in dieser Aufbauphase in der einzelunternehmerischen Kapitalbildung.

Mit dem Gesetz zur Förderung der Stabilität und des Wachstums der Wirtschaft vom 8. 6. 1967 (Stabilitätsgesetz) wird als Reaktion auf die erste gewichtige Krise in der Wachstumsphase ein begrenztes Instrumentarium zur *Globalsteuerung* eingeführt. Die zunächst von Karl Schiller vertretene Wirtschaftspolitik zeigt bei dezidierter Ausrichtung an Keynesianischen Vorstellungen eine stärkere Konsumorientierung. Die «Wende» von 1967 erweist sich allerdings im Überblick seit 1879 allenfalls als Akzentverschiebung; Einrichtungen wie die *Konzertierte Aktion* demonstrieren nunmehr augenfällig, daß das Informations- und Entscheidungssystem der Wirtschaftspolitik nur im Rahmen des Zusammenspiels von staatlichen Institutionen, organisierten Interessen und großen Unternehmenseinheiten zu verstehen ist.

Trotz weiter Unterschiede in den Einzelphasen bezeichnet das Stichwort *organisierte Interdependenz* die historische Grundrelation zwischen Staat und Wirtschaft der letzten hundert Jahre.

---

6 Die repräsentative Darstellung findet sich in der letzten Auflage des Wirtschaftslehrbuchs von Hedemann (1943); dazu apologetisch Hedemann 1959, 377. Kurze Zusammenfassung aus heutiger Sicht bei R. Schmidt 1971, 51–54.

3. Organisatorische Ausdifferenzierung in Staat und Wirtschaft

3.1. *Vorbemerkungen zum Organisationsbegriff*

Mit Begriffen wie Staatseingriff und Wirtschaftsautonomie wird nur die halbe Realität des Verhältnisses von Staat und Wirtschaft seit der Bismarck-Zeit erfaßt. *Organisierte Interdependenz* bedeutet, daß Probleme im Bereich der Wirtschaft sich als Staatsprobleme erweisen können wie umgekehrt staatliches Handeln wirtschaftliche Fragen definieren kann. Wenn weiter das Wechselverhältnis als *organisiert,* also vorwiegend regelhaft, zweckverfolgend bezeichnet wird, könnte dies dahin mißverstanden werden, daß gleichsam in einer realen oder ideellen «Organisationszentrale» die Regeln der «Organisation» bestimmt werden. Ein derartiges verkürztes Verständnis mag für denjenigen naheliegen, der Organisationsmodelle stets als *hierarchische* Ordnungen ansieht oder bereits festliegende Annahmen darüber hat, wer «eigentlich» Abläufe bestimmt, also in der traditionellen Bedeutung «organisiert».

Namentlich LENIN hat unter dem Eindruck der Kriegswirtschaft des Ersten Weltkrieges im Anschluß an frühere Überlegungen von R. HILFERDING und J. A. HOBSON die These entwickelt, daß die von MARX geschichtsgesetzlich vorhergesagte Monopolisierung des Kapitals nicht gemäß der MARXschen Annahmen als private Monopolisierung stattfinde, daß vielmehr das Monopolkapital zu seinen Zwecken sich des Staates als Instrument bediene. Die These des *staatsmonopolistischen Kapitalismus* (vgl. dazu JAEGGI 1973, 58, 126) wird auch heute noch in variierter Form vorgetragen, und zwar in aller Regel im Rahmen einer verhältnismäßig abstrakten Kapitalismuskritik.

Wurden bei MARX individualisierbare Monopolkapitalisten als «Klassengegner» identifiziert, so verschiebt sich nunmehr die Perspektive auf abstrakte Kapitalinteressen, deren negative Tendenzen teils zur Rechtfertigung zentralistischer parteiorientierter Planungsstrukturen herausgestellt werden, teils zur subjektiven Distanzierung von Problemen aktueller ökonomischer Mischformen.

Das Grundproblem der These vom staatsmonopolistischen Kapitalismus liegt in fixierten Annahmen über Staatlichkeit, Wirtschaft und Politik. Die möglichen *Aktionsräume* der Aggregate Wirtschaft und Staat und die *möglichen Veränderungen* dieser Aggregate können damit nicht mehr theoretisch erfaßt werden. (Vgl. für die sozialhistorische Problemstellung KOCKA 1973, 26f.)

Von «organisierter» Interdependenz kann vielmehr deshalb gesprochen werden, weil die Verfahren der Abstimmung nach erschließbaren – allerdings historisch sich wandelnden – Regelsystemen verlaufen. Diese Regelsysteme enthalten – wie jede Organisation (vgl. MAYNTZ 1963) – stets *geplante* und *ungeplante* Prozesse und Strukturmerkmale.

Schon deshalb bedeutet «Organisation» nicht nur Vollstreckung festliegender wirtschaftspolitischer Entscheidungen. Insbesondere die Entwicklung nach dem Zweiten Weltkrieg in der Bundesrepublik Deutschland, die an die demokratischen Traditionen der Weimarer Epoche anschließt, ist durch die Austragung von politischen Gegensätzen in einem *pluralistisch-demokratischen System* (dazu unten 3.5.5) gekennzeichnet. Es geht dabei um einzelne mehr oder minder festgelegte Verfahren zur Herstellung von Zielkompromissen in einem System, das

«von seinen Funktionsvoraussetzungen her *notwendig* als ein labiles, in sich spannungsvolles Gebilde angelegt ist: Es lebt begriffsnotwendig und als politische Realität von der Entstehung, der Zulassung und der Gleichbehandlung einer Vielzahl von Werten, Weltanschauungen, Interessen, Bedürfnissen und Weisen ihrer Befriedigung und von der Offenhaltung für sie» (DENNINGER 1973, 53).

Die Entscheidungsprozesse spielen sich keineswegs in einem eindimensionalen Verhältnis von Staat und Wirtschaft ab. Vielmehr werden die Entscheidungen durch auch *strukturell verschiedenartige soziale Prozesse* bestimmt. Nach einer gängigen Systematisierung von DAHL und LINDBLOM sind zumindest *vier* soziale Prozesse relevant für die Koordinierung eines pluralistisch-demokratischen Systems:

(1) Der Abstimmungsprozeß des Marktes, (2) der Majorisierungsprozeß bei politischen Wahlen, (3) die wechselseitigen Kontrollprozesse in den staatlichen und ökonomischen Hierarchien und schließlich (4) die Verhandlungsprozesse zwischen den Interessengruppierungen (DAHL/LINDBLOM 1963, 171 ff.; vgl. NASCHOLD 1972, 63). Die Qualität der Entscheidungen im einzelnen hängt dabei einerseits von der Einsicht in die einschränkenden Bedingungen dieser Entscheidungsprozesse ab, andererseits aber auch von der Erhaltung der Funktionsbedingungen der einzelnen Prozesse. Die vier genannten Prozesse sind auch strukturell verschieden. Sie bestehen nicht nur aus zentralen Durchführungsprozessen von Entscheidungen im Wege *hierarchischer Subordination*, wie die ältere Organisationstheorie annehmen würde; vielmehr beziehen sie sich auch auf das entscheidungs- und informationstheoretisch flexiblere *Koordinationsmodell* des *partisan mutual adjustment*, der wechselseitigen Anpassung der Positionen in Entscheidungsvorgängen (LINDBLOM 1965, 183 ff.; dazu NASCHOLD 1972, 65).

3.2. *Differenzierungsprozesse im Bereich der Wirtschaft*

3.2.1. Vom Wirtschaftenden zur Wirtschaft

Von einem einheitlichen Aggregat *Wirtschaft*, welches den staatlichen Institutionen gegenübertritt, kann in Deutschland erst im Verlauf des 19. Jahrhunderts gesprochen werden. Die Industrialisierung löst die traditionellen individuellen Wirtschaftsformen auf, die nicht durch *Wirtschaft*, sondern durch einzelne *Wirtschaftende* geprägt waren:

«Bisher war der Bürger in seiner Eigenschaft als Wirtschaftender in die ältere Herrschaftsverfassung eingeordnet. Der städtische Handwerker oder Kaufmann z. B. war als Zunftmitglied nicht etwa nur Mitglied eines Kartells oder Interessenverbandes – obwohl die Zünfte auch solche Funktionen ausübten –, sondern vor allem Angehöriger einer sozialen Gliederung der Stadt und Teilhaber am städtischen Regiment. Der Landbewohner war, je nach der Form seiner Freiheit oder Unfreiheit, Bestandteil einer grundherrschaftlichen Organisation, die zuerst eine durch lehensrechtliche Beziehung ausgedrückte Herrschaftspyramide darstellte, nicht so sehr Eigentümer, Pächter oder Landarbeiter.

Selbst der von der traditionellen Organisationsform freie, privilegierte Unternehmer des 18. Jahrhunderts besaß seinen sozialen Status und sein wirtschaftliches Betätigungsfeld nur aufgrund einer direkten Beziehung zur ‹Herrschaft›, zum Landesherrn; daß seine ‹Freiheit› eine Befreiung von den allgemein gültigen Gesetzen, z. B. den Zunftordnungen, darstellte, daß er unter Ausnahmerecht stand, zeigt, wie wenig der wirtschaftende Bürger als solcher schon einen eigenen Status gefunden hatte» (Fischer 1972, 60f.).

3.2.2. Bildung von Unternehmensaggregaten

Zwar hatte die *liberale* Theorie den einheitlichen Zusammenhang von *Wirtschaft als Teil der Gesellschaft* begründet. Dennoch waren – jedenfalls der Theorie nach – Subjekte des Wirtschaftssystems einzelne produzierende Bürger.

So formuliert Adam Smith: «Jeder Mensch lebt durch den Austausch und wird in gewisser Hinsicht zum Kaufmann, und die Gesellschaft selbst entwickelt sich zu dem, was man richtigerweise als kommerzielle Gesellschaft bezeichnen kann» (A. Smith, 1776, 1974, 126).

Der einzelne Wirtschaftsbürger kann sich nur behaupten, wenn er nicht mit Gruppenmacht konfrontiert wird. Das folgerichtig formulierte liberale Prinzip der *Ablehnung von korporativen Zusammenschlüssen* geht in die französische Verfassung ein.

Berühmt ist das Dekret vom 14. Juni 1791, in dem die «Abschaffung aller Arten von Korporationen der Bürger desselben Stands und desselben Berufs» als «eine der Grundlagen der französischen Verfassung» bezeichnet wird. Le Chapelier erklärte seinerzeit zur Begründung: «Es gibt keine Korporationen im Staat. Es gibt nur noch das Einzelinteresse jedes Individuums und das Allgemeininteresse. Niemandem ist es erlaubt, den Bürgern ein intermediäres Interesse einzuflößen und sie durch Korporationsgeist von den Angelegenheiten der Öffentlichkeit zu entfernen» (zitiert nach Ott 1977, 57; F. Müller 1965, 75f.).

Trotz dieses Vorbehalts bilden sich bald *neuartige Organisationsformen* der Zusammenfassung von innovativem technologischem Wissen, Kapital und Arbeit aus, insbesondere die Rechtsform der *Aktiengesellschaft*. Die anonyme Beteiligung an Unternehmungen über die Inhaberschaft von Wertpapieren, Aktien, ermöglicht eine Kapitalsammlung großen Stils für den Aufbau industrieller Strukturen. (Zur organisatorischen Entwicklung vgl. Grossfeld 1968, 115ff.; Wiethölter 1961, 53ff.) Bis zur Jahrhundertmitte liegt in Deutschland der Schwerpunkt des Aktienwesens im Bereich der später verstaatlichten Eisenbahnunternehmen (BÖSSELMANN 1939, 199). In der zweiten Jahrhunderthälfte erfaßt die Aktiengesellschaft alle industriellen Bereiche, insbesondere aber auch das Banken- und Versicherungswesen. Seit der Reichsgründung 1871 ist die Aktiengesellschaft charakteristische Organisationsform für *Großunternehmen.* Weniger die Rechtsform der Aktiengesellschaft als vielmehr die häufig mit ihr erreichte Unternehmensgröße macht den *Wandel* in den Organisationsformen vom *Wirtschaftenden* zur *Wirtschaft* augenfällig. Nach Schätzungen des Nationalökonomen SCHMOLLER (1919, 515) beträgt die Zahl der «Riesenunternehmen» mit einer Belegschaft von über 1000 Personen 1882 etwa 150, 1895 etwa 399 (ohne Post und Eisenbahn). Für die Bundesrepublik des Jahres 1974 nennt die Statistik allein im Industriebereich 1187 Betriebe mit 1000 Beschäftigten; 888 industrielle Unternehmen mit einem Umsatz von mindestens 100 Mio. DM beschäftigten fast die Hälfte der Belegschaft des produzierenden Gewerbes. Die Zeitschrift FORTUNE zählt 1976 insgesamt 11 deutsche Industrieunternehmen, die über 100000 Beschäftigte aufweisen.

Auch bei Kleinbetrieben hat sich die *Trennung von Privat- und Wirtschaftssektor* durchgesetzt. MAX WEBER hat die «buchmäßige und rechtliche Scheidung von Haus und Betrieb» eine der Erscheinungen genannt, die die «qualitative Einzigartigkeit der Entwicklung zum modernen Kapitalismus mit am deutlichsten kennzeichnet» (WEBER 1922, 211). Das heutige Gesellschaftsrecht hat diese Tendenz mit der schrittweisen Anerkennung der Organisation traditionell einzelkaufmännischer Betriebe in Form der Einmann-GmbH und der Einmann-GmbH & Co. KG bestätigt (Übersicht bei SCHANZE 1975, 31 ff.).

3.2.3. Bürokratisierungstendenzen

Großunternehmen ahmen bereits vor der Jahrhundertwende in manchen Zügen Formen der *staatlichen Administration* nach, wie später die Staatsverwaltung *Organisationsmodelle der Wirtschaft* zum Vorbild nimmt. Dies gilt am wenigsten für die häufig im Rahmen der aktienrechtlichen Diskussion erörterte «Aktionärsdemokratie», d. h. die Forderung nach «demokratischem» Einfluß der Anteilseigner auf Unternehmensentscheidungen (vgl. dazu kritisch WIETHÖLTER 1961). Vielmehr orientiert sich der interne Organisationsprozeß der Großunternehmen an der wachsenden Ausdifferenzierung der Ressorts; die Angestelltenschaft wird als «Privatbeamtentum» verstanden, wie KOCKA (1973, 162, insbes. 177 ff.) am Beispiel SIEMENS gezeigt hat. WEHLER (1975, 46) beschreibt den *Bürokratisierungsfaktor* als Wechselspiel staatlicher und unternehmerischer Organisationstendenzen:

> «So erzwang die wachsende Arbeitsteilung und Spezialisierung der Funktionen bürokratische Institutionen, denen wiederum eine unüberschaubare Marktautonomie schon an sich so zuwider war, daß bürokratische Kontrollmaßnahmen gegen sie entwickelt wurden. Ehe sich aber noch dieser von der sozialökonomischen Differen-

zierung bedingte Zwang voll auswirken konnte, kopierten Unternehmer das Modell der staatlichen Bürokratie. Erneut wirkten damit vorindustrielle Traditionen auf die Industriewirtschaft ein und überformten gewissermaßen die endogene betriebliche Entwicklung. Sowohl der allgemeine Einfluß, der von der dauerhaften Erfahrung mit der Staatsbürokratie ausging, als auch die frühzeitige Imitation in Gestalt der Betriebsbürokratie deutscher Großunternehmen förderten Steuerungskonzeptionen, wie sie der organisierte Kapitalismus zu verwirklichen suchte. Gleichzeitig veränderten sich durch diese Bürokratisierung und den allmählichen Übergang zu einem wirtschaftswissenschaftlich fundierten Betriebsmanagement die Herrschafts- und Organisationsbeziehungen in den Unternehmen – mit zahlreichen Konsequenzen besonders für die Angestelltenschaft.»

3.2.4. Verselbständigung des Managements

Mit dem Ausbau der Großunternehmen in Form von Publikumsaktiengesellschaften vollzieht sich die *Trennung von Kapitaleigentum und Unternehmenskontrolle.* Die Tendenz der zunehmenden Verselbständigung der Entscheidungsgewalt der Verwaltungsspitze wurde zuerst von den Amerikanern BERLE und MEANS (The Modern Corporation and Private Property, 1932) diagnostiziert. Anstelle der oftmals stilisierten Unternehmerpersönlichkeit in der Periode der Industrialisierung tritt die *Gruppenpersönlichkeit* der *Technostruktur* (GALBRAITH 1967, 72):

> «Die Notwendigkeit für eine solche Gruppenpersönlichkeit beginnt mit dem Umstand, daß in der modernen Industrie eine große Zahl von Entscheidungen notwendig ist, die *alle* bedeutsam sind und an denen mehr als einer teilhat. Normalerweise beziehen sie sich auf spezialisierte wissenschaftliche und technische Kenntnisse, angesammelte Informationen oder Erfahrung wie auf das künstlerische oder intuitive Gefühl vieler Personen. Dieses Potential wird, angeleitet durch weitere Informationskapazität, von professionalisierten Kräften unter Benutzung von hochtechnisiertem Gerät gesammelt, analysiert und interpretiert. Die schließlich getroffene Entscheidung gilt nur dann als *informiert,* wenn sie sich auf alle bezieht, deren Information relevant ist.»

Die Technostruktur definiert so die Ziele der wirtschaftlichen Großorganisationen; sie kann angesichts ihres Informationsvorsprungs und ihrer professionellen Qualitäten die Aufsichtsmaßnahmen der Kapitaleigner und der staatlichen Organe relativieren.

Die *Machtkonzentration* bei sogenannten *Funktionseliten* bezieht sich freilich nicht nur auf Großunternehmen; sie ist durchgängiges Merkmal von *größeren Verbandsstrukturen,* in denen der einzelne nur auf Grund besonderer Spezialisierung, Information und Qualifikation auf Willensbildungsprozesse einwirken kann (vgl. OTT 1977, 112f.; TEUBNER, Organisationsdemokratie und Verbandsverfassung, 1977, 75). Sie betrifft Großunternehmen wie Gewerkschaften und sonstige Verbände. Konflikte und Regelungsprobleme werden beispielsweise deutlich in den historisch wechselvollen Bestrebungen, den Einfluß des kleinen Aktionärs bei der Aktiengesellschaft angesichts des Machtzuwachses der Verwaltungsorgane zu stärken. Die formale Stärkung der Rechte des Aktionärs demonstrierte hier eher dessen Ohnmacht, da sie seine Rechtsstellung nicht mit *professionalisierter Verwaltungsmachtkontrolle* verbunden hat. Der Aufbau von effektiven Mechanismen zur Verwaltungsmachtkontrolle erweist sich zunehmend als ähnlich bedeutsam wie die Erhaltung und der Ausbau von Kontrollsystemen im traditionellen politischen Bereich. Dabei stehen Kontrollen über Unternehmenspublizität und «eingebaute» Kontrollinstitutionen und -verfahren im Vordergrund der neuesten Diskussion (vgl. BRESSER/KIRCHNER 1977, 145; TEUBNER, Verbandsdemokratie 1978, 23).

3.2.5. Vom beruflichen zum technischen System der Arbeit

Mit dem Stichwort des *Wandels von der beruflichen zur technischen Organisation der Arbeit* bezeichnet der französische Industriesoziologe TOURAINE Rationalisierungstendenzen des *Produktivbereichs*, die auch in den administrativen Bereich von Großorganisationen hineinreichen (TOURAINE 1975, 291 ff.). Zwar kennen einige Industriebereiche wie Spinnereien und Webereien seit der Mitte des 19. Jahrhunderts Massenproduktion und enge Spezialisierung. Eine breite mechanisierte *Industriearbeit* kommt jedoch erst nach 1914, nach der Verbreitung der *Arbeitsorganisationslehre* des Amerikaners TAYLOR, zum Tragen (dazu auch: GUTENBERG 1969, 31 ff.). Während TAYLORS Überlegungen sich im wesentlichen auf Rationalisierungsmaßnahmen an einzelnen Maschinen und Arbeitsvorgängen beziehen, geht die mit dem Namen HENRY FORDS verbundene *zweite Phase* auf die Umorganisation ganzer Betriebe zur *Massenproduktion* (TOURAINE 1975, 294). Die berufliche Erarbeitung und Beherrschung eines Produktivvorgangs aus eigenen technischen Kenntnissen des Industriearbeiters der Industrialisierungsphase weicht zunehmender Spezialisierung in einzelnen technologisch diktierten Arbeitsvorgängen. Das technische System der Arbeit kennt einerseits den für einen Vorgang *angelernten Arbeiter*, andererseits den *Facharbeiter*, der mit hochkompliziertem Gerät umzugehen versteht. Die Automation von Arbeitsvorgängen, insbesondere Produktionssteuerung, Kontrolle und Informationsaufbereitung durch EDV, macht traditionelle Arbeitsvorgänge obsolet und fordert eine grundlegende Umstrukturierung traditioneller *Berufsbilder* (dazu aus staatsrechtlicher Sicht DENNINGER 1973, 164 ff.; zu Berufsausbildung und Unternehmenspolitik JOCHIMSEN 1976, 609 ff.).

3.2.6. Internationalisierungstendenzen

«Mehr als 10000 Unternehmen kontrollieren über 50000 Tochterunternehmen außerhalb ihres Heimatstaates. Diese Tochterunternehmen repräsentieren einen Buchwert von mehr als 165 Mrd. Dollar. Etwa 80 % aller multinationalen Unternehmen, deren ausländische Töchter und deren internationale Direktinvestitionen kommen aus fünf Ländern: den USA, gefolgt von Großbritannien, Frankreich, der Bundesrepublik Deutschland und der Schweiz. Schließt man Japan und Kanada ein, so erfaßt man beinahe 90 % aller internationalen Aktivitäten von multinationalen Unternehmen.

Ein ähnlicher Grad von Konzentration herrscht unter den multinationalen Unternehmen selbst. Nicht mehr als 150 Unternehmen, die beinahe alle in den eben erwähnten sieben Ländern ihren Sitz haben, kontrollieren mehr als die Hälfte aller ausländischen Töchter und der gesamten internationalen Direktinvestitionen. Da das Anlagevermögen und die Produktion dieser Unternehmen über verschiedene Länder verteilt sind, sind sie nicht länger abhängig von einem Land, einschließlich ihres Heimatstaats. Kapitaleigentum und Verwaltung liegen jedoch beinahe ausschließlich in Händen von Angehörigen des Heimatstaats» (Sauvant/Lavipour 1976, IX).

Multinationale Größtunternehmen wie Exxon, General Motors, Royal Dutch/Shell mit Umsätzen bis zu 100 Mrd. DM (1976) und Gewinnen in der Größenordnung über 5 Mrd. DM erreichen weltweit eine Produktivität, die der kleinerer Industrieländer entspricht. Nationalstaaten fühlen sich gegenüber derartigen Wirtschaftseinheiten «nackt und abhängig» (Vernon 1971, 3). Die staatlichen Kontrollmechanismen, die sich auf «Normal»größen von Investitionen beziehen, greifen gegenüber der Strategie derartiger Größtunternehmen zu kurz (dazu Grossfeld, rororo studium Nr. 67, 1975, 14 ff.). Techniken der *Gewinnverlagerung* und der punktuellen *Konzentration von Marktmacht* zur Wettbewerbsbeeinflussung sind angesichts der Beweisführungsprobleme der nationalen Organe nur schwer zu erfassen, geschweige denn durch traditionelle unternehmensrechtliche Maßnahmen zu unterbinden. Kapital und Innovationspotential der Unternehmen lassen andererseits Drohungen gegen die «Herausforderung» der multinationalen Unternehmen häufig zur Rhetorik werden. Rechtliche Regelungen zur schärferen *Kontrolle* ausländischer Direktinvestitionen sind in jüngster Zeit in zahlreichen Staaten entweder bereits erlassen oder in der rechtspolitischen Diskussion (vgl. zuletzt Behrens 1976, 233; Gamerdinger/Saupe 1976, 1, 26; unten IV.4.2.5).

In Jamaika liegen 15 % des Bruttosozialprodukts und zugleich 2/3 des Exportvolumens in der Förderung und teilweisen Verarbeitung von Aluminiumrohstoffen. 1974 erklärt der Premierminister, daß er sich nicht mehr an die Konzessionsverträge mit den im Lande tätigen multinationalen, vorwiegend amerikanischen Bergbaufirmen gebunden fühle. Nach dreijährigen Verhandlungen ist in der Presse die Erklärung zu lesen: «Kaiser (d. h. der größte lokal tätige Bergbaukonzern) *ist unser bester Partner.*»

Während größere Industriestaaten wie die Bundesrepublik Deutschland mit diversifizierter Produktionsstruktur und attraktiven Märkten zum Teil an den Strategien der Großunternehmen aktiv partizipieren können, geraten weniger entwickelte Länder oft in ökonomische und politische Abhängigkeiten, die zu weitreichenden Spannungen führen (vgl. Rolfe 1976, 869). In diesen *asymmetrischen Machtverhältnissen* ergeben sich wachsende

Konfliktverstärkungseffekte: Während das Entwicklungsland mit verhältnismäßig gering ausgebildetem Kontrollpotential versucht, Schranken aufzubauen, verweist der Großinvestor darauf, daß Investitionen unter Bedingungen der Restriktion und Unsicherheit zunehmend wirtschaftlich unattraktiv werden. *Nationalisierung* und *Desinvestment* sind Formen wirtschaftskriegerischer Auseinandersetzung, die verhältnismäßig selten die Gesamtstrategien der Größtunternehmen, mitunter aber die Volkswirtschaften kleinerer Staaten erschüttern. Das angeführte Beispiel eines vom Export von Aluminiumrohstoffen abhängigen Inselstaats illustriert das Problem der sogenannten *Konzern-Annex-Volkswirtschaft* (vgl. zum Begriff: SCHANZE 1977, 576 und KIRCHNER/SCHANZE/v. SCHLABRENDORFF/STOCKMAYER/WÄLDE/FRITZSCHE/PATZINA 1977, 358). Da eine Diversifizierung der Produktionsstruktur dieser Volkswirtschaften allenfalls unter längerfristigen Perspektiven zu erwarten ist, geht es gegenwärtig um die Erarbeitung eines rechtlichen Rahmens, in dem *kooperative* Lösungen, die diesen Namen verdienen, zwischen Investoren und Gastländern entwickelt werden können.

3.3. *Differenzierungsprozesse staatlicher Institutionen*

3.3.1. Entwicklung der Staatsorgane und Wirtschaftsdoktrin

Der Umfang, der Differenzierungsgrad und die Aktionsschwerpunkte staatlicher Organe[7] reflektieren die jeweils praktizierten wirtschaftspolitischen Konzeptionen. So führte die *fiskalpolitische* Orientierung des *Merkantilismus* zur Ausbildung eines funktionsfähigen Apparats der *Fiskalverwaltung.* Dieser ausgebildete Behördenapparat, der die Staatseinkünfte sicherstellte, war wiederum stillschweigende Voraussetzung der *liberalen Doktrin* der *Trennung von Staat und Wirtschaft.* Andererseits war der Verwaltungsapparat des merkantilistischen Systems nicht flexibel genug, um auf die explosiven organisatorischen *Differenzierungsprozesse* der Wirtschaft (Gesellschaft) reagieren zu können: Die industrielle Produktion und die Expansion der Märkte stellten Aufgaben, die die Ineffizienz des kameralistischen Verwaltungsapparats nahelegten. Die sozialen und konjunkturellen Krisenerscheinungen der liberalen Epoche wiederum rechtfertigten die Praxis einer zunehmenden *Koordinierung* der Beziehungen von Staat und Wirtschaft und den Ausbau der auf die «neue» Wirtschaftspolitik ausgerichteten *administrativen Kapazitäten.*

Die beiden wichtigsten ökonomischen Konzeptionen des 19. Jahrhunderts, der klassische *Liberalismus* und der theoretische *Marxismus,* bieten

---

7 Zur *Staatslehre* des 19. Jahrhunderts, insbesondere der Ausbildung des staatsrechtlichen Positivismus v. OERTZEN 1974 und die Aufsatzsammlung bei SATTLER (Hg.) 1972.

für qualifizierte wirtschaftsadministrative Tätigkeiten des Staates prinzipiell keine Grundlage. In ihren klassischen Formen gehen sowohl der Liberalismus wie der Marxismus von der Grundannahme einer *notwendig* – und damit *staatsunabhängig* – ablaufenden Mechanik der *sozialen Evolution* aus. Doch folgt die *praktizierte* Wirtschaftspolitik einem *sozialreformerischen Ansatz* – in der extremen Bandbreite vom sozialkonservativen Refeudalisierungsdenken bis hin zum radikalen Reformsozialismus.

Sozialreform bedeutet zunächst Ausbau von *Gesetzgebungskapazitäten* für Regelungsgegenstände, die außerhalb der traditionellen Kodifikationsbereiche, also insbesondere des Zivil-, Straf- und Polizeirechts liegen. Sie bedeutet weiter die Schaffung von *Behörden* zur Durchführung der Gesetze, beispielsweise der zahlreichen Ämter zur Verwaltung der Sozialgesetzgebung. Da Sozialreform zugleich *Krisenvermeidung* verspricht, verlangt sie schließlich auch nach der Erfassung, der Auswertung und der Beeinflussung wirtschaftlicher Daten von Staats wegen. Wirtschaftspolitik ist dabei bis zum Beginn der dreißiger Jahre an preistheoretischen, also *mikroökonomischen* Größen orientiert.

Eine Orientierungsänderung der Wirtschaftspolitik auf *makroökonomische* Größen bringt der KEYNESIANISMUS, eine *positive* Theorie des *Krisenmanagements* bei Beibehaltung marktförmiger Strukturen (vgl. zur Einführung W. HOFMANN 1971, 176–222). Der KEYNESIANISMUS rechtfertigt eine Praxis der aktiven Wirtschaftspolitik. Über die staatliche Steuer- und Ausgabenpolitik *(antizyklische Fiskalpolitik)* können Einkommen umverteilt werden, erfolgen Anreize zum *Konsum*, zum *Sparen* und zum *Investieren*.

Mit dem wachsenden Umfang wirtschaftspolitischer Entscheidungen im Rahmen der allgemeinen Staatstätigkeit deutet sich eine Änderung der administrativen Strukturen an. Während zu Beginn des Jahrhunderts das sich entwickelnde Industriesystem gewisse bürokratische Strukturen der Staatsadministrationen nachahmt, kommt es in der Folgezeit zu einem *komplementären* Prozeß der Veränderung des staatlichen *Verwaltungsstils*. Spezialisierung und Expertenwissen verdrängen den universalistisch ausgebildeten *Kameralbeamten* (dazu BLEEK 1972). Formen des traditionellen *bürokratischen Ressortermessens* des *betrauten Amtswalters* werden ausgetauscht gegen einen gesetzesförmigen *Regelvollzug* mit breiter gerichtlicher Nachprüfbarkeit, gegen Planungsstäbe von Experten, gegen halbprivate, teilweise autonome Institutionen, die weit in den Wirtschaftsprozeß hinein integriert sind. Zunehmende Bedeutung kommt auch den grundsätzlich autonomen *wissenschaftlichen* Institutionen zu, die Daten sammeln und bewerten und insbesondere über Prognosen auf die politische Planung einwirken.

3.3.2. Ebenen der wirtschaftspolitischen Administration

Der Prozeß der Differenzierung von öffentlichen Organen, die an wirtschaftspolitisch relevanten Entscheidungen beteiligt sind, ist seit der Entstehung der drei europäischen Gemeinschaften (*Europäische Gemeinschaft für Kohle und Stahl* – 1952; *Europäische Wirtschaftsgemeinschaft, Europäische Atomgemeinschaft* – beide 1958) nicht mehr allein nationalstaatlich zu erfassen. Den Organen der Gemeinschaften wurde eine Reihe von Rechtsetzungs-, Verwaltungs- und Kontrollbefugnissen übertragen, die nunmehr mit den Entscheidungen nationalstaatlicher Organe koordiniert werden müssen. Jenseits der Einbindung in die europäischen Institutionen bestehen wirtschaftspolitische Kompetenzen des Bundes, der Länder und der Gemeinden. Soweit es um gesamtwirtschaftliche Belange geht, sind vornehmlich Bundesorgane, insbesondere die *Bundesregierung*, aber auch die autonome *Bundesbank* zuständig.

Die *Ministerialebene* zeigt am deutlichsten das zunehmende Gewicht wirtschaftspolitischer Fragen: Seit 1880 findet ein kontinuierlicher Ausbau der Behörden statt: von der Abteilung des Reichsamts des Innern (bis 1916) über das Reichswirtschaftsamt (1916–1918), das Reichswirtschaftsministerium (1919–1945) bis zum Wirtschaftsministerium der Bundesrepublik Deutschland (1949ff.) (dazu bis 1945 im einzelnen FACIUS 1959, 235ff., mit Organisationsplänen der Ministerien).

Die Wirtschaftsadministration der Bundesrepublik Deutschland zeigt in der Ministerialebene folgendes Bild:

«Innerhalb der Exekutive liegt die zentrale Verantwortlichkeit für die allgemeine Wirtschaftspolitik beim Bundeswirtschaftsminister: Weitere elf Ressortchefs verfügen über unmittelbare wirtschaftspolitische Zuständigkeiten, die sich auf horizontale Spezialprobleme (Finanzministerium) oder vertikale Teilbereiche beziehen. Eindeutige Kompetenzabgrenzungen sind im einzelnen zwischen den verschiedenen Ministerien nicht vorgenommen worden. Das hat dazu geführt, daß in jedem Ministerium Referate für fast alle wirtschaftlichen, sozialen, kulturellen und wirtschaftsrechtlichen Fragen eingerichtet worden sind. So gibt es beispielsweise im Bundeswirtschaftsministerium, . . ., auch Referate für Verkehrspolitik, Agrarpolitik, militärische und zivile Verteidigung, Wohnungswirtschaft, Post- und Fernmeldewesen, Steuer- und Finanzwesen, Mittelstandspolitik, Forschung, Raumfahrt, Film, Fernsehen, Funk, Sozialpolitik, Luftschutz, Entwicklungshilfe, Handwerksrecht, Arbeitsrecht usw.» (KLEPS 1970, 377).

Dieser «Pluralismus der Exekutive» (H. K. SCHNEIDER 1967, 48f.) erfordert zahlreiche Koordinierungsanstrengungen. Soweit nicht eine unzweifelhafte Zuständigkeitsregelung von Verfassungs- oder Gesetzesrang besteht, gibt es zunächst die Möglichkeit der Zuweisung von Aufgaben innerhalb des Kabinetts. Darüber hinaus erfolgt eine zwischenministerielle Abstimmung über die sogenannten interministeriellen Ausschüsse. Vergleichbare, wenn auch weniger entwickelte *horizontale* Koordinationsstrukturen finden sich auch auf Länder- und Gemeindeebene. Die *vertikale* Koordination zwischen

Bund und Ländern erfolgt institutionell insbesondere über den Bundesrat, den Konjunkturrat, den Finanzplanungsrat und über die Planungsausschüsse zur Wahrnehmung der Gemeinschaftsaufgaben (vgl. dazu ZACHER 1973, 78).

Die Verantwortlichkeit der Exekutive hat sich gegenüber der Legislative ständig erweitert. Gesetzesvorlagen sind überwiegend *Regierungsvorlagen*; ministerielle Verordnungen regeln wichtige Bereiche des Wirtschaftsrechts. Insbesondere das Instrumentarium der Planung ist nur teilweise über das Parlament beherrschbar (zur «*Politikverflechtung*» vgl. SCHARPF/REISSERT/SCHNABEL 1976; GROTTIAN 1974).

3.3.3. Ausgegliederte Einheiten der Wirtschaftsadministration

Neben den unmittelbaren Staatsorganen werden im Bereich der Wirtschaftsadministration zunehmend weitere Institutionen unterschiedlichen Autonomiegrads tätig. Sie sind in das Dreierschema *Parlament – Exekutive – Judikative* nicht oder nicht ohne weiteres einzuordnen. Am unproblematischsten sind *ausgegliederte Behörden*, die Verwaltungs- und Dienstleistungsaufgaben in organisatorischer Trennung vom Regierungssystem wahrnehmen.

Beispiele sind die verschiedenen *Bundesanstalten* wie die *Bundesanstalt für Geowissenschaften und Rohstoffe*, die als Fachbehörde für Fragen der nationalen und internationalen Rohstofferschließung neben Aufsichts- und Forschungsfunktionen auch Hilfestellungen zur industriellen Erschließung von Rohstoffen leistet.

Eine wirtschaftsrechtlich zentrale Institution ist das *Bundeskartellamt*. Hier wurde zur Administration der Mehrzahl der Fälle wettbewerbsbeschränkenden Verhaltens eine selbständige Bundesoberbehörde gebildet, die dem Geschäftsbereich des Bundeswirtschaftsministeriums zugeordnet ist (vgl. § 48 GWB). Als Ermittlungsbehörde steht sie zwischen Exekutive und Justizsystem.

Umfassende Autonomie gegenüber den Regierungsorganen besitzt die *Deutsche Bundesbank*, der gerade in einer Zeit der wirtschaftspolitischen Akzentuierung der Geldmengensteuerung ein ungewöhnliches Entscheidungspotential über makroökonomische Verläufe zugeschrieben wird. Nach § 12 Satz 2 des Bundesbankgesetzes (abgedruckt im Anhang S. 314) ist die Bundesbank bei der Ausübung ihrer gesetzlichen Befugnisse, also insbesondere der Noten-, Diskont-, Mindestreserven-, Offenmarkt- und Einlagenpolitik, «von Weisungen der Bundesregierung unabhängig»; auch eine parlamentarische Verantwortlichkeit besteht nicht. Kritiker haben daher das Wort von der Bundesbank als «Nebenregierung» in die Diskussion gebracht (DÖRGE 1969; zur Kompetenzabgrenzung zwischen Bundesregierung und Bundesbank unten IV. 3.2.3.2.).

«Eine Wirtschaftspolitik in Deutschland *ohne* wissenschaftliche Politikberatung ist heute, nach mehr als 25jähriger Erfahrung, schwer vorstellbar, wenngleich in der wirtschaftspolitischen Tagespolitik die Schärfung des Gewissens durch die unabhängige Wissenschaft nicht immer bequem ist» (SAUERMANN 1976, 562).

Die Institutionalisierung der *wissenschaftlichen Politikberatung* gehört zu den bemerkenswertesten Differenzierungsprozessen im Bereich staatlicher Wirtschaftsadministration. 1948 wurde der erste wissenschaftliche Beirat zur wirtschaftspolitischen Beratung gebildet; weitere Beiräte, wie beispielsweise beim Finanzministerium, wurden einberufen. Durch Gesetz vom 14. 8. 1963 (BGBl. I 685) wurde schließlich der *Sachverständigenrat* zur Begutachtung der gesamtwirtschaftlichen Entwicklung gebildet, ein Gremium von «fünf Mitgliedern, die über besondere wirtschaftswissenschaftliche Kenntnisse und volkswirtschaftliche Erfahrung verfügen müssen» (§ 1 Abs. 2 Sachverständigenrat-Gesetz). Der Sachverständigenrat ist keinem Ministerium zugeordnet, seine Gutachten dienen der Erleichterung der «Urteilsbildung bei allen wirtschaftspolitisch verantwortlichen Instanzen sowie der Öffentlichkeit». Neben den obligatorischen Jahresgutachten über die gesamtwirtschaftliche Entwicklung legt er bei problematischen Entwicklungen «Sondergutachten» vor (vgl. dazu zusammenfassend v. ARNIM, Gemeinwohl und Gruppeninteressen, 1977, 326–331). Angesichts der Verfügung über theoretische Konzeptionen und entsprechende groß angelegte Datensammlungen greifen die Empfehlungen unmittelbar in die Gestaltungsräume der traditionellen politischen Akteure ein.

Nach dem Vorbild des Sachverständigenrats wurden in jüngerer Zeit weitere spezielle Gremien gebildet. Wichtige Beispiele sind die *Monopolkommission* (seit 1973, § 24 b GWB) und der durch Erlaß des Bundesinnenministers gebildete *Rat von Sachverständigen in Umweltfragen,* der 1974 sein erstes Gutachten vorlegte (v. ARNIM 1977, 332).

Die Verknüpfung von Wissenschaft, Staat und Wirtschaft zeigte sich früh bei der Gründung der führenden naturwissenschaftlichen Institute. Eine Untersuchung zur Wirtschaftspolitik im Wilhelminischen Deutschland am Beispiel der (naturwissenschaftlichen) *Kaiser-Wilhelm-Institute* (heute: *Max-Planck-Institute*) gelangt zu dem Ergebnis, daß «Konzeption und Gründung der Kaiser-Wilhelm-Gesellschaft nur erklärbar [seien] als Produkte einer Annäherung zwischen Staat und Wirtschaft, deren erste Anfänge bis weit in die BISMARCKsche Ära zurückreichen» (BURCHARDT 1975, 136):

«Deutschlands bisheriger Aufstieg hatte in der Wirtschaft die Reserven entstehen lassen, die für die privatwirtschaftliche (Mit-)Übernahme wissenschaftspolitischer Aufgaben unerläßlich waren. Hier fand also ein Rückkoppelungsprozeß statt: Der traditionelle Wissenschaftsbetrieb hatte erste wirtschaftliche Erfolge ermöglicht. Angesichts der zunehmenden Verwissenschaftlichung des industriellen Produktionsprozesses einerseits und der sich verschärfenden internationalen Konkurrenz andererseits ließen sich solche Erfolge auf die Dauer nur wiederholen, wenn angemessene wissenschaftspolitische Voraussetzungen geschaffen werden konnten.»

Talcott Parsons hat in seinem Überblick über «Das System moderner Gesellschaften» (1972, 137) darauf hingewiesen, daß die Nutzbarmachung wissenschaftlicher Kenntnisse für die industrielle Produktion, die er neben der Massenproduktion als das besondere Merkmal des «amerikanischen Musters des Kapitalismus» bezeichnet, seinen *Ursprung* im Bismarck-Deutschland gehabt habe.

3.4. *Übergreifende Einheiten zwischen Wirtschaft und Staat*

3.4.1. Politische Repräsentanz wirtschaftlicher Interessen: Verbände

Das organisierte Wechselverhältnis von Staat und Wirtschaft findet besonderen Ausdruck in den bereits erwähnten, spezifisch wirtschaftlich orientierten Interessenzusammenschlüssen jenseits der verfassungsmäßig institutionalisierten politischen Parteien.

Die registrierte *Bonner Lobby* zählt heute (1977) mehr als 800 verschiedene Organisationen. Hinzu kommen zahlreiche Körperschaften, Stiftungen und Anstalten des öffentlichen Rechts zur Interessenvertretung. Wichtige Gesetzesvorhaben werden kaum ohne formelle Anhörungen oder informelle Abstimmung vorbereitet. Viele Daten und Folgeeinschätzungen von Regelungen wären ohne Interessenvertreter nicht erfaßbar. Verständigung mit wichtigen Repräsentanten der betroffenen Gruppen wird als Sicherung für die faktische Durchsetzung der wirtschaftsrechtlichen Regelungen angesehen. So sieht § 23 des Teils II der *Gemeinsamen Geschäftsordnung der Bundesministerien* vor, daß die Vertretungen der beteiligten «Fachkreise», d. h. die einschlägigen Verbandsspitzen, «zur Beschaffung von Unterlagen für die Vorbereitung von Gesetzen . . . herangezogen werden». Entsprechendes gilt nach §§ 62, 74 dieser Geschäftsordnung für Rechtsverordnungen und allgemeine Verwaltungsvorschriften. Die Einflußnahme hat inzwischen vielfach festliegende Formen erreicht. Gerichtliche Vorschriften zur Verbandsbeteiligung finden sich beispielsweise in § 16 Gewerbeordnung, § 33 Heimarbeitergesetz, § 24 Güterkraftverkehrsgesetz und § 10 Tarifvertragsgesetz. Umgekehrt nehmen an Kongressen und Arbeitskreisen wichtiger Gruppen regelmäßig Regierungs- und Parlamentsmitglieder teil. Kommissionsbildung und Anhörungen (vgl. § 73 Geschäftsordnung des Bundestages) sind geläufige Muster der Interessenabstimmung. Auch gerichtliche Verfahren werden als Diskussionsforum zu Interessentenstellungnahmen eingesetzt.

3.4.1.1. Historische Kontinuität

Auch hier besteht eine historische *Kontinuität*, die in die Bismarck-Zeit zurückreicht. Thomas Nipperdey hat in seiner Untersuchung über «Interessenverbände und Parteien in Deutschland vor dem Ersten Weltkrieg» (1968, 369 ff.) auf die Abhängigkeit des *Verbandswesens* von der zunehmenden Teilnahme der *politischen Parteien* an der Macht hingewiesen. Erst nachdem durch die Reichsverfassung 1871 in einem zentral gelenkten Nationalstaat die Teilnahme der Parteien an der politischen Willensbildung konsolidiert ist, treten massiert Interessenvertretungen auf, die auf die parlamentarische Repräsentanz und die Bürokratien offen Einfluß nehmen. Beispielhafter Brennpunkt dieser Tätigkeit der Interessenvertreter ist der bereits erwähnte «Kampf» um die *Schutzzollpolitik*.

«Der Protektionismus also differenzierte die Interessen, er verselbständigte sie damit und gab ihnen ein Eigengewicht. 1876 wurde der erste Gesamtverband eines Wirtschaftszweigs, der Zentralverband Deutscher Industrieller, gegründet; gleichzeitig entstand auch die erste politische Organisation der Landwirtschaft, der Verein der Steuer- und Wirtschaftsreformer, in dem vor allem die maßgebenden Abgeordneten der Rechten saßen. Auf dem Bündnis dieser beiden Organisationen beruhte der Zolltarif von 1879, die Regierungsvorlage entstand direkt aus einem Entwurf des Zentralverbandes.

Weltwirtschaftliche Verflechtungen und Zollfragen blieben bis 1914 ein Motor, der Wirtschaftsinteressen mobilisierte und in Verbänden politisch aktiv werden ließ. Entsprechend ihrer zunehmenden Bedeutung trat dabei die Exportindustrie allmählich stärker hervor, sie suchte ihr den Zollinteressen der Schwerindustrie entgegengesetztes Interesse an billigen Rohstoffen und am Abbau der Auslandszölle entschieden und selbständig zu vertreten und organisierte sich in eigenen Verbänden, zumal seit 1895 im Bund der Industriellen, der dann durch STRESEMANN, den Syndikus seines sächsischen Landesverbandes, eine besondere Bedeutung erlangt hat.

Die Agrarkrise der neunziger Jahre, seither fast permanent, entfesselte 1892/93 eine agrarische Massenbewegung, die mit geradezu elementarer Gewalt nach Zöllen rief und die im Bund der Landwirte, den Bayrischen Bauernbünden und den nunmehr endgültig politisierten katholischen Bauernvereinen organisatorisch Gestalt fand» (NIPPERDEY 1968, 371).

Ein anderes zeitgenössisches Beispiel ist die *Patentgesetzgebung* von 1877 und deren Novellierung 1891. Eine jüngere Untersuchung über Erfindungsschutz und Industrialisierung in Preußen 1793–1877 stellt fest, daß sich das «Unternehmensinteresse» gegenüber den schlecht repräsentierten Interessen der Einzelerfinder als «Rechtsbildungsfaktor durchgesetzt» habe:

«Das Reichspatentgesetz von 1877 begünstigte die Großunternehmen und benachteiligte die kleinen Erfinder. Das heftig umstrittene Lizenzprinzip, welches ursprünglich dem Patent seinen monopolistischen Charakter nehmen sollte, entpuppte sich als vorteilhaftes Mittel für Unternehmer, Einzelerfinder zur Herausgabe ihrer Neuerung zu zwingen und aufgrund ihrer größeren Kapitalressourcen die zeitliche Vorhand eines Erfinders zunichte zu machen: Die zunehmende Abhängigkeit des Technikers vom Kapital des Unternehmers wurde hier durch Gesetzesbestimmungen noch verstärkt.

Dies verhinderte den möglichen Aufstieg eines Erfinders zum Unternehmer durch die gewerbliche Verwertung einer Erfindung. Das Reichspatentgesetz war einer der Faktoren, die den wirtschaftlichen Konzentrationsprozeß bestimmter Industriesektoren, besonders der chemischen Industrie, im letzten Drittel des 19. Jahrhunderts mitbestimmten» (HEGGEN 1975, 142; vgl. zur Entwicklung auch NIRK 1977, 345 ff.).

Die speziellen Industrie- und Gewerbeverbände sind insbesondere in der Weimarer Epoche zum Teil bis in die tagespolitischen Entscheidungen hinein bestimmend. Die Qualität der Einflußnahme industrieller Interessenvertretungen auf die Wirtschaftspolitik zu Beginn der Weimarer Republik ist von dem amerikanischen Sozialhistoriker GERALD D. FELDMAN (1973, 621; vgl. auch BRÜGGEMEIER 1977, 246 ff., 295 ff.) als «Kampf zwischen Industrie und Regierung» bezeichnet worden. Gegen Ende der Republik diagnostizierte CARL SCHMITT einen «Wirtschaftsstaat, aber keine Wirtschaftsverfassung»:

«Die Polykratie der öffentlichen Wirtschaft gewinnt dadurch ihre eigentliche Bedeutung, daß sie mit dem pluralistischen Auseinanderbrechen eines parlamentarischen Gesetzgebungsstaates bei gleichzeitiger intensiver Entwicklung des Staates zum Wirtschaftsstaat zusammentrifft . . .» (C. SCHMITT 1931, 98 f.).

Angesichts des Gewichts der Parteien und der vergleichsweise außerordentlich stabilen verfassungsmäßigen Institutionen der Bundesrepublik Deutschland erscheint eine direkte und massierte Interessendurchsetzung der Wirtschaftsorganisationen nach Weimarer Muster heute kaum empirisch belegbar. Dennoch zeigt das Beispiel der Opposition gegen die *Kartellgesetzgebung* durch den Bundesverband der Deutschen Industrie in den fünfziger Jahren (vgl. Belege bei BRÜGGEMEIER 1978, Materialien Nr. 73–82) oder der aktuelle Widerstand der Industrieverbände und des organisierten Handwerks gegen eine Änderung der beruflichen Ausbildung (vgl. Beispiel vor Abschnitt 2), daß das Politiksystem trotz der Möglichkeiten der Durchsetzung des politischen Willens in der Gesetzgebung auf die Kooperation des Aggregats Wirtschaft bei strukturellen Änderungen angewiesen ist.

3.4.1.2. *Das Tarifvertragssystem und seine Partner*

(1) Ein besonderes Beispiel formalisierter Interessenvermittlung im Rahmen des wirtschaftlichen Verbandswesens ist das *Tarifvertragssystem*, das verfassungsrechtlich in Art. 9 GG verankert ist. Die Findung kollektiver Lohn- und Arbeitsbedingungen ist prinzipiell «staatsfrei» organisiert. Dem Staat kommt nur die Bereitstellung von Verfahren und eine gleichsam notarielle Funktion bei der Allgemeinverbindlichkeitserklärung von Tarifverträgen zu.

Tarifabschlüsse sind mehr als eine gebündelte Änderung der Bedingungen individueller Arbeitsverträge. Mit den Entscheidungen über Lohn- und Gehaltshöhe, Arbeitszeit- und Urlaubsfragen, Mitwirkungsrechte und andere Arbeitsbedingungen setzen die *Koalitionen* gesamtwirtschaftlich zentrale Daten. Betroffen sind – wenn auch keineswegs in unvermittelter einfacher Abhängigkeit – die Größenordnungen von Konsum, Sparen, Investitionen, Beschäftigungsgrad, Wettbewerbsfähigkeit gegenüber ausländischen Produkten usf. Die Tarifbestimmung durch die Interessenorganisation der Arbeitnehmer und Arbeitgeber erweist sich, so gesehen, als *autonome Regelsetzung* in einem wichtigen Teilbereich wirtschaftspolitischer Willensbildung.

Ausgangspunkt des Tarifvertragssystems ist die «soziale Frage» – zentrales Thema der politischen Auseinandersetzungen des ausgehenden 19. Jahrhunderts – und damit zusammenhängend die politische und *verbandsmäßige Organisation der Arbeiterschaft.* Die Trennung der Arbeiterpartei (*Sozialistische Arbeiterpartei,* später SPD) von den Gewerkschaften gewinnt erst gegen Ende der neunziger Jahre Bedeutung. In diesem Zeitraum verdoppelt sich die Mitgliederzahl der «freien Gewerkschaften», der bei weitem größten, sozialistisch orientierten Gruppierung, etwa in Fünfjahresabständen: 1895: 259175 Mitglieder; 1900: 680427 Mitglieder; 1904: Überschreitung der Millionengrenze; 1910: 2 Mio. Mitglieder (vgl. WEHLER 1975, 95; SOMBART 1909, 607). Hinzu kommen die organisierten Arbeitnehmer in christlichen und liberalen Gewerkschaften sowie zeitweilig «gelben», d. h. unternehmerfreundlichen Gewerkschaften. Im Vergleich dazu die *heutigen* Zahlen der Bundesrepublik Deutschland: Die Mitgliederzahl des DGB wird 1975 mit 7,3 Mio. Arbeitnehmer angegeben; andere Gewerkschaften weisen insgesamt 1,2 Mio. Mitglieder auf.

Mit dem Erstarken der organisierten Gewerkschaftsbewegung bahnt sich zugleich eine *Pazifizierung* der Kampfsituation an. Voraussetzung ist die zunehmende faktische Berücksichtigung der Koalitionen, die mit der Aufhebung des *Koalitionsverbots* in der Gewerbeordnung des Norddeutschen Bundes von 1869 einsetzt. Allerdings wird erst in der Weimarer Reichsverfassung von 1919 positiv die *Koalitionsfreiheit* im Sinne der Teilnahme an der kollektiven Gestaltung von Arbeitsbedingungen anerkannt (Art. 165 Abs. 2 Satz 2 Weimarer Reichsverfassung). Die dort genannten «beiderseitigen Organisationen» sind Verhandlungspartner des Tarifvertragssystems. Der *Tarifvertrag* – der «kooperative Arbeitsnormenvertrag» (SINZHEIMER 1907, 1908) – wird zwar zunächst nur als privatrechtliche Vereinbarung verstanden; seit der Tarifvertragsordnung von 1918 ist er zwingende *Kollektivvereinbarung.* Zum Bestandteil des Tarifvertragssystems wird das *Schlichtungswesen,* das sich seit 1890 zunächst in der neu geschaffenen Gewerbegerichtsbarkeit entwickelt. Die Verbindlichkeiten von Schiedssprüchen *(Zwangsschlichtung)* wird im Hilfsdienstgesetz von 1916 erstmals normiert; die Schlichtungsverordnung von 1923 institutionalisiert die mittelbare Teilnahme von staatlichen Schlichtungsinstanzen. Damit ist das Grundmuster eines rechtlich geregelten *permanent bargaining* entwickelt, das – nimmt man den Zeitraum der nationalsozialistischen Herrschaft aus – die besondere deutsche Variante der Tarifauseinandersetzungen mit ihrer Beschränkung auf *sozialadäquate* Kampfmaßnahmen im Rahmen *wirtschaftlicher* Ziele bildet. Daß diese Entwicklung ein Spezifikum darstellt, zeigt ein Blick auf andere westeuropäische Länder, in denen Arbeitnehmerorganisationen in wesentlich geringerem Maße eine gesetzlich/gerichtliche Festlegung der Prozeduren des Arbeitskampfes tolerieren (vgl. KAHN-FREUND, Juristentag 1976, R 6 – R 21, und Rapport Général 1976).

(2) Parallel zur Institutionalisierung des Tarifvertragssystems laufen gewerkschaftliche Bestrebungen zur *Beteiligung der Arbeitnehmer* an den Unternehmensentscheidungen. Das Hilfsdienstgesetz von 1916 und das Betriebsrätegesetz von 1920 schaffen gesetzliche *Mitarbeitervertretungen*, die insbesondere von der organisierten Arbeiterschaft wahrgenommen werden. In den zwanziger Jahren werden *paritätische Beteiligungsmodelle* diskutiert, die allerdings erst nach dem Zweiten Weltkrieg, zunächst in der sogenannten *Montanmitbestimmung* und abgeschwächt im Mitbestimmungsgesetz 1976, Berücksichtigung finden (vgl. unten S. 110 und S. 240ff.).

Die Entwicklung der Organisation der Arbeitnehmerinteressen in Deutschland in gewerkschaftlichem Rahmen ist geprägt durch den seit dem Ersten Weltkrieg bestehenden *reformsozialistischen* Kurs der Mehrheitsorganisationen; kennzeichnend ist zudem die Tendenz zu einer verhältnismäßig *einheitlichen* Organisationsstruktur: von den Richtungsgewerkschaften der Weimarer Zeit zur Reorganisation des Gewerkschaftswesens nach 1945 im *Industriegewerkschaftssystem* mit ausgebautem Dachverband. Der politisch einflußreichste Verband der *Einheitsgewerkschaften* ist heute im Vergleich zum westlichen Ausland weniger eine kämpferische Interessengruppierung als vielmehr eine eher «staatstragende» Organisation, die den großangelegten rechtlichen Apparat des Tarifvertragssystems mitverwaltet.

Im Rahmen des Tarifvertragswesens bilden sich mit geringer zeitlicher Verschiebung zur anwachsenden Gewerkschaftsbewegung auf der *Arbeitgeberseite* Interessenorganisationen mit dem Zweck, die Unternehmen bei den tarifvertraglichen Auseinandersetzungen zu repräsentieren. Sie sind teilweise *spiegelbildlich* zur Arbeitnehmerorganisation aufgezogen und haben neben den Koordinationsaufgaben im Arbeitskampf die Aufgabe, einheitliche Arbeitgeberpositionen zu formulieren. Die Statistik 1973 (Statistisches Jahrbuch 1976) zählt 46 Fachverbände mit bis zu 52 Mitgliedsverbänden. Bei der Geltendmachung allgemeiner wirtschaftspolitischer Positionen treten die Arbeitgeberverbände jedoch in der Regel hinter die traditionell bedeutsameren speziellen Industrie- und Gewerbeverbände zurück.

3.4.1.3. Legitimation von Verbandsmacht

BÖCKENFÖRDE hat kürzlich eine Untersuchung über den Einfluß von Verbänden auf Entscheidungen, die die Allgemeinheit betreffen, in der rhetorischen Frage zusammengefaßt,

> «ob eine Politik der Wirtschafts- und Konjunktursteuerung auch bei vorhandener parlamentarischer Mehrheit überhaupt noch ohne die zumindest stillschweigende Unterstützung der Gewerkschaften auf der einen, der großen Investoren auf der anderen Seite möglich ist» (BÖCKENFÖRDE 1976, 457).

Zwar mag die Beobachtung Rüdiger Altmanns, eines führenden Verbandsvertreters, zutreffend sein, daß der Einfluß von Verbänden nicht nur deshalb wächst, «weil sie so mächtig sind, sondern weil die meisten Politiker der Auffassung sind, daß die Verbände die Wähler organisieren und man deshalb mit ihnen keinen Konflikt wagen dürfe» (Altmann 1976, 204); jedenfalls verstärkt sich mit der wachsenden politischen Entscheidungsmacht der Verbände die Frage, mit welcher *Legitimation* diese Einheiten handeln. Hinsichtlich der *äußeren* Legitimation ist unbestritten, daß die in Art. 9 GG gewährleistete Vereinigungsfreiheit eine politische Willensbildung in Vereinen neben den Parteien zumindest freistellt. Auch wird anerkannt, daß Verbände durch die Sammlung von Einzelinteressen und deren Artikulation im politischen Prozeß einen unverzichtbaren Beitrag zur politischen Willensbildung in einem demokratischen pluralistischen Staat leisten (zusammenfassend Meessen 1976, 13 ff.). Als problematisch wird dagegen der *interne* Willensbildungsprozeß in Großorganisationen angesehen (dazu v. Alemann/Teubner/E. Müller/Blanke 1977). Die Diskussion um die interne Legitimitätskontrolle ist bei der Forderung nach einem *Verbändegesetz* angelangt, in dem Mindeststandards demokratischer Willensbildung festgelegt werden sollen (Gerhardt 1977). Dabei wird insbesondere eine Stärkung der Rolle der Mitgliederversammlung bei der Willensbildung und eine Begrenzung der Kompetenzen der heute häufig frei schaltenden Verwaltungsspitze und Garantien von Mitwirkungs- und Freiheitsrechten der einzelnen Mitglieder vorgeschlagen (Zusammenfassung bei Lessmann 1976, 241 ff.).

Derartige *direkt-demokratische* Reformansätze gegenüber den Erscheinungen der Mitgliederapathie, der Professionalisierung und der Bürokratisierung in Verbänden beachten kaum – worauf Teubner (Verbandsdemokratie, 1978, 25 ff.) hinweist – die negativen Reformerfahrungen im aktienrechtlichen und genossenschaftlichen Bereich. Teubner schlägt demgegenüber Regelungen vor, die für verschiedene Verbandsstrukturen die «gezielte Hereinnahme von Umweltkonflikten in das Innere des Verbandes» ermöglichen, und zwar mit den Konfliktmustern der «pluralistischen Konkurrenz», insbesondere zwischen den verbandsinternen «Politiksystemen» und dem «Operationssystem», weiter der «organisierten Opposition» und schließlich des «institutionalisierten Dissenses» von Einzelmitgliedern und Mitgliedergruppen (Teubner 1978, 35; vgl. auch unten IV. 3.2.2.4 (4)).

3.4.1.4. «Selbstverwaltung» der Wirtschaft: Kammern

Neben den Sozialpartnern und den fachlich ausgerichteten wirtschaftlichen Interessenvertretungen bestehen zwischen Staat und Wirtschaft sogenannte *Kammern* als *Selbstverwaltungskörperschaften* der gewerblichen Wirtschaft, der Landwirtschaft und der freien Berufe. Aufgabe dieser Einrichtungen ist die Selbstverwaltung in *berufsständischen* Angelegenheiten. Sie sind gesetzlich als Körperschaften des öffentlichen Rechts organisiert, stehen unter Staatsaufsicht und rekrutieren ihre Mitglieder im Rahmen der Zwangsmitgliedschaft. Die verwaltungsrechtliche Einordnung der Kammern als *mittelbare Staatsverwaltung* (vgl. Zacher 1973, 81, 83) deutet darauf hin, daß die autonomen Körperschaften zum Teil hoheitsähnliche Funktionen wahrnehmen.

In einem Überblick zur Entwicklung und zum Status der Industrie- und Handelskammern findet sich das Resümee:

> «Wurden ihre [d. h. der IHK] Funktionen früher vom gesellschaftlichen Subsystem der Wirtschaft erfüllt, so hat sich heute der Staat dieser Aufgaben angenommen, ohne jedoch die gesellschaftlichen Prinzipien der Verbandsstruktur preiszugeben. Der Zwiespalt zwischen gesellschaftlicher Partikularität und Staatlichkeit spiegelt sich bis in die Details der Kammerorganisation, etwa die Personalpolitik und das Dienstrecht, wider» (Basedow 1977, 373).

Das Organisationsgesetz der Industrie- und Handelskammern (Gesetz zur vorläufigen Regelung des Rechts der Industrie- und Handelskammern vom 18. 12. 1956, BGBl. I 920) nennt als Aufgabe in § 1:

> «Abs. 1 . . . das Gesamtinteresse der ihnen zugehörigen Gewerbetreibenden ihres Bezirks wahrzunehmen, für die Förderung der gewerblichen Wirtschaft zu wirken und dabei die wirtschaftlichen Interessen einzelner Gewerbezweige oder Betriebe abwägend und ausgleichend zu berücksichtigen; dabei obliegt es ihnen insbesondere, durch Vorschläge, Gutachten und Berichte die Behörden zu unterstützen und zu beraten . . .
>
> Abs. 2: Die Industrie- und Handelskammern können Anlagen und Einrichtungen, die der Förderung der gewerblichen Wirtschaft oder einzelner Gewerbezweige dienen, begründen, unterhalten und unterstützen sowie Maßnahmen zur Förderung und Durchführung der kaufmännischen und gewerblichen Berufsbildung . . . treffen.»

Zwar haben Industrie- und Handelskammern – anders als etwa die Rechtsanwaltskammern – keinen umfassenden Kodex standesrechtlichen Verhaltens entwickelt (vgl. dazu Brohm 1969, 73 f.). Sie übernehmen jedoch *Kontrollaufgaben* wie beispielsweise Stellungnahmen zu firmen- und registerrechtlichen Fragen bei Eintragung ins Handelsregister. Weiter erlassen sie *Richtlinien*, beispielsweise für die Werbung vor und während der Schlußverkäufe (Brohm 1969, 75 m. w. Nachw.). In den Bereich der allgemeinen Normsetzung gelangen die Kammern insbesondere durch *gutachtliche Stellungnahmen* zu Handelsbräuchen sowie deren Sammlung und Aufzeichnung. Sie konkretisieren damit einzelne Blankettvorschriften des HGB und BGB. Die gesetzliche Zuweisung von «Maßnahmen zur Förderung und Durchführung der kaufmännischen Berufsausbildung» hat sich in Ausbildungs- und Prüfungsordnungen und *Einheitsmustern* von Lehrverträgen und zugehörigen Ausbildungsrichtlinien niedergeschlagen. Die Kammern haben damit ein faktisches *Monopol* bei der Festlegung der Zugangsvoraussetzungen zu den einzelnen kaufmännischen und gewerblichen

Berufszweigen. (Vgl. dazu BROHM 1969, 77 mit Hinweis auf die Problematik der mangelhaften Justitiabilität einer Reihe von berufsständisch gesetzten Normen.)

Darüber hinaus erbringen die Industrie- und Handelskammern eine Reihe von *administrativen* Dienstleistungen, z. B. (vgl. BASEDOW 1977, 371):

- Kontaktförderung zwischen Kaufleuten, sowie zwischen Politik und Wirtschaft,
- Bezugsquellen- und Absatzinteressentennachweise,
- Informationen über deutsche Märkte gegenüber ausländischen Interessenten,
- Unterrichtung deutscher Exporteure über ausländische Import-, Zoll- und Devisenvorschriften usw.,
- Werbung für die Wirtschaft des Kammerbezirks nach außen,
- Information der Kammerzugehörigen durch eigene Publikationsorgane (z. B. über Messen, Konkurs- und Vergleichsverfahren),
- Rechtsberatung der Kammerzugehörigen im Rahmen der Kammerzuständigkeit.

3.4.2. Staatliche Präsenz im Wirtschaftsbereich: Öffentliche Unternehmen

Der Institutionalisierung von politisch-administrativen Interessen der Wirtschaft in Verbänden und Kammern stehen *öffentliche und gemischtwirtschaftliche Unternehmen* (vgl. THIEMEYER 1976, 229) gegenüber, die aus der liberalen Perspektive einer Trennung von Staat und Wirtschaft als «Fremdkörper» erscheinen müssen.

Allein für öffentliche *Versorgungs- und Verkehrsunternehmen* weist die Statistik (Statistisches Jahrbuch 1976) 1972 eine Nettobilanzsumme von 71 Mrd. DM bei einen Nettobestand der Sacheinlagen von 55 Mrd. DM aus. Diese Betriebe erreichten damit eine Größenordnung von 1/4 (Nettobilanzsumme) bzw. 1/3 (Sachanlagen) der Aktiengesellschaften im produzierenden Gewerbe. Von 1175 Betrieben (1972) sind 736 sogenannte Eigenbetriebe, d. h. rechtlich unselbständige Betriebe der Gemeinden und Gemeindeverbände; die übrigen, in der Regel wirtschaftlich bedeutsameren Einheiten sind teils als öffentlich-rechtliche Körperschaften, teils aber auch in den privatrechtlichen Formen der AG oder GmbH organisiert.

Auch im *Industriebereich* bestehen zahlreiche *Staatsunternehmen*, von denen drei in der FORTUNE-Statistik unter den 200 größten Industrieunternehmen außerhalb der USA aufgeführt sind (FORTUNE 1977, Bezug 1976): die Bundeskonzerne VEBA-CHEMIE (ca. 8 Mrd. DM Umsatz und 11427 Beschäftigte), SALZGITTER AG 1976 (ca. 4,2 Mrd. DM Umsatz, 54069 Beschäftigte) und die VIAG (ca. 3,4 Mrd. DM Umsatz und 21736 Beschäftigte).

Erwähnenswert sind weiter qualifizierte *Kapitalbeteiligungen* bei der VOLKSWAGENWERK-AG, die 1977 in der FORTUNE-Statistik auf Platz 27 der umsatzstärksten Industrieunternehmen der Welt geführt wird, sowie die Saarbergwerke AG, die für 1976 einen Konzernumsatz von 3,8 Mrd. DM nannte.

In diesen Zusammenhang gehören schließlich Mitwirkungsrechte der öffentlichen Hand, die nicht über einen Gesellschaftsanteil vermittelt sind, wie beispielsweise bei der Ruhrkohle AG (Umsatz 1976: ca. 12 Mrd. DM), dem Sanierungszusammenschluß des Steinkohlenbergbaus seit 1969. Hier werden über die Institutionen des *Bundesbeauftragten für den Steinkohlenbergbau* und des *Kohlebeirats* Rahmendaten zur Unternehmensplanung zwischen Staat und den zusammengeschlossenen Unternehmen erarbeitet (zu den Einzelheiten Streckel 1973, 67).

Eine besondere Bedeutung haben staatlich kontrollierte Unternehmen im *Kreditgewerbe.* Wichtige öffentliche Unternehmen des Bundes sind die Kreditanstalt für Wiederaufbau, die Lastenausgleichsbank und die Landwirtschaftliche Rentenbank. Auf Länderebene sind insbesondere die Zentralbanken der Länder zu nennen; auf Gemeindeebene finden sich die öffentlichen Sparkassen und deren Zentralorganisationen, die Girozentralen (vgl. Zacher 1973, 63). Auch das Versicherungswesen ist – sieht man einmal von der ohnehin staatlichen Sozialversicherung ab – mit zahlreichen öffentlichen Versicherungsunternehmen durchsetzt.

Die Übersicht zeigt, daß die staatlichen Aktivitäten im Dienstleistungs- und Produktivbereich kaum nach einem einheitlichen Kriterium wie etwa dem des «öffentlichen Zwecks», der «Gemeinwohlbezogenheit», des «sozialen Vorbilds» systematisiert werden können.

Insbesondere das Beispiel der *Verstaatlichung der Bahnen* seit 1879 (Verstaatlichungsgesetz) veranschaulicht die vielfältigen Motive des Eindringens des Staats in ursprünglich weitgehend privatwirtschaftlich organisierte Bereiche. In der Argumentation Friedrich Lists zugunsten des *Staatsbahnenprinzips* (vgl. Rüfner 1967, 78) finden sich neben dem wirtschaftlichen Argument der Strukturverbesserung Verweise auf die strategische Bedeutung des Eisenbahnnetzes, auf Monopolprobleme, aber auch auf aktienrechtliche Probleme, namentlich des Schutzes der Anleger vor hochspekulativen Anlagen. In der Praxis kamen schließlich fiskalische Interessen hinzu. Über 50 % der Gesamteinnahmen des preußischen Staates zwischen 1883 und 1900 stammten aus Eisenbahneinnahmen (Rüfner, 84).

Auch heute bildet die Bundesbahn mit 424109 Beschäftigten (1975, Statistisches Jahrbuch 1976, 333) einen Komplex von erstrangiger verkehrspolitischer, regionalstrukturpolitischer und sozialpolitischer Bedeutung. Allerdings hat der Staat seit Jahrzehnten hohe Defizite zu decken. Allein der Betriebsverlust bewegt sich seit 1974–77 bei etwa 4 Mrd. DM. Die Gesamtzuwendungen aus Abgeltungs- und Ausgleichszahlungen betrugen 1975 und 1976 9,3 Mrd. DM; für 1977 werden Zahlungen in Höhe von 11 Mrd. DM geschätzt. Als finanzieller Zielpunkt wird augenblicklich nicht mehr die Verbesserung der Rentabilität, sondern ein «kontrolliert wachsender Zuschußbedarf» angesehen (Klotz 1977, 6).

Im Vergleichsrahmen der EWG ist der deutsche Anteil der öffentlichen Hand an der wirtschaftlichen Betätigung vergleichsweise gering. Emmerich (1969, 48) faßt im Überblick zusammen:

«In der EWG kann man, was die Verbreitung der öffentlichen Unternehmen angeht, ein deutliches Gefälle von Süden nach Norden feststellen. In Italien stammt schon mehr als die Hälfte des Sozialproduktes aus öffentlichen Unternehmen; auf nahezu allen Märkten hat der Staat eine dominierende Position erobert. Sämtliche öffentlichen Unternehmen werden straff im Sinne der staatlichen Planung durch die Regierung geleitet. Zumindest Ansätze zu einer zentralen Verwaltungswirtschaft sind unverkennbar. Noch nicht ganz so weit fortgeschritten, aber in der Tendenz durchaus vergleichbar, ist die Entwicklung in Frankreich. Anders dagegen in Deutschland: Hier besitzt die öffentliche Hand zwar zahlreiche und bedeutende öffentliche Unternehmen; aber der Primat kommt nach wie vor eindeutig der Privatwirtschaft zu. Ähnlich verhält es sich in den drei Benelux-Staaten.»

Öffentliche Unternehmen werden als Mittel der Wirtschaftspolitik eingesetzt. EMMERICH (1969, 71) unterscheidet zwischen *strukturpolitischen, wettbewerbspolitischen, konjunkturpolitischen* Aufgaben. Im Rahmen des *strukturpolitischen* Einsatzes nennt er beispielsweise die Entwicklung strukturschwacher Regionen; hinzufügen könnte man die Lösung infrastruktureller Aufgaben, z. B. Verkehrs- und Stadtplanung, Ökologie oder branchenstrukturpolitische Aufgaben (z. B. Wohnungsbau, Förderung durch spezielle Kreditinstitute). Die generelle Eignung von öffentlichen Unternehmen als *wettbewerbspolitische* Instrumente ist umstritten (vgl. EMMERICH 1969, 76); allerdings sind zur aktiven Wettbewerbspolitik Staatsunternehmen in der Bundesrepublik Deutschland praktisch kaum eingesetzt worden (THIEMEYER 1973, 257). Im Rahmen des Einsatzes zur *konjunkturpolitischen* Aufgabenerfüllung stehen die Möglichkeiten einer antizyklischen Investitionspolitik, Arbeitsplatzpolitik, Preispolitik und Auftragspolitik im Vordergrund der Diskussion (EMMERICH 1969, 73).

Inwieweit der Staat mit beherrschten Unternehmen kurzfristig Wirtschaftspolitik betreiben kann, hängt vom Grad der *Organisationsautonomie* der Unternehmenseinheiten ab. In der überwiegenden Zahl der Fälle wird mit dem Erlaß des Organisationsstatuts oder der Gründung einer Kapitalgesellschaft ein Großteil von Entscheidungskompetenz unter bestimmten Zwecksetzungen delegiert und insoweit von unmittelbaren politischen Einflüssen freigestellt.

Wirtschaftspolitische Zweckmäßigkeit wie rechtliche Grenzen der Staatsteilnahme an wirtschaftlichen Aktivitäten sind grundsätzlich umstritten (vgl. z. B. einerseits EMMERICH 1969, andererseits v. LOESCH 1977). Die Festschreibung des *Subsidiaritätsprinzips* in § 65 der Bundeshaushaltsordnung vom 19. 8. 1969 (abgedruckt im Anhang, S. 320) für Bundesbeteiligungen dokumentiert die insgesamt *rückläufige* Tendenz der unmittelbaren Staatsbeteiligung der Wirtschaft in der Bundesrepublik Deutschland im Vergleich zur Weimarer Republik. Wirtschaftspolitische Entscheidungen sind für diese Entwicklung ebenso verantwortlich wie der strukturelle Befund, daß sich die Alternative *öffentlich/privat* zumindest im *Großunternehmensbereich* zu einer *graduellen* Unterscheidung aufgefächert hat. Dieser Zusammenhang wäre vorab zu klären, bevor Fragen nach dem *Sinn* von öffentlichen Unternehmen gestellt werden. Vereinbarkeit mit Wettbewerbsprinzipien, Einbeziehung in Mitbestimmungsregelungen,[8] Beachtung von aktienrechtlichen Schutzvorschriften[9] sind kaum mehr in der

Alternative der privaten oder öffentlichen Organisationsformen differenziert zu beantworten.

«Private» Großunternehmen verwalten wirtschaftliche und politische Macht im Rahmen eines «öffentlichen» Regelungsgeflechts von gesetzlichen und faktischen Bindungen. Umgekehrt bedient sich ein gewichtiger Teil der öffentlichen Unternehmen privatrechtlicher Organisationsformen, insbesondere der kapitalgesellschaftlichen Rechtsformen der GmbH und der AG. So mag eine städtische «Kultur-GmbH», eine «Verkehrs-GmbH» oder ein mit öffentlichen Mitteln sanierter Privatbetrieb stärker in *gemeinwohlbezogene* Zwecksetzungen eingebunden sein als das nichtrechtsfähige Sondervermögen des Bundes «Deutsche Bundesbahn» oder etwa der Landesregiebetrieb «Staatsweingüter Eltville». Daß auch in den Außenbeziehungen der öffentlichen Unternehmen keine einheitlichen Strukturen bestehen, zeigt das oft zitierte Beispiel, daß die Personenbeförderung der Bundesbahn unter den Regeln des Privatrechts steht, dagegen die Beförderung mit Verkehrsträgern der Bundespost als öffentlich-rechtliches Nutzungsverhältnis angesehen wird.

3.5. Das Problem des Staatsprimats

Die Beschreibung der organisatorischen Ausdifferenzierung in Staat und Wirtschaft anhand einer Reihe von Beispielen zeigt so viel: *Wachsende institutionelle Ausdifferenzierung ist begleitet von der Erscheinung einer zunehmenden wechselseitigen Abhängigkeit der Institutionen untereinan-*

---

8 Vgl. das Problem der Zulässigkeit der freiwilligen Einführung der paritätischen Mitbestimmung bei der BREMERHAVENER VERSORGUNGS- UND VERKEHRS-GMBH, Hans. OLG Bremen, AG 1977, 257 mit Anm. von HEIDEMANN und JOERGES

9 Der BGH hat im Urteil vom 13. 10. 1977 (BGH AG 1978, 50 m. Anm. ZÖLLNER 1978) im Falle der Eingliederung der GELSENBERG-AG in die VEBA-AG entschieden, daß die *Bundesrepublik* herrschendes Unternehmen im Sinne des Konzernrechts sei. Der 2. *Senat* führt aus, daß es auf die Rechtsform dessen, der den beherrschenden Einfluß ausüben könne, nicht ankomme. Die Gefahr der Benachteiligung der eingegliederten Gesellschaft könne auch von einer öffentlich-rechtlichen Körperschaft ausgehen, die an einer Aktiengesellschaft maßgeblich beteiligt sei. Ihre Aufgabenstellung könne mit den wirtschaftlichen Interessen der Privataktionäre durchaus in einer Weise kollidieren, die für letztere eine Gefahr bedeute. Die Privataktionäre hiergegen zu schützen, seien die konzernrechtlichen Vorschriften des Aktienrechts jedenfalls dann ein sachgerechtes und unentbehrliches Mittel, wenn die öffentliche Hand sich privatwirtschaftlich in einem solchen Umfange betätige, daß sich hieraus allein schon für private Aktionäre die Gefahr ergebe, daß das Interesse der Gesellschaft und damit ihr eigenes Interesse einem für sie fremden Unternehmensziel aufgeopfert werde. Ob dieses Ziel auch oder vorwiegend vom öffentlichen Wohl bestimmt sei, spiele hierbei nach dem Schutzgedanken des Gesetzes keine Rolle, zumal sich öffentliche und privatwirtschaftliche Interessenverfolgung nicht voneinander trennen ließen (vgl. dazu weiter III, Fn. 48).

der. Das Modellbild eines ordnenden souveränen Staates einerseits, andererseits einer autonomen Wirtschaft als Teil von «Gesellschaft», die jeweils ihre Handlungsbereiche aus dem Gegensatz ihrer spezifischen Aufgaben entfalten, hat augenscheinlich nur noch geringen Erklärungswert. Die Staatsrechtsdoktrin behandelt die Frage des Verhältnisses von Staat und Wirtschaft traditionell als Frage nach der Vorherrschaft (*Primat*) eines der beiden Bereiche. Während die klassische Lehre auch *empirisch* vom absoluten Staatsvorrang ausgehen konnte, wurde die Frage in der Weimarer Zeit zunehmend zum Problem.

3.5.1. Technische Realisation als Ablösung des Staates?

Das Wort CARL SCHMITTS vom «Wirtschaftsstaat» ohne «Wirtschaftsverfassung» aus dem Jahre 1931 bestimmte in der Folgezeit weitgehend die Perspektive der juristischen Betrachtung. Insbesondere nach der Wirtschaft des totalen Staates von 1933 bis 1945 knüpften die juristischen Untersuchungen an diese Fragestellung an. Die konservative Staatsrechtslehre geht von dem kaum bestreitbaren Befund aus, daß die Dynamik der Differenzierungsprozesse im wirtschaftlich-technologischen Bereich weitgehend die Entwicklungen im staatlichen Bereich bestimmt. Die Rolle des Staates erscheint aus diesem Blickwinkel eher *passiv.* Im Anschluß an SCHELSKYS zivilisationssoziologische Betrachtungen formuliert FORSTHOFF die These, daß die sogenannte «technische Realisation» die Herrschaftsfunktionen des Staates beseitigt habe.

FORSTHOFFS Feststellungen sind auszugsweise zu Eingang dieses Kapitels wiedergegeben. Nach seiner Meinung ist die Bundesrepublik kein Staat im hergebrachten Sinne des Begriffs, da das einheitliche Staatsinteresse nicht mehr bestimmbar sei. Nicht mehr der Staat, sondern die «Industriegesellschaft» sei der «harte Kern des heutigen sozialen Ganzen», in ihr reiche der Schutz der Interessen aller nur so weit «wie die jeweiligen mehrheitlichen Konsense, die in den Gruppierungen der organisierten Interessen zusammenkommen» (FORSTHOFF 1973, 158f., 164). FORSTHOFF beschreibt eine Reihe von Tatsachen, die mit dem Problem der Herrschaft im *pluralistischen* Staat verbunden sind. Seine negative Beurteilung des «Staats der Industriegesellschaft» resultiert aus der Festlegung auf ein konservatives Staatsideal, einer «echten Staatlichkeit», die «über dem Ringen der gesellschaftlichen Interessen» steht (FORSTHOFF 1954; 1968, 288). Der Ruf nach dieser Staatlichkeit und der Herstellung ihres traditionellen Primats bedeutet zugleich die Ablehnung einer positiven Rekonstruktion eines Gemeinwesens, das CARL SCHMITT abwertend als «Wirtschaftsstaat» gekennzeichnet hatte.

3.5.2. Staatsverfassung und «Wirtschaftsverfassung» im Ordoliberalismus

Demgegenüber versucht die *ordoliberale Lehre* seit der Weimarer Zeit dem «Wirtschaftsstaat» eine *positive* «Wirtschaftsverfassung» zu geben. Grundlage der Überlegungen, die ihre erste bedeutsame Zusammenfassung in der Schrift von Franz Böhm über «Die Ordnung der Wirtschaft als geschichtliche Aufgabe und rechtschöpferische Leistung» (1937) fanden und die heute von der zweiten Generation der neoliberalen Theoretiker verfeinert reformuliert werden, ist die Vorstellung, daß als methodisches *Gegenstück zur staatlichen Verfassung* auch der Zustand der vom Staat getrennt gesehenen Wirtschaftsgesellschaft in *Verfassungsform* gebracht werden müsse. Ebenso wie die Kompetenzen und Machtverhältnisse zwischen den Staatsorganen einerseits und andererseits den Staatsorganen im Verhältnis zum einzelnen Bürger in der Verfassung balanciert seien, so sei auch der wildwüchsige liberale Wirtschaftsprozeß durch den Einsatz des Verfassungsgedankens in Rechtsformen *(Ordo)* zu domestizieren.

Ernst-Joachim Mestmäcker hat zuletzt die «Lehre von der Wirtschaftsverfassung» dahin pointiert, daß sie «die politische Potenz des Ökonomischen, die von keiner Seite bestritten wird», formuliere, «nicht um der demokratischen Regierung in den Arm zu fallen, sondern um sie instand zu setzen, ihren rechtsstaatlichen und sozialstaatlichen Aufgaben in Unabhängigkeit gerecht werden zu können»:

«Es handelt sich nicht um die Priorität des Ökonomischen, sondern es handelt sich darum, die Möglichkeit unabhängigen staatlichen Handelns mit den wirtschaftlichen und politischen Handlungsfreiheiten der Bürger in Einklang zu bringen. Carl Schmitt hat den *Wirklichkeitsbezug* der Verfassungstheorie durch ‹das Politische› hergestellt. Die Lehre von der Wirtschaftsverfassung enthält den Vorschlag, das Ökonomische in den Wirklichkeitsbezug der Verfassungstheorie aufzunehmen, damit es nicht zum Politischen im Sinne von Carl Schmitt wird» (1975, 419).

Der Ordoliberalismus geht von einem komplementären, *dualistischen* Modell der Staats- und Wirtschaftsverfassung aus. Wie in der traditionellen Staatsverfassung werden auch in der Wirtschaftsverfassung *Kompetenz- und Pflichtenordnungen* konzipiert. Festgelegte *Freiheitsrechte* und *Subordinationspflichten* sind grundlegendes Regelungsmuster des vom politischen Prozeß getrennten, im übrigen sich selbst steuernden wirtschaftlichen Prozesses. Dieses Muster wird auf eine *Realität* angesetzt, deren prägende Struktur gerade die *Interdependenz* der gesellschaftlichen Teilsysteme ist:

«Die im Laufe der Neuzeit rapide ansteigende Komplexität der Gesellschaft stellt in wohl allen Sinnsphären, so auch im Recht neuartige Probleme ... Die Teilsysteme der Gesellschaft werden mehr als zuvor voneinander abhängig: die Wirtschaft von politischen Garantie- und Steuerungsentscheidungen und die Politik vom wirtschaftlichen Erfolg, die Wissenschaft von Finanzierungen und Planfähigkeiten der Politik, die Wirtschaft von wissenschaftlicher Forschung, die Familie vom wirtschaftlichen Gelingen der politischen Vollbeschäftigungsprogramme, die Politik von den Sozialisationsleistungen der Familie usw. Zugleich müssen aber die Teilsysteme, um je ihre Funktionen konstant zuverlässig bedienen zu können, gegen für sie unbeherrschbare

Fluktuationen in je anderen Bereichen geschützt werden. Abhängigkeiten und Unabhängigkeiten der Teilsysteme voneinander nehmen zugleich zu. Im Prinzip ist das möglich, weil die Hinsichten zunehmen, in denen man abhängig und unabhängig sein kann; im einzelnen aber ergeben sich mannigfache Reibungen und Ausgleichsbedürfnisse, deren Bewältigung dem Recht abverlangt wird» (LUHMANN 1972, 190, 192).

Freilich könnte man zur Erfassung dieses Zusammenhangs an eine «Wirtschaftsverfassung» interdependenter wirtschaftspolitischer Sachverhalte denken, die gleichsam alle *Regeln der Interdependenz* zusammenfaßt. Eine derartige «offene», «problematische», «dynamische» Wirtschaftsverfassung – wie sie ZACHER einmal gefordert hat (ZACHER 1965, 63, 101 ff.; vgl. auch SCHEUNER 1971, 26) – entzieht sich jedoch gerade den strukturellen Festlegungen, die in der neoliberalen Lehre von der Wirtschaftsverfassung als ordnungsstiftend hervorgehoben werden.

Die Lehre von der Wirtschaftsverfassung braucht, wie die angeführten Formulierungen MESTMÄCKERS zeigen, zur Frage der *Priorität des Ökonomischen* oder des *Primats des Staates* nicht ausdrücklich Stellung zu nehmen, da sie in ihrer normativen Grundkonzeption von *unterschiedenen Ordnungen* ausgeht, die ihre Aufgaben «in Unabhängigkeit» lösen. Dieser *modellhafte Dualismus* der Aufgabenerledigung in Unabhängigkeit wird um so problematischer, je mehr man die faktische Interdependenz von Staat und Wirtschaft berücksichtigt.[10]

3.5.3. Strukturwandel der Herrschaft: Vom nationalen Machtstaat zum Sozialstaat

Die Frage nach dem Primat des Staates knüpft, ebenso wie Vorstellungen von staatsausgrenzender Wirtschaftsautonomie, an ein Konzept von *Herrschaft* an, das den maßgeblichen *Strukturwandel der Staatlichkeit* seit der BISMARCK-Zeit nicht zur Kenntnis nimmt. Der Soziologe HORST BAIER formuliert in einer Skizze über «Herrschaft im Sozialstaat» (1977, 128 ff.) die These, daß der «nationale Machtstaat des 19. Jahrhunderts» bereits durch die «strukturelle Konterrevolution gegenüber den proletarischen und kleinbürgerlichen Sozialbewegungen» durch LOUIS BONAPARTE, in Deutschland durch BISMARCK wie auch durch LASSALLE, ansatzweise in die «neue Machtordnung des Sozialstaats» überführt worden sei. Der nationale Machtstaat des europäischen 19. Jahrhunderts sei gekennzeichnet durch ein «doppeltes Herrschaftsverhältnis»: die Herstellung *äußerer Sicherheit* («Primat der Außenpolitik») und die *innere Herrschaft* durch eine *Rahmenordnung* der Wirtschaftsfreiheit und der Rechtsgleichheit. Dagegen sei die

10 Zur Kritik des Neoliberalismus insbesondere NAWROTH 1962; RUNGE 1971; WIETHÖLTER, «Wirtschaftsrecht» 1974 und Privatrecht als Gesellschaftstheorie? 1974; KÜBLER 1975; eine Problemzusammenstellung der Wirtschaftsverfassung des Interventionismus findet sich bei CHRISTEN 1970.

Herrschaft im Sozialstaat durch die Stichworte «Verteilereliten», «Versorgungsbürokratien» und «Sozialklientele» bestimmt. Die Auflösung der traditionellen Herrschaftsaufgaben «lasse keineswegs den Schluß auf eine Auflösung des Staates zu»:

«Diesen Kurzschluß finden wir auch z. B. beim etatistischen Konservatismus, der den Verfall der Staatsmacht schon seit BISMARCKS Abgang beklagt, oder anders gewendet, beim orthodoxen MARXISMUS, der den ‹Staatsapparat› zur nun vollends eroberten Agentur des Großkapitals abwertet» (BAIER 1977, 136).

3.5.4. Konstitutioneller oder totalitärer Staat als Alternativen?

BÖCKENFÖRDE (1976, 185 ff.) hebt bei seinen Überlegungen zur «Bedeutung der Unterscheidung von Staat und Gesellschaft im demokratischen Sozialstaat der Gegenwart» hervor, daß der Staat angesichts der Stör- und Krisenanfälligkeit moderner Produktions- und Verteilungssysteme, die nicht nur den nationalen Markt betreffen, sondern in den Weltmarkt einbezogen sind, die Rolle eines Hüters eines funktionsfähigen Wirtschaftens übernommen habe. Als Garant der sozialen Sicherung des einzelnen sei er überdies auf wachsende Einnahmen und damit auf wachsende Produktivität angewiesen. Die «zunehmende Identifikation von Staat und Wirtschaft» (206) finde ihren Ausdruck in zahlreichen regulativen Eingriffen über das Instrumentarium der Steuer- und Haushaltspolitik sowie der Globalsteuerung. Andererseits gerate der Staat «in eine Dienstfunktion gegenüber dem industriellwirtschaftlichen Prozeß», indem er reaktiv auf die «aus dem wirtschaftlichen Prozeß ihm gegenüber autonom sich ergebenden Daten und Tendenzen» handle (209). BÖCKENFÖRDE weist auf die «Ausfallbürgschaften» bei Großunternehmen im Falle mangelnder Liquidität hin (208). In diesem Zusammenhang fragt er, inwieweit es ein Staat, dem die Verantwortung für Konjunktursteuerung, Daseinsvorsorge und gesellschaftlichen Fortschritt übertragen ist, hinnehmen kann, daß die Datensetzungen im Bereich der Investitionen und der Tarifgestaltung seiner Verfügung entzogen sind (210/211). Dann sei aber «die Frage der direkten oder indirekten Lenkung und Steuerung, die die Frage der Übernahme maßgeblicher Großindustrien in staatliche Hand einschließt . . . nicht [mehr] eine Frage des Prinzips, sondern der Zweckmäßigkeit, einer Zweckmäßigkeit, die Art. 15 GG offenhält; die mit dem liberalen Zeitalter begonnene Trennung von staatlicher Macht und Gesellschaft» sei «dann an ihr Ende gekommen» (211/212).

Die zutreffende Analyse wird hier in die überspitzte Alternative zwischen konstitutionellem und totalitärem Staat übergeführt. Das Argument mit dieser Alternative zugunsten einer Rekonstruktion der Scheidung von Staat und Gesellschaft erscheint wenig realistisch. Es läßt eher darauf schließen, daß die Grenzen der Erklärung in den Kategorien dieser Scheidung erreicht sind (dazu im einzelnen W. SCHMIDT 1976, 24 ff.). Die Analyse der festgestellten «zunehmenden Identifikation von Staat und Wirtschaft» könnte beispielsweise auch auf einer *geringeren Abstraktionsebene* beginnen und einzelne *Funktionsfragen* an einzelne politisch-wirtschaftliche Prozesse stellen; sie könnte auch – statt auf dem abstrakten Problem eines generellen Primats von Staat und Wirtschaft zu beharren – nach der Einhaltung eines *due process* bei einzelnen strukturell bedeutsamen Entscheidungsvorgängen fragen. Insbesondere könnte die Analyse sich der Frage zuwenden, *was* im einzelnen *Zielinhalte* staatlicher und wirtschaftlicher Aktivität sind und *wie* sie im politischen Prozeß formuliert werden.

3.5.5. Pluralismus

Staatliche Zielinhalte sind im Staat der «mixed economy» nicht mehr vorgegeben – etwa im Sinne *naturrechtlicher* Denkformen wie «Gemeinwohl», «Individualfreiheit» und «Gerechtigkeit». Sie sind vielmehr erst «mittels eines gesamtgesellschaftlichen politischen Integrationsprozesses» zu entwerfen und zu koordinieren (DENNINGER 1973, 53).

Eine Theorie dieses *Integrationsprozesses* bietet in zahlreichen Varianten, Kritiken und Gegenkritiken die *Pluralismustheorie*.

> «Der Pluralismus beruht auf der Vorstellung, daß die Entscheidung über die Grundfrage einer jeden Politik, was jeweils als das bonum commune anzusehen sei, in einer Demokratie nur autonom und in dem notwendigerweise heterogenen Staat einer zugleich freien und differenzierten Gesellschaft lediglich unter aktiver Mitwirkung der autonomen Gruppen zustande kommen kann» (FRAENKEL 1974, 220).

Die politische Pluralismustheorie entwickelt sich zu Beginn des 20. Jahrhunderts als *Kritik* an der «Omnikompetenz» des Staates. Ihre Zielrichtung ist ursprünglich die Zurückführung der Staatsfunktionen des nationalen Machtstaats des 19. Jahrhunderts auf Teilfunktionen des Gemeinwesens. Eine Diskreditierung der Theorie erfolgt in Deutschland durch CARL SCHMITT und dessen Schule. SCHMITT verwendet «Pluralismus» abwertend als Schlagwort für ein denaturiertes Staatswesen, das seine Souveränität Gruppeninteressen preisgegeben hat (zur Antikritik DENNINGER 1973, 31–54).

In der Bundesrepublik Deutschland wurde die Pluralismustheorie insbesondere von ERNST FRAENKEL entfaltet. FRAENKEL knüpft einerseits an die liberale anglo-amerikanische politikwissenschaftliche Tradition an, andererseits an den sozialistischen Revisionismus der Weimarer Epoche, insbesondere an SINZHEIMER (vgl. im einzelnen KREMENDAHL 1977, 73 ff.; 147 ff.).

> «Die Funktionen, die der Staat in der Sicht der Pluralismustheorie zu erfüllen hat, lassen sich zusammenfassen als Integration der divergierenden gesellschaftlichen Kräfte in der Weise, daß er die Regularien der Konfliktsaustragung bereitstellt, aus der Vielheit verbindliche Entscheidungen hervorbringt, somit also Einheit jeweils neu bildet, umgekehrt aber auch durch Garantie der Freiheits- und Beteiligungsrech-

Prinzipien	Politisches System *Regierungssystem*	*Sozioökonomisches System*	*Kulturelles System*
Legitime Vielfalt	Verbändeautonomie Mehrparteiensystem plurale öffentliche Meinung Föderalismus Gewaltenteilung	Marktelemente demokratische Planung mixed economy Tarifautonomie Vielfalt der Lebensstile	Pressefreiheit Medienvielfalt differenziertes Schulsystem Wissenschaftsfreiheit Wissenschaftspluralismus
Gemeinwohl als regulative Idee	Staat als clearing-Stelle sozialer Rechtsstaat Grundrechte demokratische Spielregeln	Ablehnung des laisser-faire-Prinzips rechtliche Ordnung des Wirtschaftslebens Sicherung von Gemeinschaftsbedürfnissen Sozialvorsorge Chancengerechtigkeit	Sicherung der Vielfalt Bildung als Gemeinschaftsaufgabe Autonomie und gesellschaftliche Bedürfnissicherung im Wissenschaftsbereich
Konflikt und Konsensus	Wahlrecht Parlamentarismus innerparteiliche und innerverbandliche Demokratie Grundrechtssicherung richterliche Unabhängigkeit	«demokratischer Klassenkampf» Tarifautonomie Streikrecht Schlichtung Mitbestimmung Arbeitsgerichtsbarkeit («Wirtschaftsdemokratie»)	demokratische politische Kultur Legitimation des Konflikts in pol. Bildung Erkenntnisfortschritt durch Dialog wissenschaftlicher Minimalkonsens
Konkurrenzdemokratie	Plebiszitäre und repräsentative Elemente Makro- und Mikrodemokratisierung Partizipation und Pluralität	demokratisch legitimierte Steuerung Konzentrationskontrolle Sicherung von Marktelementen Verbraucherschutz	Medienvielfalt Kampf gegen Pressekonzentration pluralistische pol. Bildung Konkurrenz und Toleranz als Lernziele Mitbestimmung

te die Pluralität sichert und damit die Voraussetzungen eines immer erneuten konfliktreichen Willensbildungsprozesses schafft und erhält» (KREMENDAHL 1977, 319).

Der Willensbildungsprozeß bezieht sich auf ein politisches System, das KREMENDAHL (47) nach den Teilsystemen *Regierungssystem*, *Sozioökonomisches System* und *Kulturelles System* differenziert. In der Verbindung dieser Teilsysteme mit den vier pluralistischen Prinzipien *Legitime Vielfalt*, *Gemeinwohl als regulative Idee*, *Konflikt und Konsens* und *Konkurrenzdemokratie* entwickelt er das auf S. 99 wiedergegebene «analytische Raster zur Pluralismustheorie» (48).

Das Kernproblem des Pluralismus besteht darin, daß das Konzept immer wieder zur Rechtfertigung des *status quo* eingesetzt wurde, obwohl die Theorie eine Wirklichkeitsanalyse mit den Mitteln der *kritischen* Distanzierung verlangt. Die Theorie erhält und entfaltet ihr kritisch-demokratisches Potential, wenn ihre Praxis eine Reihe von *Präferenzprinzipien* für praktisches Handeln beachtet: z. B. die strikte Bevorzugung des prozeduralen *audiatur et altera pars* (auch der andere möge gehört werden), die Bevorzugung von Konsens statt Anordnung, die «bevorzugende» Gleichstellung von Minderheiten aller Art, die Bevorzugung von Publizität gegenüber opportuner Geheimhaltung, die Bevorzugung des Sachverstands gegenüber der unbegründeten Autorität, die Bevorzugung langfristiger Vorteile gegenüber kurzfristigen Vorteilen.

3.5.6. Der formelle Primat des Regierungssystems

Die pluralistische Konzeption der politischen Willensbildung in einem *heterogenen* Staat relativiert bereits im Ausgangspunkt die Vorstellung eines absoluten Staatsprimats. Sie hebt jedoch einzelne Vorrangstellungen des Staats nicht auf. Vielmehr verlangt gerade die Zulassung und Austragung von Konflikten zwischen Gruppen im politischen Prozeß der Konsensbildung gewisse *Vorrangstellungen* des Regierungssystems, die traditionelle Spezifika des konstitutionellen Staats sind. Zu denken ist etwa an das *Gewaltmonopol* des Staats. Das Regierungssystem besitzt «ursprüngliche» Legitimität, d. h., es ist allein zur *formellen* Normsetzung und politischen Planung kraft verfassungsmäßigen Auftrags berechtigt. *Jede* ökonomisch-technologische Vorentscheidung kann im Rahmen parlamentarischer oder administrativer Rechtsetzung revidiert werden – wenngleich möglicherweise unter hohen Kosten. Private Macht und Verbandsmacht sind traditionell Gegenstände der Gesetzgebung. Sie sind *abgeleitete* Macht und stehen unter – wenn auch häufig vielleicht nur theoretischer – Bedrohung der Machtbrechung durch den Staat. Insoweit kann man jedenfalls noch von einem *formellen Primat* des Staats im Pluralismus sprechen. Jedoch ist auch dieser formelle Primat des staatlich-administrativen Bereichs in einer Reihe von Konfliktzonen nicht mehr aufrechtzuerhalten. Die Einführung oder zumindest die Forderung nach politischen demokratieförmigen Legitimationsstrukturen in Großorganisationen wie Unternehmen und Verbänden zeigt, daß die *einheitliche* Rückkopplung des politischen Willens zwischen Bürger und Staat über den parlamentarischen Prozeß kaum mehr alleinig denkbare Form der politischen Legitimitätsbeschaffung ist (grundsätzlich HABERMAS 1973; OFFE 1972).

3.5.7. Korridor für den Staatssektor?

Herrschaft im pluralistischen Staat kann nicht nur unter institutionellen, sondern auch unter *quantifizierenden* Aspekten betrachtet werden.[11] Die Aufgabenteilung zwischen Staat und privatem Bereich schlägt sich im Umfang und der Verwendung des Anteils der staatlichen Gesamtausgaben am Bruttosozialprodukt *(Staatsquote)* rechnerisch nieder. In einer Untersuchung über den «Korridor für den Staatssektor» aus dem Jahre 1975 finden sich folgende Angaben:

> Legt man das konsolidierte Konto des Sektors «Staat» (Gebietskörperschaften und Sozialversicherung) im Rahmen der volkswirtschaftlichen Gesamtrechnung zugrunde, so ist der Anteil der Gesamtausgaben am Bruttosozialprodukt im Jahrzehnt von 1960 bis 1970 von rd. 33 % langsam auf rd. 37 1/2 % gestiegen, d. h. etwa um 4 1/2 Prozentpunkte. Der Anteil der Gesamteinnahmen am Bruttosozialprodukt blieb in dieser Zeit verhältnismäßig konstant, er nahm von rd. 37 % auf rd. 38 % um rd. 1 % zu; der Finanzierungssaldo – als Differenz zwischen Gesamtausgaben und -einnahmen – schwankte (von Ausnahmen abgesehen) zwischen + 1 1/2 % und − 1 % des Anteils am Bruttosozialprodukt. Der Anteil der Zwangsabgaben (Steuern und Sozialversicherungsbeiträge) erhöhte sich von rd. 34 % um rd. 1 % auf rd. 35 %. Seit 1970 hat sich diese Entwicklung verstärkt fortgesetzt; der Anteil der Gesamtausgaben und -einnahmen des Staates am Bruttosozialprodukt liegt z. Z. über 40 %, und die Zwangsabgabenquote betrug vor der Steuerreform vom 1. 1. 1975 etwa 39 % (RAABE 1976, 37f.).

Der Autor, ein hoher Ministerialbeamter, fordert eine «kritische umfassende und systematische Analyse der Aufgabenteilung zwischen ‹Staat› und ‹privaten Bereichen›» unter Berücksichtigung «logischer Kriterien hinsichtlich ihrer Zweckmäßigkeit». Eine derartige Forderung ist allerdings höchst voraussetzungsvoll. Sie setzt nämlich zahlreiche Festlegungen von inhaltlichen politischen *Prioritäten* des Gemeinwesens voraus, die Grundlage einer «zweckmäßigen» Aufgabenteilung sein könnten. Diese Prioritäten sind jedoch in ihrer institutionellen Ausformulierung nicht Fragen der analytischen Einsicht einzelner, sondern in einem demokratisch-pluralistischen Staat Gegenstand des verfassungsgemäßen öffentlichen politischen Prozesses.

---

11 Eine quantifizierende Betrachtung der Rolle des Staats im Wirtschaftskreislauf findet sich bei MÜLLER/RÖCK, Ökonomische Fragen, 1976, 43ff.; zum Problem der Forderung eines konstanten Staatsanteils am Bruttosozialprodukt: HARMS 1970.

4. Die Öffnung des Privatrechts gegenüber öffentlichen Interessen: Funktionswandel in Gesellschafts- und Vertragsrecht

4.1. *Privatrecht und öffentliches Recht*

Bei der Beschreibung der Grundlagen des liberalen Konzepts (vorn 2.2.3) wurde bereits angedeutet, daß die liberale Trennung von Staat und Gesellschaft rechtsdogmatisch in einer strikten *Scheidung von öffentlichem und privatem Recht* mündet. Die methodische Isolierung des Privatrechts vom öffentlichen Recht im 19. Jahrhundert ist wesentlich durch die bürgerlich-revolutionäre Vorstellung der Freiheit *vom* Staat beeinflußt. Privatrecht, und hierbei insbesondere das für den wirtschaftlichen Prozeß entscheidende Konzept des Eigentums- und Vertragsrechts, ist Vollzugsordnung bürgerlicher Handlungsfreiheit unter einer Rahmengarantie des Staates. Öffentliches Recht ist demgegenüber die Kompetenzordnung und das Handlungsrecht der Staatsorgane, hierbei zentral das rechtsstaatliche Verfassungs- und Verwaltungsrecht. Beispielhafte Rechtsmaterie ist das Polizeirecht mit genau geregelten Eingriffsbefugnissen. Handlungsordnung des Privatrechts ist der *Vertrag* als Medium des Güteraustauschs zwischen gleichen Bürgern; Handlungsordnung des öffentlichen Rechts das *Subordinationsverhältnis* zwischen Staat und Staatsbürger, das insbesondere in der Rechtsform des Verwaltungsaktes seinen Ausdruck findet. Beide Bereiche werden «als gesonderte Rechtskategorien verstanden und zu abgeschlossenen Systemen allgemeiner Rechtsregeln ausgebaut» (Bullinger 1968, 75). Die Probleme dieser methodischen Trennung im Ausgang des 19. Jahrhunderts beschreibt Bullinger 75 f.:

> «Das abstrakte allgemeine Privatrecht besaß in seiner methodischen Isolierung vom staatlichen Gemeinwesen keine reale Schutzwirkung für den einzelnen und konnte leicht zu einer begrifflichen Scheinordnung werden oder aber die formalen Mittel für freiheitsgefährdende wirtschaftliche und soziale Machtpositionen liefern. Die Ausbildung geschlossener Systeme des öffentlichen Rechts mit einer schematisch einheitlichen öffentlich-rechtlichen Nomenklatur brachte sachliche Besonderheiten des Staats- und Verwaltungsrechts in eine Gemengelage mit dem, was sachlich vom Privatrecht nicht verschieden war, und setzte sie damit der Gefahr einer Nivellierung mit dem Privatrecht aus, dessen wohlausgebildetes Rechtssystem ohnehin zu einem Überfluß an Parallelgestaltung anregte. Im Zusammenhang damit stellte sich die Tendenz ein, das allgemeine Besitz- und Verkehrsrecht aus der öffentlichen Verwaltung zu verdrängen und durch Rechtsinstitute und Rechtsregeln des öffentlichen Rechts zu ersetzen, obwohl sich rechtsinhaltlich nicht viel änderte. Die wissenschaftlich-systematisch zur Zweiteilung verschärfte Unterscheidung von öffentlichem Recht und Privatrecht begünstigte also die sachferne Begriffs- und Konstruktionsjurisprudenz und ließ kein Gemeinrecht mehr zu, auf dessen Hintergrund die notwendigen Sonderregeln für die privaten Lebensverhältnisse und für die staatliche Verwaltung um so deutlicher in Erscheinung treten konnten.»

Besondere Schwierigkeiten traten in denjenigen Bereichen auf, in denen die Gesetzgebung *neue Konfliktmaterien* verarbeitete. Sozial- und wirtschaftsordnende Gesetze bereiteten der zeitgenössischen Rechtsdogmatik ungewöhnliche Qualifikationsprobleme. In der letzten Auflage des Pandektenrechtslehrbuchs von BERNHARD WINDSCHEID (bearbeitet von KIPP, 1906, 25 f.) wird im Abschnitt über das *Reichszivilrecht* auf die Unfall-, Kranken-, Alters- und Invalidenversicherungsgesetzgebung verwiesen, die «zwar überwiegend öffentlich-rechtlicher Natur» sei, jedoch auch in das Privatrecht eingreife. In der *Fußnote* findet sich mit der Bemerkung «wirtschaftlichen Mißständen verschiedenster Art traten entgegen» die beispielhafte Aufzählung der Wuchergesetze (1880, 1893), des Abzahlungsgesetzes (1894), des UWG (1896), des Börsengesetzes (1896) und des Depotgesetzes (1896). Bereits nach dem Ersten Weltkrieg ist diese Fußnote Gegenstand lehrbuchartiger Darstellungen des Wirtschaftsrechts geworden.

Der Ausbau der *Existenzsicherung des einzelnen* wird unter der Rubrik des Sozialrechts in ein neuartiges differenziertes Regelsystem von Beitragspflichten und Berechtigungen überführt (vgl. dazu näher STOLLEIS 1976).

Im Bereich der *Güterzirkulation* finden entsprechende Veränderungen im Rahmen der traditionellen Kategorien statt. Der Prozeß läßt sich allgemein mit dem Stichwort der *Öffnung des Vertrags- und Gesellschaftsrechts gegenüber öffentlichen Interessen* umschreiben. Dabei findet eine Neuorientierung des Vertrags auf in der Realität bereits unterschiedene wirtschaftende Einheiten statt: auf *Unternehmen* und auf *Konsumenten* (Haushalte). Das Gesellschaftsrecht zeigt einen analogen Differenzierungsprozeß: Mit wachsender Größenordnung einzelner Unternehmenseinheiten entwickelt sich neben dem traditionellen Organisationsrecht *privater Interessen* ein Organisationsrecht der *Großunternehmen* mit einer zunehmenden Öffnung gegenüber öffentlichen Interessen.

Aus funktionaler Perspektive gesehen werden heute Formen des Wirtschaftens – noch jenseits der Bedeutung von Marktmechanismus und Planung – von zwei *Grundelementen* geprägt: *Erstens* vom Bestand bestimmter selbständiger produktiver *Einheiten,* die allgemein und ohne Bezugnahme auf einen engeren Rechtssinn als *Unternehmen* bezeichnet werden können, und zweitens von der Sicherstellung einer *planvollen Vermittlung* produzierter Waren und Dienstleistungen in der Form der *vertraglichen Vereinbarung.* Die Versorgung des einzelnen erscheint demgegenüber nur noch *sekundär.* Er erbringt produktive Beiträge und kann im Rahmen seiner Leistungsfähigkeit am Konsum teilnehmen.

4.2. *Paradigmawechsel vom wirtschaftenden Familienvater zum Unternehmen*

Die Feststellung, daß zentrale Bezugssubjekte des Vertrags heute *Unternehmen* sind, deutet auf einen Scheidepunkt zwischen modernem Wirtschaftsrecht und traditionellem Zivilrecht. Die Fragestellung des Zivilrechts – wie sie im BGB und anderen europäischen Kodifikationen ihren Niederschlag gefunden hat – zielt darauf, die *Rechtsverhältnisse einzelner Bürger*, natürlicher Personen, untereinander zu regeln. Der ökonomisch denkende Familienvater ist der Bezugstyp des BGB.

Er findet in der Wirtschaftstheorie seine Entsprechung im *homo oeconomicus*, «dem Idealtyp eines vollkommenen Wirtschaftsmenschen rationaler Prägung, . . ., der gewissermaßen als eiskalter Rechner im Besitz vollkommener Marktübersicht und Vorausschau ausschließlich von seinem Streben nach einem Nutzenmaximum erfüllt ist, um damit mit allen anderen ebenso unabhängigen, allwissenden und von dem gleichen Streben geleiteten ‹Wirtschaftsmenschen› in Wettbewerb zu treten» (Schmölders 1972, 134).

Produktion und Konsumtion werden hier noch als einheitliche Tätigkeitsbereiche des Individuums gesehen.

Probleme der *Ablösung des Zivilrechts* setzen dort ein, wo das individuelle Rechtssubjekt durch *abstrakte Bezugseinheiten* verdrängt wird. Bereits Otto von Gierke hat in seiner «Kritik des Entwurfs des BGB» von 1889 (88, 93) dieses Problem ansatzweise gesehen, als er forderte, daß – getrennt vom System des Individualrechts – ein *gesondertes Rechtssystem* geschaffen werden müsse, das sich auf *juristische Personen* bezieht. Diese Forderung ist ebensowenig verwirklicht worden wie der Vorschlag Heinrich Lehmanns aus dem Jahre 1913, die «Grundlinien des deutschen Industrierechts» in ein System zu überführen, in dem Ausgangspunkt die «Ordnung der wirtschaftlichen Grundlagen der industriellen Unternehmungen» ist (Lehmann 1913, 5).

Das Recht der Organisation von abstrakten Wirtschaftseinheiten und deren gegenseitigen Rechtsbeziehungen ist niemals – wie das bürgerliche Recht – *von Grund her*, also als *einheitliches System* konzipiert worden. Durch hohe Abstraktion, Formalisierung und Fiktion wurden immer wieder bürgerlich-rechtliche Vorstellungen zur Entwicklung eines geeigneten Normenbestands herangezogen. Die bekannteste und weitreichendste Konstruktion ist die bereits in der bürgerlich-rechtlichen Kodifikation enthaltene *fiktive Vorstellung* von «juristischen» (oder «moralischen») Personen neben natürlichen Personen, die im Grundsatz nach identischen Regelungsmaßstäben behandelt werden. Das inkorporierte Großunternehmen steht vor den Augen des bürgerlichen Rechts dem einzelnen Bürger gleich. Der Vertrag wird als Instrument zur Regelung verschiedenster Sachverhalte durch hohe Abstraktion und Formalisierung erhalten.

So wird der Kauf einer Chinavase durch einen Liebhaber ebenso als Kaufvertrag behandelt wie die Liefervereinbarung zwischen einem Automobilkonzern und dessen Zulieferunternehmen, das sich verpflichtet, auf Jahre hinaus seine Produktion nach gewissen Abrufmodalitäten des Herstellers zur Verfügung zu stellen.

Zwar ist das Recht nicht blind gegenüber derartigen Verschiedenheiten; es ist jedoch für das Verständnis rechtlicher Strukturen wichtig, daß seine

Optik zunächst auf das *Modell des individuellen Leistungsaustauschs* eingerichtet ist und daß Regelungen angesichts der offensichtlichen Abweichungen der Realität stets als *Korrekturen* dieses Modells begriffen werden.

Vier Blöcke derartigen *Korrekturrechts* erscheinen heute deutlich trennbar. Einmal findet sich das traditionelle, neben dem bürgerlichen Recht entwickelte *Handelsrecht* – ein Sonderrecht der Kaufleute – und damit verbunden der zweite Block: das *Gesellschafts- und Unternehmensrecht* – zunächst der Bestand kaufmännischer Assoziationsformen, dann aber auch das Organisationsrecht der selbständigen Wirtschaftskorporationen, insgesamt das Recht der Organisation der Interessen der Anteilseigner von «Gesellschaften». Weiter ist der Block des *Arbeitsrechts* zu nennen, also die Regelung von Beziehungen zwischen «Arbeitnehmern» und «Arbeitgebern» bzw. deren «Betrieb». Es bleibt ein verhältnismäßig inhomogener Komplex von Normen, der sich mit dem Problem der Marktordnung und strukturellen Wirtschaftsplanung befaßt – vielfach auch allein als «*Wirtschaftsrecht*» bezeichnet. Wie das Arbeitsrecht sich seit der Jahrhundertwende aus dem allgemeinen Vertragsrecht herauslöste, könnte sich augenblicklich ein ähnlicher Vorgang mit dem Sonderrecht der «Verbraucher» wiederholen (vgl. dazu K. Simitis 1976; Reich ZRP 1974, 187; kritisch Ulmer 1974; H.-P. Westermann 1978). Ein derartiger Loslösungsprozeß würde den *Realitätsgehalt* der zunächst in der *Ökonomie* eingeführten Scheidung zwischen verschiedenen *Zirkulationssphären* in *Produktion* und *Konsumtion* bestätigen.

Alle diese vom Grundmodell des bürgerlichen Rechts abgelösten und sich ablösenden Normenbestände spiegeln den Funktionswandel, dem die Vertragskategorie und deren organisierte Bezugssubjekte, die Unternehmen, in der modernen Verkehrswirtschaft unterliegen.

Unternehmensrecht und Vertragsrecht sind juristisch gesonderte Disziplinen. Unter der Fragestellung der strukturellen Entwicklung wirtschaftsrechtlicher Problemzusammenhänge[12] eröffnet sich eine *neuartige Perspektive* auf den wechselseitigen Entwicklungszusammenhang zwischen den rechtlichen Einheiten («Unternehmen») und den zwischen ihnen bestehenden Formen des Austauschs von Gütern («Vertrag»).

4.3. Entwicklungslinien der Unternehmensstruktur

Bereits bei der Diskussion der Differenzierungsprozesse in wirtschaftlichem Bereich wurde auf die Erscheinung der *Verselbständigung* von Großunternehmen hingewiesen, insbesondere auf die sogenannte *Technostruktur*, die das Anleger-/Unternehmerinteresse an kurzfristiger Gewinnmaximierung

12 Das Problem der Veränderung der Vertragsstruktur im Zusammenhang mit Großunternehmen wird rechtsvergleichend behandelt von Friedman/Macaulay/M. Rehbinder 1974.

verdrängt und demgegenüber die Autonomieinteressen der Organisation in den Vordergrund stellt. Konstante Gewinnerzielung und stetiges Wachstum bei Risikovermeidung rücken in das Interessenzentrum der wirtschaftlichen Großorganisation.

4.3.1. Unternehmerbetrieb und «ausgereifter Betrieb»

Die Relevanz der *Größenordnung* und des *Organisationsgrads* des Unternehmens macht ein allgemeingültiges Interessenmodell und, daraus folgend, ein einheitliches Regelungsschema für ein Substrat «Unternehmen» nicht mehr möglich. Insbesondere GALBRAITH (1967, 1973) hat darauf hingewiesen, daß der zunächst *graduell* erscheinende Unterschied zwischen Klein- und Mittelunternehmen einerseits und der großen Korporation andererseits in Wahrheit eine das gesellschaftlich-politische System prägende *Strukturunterscheidung* enthält.

Der traditionelle «Unternehmerbetrieb» (Entrepreneurial Corporation) wird dem «ausgereiften Betrieb» (Mature Corporation) gegenübergestellt, in dem nicht der Unternehmertypus herrscht, sondern den eine organisierte Intelligenz «verwaltet». Kernpunkt dieser Entwicklung ist das Auseinanderfallen von Kapitaleigentum und Kontrolle im «ausgereiften Betrieb», der auch als *volkswirtschaftlich* bedeutsame Einheit der Wirtschaftsplanung in einem Teilbereich *politische Macht* in faktischer Delegation ausübt.[13] Da nicht mehr eine atomistische Wirtschaftseinheit in einem idealen Markt, sondern eine ökonomische *Machteinheit* betroffen ist, die in der Lage ist, Angebot und Nachfrage zu beeinflussen, ergeben sich erhebliche Verschiebungen gegenüber dem idealisierten Interessenspektrum der traditionellen gesellschaftsrechtlichen Organisation.

4.3.2. Mitunternehmergemeinschaft und Anlagegesellschaft

Die Erscheinungen des Unternehmerbetriebs und des ausgereiften Betriebs spiegeln sich teilweise gesellschaftsrechtlich in der Unterscheidung zwischen Mitunternehmergemeinschaft und Anlagegesellschaft.

Mitunternehmergemeinschaft bedeutet dabei die organisatorische Aufteilung der Befugnisse, die dem Kaufmann in einem einzelkaufmännischen Unternehmen zustehen. Voraussetzung ist Kapitaleinsatz in der Absicht, selbst Leitungsbefugnisse wahrzunehmen. Charakteristische Rechtsformen sind hier die OHG, in der die persönlich haftenden Gesellschafter zugleich «geborene» Geschäftsführer sind, weiter die KG, in der nach der gesetzli-

13 Zur Bedeutung gesellschaftlicher Veränderungen für die Willensbildung im Unternehmen vgl. die Beiträge zur Arbeitstagung des Vereins für Socialpolitik 1975, ALBACH/SADOWSKI (Hg.) 1976; weiter SALADIN 1977, 7.

chen Grundvorstellung nur der Komplementär in vollem Umfang Leitungsbefugnisse bei persönlicher Haftung ausüben soll, der Kommanditist dagegen eine Wagnisbeteiligung in Höhe der gezeichneten und erbrachten Einlage erhält. In der KG können jedoch durch gesellschaftsrechtliche Gestaltungen auch dem Kommanditisten entscheidende Leitungsbefugnisse zugestanden werden («kapitalistische KG»). Weiter gehören hierher *personenbezogene* Gestaltungen der Rechtsformen der GmbH und AG, in denen Mitglieder («Gesellschafter») größere Kapitalanteile halten und Geschäftsführungsbefugnisse besitzen.

«Als *Anlagegesellschaft* bezeichnet man eine Vereinigung von Personen, die sich an einem Handelsunternehmen mit haftendem Eigenkapital beteiligen, ohne auf die Geschäftsführung Einfluß nehmen zu wollen» (WIEDEMANN 1975, 385, 388).

Urform einer derartigen Anlage ist der Kommanditanteil, die Beteiligung bei Wagnis des Verlustes des Anteils und bei Teilhabe am Gewinn, wie sie sich im kaufmännischen Verkehr herausbildete. Moderner ist der *Aktienanteil*, der fungible, als *Wertpapier* verbriefte Anteil am Nominalkapital des inkorporierten Unternehmens. Die Aktiengesellschaft ist heute die *klassische* Anlagegesellschaft; sie wird jedoch augenblicklich von auf dem Muster der KG aufbauenden Publikumskommanditgesellschaften oder von nur *mittelbar* am Produktivkapital partizipierenden Kapitalanlagegesellschaften (Investmentgesellschaften) bedrängt (WIEDEMANN 1975, 388).

4.3.3. Das Problem einer kapitalorientierten Unternehmensverfassung

Die Unterscheidung zwischen Mitunternehmergemeinschaft und Anlagegesellschaft knüpft an die *gesellschaftsrechtliche* Betrachtungsweise des Unternehmens an. Unternehmensorganisation ist für das traditionelle Gesellschaftsrecht ganz vorwiegend Organisationsproblem der *Interessen der Anteilseigner;* Unternehmensverfassung ist danach prinzipiell *kapitalorientiert.* Der gesellschaftsrechtliche Lösungsansatz folgt dem politisch-liberalen *Trennungsprinzip* von Staat und Wirtschaftsgesellschaft. Zusammenschlüsse zur Trägerschaft eines Unternehmens sind Probleme des *Privatrechts,* des Bereichs von «Gesellschaft». Aufgabe des Staates ist es, einen *Rechtsformenbestand* zur Verfügung zu stellen, in dem sich die Kapitalinteressen organisieren können. Kommt es zur Verselbständigung der Unternehmenseinheit durch Inkorporation, so sind bei der Eintragung einheitliche normative Voraussetzungen zu erfüllen *(Normativsystem der Inkorporation).* Im übrigen beschränkt sich die Beziehung des Staates zu Unternehmen auf die öffentliche Gefahrenabwehr (Gewerbepolizei) und auf die Steuererhebung. Im deutschen Bereich ist es unwahrscheinlich, daß es je einen historischen Zeitpunkt gegeben hat, in dem die Prämissen dieses Modells Realität waren. Dennoch prägt der gesellschaftsrechtliche kapitalorientierte Ansatz das heutige Verständnis von Unternehmensrecht. Seinen wichtigsten Niederschlag findet er in der unterschiedlichen Behandlung der Einbringung von *produktiven Fähigkeiten*, einerseits auf der Unternehmer-Gesellschafter-Seite, andererseits auf der Arbeitnehmerseite.

Die Arbeitskraft des Unternehmer-Gesellschafters wird als *Kapitalanteil* behandelt; der Kapitalanteil ist gewinnbezogen; Einkommen ist Gewinnausschüttung; nicht ausgeschüttete Gewinne werden im Unternehmen «thesauriert»; mit der Vergrößerung der Vermögenszuständigkeit erweitert sich die Herrschaftsmacht des Anteilseigners im Unternehmen; das sogenannte *Residualeinkommen* steht im Gegensatz zum gewinnunabhängigen *Kontrakteinkommen* des von den Weisungen des Unternehmers abhängigen Arbeitnehmers (Wiedemann 1975, 415). Kontrakteinkommen ist gewinnschmälernder *Kostenfaktor*. Residualeinkommen und Kontrakteinkommen werden nicht nur bilanztechnisch verschieden behandelt; sie sind zugleich Grundsubstrat der unterschiedlichen Rechtsgebiete Gesellschaftsrecht und Arbeitsrecht.

4.3.4. Ansätze zur Überwindung der Kapitalorientierung

Das Prinzip der einseitig kapitalorientierten Unternehmensverfassung hat historisch zahlreiche Einschränkungen erfahren.

4.3.4.1. Genossenschaftsgedanke

Das historische Alternativmodell zur kapitalorientierten Unternehmensverfassung, das Genossenschaftsmodell, konnte sich nicht durchsetzen. Die heutigen Genossenschaften sind in aller Regel Varianten einer kapitalorientierten Unternehmensorganisation.

4.3.4.2. Tarifvertrag

Ungleich bedeutsamer ist der Wandel im Bereich der Arbeit. Die mit der Unternehmensorganisation zusammenhängende «soziale Frage» ist in den westlichen Industriestaaten jedenfalls nicht mehr auf die Grundbedürfnisse der täglichen Reproduktion bezogen; der Arbeitslohn deckt heute in aller Regel mehr als die Kosten der Sicherung der nackten Existenz. Bei der Beschreibung der Repräsentanz wirtschaftlicher Interessen (oben 3.4.1.2) wurde bereits die Entwicklung der Organisation von gewerkschaftlicher Gegenmacht in Form des *Tarifvertragssystems* skizziert. Tarifvereinbarungen sind als Regelungen der Arbeitsbedingungen immer zugleich auf die Frage der konkreten Formen der Kapitalverwertung gerichtet. So gesehen sind sie Kontrollinstrumente, die materiell die Unternehmensverfassung ebenso wie Einflußrechte über Arbeitnehmervertretungen (Betriebsrat) oder Aufsichtsorgane (Mitbestimmung) näher ausgestalten. Insbesondere S. Simitis (1975, 321 ff.) plädiert heute für eine stärkere Berücksichtigung der «problembezogenen» Mitbestimmung über den Tarifvertrag anstelle der Festschreibung «institutionalisierter» gesellschaftsrechtlicher Kontrolle der Arbeitnehmer, wie sie die deutsche Mitbestimmungsdiskussion beherrschen. (Zur Orientierung die Beiträge in: Vetter [Hg.] 1975.)

4.3.4.3. *Änderungen im Organisationsgefüge der Unternehmung*

Wesentliches Moment beim Abbau der Schärfe einer kapitalorientierten Unternehmensverfassung ist allerdings auch die bereits angesprochene *Verlagerung der Leitungsmacht* in Großunternehmen[14] auf die «Technostruktur». Zwar sind die äußerlichen Erfolgskriterien des verwaltenden Managements durchaus am Bild der traditionellen Unternehmer-Kapitaleigner-Persönlichkeit orientiert. Die «geometrische Hierarchie» (Galbraith 1967, 159) der gesellschaftlichen Organisationsstruktur vom Anteilseigner zum Aufsichtsrat, vom Vorstand zu den Abteilungsleitern bis herunter zum Arbeiter wurde durch eine *organisationsbezogene* Teamarbeit der Technostruktur, durch eine «Anreihung konzentrischer Kreise» (Galbraith, 160) um das Topmanagement herum abgelöst. Daher ist das Bild des *unternehmerischen Autokraten* selten geworden. Großunternehmen mit ihrer administrativ-bürokratischen Struktur prägen den Produktivbereich, insbesondere aber die soziale Organisation des Arbeitslebens; in letzterer Hinsicht setzen sie auch verbindliche Maßstäbe für kleinere Unternehmen.

4.3.4.4. *Aktionärsdemokratie?*

Die faktische Verdrängung der Kapital-/Gewinnorientierung in Großunternehmen zugunsten expansiver, auf das *Unternehmen an sich* bezogener Interessen wirft verschiedenartige *Legitimationsprobleme* der sozusagen selbsternannten und ihre eignen Zwecke verfolgenden Struktur auf. Unter dem Stichwort *Aktionärsdemokratie* wird die Legitimationsfrage in bezug auf die Anteilseigner behandelt. Es geht dabei um die Vorstellung, daß den Mitspracherechten der Aktionäre analog zu politisch-demokratischen Prozeduren unmittelbar oder mittelbar in besonderen Organen unter Beachtung bestimmter Schutzregeln Geltung verschafft werden soll. Im deutschen Rechtskreis ist hier das gesonderte Organ des *Aufsichtsrats* zu nennen, das insbesondere zur Vertretung der Aktionärsinteressen geschaffen wurde. Der Gedanke der Aktionärsdemokratie hat sich trotz fortwährender

14 Zur Veränderung des Verhältnisses von Eigentum und Verfügungsmacht in deutschen Unternehmen Pross 1965; allgemein jetzt: C. Ott 1977.

Reform in der entsprechenden Institution nicht durchsetzen können (WIETHÖLTER 1961). Die Geltendmachung dauernden Einflusses auf die Geschäftspolitik stellt augenscheinlich die Kleinaktionäre vor eine kaum zu überwindende Organisations- und Koordinierungsproblematik.

4.3.4.5. *Publizität*

Die *Publizität* der Unternehmen (dazu MOXTER 1974) ist traditionell gesellschaftsrechtlich, also an den Daten von *Bestand, Gewinn* und *Verlust* orientiert. Diese *kapitalorientierte* Rechnungslegung dient primär den Publizitätsinteressen der Anteilseigner und Gesellschaftsgläubiger. Die ohnehin problematischen Fragen der Informationsregelung gegenüber diesen Gruppen komplizieren sich, wenn man den Kreis der berechtigten Unternehmensinteressenten erweitert.

ROSEMARIE KOLBECK (1977, 149) formuliert das Kernproblem folgendermaßen: «Welche *Informationsinstrumente* (Rechenwerke) sind in der Lage, jene Informationen zu liefern, die die neu hinzutretenden Individuen und Gruppen beanspruchen? Da traditionelle Bilanzen gewinnorientiert sind, werden sie für die neuen Interessentengruppen nur bedingt oder gar nicht brauchbar sein. Der Arbeitnehmer will unter anderem wissen, wie sicher sein Arbeitsplatz ist. Die ausgewiesene Gewinnziffer gibt ihm darüber aber nicht in allen Fällen Auskunft. Die Suche nach neuen Informationsinstrumenten dürfte allerdings mit großen Schwierigkeiten verbunden sein: ‹Wie ist etwa eine zu minimierende kurz-, mittel- oder langfristige Umweltbelastung zu definieren, wenn die betrachtete Unternehmung ein breites Spektrum schädlicher Immissionen verursacht, wie definiert man Beiträge zur Allgemeinbildung und der Belegschaft, wie eine Steigerung des Sozialniveaus und wie sind für kurzfristige Entscheidungsrechnungen variable und fixe Lärmbelästigungen oder ähnliche interessierende Sachverhalte dieser Art voneinander zu trennen?› (SIEBEN) Falls es überhaupt gelingt, diese Fragen zu meistern, so kann *eine* «Sozialbilanz» *allein* sicherlich nicht den heterogenen Informationsansprüchen der verschiedenen Gruppen gerecht werden. Diejenigen, die sich als Arbeitnehmer für das Unternehmen interessieren, werden vielmehr eine andere Bilanz benötigen als diejenigen, die sich für die Beziehung des Unternehmens zu seiner Umwelt interessieren.

Hinzu kommt das Problem der Publizität bei Großunternehmen mit internationalem Einschlag. Bilanzaussagen werden erst dann informativ, wenn einer Reihe von *internationalen Standards* Geltung verschafft wird (vgl. dazu näher KIRCHNER, Weltbilanzen, 1978; BRESSER/KIRCHNER, AG, 1977, 145, 157f.).

4.3.4.6. *Mitbestimmung*

Eine Öffnung des Unternehmensrechts zur Arbeitnehmerseite hin bedeuten Formen der betriebs- und unternehmensbezogenen Mitwirkung von Arbeitnehmervertretern in der Unternehmensleitung. Diese Mitwirkungsrechte müssen nicht notwendig Bestandteile der Unternehmensverfassung sein; vielmehr ist die Aushandlung kollektiver Mitsprachebefugnisse auch im Wege des Instrumentariums des Tarifvertrags möglich, wenngleich diese Möglichkeit positivrechtlich umstritten ist (vgl. RAISER 1977, Einl. 53 m. w. Nachw.). In Deutschland ist seit Ausgang des Ersten Weltkriegs vorwiegend der Weg der *institutionellen* Festlegung, der sogenannten «Mitbestimmung», beschritten worden, teils über *neu geschaffene Organe* (Betriebsrat), teils über das traditionelle *Repräsentativorgan* der Anteilseigner (Aufsichtsrat, Verwaltungsrat).

Das Betriebsverfassungsgesetz von 1952 (novelliert 1972) regelt im wesentlichen Mitspracherechte bei der Gestaltung der *Arbeitsbedingungen* über die Institution einer selbständigen Arbeitnehmervertretung (Betriebsrat). Bei Betrieben mit über 500 Arbeitnehmern, die als Kapitalgesellschaft organisiert sind, tritt die sogenannte *Drittelparität* im Aufsichtsorgan (Aufsichtsrat, Verwaltungsrat) hinzu. Den Arbeitnehmervertretern wird damit eine formelle Mitwirkung bei der Kontrolle des Vorstands ermöglicht. Die seit der Weimarer Zeit von der Gewerkschaftsbewegung geforderte *Gleichberechtigung von Kapital und Arbeit* (grundlegend: NAPHTALI 1928) wurde zuerst im sogenannten Montanbereich (Bergbau, eisen- und stahlverarbeitende Industrie) verwirklicht. Hier besteht seit 1951 für Großunternehmen (über 1000 Arbeitnehmer) die paritätische Besetzung des Aufsichtsorgans mit Stichentscheid über ein gemeinsam gewähltes weiteres Mitglied *(11., 15., 21. Mann)*. Seit 1. 7. 1976 gilt die formalparitätische Lösung des Mitbestimmungsgesetzes 1976 für *alle* Unternehmenszweige; sie erreicht aber die Montanregelung nicht in allen Punkten.

Sie ist verbindlich bei Gesellschaften mit anlagegesellschaftlichem Einschlag (AG, GmbH, KGaA, GmbH & Co. KG) mit über 2000 Arbeitnehmern. Die sog. «Montanparität» ist u. a. modifiziert durch die Zuordnung der Gruppe der «leitenden Angestellten» zur Arbeitnehmergruppe und durch das Recht zum Letztentscheid durch die Anteilseignerseite (näher: unten IV.3.2.2.4(3)).

4.3.4.7. *Ausbau rechtsformneutraler Anforderungen an Unternehmen*

Die Mitbestimmung über den Betriebsrat und die Beteiligung an Aufsichtsratsgremien relativiert den rechtsformbezogenen Ansatz der Unternehmensorganisation. Koordinationskonflikte zwischen *betrieblichen* Organisationserfordernissen und Festlegungen durch die *Rechtsform* werden im übrigen regelmäßig im Sinne des Vorrangs der Organisation entschieden. Tarifvertrag, gewerberechtliche Bestimmungen, berufsspezifische Regelungen durch Wirtschaftsverbände (z. B. Berufsgenossenschaften) und Normenwesen setzen einheitliche Standards der Teilnahme am Verkehr und bei den Arbeitsbedingungen. Adressaten derartiger Anforderungen sind nicht gesellschaftsrechtliche Rechtsformen, sondern Produktiveinheiten.

4.3.5. Öffentliche Macht in privaten Händen

Die Entwicklung des Gesellschaftsrechts zum Unternehmensrecht zeigt, daß der Aspekt der Rechtsformen zunehmend zurückgedrängt wird. Immer wichtiger werden *Schwellenwerte der Größenordnung. Arbeitnehmerzahl* und *Bilanzsumme* werden zu Anknüpfungspunkten für bestimmte öffentliche Anforderungen gegenüber der ursprünglich gesellschaftsrechtlichen Organisation. Diese Entwicklung bestätigt die These GALBRAITHS von der *Doppelstruktur* der Unternehmensverfassung. Ihre Anerkennung enthält freilich tiefgreifende, das politische System betreffende Probleme. Je mehr der *Machtfaktor* Großunternehmen für öffentliche Interessen beansprucht und in Prozeduren der Vertretung öffentlicher Interessen verstrickt wird, desto weniger kann diesen Einheiten die Ausübung von legitimer Macht durch das staatlich-administrative System bestritten werden. Dieses Problem der *Sogwirkung* bei der Überführung privater Macht in öffentliche Macht ist weder mit einem selbstzufriedenen verfassungsrechtlichen Positivismus (vgl. PAPIER 1977, 55 ff.) zu lösen noch mit dem Kernsatz eines MILTON FRIEDMAN, daß die soziale Verantwortung der Wirtschaft darin bestehe, ihre Gewinne zu maximieren.

Das Problem der Einbeziehung von Großunternehmen in die Verpflichtungen der politischen Verfassung ist für Industriestaaten mit stabilen und eigendynamischen politischen Institutionen *ein* Konfliktverarbeitungsproblem unter anderen. Es stellt sich in seiner ganzen Schärfe in Ländern, in denen das politische und wirtschaftliche System ein *Annex* weniger Großbetriebe ist (vgl. ROLFE 1976, 869).

4.4. Funktionsprobleme des Vertrags

4.4.1. Definitionen

«Vertrag ist die Vereinigung mehrerer zu einer übereinstimmenden Willenserklärung, wodurch ihre Rechtsverhältnisse bestimmt werden.»

Diese Definition SAVIGNYS im *«System des heutigen Römischen Rechts»* (1840, III, 309) enthält einen wirtschaftspolitischen Akzent im *Nebensatz*. Daß der *Parteiwille* über die Festlegung der Rechtsverhältnisse, d. h. die Gestaltung der Zirkulation von Waren und Dienstleistungen, entscheide, ist das Prinzip der liberalen Ökonomie. Es geht also um wirtschaftspolitische Akzente, wenn sich heute WERNER FLUME (1965, 601/602) auf die Definition SAVIGNYS bezieht, andererseits LUDWIG RAISER (1960, 123) betont, daß es «Sache des jeweiligen positiven Rechts» sei, «die Anforderungen an das Verhalten der Parteien festzulegen, die erfüllt sein müssen, damit die Vertragsordnung Rechtsschutz erlangt», oder wenn STIG JØRGENSEN (1968, 15) den Vertrag schlicht als «Mittel zur Kanalisierung des Umsatzlebens» bezeichnet.

Der Vertrag ist freilich auch bei SAVIGNY *Mittel*; die bei ihm bezeichnete «Vereinigung mehrerer zu einer übereinstimmenden Willenserklärung» setzt jedoch konkrete Vorstellungen über die ihre Einzelwillen koordinierenden Subjekte voraus. Es ist das *einzelne autonome Subjekt* als Bürger und Kaufmann, der *homo oeconomicus* und Familienvater (dazu oben 4.2), der seinen Willen allenfalls durch Vertretung, stets aber unter seiner Kontrolle dem anderen mitteilen und über seine Willenserklärungen den erkannten Vorteil am *Markt* wahrnehmen kann. Leistungsaustausch ist dabei nicht Übervorteilung, sondern beiderseitige planvolle Koordinierung der Bedürfnisse in einer durch Arbeitsteilung gekennzeichneten Wirtschaftsweise.

Die Probleme des modernen Vertragsrechts werden offenbar, wenn die *Veränderung der Bezugssubjekte* des traditionellen Konzepts betrachtet wird: die zunehmend deutlichere *Trennung* der Zirkulationssphären von *Produktion* und *Konsumtion* und das Auftreten *hochorganisierter Wirtschaftseinheiten,* die nicht nur für Bedürfnisse produzieren, sondern Bedürfnisse selbst strukturieren; weiter die Abhängigkeit gesamtwirtschaftlicher Prozesse und damit des sozialen Versorgungssystems vom effizienten, wenn auch nicht marktförmigen Güteraustausch großer Produktiveinheiten. Sind die Bedingungen eines gleichsam naturhaft sich vollziehenden Leistungsaustauschs zwischen Freien und Gleichen nicht gegeben, so wird die *Erhaltung aller Funktionsbedingungen* des Vertragsmechanismus zur Aufgabe positivrechtlicher Strukturierung (vgl. auch M. WOLF 1977, 5 ff.). Dies gilt vor allem für die Erhaltung von klar zugeordneten Rechtspositionen für zumindest verhältnismäßig autonome Handlungssubjekte, von gewissen marktförmigen Bedingungen des Warentauschs, von einer funktionsfähigen Geldordnung und schließlich von einem funktionierenden Justizsystem zur Durchsetzung der dezentral getroffenen Entscheidungen.

4.4.2. Funktionsvoraussetzungen der Vertragskategorie

(1) Zunächst ist die *Eigentumsordnung* zu nennen. KARL RENNER (1929, 63) spricht vom Vertrag als einem *Konnexinstitut* des Eigentums. Vertraglich disponiert werden kann nur über Güter, die bestimmten Einheiten zugeordnet oder jedenfalls für bestimmte Einheiten verfügbar sind. Dabei ist es nicht entscheidend, ob Zuordnungskategorie die historisch bestimmte Institution des Privateigentums im Sinne einer umfassenden Verfügungsbefugnis ist; jedoch wird ein *Autonomiebereich der verfügenden Wirtschaftseinheit* vorausgesetzt, da der Vertrag nicht Vollzug von konkret vorgegebenen Daten, sondern Disposition aus Entscheidungskompetenz ist.

(2) Damit ist die zweite Rahmenbedingung bereits genannt, nämlich ein Bestand von *Vertragssubjekten mit* bestimmten *Entscheidungskompetenzen* zur Disposition über zugeordnete oder verfügbare Güter. Prägende Subjekte des heutigen Wirtschaftens sind, wie bereits ausgeführt, *künstliche Zurechnungseinheiten,* Unternehmen: Sie haben die ihren Bedarf deckende *natürliche Person,* die ursprünglich allein als

Vertragssubjekt in Frage kam, in den Hintergrund gedrängt. Die einheitliche Vertragsordnung löst sich in die Bereiche einerseits des *Wirtschaftsvertrags*, andererseits des *Konsumvertrags* auf.

Soweit es sich um größte, hochdifferenzierte Unternehmenseinheiten handelt, wird die Relevanz der Vertragskategorie einschneidend relativiert. Der *innerbetriebliche* Verkehr, der bei transnationalen Großkonzernen vielfach das Zirkulationsvolumen von kleineren Volkswirtschaften übersteigt, wird zumindest der *rechtlichen* Vertragsregelung entzogen. Das System vertraglicher Planung wird zu einem *Ordersystem*. Mit wachsender Größe entsteht nach außen das Problem der *Marktbeherrschung*, die die Dispositionsfreiheit der Vertragsgegenseite aufhebt. Vertragliches Disponieren setzt also eine gewisse *Gleichheit* der Vertragssubjekte voraus.

(3) Tausch in Vertragsform bezieht sich auf das Vorhandensein eines *Marktes*, d. h. einer Institution, in der Güterverteilung nach den Regeln von Angebot und Nachfrage stattfinden kann. Dabei muß sichergestellt werden, daß auch in einer Monopolsituation auf einer Vertragsseite keine ungerechtfertigten Vorteile gezogen werden. Als Grundkonzepte bieten sich hier einerseits die Herstellung von *fairen Wettbewerbsverhältnissen* (Paradigma: GWB, UWG) oder andererseits der unmittelbare *Eingriff in den Aushandlungsmechanismus* (Paradigma: Wohnraumbewirtschaftung) an. Wird der Aushandlungsmechanismus vollständig beseitigt, verliert also der Vertrag die Preisbestimmungsfunktion, so geht die Vertragsregelung in ein *Ordersystem* über. Allerdings werden auch zentrale Planwirtschaften verhältnismäßig selten den Grad eines umfassenden Ordersystems erreichen. Zwar wird der Wirtschaftsplan ein hohes Maß von privatwirtschaftlich dispositiven Daten festlegen; Koordinationsmittel des Leistungsaustauschs bleibt jedoch die Vertragsstruktur, die beispielsweise im sogenannten «sozialistischen Vertragssystem» (z. B. *Vertragsgesetz* der DDR von 1965) ihren gesetzlichen Ausdruck gefunden hat.

(4) Rahmenbedingung des Vertrags ist weiter eine konsolidierte *Geld- und Währungsordnung*. Der Vertrag aktualisiert die Geldfunktionen der Recheneinheit und des abstrakten Tauschmittels (vgl. dazu IV.3.2.3). Für die moderne Verkehrswirtschaft ist ein hoher Abstraktionsgrad der Verrechnungsweise charakteristisch.

(5) Schließlich setzt der in seiner Grundform *zweiseitige* Vertrag eine *dritte Erzwingungs- und Schlichtungsinstanz* voraus. Parteien werden nur dann wirtschaftliche Erwartungen in Vertragsform formulieren, wenn sie davon ausgehen können, daß diese Erwartungen notfalls zwangsweise, in der Regel durch staatliche Gerichte und Schiedsgerichte mit dem vereinbarten Inhalt durchgesetzt werden können. Sie werden sich weiter darauf verlassen, daß zumindest eine schwerwiegende Veränderung der äußeren Umstände, die zu einer wirtschaftlich untragbaren Verschiebung der Leistungsmodalitäten führt, zur Vertragsrevision berechtigt. Die *gerichtsförmige* Vertragsdurchsetzung steht zwar im Mittelpunkt juristischen Interesses, wichtige Instanzen zur Kontrolle und Erzwingung der Vertragserfüllung sind jedoch auch *intermediäre, nicht juridische Institutionen*. Zu nennen sind hier neben privaten Schiedsgerichten die Verwalter von Gruppeninteressen wie Verbände, insbesondere aber Banken und sonstige Informationssammel- und Meldestellen, die zur Bonität eines Vertragspartners Stellung nehmen und damit mit *faktischem* Zwang einzelne Verpflichtungen durchsetzen können.

(6) Nicht Grundvoraussetzung, nur wesentliche Aktionsbedingung ist die *Formfreiheit* des Vertrags. Die Entfaltung der Verkehrswirtschaft wird historisch begleitet von der *Abnahme der Formalisierung* von Rechtsgeschäften. Mit der Verstärkung administrativer Strukturen in der Unternehmensorganisation geht freilich die Entwicklung zur formularmäßigen Dokumentation einher; die alten, zeremoniellen

Formen zur Sicherung der *Seriosität* des Vertrags werden durch informationstechnisch verwertbare Formen substituiert.

4.4.3. Gegenstände des Leistungsaustauschs

Als rechtliches *Koordinierungsmittel* der Güterbewegungen erstreckt sich der Vertrag auf alle marktfähigen Leistungsgegenstände. Der Grundsatz, daß jeder geldwerte Vermögensbestandteil zugleich auch Gegenstand eines Vertrags sein kann, wirkt heute selbstverständlich, ist aber noch keine hundert Jahre alt (GRIMM 1977, 1223). Erst im 19. Jahrhundert dringt die freie Vertragsaushandlung in das zuvor weitgehend lehensrechtlich vorstrukturierte Bodenrecht ein. Erst in dieser Zeit wird weiter der Grundsatz aufgegeben, daß nur bestimmte *Typen* von Verträgen mit Rechtsschutz versehen sind *(Entwicklung der Typenfreiheit der Verträge)*. Der Anwendungsbereich des Vertragsrechts expandiert zudem durch die Anerkennung *neuer* geschützter *Rechtspositionen*. Zu nennen ist hier insbesondere der Bereich geistiger Leistungen (Urheberrechte, gewerbliche Schutzrechte), weiter die zunehmende rechtliche Beachtung des Wertes eines gewerblichen Unternehmens *(goodwill, Recht am Gewerbebetrieb)* und in neuerer Zeit auch von professionell geführten Dienstleistungsbetrieben (Arztpraxis, Anwaltspraxis). Schließlich ist zu erwähnen, daß mit der Ausweitung des Deliktsschutzes zugleich die Möglichkeit der vertraglichen Disposition erweitert wird; denn jede mit Schadensersatzsanktionen geschützte *Deliktsposition* ist zugleich eine Vermögensposition für Transaktionen in Vertragsform.

Der umfassende Deliktsschutz von sog. «berühmten Warenzeichen» (vgl. dazu KÖTZ 1976, 280) erlaubt dem Warenzeicheninhaber, auch von Herstellern ungleichartiger Produkte eine Lizenzgebühr zu fordern. So könnte die Firma DAIMLER BENZ AG daran denken, Hersteller von Pfefferminzbonbons («mit dem Stern») oder von Unterwäsche («mit dem Stern») zu lizenzieren.

Der 1958 in der Rechtsprechung eingeführte Deliktsschutz mit Schadensersatzsanktionen des sog. «allgemeinen Persönlichkeitsrechts» bedeutet kommerzielle Verwertbarkeit von Darstellungen, die allgemein als Ehrverletzung des Dargestellten angesehen werden. So kann z. B. CATERINA VALENTE Geld verlangen, wenn sie in Zusammenhang mit Zahnprothesen gebracht wird (BGHZ 30, 7); eine minderjährige Tochter eines Dachdeckermeisters erhält eine Abgeltung für einen Sensationsbericht über ihre Heirat in Gretna Green (BGH LM Nr. 16 zu Art. 5 GG).

Neben dem Austausch von «marktfähigen» Gütern zwischen Privaten gewinnt zunehmend der Bereich des sogenannten *öffentlich-rechtlichen Vertrags* an Bedeutung (Nachw. bei H. MEYER NJW 1977, 1705 ff.). Obwohl Verwaltungshandeln grundsätzlich auf die Rechtsformen des Gesetzes und des Verwaltungsakts festgelegt ist, unterliegen zahlreiche öffentlich-rechtliche Positionen, bisweilen sogar gesetzliche Kompetenzen, der Aushandlung, sei es zwischen öffentlichen Stellen, sei es zwischen Verwaltung und Privaten.

4.4.4. Das Erscheinungsbild vertraglicher Regelungen

Vertrag und Freiheit stehen in einem engen gedanklichen Bezug. In Ordnungen, die *frei von Zwang* sind, entsprechen *Kommunikationsmodelle* dem Bild der *Konsensbildung unter Gleichen*. In der Realität wurden und werden vertragliche Formen allerdings in den Dienst durchaus *unkommunikativer* Verhältnisse gestellt (vgl. dazu näher KRAMER 1974, 12ff.; HART 1974, 275). Das Vertragsrecht bezieht sich auf Grundbeispiele, bei denen Forderungen nach Gleichheit der Partner und nach materiellem Konsens kaum realistisch erscheinen. Arbeitsvertrag, Mietvertrag und Kaufvertrag zur Deckung des täglichen Bedarfs, also die *zentralen* Rechtsverhältnisse menschlicher Reproduktion, werden in aller Regel nicht unter Gleichen geschlossen und nicht punktuell und kommunikativ ausgehandelt. Vielmehr geht es unter günstigen Bedingungen um die *Option* unter wenigen bereitgestellten Alternativen, bisweilen um ein *take-it-or-leave-it*, häufig jedoch schlicht um alternativenloses Handeln aus Notwendigkeit. «Kontrahierungszwang», «diktierter Vertrag» oder «faktisches Vertragsverhältnis» sind geläufige Stichworte, unter denen Juristen auf eine in ihrem System als *Ausnahme* verstandene Erscheinung verweisen. Kontrahieren und Zwang schließen sich allerdings ebenso aus wie Vertrag und Diktat oder Faktizität.

Wie beim Wandel der organisierten Rechtssubjekte von der *Gesellschaft* zum *Unternehmen* – das in seiner entwickeltsten Form, dem Konzernunternehmen, *gesellschaftslose* Gesellschaft ist – die *Differenzierung* von traditionellem Privatrecht und modernem Wirtschaftsrecht deutlich wurde, so auch hier: Gegenstand des Wirtschaftsrechts ist u. a. die Erscheinung des *vertragslosen* Vertrags, einer Struktur, die äußerlich der Vertragsform entspricht, die in ihrer Substanz jedoch lange das Verteilungsproblem zwischen Freien und Gleichen hinter sich gelassen hat und als politisches Ordnungsproblem erkennbar wird. Vor diesem Hintergrund wird die Feststellung LUDWIG RAISERS verständlich, daß es «Sache nicht der Rechtstheorie, sondern des jeweiligen positiven Rechts [sei], die Anforderungen an das Verhalten der Parteien festzulegen, die erfüllt sein müssen, damit die Vertragsordnung Rechtsschutz erlangt». Mit anderen Worten, die heutigen Probleme des Vertragsrechts bestehen kaum mehr in der konstruktiven *Verfeinerung* des Vertrags*mechanismus*, sondern in der Regelung der *Vorbedingungen* von (formalen) Vertragsschlüssen.

Im Konsumbereich wird dieses Problem unter dem Stichwort *Kontrolle von Allgemeinen Geschäftsbedingungen* (AGB) behandelt. Nach einer extensiven Entscheidungspraxis der Gerichte zur Kontrolle von AGB hat das AGB-Gesetz von 1977 (vgl. z. B. ULMER/BRANDNER/HENSEN 1977) einen Teilbereich der Probleme kodifiziert. Die gesetzlichen und richterlichen Regelungen folgen weitgehend der technischen Leitlinie der Umwandlung von dispositivem Privatrecht in zwingendes Recht. Das Aufkommen der Problematik von AGB hängt u. a. mit der erst im 19.

Jahrhundert rechtlich anerkannten *Paradoxie* zusammen, daß Regelungsgegenstand des Vertrags auch die gesetzliche Vertragsrechtsordnung *selbst* sein könne.

Vertrag und Gesetz haben vielfältige historische und strukturelle Abhängigkeiten. Die WEBERsche Kategorie des *Statuskontrakts* bestätigt den zumindest in der römischen Rechtssprache offensichtlichen historischen Zusammenhang der Rechtsetzung als Vereinbarung. *Lex* bedeutet nämlich historisch zunächst *Vertrag*, später zugleich positives *Gesetz*.

Heute treten für die große Mehrzahl der Konfliktregelungsbereiche Gesetz und Vertrag als Ordnungskategorien geradezu als Gegensatzpaare in hoher Ausdifferenzierung auf. Es bleiben jedoch wichtige Bereiche, in denen vertragliche Regelungen gleichsam gesetzesvertretend das Feld beherrschen (vgl. dazu unten III. 1.1.3 und 4). Zu denken ist namentlich an die erwähnten *Normenverträge*, beispielsweise an den Tarifvertrag, oder an zwischenstaatliche Übereinkünfte und sonstige Regelungen, die der Direktivform der Gesetzesstruktur unzugänglich sind. Zu denken ist hier auch an Kooperationsverträge zwischen Großunternehmen, an die Vereinbarung von langfristigen Lieferbeziehungen, die zwar keine unmittelbare Bindungswirkung, aber eine erhebliche Ausstrahlung auf dritte Individualinteressen und Allgemeininteressen besitzen (vgl. zuletzt zu diesem Problem MARTENS 1977, 113).

4.4.5. Richterliche Regelungskriterien zur Erhaltung der Funktionsfähigkeit des Vertrags

Die unbeschränkte *Durchsetzung* eines vertraglichen Versprechens gehört gemeinsam mit der bereits erwähnten *Typenfreiheit* entwicklungsgeschichtlich in eine sehr junge Phase. Die Anerkennung des Satzes *pacta sunt servanda* ist häufig als Frage des Fortschritts in den *ethischen* Überzeugungen interpretiert worden; sie könnte auch als Anpassung an eine neue, *zukunftsorientierte*, planende *Wirtschaftsweise* verstanden werden, in der *Kredit* und *Buchposition* notwendige Elemente sind. Waren ursprünglich nur *Zustände* rechtlich geschützt, so bedeutet der *Erfüllungszwang* von Verträgen die justitielle Garantie von sich planvoll aktualisierenden Erwartungen im wirtschaftlichen Bereich.

Wie ungewöhnlich dieser Schritt war, zeigt anschaulich die Entwicklung des *englischen* Vertragsrechts, in der Juristen die Sanktion des Versprechens stets auf dem Hintergrund der Fiktion behandeln, daß bereits ein Leistungsaustausch stattgefunden habe (*Consideration-Doctrin*; vgl. dazu ZWEIGERT/KÖTZ 1969, 71 ff.: «Seriositätsindizien»).

Während das klassische Zivilrecht, in dem sich der unbeschränkte Schutz von Erwartungen durchsetzte, sich zunächst mit dem Problem beschäftigte, wie die *technischen* Probleme des *Vertragsschlusses* und der *Vertragsabwicklung* formalisierbar seien, und dabei abstrakt von der Vorgegebenheit der oben angeführten Funktionsbedingungen des Vertragsmechanismus ausging, wird heute, insbesondere für die das Vertragsrecht verwaltenden

Gerichte, die wirtschaftsrechtliche Frage der Erhaltung der *Funktionsbedingungen* zunehmend relevant.

Dabei bilden die *Erhaltung der Marktstruktur* einerseits und der Gesichtspunkt der *sozialen Kontrolle im Wohlfahrtsinteresse* andererseits den Hintergrund der modernen Entscheidungspraxis.

Unter der Rubrik *Erhaltung der Marktstruktur* lassen sich drei Regelungskriterien einordnen:

(1) Erhaltung der *Chancengleichheit* der Vertragspartner;
(2) Erhaltung der uneingeschränkten Erreichbarkeit marktfähiger Güter *(Fungibilität)*;
(3) Erhaltung des beiderseitigen *Risikos.*

Besonderes Interesse verdient dabei das letzte Problem der Risikoerhaltung. Zwar ist der Grundsatz des liberalen Vertragsrechts, daß jeder das umfassende Risiko von Fehleinschätzungen bei Vertragsschluß zu tragen habe, durch die richterliche Festlegung von Informationspflichten und Schutzpflichten der Vertragsgegenseite heute eingeschränkt. Wenn Gerichte das Prinzip aufrechterhalten, daß jede Seite das Aufklärungsrisiko selbst zu tragen habe, so steht im Hintergrund dieser Überlegung das Allgemeininteresse nach optimaler Informationsbeschaffung vor jedem Güteraustausch, an der Verhinderung des ökonomischen Fehlschlags der Vertragsregelung.

4.4.6. Inhaltskontrolle

Neben der Sicherstellung der *äußeren* Funktionsbedingungen des Vertragsmechanismus haben Gerichte zum Teil eine Kontrolle des Vertrags*inhalts* übernommen. Die sogenannte *Inhaltskontrolle* von Verträgen betrifft zwei verschiedene Probleme: *Äquivalenzkontrolle* und *Koordinationskontrolle.* Beide Kontrollfragen, nämlich einerseits, ob Leistung und Gegenleistung *äquivalent* sind, oder andererseits, ob der Vertragsinhalt ökonomischen *Zwecksetzungen* mit gesetzlicher Priorität widerspricht, sind schwer vereinbar mit den Grundvorstellungen des *liberalen* Vertragsrechts. Der *Theorie* gemäß ist die Leistungsäquivalenz des Vertrags nicht überprüfbar, da die gegenseitigen subjektiven Werteinschätzungen unüberbietbar durch den Aushandlungsprozeß am Markt für die Parteien verbindlich objektiviert werden. Die ökonomische Zwecksetzung von Verträgen unterliegt nicht staatlicher Kontrolle, da die Setzung von ökonomischen Prioritäten nicht Sache des Staats, sondern der privaten Wirtschaftssubjekte ist.

4.4.6.1. Äquivalenzkontrolle

Die Äquivalenzkontrolle, die zunächst wegen *fundamentaler* Störungen im Makrobereich (Inflation nach dem Ersten Weltkrieg) einsetzte, kann dabei zumindest an hypothetische Vorstellungen eines idealen Marktmechanismus bei der Bildung ihrer Kriterien anknüpfen. Sie paßt das verschobene

Vertragsgleichgewicht *hypothetisch* an marktkonforme Entscheidungen der Parteien an. Dieses Vertragsanpassungskonzept ist für *zufällige* und *temporäre* Veränderungen der ökonomischen Bezugsgrößen des Vertrags geeignet; es ist jedoch problematisch bei der Lösung *institutioneller* Ungleichgewichte, wie sie im Konsumbereich unter dem Stichwort «Kontrolle von Allgemeinen Geschäftsbedingungen» auftreten. Hier geht es nämlich nicht um die *Therapie* von fehlgeschlagenen Planungen, die ursprünglich auf marktadäquaten Einschätzungen beruhten, sondern um die *Prävention* vor kaum vermeidlichen Fehleinschätzungen.

4.4.6.2. Koordinationskontrolle

Einen Schritt weiter vom Marktmodell entfernt ist die ökonomische Koordinationskontrolle von Vertragsinhalten. Zwar enthält das klassische Vertragsrecht stets den Vorbehalt, daß der Vertragsinhalt nicht *sittenwidrig* (vgl. § 138 BGB) oder *gesetzeswidrig* (vgl. § 134 BGB) sein dürfe. Der Tatbestand der Sittenwidrigkeit als «Verstoß gegen das Anstandsgefühl aller billig und gerecht Denkenden» bezieht sich jedoch nur auf einen moralischen *Mindeststandard* von Verhaltensregeln unter Bürgern, nicht aber auf die ökonomische *Zweckorientierung* eines Rechtsgeschäfts im *Allgemeininteresse.* Der Tatbestand der Gesetzeswidrigkeit ist sozusagen nur Annex zur Sittenwidrigkeitsklausel; er nimmt Bezug auf das die Sittenwidrigkeit konkretisierende allgemeine *Verbotsgesetz,* einen Gesetzestyp, der zu Regelungen *ökonomischer Zweckmäßigkeitsgesichtspunkte* kaum geeignet ist. Die Behandlung des *wettbewerbsbeschränkenden* Vertrags *(Kartellvertrag),* zunächst durch die Rechtsprechung, später durch die Gesetzgebung, die im GWB mündete, verdeutlicht die Problematik einer Koordinationskontrolle in einer dezentral gesteuerten Wirtschaft.

Hatte das Reichsgericht in der Entscheidung vom 25. 6. 1890 (RGZ 28, 238) noch Kartelle als Probleme der vertraglich freien Gestaltung der Integration von Produktion und (im Fall:) Vertrieb gesehen, so wurde zunächst durch schrittweise Anwendung der §§ 138 und 826 BGB durch die Gerichte, dann durch die *Kartellverordnung* von 1923 (Reichsgesetzblatt I 1067, 1090) eine Publizierung und Überwachung der Kartellpraxis eingeleitet. Erst das GWB (z. T. abgedruckt im Anhang, S. 321 f.) von 1957 konsolidiert in § 1 ein grundsätzliches Kartellverbot mit Ausnahmeregelungen. In dem Gesetz wird nicht nur die Frage der Machtbildung durch Zusammenschlüsse, also das unternehmensrechtliche Regelungsproblem, angegangen, sondern es werden auch Einzeltatbestände unfairer Wettbewerbspraktiken (Behinderung, Boykott, Diskriminierung, §§ 25, 26 GWB) in den Kreis der Regelung aufgenommen. Hier finden sich Tatbestände, die, vom «normalen» Vertragsschluß ausgehend, in Einzelfällen Nichtigkeit und Kontrahierungszwang anordnen.

Tatbestandserfassung und *Folgenorientierung* bei der Entscheidung über wettbewerbsbeschränkendes Verhalten überfordern den *Parteienprozeß* der zivilen Gerichtsbarkeit. Daher wurde in diesem wirtschaftspolitisch wichtigen Bereich die gerichtliche Inhaltskontrolle in die Kompetenz einer speziellen *Kontrollbehörde* mit ökonomischem Sachverstand *(Kartellamt)* überführt. Gewöhnlich schließt sich erst an das Handeln dieser Behörde die Rechtskontrolle an.

Diese Entwicklung zeigt eine *allgemeine Tendenz* der wirtschaftsrechtlichen Rechtssetzung und Kontrolle. Datenverarbeitung und Folgenberücksichtigung, die sich oft jenseits des Interessenbereichs von privaten Parteien befinden, überschreiten die Verarbeitungskapazität gerichtlicher Instanzen. Auch der Ausweg in spezialisierte Fachbehörden, die einzelne Bereiche des Wirtschaftsrechts mit professionalisierten Stäben verwalten, ist bisweilen problematisch; diese Behörden verfügen wiederum nur beschränkt über *Koordinierungskapazitäten* verschiedener wirtschaftspolitischer Aspekte. So betreffen kartellrechtlich bedeutsame Entscheidungen häufig zugleich andere Bereiche der Wirtschaftspolitik. Die Erfassung geldpolitischer, fiskalpolitischer und strukturpolitischer Konzeptionen, ihres informatorischen Hintergrunds und ihrer politischen Prioritäten liegt sowohl außerhalb der formellen wie der sachlichen Kompetenz des Kartellamts.

Deutlich wurde dies beispielsweise bei dem kartellrechtlichen Entscheidungsproblem der VW-Preiserhöhung 1977:

1976/77 ereignete sich in Deutschland ein Automobilboom von bisher unbekannter Größenordnung. Der größte und erfolgreichste Hersteller, das VOLKSWAGENWERK, kündigte im Frühjahr 1977 an, er werde seine Preise um 4% erhöhen. Das Bundeskartellamt sah darin einen Mißbrauch einer beherrschenden Marktstellung. Nach einer Abmahnung und öffentlichen Diskussion senkte der VW-Konzern die ursprünglich projektierte Preiserhöhung um einen Prozentpunkt. – Welche Entscheidungskriterien sind in diesem Fall relevant?

Unter der *kartellrechtlichen* Perspektive steht zur Entscheidung, ob bei der Preisgestaltung ein Mißbrauch einer beherrschenden Marktstellung vorliegt (§ 23 GWB); wettbewerbstheoretisch kann man streiten, ob ein Einschreiten nicht gerade wettbewerbswidrig ist, da erhöhte Preise den Marktanteil zumindest hypothetisch verringern könnten. Deutlich *relevanter* für die Entscheidung sind jedoch Argumente der *Geld-*, *Fiskal-* und *Struktur*politik, z. B.:

(1) Preiserhöhung des führenden Automobilkonzerns bedeutet Inflationsanheizung; (2) Preiserhöhung bedeutet Verbesserung der Staatseinnahmen aus der Körperschaftsteuer und aus gesellschaftsrechtlicher Beteiligung; (3) Verteilungsaspekt: Volksaktionäre erhalten eine angemessene Rendite der sozialpolitisch erwünschten Anlage; (4) höhere Gewinne bedeuten Verbesserung der Investitionslage: Geld wird dem Konsumbereich entzogen und dem Investitionsbereich zumindest teilweise zugeführt; (5) ein Teil der Investitionen wird Arbeitsplätze schaffen; (6) Investitionen erhöhen die Konkurrenzfähigkeit auf dem Weltmarkt; (7) höhere Gewinne bei VW bedeuten mittelbar Strukturförderung des Zonenrandgebiets; (8) Verteuerung der Automobile bedeutet geringere Autodichte, damit Energieeinsparung; (9) zugleich Einsparung von Investitionen für Straßenbau; (10) diese wiederum Verlust von Arbeitsplätzen usf.

Die das Wirtschaftsrecht beherrschende Wettbewerbsdoktrin, die sich auch in der Praxis des Kartellamts niederschlägt, konzentriert Wirtschaftsrechtspolitik auf die Frage der Politik der Erhaltung der Marktbedingungen. Nimmt man die Erscheinung der organisierten Interdependenz ernst, so zeigt sich, daß *Maßstäbe* für vertragliches *Normalverhalten, Normalgrößenordnungen* von Unternehmen, *tolerierbare* Größenordnungen von wirtschaftlicher Macht, von *wünschenswerten* und *verbotenen* Monopolen und Oligopolen, Preisgestaltung öffentlicher Güter (saubere Luft, Wasser) usf., kaum mehr *allein* an einem Modell des idealen Markts orientiert werden können. Die Relevanz *öffentlicher Interessen* in den traditionellen Privatrechtsmaterien des Unternehmens- und Vertragsrechts erfordert eine adäquate Fortbildung des Privatrechts und wirtschaftsrechtliche Modelle und Institutionen, die differenzierter auf Koordinierungserfordernisse ansprechen.

III. Kapitel
Recht, Wirtschaftspolitik, Wirtschaftsrecht

1. Recht aus der Sicht der Wirtschaftspolitik

«Die gangbare Definition des Rechts lautet: Recht ist der Inbegriff der in einem Staate geltenden Zwangsnormen, und sie hat in meinen Augen das Richtige vollkommen getroffen. Die beiden Momente, welche sie in sich schließt, sind die der Norm und die der Verwirklichung durch den Zwang.» RUDOLF VON JHERING 1877, 256f.

«Der Begriff des Rechts ist ein Kulturbegriff, d. h. ein Begriff von einer wertbezogenen Wirklichkeit, einer Wirklichkeit, die den Sinn hat, einem Wert zu dienen. Recht ist die Wirklichkeit, die den Sinn hat, dem Rechtswerte, der Rechtsidee zu dienen. Der Rechtsbegriff ist also ausgerichtet an der Rechtsidee. Die Idee des Rechts kann nun keine andere sein als die Gerechtigkeit ... Wir sind aber auch berechtigt, bei der Gerechtigkeit als einem letzten Ausgangspunkte halt zu machen, denn das Gerechte ist wie das Gute, das Wahre, das Schöne ein absoluter, d. h. ein aus keinem anderen Werte ableitbarer Wert.» GUSTAV RADBRUCH 1932, 1963, 123f.

«Recht ... ist Regelung menschlichen Zusammenlebens unter Anpassung an die vorgegebenen Besonderheiten biologischer, ökonomischer und politischer Natur. Es gewinnt Wirklichkeit in tatsächlichem positiven Gelten ... Zu dieser seiner Verwirklichung ist es angewiesen auf eine enge Verbindung mit der Macht ... Es entspricht einer im Menschen und in den menschlichen Verhältnissen angelegten Vernunft und den Werten, die in einer Gemeinschaft ausschließlich oder überwiegend anerkannt sind. Erst durch diese Vernünftigkeit, innere Widerspruchslosigkeit und Übereinstimmung mit den herrschenden Wertauffassungen erhält es vor dem kritischen Blick, insbesondere der durch seinen äußeren Geltungsanspruch Beeinträchtigten, Autorität und innere Geltung. Schließlich weist es zurück auf eine absolute Macht, die das Gemeinwesen durchdringt, sei es in der Vorstellung eines allmächtigen personalen Wesens oder in der Gestalt einer verabsolutierten Idee des Staates, der Vernunft oder der Klassenherrschaft. Hier wird man vielleicht fragen, welchen Sinn es habe, eine so allgemeine Umschreibung des Rechts zu versuchen ...» ERICH FECHNER 1956, 110f.

«Erwarten Sie kein jedermann überzeugendes System, keine monistische Allgemeinerklärung des Rechts – solche Versuche, das Recht monistisch aus Gottes Plan, aus dem Fürstenwillen, aus Macht- und Interessenkämpfen, aus dem Willen der herrschenden Klassen usw. allein zu erklären, sind tot ...» RUDOLF WIETHÖLTER 1967, 217

«The prophecies of what the courts will do in fact, and nothing more pretentious, are what I mean by the law.» OLIVER WENDELL HOLMES[1] 1896/97, 460f.

---

1 Zu HOLMES vgl. FIKENTSCHER 1975, 151–222 (180ff.), der hervorhebt, daß der demokratisch-soziologische Positivismus dieses Richters eine prinzipiell schrankenlose Anerkennung der jeweiligen Machtverhältnisse einschließt.

«In the broadest sense, law is simply any recurring mode of interaction among individuals and groups, together with the more or less explicit acknowledgement by these groups and individuals that such patterns of interaction produce reciprocal expectations of conduct that ought to be satisfied.» R. M. UNGER 1976, 48

«Jus est ars boni et aequi: Das Recht ist die Kunst der guten Ordnung und der Billigkeit.» DIGESTEN, 1, 1, 1

1.1. Recht im Sinne staatlichen Rechtsverständnisses

1.1.1. Wirtschaftspolitisches Interesse an «realistischer» Beschreibung des Rechts

(1) Der Wirtschaftspolitiker, der den Juristen fragt, was Recht sei, kann eine der obigen Antworten bekommen oder noch andere mehr. Er wird damit wenig anfangen können. Ihn interessiert *Recht*, weil und insoweit es *Grenze des wirtschaftspolitischen Handlungsspielraums* und *Mittel wirtschaftspolitischer Regelung* ist. Sein Interesse richtet sich nicht eigentlich auf die Frage, warum Recht gilt und was Recht kennzeichnet, ob etwa

- die Durchsetzbarkeit in institutionalisierten und gesellschaftlich akzeptierten Verfahren,
- die Herleitung aus bestimmten Quellen,
- die Ausrichtung auf bestimmte Werte oder Systemstrukturen,
- die Einhaltung bestimmter Tugenden durch den Regelungsgeber?

Diese Fragen – und die Frage, ob man diese Fragen überhaupt sinnvollerweise stellen kann – muß die Wirtschaftspolitik, ebenso wie die in praktischer Absicht ausgeübte Jurisprudenz selbst, den Sprachspielen der Rechtstheorie und dem unabschließbaren Streit der Rechtssoziologen, Moralpsychologen und Rechtsphilosophen überlassen. Soweit Wirtschaftspolitik im staatlichen Raum stattfindet, muß sie solche gesellschaftlichen Regelungen als Recht respektieren und, soweit sie Rechtswirkungen erzielen will, mit solchen Regelungen arbeiten, die der Staat als Recht setzt oder zumindest als Recht anerkennt und gewährleistet. Sie kann sich nicht auf die eine oder andere theoretische Definition des Rechts einlassen, sondern muß vom Juristen erwarten, daß er ihr eine realistische Beschreibung[2] des Rechts gibt,

2 Der Gedanke einer realistischen Beschreibung des Rechts als «law in action» ist alt. Er ist Ausgangspunkt der realistischen Rechtstheorie (AUSTIN, DUGUIT, V. BÜLOW), «nach der» – so ADOMEIT (1969, 27) – «jede Rechtsordnung fragmentarisch ist, mithin immer nur für einen Teil der möglichen Rechtsfragen verbindliche Antworten bereithält, für andere dagegen zuvor durch Judikatur oder Doktrin vervollständigt werden muß, die hierbei – eine durch keine Methodologie aufhebbare Kalamität – zumeist frei zwischen mehreren gleichwertigen Lösungsmöglichkeiten verfügen. An die Stelle des Bildes vom Recht, das geschlossen und gleichmäßig die soziale Wirklichkeit überwölbt, tritt die Vorstellung eines offenen, in steter Bewegung gehaltenen

«so wie es funktioniert». Nur so kann man zu einer realistischen Einschätzung der rechtlichen Bindungen und Regelungsmöglichkeiten wirtschaftspolitischer Steuerung gelangen, nur so auch die möglichen Reibungsverluste abschätzen lernen, die sich bei der Umsetzung von Wirtschaftspolitik in Recht ergeben können.

(2) Auch die *Frage nach dem von Staats wegen geltenden Recht* ist nicht so leicht zu beantworten, wie es zunächst scheinen mag.

(a) Zunächst sind die Aussagen, die darüber von Juristen gemacht werden, nicht unbedingt verläßlich. Sie können durch gewisse Berufsideologien beeinflußt sein: etwa durch das Bestreben, das Handeln der Juristen als ein in einem bestimmten Sinne wissenschaftlich angeleitetes darzustellen, oder durch das Bestreben, die Autorität des Richtertums durch Betonung seiner Gesetzesbindung zu befestigen.

(b) Zum anderen bleibt offen, ob und in welchem Sinn man Recht überhaupt als Regelung auffassen darf. Vielfach wird es als Inbegriff von Normen definiert, unter rechtlicher Regelung also nur die abstrakt-generelle Regel verstanden. Handelt es sich hier um eine notwendige Reduktion, oder sollte nicht auch jede Regelung eines singulären Lebensverhältnisses unter dem Begriff des Rechts erfaßt werden, so daß man Recht besser als Inbegriff von Entscheidungen verstehen sollte? Dies scheint uns – wie unter 1.2 dargelegt wird – der zweckmäßigere Ansatz zu sein. Ist es aber nicht überhaupt einseitig, Recht als Regelung, also als Output rechtsetzenden oder rechtsanwendenden Handelns zu verstehen; müssen wir es nicht vielmehr auch als Input juristischen Entscheidens begreifen, als Inbegriff aller Kriterien, von denen sich Juristen leiten lassen und nach den Erwartungen in einer Gesellschaft auch leiten lassen sollen und dürfen? Insofern kann die «Rechtsordnung» als Inbegriff von *Normen*, als Inbegriff aller rechtlichen *Entscheidungen* und als Inbegriff aller *entscheidungsleitenden Gesichtspunkte* verstanden werden. Wir behandeln hier Recht zunächst als Regelung und kommen auf Recht als Inbegriff entscheidungsleitender Kriterien in 1.3 zurück.

Gefüges von geltenden Rechtsnormen, angezweifelten Rechtsnormen, Normhypothesen, Normvorschlägen und neu auftauchenden Rechtsfragen, über das endgültig verbindliche Aussagen nur in den dafür institutionell vorgesehenen Verfahren zu erhalten sind, nämlich im Verfahren der Gesetzgebung und im gerichtlichen Prozeß.»

Die heutige methodenkritische Literatur folgt, wie ADOMEIT in seiner kurzen Darstellung der Ursprünge und Grundgedanken der realistischen Rechtstheorie hervorhebt (24ff.), überwiegend diesem Ansatz. Das gilt insbesondere für die grundlegenden Arbeiten von ESSER über Grundsatz und Norm in der richterlichen Fortbildung des Privatrechts und über Vorverständnis und Methodenwahl in der Rechtsfindung (1964, 1972); vgl. jetzt auch ESSER 1977.

Weiterführende Übersichten über den heutigen Diskussionsstand der juristischen Methodenlehre bei KRIELE 1977, Nachwort, 310ff.; F. MÜLLER 1976; SIMON 1975, 90ff., 125ff.; RINKEN 1977, 150ff., 198ff.; STRUCK 1977.

(c) Die These: Recht ist, was der Staat als Recht setzt oder anerkennt, ist schließlich auch insofern nicht eindeutig, als unterschiedliche staatliche Instanzen, beispielsweise der Verfassungsgeber einerseits und die Exekutive andererseits, unterschiedliche Begriffe von Recht haben können. Staatliche Instanzen können sanktionsbewehrte Regelungen erlassen, ohne sich derjenigen Rechtsetzungsverfahren zu bedienen, die nach der Verfassung zulässig sind. Solche Regelungen sind dann zwar nach der maßgeblichen verfassungsrechtlichen Definition kein Recht. Haben sie aber faktisch den gleichen Regelungseffekt wie «Recht», so kann der Wirtschaftspolitiker an ihnen nicht vorbeigehen.

1.1.2. Staatlich gesetztes Recht

(1) Der Staat setzt im Rahmen der *verfassungsmäßig und gesetzlich ausdrücklich geordneten Rechtserzeugungsverfahren* Recht als Verfassungs-, Gesetz- und Verordnungsgeber, als Vertragspartner zwischenstaatlicher Regelungen, durch Verträge zwischen Bund und Ländern oder zwischen den Ländern, durch Satzungen, die sich eigenständige, dem Staate eingeordnete Verbände, Anstalten und Organe geben. Auch durch die Entscheidungen staatlicher Gerichte und Behörden werden Rechtsfolgen begründet und Rechtslagen verändert.

(2) Ob man das staatliche Recht vollständig erfaßt, wenn man es als Inbegriff aller Regelungen umschreibt, die in einem von Staats wegen als Rechtserzeugungsverfahren anerkannten Verfahren zustande kommen, ist problematisch. Es gibt offenbar gewisse *Möglichkeiten «apokrypher» Rechtsetzung,* nicht zuletzt auf Grund des Zusammenwirkens staatlicher und parastaatlicher Institutionen mit Verbänden und Unternehmen und auf Grund der «Kodifizierung» professioneller Standesnormen durch bestimmte Berufsgruppen.[3]

§ 170 Abs. 2 Satz 2 BRAO ermächtigt die Bundesrechtsanwaltskammer, «die allgemeine Auffassung über Fragen des Anwaltsberufs in Richtlinien festzustellen». Die hierzu von der Bundesrechtsanwaltskammer kodifizierten Grundsätze des anwaltlichen Standesrechts gelten zwar der Rechtsprechung nur als Erkenntnisquelle

---

3 Es sind solche «Regeln professioneller Ethik», die über Leben und Tod entscheiden; denn sie prägen weithin auch das ärztliche Berufsrecht, z. B. soll der Kanon passiver Sterbehilfe, den eine Kommission der schweizerischen Akademie der medizinischen Wissenschaften – unter Mitwirkung auch von Theologen und eines Strafrechtslehrers – im Hinblick auf die diesbezügliche Empfehlung der Parlamentarischen Versammlung des Europarats 779/1976 am 5. 11. 1976 verabschiedet hat und dem eine internationale Vorbildwirkung zukommen dürfte, nach der Meinung der Kommission weder Gesetzestext noch ärztliches Standesrecht sein, sondern dem einzelnen Arzt nur die Gewähr bieten, daß er bei Befolgung der Richtlinien grundsätzlich mit seinen Kollegen übereinstimmt (so Haemmerli, NZZ 127: 3. 6. 1977, 23). Praktisch handelt es sich um ein Stück Delikts- und Strafrecht; vgl. auch 1.1.3 (3).

(BGH GRUR 1972, 709f. «Patentmark»), nicht als verbindliche Festlegung von Standespflichten. Doch beruhen sie einerseits weder wirklich auf empirischer Feststellung der Auffassung der Anwälte, noch kann ihr faktisch regelnder Charakter bestritten werden. Praktisch sind etwa die dort statuierten Regeln über die Zurückhaltung bei der Werbung ein integrierender Bestandteil von § 1 UWG.

Von der Rechtsetzung durch Kooperation staatlicher und privater Institutionen soll im einzelnen noch unter 1.1.4 die Rede sein.

(3) Zu bezweifeln ist auch, ob sich eine «realistische» Beschreibung des staatlichen Rechts an die «offizielle» *Unterscheidung von* indikativer *Datensetzung* und normativer *Regelung* halten darf. Es gibt eine Vielzahl von behördlichen Aussagen, denen die Behörde selbst keinen Normcharakter beimißt, sondern mit denen sie nur ihre künftige Praxis beschreiben will. Vielfach hat eine solche «Voraussage» der Sache nach aber durchaus Regelungscharakter.

So betrachtet man überwiegend die Grundsätze des Bundesaufsichtsamts für das Kreditwesen über die Eigenkapitalausstattung und Liquiditätsvorsorge der Kreditinstitute in Anlehnung an die Gesetzesmaterialien weder als Rechtsnormen noch als Verwaltungsakte. Man stuft sie als «nicht unmittelbar verbindliche Verlautbarungen von besonderem Gewicht» ein, denen allein die – die Banken ausschließlich begünstigende – Wirkung zukomme, Einzelmaßnahmen des Bundesaufsichtsamts und der Deutschen Bundesbank im voraus kalkulierbar zu machen (Schönle 1976, 438f.).

Die Grundlagen der Strukturpolitik der Bundesregierung findet man nicht in Gesetzen, sondern in ihren Grundsätzen der sektoralen Strukturpolitik und der regionalen Wirtschaftspolitik (Anlagen I und II zum Strukturbericht 1969, BT-Drucksache V/4564 vom 4. 7. 1969) sowie in ihren Grundsätzen einer Strukturpolitik für kleinere und mittlere Unternehmen (BT-Drucksache VI/1666 vom 29. 12. 1970).

Eine Mischform von Regelung und Datensetzung findet sich auch in gewissen «Bekanntmachungen» der Kartellbehörden. Vgl. etwa die Bagatellbekanntmachung der EG-Kommission vom 2. 6. 1970 (AblEG C 64/1), die den Begriff der Spürbarkeit durch quantitative Merkmale präzisiert, oder die Kooperationsfibeln der EG-Kommission («Bekanntmachung über Vereinbarungen, Beschlüsse und aufeinander abgestimmte Verhaltensweisen, die eine zwischenbetriebliche Zusammenarbeit betreffen», AblEG v. 29. 7. 1968 C 75/3) und des Bundeswirtschaftsministeriums.[4] Diese Bekanntmachungen binden formal zwar weder die Gerichte noch die Kartellbehörden; doch ist eine Abweichung praktisch durchweg nur unter Umständen zu erwarten, in denen eine entsprechende Rechtsnorm gleichfalls gedehnt oder eingeschränkt würde.

Auch sonst ist das Regelungsinstrumentarium der EG durch eine Vielzahl «orientierender» Datensetzungen mit mehr oder minder normativer Bedeutung gekennzeichnet, z. B. Memoranden der Kommission an den Rat, Orientierungen und Aktionsprogramme der Kommission, die in Entschließungen des Rates gebilligt werden, wobei die indikativen Größen der Programme zum Teil ausdrücklich zu Orientierungsdaten für die Gemeinschaft erhoben worden sind. Friedel (1972, 25) versucht die «Rechtsnatur» der globalen wirtschaftspolitischen Programme der EG wie folgt zu erklären: «Die globalen Programme verbinden einen organschaftlich

---

4 Jetzt in der Fassung vom 9. 3. 1976, dazu etwa Benisch, 223.

gefaßten Beschluß des Rates mit einer nicht organschaftlich dem Gemeinschaftsrecht zurechenbaren gemeinsamen Beschlußfassung der Mitgliedstaaten durch ihre im Rat vereinigten Vertreter. Sie enthalten somit Empfehlungen des Rates an die Mitgliedstaaten als auch korrespondierende Absichtserklärungen der Regierungen der Mitgliedstaaten. Sowohl die Ratsempfehlungen als auch die gegenseitigen Absichtserklärungen der Regierungen haben nur politische, nicht aber rechtliche Verbindlichkeit. Auch unter dem Blickwinkel eines Prinzips des gemeinschaftsfreundlichen Verhaltens gelangt man nicht zu einer stärkeren Verbindlichkeit.»

(4) *Kryptonormierung durch Datensetzung* läßt im Hinblick auf *staatliche Planung* (dazu aus verwaltungswissenschaftlicher Sicht SCHARPF 1973) die juristische Trennung zwischen Plänen, die rechtliche Regelungen enthalten, und Plänen, die Aussagen über zukünftiges staatliches Verhalten darstellen, als vordergründig erscheinen. Es gibt Gesetzesbestimmungen, die sich wie Planungsprogramme lesen,[5] und es gibt Pläne, deren Regelungseffekte weithin einem Gesetz gleichkommen.

Das in Frankreich (s. HOENISCH 1974) und Belgien praktizierte Modell der «planification» sieht vor, daß die öffentlichen Unternehmen an die im übrigen nur indikativen Daten in gewisser Hinsicht normativ gebunden sind. Hier ist für den einen Recht, was für den anderen nur Prognose ist.

(a) Sobald die *Planung mit der Vergabe von Mitteln* verbunden ist, *hat* sie *Regelungscharakter*. Die – parlamentarisch überwiegend nur global kontrollierte (zur Problematik R. HOFFMANN 1972) – Planungskompetenz von Regierung und Verwaltung stellt in Verbindung mit einer in der inhaltlichen Ausgestaltung weitgehend gesetzesfreien Subventionspolitik ein Lenkungsinstrumentarium dar, das Rechtsstaats-, Demokratie- und Bundesstaatsprinzip – Bestandteile des verfassungsfesten Minimums nach Art. 79 Abs. 3 GG – in Mitleidenschaft ziehen kann:

Nur einige Hinweise: Räumlicher Bezugsrahmen des Bundesraumordnungsprogramms 1975 (BT-Ds 7/3584) sind 38 Gebietseinheiten, die längst mehr sind als nur statistische Zähleinheiten oder «Prognoseräume». De facto handelt es sich um Planungsregionen des kooperativen Föderalismus. Das Bundesverfassungsgericht (E 39, 96, 111) hat versucht, dem Gedanken «Regieren durch Subventionieren» im Namen der bundesstaatlichen Ordnung einen Riegel vorzuschieben, indem es ablehnt, in Art. 104a Abs. 4 GG (abgedr. im Anhang S. 310) ein Instrument direkter oder indirekter Investitionssteuerung zur Durchsetzung allgemeiner wirtschafts-, währungs-, raumordnungs- oder strukturpolitischer Ziele des Bundes in den Ländern zu sehen. Doch kann es in dem gleichen Urteil (114f.) nicht umhin zuzugestehen, die Voraussetzungen für die Entscheidung des Bundes seien nach dieser Norm so unbestimmt, daß sich die verfassungsrechtliche Prüfung darauf beschränken müsse, ob der Bundesgesetzgeber oder die an Verwaltungsvereinbarungen Beteiligten diese Begriffe im

5 Vgl. §§ 1 und 2 Raumordnungsgesetz, abgedr. im Anhang, S. 317. Man kann sich fragen, sagt NOLL (1973, 111), «ob es sich bei diesen Normen noch um eigentliche gesetzliche Rechtssätze handelt und nicht vielmehr um mehr oder weniger verbindliche Vorprogrammierung für künftige Gesetzgebung».

Prinzip zutreffend ausgelegt und sich in dem dadurch bezeichneten Rahmen gehalten haben. Mit Recht sagt FROWEIN (1973, 35 f.), der Beurteilungsspielraum dieser Begriffe stelle den Richter vor die Alternative, eine eigene Wirtschaftspolitik zu formulieren oder das Gesetz zu akzeptieren.

(b) Das *Gewicht datensetzender Planungsprogramme* wird besonders deutlich in solchen Lebensbereichen, in denen die private Investitionstätigkeit allein zur Zukunftssicherung des Gemeinwesens nicht ausreicht, vor allem bei Forschung und Innovation.

Der Bund bestreitet heute fast 20% der Forschungsausgaben in der Bundesrepublik, die mit etwa 25 Mrd. DM angesetzt werden können. Das Bundesministerium für Forschung und Technologie unterhält eine Reihe von Forschungsprogrammen mit umfangreichen Zielkatalogen.[6] So etwa:

Das 3. Datenverarbeitungsprogramm zur Förderung einer leistungsstarken und international wettbewerbsfähigen Datenverarbeitungsindustrie (ausgenommen Größtrechner).

Das Gesamtprogramm Meeresforschung zur Förderung der zweckorientierten Forschung in den Bereichen Reinhaltung des Meeres, marine Nahrungsquellen, marine Kohlenwasserstoffe und mineralische Rohstoffe, Küste und Küstenvorfeld, physikalische Vorgänge in der maritimen Atmosphäre und im Meer.

Das Rahmenprogramm Rohstofforschung für die staatliche Förderung von Forschungsvorhaben zur Erweiterung der Rohstoffbasis, Einsparung von Rohstoffen, Rezyklierung von Rohstoffen, wenn das wissenschaftlich-technische und wirtschaftliche Risiko hoch eingeschätzt werden muß, wenn Entwicklungen so langfristig sind, daß auf absehbare Zeit nicht mit einem Gewinn gerechnet werden kann, und wenn der Markt bessere technologische Lösungen vorläufig unterbewertet.

Das 4. Atomprogramm zur Förderung der nuklearen Energieforschung und der Kerntechnik.

Das Rahmenprogramm Energieforschung zur Förderung von Forschungsarbeiten in den Bereichen Kohlevergasung und -verflüssigung, Bergbautechnik und Aufbereitung, Prospektion und Erschließung von Erdöl und Erdgas, Energieumwandlung, -transport und -speicherung, rationelle Energieverwendung.

Das Programm: Humanisierung des Arbeitslebens zur Förderung der Schwerpunktforschung in den Bereichen Lärmbekämpfung, technische Arbeitshilfe, menschengerechte Gestaltung von Arbeitsplätzen und Arbeitsplatzumwelt.

Das Programm: Information und Dokumentation zur Förderung des Aufbaus und

---

6 Daneben gibt es Forschungsförderungsprogramme der Bundesländer, z. B. das Technologieprogramm Energie des Landes Nordrhein-Westfalen und der EG. – Die Forschungsförderung steht – wie sich aus dem sogenannten Förderkatalog des BMFT unschwer ablesen läßt – den wirtschaftsordnenden Zielen des GWB durchaus entgegen. Das BMFT förderte 1975 479 Unternehmen und Einzelpersonen mit einer Summe von rund 5 Mrd. DM. Dabei entfielen auf 83 Empfänger 93,6% der Gesamtförderung. Darunter befanden sich praktisch nur Großunternehmen. Der Anteil kleiner und mittlerer Unternehmen liegt demnach bei 5 bis 6%. Insofern begünstigt die Forschungsförderung in erheblichem Maße die Industriekonzentration und benachteiligt die mittelständische Industrie (zu Forschungssubventionen als Wettbewerbsinstrument vgl. allgemein KILIAN 1975).

Betriebs von Informationseinrichtungen, insbesondere von Fachinformationssystemen.

Das Programm: Elektronische Bauelemente zur Förderung von Forschungsvorhaben in den Bereichen Grundlagenentwicklung, neue Bauelemente, Materialentwicklung, Integrierte Schaltungen, optoelektronische Bauelemente, Fertigungsverfahren für Halbleiter.

Das Programm: Nahverkehrsforschung zur Förderung von Forschungs- und Entwicklungsvorhaben auf dem Gebiet der Nahverkehrssysteme und der Verknüpfung von Verkehrssystemen mit hohem Mittelbedarf in Verbindung mit besonders hohem technisch-wirtschaftlichem Erfolgsrisiko oder in Bereichen, in denen die deutsche Industrie durch Forschungsförderung anderer Länder Wettbewerbsverzerrungen ausgesetzt ist.

Das Programm: Weltraumforschung zur Förderung der Raumflugtechnik, insbesondere als Mittel zur längerfristigen Wettervorhersage, zur Globalerfassung von Rohstoffen und Nahrungsquellen sowie zur Umweltüberwachung, zur Erschließung neuer Technologien und Verfahren durch das wiederverwendbare Weltraumlabor und zur Entwicklung wettbewerbsfähiger Fernmeldesatellitensysteme.

(c) Battis (1976, 80) hat es im Hinblick auf die planende Exekutive als Aufgabe des Juristen bezeichnet, «darauf zu drängen, daß ein für die Verwaltung praktikables, für Betroffene und Beplante überschaubares und von den Gerichten überprüfbares einheitliches und systematisches Instrumentarium entsteht». Diese Aufgabe dürfte nicht erfüllbar sein, solange der Jurist Planung nur in dem Maße als nachprüfbar behandelt, wie es der rechtlichen Form entspricht, in der sie sich niederschlägt, und sie, soweit sie sich selbst nur indikativen Charakter beimißt, als faktische Datensetzung hingehen läßt. Planung kann Bestandteil von Bundes- und Landesgesetzen sein; sie kann in Verordnungen, Satzungen, Verwaltungsvorschriften oder auch nur durch Verwaltungsakte fixiert werden. Überläßt man es dem Ermessen des Planungsträgers, welche Rechtsform er für seine Planung wählt, und richtet man zugleich den Rechtsschutz an der gewählten Rechtsform aus, so kann der Planungsträger den Rechtsschutz des Bürgers entscheidend verkürzen. Unter diesem Gesichtspunkt ist etwa die Rechtsprechung des Bundesverfassungsgerichts, die Verfassungsbeschwerden gegen «interne» Verwaltungsvorschriften als unzulässig behandelt,[7] bedenklich. Hier gilt es zu einer *Kontrolle der Planungsgewalt* durchzudringen, die diese in ihrer Eigenart erfaßt. Dabei wird auch die persönliche und gegenwärtige Betroffenheit des Rechtsschutzsuchenden als Voraussetzung gerichtlicher Kontrolle in Frage zu stellen sein. Im Hinblick auf das abstrakt-generelle Gesetz kann «die Verteidigungslinie des Rechtsschutzes bedenkenlos auf die letzte Phase des staatlichen Eingriffs, auf den konkret-individuellen Vollzugsakt . . ., zurückgenommen werden. Wo aber der Einzelfall in einem Gesamtkonzept, wie es sich im Plan niederschlägt, aufgeht und der Planablauf präjudizierende Kraft entfaltet, hilft dem Bürger – um im Bild zu bleiben – nur die

7 BVerfG 1, 82, 83 f.; 2, 237, 242 f.; 12, 370; 18, 1, 13; zur Problematik vgl. Hoppe 1976, 663, 676 mit weiterführenden Nachw. zur Literatur über Planung.

Vorwärtsverteidigung» (OSSENBÜHL 1974, B 176). Mangels einer solchen Vorwärtsverteidigung nimmt die Planungskontrolle ab, «je zentraler, zukunftsgerichteter und zeitlich weitgreifender, umfassender und damit tiefgreifender die Planung ist» (HOPPE 1976, 681).

Ansätze zu einer Kontrolle der Planung zeichnen sich heute vor allem in *Anforderungen an das Planungsverfahren* ab. Bedeutsam in diesem Zusammenhang die zunehmende Konkretisierung des sog. Abwägungsgebots. HOPPE/STÜER haben am Beispiel des bahnbrechenden Meerbusch-Urteils des VerfGH Nordrhein-Westfalen (Städte- und Gemeindetag, 1975, 367) die zur Verfügung stehenden Kriterien für die Planungskontrolle zusammengestellt:

- Überprüfung, ob überhaupt eine Abwägung stattgefunden hat;
- Prüfung, ob der wesentliche Sachverhalt vollständig und umfassend ermittelt und festgestellt ist;
- Prüfung, ob die Betroffenen ausreichend angehört worden sind;
- Kontrolle der Motive des Gesetzgebers;
- Prüfung, ob Zielkonzept und konkreter Zweck des Planungsträgers eine Verbesserung gegenüber dem bisherigen Zustand intendieren;
- Prüfung der Eignung unter Berücksichtigung der Nutzen-Schaden-Bilanz, der Erforderlichkeit und Verhältnismäßigkeit.

Entscheidend hängt die *Kontrolldichte* davon ab, ob dem Planungsträger ein Planungsermessen zugesprochen wird, das nur bei evidenter Verletzung gerichtlicher Korrektur unterliegt, oder ob die Planung grundsätzlich voll nachprüfbar ist und dem Planer nur ein «benefit of doubt» zukommt, dann nämlich, wenn die Richtigkeit seiner Lösung nach umfassender Aufklärung weder bejaht noch verneint werden kann (so HOPPE 1976, 706ff., 712ff.).

In dem Maße, in dem es gelingt, die Planungsgewalt zu «juridifizieren» und Maßstäbe der Planungsrationalität, der «Planung der Planung», zu entwickeln, dürfte auch die Bereitschaft wachsen, Planungsziele zu Rechtsprechungskriterien zu erheben und dysfunktionale Entscheidungen im Zweifel zu vermeiden. Gehen von der Rechtsprechung Rückwirkungen auf globale und strukturale Planungen aus, so muß und kann ihr diese Bereitschaft zugemutet werden, wenn die demokratischen Grundlagen, die rechtsstaatlichen Grenzen und die prozessualen und sachlichen Minimalvoraussetzungen der Planung als Regelung durch Datensetzung abgeklärt sind.

Äußerste Zurückhaltung ist allerdings gegenüber «Rechtsaussagen» in Planungen der Exekutive angebracht.

Im Umweltprogramm der Bundesregierung[8] heißt es:

«Die Kosten der Umweltbelastung hat grundsätzlich der Verursacher zu tragen (Verursacherprinzip).»

«In einer marktwirtschaftlichen Ordnung sollen grundsätzlich alle Kosten den Produkten oder den Leistungen zugerechnet werden, die die einzelnen Kosten verursachen. Grundlage der Kostenzurechnung ist also das Verursacherprinzip.»

«Jeder, der die Umwelt belastet oder sie schädigt, soll für die Kosten dieser Belastung oder Schädigung aufkommen.»

---

8 Umweltschutz. Das Umweltprogramm der Bundesregierung, 1972, 29, 46f., 41.

Selbstverständlich können solche Aussagen kein für die Gerichte verbindliches Recht begründen; denn sie geben nur ein Planziel zukünftiger Rechtsetzung an. Die Gerichte dürfen sie, soweit sie nicht schon legislativ untermauert sind, aber auch nicht in den Rang von Gemeinwohlinteressen erheben (vgl. dazu unten 1.3.3); denn damit würde eine «Kurzschaltung» von Exekutive und Judikative die verfassungsmäßige Kompetenz der Legislative überspielen.

(5) Ein Fall der Einflußnahme durch Datensetzung, der eine spezifisch rechtliche Regelung erfahren hat, ist die *«Konzertierte Aktion»* nach § 3 StWG.[9] Mit Recht hat Rupp (1971, 5) darauf hingewiesen, daß die hier vorgesehene Orientierungsrunde unter Beteiligung des Bundes, der Gebietskörperschaften, der Gewerkschaften und der Unternehmensverbände die Gefahr eines Kartells der Macht begründet, in dem Oligopole und organisierte Gruppen mit dem Staat die gesellschaftspolitische Integration einüben und im Rahmen nicht faßbarer Blankettbegriffe durch parastaatliche Fixierungsverfahren ein Netz von Bindungen und Sperren erzeugt wird, das sich dem System der verfassungsrechtlichen Organisations- und Herrschaftstypik entzieht und mit dem Rechtsstaatsprinzip ebensowenig vereinbar ist wie mit dem Demokratieprinzip. Bisher hat die Konzertierte Aktion allerdings positive und negative Erwartungen nur in geringem Maße erfüllt.

(6) Auch Aussagen über die Vergangenheit können übrigens latent durchaus Regelungsfunktionen erfüllen. Vor allem entfaltet ein gesetzlicher oder politischer *Zwang zur Berichterstattung* (Jahreswirtschaftsbericht nach § 2 StWG, Agrarbericht, Sozialbericht, Raumordnungsbericht, Städtebaubericht usw.) insofern eine Vorwirkung, als Maßnahmen im Hinblick auf diese Berichterstattung eingerichtet zu werden pflegen.

(7) Daten- und Normsetzung gehen ineinander über in den *Indizes*, die viele Staaten *als Grundlage einer Inflationsanpassung* benutzen. Durch Subventionen, Höchstpreisfestsetzungen oder andere Manipulationen versuchen die Regierungen, den Index im Sinne ihrer Zielsetzungen zu steuern. Die Frage der Indexwahl macht von vornherein eine normative Entscheidung erforderlich. So ist es nicht verwunderlich, wenn Indexfestlegung und -überwachung zum Gegenstand rechtlicher und politischer Streitigkeiten wird (dazu Simitis 1976, 118ff.).

9 §§ 1–3 des Gesetzes zur Förderung der Stabilität und des Wachstums der Wirtschaft (Stabilitätsgesetz) sind abgedr. im Anhang, S. 313f. Eine Konzertierte Aktion ist jetzt durch § 405 RVO in der Fassung des «Kostendämpfungsgesetzes» v. 27. 6. 1977 auch für den Bereich der Gesundheitspolitik eingeführt worden. Dem Vorbild der Konzertierten Aktion ist nachgebildet etwa die «Sozialpolitische Gesprächsrunde» des Bundesarbeitsministers (dazu Friedel 1972, 83f.). Ansätze zur Konzertation finden sich in mannigfaltiger Hinsicht auch im Bereich der EG, so insbesondere die «Dreierkonferenzen», auf denen sich Vertreter der Kommission, der Regierungen sowie der Gewerkschaften und der Arbeitgeberverbände zur Aussprache über die Wirtschaftspolitik treffen.

In Belgien, Luxemburg und den Niederlanden gibt es Indexausschüsse mit paritätischer Besetzung durch Arbeitnehmer und Arbeitgeber, die den Index der Verbraucherpreise kontrollieren und geplante strukturelle Änderungen begutachten. In Italien überwacht eine nationale Kommission für den Lebenshaltungskostenindex, in der Arbeitgeber und Gewerkschaften vertreten sind, den für den Lohn- und Gehaltssektor maßgeblichen Index der Verbraucherpreise der Arbeiter- und Angestelltenhaushalte. In Großbritannien wird der Arbeitsminister bei seinen Entscheidungen zum Index durch das Detail Prices Index Advisory Committee beraten. Diesem gehören Arbeitgeber und Gewerkschaften an (SIMITIS 1976, 120).

1.1.3. Staatlich anerkanntes privates Recht

Unter bestimmten Voraussetzungen erkennt der Staat privat- und verbandsautonome Regelungen seiner Bürger und Entscheidungen privater Schiedsinstanzen als Recht an und erlaubt sich selbst, auch in solchen rechtlichen Formen und Verfahren mit Bürgern und Verbänden zu paktieren und zu kooperieren.

(1) Die *Rechtsetzungsbefugnis Privater* beschränkt sich typischerweise auf die Regelung individueller Rechtsverhältnisse (zur Problematik des Vertrags als Rechtsquelle vgl. etwa BROHM 1969, 129). Doch gewährt der Staat gerade im Bereich der Wirtschaft auch der privaten – abstrakt-generellen – Normsetzung weiten Spielraum. Er beschränkt nämlich die Privatautonomie nicht auf die einzelfallgerechte Koordination individueller Interessen, sondern gewährleistet grundsätzlich auch die Freiheit zur Gründung und Ausgestaltung von privaten Institutionen und damit zur Schaffung von Regelungen der sozialen Wirklichkeit, die auf Dauer entworfen sind und – wie z. B. im Falle der Satzung einer Kapitalgesellschaft – die Ordnung eines Lebensbereichs für eine Vielzahl persönlich noch unbekannter Individuen betreffen (kritisch dazu OTT 1977; REUTER 1973; mit Recht differenzierend MARTENS[10] 1976, 120, 154f.; allgemein zur Auslegung von Satzungen WIEDEMANN, DNotZ 1977).

---

10 MARTENS (1976, 120) spricht von «der instrumentellen Verfremdung des Vertrags zur Ausformung breitflächiger und personell unübersehbarer Ordnungsgebilde», die zu einem Ausfall an Verhandlungsdisposition für den Kontrahenten führe, der nur noch die Wahl habe, sich auf die fremde Ordnung einzulassen oder nicht. Doch sei die am Vertragsmodell orientierte Sicht der Privatautonomie zu eng. Diese erschöpfe sich nicht in der koordinierenden Individualregelung bestehender Interessendivergenzen; auch habe «eine vorschnelle Preisgabe privatautonomer Regelungsvorstellungen die . . . für die privaten Interessen gefährliche Konsequenz, daß man unter Verzicht auf das Willensdogma und . . . die darin dokumentierten Individualinteressen mit den Kategorien hoheitlicher Normsetzungsbefugnisse operieren muß. Der Zwang zur Legitimation aus der individualrechtlichen Verankerung der Verbände garantiert im Zweifel ein höheres Maß an Individualschutz als die Berufung auf eine in ihrem Umfang ohnehin zweifelhafte Legitimation delegatorischer Herkunft.»

Zur Strukturierung von Unternehmen mittels der Satzungsautonomie sagen Reuter und Körnig (1976, 506f.): «Diejenigen, die solche Strukturideen entwickeln und mit rechtsgeschäftlichen Mitteln ausgestalten, treten also in unmittelbare Konkurrenz zum sozialgestaltenden Gesetzgeber. Sie wollen nicht in Reaktion auf relativ kurzfristige Marktchancen Besonderheiten ihrer speziellen Interessenlage zur Geltung bringen, sondern im Prinzip unabhängig von einer wie auch immer gearteten Interessenkonstellation für den z. Z. von ihnen beherrschten Partikularbereich Sonderregeln schaffen. Wer in diesem Partikularbereich agiert, soll nicht dem staatlichen, sondern einem abweichenden besonderen ‹Gesetz› unterworfen sein. Die Kautelarjurisprudenz hat namentlich für Familienunternehmen Statuten entwickelt und durch Sanktionssysteme gegen Angriffe abgesichert, die allen Mobilitätsanforderungen des Wettbewerbsprinzips und seiner positivrechtlichen Konkretisierung (§§ 39, 137, 723, 724 BGB) zum Trotz den Vorrang von Gesichtspunkten der Familientradition vor den Geboten ökonomischer Vernunft garantieren.» Reuter und Körnig halten deshalb eine stärkere Funktionalisierung von Vereinigungsfreiheit und Satzungsautonomie im Sinne des durch staatliche Gesetze definierten Gemeinwohls für erforderlich. Tendenzen zu entsprechenden Einschränkungen der Kautelarjurisprudenz sind heute in der Ausgestaltung des Unternehmensrechts unverkennbar.

Die *Ausweitung der Privatautonomie zur Basis «privater Gesetzgebung»* hat positive und negative Aspekte:

(a) Der große Beitrag zur Regelung sozialer Probleme und Konflikte, den die Kautelarjurisprudenz auf der Basis privatautonomer Gestaltungsmöglichkeiten leistet, ist unverkennbar. Das gilt für die Kreation einzelner Rechtsinstitute (dazu mit reichem Material Reithmann 1977) wie für die Strukturierung ganzer Wirtschaftsbereiche. Die Allgemeinen Geschäftsbedingungen der Banken und der Versicherungen, die Verdingungsordnung für Bauleistungen, um nur einige Beispiele zu nennen, sind längst wesentliche Bestandteile unseres Rechts, die in juristischen Werken spezifische Kommentierungen finden, als wären es gesetzliche Normen. Nicht selten kommt es vor, daß private Institutionen Recht entwerfen, das der Staat später in die Gesetzgebung übernimmt. Gäbe es die private Rechtsetzung nicht, so müßte die Gesetzgebungskapazität des Staates in einem weder politisch noch finanziell realisierbaren Umfang erweitert werden. Strömholm (1976, 108) legt mit Recht dar, daß moderne, langfristig planende Großunternehmen einen Regelungs- und Entscheidungsbedarf entwickelt haben, der die staatlichen Möglichkeiten quantitativ und qualitativ («Vollständigkeit und Klarheit der Regeln und ihre schnelle und diskrete Anwendung») übersteigt.

Insofern ist *private Rechtsetzung als volkswirtschaftliche Dienstleistung* unverzichtbar. Das gilt nicht zuletzt für den internationalen Bereich, so beispielsweise für die Arbeiten der Internationalen Handelskammer zur Entwicklung des internationalen Kaufrechts (Trade Terms, Incoterms; zu Standardverträgen, Geschäftsbedingungen und Basisklauseln des internationalen Handels vgl. allgemein Mertens/Rehbinder, Art. 9 EKG Rn. 30ff.) oder der internationalen Schiedsgerichtsbarkeit (vgl. zuletzt die Verfahrensordnung für technische Sachverständigengutachten, dazu GLOSSNER 1977).

Stellt sich die Alternative zwischen der Lösung eines sozialen Problems durch staatliche Gesetzgebung, deren Fernwirkungen im Rahmen des Rechtssystems selten klar abschätzbar sind, einerseits und einem auf privater Regelungsinitiative beruhenden Ordnungsmodell andererseits, so werden die sozialen Kosten des letzteren vielfach selbst dann erheblich geringer sein, wenn die Rechtsetzung gewissermaßen Teil eines entgeltlichen Dienstleistungsgeschäfts ist.

Banken, Versicherungen und ähnliche Institutionen stellen nicht selten im Wege der «lückenfüllenden Konstruktion von Regelungsmustern» Recht als Dienstleistung zur Verfügung. *Beispiel:* Der Verkäufer von Eigentumswohnungen möchte den Bau mit Kaufpreiszahlungen der Käufer finanzieren, um Eigenkapitaleinsatz und Kreditkosten nach Möglichkeit gering zu halten. Der Käufer läuft das Risiko, daß er die nach Baufortschritt fälligen Kaufpreisraten zahlen muß, ohne bereits eine Sicherung seines Eigentumsverschaffungsanspruchs in den Händen zu haben. Weil die grundbuchmäßige Absicherung vor Anlegung der Wohnungsgrundbücher nicht möglich ist, steht er außerdem vor der Schwierigkeit, sich rechtzeitig zur Fälligkeit der Kaufpreisraten die entsprechenden Finanzierungsmittel zu beschaffen. Um dieses Problem zu lösen, haben Banken ein komplexes Bündel von Dienstleistungen entworfen (Verbindung des Bauträgerzwischenkredits und der Kaufpreiszwischenfinanzierung mit einer Sicherstellung des Käufers durch eine entsprechende Garantieverpflichtung seitens der Bank; vgl. auch F. BAUR 1976, 112). Natürlich verdienen die Banken an einem solchen Modell. Trotzdem kann es billiger sein als eine gesetzliche Lösung (vgl. hierzu etwa § 34c Gewerbeordnung[11] mit der Makler- und BauträgerVO [BGBl. 1975 I 1351] und die anhaltende Diskussion um eine spezifische gesetzliche Regelung des Bauträgervertrages). Rechtspolitische Untersuchungen eines Bedürfnisses nach Gesetzgebung lassen solche Möglichkeiten der Problemlösung durch private Dienstleistungsinstitutionen oft zu Unrecht außer Betracht.

Nicht nur das staatliche Rechtsetzungsdefizit, sondern auch ein staatliches Rechtsverfolgungs- und Sanktionsdefizit wird praktisch nicht selten durch private Rechtsetzung mit entsprechender Sanktionierung ausgeglichen, so z. B. im Bereich der Betriebsjustiz[12] und der Verfolgung von Ladendiebstählen.[13]

Selbst für die Rechtsprechung, hier insbesondere für die ergänzende Vertragsauslegung, leistet die Kautelarpraxis wichtige Hilfe, und zwar nicht nur insofern, als durch sie Handelsbrauch und Verkehrssitte konstituiert werden können, sondern auch insofern, als sich aus der «üblichen Praxis» Entscheidungskriterien ableiten lassen. So haben die sog. Erfahrungsgrund-

---

11 Abgedr. im Anhang, S. 318f.

12 Hierzu KAISER u. METZGER-PREGIZER (Hg.) 1976; LUHMANN 1975.

13 Vgl. hierzu die Verhandlungen des 51. Deutschen Juristentages mit Gutachten von NAUCKE und DEUTSCH und Referaten von ARZT und STOLL.

sätze der gesellschaftsrechtlichen Praxis anerkanntermaßen Bedeutung für die Rechtsprechung (WIEDEMANN, DNotZ 1977, 109 ff.).[14]

(b) Andererseits liegt auf der Hand, daß die privatautonome abstrakt-generelle Rechtsetzung ein gewichtiges und rechtlich außerordentlich bedenkliches *Potential privater Macht* darstellt.[15]

In diesem Zusammenhang hat vor allem KRONSTEIN (1967, 116 f.) auf die Benutzung des Vertrags zur internationalen Kartellbildung hingewiesen:

> «Den privaten Gesetzgebern – denn das sind die Organisatoren der Kartelle – ist es gelungen, insbesondere durch die Verwendung der Institution des Vertrages praktisch das gesamte Recht zugunsten des von ihnen selbst gesetzten Rechts auszuschalten. Sicherlich ist es eine Frage der Terminologie, ob man diesen Vorgang als private Normsetzung bezeichnen will oder nicht. Entgegen der weit verbreiteten Meinung, daß solche Bezeichnungen nur terminologische Verwirrung verursachen, glauben wir, daß sie im Gegenteil Klarheit darüber verschaffen, womit wir es hier zu tun haben: nämlich mit der Setzung von Regeln durch Privatparteien, deren Verbindlichkeit für Dritte die mancher staatlich gesetzter Regeln an Intensität und Wirkung übersteigt.»

Entsprechendes gilt vielfach für Allgemeine Geschäftsbedingungen. Sicherlich haben diese eine wichtige Rationalisierungsfunktion. Eine entsprechende Gesetzgebung, die nach Branchen differenzieren müßte, ist praktisch unvorstellbar. Doch sind sie nur allzuoft zur Entrechtung des Vertragspartners benutzt worden. Die Rechtsprechung hat dem weder mit der angemessenen Entschiedenheit noch mit der erforderlichen Breitenwirkung entgegentreten können. Daher das AGB-Gesetz.[16] Die Funktionsfähigkeit der Rechtsprechungskontrolle über Geschäftsbedingungen hat vor allem darunter gelitten, daß die gerichtliche Mißbilligung bestimmter Klauseln in dem einen oder anderen Prozeß oft an deren allgemeiner Hinnahme kaum etwas zu ändern vermochte. § 13 Abs. 2 AGB-Gesetz versucht, diesem Problem durch Zulassung einer abstrakten Unterlassungsklage seitens der Verbraucherverbände gegen die Verwendung von AGB zu begegnen.

Auch der Staat kann sich dieses Potential privater Macht zunutze machen, indem er in der Rolle des privaten Wirtschaftssubjekts auftritt und seine

---

14 Zur Kooperation von Kautelarjurisprudenz und Rechtsprechung auch H. P. WESTERMANN 1975, 387 ff.

15 Zu den Problemen der Benutzung der Vertragsfreiheit zur belastenden Einwirkung auf Dritte vgl. MARTENS 1977, 124 ff.; 156 ff.; 164 ff. Beispiel: Ausschließlichkeitsbindungen, durch die z. B. Fachhändlern der Bezug von Konkurrenzprodukten untersagt wird. MARTENS, 134: «Derartige Absprachen enthalten nur formal eine Regelung zwischen den Vertragsparteien, sind aber ihrer ganzen Intention nach nur als Rahmenregelung für alle zukünftigen Drittverträge und damit als Verhaltensmuster gegenüber Dritten verständlich.»

16 Zum AGB-Gesetz und seiner Geschichte vgl. etwa die Kommentierungen von ULMER/BRANDNER/HENSEN und LOEWE/GRAF v. WESTPHALEN/TRINKNER, beide 1977.

Nachfragemacht etwa im Rüstungs- oder im Baubereich in Regeln über Konditionen und Preisbildung verfestigt.

So begrenzen die im Verkehr zwischen der öffentlichen Hand und Bauunternehmen als «Geschäftsbedingungen des Staates» maßgeblichen «Leitsätze für die Preisermittlung aufgrund der Selbstkosten bei Bauleistungen für öffentliche Aufgaben» (LSBO) den Gewinnaufschlag auf höchstens 6,5 % der geschätzten Selbstkosten (dazu FIKENTSCHER 1971, 71).

Öffentliche Unternehmen haben in ihren AGB die Interessen ihrer «Kunden» vielfach eher noch stärker mißachtet als die private Wirtschaft.

(c) Positive und negative Aspekte der privatautonomen Rechtsetzung treten besonders scharf hervor, wenn sie die – in Ausnutzung von Privatautonomie und Vereinigungsfreiheit – als intermediäre Gewalten zwischen Staat und Bürger konstituierten *Träger organisierter Gruppeninteressen* zu ihrer Sache machen. Zwar hat der Staat die Möglichkeit, durch Einsatz seiner Gesetzgebungsmittel einer rechtlichen Verfestigung solcher Gruppeninteressen, die staatlichen Interessen entgegenstehen, Grenzen zu setzen; doch reicht sein Gesetzgebungspotential praktisch dazu offenbar nicht aus.

Auch ist ein marktwirtschaftliches System zumindest im Bereich der Arbeitsbedingungen und der Lohnfindung auf *Verbände* angewiesen, die *anstelle des Staates* und anstelle eines hier nur bedingt funktionsfähigen Marktes (dazu v. ARNIM 1977, 100 ff.) durch autonome Regelung im gleichgewichtigen Gegeneinander eines «collective bargaining» entscheidende wirtschaftspolitische Daten setzen (zu den Funktionen des Tarifvertrags im einzelnen WIEDEMANN/STUMPF 1977, Einl. Rn. 1 ff.; zu möglichen Dysfunktionen der kollektiven Selbstbestimmung v. ARNIM 1977, 102 ff.). Es sind die autonomen Koalitionspartner, die letztlich über das Verhältnis zwischen der konsumtiven und der investiven Verwendung der Unternehmenserträge und damit nicht nur über die langfristige Entwicklung des Wirtschaftssystems, sondern über seine Aufrechterhaltung befinden; denn ein marktwirtschaftliches System ist zum Scheitern verurteilt, wenn sich das zukunftsorientierte Eigenkapitalinteresse der Unternehmen gegenüber den Entnahmeansprüchen der Arbeitnehmer nicht ausreichend behaupten kann und diese ihrerseits nicht zu einer verstärkten Reinvestition von Lohnanteilen im Unternehmen bereit sind. Obwohl hier die Ausübung der Tarifautonomie langfristig über die Sicherung des Wohlstandes für zukünftige Generationen entscheidet, die sich am gegenwärtigen Lohnkampf noch nicht beteiligen können, und obwohl von ihr langfristig die Gestaltung des Wirtschaftssystems und damit des Staates überhaupt abhängt, beschränkt sich der Staat auf formale Regeln insbesondere zur Austragung von Arbeitskämpfen, die im wesentlichen von den Gerichten aufgestellt sind. Mit der Statuierung der Tarifautonomie in Art. 9 Abs. 3 nimmt das Grundgesetz hier einen möglichen Konflikt zwischen Staat und Verbänden in Kauf, den dieser zwar durch «moral suasion» und Setzung von Rahmendaten (vgl. dazu § 3 StWG) beeinflussen, aber nicht durch Einsatz seiner Gesetzgebungsgewalt im Notfall zu seinen Gunsten entscheiden kann. Ein gewisses Gleichgewicht zwischen Staat und Verbänden wird dabei allerdings durch andere politische Handlungsmöglichkeiten des Staates eröffnet: Kann den inflationären Auswirkungen der Tarifautonomie durch gesetzliche Lohnleitlinien nicht gesteuert werden, so läßt sich doch versuchen, ihnen durch eine restriktive Geldmengensteuerung seitens der Bundesbank zu begegnen (vgl. S. 258ff.). Auch kann der Staat durch seine Steuerpolitik die Reinvestierung von Lohnanteilen in Unternehmen fördern.

Intermediäre Gewalten vermögen dem Staat auch insofern Regelungs- und Sanktionsaufgaben abzunehmen, als sie ihre Mitglieder im Sinne staatlicher Ziele disziplinieren und daher manche Norm aufstellen und durchsetzen können, die sich in einer bestimmten politischen Situation durch Gesetz nicht schaffen und als Gesetz nicht durchsetzen ließe. Dabei kann es freilich auch die *dem Staat vorgreifende Selbstregulierung* sein, die dem Versuch staatlicher Gesetzgebung politisch den Wind aus den Segeln nimmt.

Vielfach ersparen auf Selbstregulierung der Wirtschaft beruhende Ordnungen gesetzliche Regeln: So wird durch eine Ordnung der in der Londoner City tätigen und mit dem Wertpapierhandel befaßten Verbände, den City-Code on Take Overs and Mergers (dazu H. P. Westermann 1976, 312), gewährleistet, daß alle Aktionäre der Zielgesellschaft eines Übernahmeangebots in gleichem Maße von diesem Angebot profitieren. Eine Kommission, die die Einhaltung des Code zu überwachen und im Streitfall zu entscheiden hat (Panel on Take Overs and Mergers), wacht über die Einhaltung des Code. In den Niederlanden existiert eine vom «Sozialwirtschaftsrat», einer aus Vertretern der Sozialpartner und unabhängigen Sachverständigen zusammengesetzten Kommission, geschaffene Verhaltensordnung für gesellschaftsrechtliche Konzentrationsmaßnahmen, die «fusiegedragsregels» (dazu H. P. Westermann 1976, 313). Diese Regeln enthalten eine spezifische Verhaltensordnung für Take Over Bids. Der Sozialwirtschaftsrat ist kein Gesetzgebungsorgan, aber er ist – so H. P. Westermann a. a. O. – «über seinen Ursprung als Beratungs- und Selbstregulierungsgremium der Wirtschaft hinausgewachsen . . ., so daß die Regierung von seinen Empfehlungen nicht abweicht und auch eine funktionierende Regelung des Rats schwerlich durch ein Gesetz mit allen ihm vorausgehenden politischen Kontroversen wird ersetzen können».

Im Bereich der deutschen Wirtschaft sind als freiwillige Selbstregulierung vor allem die auf den Empfehlungen der Börsensachverständigenkommission beruhenden Insiderhandels-Richtlinien, Händler- und Beraterregeln zu erwähnen, sowie die dazugehörige Verfahrensordnung für die auf der Grundlage dieser Regeln zu bildenden Prüfungskommissionen, die von den Spitzenverbänden der Wirtschaft in Zusammenarbeit mit der Arbeitsgemeinschaft der Deutschen Wertpapierbörsen erarbeitet worden sind (Abdruck bei Schwark 1976, Anh. II).

§ 28 GWB erlaubt die Aufstellung von Wettbewerbsregeln durch Wirtschafts- und Berufsvereinigungen;[17] bei der Kartellbehörde wird ein Register geführt, in das solche Regeln auf Antrag eingetragen werden (vgl. auch unten 1.1.4).

Staat und Verbände spielen nicht selten in der Form zusammen, daß die Ministerialbürokratie mit Regelungen «droht» oder sogar Gesetzesentwürfe

17 Abgedr. im Anhang, S. 322.

vorlegt, wodurch Verbände zu einer «freiwilligen Regelung» veranlaßt werden. Die Verbandsmitglieder können so hoffen, in der Sache wesentlich schwächeren Bindungen unterworfen zu werden als bei einer staatlichen Regelung. Andererseits könnte der Staat möglicherweise eine strengere Regelung gegen den Widerstand der Wirtschaft politisch nicht durchsetzen.

Die gesetzliche Einführung einer staatlichen Melde- und Genehmigungspflicht für Einzelvorhaben ausländischer Investoren wurde 1975 im Hinblick auf die Überfremdungsgefahr bei großen deutschen Unternehmen gefordert. Industrieverbände und Banken haben daraufhin dem Bundeswirtschaftsministerium angeboten, es über ihnen bekannt werdende politisch gravierende Beteiligungsverkäufe zu informieren. Diese «Selbstbindung» gestattete es dem Gesetzgeber, von einer Regelung Abstand zu nehmen (TIETMEYER 1976, 188).

Anfang der 60er Jahre drohte das Heizöl die Kohle so zurückzudrängen, daß die Anpassungsbestrebungen des Steinkohlebergbaus gefährdet schienen. Auf die Drohung der Bundesregierung mit gesetzlichen Importbeschränkungen fanden sich die Unternehmen der Mineralölindustrie zu einer freiwilligen Beschränkung der Angebotsmenge bereit. Die Bundesregierung sagte andererseits Maßnahmen gegen Außenseiter zu (vgl. BIEDENKOPF 1966, 1113).

Das im Entwurf eines Gesetzes zur Gesamtreform des Lebensmittelrechts vorgesehene Verbot der Zigarettenwerbung wurde zunächst nicht Gesetz (vgl. jetzt allerdings § 22 des Gesetzes zur Gesamtreform des Lebensmittelrechts vom 15. 8. 1974, BGBl. I 1945), weil die Zigarettenindustrie durch die Vereinbarung über eine Beschränkung der Fernsehwerbung vom 23. 6. 1971 eine freiwillige Selbstbindung einging.

Als weitere Selbstbindungen sind zu nennen die Expansionsbeschränkung der Warenhäuser in Orten unter 200000 Einwohner Anfang 1965 – Ende 1967 (vgl. BT-Ds V/530, S. 3; MinBl. BMWi 1965, 150) und die Selbstbeschränkung, die sich die pharmazeutische Industrie im Wege der Wettbewerbsregeln ihres Bundesverbandes vom 15. 8. 1973 (BAnz. Nr. 965 vom 4. 9. 1973) für ihre Werbung auferlegt hat.

Es ist nicht untypisch, daß das Zusammenspiel von Staat und Verbänden durch die *«Zwischenschaltung» von Sachverständigenkommissionen,* in denen der Staat und die Beteiligten vertreten sind, «verfeinert» wird.

Im Dezember 1967 veröffentlichte das BMWi den «Entwurf eines Gesetzes über Maßnahmen auf dem Gebiet des Börsenwesens, der für börsennotierte Gesellschaften eine Pflicht zur Veröffentlichung von Zwischenberichten vorsah. Dieser Entwurf, der auf heftige Kritik der Wirtschaft stieß, führte zur Einsetzung der Börsensachverständigenkommission, in die Repräsentanten der Bundesbank, der privaten und öffentlichen Banken, der Börse, der Industrie, der Kleinaktionäre und der Wissenschaft berufen wurden. Auf Grund ihrer Empfehlungen arbeitete die Arbeitsgemeinschaft der Deutschen Wertpapierbörsen Richtlinien zur Beurteilung von Zwischenberichten aus, die Mindestanforderungen an Häufigkeit, Aktualität, Form und Inhalt enthalten. Diese Regeln wurden am 1. 4. 1971 in Kraft gesetzt. Die Gesellschaften, deren Zwischenberichtspublizität diesen Erfordernissen entspricht, werden in den amtlichen Kursblättern besonders gekennzeichnet (vgl. im einzelnen W. MÜLLER 1976, 17ff.).

Verbände können schließlich auch der *richterrechtlichen Rechtsetzung* förderlich sein, indem sie mit entsprechenden Musterprozessen auf die

Klärung offener Fragen dringen und so gewährleisten, daß die Rechtsprechung nicht auf zufällig an sie herangetragene Fälle warten muß.

Im Hinblick auf noch offene Probleme der Auslegung des Diskriminierungsverbots in § 26 Abs. 2 GWB forderte nach einer Pressemeldung in *Blick durch die Wirtschaft* Nr. 90 vom 20. 4. 1977 über den Wettbewerbskongreß in München der Präsident des Bundeskartellamts KARTTE, «der vor einer Überbeanspruchung des Gesetzgebers warnte (‹die Kurzatmigkeit der Gesetzgebung ist schrecklich›), die Verbände auf, endlich einige wichtige Fälle vor die Gerichte zu bringen und Musterprozesse zu führen. Die beiden Urteile des Bundesgerichtshofs (Rossignol [GRUR 1976, 206] und Asbach [WuW 1976, 777]) seien nur Einzelfälle; der Bundesgerichtshof habe noch keine allgemeine Leitlinie erlassen. KARTTE ließ wenig Zweifel, daß sich das Bundeskartellamt auch nach der Veröffentlichung seiner Leitlinien zum Diskriminierungsverbot in der Interessenabwägung noch immer schwertue.» – Das Kartellamt nimmt hier also auf die Verbände Einfluß, um sich mit ihrer Hilfe vom Richter Entscheidungskriterien zu beschaffen.

(2) Grundsätzlich «gelten» *private Normen* nur *kraft rechtsgeschäftlicher Inbezugnahme* (WOLF 1973, 229), so z. B. die Allgemeinen Geschäftsbedingungen und die Allgemeinen Arbeitsbedingungen oder die Insiderhandels-Richtlinien. Doch gehen solche Normen mit der rechtsgeschäftlichen Inbezugnahme inhaltlich nicht im Rechtsgeschäft auf (MEYER-CORDING 1971). Vielmehr bleiben sie unter Gesichtspunkten der Auslegungsmethodik und der Inhaltskontrolltechnik Teil einer allgemeinen Ordnung.[18]

(3) *Private Normsetzung* kann vom Staat nicht nur gehegt und gefördert werden (dazu im Hinblick auf die Wettbewerbsregeln unten 1.1.4), sie kann auch kraft *einer spezifischen staatlichen Autonomieermächtigung* vor sich gehen und damit unmittelbar Geltung für die Normadressaten erlangen. So können die tariffähigen Vertragsparteien – insbesondere Gewerkschaften und Arbeitgeberverbände – in Tarifverträgen[19] und die Betriebspartner in Betriebsvereinbarungen (dazu ZÖLLNER, Arbeitsrecht, 1977, 324 ff.) Normen mit unmittelbarer Wirkung auf die Einzelarbeitsverhältnisse setzen.

Nach BAG AP BAT § 4 Nr. 1 und 2 handelt es sich um die gesetzliche Schriftform des § 126 BGB, nicht um die gewillkürte nach § 127 BGB, wenn ein Tarifvertrag Schriftform des Arbeitsvertrags vorschreibt. (Zum Problem einer Bindung der Rechtsprechung an tarifautonome Rechtsetzungen vgl. REUSS 1976; zum Verhältnis tarifvertraglicher und innerbetrieblicher Normsetzung KONZEN 1977.)

Durchweg wird der Gesetzgeber den Bereich einer staatlichen Autono-

---

18 Die Bezugnahme dürfte daher eher als eine kollisionsrechtliche Verweisungserklärung auf einen außerhalb des Vertrags bleibenden Normenkomplex zu deuten sein; so SÄCKER 1972, 493 ff. für die Allgemeinen Arbeitsbedingungen. Bezeichnend auch die Zulassung der abstrakten Unterlassungsklage gegen die Verwendung unzulässiger AGB nach § 13 AGB-Gesetz.

19 Vgl. §§ 1–5 TVG, abgedr. im Anhang, S. 322 ff. Neueste Kommentierung des TVG bei WIEDEMANN/STUMPF 1977. Zur Einführung in das Recht des Tarifvertrages ZÖLLNER, Arbeitsrecht, 1977, 219 ff.

miegewährung möglichst genau zu umreißen versuchen. Trotzdem ist die Gefahr gegeben, daß dieser Bereich von den Beteiligten durch informelle oder jedenfalls nicht zur Nachprüfung der staatlichen Gerichtsbarkeit gestellte «Regelungsabreden» weit überschritten wird.

Insbesondere liegen hier Koppelungsgeschäfte nahe: Der Betriebsrat erklärt etwa seine nach § 87 Abs. 1 Nr. 3 BetrVG erforderliche Zustimmung zu Sonderschichten nur unter der Voraussetzung, daß ein Einstellungsstopp aufgehoben wird oder neue Arbeitnehmer eingestellt werden. Gewerkschaften nehmen Veränderungen in der Montanindustrie nur hin, wenn trotz des dadurch eintretenden Wegfalls der Voraussetzungen für die Anwendung des Montanmitbestimmungsgesetzes eine entsprechende Mitbestimmung erhalten bleibt.[20]

(4) Die Schwierigkeiten einer scharfen Abgrenzung von Normierung und Datensetzung[21] zeigen sich auch in der Praxis privater Institutionen der wirtschaftlichen Selbstverwaltung. Manche privaten Einrichtungen setzen mit ausdrücklicher oder stillschweigender staatlicher Anerkennung *Standards*, die formal nur *Erkenntnisquelle für ordnungsmäßiges Verhalten* sind, praktisch aber weitreichende *Regelungsfunktionen* haben, so z. B. technische Normen.

Das DIN Deutsches Institut für Normung e. V. ist als privatrechtliche Selbstverwaltungsinstitution der deutschen Wirtschaft Träger des nationalen Normenwesens und Mitglied in den Organisationen für die internationale Normungsarbeit. DIN-Normen sind rechtlich zwar nur Empfehlungen im Sinne von § 676 BGB, praktisch aber durchdringen und formen sie als technische Normen eine Vielzahl von Lebensbereichen und dürften in ihrer Auswirkung nicht nur auf Produktions- und Sicherheitstechnik, sondern auch auf Gesundheitsschutz, Umweltschutz und Verbraucherschutz kaum weniger bedeutsam sein als alle diesbezüglichen staatlichen Gesetze.

Das DIN stimmt seine Normgebung international ab, es ist Mitglied der ISO (International Organisation for Standardisation).

Kraft des Vertrages mit der Bundesrepublik vom 5. 6. 1975[22] ist das DIN als maßgebliche Normungsorganisation anerkannt.

Wer sich über die Normen des DIN im einzelnen informieren will, steht allerdings vor der seltsamen Notwendigkeit, sie sich bei einem privaten Verlag (Beuth-Verlag-GmbH) zu beschaffen, dem der «Alleinverkauf» eingeräumt ist. Der Nachdruck der Normen ist – auch auszugsweise – nach einer Randbemerkung zum Text der einzelnen Normen nur mit Genehmigung des DIN gestattet!

---

20 Vgl. das sog. Lüdenscheider Abkommen und die Mitbestimmungsabkommen für die Ruhrkohlen-Einheitsgesellschaft (Nachw. bei Mertens in Kölner Komm. z. AktG, § 96 Anm. 30). Nach Hensche (1976, 453) amtierten 1975 mehr als die Hälfte aller Arbeitnehmervertreter in Leitungs- und Kontrollorganen auf Unternehmensebene nicht mehr auf Grund der Mitbestimmungsgesetze, sondern auf Grund derartiger Vereinbarungen.

21 Oben unter (3).

22 Der Wortlaut dieses in vielfacher Hinsicht bemerkenswerten Vertrages ist (ohne Anlagen und Erläuterungen) im Anhang, S. 324ff. wiedergegeben.

Technische Normen gehören zu den wichtigsten nichttarifären Handelshemmnissen (dazu Gröner 1977, 316 und unten IV. 4.1.3 (1)) überhaupt. Selbst innerhalb des Bereichs der EG begründen sie eine Vielzahl von Importrestriktionen.

Das Institut der Wirtschaftsprüfer in Deutschland e. V. kodifiziert als berufsständische Institution durch Fachgutachten und Stellungnahmen die Berufsauffassung der Wirtschaftsprüfer in Prüfungs- und Bilanzierungsfragen und hat damit entscheidenden Einfluß auf die Konkretisierung der Rechnungslegung.

Der Zentralausschuß der Werbewirtschaft e. V. (ZAW), ein freiwilliger Zusammenschluß aller an der Werbung beteiligten Wirtschaftskreise mit dem aus zehn Mitgliedern des ZAW-Präsidiums bestehenden «Deutschen Werberat» und einer besonderen Schiedsstelle für Werberechtsangelegenheiten, will durch Erziehung und Aufklärung auf eine in Form und Inhalt einwandfreie Werbung hinwirken. Dazu Baumbach/Hefermehl 1974, Einl. UWG Rn. 31: «Die Verlautbarungen des ZAW, die empfehlenden Charakter haben, sind auch für die Gerichte von großer Bedeutung; es wäre grundfalsch, wenn die Gerichte sie mit leichter Hand beiseite schöben, weil sie keine bindende Kraft haben. Sie sind wertvoll für die Beurteilung dessen, was anständige Berufskreise für lauter im Wettbewerb halten. Es gilt hier ganz besonders . . ., daß wettbewerbswidrig handelt, wer sich über die Auffassung seiner verständigen und anständigen Berufsgenossen zur Förderung eigenen Wettbewerbs hinwegsetzt.»

Vielfach werden für die Gesetzgebung oder die Rechtsprechung relevante Regeln daraus gewonnen, daß die Wissenschaft unter Verarbeitung der Praxis bestimmte Wohlverhaltenspostulate aufstellt; so im Bereich der Wirtschaftswissenschaften die Regeln ordnungsmäßiger Buchführung (dazu etwa Moxter 1974) oder die Grundsätze ordnungsmäßiger Unternehmensbewertung (dazu Moxter 1976). Medizinisch-ethische Regeln über die Forschung am Menschen sind bereichsweise in §§ 40, 41 des Gesetzes zur Neuordnung des Arzneimittelrechts (Arzneimittelgesetz) von 1976 zu staatlichem Recht erhoben worden.

1.1.4. Gemengelagen zwischen staatlicher und privater Rechtsetzung

(1) Zwischen selbstgeschaffenem Recht der Wirtschaft und staatlich gesetztem Recht kommt es nicht selten zu eigenartigen Gemengelagen auf Grund der *Mitwirkung «Privater» an staatlicher Rechtsetzung* und der *Mitwirkung des Staates an privater Rechtsetzung.*[23]

Das Bundeswirtschaftsministerium formuliert ein «Sündenregister» nicht leistungswettbewerbskonformer Handelspraktiken (WRP 1975, 24). Die Spitzenorganisationen des Handels und eine Reihe weiterer Verbände der gewerblichen Wirtschaft geben in Anlehnung an dieses Sündenregister eine «Gemeinsame Erklärung

23 Nicht näher zu behandeln ist hier das Thema: Öffentliche Verwaltung durch Private (vgl. dazu das gleichnamige Buch von Steiner 1975 mit Bespr. durch Gallwas NJW 1977, 944).

zur Sicherung des Leistungswettbewerbs» ab (WRP 1975, 594; vgl. auch MEIER 1977, 720), die ohne Anspruch einer rechtlichen Wertung Tatbestände aufzählt, deren Verwirklichung dem Leistungswettbewerb widerspreche. Der Markenverband «erläßt» darauf beruhende Wettbewerbsregeln, die beim Bundeskartellamt registriert werden. Die Gerichte scheinen bereit, diesen Regeln bei der Auslegung von § 1 UWG Rechnung zu tragen (BGH BB 1977, 158 «Schaufensteraktion»; BGH BB 1977, 262 «Eintrittsgeld»). Beim Bundeswirtschaftsministerium wird ein Arbeitskreis «Sicherung des Leistungswettbewerbs» gebildet. Andere Kreise der gewerblichen Wirtschaft verdächtigen den Markenverband und die Hauptgemeinschaft des deutschen Einzelhandels, die sich an der Sicherung des Leistungswettbewerbs besonders interessiert zeigen (die Delegiertenversammlung der Hauptgemeinschaft forderte 1976 eine Neufassung des § 1 UWG, wonach vorsätzliche Verstöße gegen diese Vorschrift oder gegen Wettbewerbsregeln als Ordnungswidrigkeiten geahndet werden sollten), unter dem Stichwort «Leistungswettbewerb» mehr oder weniger partikulare Interessen durchsetzen zu wollen (MEIER 1977, 723). Der Präsident des Bundeskartellamts gibt wiederum dem Markenverband Schützenhilfe und ermahnt anläßlich der Mitgliederversammlung dieses Verbandes die Wirtschaft «erneut, ihre in der ‹Gemeinsamen Erklärung zur Sicherung des Leistungswettbewerbs› eingegangenen Verpflichtungen konsequent einzuhalten» (Handelsblatt v. 3. 6. 1977, 2). Zur Problematik, daß eine Rechtsprechung, die über § 1 UWG Wettbewerbsregeln für die Außenseiter postuliert, die Außenseiterbelange nicht hinreichend gewährleisten kann, vgl. J. F. BAUR 1977, insbesondere 306 ff.

Der Staat kann im Einvernehmen mit einem aus Vertretern der Spitzenorganisationen der Arbeitgeber und der Arbeitnehmer paritätisch besetzten Ausschuß Tarifverträge für allgemein verbindlich erklären (vgl. § 5 TVG, abgedr. im Anhang, S. 323; ZÖLLNER, Arbeitsrecht, 1977, 248) und damit ihre Geltung auf Außenseiter erstrecken. Auch bei den Wettbewerbsregeln ist eine Bindung von Außenseitern mit Hilfe einer gesetzlich vorzusehenden Allgemeinverbindlichkeitserklärung ins Gespräch gebracht worden (kritisch m. w. Nachw. MEIER a. a. O.; vgl. auch J. F. BAUR 1977, 302).

Allgemeine Geschäftsbedingungen von Bausparkassen, von Kapitalanlagegesellschaften und durchweg auch die Allgemeinen Versicherungsbedingungen bedürfen einer staatlichen Genehmigung; ihre Geltung ist dafür unabhängig von einer vertraglichen Inbezugnahme nach § 2 AGB-Gesetz (vgl. § 23 Abs. 3 AGB-Gesetz).

Das Bundesverkehrsministerium setzt als Preisgenehmigungsbehörde nach § 21 Abs. 1 Satz 1 LuftVG die tarifpolitischen Regeln der IATA, des Internationalen Luftverkehrsverbands, durch – eines Kartells der Fluggesellschaften mit Sitz in Genf, das von der Schweiz auf Grund einer Wegzugsdrohung als intergouvernementale Organisation anerkannt worden ist, damit die Funktionäre wie Beamte einer internationalen Behörde steuerlich privilegiert werden können. Der Kampf gegen die Weichwährungstickets liegt nicht zuletzt im Interesse der Deutschen Lufthansa AG, die vom Bund beherrscht wird. (Zur Problematik CHUANG 1972, 94; SCHONER 1976, 190: «. . . Frage, . . . wieweit die nationalen Luftfahrtbehörden sich zu Helfern eines internationalen Kartells machen.»)

Das Zusammenspiel zwischen den Satzungen der Technischen Überwachungsvereine, die auf der von der Vereinigung der TÜV erarbeiteten Mustersatzung beruhen, und den von den Bundesländern auf Grund der §§ 24 ff. GewO erlassenen Organisationsverordnungen und dem KraftfahrzeugsachverständigenG gewährleistet den Öffentlichkeitsbezug der «staatsentlastenden» Tätigkeit dieser privatrechtlichen Organisationen (Näheres bei HERSCHEL 1972; GÖTZ/LUKES 1975).

Wie gewisse Begriffe in dem Vertrag zwischen der Bundesrepublik Deutschland und dem DIN Deutsches Institut für Normung e. V. zu interpretieren sind, wird in § 10 des Vertrags (vgl. Anhang, S. 326) durch Verweisung auf DIN-Normen festgelegt. – Bei DIN-Normen, die häufig in die staatliche Gesetzgebung eingehen,[24] ergeben sich besondere Auslegungsprobleme dadurch,

– daß sie auf andere Zwecke bezogen sein können als diejenigen, zu denen sie der Gesetzgeber verwendet;

– daß sich für die historische Gesetzesauslegung die Frage stellt, ob sie die Äußerungen der Vertreter der interessierten Wirtschaftskreise, die an der Aufstellung einer DIN-Norm beteiligt waren, berücksichtigen darf;

– daß DIN-Normen, die der Gesetzgeber in Bezug nimmt, sehr häufig auf andere DIN-Normen verweisen; hier fragt sich, ob auch diese mit in Bezug genommen worden sind.

Eine klare Grenze dürfte hier allerdings insofern gezogen werden können, als eine nicht als Anlage zum Gesetz veröffentlichte DIN-Norm irrelevant zu bleiben hat (Art. 82 GG).

Beispiel: Die Zentrale zur Bekämpfung unlauteren Wettbewerbs e. V. – eine gemeinnützige Organisation, deren Mitglieder Organisationen der gewerblichen Wirtschaft sowie Firmen und Einzelpersonen sind – hat sich nach ihrer Satzung zum Ziel gesetzt, «durch Beteiligung an der Rechtsforschung sowie durch Aufklärung und Belehrung zur Förderung des lauteren Geschäftsverkehrs beizutragen und unzulässigen Wettbewerb zu bekämpfen. Die Zentrale behauptet auf Grund eines Benzintests, daß eine Kette freier Tankstellen minderwertiges Superbenzin liefere. Sie wird von deren Inhaber auf Unterlassung und Schadensersatz verklagt. Dieser beruft sich auf eine Auslegung der für Superqualität maßgeblichen DIN-Norm, die von derjenigen anderer Mineralölfirmen – selbst Mitgliedern der Zentrale – abweicht. Nach dieser Auslegung, die nach Meinung einiger der an der Aufstellung der DIN-Norm beteiligten Sachverständigen aus den Kreisen der Mineralölindustrie nicht haltbar erscheint, liegt sein Benzin noch innerhalb der Toleranzgrenze. Außerdem macht er geltend, die Tester hätten das Benzin einfach wie gewöhnliche Autofahrer mit der Zapfpistole in einen Tank gefüllt, die DIN-Norm nehme aber eine – nicht öffentlich bekanntgemachte – DIN-Prüfnorm in Bezug, die ein – überaus kompliziertes und praktisch für einen Tester an der Tankstelle nicht durchführbares – Probeentnahmeverfahren vorsieht. Gerichte sind dieser Argumentation gefolgt (vgl. dazu MERTENS 1978 FN 74), ohne die mangelnde Veröffentlichung der Norm als Gesetz zu berücksichtigen.

---

24 Vgl. z. B. § 1 der Benzinqualitätsabgabeverordnung vom 16. 1. 1976, BGBl. I 1976, 135: «Wer im geschäftlichen Verkehr Ottokraftstoffe an den Verbraucher veräußert, hat die mindestens gewährleisteten Qualitäten an den Zapfsäulen oder sonst an der Tankstelle in folgender Weise deutlich sichtbar kenntlich zu machen:

1. Mit ‹Super› oder ‹Super-Benzin› werden Ottokraftstoffe gekennzeichnet, die den für Super-Ottokraftstoff in DIN 51600 Ausgabe Januar 1976 (Anlage 1) aufgestellten Mindestanforderungen hinsichtlich Klopffestigkeit, Dichte, Siedeverlauf und Siedeendpunkt entsprechen.

2. Mit ‹Normale› und ‹Normal-Benzin› werden Ottokraftstoffe gekennzeichnet, die den für Normal-Ottokraftstoff in DIN 51600 Ausgabe Januar 1976 (Anlage 1) aufgestellten Mindestanforderungen hinsichtlich Klopffestigkeit, Dichte, Siedeverlauf und Siedeendpunkt entsprechen.»

Inzwischen hat das DIN die entsprechende Prüfnorm DIN 51750 ausdrücklich für Probenahmen aus der Zapfeinrichtung ergänzt.[25]

(2) Gewisse *Formen kooperativer Rechtsetzung* lassen sich nur schwer in die offizielle Doktrin der Rechtserzeugungsverfahren und in die üblichen juristischen Formtypen einordnen. Häufig ist als Basis mehr oder minder informeller Rechtsetzung das kooperative Zusammenwirken staatlicher Aufsichtsbehörden mit dem beaufsichtigten Unternehmen und deren Verbänden von besonderer Bedeutung.

So hat sich im Zusammenspiel zwischen der Versicherungsaufsicht und Versicherungsunternehmen die sog. geschäftsplanmäßige Erklärung herausgebildet (dazu ANDRÉ 1969, CUNTZE 1965). Die Aufsichtsbehörde verfügt nicht von sich aus, wie sich die Versicherungsunternehmen in einer bestimmten Frage zu verhalten haben, sondern *regt* die Abgabe einer entsprechenden Erklärung *an, bittet um* sie, *teilt mit,* daß sie eine solche Erklärung *erwartet,* stellt sogar im Benehmen mit den Verbänden Mustererklärungen auf und nimmt solche Erklärungen genehmigend zur Kenntnis. Zweck dieser Erklärungen ist es, die Unternehmen ebenso an sie zu binden wie an den von der Versicherungsaufsicht zu genehmigenden Geschäftsplan. Doch regeln viele dieser Erklärungen Fragen, die nicht im Zusammenhang mit dem Geschäftsplan stehen. Sie bezeichnet ANDRÉ (74ff., 144) als unechte geschäftsplanmäßige Erklärungen, die bloße Arrangements, juristisch nicht faßbare Abreden seien. Im Hinblick auf eine dem Versicherten günstige Drittwirkung durch Selbstbindung der Versicherung erscheint dies jedoch nicht unproblematisch.

Der kooperative Stil hat für die Aufsichtsbehörden den Vorzug, daß sie die Grenzen ihrer rechtlichen Zuständigkeiten und Eingriffsmöglichkeiten nicht klar zu definieren und einzuhalten brauchen.

Es gibt eine Vielzahl geschäftsplanmäßiger Erklärungen, deren Gegenstand nicht mehr in den Bereich der dem Versicherungsaufsichtsamt obliegenden polizeilichen Überwachung der Versicherungen fällt, z. B. die meisten der sog. haftungserweiternden Erklärungen (Näheres bei ANDRE, 36ff. und passim).

Die beaufsichtigten Unternehmen haben ihrerseits den Vorteil eines relativ «weichen» Verfahrens mit erheblichen Chancen, ihre Interessen bei der Aufsichtsbehörde zur Geltung zu bringen.

Auch den Versicherungsnehmern kann mit geschäftsplanmäßigen Erklärungen gedient sein, wenn man davon ausgeht, daß sie eine Selbstbindung des Versicherungsunternehmens vermitteln, die jedenfalls auf Grund des Gesichtspunkts der Gleichbehandlung der Versicherungsnehmer allen zugute kommt. Andererseits sind ihnen geschäftsplanmäßige Erklärungen nicht ohne weiteres zugänglich. Änderungen des Gesetzes und der Allgemeinen Versicherungsbedingungen zugunsten der Versicherten, die diesen klare Rechtsansprüche verschaffen könnten, drohen zu unterbleiben, weil sich die Beteiligten mit dem Verfahren der geschäftsplanmäßigen Erklärung zufriedengeben.

---

25 Neufassung der DIN 51750 vom März 1977. Die Norm umfaßt mit Erläuterungen 11 DIN-A4-Seiten. Dies nur als Hinweis darauf, daß die DIN-Normenwelt in ihrer Komplexität das staatliche Gesetzgebungswesen weit in den Schatten stellt. Die Zahl der DIN-Normen geht auf die 20000 zu.

Daß maßgebliche Handlungsorientierungen durch Zusammenarbeit von Aufsichtsbehörde und beaufsichtigten Unternehmen im Wege des Gentlemen's Agreement oder der abgestimmten Empfehlung festgelegt werden, ist ein weltweit anzutreffendes Phänomen. Es charakterisiert die Zusammenarbeit der Schweizerischen Nationalbank mit den Kreditinstituten[26] ebenso wie z. B. die Empfehlungspraxis der amerikanischen Agencies, vor allem der SEC (dazu HOPT, ZHR 1976, 206; MERTENS, DJT 1977, P 41 f.), oder die Arbeitsweise der belgischen Bankenkommission (dazu DABIN 1977).

Hierzu sagt deren Bericht 1955–1956 (23 f., vgl. DABIN, 270): «L'action de l'organe de contrôle repose en ordre principal sur son pouvoir de suggérer et de recommander, exercé par les réviseurs et par elle-même à côté de ces derniers ou derrière eux.» Die belgische Bankenkommission hat – wie DABIN darlegt – die Entwicklung des belgischen Konzern- und Gesellschaftsrechts im Sinne des Anlegerschutzes tiefgreifend beeinflußt, ohne dazu rechtliche Sanktionen zu benötigen. Schon die ihr zustehende Möglichkeit, eine Entscheidung öffentlich zu verlautbaren, von der bisher übrigens noch nicht Gebrauch gemacht worden ist, hat genügt, um die von der Bankenkommission beaufsichtigten Unternehmen zur Befolgung ihrer Empfehlungen zu veranlassen.

Auch die Entwicklung des Kartellrechts, namentlich der Fusionskontrolle, ist durch das Vordringen norm- und verwaltungsaktersetzender Zusammenarbeit von Kartellbehörden und Unternehmen gekennzeichnet.

Zur Nichtuntersagung von Zusammenschlüssen auf Grund von Entflechtungszusagen vgl. etwa K. SCHMIDT, BB 1977, 777 ff.; zur US-amerikanischen Praxis der «consent decrees» OEHLER 1976, 29 ff.

1.2. *Recht und Rechtsnormen*

1.2.1. Einführende Beispiele

(1) Der Arbeitskampf in der Metallindustrie begann 1971 im Tarifgebiet Nordwürttemberg/Nordbaden mit einem auf ausgewählte Großbetriebe beschränkten Streik. Dem folgte eine Aussperrung der Arbeitnehmer durch die Arbeitgeber, die alle Mitgliedsbetriebe des Arbeitgeberverbandes mit mehr als 100 Beschäftigten umfaßte. Darauf mußten Betriebe außerhalb des Tarifgebietes wegen Lieferungs- oder Zulieferungsschwierigkeiten zu Kurzarbeit übergehen oder den Betrieb einstweilen einstel-

---

26 Dazu TUCHTFELDT 1968; bemerkenswert der am 1. 7. 1977 in Kraft getretene – über die übliche Form des Gentlemen's Agreement hinausgehende – Vertrag zwischen der Schweizerischen Nationalbank und den in der Schweiz domizilierenden Banken sowie der Schweizerischen Bankiervereinigung über die Sorgfaltspflicht bei der Entgegennahme von Geldern und über die Handhabung des Bankgeheimnisses mit Schiedsgerichtsabrede, Konventionalstrafe und Kündigungsfrist. Diese Vereinbarung (eine entsprechende existiert in Liechtenstein) ist als Reaktion auf den Chiasso-Skandal bei der Schweizerischen Kreditanstalt zustande gekommen. Ihr Wortlaut im Anhang, S. 327 ff.

len. Für das Durchhaltevermögen der IG Metall konnte von entscheidender Bedeutung sein, ob die mittelbar betroffenen Arbeitnehmer außerhalb des Tarifgebiets Arbeitslosenunterstützung beziehen würden, eine Frage, die allgemein für die Durchführung von Arbeitskämpfen, insbesondere auch für die Schlagkraft einer Aussperrung großes praktisches Gewicht hat. Der – drittelparitätisch aus Vertretern der Arbeitgeber, der Arbeitnehmer und der öffentlichen Körperschaften (§ 192 AFG) zusammengesetzte – Verwaltungsrat der Bundesanstalt für Arbeit beschloß am 2. 12. 1971 unter Berufung auf § 116 Abs. 4 AFG,[27] daß entgegen einer Anordnung des Präsidenten der Bundesanstalt für Arbeit Leistungen aus der Arbeitslosenversicherung an mittelbar von einem Arbeitskampf betroffene Arbeitnehmer außerhalb des umkämpften Tarifgebiets zu erbringen sind. Der betroffene Arbeitgeberverband erhebt Klage mit dem Antrag festzustellen, daß der Beschluß des Verwaltungsrates wegen Verstoßes gegen die Neutralitätspflicht der Bundesanstalt (hierzu Kreuzer 1975) rechtswidrig sei (vgl. BSG NJW 1976, 689).

(2) Durch Änderungsgesetz vom 27. 4. 1967 – sog. lex Rheinstahl (BGBl. I 505) – wurde § 16 MitbestErgG geändert. Nach dieser Vorschrift wurden Unternehmen aus der paritätischen Mitbestimmung nach dem MitbestErgG entlassen, wenn deren Voraussetzungen zwei Jahre lang nicht mehr gegeben waren. Nach § 3 MitbestErgG hing die Mitbestimmungspflichtigkeit eines herrschenden Unternehmens davon ab, daß die von ihm beherrschten, nach dem MontanmitbestG mitbestimmungspflichtigen Unternehmen mehr als die Hälfte der Konzernumsätze erzielten. Die lex Rheinstahl ordnete an, daß eine Entlassung aus der Mitbestimmung erst in Betracht kommen sollte, wenn diese Voraussetzung 5 Jahre lang unerfüllt geblieben sei. Dieses Gesetz wurde nur deshalb erlassen, um die Rheinischen Stahlwerke AG, bei der sich als Folge der Eingliederung der Henschel-Unternehmen in den Rheinstahl-Konzern das Verhältnis der Umsätze der nichtmitbestimmten Konzernunternehmen zu denen der mitbestimmten Konzernunternehmen entscheidend geändert hatte, nicht schon im Geschäftsjahr 1967 aus dem Geltungsbereich des MitbestErgG zu entlassen. Auf Vorlagebeschluß des LG Dortmund, das diese Regelung für verfassungswidrig hielt, hatte das Bundesverfassungsgericht über die Verfassungsmäßigkeit dieses Gesetzes zu entscheiden (BVerfGE 25, 371).

(3) Um eine weitgehende Rechtsunsicherheit zu beheben, hat BAG 13, 129, 135 f. in einer ausdrücklich als solcher gekennzeichneten «Richtlinienentscheidung» generell festgelegt, unter welchen Voraussetzungen und in welchem Umfang Weihnachtsgratifikationen mit Rückzahlungsklauseln verbunden werden können. Es hat sich dabei nicht auf eine Entscheidung der bei ihm anhängigen Streitfälle beschränkt. Den Einwendungen gegen den Gesetzgebungsanspruch des Urteils hält die Bundesarbeitsrichterin Hilger (1973, 120 ff.) entgegen, daß Richterrecht bei Massentatbeständen über den Streit der jeweiligen Prozeßpartei hinaus für Rechtssicherheit zu sorgen habe. «Der praktische Erfolg, nämlich der Rechtsfriede in diesem Bereich, hat jedenfalls die Rechtsprechung zu den Rückzahlungsklauseln bestätigt.»

(4) Beschluß des Zentralbankrats zur Geldmenge vom 18. Dezember 1975 (Bundesanzeiger Nr. 237, S. 8):

«Die Deutsche Bundesbank wird die Geldpolitik 1976 so führen, daß von der monetären Seite her die Voraussetzungen für eine Fortführung des sich abzeichnenden Konjunkturanstieges gegeben sind, gleichzeitig aber auch weitere Fortschritte in der Eindämmung des Preisanstiegs erzielt werden können. Aus heutiger Sicht erscheint mit dieser Zielsetzung eine Zunahme der Zentralbankgeldmenge im Durch-

---

27 Wortlaut des § 116 AFG im Anhang, S. 324.

schnitt des Jahres 1976 gegenüber dem Durchschnitt des Jahres 1975 um 8 % vereinbar. Da die Zentralbankgeldmenge um die Jahreswende 1975/1976 und voraussichtlich auch in den ersten Monaten von 1976 überdurchschnittlich wachsen wird, muß ihre Zunahme im Laufe des Jahres 1976 schwächer werden, damit das gesetzte Ziel eingehalten werden kann.

Die Bundesbank verbindet mit der Bekanntgabe dieses Geldmengenziels die Hoffnung, daß die Beteiligten am Wirtschaftsprozeß, insbesondere Unternehmer und Gewerkschaften, bemüht sein werden, diesen monetären Rahmen möglichst im Sinne einer Ausweitung der Produktion und der Beschäftigung und nicht für Preis- und Kostenerhöhungen zu nutzen. Sie unterstreicht dabei, daß die Zunahme der Zentralbankgeldmenge im Jahresdurchschnitt ausschließlich den Spielraum für die monetäre Expansion kennzeichnet, nicht dagegen für die Erhöhung der individuellen Einkommen.»

1.2.2. Recht als Inbegriff von Rechtsnormen?

(1) Vielfach verstehen jurisprudentielle Definitionen Recht nur als Inbegriff von Rechtsnormen (Gesetzen), *nicht* als Inbegriff *aller Akte, die Rechtsfolgen bezwecken.* Man unterscheidet (vgl. etwa WOLFF/BACHOF 1974, § 24 II) formelle und materielle Gesetze und versteht unter den ersteren solche Rechtssätze, die in einem förmlichen Gesetzgebungsverfahren zustande gekommen sind, unter den zweiten solche staatlichen Normen, die nach der Verfassung nur dann als Recht anerkannt werden dürfen, wenn sie durch die Legislative oder kraft einer Ermächtigung der Legislative erlassen sind. Gesetze in diesem Sinne sind weder die Entscheidungen der Rechtsprechung (Ausnahme: bestimmte Entscheidungen, vor allem Rechtssatzkontrollentscheidungen des BVerfG und der Staatsgerichtshöfe, denen verfassungsrechtlich oder gesetzlich ausdrücklich Gesetzeskraft zugesprochen ist) noch diejenigen Vorschriften, die eine übergeordnete Stelle innerhalb der Exekutive kraft ihrer Weisungsgewalt an weisungsabhängige Organe und Ämter richtet (Verwaltungsvorschriften oder Verwaltungsverordnungen).

(2) Gegen eine Auffassung, die das Recht als Inbegriff gesetzlicher Normen beschreibt, sprechen vor allem die folgenden Argumente.

(a) Um das Betätigungsfeld des Juristen und das Interesse der Wirtschaftspolitik an Recht abzustecken, ist der auf gesetzliche Rechtsnormen eingeschränkte Begriff des Rechts zu eng. Dem Juristen geht es nicht nur darum, solche Normen auszudeuten, zu ordnen, zu systematisieren und gegebenenfalls an höherrangigem Recht zu messen, sondern auch die *Akte der Rechtsprechung und* der *Exekutive.* Vor allem aber geht es ihm um die Vermittlung von Recht und sozialer Wirklichkeit, um die Lösung sozialer Konflikte und Probleme durch die Anwendung und Fortbildung von Recht. Werden von ihm Aussagen darüber erwartet, welche Rechtsform für ein Unternehmen angemessen ist, wie ein Rechtsstreit richtig gelöst wird, ob eine gesetzliche Regelung gerecht erscheint oder durch eine bessere ersetzt werden sollte, so kommt er ohne Analyse der Handhabung des Gesetzes durch

Rechtsprechung, Regierung und Verwaltung nicht aus. Eine Wirtschaftspolitik, die ihre rechtlichen Bindungen und ihre rechtlichen Aktionsmöglichkeiten allein den Gesetzesnormen entnehmen wollte, wäre in hohem Maße unrealistisch.

(b) Unser Recht besteht heute zu großen Teilen aus *Richterrecht*, wobei die Beachtung der von der höchstrichterlichen Rechtsprechung gesetzten Präjudizien durch die Gerichte, aber auch durch Behörden und selbst durch den Gesetzgeber, ein wesentliches Element der Rechtsentwicklung ist (im einzelnen hierzu 1.4).

Vom Steuerrecht heißt es z. B. in einem von einem Richter beim Bundesfinanzhof mitverfaßten Aufsatz, das Richterrecht bilde «wie bei einem Eisberg 4/5 der Gesamtmasse, von der die Steuergesetze sichtbar herausragen, wobei dieses eine Fünftel aber auch von den 4/5 getragen wird» (Quack und List 1973, 437, 441 im Anschluß an Esser 1967, 118). Hier wird anschaulich, wie hilflos ein Jurist sein würde, der sich auf die Kenntnis der Gesetze beschränkte. Häufig braucht er sie nur als Fundstellennachweise für die Rechtsprechung.

Wie das Beispiel der Rückzahlungsklauseln bei Weihnachtsgratifikationen zeigt, gibt es sogar Fälle offener und allgemeiner Normsetzung durch den Richter, die sich praktisch weder dem Inhalt noch der Wirkung nach von Gesetzgebung unterscheidet.

(c) Die *Unterscheidung zwischen Rechtsnormen und Einzelakten* ist problematisch:

So ist das Einzelfallgesetz eine keineswegs seltene Erscheinung. Die lex Rheinstahl (Eingangsbeispiel 2) hat BVerfGE 25, 371 als verfassungsmäßig angesehen. In den Leitsätzen zu seiner Entscheidung heißt es:

«1. Der Begriff des Maßnahmegesetzes ist verfassungsrechtlich irrelevant.

2. Einzelfallgesetze sind als solche nach dem Grundgesetz nicht schlechthin unzulässig. Ein über Art. 19 Abs. 1 Satz 1 GG hinausgreifendes Verbot von Einzelfallgesetzen läßt sich insbesondere nicht aus dem Rechtsstaatsprinzip herleiten. Dem Grundgesetz kann nicht entnommen werden, daß es – von Art. 19 Abs. 1 Satz 1 GG abgesehen – von einem Gesetzesbegriff ausgeht, der als Inhalt der Gesetze lediglich generelle Regelungen zuläßt. Mit der Regelung eines einzelnen Falles greift der Gesetzgeber nicht notwendig in die Funktionen ein, die die Verfassung der vollziehenden Gewalt oder der Rechtsprechung vorbehalten hat.»

Das Bundesverfassungsgericht führt in den Gründen seiner Entscheidung aus, auch die gesetzliche Regelung eines Einzelfalls könne erforderlich sein. «Das gilt vor allem im Bereich der Wirtschafts- und Sozialordnung.»[28]

---

28 Weiterführende Nachweise zum Einzelfallgesetz bei Steindorff 1977, 6; Maunz/Dürig/Herzog/Scholz, Art. 20 Anm. 93 ff. Mit dem Begriff Maßnahmegesetz werden solche Gesetze gekennzeichnet, die der Sache nach «Anordnungen der Wirtschaftsverwaltung in Form der Gesetzgebung» sind (Lerche 1971, 449, 456). Wiethölter (1974, 532) sieht in dem Typus der Gesetze, die man «früher und fälschlich ‹Maßnahmegesetze› genannt» habe, eine das Wirtschaftsrecht kennzeichnende Erscheinung, die allerdings den herkömmlichen Juristen überfordere. Diese Gesetze unterschieden «sich vom klassischen, letztlich aus transzendentalen Quellen

In seiner Entscheidung über den Beschluß des Verwaltungsrats der Bundesanstalt für Arbeit stand das Bundessozialgericht (NJW 1976, 689) vor der Frage, ob es sich hierbei um einen Verwaltungsakt (Allgemeinverfügung) oder um eine Satzungsnorm handelte. Letzterenfalls hätte es die Klage des Arbeitgeberverbandes als unzulässig abweisen müssen. Das Gericht kommt zu der Auffassung, es könne eine Doppelnatur des Beschlusses angenommen werden: Im Verhältnis zu den betroffenen Arbeitnehmern könne er Satzungsnorm sein, im Verhältnis zu den Tarifpartnern sei er als Verwaltungsakt zu klassifizieren (Eingangsbeispiel 1).

Das richterliche Urteil enthält in seiner Entscheidung des Einzelfalls zugleich eine – oft nicht ausgesprochene – über diesen Einzelfall hinausweisende Regel, das eigentliche Präjudiz. Es ist dies die Regel, die der Richter zur Lösung seines Falls auf Grund allgemeiner normativer Kriterien unter dem Gesichtspunkt aufstellt, daß sie auch in vergleichbaren Fällen passen muß, und die er vielfach auch an gedachten Fällen auf ihre Bewährung testet, ehe er sie im konkret zu entscheidenden Fall anwendet (vgl. auch unten 1.3.2 (5)).

(d) Es gibt eine Fülle von *Verwaltungsvorschriften von* weit *mehr als* nur *verwaltungsinterner Bedeutung.*

Hingewiesen sei hier etwa auf die Steuerrichtlinien, die nicht nur als ein quasiamtlicher Kommentar zum Gesetz, sondern zum Teil auch in Vorschriften, die das Gesetz «fortbilden»,[29] durchaus das Außenverhalten der Verwaltung regeln. Z. B. sind die Abgabefristen für Steuererklärungen nach dem Einkommensteuer- und dem Gewerbesteuergesetz nur in «internen» Verwaltungsanordnungen festgelegt.

Zwischen Rechtsprechung, Verwaltungsvorschriften und Gesetzgebung findet ein intensives Wechselspiel statt. QUACK und LIST (1973, 437) schreiben zu diesem Thema: «Den Verwaltungserlassen allgemeinen Inhalts, die entweder als eine Art amtlicher Kommentar zum Gesetz oder als generelle Übergangs- oder Billigkeitsmaßnahmen ergehen, kommt für die Gestaltung der Rechtswirklichkeit größere Bedeutung zu, als ein an der Theorie geschulter Jurist ahnen mag. Es gibt wohl kaum noch ein Rechtsgebiet, auf welchem sonst die Verwaltungsbehörden allgemeine Vorschriften in solcher Zahl und von solch eminenter Bedeutung erlassen. So hatte der Bundesfinanzhof erst kürzlich Veranlassung, einen Übergangserlaß für unwirksam zu erklären, der das Inkrafttreten eines Gesetzes hinausschob. Andere Erlasse und Richtlinien sanktionieren richterrechtliche Rechtsinstitute wie die Organschaft mit Ergebnisabführung, noch bevor sich der Gesetzgeber zur Kodifizierung entschließt. Erwähnt sei hier auch der ‹Oasenerlaß› zur Besteuerung bei Auslandsbezie-

---

abgeleiteten Rechts-(= Substanz-)Gesetz durch ihre planmäßige und instrumentale politische Zweck-(Ziel-)Orientierung». Sie seien nicht «Rahmen oder Grenze oder Form für je individuell beliebige Dispositionsfreiheiten», sondern setzten «ein spezifisches Inhaltsprogramm selbst durch . . . Solche Gesetze sind deshalb nicht Teil vom Bürgerlichen Recht, sondern Teil von ‹politischer Verwaltung›.» Zur Frage der «Rationalität» moderner Gesetzgebung vgl. ESSER, 100 Jahre oberste deutsche Justizbehörde, 1977; KÜBLER 1969; REDEKER 1977.

29 ZITZMANN 1976, 680. Selbst zur Vereinheitlichung von Gesetzen werden Richtlinien eingesetzt, wie etwa das Beispiel der von ZITZMANN 1977 besprochenen Verwaltungsregelung zur Gewährung von Investitionszulagen zeigt.

hungen und die ‹Leasingerlasse›, die das wirtschaftliche Eigentum bei Leasingverhältnissen quasi authentisch definieren wollen.»

Den sog. Steueroasenerlaß vom 18. 6. 1965 (BStBl. II 1965, 77) hat der Finanzminister des Landes Nordrhein-Westfalen im Einvernehmen mit dem Bundesfinanzminister und den Ländern durch Erlaß vom 2. 5. 1977 bestätigt. Diesem Erlaß ist als Anlage eine Zusammenfassung des gegenwärtigen Stands der Rechtsprechung des Bundesfinanzhofs zur Darstellung der Rechtslage beigefügt, von der nunmehr auszugehen sei (Abdruck AG 6: 1977, S. VI).

Im Juli 1977 verschickt das Bundesfinanzministerium den Entwurf eines umfangreichen Schreibens zur Besteuerung von Personengesellschaften. Am 21. September 1977 findet eine Anhörung der Verbände statt. Danach wird das Schreiben mit den Ländern abgestimmt. Sein erklärter Zweck sollte dieses Verfahren eigentlich überflüssig machen; denn mit diesem Schreiben will das Bundesfinanzministerium angeblich nichts anderes als insbesondere die umfangreiche neue Rechtsprechung des Bundesfinanzhofs zusammenfassen und aus dessen Urteilen einige Konsequenzen ziehen (Handelsblatt Nr. 143 v. 28. 7. 1977, 1); vgl. das BMF-Schreiben vom 20. 12. 1977 (BStBl. 1978 I, 8).

Zwischen dem Bundesfinanzhof und dem Bundesfinanzministerium ist 1956 (Finanz-Rundschau 1956, 266) eine Absprache getroffen worden, wonach im Hinblick auf die umstrittene Frage, ob die Finanzverwaltung an die Rechtsprechung des Bundesfinanzhofs über den entschiedenen Einzelfall hinaus gebunden sein sollte, gewisse Spielregeln festgelegt werden; u. a.: Habe die Finanzverwaltung schwere Bedenken gegen eine Entscheidung des Bundesfinanzhofs, so werde sie diese Entscheidung über den entschiedenen Einzelfall hinaus nicht anwenden, um dem Bundesfinanzhof Gelegenheit zu geben, in einem neuen Verfahren nochmals zu der Frage Stellung zu nehmen. Die Vertreter des Bundesfinanzhofs sagen zu, den Bundesfinanzminister in allen Fällen zum Beitritt aufzufordern, in denen Abweichungen von allgemeinen Verwaltungsvorschriften oder ein Abgehen von einer ständigen Rechtsprechung erwogen werde. Neuerdings scheint die Finanzverwaltung verstärkt dazu zu neigen, in Fällen, in denen der Bundesfinanzhof von bisherigen Verwaltungsanweisungen oder seiner eigenen früheren Rechtsprechung ohne Anrufung des Großen Senats abweicht, die einschlägigen Urteile nicht anzuwenden (Finanz-Rundschau 1977, 369).

Als Beispiel der Verweisung einer Verwaltungsvorschrift via Gesetz auf staatliche Planung ist Tz. 94 der Investitionszulagerichtlinien (BMF-Schreiben vom 5. 5. 1977, DB Beilage Nr. 6/1977) instruktiv. Zur Bestimmung der hiernach zu fördernden Gebiete wird dort verwiesen auf die Fördergebiets- und Fremdenverkehrsgebietsverordnung in der jeweils geltenden Fassung in Verbindung mit dem jeweils geltenden Rahmenplan nach dem Gesetz über die Gemeinschaftsaufgabe «Verbesserung der regionalen Wirtschaftsstruktur», der im Bundesanzeiger bekanntgemacht wird (dazu Zitzmann 1977, 650; 1976, 1509; vgl. BT-Ds 7/4742).

Auch interne Vorschriften über die Organisation der Verwaltung können erhebliche Außenwirkungen haben, so z. B. Vorschriften darüber, in welchem Maße die Rechtsbehelfsstellen der Finanzämter, die über die Einsprüche der Steuerpflichtigen entscheiden, verwaltungsökonomische Gesichtspunkte berücksichtigen dürfen. Hierzu heißt es beispielsweise in einem verwaltungsinternen Erlaß des nordrhein-westfälischen Finanzministeriums vom 29. 7. 1976: «In der Rechtsbehelfsstelle muß – wie in anderen Fachbereichen des Finanzamts – verwaltungsökonomisch gearbeitet werden. Auch hier kann ein hoher Durchsatz nur erreicht werden, wenn nach der Bedeutung der Rechtsbehelfsfälle gewichtet wird. Eine undifferenzierte Fallbehandlung mit einseitiger Ausrichtung auf zutreffende Rechtsanwendung ohne gebotene Rücksichtnahme auf Rückstände an unerledigten Rechtsbehelfen ist als mit dem Gesetzesauftrag der Steuerverwaltung unvereinbar abzulehnen. Der Rechtsweg zu den Finanzgerichten ist hinreichende rechtsstaatliche Garantie.» Gegenüber der öffentlichen Kritik unter dem Stichwort «Ermächtigung zur Pfuscherei bei fiskalisch uninteressanten Fällen» weist das Ministerium darauf hin, daß die Rechtsbehelfe, die in den letzten zehn Jahren um fast 200 % auf 387 000 Fälle gestiegen sind, ohne eine gewisse Rationalisierung nicht bewältigt werden können (vgl. dazu Handelsblatt Nr. 58 v. 23. 3. 1977; Nr. 60 v. 25./26. 3. 1977).

Eine Art «Mehr-Klassen-Steuerrecht» könnte das von den Finanzministern der Länder am 4. 12. 1975 in den GNOFÄ (Grundsätze zur Neuorganisation und zur Neuordnung des Besteuerungsverfahrens der Finanzämter) beschlossene bundeseinheitliche Organisationsmodell der Finanzämter herbeiführen. Hiernach werden Steuererklärungen, die nur Arbeitnehmer-, Kapital-, Vergütungs- und Renteneinkünfte ausweisen, im Gegensatz zu Steuererklärungen, die Einnahmen aus Gewerbebetrieb oder aus Land- und Forstwirtschaft enthalten, mehr oder weniger ungeprüft übernommen; grundsätzlich soll hier nur noch eine Schlüssigkeitsprüfung stattfinden. – Der nordrhein-westfälische Landesrechnungshof kritisiert diese Unterteilung, weil sie der Sache nach auf pauschale Besteuerung einerseits, Individualbesteuerung andererseits hinauslaufe. Es würden damit zwei Gruppen von Steuerbürgern geschaffen, die unterschiedlichen Anforderungen und Verfahrensweisen unterworfen seien (vgl. dazu Handelsblatt Nr. 97 v. 20./21. 5. 1977; Nr. 101 v. 26. 5. 1977).

Von kaum zu unterschätzender Bedeutung für die privatrechtliche Vertragsgestaltung sind die Genehmigungsrichtlinien der Deutschen Bundesbank zu § 3 Währungsgesetz,[30] in denen im Wege einer Verwaltungsvorschrift[31] festgelegt ist, welche Wertsicherungsklauseln verboten, genehmigungsfähig oder genehmigungsfrei sind.

Für das Wettbewerbsrecht ist auf die Verwaltungsgrundsätze des Bundeskartellamts vom 23. 8. 1973 (BAnz. Nr. 167 v. 6. 9. 1973, 2) hinzuweisen.

Die Bundesregierung hat 1974 auf Grund der Ermächtigung in § 48 Nr. 1 BImSchG, Immissionsschutzrichtwerte für die Umweltbelastung durch Schadstoffe im Wege einer Verwaltungsvorschrift festzulegen, u. a. eine Technische Anleitung «Luft» (TA Luft) erlassen. Mangels Rechtsnormqualität dieser Anleitung halten sich die Gerichte an die dort genannten Immissionswerte nicht für gebunden. Nach OVG Münster, NJW 1976, 2360 m. zust. Anm. Meyer-Abich könne auf diesem Wege allenfalls der Ermessensspielraum der Verwaltung eingeengt werden; auf die gerichtliche Interpretation uneingeschränkt überprüfbarer unbestimmter Rechtsbegriffe könne die TA Luft nicht verbindlich einwirken. Demgegenüber nimmt Ule (1976, 446f.) an, entsprechende Vorschriften seien immer dann für die Rechtsprechung verbindlich, wenn in Grenzfällen eine eindeutige Entscheidung nicht möglich sei. Das Gericht habe dann nämlich die «vertretbare» Auffassung der Behörde zu respektieren (vgl. auch OVG Hamburg, DVBl. 1975, 207; Breuer, AÖR 1976; Heinze 1976).

1977 prüfte die Bundesregierung, ob die TA Luft nicht zum Inhalt eines Gesetzes gemacht werden sollte. Das Bundesinnenministerium war zur

---

30 Die Vorschrift ist im Anhang, S. 315f. abgedr. Vgl. zu ihr auch S. 217f. und S. 261ff.

31 BAnz. Nr. 160 vom 26. 8. 1964, derzeit gültig mit den im BAnz. Nr. 169 vom 9. 9. 1969 publizierten Änderungen (Abdr. im Anhang, S. 315). Standardwerk zu Wertsicherungsklauseln: Dürkes 1972.

Ausarbeitung einer entsprechenden Gesetzesvorlage aber nicht bereit, weil offenbar befürchtet wurde, daß im Gesetzgebungsverfahren die im Interesse der Allgemeinheit wünschenswerten Grenzwerte nicht durchsetzbar gewesen wären.

Vielfach ist die Frage, ob in einer Regelung der Verwaltung eine Rechtsnorm oder nur eine Verwaltungsvorschrift zu sehen ist, außerordentlich problematisch.

Beispiel: Die «Rechtsnatur» der währungspolitischen Maßnahmen der Bundesbank (Mindestreservefestsetzung, Diskontfestsetzung, Beschlüsse des Zentralbankrats über die Offenmarktpolitik und über kreditpolitische Maßnahmen) ist umstritten und bis heute nicht abschließend geklärt (dazu SCHÖNLE 1976, 385 ff., KINDERMANN 1974).

(e) Auch die *Abgrenzung* von *Rechtsnormen* und *«politischen» Normen* wird bei einer realistischen Beschreibung des «law in action» nicht ganz so scharf ausfallen können wie nach den herkömmlichen normativen Rechtsquellenlehren.

Dies gilt insbesondere für den internationalen Bereich, wo vielfach überstaatliche Organisationen oder Gremien ohne entsprechende Rechtsetzungsmacht und ohne den Anspruch auf staatsvertragliche Bindung Regeln mit einer gewissen politischen Verbindlichkeit zu setzen versuchen, denen sich die Adressaten nicht ohne weiteres entziehen und die durchaus auch Einfluß auf die Rechtsprechung haben können. Man denke an Wohlverhaltensregeln für multinationale Unternehmen, ein Thema, das in UNO, OECD, NATO und EG bearbeitet wird (dazu HOPT 1977), an die Leitsätze für Auslandsinvestitionen der internationalen Handelskammer (dazu ARENDT 1973) oder an Resolutionen der UN oder der UNCTAD. So sind etwa die Resolution Nr. 1803 (XVII) der Generalversammlung der Vereinten Nationen vom 14. 12. 1962 über Permanent Sovereignty over Natural Resources and Wealth (ILM II/1963/223), die Resolution Nr. 3016 (XXVII) der Generalversammlung vom 18. 12. 1972 (ILM XII/1973/226) und die Resolution des UNCTAD Trade and Development Board vom 19. 10. 1972 (ILM XI /1972/1474) keineswegs ohne Einfluß auf die Entwicklung der Rechtsprechung im internationalen Enteignungsrecht geblieben (vgl. dazu etwa im Zusammenhang mit den chilenischen Kupferfällen SEIDL-HOHENVELDERN 1974, 422 f.).

(f) Schließlich ist an die bereits oben 1.1.1 (3) erörterte Problematik der Abgrenzung von regelnder *Norm und* indikativer *Datensetzung* zu erinnern.

1.3. *Recht und Rechtsprechung*

1.3.1. Recht als Inbegriff richterlicher Entscheidungskriterien

Der Wirtschaftspolitiker kann seine rechtlichen Bindungen und Mittel nur dann zuverlässig abschätzen, wenn er ein zutreffendes Bild der richterlichen

Entscheidungspraxis gewonnen hat. Auf ein solches Bild ist auch die in praktischer Absicht ausgeübte Rechtswissenschaft angewiesen; denn sie besteht heute wesentlich darin, den Gerichten und rechtsprechenden Behörden (dazu K. SCHMIDT, Kartellverfahrensrecht, 1977, 72, 77ff.) Entscheidungsvorschläge zu machen, indem sie deren Arbeit durch hypothetische Fallentscheidungen vorwegnimmt oder nachträglich prüft, ob ein Rechtsprechungsorgan in seinem Urteil «maßgebliche» Gesichtspunkte getroffen oder verfehlt hat. Insofern kann man sagen, daß jedenfalls jeder Rechtsbegriff für die Wirtschaftspolitik, aber auch für die Jurisprudenz selbst zu eng ist, der nicht alle Kriterien umfaßt, die der Richter seinen Entscheidungen zugrunde legen darf und soll. Recht kann unter diesem Gesichtspunkt als der Inbegriff der Maßstäbe zulässigen richterlichen Entscheidungshandelns angesehen werden. Diese Maßstäbe lassen sich aus der Beobachtung der richterlichen Entscheidungspraxis gewinnen, soweit diese nach dem Urteil der dafür maßgeblichen Instanzen, insbesondere also der Verfassungsgerichtsbarkeit, der Legislative und der Behörden, die über die Einhaltung der richterlichen Amtspflichten zu wachen haben, den Kompetenzbereich der Rechtsprechung nicht überschreitet. Sicherlich läßt sich nicht ausschließen, daß auch ein so ermittelter Rechtsbegriff gewisse Verengungen aufweist, weil es eine Fülle von Rechtsfragen gibt, die typischerweise nie vor die Gerichte gelangen, und weil nicht auszuschließen ist, daß sich auch in der richterlichen Entscheidungspraxis uneinheitliche Vorstellungen von Recht finden. Doch läßt sich immerhin sagen, daß ein unvoreingenommener Beobachter des «law in action» keinen besseren Ansatzpunkt finden kann als das Verhalten derer, die Recht sprechen.

Die unvoreingenommene Analyse rechtsprechender Entscheidungstätigkeit ist in der traditionellen Rechtsanwendungsdoktrin lange Zeit durch die formale Betrachtung des Urteils als eines aus der Übereinstimmung von Gesetzesnorm und Sachverhalt folgenden logischen Schlusses verstellt worden. Diese Rechtsanwendungsdoktrin mit ihrem engen Verständnis der Bindung des Richters an das Gesetz steht am Beginn der Herausbildung einer selbständigen rechtsprechenden Gewalt, wie sie sich seit Mitte des 18. Jahrhunderts in Ablösung der Kabinettsjustiz entwickelt hat. Bereits die Freirechtsbewegung hat sie Anfang dieses Jahrhunderts so gründlich erschüttert, daß jeder Restaurationsversuch illusionär erscheint (dazu SIMON 1975, 75, 92f.). Die Erkenntnis, daß das Gesetz den Spielraum richterlicher Entscheidung nicht abschließend determinieren kann, daß vielfach überhaupt erst die «Komplementarität von Gesetz und Richterspruch» (SIMITIS 1972, 134) die Bildung von fallnahen Entscheidungsnormen als Voraussetzung der Subsumtion ermöglicht, ist heute rechtstheoretisches Allgemeingut; darüber hinaus wird das grundsätzliche Recht des Richters zur Neubildung von Recht von den Gerichten mit ausdrücklicher Billigung des Bundesverfassungsgerichts offen in Anspruch genommen und auch von Legislative und Exekutive als wesentlicher Bestandteil unserer Rechtsordnung politisch anerkannt.

1.3.2. Zur Bildung der Entscheidungsnorm durch Rechtsprechungsorgane

Die Bindung eines Rechtsanwenders an das Gesetz läßt ihm mehr Freiheit als die einer logischen Operation; das folgt schon daraus, daß es prinzipiell weder eindeutige Normen und Normanwendungsregeln noch Sachverhalte gibt (dazu näher KILIAN 1974, 55 ff.).

(1) Wie jeder sprachliche Text ist eine *Gesetzesnorm* theoretisch niemals, praktisch jedenfalls vielfach *nicht eindeutig*. Selbst durch einen verbindlich vorgeschriebenen Kanon von Auslegungsgesichtspunkten unter Festlegung ihrer Wertigkeit könnte der Normgeber dem nicht abhelfen.

(2) Unser Recht verzichtet von vornherein auf eine grundsätzliche Festschreibung maßgeblicher Auslegungsgesichtspunkte und kennt *keine Rangordnung zwischen* bestimmten *Auslegungskriterien*. Es besteht Übereinstimmung darüber, daß der Richter zur Ermittlung der subjektiven Absicht des historischen Gesetzgebers den Wortlaut, die Entstehungsgeschichte und den Systemzusammenhang der Norm beachten muß. Es gibt aber keine Gesetze darüber, wie er diese Kriterien interpretieren soll (z. B., was unter Entstehungsgeschichte zu verstehen ist) und ob er dem einen oder anderen Kriterium den Vorzug zu geben hat, wenn ihre Anwendung zu unterschiedlichen Resultaten führt.

(3) Im übrigen können auf einen Sachverhalt unterschiedliche Normen zur Anwendung gebracht werden; die *Entscheidung* des Richters, welchem Normsatz er die Rechtsfolge entnehmen soll, setzt ein *Urteil über Normen* voraus, das seinerseits nicht normativ voll determinierbar ist.

(4) Die «Objektivität» der *Sachverhaltsermittlung* durch den Rechtsanwender ist insofern *problematisch*, als diese immer schon unter der Perspektive eines Normsatzes erfolgt. Die Steuerung der Tatsachenauswahl und -würdigung durch die Normhypothese unterliegt ebensowenig gesetzlichen Festlegungen wie die Kriterien für die Überzeugungsbildung des Richters (Grundsatz der freien Beweiswürdigung). Vielfach ist der zu beurteilende Sachverhalt seinerseits auch schon juristisch vorgeprägt und nur durch juristische Argumentation erfaßbar, so z. B., wenn das Gericht einen Vertrag auf seine Gültigkeit zu überprüfen hat.

Im sog. Glasglühkörper-Fall (BGHZ 31, 105) war das Berufungsgericht zu dem Ergebnis gekommen, daß ein Vertrag über eine Produktions- und Verkaufsgemeinschaft zweier Unternehmen aus dem Jahre 1953, dem Abmachungen aus den Jahren 1945 und 1950 vorangegangen waren, nicht zu einem gemeinsamen Zweck im Sinne von § 1 GWB geschlossen worden sei und daher auch nach dem Inkrafttreten des GWB im Jahre 1958 seine Wirksamkeit behalten habe. Jede Partei habe nur ihre eigenen Interessen verfolgt. Es liege ein «partiarischer Leistungsaustauschvertrag» und kein Gesellschafts- oder gesellschaftsähnlicher Vertrag vor.

Dazu der BGH: «Es ist zwar mit dem Berufungsgericht davon auszugehen, daß der Gesetzgeber mit den Worten ‹zu einem gemeinsamen Zweck› in § 1 GWB an § 705 BGB (Gesellschaftsvertrag) angeknüpft hat . . . und die durch § 1 erfaßten Verträge im Gegensatz zu den sogenannten Austausch- oder Individualverträgen gestellt hat . . . Das Berufungsgericht hat verkannt, daß es bei der Auslegung und der rechtlichen Beurteilung des Vertrages von 1953 entscheidend auch auf die Vertragsvorgeschichte, also auf die Verträge von 1945 und 1950 und ihre Handhabung, ankommt, aus denen der Vertrag von 1953 hervorgewachsen ist, und daß die in den Verträgen festgelegten Leistungen der Parteien nicht nur oder vorwiegend als Einzelleistungen, sondern vor allem in ihrem Zusammenhalt und in ihrer Gesamtwirkung auf das Rechtsverhältnis geprüft werden müssen.»

Auf Grund der Würdigung des Vertrages nach diesen von ihm postulierten Kriterien kommt der BGH zu der Auffassung, daß doch ein unter § 1 GWB fallender Gesellschaftsvertrag vorliege.

(5) Vom Rechtsanwender wird überdies erwartet, daß er nicht nur prüft, ob die Anwendung einer Norm nach Wortlaut, Entstehungsgeschichte und Systemzusammenhang geboten ist, sondern daß er sie darüber hinaus in den Kontext einer sich mit den wandelnden sozialen und politischen Verhältnisse ständig ändernden Rechtsordnung stellt und sie aus diesem Kontext heraus «interpretiert». Juristen sprechen hier vielfach von objektiver Auslegung. Aber auch mit dieser Anpassung der Norm an veränderte soziale, politische und rechtliche Daten im allgemeinen ist die Aufgabe des Rechtsanwenders nicht erschöpft. Er hat schließlich noch zu überprüfen, ob die Norm sich konkret an dem zur Entscheidung anstehenden Fall bewährt. Würde sie für diesen Fall – und für vergleichbare Fälle – zu einem Ergebnis führen, das unter anderen maßgeblichen normativen Gesichtspunkten als nicht annehmbar erscheint, so muß der Rechtsanwender den Anwendungsbereich der Norm so begrenzen, daß sein Fall – gegebenenfalls als Teil einer genauer zu beschreibenden Gruppe von Fällen – nicht mehr darunterfällt. Damit ist dem Rechtsanwender unter den Stichworten *«objektive Auslegung»* und *«Kontrolle vom Ergebnis her»* die Aufgabe zugewiesen, auf Grund des vorhandenen gesetzlichen Normenmaterials – notfalls auch unter Neubildung von Normen – die für den Einzelfall und damit zugleich für alle vergleichbaren Fälle geeignete Entscheidungsnorm überhaupt erst aufzustellen. In dieser Hervorbringung von Entscheidungsnormen durch Konkretisierung der Gesetzesnorm und Verallgemeinerung des Falls liegt der eigentliche Schwerpunkt rechtsanwendender Tätigkeit.

Beispiel: Das Bundeskartellamt hat am 20. 2. 1960 (WuW 1960, 363; gekürzter Abdruck bei Ulmer 1975, 45) darüber entschieden, ob § 1 GWB auf eine Vorschrift des Verbandes Deutscher Elektrotechniker (VDE) Anwendung findet, wonach Doppelstecker wegen mangelnder Sicherheit unzulässig sind. Auf Grund einer Übereinkunft von 18 Verbänden der Elektrobranche zur Förderung VDE-gemäßer elektrotechnischer Erzeugnisse und Installationen sind diese verpflichtet, ihre Mitglieder über VDE-Bestimmungen zu unterrichten und deren Einhaltung zu empfehlen. Erfahrungsgemäß werden diese Empfehlungen weitgehend eingehalten, so daß Erzeugung und Marktverhältnisse durch sie beeinflußt werden.

Das Bundeskartellamt stellt fest, daß die Vorschrift den Tatbestand des § 1 GWB an sich erfülle. Es führt dann weiter aus: «Der Wortlaut des § 1 GWB ist weit gefaßt, läßt aber die Frage offen, ob uneingeschränkt alle Verträge, die einen Einfluß auf die Erzeugung oder die Marktverhältnisse haben, verboten sein sollen . . . Aus dem Sinnzusammenhang, in den § 1 GWB hineingestellt ist, folgt, daß Einschränkungen zulässig und notwendig sind. Das Verbot des § 1 GWB schützt den Wettbewerb im Interesse der Erhaltung der wirtschaftlichen Handlungsfreiheit des einzelnen, um so den größten Nutzen für die Gesamtwirtschaft einschließlich des Verbrauchers zu erzielen. Außerhalb des Schutzbereiches des § 1 GWB liegt, wie allgemein anerkannt ist, der unlautere Wettbewerb, der bereits nach § 1 UWG verboten ist ...

Denn nur im Rahmen des lauteren Wettbewerbs ist die Wettbewerbsfreiheit gerechtfertigt (Bericht des Bundestagsausschusses für Wirtschaftspolitik zu C I). Dies gilt für den nach anderen Gesetzen verbotenen Wettbewerb ebenso (vgl. den Bericht des Ausschusses für Wirtschaftspolitik zu § 1 GWB). Hierbei ist davon auszugehen, daß ein abstraktes Verbot jeder horizontalen Absprache zur Beschränkung des Wettbewerbs notwendig andere Schutzbereiche der Rechts- und Sittenordnung einer Gemeinschaft berühren muß. Hat ein Gesetz aber nicht die Durchbrechung dieser Ordnung zum Ziel, so ist ihm sein Platz im gesamten, alle Lebensbereiche erfassenden Ordnungsgefüge einer Gemeinschaft zuzuweisen. Die Grenzen zwischen den einzelnen Gemeinschaftsordnungen ergeben sich aus dem Gewicht der zu schützenden Rechtsgüter, insbesondere wird der Sicherheit des einzelnen ein Vorrang einzuräumen sein ...

Wenn gesetzliche Sicherheitsbestimmungen zulässig sind, die sich auf dem Markt auswirken können, muß das gleiche für Selbstbeschränkungen der Wirtschaft gelten,[32] die ihrem objektiven Gehalt nach geeignet sind, diesem Zweck zu dienen, sofern sie nicht eine Umgehung der Zielsetzung des GWB darstellen. Das Recht auf freie wirtschaftliche Betätigung findet seine Grenze an dem Sicherheitsbedürfnis des einzelnen. Die Wirtschaftsordnung aber ist ein Teil der gesamten Ordnung eines Gemeinwesens. Es liegt auf der Hand, daß nicht um des wirtschaftlichen Nutzens willen die Sicherheit des Individuums in Frage gestellt werden darf. Sicherheitsbestimmungen, die von verantwortlichen Staatsbürgern zum Schutz des einzelnen erstellt werden, liegen daher außerhalb des Schutzbereichs des § 1 GWB. Entscheidend ist, daß die Selbstbeschränkungsmaßnahmen mit der größten Verantwortung erlassen werden, ausschließlich dem Sicherheits- und Ordnungszweck dienen, nicht Vorwand für marktpolitische Maßnahmen sind und der Öffentlichkeit zur Erhebung von Einwendungen Gelegenheit gegeben wird.»

Aus der Einordnung des § 1 GWB in einen allgemeineren rechtlichen Zusammenhang wird hier also die Entscheidungsnorm hergeleitet: Unter § 1 GWB fallen den Tatbestand dieser Vorschrift erfüllende Selbstbeschränkungsmaßnahmen nicht, wenn sie mit der größten Verantwortung erlassen werden, ausschließlich dem Sicherheits- und Ordnungszweck dienen, nicht Vorwand für marktpolitische Maßnahmen sind und der Öffentlichkeit zur Erhebung von Einwendungen Gelegenheit gegeben worden ist.[33]

---

32 Hier liegt offenbar ein methodisch und sachlich unhaltbarer Schluß vor.

33 Die Entscheidung ist heute durch die Neufassung von § 38 Abs. 2 Nr. 2 GWB überholt. Sie war auch seinerzeit problematisch, weil die Zulassung von Kartellen aus übergeordneten Erwägungen gemäß § 8 GWB dem Bundeswirtschaftsminister vorbehalten ist: Er kann «auf Antrag die Erlaubnis zu einem Vertrag oder Beschluß im Sinne des § 1 erteilen, wenn ausnahmsweise die Beschränkung des Wettbewerbs aus überwiegenden Gründen der Gesamtwirtschaft und des Gemeinwohls notwendig ist».

1.3.3. Auslegung und Rechtsfortbildung

(1) Oft wird aus rechtsprechenden Entscheidungen nicht hinreichend deutlich, wo die *verstehende Ermittlung* der Absichten des historischen Gesetzgebers aufhört und die *bewußte Zweckaktualisierung* auf Grund von Gesichtspunkten, die nicht hermeneutisch aus der Norm selbst gewonnen werden, beginnt. Die Absichten des historischen Gesetzgebers lassen sich vielfach nur unzulänglich feststellen. Mitunter wird z. B. nicht klar zu erkennen sein, ob er eine Regelung auf der Grundlage bestimmter wirtschaftspolitischer Absichten uneingeschränkt selbst für den Fall aufrechterhalten wollte, daß sich diese durch die Norm nicht als realisierbar erweisen (zu diesem Problemkreis etwa BGH WuW 1967, 205). Selbst unverbindliche Tatsachenbehauptung und verbindliche Regelungsabsicht sind keineswegs immer scharf zu trennen.

Zu der Äußerung des Wirtschaftsausschusses zur zweiten GWB-Novelle, bei den in § 22 Abs. 3 GWB genannten Marktanteilen könne «mit hoher Wahrscheinlichkeit» von Marktbeherrschung ausgegangen werden, sagt HELM (1977, Tz. 15): «Das ist keine Zielvorstellung des Gesetzgebers, sondern eine Behauptung, deren Richtigkeit noch dahinsteht.»

Die Frage, was der historische Gesetzgeber gemeint habe, kann daher mangels entsprechender Hinweise von vornherein oft nur in der Form beantwortet werden, daß man unterstellt, er habe die vernünftige und systemgerechte Lösung gewollt. Ohne besonderen Anlaß wird der Rechtsanwender hier zwischen dem, was bei Erlaß der Norm als vernünftig und systemgerecht erscheinen konnte, und heutigen Vorstellungen darüber nicht scharf unterscheiden. Zwischen der Berufung auf den objektiven Sinn und Zweck einer Norm als Hilfsmittel zur Feststellung wahrscheinlicher oder auch nur mutmaßlicher Normzwecke des historischen Gesetzgebers und als Hilfsmittel zur aktualisierenden Fortbildung der Norm besteht auch insofern ein gleitender Übergang, als der «Gesetzgeber» selbst ein unscharfes normatives Konstrukt ist: Welche Personen und Gruppen repräsentieren ihn jeweils? Genügt z. B. der Beschluß eines Bundestagsausschusses, daß auf die Verfolgung eines neuen Gesetzesentwurfs verzichtet werden soll, um anzunehmen, der Gesetzgeber habe das alte Gesetz bestätigt? Ist auch die Rechtsprechung bei historischer Auslegung heranzuziehen, wenn der Gesetzgeber nur in Paragraphen gegossen hat, was von ihr bereits in Leitsatzentscheidungen entwickelt worden war? Welche mehr oder minder idealen Eigenschaften sind dem Gesetzgeber zuzusprechen? Ist es zulässig, davon auszugehen, daß er die Rechtsentwicklung auf jedem Gebiet ständig beobachtet, und daraus zu folgern, daß er eingeschritten wäre, wenn ihm bestimmte Resultate der Rechtsprechung nicht gepaßt hätten? Darf man unterstellen, daß er jeweils die gesamte Rechtsordnung überblickt und sich daher der systematischen «Fernwirkungen» eines neuen Gesetzes auf alte bewußt gewesen sei und sie gebilligt habe? Hier bestehen weitgehende

Möglichkeiten, den Normzweck nicht offen, sondern gewissermaßen in der personifizierten Hilfsfigur des Gesetzgebers zu aktualisieren.

(2) Daß es *Aufgabe des Rechtsanwenders* ist, *das Recht* in seiner Anwendung auf den Fall *fortzubilden*, ist eine heute unumstrittene Erkenntnis. Das Reichsgericht hat sie schon in einer frühen Entscheidung ausdrücklich betont (RGZ 24, 45, 49 [1889]):

«Es ist eine für den Gesetzgeber nicht erfüllbare Aufgabe, jedes allgemeine Gesetzesprinzip mit solcher Klarheit in einem Satz auszusprechen, daß sich aus diesem Satz durch einfache Schlußfolgerungen die Konsequenzen für alle besonders gearteten, von dem betreffenden Prinzipe beherrschten Fälle entwickeln lassen. Es ist ferner nicht die Aufgabe des Gesetzgebers, für jedes sich gestaltende Lebensverhältnis eine besondere Norm zu setzen. Es ist schließlich nicht des Gesetzgebers Sache, an alle juristisch-technisch möglichen Formen zu denken, vermöge welcher (einer Rechtsprechung, welche an dem Buchstaben des Gesetzes haftet, gegenüber) die Ziele des Gesetzes vereitelt werden könnten. Es ist vielmehr Sache der Jurisprudenz und vor allem Pflicht der (die Jurisprudenz mit unmittelbar in die Lebensverhältnisse eingreifender Kraft bestätigenden) Judikatur, die nicht in einer allgemeinen Norm konzentriert in dem Gesetze ausgesprochenen Grundprinzipien des Gesetzes zutage zu fördern und auf die im Leben hervortretenden, im Gesetze nicht besonders hervorgehobenen, unter das betreffende Prinzip fallenden Fälle anzuwenden.»

(a) Problematisch sind aber nach wie vor die *Maßstäbe* und *Grenzen richterlicher Rechtsfortbildung*. Das Reichsgericht versucht, in dem zitierten Gedankengang eine *Grenze* der richterlichen Rechtsfortbildung aus den *Grundprinzipien des Gesetzes* herzuleiten. Ihnen soll der Richter in denkendem Gehorsam verpflichtet sein, die offene «rechtspolitische» Argumentation soll ihm verwehrt bleiben.

Ob so allerdings eine für den Richter maßgebliche, bestimmbare und kontrollierbare Grenzlinie gezogen werden kann, ist zu bezweifeln. In seiner Aufwertungsrechtsprechung, in der das Reichsgericht dem Richter unter Berufung auf § 242 BGB die Kompetenz zur Festlegung eines neuen Währungskurses einräumte (RGZ 107, 78, 87 ff.; dazu Rinken 1971, 180; Simitis 1976, 81), zeigt sich jedenfalls deutlich, daß das Gericht nicht durchweg gewillt war, sich an eine solche Grenze zu binden. Immerhin hat sich aus dieser Entscheidung ein offener politischer Konflikt zwischen dem Reichsgericht und der Reichsregierung entwickelt.

Vgl. die Stellungnahme der Reichsregierung (DRiZ 1924, 40): Es würde «zur Auflösung der Rechtsordnung und zu einer unheilvollen Erschütterung des Staatsgefüges führen, wollte ein Gericht für sich das Recht in Anspruch nehmen, ein verfassungsmäßig zustande gekommenes Gesetz nicht anzuwenden, weil es nach Ansicht der Mehrheit seiner Mitglieder mit dem allgemeinen Sittengesetz nicht in Einklang stehe». Demgegenüber drohten die Richter, daß sie von der Reichsregierung geplante Maßnahmen gegen ihr Urteil nicht ohne weiteres hinnehmen würden. Sie gaben eine Erklärung ab (DRiZ 1924, 8; JW 1924, 90), wonach der Gesetzgeber nicht «durch sein Machtwort ein Ergebnis, das Treu und Glauben gebieterisch fordern . . . vereiteln» dürfe . . . «Schon ist in der Öffentlichkeit mehrfach und eindringlich die Frage erörtert worden, ob nicht der geplante Eingriff selbst als ein Verstoß gegen Treu und Glauben, als unsittlich seiner unsittlichen Folgen wegen, als eine verfassungswidrige Enteignung oder als eine dem verfassungsmäßig gewährleisteten Grundsatz der Allgemeinheit der Besteuerung Hohn sprechende Steuer rechtsunwirksam wäre.»

Daß eine juristische Argumentation nicht mehr als Behauptung geltenden Rechts, sondern nur als rechtspolitisches Postulat verstanden werden darf, wenn sie sich nicht mehr auf maßgebliche Grundprinzipien des Gesetzes zurückbeziehen läßt, könnte auch nur dann eine einigermaßen klare Grenzlinie zwischen Rechtsanwendung und Rechtspolitik abgeben, wenn es hierbei nur auf die Grundprinzipien des jeweils anzuwendenden Gesetzes ankäme. Tatsächlich aber ist es keineswegs selten, daß der Richter über dieses Gesetz hinausgreift und sich auf ganz allgemeine oder an ganz anderer Stelle der Rechtsordnung verankerte Prinzipien bezieht, nicht zuletzt auf Verfassungsprinzipien. Soweit hier nicht relativ eindeutige Tatbestandsmerkmale Grenzen setzen – und die Tendenz der Gesetzgebung geht offenbar zu immer lockereren Tatbeständen –, verschwimmen alle Trennungslinien zwischen Rechtsanwendung und Rechtspolitik; denn es gibt kaum einen politischen Gesichtspunkt, der nicht in dem einen oder anderen gesetzlichen Zusammenhang bereits legislative Anerkennung gefunden hat.

Ist der Richter der «Rechtsordnung» insgesamt zum denkenden Gehorsam verpflichtet, muß er sich als Hüter des Rechts mit der Hypothese identifizieren, daß dieses nichts Ungerechtes oder Unvernünftiges verlangen könne (Esser 1973, 21), und sind seine Entscheidungen darauf angewiesen, daß sie in der Öffentlichkeit «als verbindliche und angemessene Methode gesellschaftlicher Handlungsrationalität»[34] anerkannt werden, so sind damit Grundprinzipien gegeben, die eine weitgehende Relativierung und Berichtigung jeder Norm zulassen. Außerhalb des Bereichs unproblematischer Regelanwendung enthält sich die heutige Entscheidungspraxis jedenfalls auch der freien rechtspolitischen Abwägung nicht. *Die offene* – nicht auf bestimmte Normsätze oder Präjudizien zurückgeführte – *Berufung auf Gerechtigkeit und Billigkeit und auf Interessen*, die *nicht allein aus der zur Anwendung kommenden Norm gefolgert werden können*, ist weit verbreitet.

Die Gerichte erheben ohne unmittelbaren Bezug auf hermeneutische Gesichtspunkte eine Vielzahl öffentlicher Interessen zur Entscheidungsnorm, Interessen, die sie teils aus Wertakzentuierungen der Verfassung, teils aus sachnahen Gesetzen, teils aber auch aus der Rechtsprechung, der Verwaltungspraxis, aus Verwaltungsvorschriften und Plänen, aus geplanten oder aus früheren Gesetzen ableiten, teils auch ohne jeden Gesetzesbezug als

34 Zum Junktim zwischen dem Selbstanspruch der Theoretik, «praktischem Handeln situative Orientierung und Aufklärung zu geben, und einer gesellschaftlichen Öffentlichkeit, die diese situative Aufklärung als verbindliche und angemessene Aufgabe gesellschaftlicher Handlungsrationalität auch anerkennt», vgl. Kopperschmidt 1973, 11 f.

«Gemeinwohlinteressen» deklarieren (dazu umfassend HÄBERLE 1970).

Dabei wird nicht selten der Umweg gewählt, daß man sich auf «prätorische Rechtsfiguren» beruft, auf das Empfinden des verständigen und einsichtigen Beobachters, die allgemeinen gesellschaftlichen Anschauungen, das Durchschnittsempfinden der Gesamtheit, auf den Durchschnittsmenschen, den vernünftigen Beurteiler, den unbefangenen Betrachter, den gebildeten Durchschnittsmenschen, den verständigen Staatsbürger (dazu HÄBERLE 1970, 425f.; LIMBACH 1977; ZITSCHER 1977). Sogar der vernünftige Gesetzgeber wird in diesem Sinne nach dem Vorbild des § 1 des Schweizerischen Zivilgesetzbuchs zu einem Rechtsprechungsstandard erhoben.

So der BGH VerwRspr. 16 Nr. 58 S. 176, 179: «. . . muß darauf abgestellt werden, wie der Gesetzgeber die Grenze gezogen hätte, wo nach allgemeiner Überzeugung, nach dem vernünftigen Urteil der billig und gerecht Denkenden die Opfergrenze liegt» (BGHZ 17, 172). HÄBERLE (1970, 446f.) läßt sich durch diese Entscheidung zu der denkwürdig paradoxen Bemerkung hinreißen: «Hier wird nicht nur die Kooperation zwischen dem gedachten Gesetzgeber und der an seiner Stelle handelnden Rechtsprechung in Gemeinwohlfragen effektiv, vielmehr werden Gesetzgebung und Rechtsprechung mit dem billig und gerecht Denkenden – man darf ergänzen ‹Bürger› – in einen sachlichen Zusammenhang gebracht, wird ein (Gemeinwohl-)Konsens geschaffen, der der res publica entspricht.»

In solchen Standards kommt die Rückbindung des richterlichen Maßstabes an die «Anschauungen der aktuellen Sozialwirklichkeit» zum Ausdruck. Elemente demokratischer Öffentlichkeit (Durchschnittsempfinden, Allgemeinheit), praktischer Vernunft, Vor-Urteile des Richters, spezifische professionelle Standards und der jeweilige Gesetzeszweck verschmelzen zu normativen Richtlinien.

Dazu besonders instruktiv die Hinweise HÄBERLES (1970, 429ff.) auf die Rechtsprechung in ästhetischen Fragen des Bau-, Landschaftsschutz- und Naturschutzrechts: Bezug genommen wird nicht auf das Urteil des ästhetisch besonders geschulten Sachverständigen oder des ästhetisch besonders empfindsamen Betrachters, aber auch nicht auf die Anschauung derjenigen, «die ästhetischen Eindrücken gegenüber überhaupt gleichgültig und unempfindlich sind»; «denn diesen geht in dieser Hinsicht jede sachliche Urteilsfähigkeit ab» (BVerwGE 2, 172, 177). Wenn demgegenüber die Anschauung des gebildeten Durchschnittsmenschen als maßgeblich erklärt wird, so steht dahinter einerseits der Gedanke, daß die konstitutionelle Öffentlichkeit eine Geschmacksdiktatur der öffentlichen Verwaltung verbiete (HÄBERLE, a. a. O.), andererseits der normative Gesichtspunkt, daß sich der Gesetzgeber selbst gegenüber ästhetischen Eindrücken nicht unempfindlich verhält; denn sonst hätte er entsprechende Gesetze nicht erlassen. Wie HÄBERLE (431) mit Recht sagt, ist der gebildete Durchschnittsmensch, recht verstanden, «kein Stück plebiszitärer Demokratie . . . Vielmehr geht es um eine Aktivierung der konstitutionellen Allgemeinheit und Öffentlichkeit, wie der Richter sie aufnehmen kann. Bei der Konkretisierung von Gemeinwohlvorstellungen in der Interpretation des gebildeten Durchschnittsmenschen ist er, der öffentliche Richter, das zuständige Staatsorgan. Er trägt ein Stück öffentlicher Verantwortung. Sie paßt durchaus in das Bild einer repräsentativen Demokratie. Der gebildete Durchschnittsmensch ist eine ‹repräsentative Figur›.»

(b) Die von den Gerichten als entscheidungserheblich angesehenen *«policies»*[35] sind denkbar vielfältig. Sie reichen vom öffentlichen Interesse am gedeihlichen Zusammenleben aller bis etwa zum öffentlichen Interesse daran, daß die Bundesrepublik Deutschland bei internationalen Sportwettkämpfen vertreten ist (VG Stuttgart Bad.-Wü. VBl. 1968, 46f.), oder dem Allgemeininteresse am Vorhandensein von Kinderspielplätzen in einer großen städtischen Wohngegend (BGH VerwRspr. 18 Nr. 177, S. 719, 721).

Die Aufarbeitung der Gemeinwohljudikatur durch HÄBERLE 1970 hat hier eine Vielzahl von Gesichtspunkten zutage gefördert, von denen zur Illustration immerhin einige aufgezählt werden sollen: Ein öffentliches Interesse ist bejaht worden an einer sinnvollen Ordnung der staatlichen Aufgabenerfüllung (BVerfGE 21, 361, 370f.; vgl. auch BVerfGE 10, 89, 102; 30, 292, 311); an der Rechtssicherheit und an Gerechtigkeit (BGHSt. 3, 13, 15); an der Beachtung der für das gemeine Wohl notwendigen Grundsätze der Rechtseinheit und der Gleichheit vor dem Gesetz (BGHSt. 15, 155; 158); am Schutz der Allgemeinheit gegen unzuverlässige Personen (OVG Rheinland-Pfalz VerwRspr. 11 Nr. 143, S. 613f.); an einem geordneten Gang der Strafrechtspflege (BVerfGE 15, 226, 234); an der Steuerrechtspflege und der sachgerechten Beratung durch Steuerbevollmächtigte (BVerfGE 21, 173, 179f.); an der Freiheit der geistigen Auseinandersetzung als Gewährleistung der öffentlichen Diskussion über Gegenstände von allgemeinem Interesse und staatspolitischer Bedeutung (BVerfGE 25, 256); an guter Personal- und Ämterpolitik (BVerfGE 12, 113, 125ff.); an der Aufrechterhaltung einer geordneten Verwaltung (PrOVG 48, 180, 184; 69, 109, 111); am reibungslosen Lauf des Amtsbetriebs (BVerwG 31, 215); an den Grundsätzen einer vernünftigen Verwaltungsökonomie (BVerwG VerwRspr. 18 Nr. 156, S. 618, 623); an einer bürgernahen Verwaltung unter Hebung des Niveaus der Selbstverwaltungskraft der Gemeinden (VerfGH Rheinland-Pfalz DÖV 1969, 560, 563ff.); an der Heranbildung eines leistungsfähigen Berufsbeamtentums (BVerwG DÖV 1968, 419f.); am Vertrauen in die Beamtenschaft und an deren Ansehen (BVerwGE 17, 5, 8); an einer sparsamen Verwendung von Mitteln durch die öffentliche Hand, wodurch übrigens fiskalische Belange zu Rechtsprechungsmaximen werden können (BVerwGE VerwRspr. 15 Nr. 93, S. 307); an der Aufdeckung von Mißständen in der Verwaltung (BVerfGE 25, 296, 305f.); an der Praktikabilität der Verwaltung (BVerwG VerwRspr. 20 Nr. 58, S. 205); an der Staatssicherheit und der militärischen Geheimhaltung (BVerfGE 20, 162ff., 178); an dem Schutz im politischen Leben stehender Personen vor unsachlicher Beeinträchtigung um ihres öffentlichen Wirkens willen und an der Sicherung der politischen Wirksamkeit des im politischen Leben stehenden Staatsbürgers (BVerfGE 4, 352, 355f.); an vollständiger Aufklärung einer Straftat und rascher Bestrafung des Täters (BVerfGE 20, 144, 147); an der dauernden Anwesenheit des Täters vor dem Schwurgericht (BVerfGE 21, 184, 188f.); an schneller Entscheidung von Streitigkeiten zwischen Dienstherrn und Beamten (BGH VerwRspr. 8 Nr. 121, S. 502); an der Erfüllung von gesetzlichen Aufgaben durch Industrie- und Handelskammern (BVerfGE 15, 235, 241); an der Erhaltung des öffentlichen Vertrauens in die Zuverlässigkeit der Postverwaltung (BVerwGE 33, 16f.); an der Erhaltung der Volksgesundheit (BVerfGE 13, 97, 107)

35 Zur Problematik der Begriffe Gemeinwohl und öffentliches Interesse STOLLEIS 1974 und v. ARNIM 1977, 1ff.

und des Verkehrswesens (BVerfGE 16, 147, 181); am Wasserhaushalt (BVerfGE 10, 89, 107); an der Erhaltung von Ordnung und Sicherheit auf den Straßen (BVerfGE 26, 259, 264); am schnellen und preisgünstigen Postverkehr (OVG Münster VerwRspr. 12 Nr. 58, S. 237); an einem geordneten Kehrwesen (BVerwGE 6, 72, 74); daran, daß jedes Kind, wenn eben möglich, in die eheliche Familie hineingeboren wird und als Glied einer solchen Lebensgemeinschaft aufwächst und sich entwickelt (BVerwG VerwRspr. 16 Nr. 247, S. 847); an der Aufrechterhaltung eines geordneten Güterverkehrs (BVerwGE 17, 34, 39); an der geordneten baulichen Entwicklung (OVG Rheinland-Pfalz VerwRspr. 15 Nr. 210 LS 3). OLG Frankfurt NJW 1978, 273 berücksichtigt jetzt im Rahmen der Frage, ob ein durch lange Lagerung im Wert gemindertes Neufahrzeug mangelhaft ist, die «Notwendigkeit für die Kraftfahrzeugindustrie . . ., in Zeiten verringerter Nachfrage auch in gewissem Umfang Fahrzeuge auf Vorrat zu produzieren, schon um Kurzarbeit und Entlassungen möglichst zu vermeiden». Dabei scheint sich das Gericht allerdings nicht klargemacht zu haben, daß die gegenteilige Entscheidung sicherlich nicht zu einer Unterlassung der Vorratsproduktion, sondern allenfalls zu möglicherweise durchaus sinnvollen Preisabschlägen gemäß dem Alter des Neufahrzeugs führen würde.

Noch wenig geklärt ist, wieweit Richter unmittelbar bestimmte politische Interessen der Bundesrepublik zu «policies» erheben dürfen. Folgen die Gerichte in ihren Gemeinwohlvorstellungen allzu willfährig einer von der Regierung definierten Politik, so besteht die Gefahr, daß mit Hilfe der Rechtsfigur des öffentlichen Interesses die Legislative ausgeschaltet und mithin ein Bündnis funktioneller Eliten, nämlich der Bürokratie und der Judikatur, gegen die eigentliche demokratische Instanz begründet wird (vgl. auch oben 1.1.2 (4) (c)). Fallen die Gerichte auf Grund eigener Abwägung der öffentlichen Interessen der Politik der Regierung in den Arm, übernehmen sie in manchen Fällen eine unabsehbare wirtschaftspolitische Verantwortung.

Vor solchen Problemen stehen die Gerichte typischerweise im Bereich des internationalen Wirtschaftsrechts. Eine Rechtsprechung z. B., die entschädigungslose Enteignungen des Auslandsvermögens von Angehörigen dritter Staaten – etwa von Produktionsstätten oder Förderanlagen – nicht hinnimmt, kann die Rohstoffversorgung der Bundesrepublik gefährden, den Welthandel stören, die Bedeutung unserer Häfen und anderer Umschlagplätze reduzieren, weil dort die Beschlagnahme der betreffenden Produkte droht; sie kann die Entwicklungspolitik der Regierung behindern. Auf der anderen Seite kann sie die politische Entwicklung im Enteignungsland im Sinne größerer Rechtsstaatlichkeit fördern, dazu beitragen, daß dort eine den ausländischen Investitionen gegenüber aufgeschlossene Regierung an die Macht kommt, der Enteignung deutschen Vermögens vorbeugen. Das kann der Richter politisch nicht überschauen. Regeln, wonach in solchen Fällen die Gerichte zur Beachtung der Auffassung der Regierung gehalten sind – wie die Act of State-Doktrin in den USA –, kennt das deutsche Recht nicht. Wenn die Gerichte dazu neigen, Kriterien zu befolgen, die ihnen eine Haltung der Nichteinmischung ermöglichen (so etwa das der fehlenden Inlandsbeziehung), so dürfte das im Hinblick auf ihre Informations- und Entscheidungskapazität grundsätzlich der richtige Ausgangspunkt sein. Ein solches zur Nichteinmischung führendes Kriterium ist auch die Immunität ausländischer Staaten für ihre «acta iure imperii», wobei allerdings die alte Unterscheidung zwischen diesen und den sogenannten «acta iure gestionis» problematisch erscheint.[36]

Im nationalen Bereich bürden die weitgefaßten Bestimmungen des Atomgesetzes den Gerichten im Rahmen des Genehmigungsverfahrens für Kernkraftwerke gleichfalls eine kaum tragbare Verantwortung in der Entscheidung zwischen öffentlichen Sicherheits- und Versorgungsinteressen auf (dazu LECHELER 1977 m. Nachw.).

Die doppelte Zielsetzung des Atomgesetzes – einerseits Entwicklung und Förderung der Nukleartechnologie, andererseits Schutz vor den Gefahren der zivilen Atomenergie – hat nicht nur die mit der Forschung befaßten Behörden, sondern auch die für die sicherheitspolitische Überwachung zuständigen Stellen von Anfang an dazu veranlaßt, in der Kernenergie eher eine förderungswürdige Technologie zu sehen, die im Verlauf ihrer Entwicklung möglichst sicher zu gestalten ist, als eine risikoreiche Technologie, die nur insoweit gefördert werden kann, als Sicherheitsfragen von vornherein befriedigend beantwortet sind. Die Genehmigungsbehörden haben daher bisher bei der Prüfung der Frage, ob bei einem Kraftwerk die «nach dem Stand der Wissenschaft und Technik erforderliche Vorsorge gegen Schäden» getroffen worden ist (§ 7 Abs. 2 Nr. 2 AtomG), die Erforderlichkeit von Sicherheitsmaßnahmen nicht allein nach wissenschaftlich-technischen Kriterien, sondern auch nach Maßstäben wirtschaftlicher Vertretbarkeit bestimmt. Auch bildeten bei Erteilung einer Teilgenehmigung noch ungelöste sicherheitstechnische Probleme (z. B. noch offene Fragen der Reaktorsicherheit bei Erteilung einer Baugenehmigung oder noch offene Fragen der Brennstoffentsorgung bei Erteilung einer Betriebsgenehmigung) kein Genehmigungshindernis, solange von ihrer rechtzeitigen Bewältigung in der Zukunft ausgegangen werden konnte. Verwaltungsgerichte haben demgegenüber in jüngerer Zeit, nämlich in einer Phase bereits fortgeschrittener Entwicklung und Planung von Kernkraftwerken bei gleichzeitig aufkeimendem Widerstand in der Bevölkerung gegen diese Technologie, damit begonnen, negativ zu dieser Genehmigungspraxis Stellung zu nehmen. Auf der Basis einer Entscheidung des BVerwG, die den Schutzzweck eindeutig über den Förderungszweck des Atomgesetzes stellt (BVerwG DVBl. 1972, 678, 680), haben nicht alle, aber doch eine wachsende Anzahl der unteren Verwaltungsgerichte Zweifel an den sicherheitspolitischen Maßstäben der Genehmigungsbehörden geäußert (VG Schleswig DVBl. 1977, 219; NJW 1977, 644; VG Koblenz DVBl. 1977, 361) oder eigene, strengere Anforderungen gestellt (vgl. VG Freiburg NJW 1977, 1645). Im Falle des Baus eines neuen Reaktortyps hat OVG Münster DÖV 1977, 854 sogar die Verfassungsmäßigkeit des weiten Ermessens der Behörden bei der Genehmigung von Kernkraftwerken in Frage gestellt und diese Frage dem BVerfG zur Überprüfung vorgelegt. Die Entwicklung dieser Rechtsprechung ist noch nicht abzusehen, da bisher keiner der genannten Fälle durch den vollen Instanzenzug gelaufen ist.

---

36 Dazu im Hinblick auf die Vollstreckung in nigerianisches Staatsvermögen LG Frankfurt AG 1976, 47 m. Anm. MERTENS; Trendtex Trading Corp. Ltd. v. Central Bank of Nigeria, AG 1977, 81 m. Anm. SCHANZE In dem vom LG Frankfurt entschiedenen – inzwischen verglichenen – Fall bestand der politische Wertungskonflikt darin, ob dem Interesse der Bundesrepublik, als sicherer Hort ausländischen Staatskapitals zu gelten, Vorrang zukommen sollte vor dem Interesse des internationalen Handels an der Zahlungsmoral Nigerias und vergleichbarer Länder.

Gleichgültig wie die Oberinstanzen letztlich entscheiden werden, steht jetzt bereits fest, daß der Bau und die Inbetriebnahme von Kernreaktoren wegen der gerichtlichen Verhandlungen um Jahre verzögert und dadurch wahrscheinlich Umstellungen im Energieprogramm der Bundesregierung notwendig werden.

(c) In der Entscheidungspraxis der Gerichte klingt eine *Grenze der Bildung neuen Rechts* durch den Richter an, die darin bestehen soll, daß sein Gestaltungsermessen nur im Rahmen solcher Gesichtspunkte ausgeübt werden darf, die sich aus gesetzlichen Normen selbst entwickeln lassen.

Unter diesem Gesichtspunkt verzichtet das BAG in seiner zweiten «Hochbesoldeten»-Entscheidung (BB 1975, 1636) auf eine verfassungskonforme Rechtsfortbildung hinsichtlich der Verdienstgrenze für sog. Hochbesoldete im Sinne des § 75b Satz 2 HGB: Nach § 74 HGB ist ein Wettbewerbsverbot unverbindlich, wenn dem Handlungsgehilfen eine Karenzentschädigung zugesagt ist. In § 75b Satz 2 HGB war hiervon eine Ausnahme vorgesehen, wonach eine Karenzentschädigung nicht erforderlich war, wenn das Gehalt des Handlungsgehilfen eine Verdienstgrenze überschritt, die zuletzt, da der Gesetzgeber sie den Verhältnissen nicht angepaßt hatte, von den Gerichten in einer komplizierten Berechnung ermittelt wurde, die sich dem Gesetz nicht entnehmen ließ und überdies – wie das BAG meinte – zu Ergebnissen führte, die mit den Vorstellungen des Gesetzgebers nicht vereinbar seien. Das BAG hat daher diese Verdienstgrenze für nichtig erklärt (BAGE 22, 215, 223ff.). Es hatte dabei aber zunächst offengelassen, ob nicht die Regelung des § 75b Satz 2 HGB durch verfassungskonforme Auslegung mit einer anders zu bestimmenden Verdienstgrenze aufrechterhalten werden könnte. Es stellte zur Diskussion, daß möglicherweise das Vierfache der allgemeinen Bemessungsgrundlage im Sinne des § 1255 Abs. 2 RVO bzw. das Doppelte der Beitragsbemessungsgrenze im Sinne des § 1385 Abs. 2 RVO eine leicht feststellbare und praktikable Verdienstgrenze böten, die wenigstens dem nahe käme, was der Gesetzgeber im Jahre 1914 bei der Einführung der Verdienstgrenze des § 75b Satz 2 HGB wollte. Im Urteil von 1975 erwies sich diese Frage als entscheidungserheblich, weil der Verdienst des Beklagten während des ganzen Arbeitsverhältnisses ständig die jeweilige Beitragsbemessungsgrenze des § 1385 Abs. 2 RVO um mehr als das Doppelte überstieg. Nunmehr führt das BAG, dessen Erwägungen in der Literatur auf wenig Gegenliebe gestoßen waren, folgendes aus:

«Bei näherer Prüfung hält der Senat den erwogenen Lösungsweg für nicht gangbar. Er ist auch im Schrifttum auf erhebliche Bedenken gestoßen, soweit die Diskussionsanregung des Senats überhaupt aufgegriffen wurde. Beitzke ... Gumpert ... und Kraft ... haben übereinstimmend eingewandt, mit Hilfe der Beitragsbemessungsgrenze sei nur eine geringfügige, aber keine wesentliche Vereinfachung und Klärung des Berechnungsverfahrens zu erreichen und außerdem sei die auf diesem Wege ermittelte Wertgrenze nicht vom Gesetz gedeckt. Den zweiten Gesichtspunkt hält der Senat für entscheidend.

Schon in seinem Urteil vom 5. Dezember 1969 hat der Senat darauf hingewiesen ..., daß die erwogene Abgrenzung der Hochbesoldeten auf der Grundlage der Beitragsbemessungsgrenze nicht genau den Vorstellungen entspricht, die der Gesetzgeber des Jahres 1914 mit § 75b Satz 2 HGB verfolgte. Er wollte die Vergütungsgrenze für die sogenannten Hochbesoldeten bei mehr als dem Vierfachen der Durchschnittseinkommen von Handlungsgehilfen ziehen. Diese Grenze sollte nach der Zweiten Verordnung zur Neuregelung der im Handelsgesetzbuch sowie in der Gewerbeordnung vorgesehenen Gehaltsgrenzen vom 23. Oktober 1923 (RGBl. I 990) mit Hilfe der ‹Reichsindexziffer für die Lebenshaltungskosten› der Kaufkraftentwicklung möglichst schnell angepaßt werden.

Demgegenüber ergibt sich die allgemeine Bemessungsgrundlage des § 1255 Abs. 2 RVO und damit auch die Beitragsbemessungsgrenze aus dem Durchschnitt aller versicherungspflichtigen Einkommen des 3jährigen Zeitraumes vor dem Kalenderjahr, das der Berechnung vorausgegangen ist. Das bedeutet, daß bei der jährlichen Festsetzung durch die Bundesregierung Verdienstdaten zu berücksichtigen sind, die bis zu vier Jahren vor dem Zeitpunkt der Festsetzung liegen. Wegen der seit langem anhaltenden inflatorischen Entwicklung bedeutet dies, daß der ermittelte Durchschnittssatz geringer ist als der Durchschnitt aller Verdienste z. Z. der Festsetzung. Eine weitere Abweichung ergibt sich daraus, daß bei der Festsetzung der allgemeinen Bemessungsgrundlage die Verdienste der versicherungspflichtigen Arbeiter berücksichtigt werden. Dadurch wird das Ziel beeinträchtigt, eine bestimmte Angestelltengruppe von der Verdiensthöhe ausgehend abzugrenzen. Auch diese Abweichung wirkt sich bei der derzeitigen Lohn- und Gehaltsstruktur im Sinne einer Verringerung der zu ermittelnden Verdienstgrenze aus. Es würden deshalb mehr Angestellte von der Ausnahmevorschrift des § 75b Satz 2 HGB erfaßt, als der historische Gesetzgeber wollte.

Der Senat hält sich nicht für berechtigt, an die Stelle der unjustitiabel gewordenen Wertgrenze des § 75b Satz 2 HGB eine andere zu setzen, die mit den Vorstellungen des Gesetzgebers nicht übereinstimmt und für die nicht mehr spricht, als daß sie justitiabel wäre. Eine solche Festsetzung wäre ein reiner Akt der Rechtspolitik, weil ihr Inhalt nicht von Wertentscheidungen des geltenden Rechts bestimmt würde, sondern von dem eher zufälligen Kriterium abhinge, inwieweit Durchschnittsverdienste in allgemein zugänglicher Weise publiziert oder gesetzlich geregelt werden. An keiner anderen Stelle hat der Gesetzgeber versucht, die höchste Angestelltengruppe mit Hilfe einer Verdienstgrenze zu bestimmen.

Dem kann man nicht entgegenhalten, jede verfassungskonforme Auslegung bedeute eine Korrektur des historischen Gesetzgebers. Verfassungskonforme Auslegung ist eine von Verfassungsnormen geleitete Korrektur, bei der dem Gesetzgeber lediglich unterstellt wird, daß er gewollt habe, was ihm die Verfassung gebietet. Scheitert jedoch eine gesetzliche Regelung an dem Verfassungsgebot der Bestimmtheit, so ist damit über den Inhalt einer verfassungskonformen Regelung nichts ausgesagt. Eine inhaltliche Korrektur ist nicht gerechtfertigt.»

Bisher hat die Rechtsprechung auch gezögert, von sich aus Tatbestände der Gefährdungshaftung zu statuieren, wofür vor allem maßgeblich gewesen ist, daß bei gesetzlichen Tatbeständen die Haftung hier meist auf eine betragsmäßig fixierte Höchstsumme beschränkt ist (dazu Kötz 1976, 162) und die Rechtsprechung für die Bemessung solcher Höchstsummen aus dem Gesetz keine zureichenden Anhaltspunkte gewinnen kann. Der Sache nach haben die Gerichte in manchen Fällen eine solche Gefährdungshaftung – summenmäßig unbegrenzt – in der Form eingeführt, daß sie das Verschulden des Verursachers in praktisch kaum widerlegbarer Weise vermuten. Dies gilt insbesondere für den Bereich der Produzentenhaftung (vgl. BGHZ 51, 91; Kötz, 201).

Doch wird die offene – nicht durch Anlehnung an bereits vorhandene gesetzliche Wertungen zu gewinnende – Statuierung von Tatbestandsmerkmalen in der Entscheidungspraxis nicht gänzlich ausgeschlossen; dies zeigt die Rechtsprechung des BAG zu Rückzahlungsklauseln bei Weihnachtsgratifikationen (vgl. oben 1.2.1, Beispiel 3).

1.3.4. Offene Gesetzeskorrektur und «Ersatzgesetzgebung»

Die Berufung auf die praktische Vernunft, auf den Gerechtigkeitssinn oder auf Wertvorstellungen, die der verfassungsmäßigen Rechtsordnung immanent seien, legitimiert in der heutigen Judikatur auch die offene richterliche Korrektur eines Gesetzes, wenn einsichtig gemacht werden kann, daß es «seine Funktion, ein Rechtsproblem gerecht zu lösen, nicht erfüllt» (vgl. die im folgenden zitierte Entscheidung BVerfGE 34, 269). In nicht wenigen Fällen nehmen die Gerichte unter dieser letztlich von ihnen selbst bestimmten Voraussetzung die Rolle des Gesetzgebers unter Berufung auf eigene rechtspolitische Abwägungen offen für sich in Anspruch.

So sagt der BGH (VerwRspr. 9 Nr. 87, S. 382, 384) über eine seiner Entscheidungen ganz unbefangen: «Die Entscheidung des Senats über die Zubilligung eines Aufopferungsanspruchs auch bei Impfschäden (BGHZ 9, 83) entsprach in ihrer Begründung und Bedeutung mehr der Schaffung eines neuen Rechtssatzes und dem Erlaß eines neuen Gesetzes als der Aufdeckung und Berichtigung eines Fehlers.»

Ob eine Rechtsprechung, die Gesetze korrigiert oder offen die Rolle des Ersatzgesetzgebers übernimmt, die Grenzen einer wohlverstandenen Gewaltenteilung recht begreift, ist unter Juristen nicht unumstritten.[37] Doch wird diese Funktion der Judikative von Legislative und Exekutive politisch akzeptiert. Darüber hinaus hat auch das Bundesverfassungsgericht die offene Ergänzung und Korrektur des Gesetzes ausdrücklich als eine grundsätzlich dem Richter zustehende Befugnis und obliegende Aufgabe gewürdigt.

Zu der Einführung eines Schadensersatzanspruchs wegen Persönlichkeitsverletzung durch den BGH führt das BVerfG (E 34, 269, 287) aus: «Das Recht ist nicht mit der Gesamtheit der geschriebenen Gesetze identisch. Gegenüber den positiven Satzungen der Staatsgewalt kann unter Umständen ein Mehr an Recht bestehen, das seine Quelle in der verfassungsmäßigen Rechtsordnung als einem Sinnganzen besitzt und dem geschriebenen Gesetz gegenüber als Korrektiv zu wirken vermag; es zu finden und in Entscheidungen zu verwirklichen, ist Aufgabe der Rechtsprechung. Der Richter ist nach dem Grundgesetz nicht darauf verwiesen, gesetzgeberische Weisungen in den Grenzen des möglichen Wortsinns auf den Einzelfall anzuwenden. Eine solche Auffassung würde die grundsätzliche Lückenlosigkeit der positiven staatlichen Rechtsordnung voraussetzen, ein Zustand, der als prinzipielles Postulat der Rechtssicherheit vertretbar, aber praktisch unerreichbar ist. Richterliche Tätigkeit besteht nicht nur im Erkennen und Aussprechen von Entscheidungen des Gesetzgebers. Die Aufgabe der Rechtsprechung kann es insbesondere erfordern, Wertvorstellungen, die der verfassungsmäßigen Rechtsordnung immanent, aber in den Texten der geschriebenen Gesetze nicht oder nur unvollkommen zum Ausdruck gelangt sind, in einem Akt des bewertenden Erkennens, dem auch willenhafte Elemente nicht fehlen, ans Licht zu bringen und in Entscheidungen zu realisieren. Der Richter muß sich dabei von Willkür freihalten; seine Entscheidung muß auf rationaler Argumentation beruhen. Es muß einsichtig gemacht werden können, daß das geschriebene Gesetz

---

37 Vgl. J. Ipsen 1975 und die Referate von Roellecke und Starck sowie die Diskussion auf der Staatsrechtslehrertagung 1975 VVDStRL 34, 1976.

seine Funktion, ein Rechtsproblem gerecht zu lösen, nicht erfüllt. Die richterliche Entscheidung schließt dann diese Lücke nach den Maßstäben der praktischen Vernunft und ‹den fundierten allgemeinen Gerechtigkeitsvorstellungen der Gemeinschaft› (BVerfGE 9, 338 [349]).

Diese Aufgabe und Befugnis zu schöpferischer Rechtsfindung ist dem Richter – jedenfalls unter der Geltung des Grundgesetzes – im Grundsatz nie bestritten worden . . . Die obersten Gerichtshöfe haben sie von Anfang an in Anspruch genommen . . . das BVerfG hat sie stets anerkannt . . . dem großen Senat der obersten Gerichtshöfe des Bundes hat der Gesetzgeber selbst die Aufgabe der Fortbildung des Rechts ausdrücklich zugewiesen (s. z. B. § 137 GVG). In manchen Rechtsgebieten, so im Arbeitsrecht, hat sie infolge des Zurückbleibens der Gesetzgebung hinter dem Fluß der sozialen Entwicklung besonderes Gewicht erlangt. Fraglich können nur die Grenzen sein, die einer solchen schöpferischen Rechtsfindung mit Rücksicht auf den aus Gründen der Rechtsstaatlichkeit unverzichtbaren Grundsatz der Gesetzesbindung der Rechtsprechung gezogen werden müssen. Sie lassen sich nicht in einer Formel erfassen, die für alle Rechtsgebiete und für alle von ihnen geschaffenen oder beherrschten Rechtsverhältnisse gleichermaßen gelte.»

Auch in diesem Text klingt der Gedanke an, daß der Richter durch die Korrektur des Gesetzes erst das eigentliche Recht zur Geltung bringe, daß es objektive Lücken in einer als umfassendem Sinnganzen existierenden Rechtsordnung gebe, die man zunächst feststellen und dann schließen könne. Der Sache nach aber bejaht das Bundesverfassungsgericht eine Rechtsfortbildung durch den Richter, die nach Meinung der traditionellen juristischen Methodik gerade nicht mehr als Fall der Lückenschließung angesehen werden konnte. Der Methodenlehre der Rechtserkenntnis wird hier nur in der Diktion Tribut gezollt, in der Substanz aber einer gegen das Gesetz gerichteten richterlichen Rechtspolitik Recht gegeben. Offen bleiben freilich die Grenzen dieser Rechtspolitik, unbefriedigend der Hinweis auf die Maßstäbe der praktischen Vernunft und die fundierten allgemeinen Gerechtigkeitsvorstellungen der Gemeinschaft als Maßstab: Ist die gerichtliche Legalisierung des Arbeitskampfes, die der Präsident des Bundesarbeitsgerichts G. Müller (1977, 131) als eine der hervorragenden Leistungen des Richterrechts beschreibt, Ausdruck einer fundierten allgemeinen Gerechtigkeitsvorstellung der Gemeinschaft gewesen?[38] Wenn das Bundesverfassungsge-

---

38 *Müller* selbst hält seinerseits außer der Formulierung des Art. 20 Abs. 3 GG (Bindung des Richters an Gesetz und Recht und dem Verbot des non liquet) das Sozialstaatsprinzip in seiner — wie er meint — doppelten Ausprägung (Gebot der rechtlichen Anhebung der Angehörigen sozial schwacher Schichten und typisch sozial Schwacher überhaupt und allgemeines Soziabilitätsgebot, aus dem das Gebot der sachgerechten Wertung sozialer Größen folge) für die Grundlage der materiellen Legitimation des Richterrechts (134), meint andererseits aber, die Maßstäbe der Rechtsfortbildung seien in den Sachverhalten vorgegeben und könnten vom Richter jedenfalls bei Beherrschung und Pflege der Votentechnik «unbeschadet des nicht aus der Welt zu schaffenden Anteils von Dezisionismus aus dem Sachverhalt heraus gewonnen werden» (136). Wesentlich sei allerdings — so schließen seine entwaffnenden Ausführungen — richterlicher Mut.

richt das Zurückbleiben der Gesetzgebung hinter dem Fluß der sozialen Entwicklung als Ursache arbeitsgerichtlicher Ersatzgesetzgebung nennt, so läßt es eine politische Konstellation im dunkeln, die ZACHER (1973, 554) für das Arbeitskampfrecht mit aller Deutlichkeit ausspricht: «Die politische Allianz zwischen Staat (Parteien) und Gewerkschaften hat ferner den Gesetzgeber gehindert, das Arbeitskampfrecht zu regeln. Eine Regelung, der die Gewerkschaften zugestimmt hätten, konnte der Gesetzgeber den Wählern (und vielleicht auch sich selbst) gegenüber nicht verantworten. Eine andere Regelung wagte kein Gesetzgeber gegenüber den Gewerkschaften durchzusetzen. So wurden die Grenzen des Arbeitskampfrechts richterrechtlich entwickelt.»[39]

1.4. *Recht als politischer Handlungsspielraum des Juristen*

Zieht man die Folgerungen aus dem, was der Rechtsprechung als Recht gilt und nach Auffassung des Bundesverfassungsgerichts, der Gerichte und der politisch maßgeblichen Instanzen auch gelten darf, so ist offenbar, daß es als Inbegriff vorhandener Regelungen nicht zureichend erfaßt werden kann. Selbst wenn man alle Entscheidungen, die maßgeblich an der Frage nach der Rechtslage orientiert sind, unter dem Begriff des Rechts zusammenfaßt, so ist damit gewissermaßen nur der Output juristischer Rechtsanwendung und Rechtsgestaltung umschrieben. Hinzukommen muß die Sicht des Rechts als Inbegriff der Kriterien, deren Berücksichtigung bei der Antwort auf die Frage nach der Rechtslage in einer Gesellschaft erwartet wird. Das Interesse an einer sinngemäßen Befolgung vorgegebener Regelungen ist offenbar nur eines dieser entscheidungsleitenden Kriterien, wenn auch ein dominierendes, unmittelbar auf Gerechtigkeitsanforderungen (Gleichheit und Rechtssicherheit) zurückzuführendes, neben das Kriterien der Einzelfallgerechtigkeit einerseits, der Systemgerechtigkeit andererseits sowie Kriterien der pragmatischen Vernunft und des an die öffentlichen Anschauungen und Interessen gebundenen «Gemeinwohlbezugs», darüber hinaus auch eine Reihe von verfahrensleitenden Gesichtspunkten treten.

Diese entscheidungsrelevanten Kriterien und damit zugleich die Grenzen des richterlichen Handlungsspielraums müssen im folgenden noch näher geklärt werden, damit einerseits die realistische Beschreibung des Rechts für den Wirtschaftspolitiker vervollständigt wird und andererseits in eine Auseinandersetzung mit der Behauptung einer «Legitimationskrise des Rechts» eingetreten und ein politisches Werturteil über Sinn und Nutzen des Rechts als Rahmen und Mittel der Wirtschaftspolitik gewagt werden kann. Zuvor bleibt ein mehr terminologisches Problem zu klären, nämlich das Verhältnis von Rechtspolitik und Wirtschaftspolitik.

---

39 Vgl. zur Problematik der Kodifikation des Arbeitskampfes die Podiumsdiskussion auf dem 51. DJT – Verhandlungen 1977; ZACHER 1977.

1.4.1. Rechtspolitik und Wirtschaftspolitik

(1) Der Richter spricht, wenn er eine Rechtsfortbildungskompetenz in Anspruch nimmt, häufig davon, daß das geltende Recht lückenhaft oder unbefriedigend sei. Nicht immer aber genügt ihm diese Feststellung, um sich zur Fortbildung des Rechts als befugt anzusehen (vgl. oben S. 164ff.). Hält er seine Rechtsfortbildungskompetenz trotz unbefriedigender oder lückenhafter Regelung nicht für gegeben, so bezeichnet er die richtige Lösung des zu entscheidenden Problems als eine rechtspolitische Frage.

«Rechtspolitisch» wäre damit diejenige Rechtsfortbildung, zu der allein der Gesetzgeber selbst die Kompetenz hat. Dieser Sprachgebrauch verleugnet die politischen Elemente richterlicher Rechtsfortbildung. Außerdem trägt er noch keine Antwort auf die Frage in sich, wodurch Rechtspolitik als ein Subsystem der Politik von anderen Politiken, insbesondere der Wirtschaftspolitik, unterschieden werden soll.

(2) Die Bereichsabgrenzung verschiedener Politiken richtet sich im Sprachgebrauch offenbar vor allem nach den jeweils maßgeblichen Zielsystemen. Insofern könnten die *Maßnahmen*, die vorrangig auf die *Funktion und Organisation der Legislative und des Justizapparats* abzielen, als Rechtspolitik erfaßt werden. Diese Begriffsverwendung ist jedoch nicht üblich.

(3) Die auf Gesetzgebung und Rechtsfortbildung gerichtete Tätigkeit des Staates ganz allgemein als Rechtspolitik zu kennzeichnen, dürfte wenig zweckmäßig sein; denn dann müßte jede auf Umsetzung in Recht abzielende Maßnahme als Teil der Rechtspolitik und darüber hinaus je nach ihrem Ziel als Teil einer bestimmten «Fachpolitik» eingeordnet werden. Wenn Juristen die Umsetzung von Politik in Recht ganz allgemein als Rechtspolitik bezeichnen, so könnte es sich um einen Sprachgebrauch handeln, der darauf abzielt, das Politische der juristischen Entscheidung durch die Verbindung mit dem Wort Recht zu entschärfen. Vielleicht wäre es für den Juristen, der das GWB oder das Stabilitätsgesetz zu handhaben hat, nützlicher, sich klarzumachen, daß er durch eine Fortbildung des Rechts Wirtschaftspolitik treibt.

Immerhin stellt sich bei jeder «fachpolitischen» Zielsetzung die Frage, ob sie Teil des Rechtssystems werden soll. Wenn ja, entsteht die Aufgabe, sie so zu formulieren, daß sie den speziellen Argumentations- und Funktionsbedingungen des juristischen Systems angepaßt ist und sich in diesem Rahmen in der politisch gewünschten Weise durchsetzen läßt. Hier muß z. B. darüber nachgedacht werden, auf welcher von mehreren in Betracht kommenden Normebenen sie realisiert werden soll, welche Folgen sich für bereits bestehende Normen aus der Änderung des Systems ergeben können und welche Rückwirkungen schon bestehender Normen auf die geplante neue Norm erwartet werden müßten. Auch diese «Integrationsproblematik» könnte man als Teil der Rechtspolitik ansehen; doch muß man sich darüber im klaren sein, daß diese «juristische Übersetzungsleistung» nur eine Hilfsfunktion zur Durchsetzung des eigentlichen «fachpolitischen» Ziels hat. Es geht gewissermaßen um «Verrechtlichungstechnik».

(4) Noch in einem weiteren Sinne könnte von Rechtspolitik die Rede sein: Oberster Wert unseres Rechtssystems ist nach Art. 1 GG die Würde des Menschen. Die Gerechtigkeitsgrundsätze, die hieraus abgeleitet werden können, sind nicht voll mit einem anderen möglichen Grundziel politischen Verhaltens, nämlich dem größtmöglichen Glück der Gesamtheit, in Einklang zu bringen; denn als moralisches Subjekt hat jeder Anspruch darauf, daß er nicht der gesellschaftlichen Nutzenmaximierung aufgeopfert wird (dazu im Anschluß an KANT: RAWLS 1975). Insofern steht die Gesamtwohlfahrt unter dem Vorbehalt einer Achtung des einzelnen, die durchzusetzen oberstes Gebot des Rechts ist, und insofern könnte Rechtspolitik in einem theoretisch fundamentalen Gegensatz zu einer Wohlfahrtspolitik gesehen werden, die auf größtmögliche Befriedigung der Gesamtheit abzielt und sich – schon weil sie weitgehend makropolitisch sein muß – um ihre Auswirkungen auf den einzelnen nur in zweiter Linie kümmern kann.

Doch besteht zwischen der Erhaltung von Grundfreiheiten und Existenzbedingungen jedes einzelnen einerseits und der Optimierung der Wohlfahrt eines Gemeinwesens andererseits eine so erhebliche praktische Interdependenz, daß weder ein Subsystem Wirtschaftspolitik den ersten noch ein Subsystem Rechtspolitik den zweiten Gesichtspunkt ausklammern könnte. Deshalb trägt ein theoretischer Grundkonflikt zwischen dem utilitaristischen Prinzip der Maximierung des allgemeinen Nutzens und einem auf der Würde des Menschen aufbauenden Gerechtigkeitsprinzip keine praktikable Abgrenzung von Wirtschafts- und Rechtspolitik.[40]

(5) In diesem Buch wird als rechtspolitisch jede Entscheidung einer staatlichen Instanz bezeichnet, insoweit sie maßgeblich, aber nicht abschließend, durch rechtliche Kriterien bestimmt ist. In diesem Sinne ist auch die richterliche Entscheidung rechtspolitisch, es sei denn, dem Richter verbleibt in der Auswahl dieser Kriterien und in ihrer Anwendung auf den Fall, über den er zu befinden hat, praktisch kein erheblicher Entscheidungsspielraum. In dieser Formulierung kommt zum Ausdruck, daß sich eine scharfe Grenze zwischen Rechtsanwendung und Rechtspolitik ebensowenig ziehen läßt wie zwischen Rechtspolitik und Wirtschaftspolitik. Versteht man Rechtspolitik in dem hier vorgeschlagenen Sinne, so lassen sich als rechtspolitische Gesichtspunkte jeweils die normativen Kriterien bezeichnen, deren Berücksichtigung im zu entscheidenden Fall zwar im Bereich des Möglichen liegt, sich aber nicht zwingend aufdrängt, also auch unterbleiben könnte, ohne daß gegen den Entscheidenden der Vorwurf eines professionell fehlerhaften Verhaltens zu erheben wäre.

---

40 Dazu der bemerkenswerte Ansatz zu einer Rekonstruktion der Ethik bei SCHULZ (1972, 629ff.).

1.4.2. Politischer Spielraum und Legitimation juristischer Entscheidungen

(1) Aus den Beobachtungen über die *Relativität der Gesetzesbindung* des Juristen und über den Umfang der eigenen Regelungskompetenz des Rechtsanwenders entstehen Zweifel an der Legitimation juristischer Entscheidung (reichhaltiges Material bei SIMON 1975, 127ff. und passim). Dem Juristen wird einerseits vorgeworfen, er mache sich in letztlich dezisionistisch-autoritären Rechtssprüchen zum Handlanger des jeweiligen Zeitgeistes und politischer Opportunität, zum anderen, er stelle sich im Namen fragwürdiger traditioneller und systematischer Bindungen, ständisch geprägter professioneller Vorurteile und bürgerlich-liberaler «klassizistischer» Vernunftvorstellungen, die er zu Unrecht für unpolitisch halte, den politischen Zwecksetzungen des auf sozialen Wandel drängenden Gesetzgebers entgegen (vgl. WIETHÖLTER 1972, 532f.). Diese Vorwürfe können nach jeweiliger politischer Einschätzung des Gesetzgebers durchaus wechseln. Ihnen ist gemeinsam, daß sie überschätzen, was ein von Menschen unternommener Versuch, mit den Mitteln rechtsprechender Institutionen relativ gerechte und friedliche Lösungen sozialer und individueller Konflikte zu erzielen, erreichen kann. Die Bemühung, Anlehnung an Autorität, Tradition und Systembezug einerseits, Mitvollzug des sozialen Wandels andererseits in einem *sozialen Entscheidungssystem* miteinander zu verknüpfen, dieses über die Gesetzgebung, die Pflicht zur Berücksichtigung von «public policies» und die Bindung an pragmatische Vernunft für politische Einwirkungen offenzuhalten, es zugleich aber an seine eigene Geschichte zu binden und ihm so ein differenziertes Verhältnis zur politischen Macht einzuräumen, muß auch und gerade derjenige, der zu Recht kein metaphysisches Verhältnis unterhält, als eine ebenso beachtliche wie unverzichtbare menschliche Leistung zur Erhaltung einer je nach den politischen Umständen relativ gerechten, freien und friedlichen Ordnung in einem Staatswesen akzeptieren.

(2) Beide Vorwürfe verabsolutieren im übrigen Gefahren der juristischen Entscheidung, die für den Juristen jedenfalls dann als überwindbar erscheinen, wenn es ihm gelingt, sich von einer Scheinmethodenlehre zu befreien, nach der sich die Lösung sozialer Probleme allein im Wege der richtigen Erkenntnis des Gesetzes ergibt. Insofern diese Lehre heute zunehmend von realistischen Einsichten über juristische Entscheidungsvorgänge abgelöst wird, bei der sich durchaus Ansätze einer spezifischen Entscheidungsrationalität aufweisen lassen, zeichnet sich hier eine *Neuinterpretation der Bindung des Juristen an Recht und Gesetz* ab, die den Zweifeln an seiner Legitimation entgegengehalten werden kann. Hierzu nur einige Stichworte:

(a) *Gegenüber dem Vorwurf eines «politisierten Dezisionismus»*[41] ist

---

41 Gegen diesen Vorwurf auch v. ARNIM 1977, 257ff. sowie ZÖLLNER, Recht und Politik, 1977, 143ff., der mit Recht darauf hinweist, daß das Vorverständnis des Juristen im Rahmen des hermeneutischen Zirkels nicht etwa mit den Vorurteilen des

darauf hinzuweisen, daß ein großer Teil rechtsanwendender Entscheidungen nach wie vor in unproblematischer Regelhandhabung besteht. Die bei der faktischen Struktur unseres Justizapparates und des Prozeßgangs weitgehend gewährleistete *Beachtung von Präjudizien*, die nicht nur der Entscheidungsökonomie entgegenkommt, sondern auch Gleichheits- und Rechtssicherheitsgesichtspunkten entspricht,[42] gibt dem Rechtsanwender auch bei geringer Gesetzesdichte eine Vielzahl von Orientierungen, die einen relativ hohen Stetigkeitsgrad der Rechtsprechung verbürgen. Zu dieser Stetigkeit leistet die *jurisprudentielle Dogmatik* nach wie vor einen erheblichen Beitrag. Sie stellt einen Speicher von ausdifferenzierten und spezialisierten Fachbegriffen mitsamt deren Verwendungsregeln zur Verfügung und begünstigt die juristische Handlungsorientierung, indem sie

– die Selektion der entscheidungserheblichen Umweltinformationen, die Formulierung der Handlungsanweisungen und die konsensorientierte Argumentation erleichtert,[43]

– vergangene Entscheidungserfahrung speichert und verwertbar hält,

– vorgefertigte Standardbausteine nebst Kombinationsprogrammen zur Ermöglichung und Erleichterung von Routineentscheidungen bereitstellt,

– die Kontrolle und Koordination von Einzelentscheidungen im Hinblick auf Systemkonsistenz ermöglicht und Entwicklungssprünge im System vermeiden hilft.[44]

Juristen gleichgesetzt werden dürfe; die Arbeit des Juristen zeichne sich gerade dadurch aus, daß er mehrere Vorverständnisse versuchsweise an einen Text herantrage. ZÖLLNER wehrt sich allerdings gegen die Beschreibung einer teleologisch fundierten Bildung konkreter Entscheidungsnormen als politisches Handeln der Juristen. Jedenfalls von einer metaphysischen Begründung des Rechts her könne hier durchaus noch von Rechtserkenntnis gesprochen werden (148 ff.). So recht ZÖLLNER darin zu geben ist, daß niemand eine metaphysische Begründung des Rechts ausschließen kann, so sehr ist zu bezweifeln, daß der Jurist mit ihr seine Entscheidungen legitimieren darf.

42 Mit Recht weist KRIELE (1977, 326) darauf hin, daß es gerade die präjudizielle Bindung richterlicher Entscheidungen ist, die es erforderlich macht, daß der Richter die Bewährung seiner Entscheidungsmaxime im Hinblick auf mögliche andere Fälle überprüft. Eine Theorie des richterlich fortgebildeten Rechts und der richterlichen Rechtsneubildung hat jetzt FIKENTSCHER 1977, insbes. 202 ff., 313 ff. auf der Basis seiner Annahme entwickelt, daß als objektives Recht lediglich die Fall-Norm gilt. Diese Lehre, die hier nicht näher dargestellt werden kann, berührt sich in manchen Punkten mit den von uns aus der Beobachtung der Praxis gewonnenen Einsichten. Sie setzt jedoch im Gegensatz zu der hier vertretenen Auffassung unnötigerweise die präjudizielle Geltung richterlicher Entscheidungsnormen der Geltung gesetzlicher Normen gleich.

43 Zu konsensgeeigneten Spezialsprachen in professionellen Berufsgemeinschaften ETZIONI (1961, 127 f.).

44 Hierzu die Frankfurter Diss. von WÄLDE 1978 im Anschluß an DEUTSCH 1966. Bei WÄLDE auch Zusammenstellung des neueren Schrifttums zur Funktion der Dogmatik.

Weiter wird der politische Spielraum des Rechtsanwenders eingeengt durch die professionellen Ideale der Neutralität, Unparteilichkeit und Sachlichkeit und durch die auf sie ausgerichtete professionelle Sozialisation der Juristen, durch den Zwang zur argumentativen Begründung von Entscheidungen, ihre Beobachtung durch die wissenschaftliche und allgemeine Öffentlichkeit und durch das geregelte Dialogverfahren des Prozesses (KRIELE 1977, 344f.), in dem das Auffinden aller im Einzelfall relevanten Argumente dadurch begünstigt wird, daß die an der Entscheidung Interesssierten selber den Argumentationshaushalt maßgeblich beeinflussen können. Sicherlich entsprechen Gerichtsverfahren keineswegs voll dem Modell eines herrschaftsfreien und damit wahrheitsverbürgenden Diskurses; doch führt die «Einbindung des Streits in ein prozessual geregeltes Verfahren ... zur Präzisierung des Streitgegenstandes, Versachlichung, Entemotionalisierung, Anhörung des Gegners, Vervollständigung der Argumentation usw.» (KRIELE 1977, 345).[45]

Darüber hinaus ist der juristische Entscheidungsprozeß an eine *Vielzahl von* normativen, zum Teil auch nur konventionell oder faktisch geltenden *Argumentations- und Diskussionsregelungen* gebunden, die den Spielraum richterlicher Willkür zwar nicht für jede Einzelentscheidung, aber doch, aufs Ganze gesehen, in erheblichem Maße verengen.

Als Argumentationsregeln, deren Nichtbeachtung den Bestand richterlicher Entscheidungen gefährdet, sind z. B. anzuführen:

– Bricht der Richter mit einigermaßen klar erkennbaren Absichten des historischen Gesetzgebers oder mit der bisherigen Entscheidungspraxis, so steht er unter dem professionellen Gebot, dies unter Darlegung der zur Abweichung führenden Gründe ausdrücklich zu rechtfertigen.

– Der Richter ist gehalten, Lösungshypothesen der Rechtswissenschaft nach Möglichkeit nicht unbeachtet zu lassen. Die «Informationskrise des Rechts» und die Maxime «bis dat qui cito dat» setzen hier Grenzen; doch kommt gerade der Entscheidungsstil der deutschen Obergerichte der Forderung einer Berücksichtigung der in der Wissenschaft vorgetragenen Argumente durchaus entgegen.

– Der Richter hat die Normhypothese für seine Entscheidung einer Bewährungsprobe zu unterziehen, indem er sie gedanklich an einer Reihe hypothetischer Fälle überprüft, für die er sie konsequenterweise gleichfalls anwenden müßte. Müßte sie in anderen Fällen versagen, ohne daß Gründe für eine abweichende Behandlung solcher Fälle angeführt werden könnten, so paßt sie auch auf den konkret zu entscheidenden Sachverhalt nicht.

– Der Richter sollte die Auflösung von Wertungswidersprüchen grundsätzlich nicht in der Form vollziehen, daß er eine der beiden Wertungen voll auf Kosten der anderen den Vorrang gibt; vielmehr ist durchweg zu prüfen, ob nicht die unterliegende Wertung jedenfalls zu einer Modifikation der obsiegenden Wertung führen muß. Dieses Verfahren der Herstellung praktischer Konkordanz bei Wertungswidersprüchen spielt vor allem in der Verfassungsinterpretation eine wesentliche Rolle.

– Der Richter hat grundsätzlich alle juristischen Auslegungsmöglichkeiten in

---

45 Die Qualitäten juristischer Verfahren kommen, wie KRIELE (1977, 342ff. m. Nachw.) hervorhebt, den Postulaten einer dialogisch-pragmatischen Ethik entgegen.

Erwägung zu ziehen. Führen diese zu unterschiedlichen Ergebnissen, so hat er zu begründen, warum er der einen Argumentationsweise den Vorrang vor der anderen gibt.

– Der Richter muß sich grundsätzlich mit allen möglicherweise einschlägigen Argumenten der Parteien auseinandersetzen.

– Für eine Reihe von Sachentscheidungen ist die Möglichkeit der Wahl zwischen Argumentationsweisen von vornherein ausgeschlossen oder eingeschränkt, z. B. sind gesetzliche und vertragliche Regelungen über Fristen, Formalien und Beträge grundsätzlich «strikt» zu verstehen. Verträge sind unter Berücksichtigung ihrer Vorgeschichte zu interpretieren; für die Auslegung von Satzungsbestimmungen darf entstehungsgeschichtliches Material jedenfalls nur insoweit herangezogen werden, als es allgemein zugänglich ist (dazu Wiedemann, DNotZ 1977, 104). Ausnahmebestimmungen sind nur beschränkt analogiefähig. Aktuelle Gesetze sind möglichst so auszulegen, daß historisch eindeutige Absichten des Gesetzgebers realisiert werden, usw.

Es sollte nicht übersehen werden, daß es vielfach solche methodologischen Maximen sind, die z. B. in der Rechtsmittelkontrolle zur Aufhebung von Instanzentscheidungen führen, ohne daß sie als solche ausgesprochen und aus dem Kontext der «Sachargumentation» gelöst würden. Ihre Verletzung bedingt dabei nicht notwendig die Änderung der Entscheidung, weil es sein kann, daß deren sachliches Ergebnis der Kontrollinstanz trotzdem zutreffend erscheint. Vielfach enthalten auch Sachnormen selbst Hinweise zur Methode ihrer Anwendung, deren Verletzung den Vorwurf des juristischen Kunstfehlers begründet.

Bringt z. B. der Gesetzgeber zum Ausdruck, daß er Landschaftsschutz unter Berücksichtigung ästhetischer Gesichtspunkte bejaht, dann folgt daraus, daß die Gerichte als maßgebliche prätorische Rechtsfigur (dazu oben S. 161) nicht den ästhetisch völlig unempfindlichen Zeitgenossen heranziehen dürfen.

Entwicklungen, die zu einer weitergehenden Präzisierung von Rechtsfindungsgrundsätzen führen könnten, zeichnen sich ab. Vorschläge, wie man Wertungen möglichst weitgehend rational auflösen (etwa Lüderssen 1972), Entscheidungsprozesse unter Berücksichtigung normativer Entscheidungstheorien stärker rationalisieren könnte (Priester 1972), wie sich Grundsätze der Folgenberücksichtigung konkretisieren lassen und ein Gleichgewicht von Informationsbeschaffung und Folgenberücksichtigung[46] zu gewährleisten sei, wie richterliche Alltagstheorien und Prognosen durch Heranziehung sozialwissenschaftlicher Techniken verbessert werden könnten, werden diskutiert. Schließlich eröffnen auch philosophisch-pragmatische Theo-

---

46 Daß Juristen folgenorientiert zu entscheiden haben, steht grundsätzlich außer Frage (so mit Recht Kriele gegen Luhmann, 1974; vgl. auch Sambuc 1977). Nur kann und wird häufig die Entscheidungsnorm in ihrer konfliktisolierenden Funktion gewisse Folgen der Entscheidung als irrelevant ausschließen. In der Praxis überwiegen bei Folgeerwägungen allerdings recht «alltagstheoretische» – um nicht zu sagen naive – Prognosen; vgl. nur das Beispiel des OLG Frankfurt NJW 1978, 273, oben S. 163.

rien zur Strukturierung des Gerechtigkeitsarguments Einsichten, die für eine rational kontrollierte Rechtsfindung nutzbar zu machen sind.

Der Gedanke etwa, zu fragen, wie vernünftige Menschen in einem fingierten Urzustand, in dem noch niemand sich selbst und seinen Status in der Gesellschaft näher kennt, die Grundsätze ihres Zusammenlebens geregelt hätten – der Ausgangspunkt der Theorie der Gerechtigkeit von RAWLS (1975) –, ist eine gedankliche Operation, die auch für die Vertragsauslegung mit großem heuristischem Nutzen Anwendung finden kann; denn RAWLS entwirft, wie ESSER, Tübinger Festschrift 1977, 117f. mit Recht hervorhebt, auf der Basis des fingierten Urzustandes nichts anderes als eine moderne «kausale Kompromißtheorie im Sozialkampf».

Noch relativ wenig durchdacht sind allerdings Voraussetzungen und Verfahren der offenen Korrektur einer Gesetzesnorm oder ständigen Rechtsprechung. Das nimmt nicht wunder, wenn man berücksichtigt, daß die rechtspolitische Funktion des Richters von der herrschenden Methodenlehre lange Zeit vernachlässigt, wenn nicht gar totgeschwiegen worden ist. Hier ist zu diskutieren über die Fragen des Vertrauensschutzes,[47] über die Integration richterlicher Rechtsfortbildung in Normen, die auf andere Normen Bezug nehmen, wie z. B. § 823 Abs. 2 BGB (dazu MERTENS 1978), über die Möglichkeiten einer Erweiterung der Informationskapazität des Richters im Hinblick auf eine den Einzelfall übersteigende Rechtsfortbildung usw.[48] Gewisse Versuche, in Regeln explizit zu erfassen, wann der Rechtsprechung die offene Änderung des Gesetzes erlaubt ist und wann nicht, sind immerhin

---

47 Hier geht es nicht nur um die Problematik einer Ankündigung der Rechtsfortbildung oder der Aufrechterhaltung der alten Rechtslage im konkreten Entscheidungsfall, um die Kostentragungspflicht oder gar eine Entschädigung desjenigen, der auf die alte Rechtslage vertraut hat, sondern auch darum, daß es wirtschaftspolitisch geboten sein kann, die zukünftige Entwicklung der Rechtsprechung gerade offenzulassen, um zu verhindern, daß man sich auf sie einrichtet. So vermeiden es – wie SIMITIS (1976, 80) bemerkt, die Gerichte bewußt, verbindliche Entscheidungsregeln darüber zu formulieren, wann sie entgegen dem Nominalprinzip wegen einer Veränderung des Geldwertes zu einer Anpassungsintervention bereit sein könnten. Die «kritische Schwelle» wird nicht präzisiert, allenfalls in sibyllinischen Formulierungen umschrieben, um Zeitpunkt und Umfang der Intervention offenzulassen.

48 Vgl. auch SIMON 1975, 132. BFH und BAG haben als Maxime verkündet, daß sie an einer vertretbaren Rechtsprechung auch dann festhalten, wenn gute Gründe für eine abweichende Entscheidung sprechen. Dazu HILGER 1973, 116. Der BGH hat in JZ 1977, 686, 688 m. Anm. WIEDEMANN = BB 1977, 809, 811 m. Anm. ULMER (805) für die Vererbung von Mitgliedschaftsrechten an einer Personengesellschaft am Prinzip der Einzelrechtsnachfolge festgehalten. Der BGH führt hierzu aus: «Das entspricht . . . einer Rechtsentwicklung, die . . . von der ständigen Rechtsprechung der Gerichte und der überwiegenden Meinung im Schrifttum getragen wird; diese kann vom BGH, obwohl eine Anzahl gegenläufiger Stimmen im neueren Schrifttum . . . nicht zu übersehen ist, mangels zwingender gegenteiliger Argumente schon im Hinblick auf die notwendige Kontinuität einer revisionsrichterlichen Rechtsprechung nicht mehr in Frage gestellt werden . . .»

zu verzeichnen. Wie sich z. B. aus Äußerungen von Bundesrichtern schließen läßt (FISCHER 1971; HILGER 1973; HEUSINGER 1975, 92 ff.), besteht hier durchaus eine relativ einheitliche Meinung über gewisse *Leitlinien richterlicher Rechtspolitik.*

HEUSINGER nennt z. B. in grundsätzlicher Übereinstimmung mit seinen Kollegen als Kriterien der Rechtsfortbildung, der Richter dürfe einer zu erwartenden Gesetzgebung grundsätzlich nicht vorgreifen (HILGER [118] spricht noch konkreter von der Abstimmung der richterlichen Entscheidung auf die Absichten des Gesetzgebers); er dürfe das Recht nur fortbilden, soweit die Folgen für ihn übersehbar bleiben und soweit er sich im Rahmen der für ihn zugänglichen Erkenntnismittel eine hinreichend umfassende Sachkunde über die Materie verschaffen kann (HILGER [119] fordert im Hinblick darauf eine Erweiterung der Erkenntnismittel der Zivilgerichte und weist darauf hin, daß es die Verwaltungsgerichte wegen der dort geltenden Amtsmaxime insofern leichter haben[49]); er müsse aus der Rechtsordnung Maßstäbe und Richtlinien für die Rechtsfortbildung entnehmen können (vgl. dazu auch oben S. 165 f.); er sollte sich in politisch aktuellen und brisanten Fragen zurückhalten; er müsse prüfen, ob mit seiner Rechtsfortbildung nachteilige rechtliche Rückwirkungsfolgen verbunden sein würden.

Insgesamt ergeben sich damit Begrenzungen des juristischen Handlungsspielraums, die zwar nicht in Form eines Metarechts, eines «Rechts der Rechtsfindung», für sich fixiert sind, über die sich auch eine einzelne richterliche Entscheidung hinwegsetzen kann und die sich wegen ihrer relativen Unbestimmtheit, ihren Interdependenzen mit der Art der zu treffenden Entscheidung und der sachlichen Entscheidungsmaterie in problematischen Fällen nicht ein für allemal festlegen lassen, über die jedoch ein praktisch ausreichender «stillschweigender» Konsens besteht, dessen Elemente freilich noch schärfer herausgearbeitet werden sollten. Durchbrechungen solcher Regeln werden, aufs Ganze gesehen, durch Rechtsmittelkontrolle und jurisprudentielle Diskussion, äußerstenfalls durch den Ge-

---

49 HILGER (1973, 119) weist darauf hin, daß z. B. der Bundesfinanzhof vor seinem Urteil vom 27. 7. 1967 (BFH 89, 422) über die Berücksichtigung der Geldentwertung bei der Besteuerung von Einkünften aus Kapitalvermögen den Bundesminister der Finanzen, die Deutsche Bundesbank, den Deutschen Industrie- und Handelstag, die Gemeinschaft zum Schutz der deutschen Sparer, den Bundesverband des privaten Bankgewerbes und den Deutschen Sparkassen- und Giroverband angehört habe.
Demgegenüber verdient es festgehalten zu werden, daß der Bundesgerichtshof (BGH AG 1978, 50 m. Anm. ZÖLLNER 1978) eine Frage von großer staatspolitischer Tragweite, nämlich ob der Staat ein Unternehmen im Sinne des Konzernrechts darstellt, im Rechtsstreit eines Aktionärs gegen die GELSENBERG AG – positiv – entschieden hat, ohne daß die Bundesrepublik als die eigentlich Betroffene in diesem Verfahren repräsentiert war; desgleichen nicht die Banken und Gewerkschaften, für deren Beteiligungsbesitz sich präjudizielle Wirkungen der Entscheidung – jedenfalls nach manchen Passagen in den Entscheidungsgründen – nicht ganz ausschließen lassen. Immerhin sind diese insgesamt doch so vorsichtig formuliert, daß es grober Verzerrungen bedürfte, um aus ihnen das Bild der Bundesrepublik als eines «faktischen Gesamtkonzerns» zu entwickeln.

setzgeber zumindest einigermaßen «abgeschottet». Die konventionell akzeptierte Präjudizienbindung der Gerichte, ihre ungeschriebene Verpflichtung auf eine Politik der kleinen Schritte und auf das Postulat einer möglichst geringen normativen Distanz gewährleisten insgesamt eine hinlängliche Kontinuität. Ohnehin gering bemessen ist die Gestaltungsfreiheit des Richters bei der Verhängung von Sanktionen, da er sich an den beschränkten Katalog gesetzlich vorgesehener Sanktionen zu halten hat und in seiner Entscheidung stets auf den «Streitgegenstand» beschränkt ist. Daß die Rechtsfindungslehre nirgendwo allgemein und abschließend entwickelt und zu einem vollständigen, für den einzelnen Richter verbindlichen Rechtsfindungsrecht ausgebaut worden ist, darf im übrigen nicht nur als Mangel verstanden werden, sondern ist Voraussetzung für ein Mindestmaß an politischer Flexibilität und für eine «den Einzelfall ausschöpfende» substantielle Argumentation.

(b) Der Vorwurf, daß der Richter seinen politischen Entscheidungsspielraum nicht ausreichend im Sinne der *Durchsetzung der politischen Gestaltungsabsichten des Gesetzgebers* einsetze und damit die Steuerungsfunktionen des Rechts beeinträchtige, weist auf die ernst zu nehmende Gefahr hin, daß die Berufung auf System, Tradition, pragmatische Vernunft und den hypothetischen Konsens der billig und gerecht Denkenden im pluralistisch-demokratischen Staat auf eine Ideologie des Unpolitischen hinauslaufen und dazu führen kann, das parlamentarische Gesetz als «Abbild und Ergebnis des Wettbewerbs organisierter Interessen» durch Berufung auf eine «unspezifizierte berufsständische Verantwortung der Fachjurisprudenz» zu unterlaufen (KÜBLER 1974, 721, 725). In der Tat muß der Jurist das Gesetz «als Resultat eines langwierigen und sensiblen Prozesses der Ermittlung und des Ausgleichs konkurrierender Bedürfnisse zwischen sich gegenseitig kontrollierenden Gruppierungen» (KÜBLER 1974, 721) würdigen, er muß, wie STEINDORFF (1973, 223 ff.) näher ausgeführt hat, gerade bei wirtschaftspolitisch gestaltenden Gesetzen dem Prinzip des «effet utile» besondere Bedeutung beimessen und darf die gesetzgeberischen Gestaltungsziele ebensowenig durch Rückgriff auf apriorische oder apolitische Sinnbegriffe durchkreuzen wie durch das Beharren auf systematischer Integration oder auf Einordnung der Norm in fixierte Wertungszusammenhänge und tradierte allgemeine Rechtskategorien. Hat der Richter hier im Sinne STEINDORFFS darauf abzustellen, daß seine Entscheidung den vom Gesetzgeber verfolgten wirtschaftspolitischen Zweck fördert,[50] hat er – um mit WIETHÖLTER zu spre-

---

50 STEINDORFF setzt sich in diesem Zusammenhang vor allem mit dem Vertragsbegriff des BGH im Teerfarbenurteil (BGHZ 55, 104 = BGHSt 25, 54) auseinander; vgl. dazu auch FUTTER 1975 m. w. Nachw. Der Richter, der sich die Frage vorlegt, ob er einer bestimmten, im Gesetz angelegten Politik zum Durchbruch verhelfen soll, wird stets eine Überlegung anstellen müssen, die im Teerfarbenfall nicht ohne Bedeutung gewesen sein mag: nämlich ob nicht gerade seine Weigerung eine gesetzgeberische Korrektur auslösen könnte, wodurch einer entsprechenden Politik wirksamer und nachhaltiger zum Erfolg verholfen würde.

chen[51] – eine Pflicht zur Identifizierung mit dem Gesetz gewordenen politischen Verwirklichungsprogramm, so muß er sich der Konsequenzen seiner Entscheidung in weit höherem Maße als bei tatbestandsbezogener und kraft des Tatbestandes folgenentlasteter Interpretation vergewissern und diese Folgen bereits in seiner Entscheidung thematisieren. Dazu muß er die tatsächlichen Verhältnisse, auf die seine Entscheidung trifft, wesentlich umfassender und eingehender analysieren, insbesondere auch einem Wandel der tatsächlichen Verhältnisse weit stärker Rechnung tragen, als dies bei Gesetzen nötig sein mag, die primär der Schlichtung individueller Konflikte und weniger der Gestaltung sozialer Zusammenhänge dienen. Dagegen wird der Richter bei sozialgestaltenden Gesetzen eine verallgemeinernde Interpretation der Norm über die vom Gesetzgeber konkret gemeinten Sachverhalte hinaus weit seltener vornehmen dürfen als bei Tatbeständen, die – wie noch weithin im überkommenen bürgerlichen Recht – einer von systematisierenden Tendenzen beherrschten historisch gewachsenen Rechtskultur entstammen.

Auch im Rahmen eines demokratischen Staatswesens müssen solche Forderungen aber respektieren, daß der Jurist ein *selbständiges politisches*

51 Wiethölter (1974, 532f.) hält den Juristen, so wie er bisher ausgebildet wird, für wenig geeignet, diesen Forderungen zu genügen: Die bisher «gerade von inhaltlichen Zwecken freigehaltene Jurisprudenz (das Recht nach seiner Struktur; die Rechtswissenschaft nach theoretischem und methodischem Instrumentarium, die Juristen nach Ausbildung und Bewußtsein)» sei «zur Mitarbeit an solcher Planverwirklichung systematisch unfähig»; sie desavouiere den politischen Handlungsbereich in der Rechtsanwendung durch den «Umbau von klaren politischen Entscheidungsanweisungsprogrammen zu traditionell juristischen Rechtsinterpretationen». Den Juristen der nationalsozialistischen Zeit wird von manchen vorgeworfen, den Gegenbeweis erbracht zu haben.

Vorschläge, das Eigengewicht des Rechts als Teil einer kontinuierlichen Tradition gegenüber der Wirtschaftspolitik als zukunftsgestaltender Koordination und Organisation gesellschaftlichen Handelns zu vernachlässigen, können sich zwar mit Recht darauf berufen, daß Rechtsetzung heute mehr und mehr auf den Entwurf offener Ordnungen und nicht auf die Befolgung historisch vorgegebener oder gar angeblich natürlicher Ordnungen abzielt. Auch entspricht die Forderung an den Richter, er solle sich mit dem politischen Verwirklichungsprogramm identifizieren, bis zu einem gewissen Grade dem Umstand, daß sich die Politik im Rechtsstaat durchweg an das Recht bindet und ihre Ziele nur im Wege des Rechts durchzusetzen vermag.

Doch bleibt es andererseits dabei, daß Gesetzgebung und Rechtsanwendung nicht ohne Bezug auf in der Vergangenheit gesetzte Normen und Präjudizien auskommen und daß sich solche Normen und Präjudizien in einem systematischen Zusammenhang vorfinden, der durch eine Vielzahl von Einflüssen und keineswegs nur durch aktuelle politische Tendenzen geprägt ist, und sich nie ganz aus diesem Zusammenhang befreien können. Diese Grenze der Zukunftsgestaltung durch Recht ist im Rechtsstaat durchaus mit Bedacht konstituiert, weil hier die politische Funktion des Rechts nicht nur darin besteht, dem politischen Machthaber zu möglichst effizienter Durchsetzung seines Programms zu verhelfen, sondern auch darin, den politischen Spielraum des jeweiligen Machthabers zu verengen.

Subsystem zu verwalten hat, dessen Ausdifferenzierung aus dem allgemeinen politischen Entscheidungssystem nicht nur durch die Verfassung gewährleistet ist, sondern auch unter politischen Gesichtspunkten einen entscheidenden Beitrag zur Teilung der politischen Gewalt, zur Festigung des sozialen Friedens und zur Freiheit des Bürgers darstellt.[52]

Der «*Politik des Gesetzes*» kann der Jurist nur im Rahmen des spezifisch juristischen Konfliktentscheidungsmodells Rechnung tragen. Dieses ist – wie STRÖMHOLM (1976, 160ff.) darlegt – nur unter gewissen Bedingungen funktionsfähig. Dazu gehört, daß es durch Tatbestandsbildung, Verfahren und Argumentationsweisen soziale Konflikte isolieren kann. Um effektiv und arbeitsökonomisch zu arbeiten, muß es z. B. grobe und leicht identifizierbare Entscheidungsmerkmale auswählen, auch wenn es damit die Politik des Gesetzes «vergröbert».

Wie eine allzu feine richterliche Differenzierung in – prinzipiell wünschenswerter – Anlehnung an wirtschaftswissenschaftliche Kriterien infolge mangelhafter Berücksichtigung der Gesichtspunkte isolierender Tatbestandsbildung Normen zu Lotteriespielen werden lassen kann, hat BREZING (1971, 244) am Beispiel der Rechtsprechung des BFH zu § 3 Abs. 1 Kapitalverkehrssteuergesetz aufgezeigt. Diese Norm unterwirft solche Gesellschafterdarlehen der Gesellschaftssteuer, die eine durch die Sachlage gebotene (Eigen-)Kapitalzuführung ersetzen. Nach BREZING waren es zunächst die folgenden Beurteilungskriterien, die der BFH anwandte, um zu entscheiden, ob ein Gesellschafterdarlehen eine durch die Sachlage gebotene Kapitalzuführung ersetzt oder nicht.

A. Kriterien für den Kapitalbedarf der Gesellschaft
  1. Vergleich zwischen Anlagevermögen und Eigenkapital
  2. Wenn ersteres höher: Prüfung, ob und inwieweit das Anlagevermögen typischerweise beleihungsfähig ist:
     a) sozialer Wohnungsbau 85 v. H.
     b) Bürobauten 60 v. H.
     c) Handelsschiffe 60 v. H.
B. Kriterien für das Gesellschafterdarlehen
  3. Ist es mittel- oder langfristig? Oder kurzfristig?

Im Jahre 1969 änderte der BFH seine Rechtsprechung (BStBl. II 1970, 279, 289), weil ihn – wie BREZING meint – an diesen schlichten Grundsätzen die mangelnde Übereinstimmung mit wirtschaftswissenschaftlichen Erkenntnissen störte. Die nunmehr angewandten Kriterien lassen sich nach BREZING etwa wie folgt zusammenstellen:

A. Kriterien für den Kapitalbedarf der Gesellschaft
  I. Betriebswirtschaftliche Kriterien
    1. statisch: Bilanzstruktur
    2. vergangenheitsbezogen: Bisherige Gewinne oder Verluste

---

52 Beispiel: Als Teil eines auf effektive Verbrechensbekämpfung abzielenden Sanktionssystems könnte unser Straf- und Strafverfahrensrecht in vieler Hinsicht dysfunktional erscheinen. Hier dürfte es ohne weiteres einleuchten, daß «das Systemziel anspruchsvoller definiert werden muß» (HASSEMER 1974, 134ff., 138).

3. zukunftsbezogen: Planungen der Gesellschaft, insbesondere Finanzierungsplan

II. Volkswirtschaftliche Kriterien

4. Marktsituation
   a) allgemein
   b) für die einschlägigen Artikel
5. inflationäre oder deflatorische Entwicklung
6. Flüssigkeit des Geldmarktes, Mindestreservenpolitik der Bundesbank
7. Zinsentwicklung
   a) Lombardsatz
   b) Diskontsatz
   c) Anleihezinsen
8. Entwicklung der Zoll- und Steuersätze

III. Gesamtwürdigung

9. Art des Kapitalbedarfs: Konnte er durch Aufnahme von Fremdmitteln gedeckt werden?
10. Dringlichkeit des Kapitalbedarfs
    a) War Eigenkapitalzuführung erforderlich, um den Geschäftsbetrieb wie geplant weiterzuführen? (Mindestrahmen)
    b) Verneinendenfalls: War die unterlassene Eigenkapitalzuführung unordentliches Geschäftsgebaren?

B. Kriterien für das Gesellschafterdarlehen

11. Höhe und Fristigkeit
    a) Ist der Betrag verhältnismäßig geringfügig?
    b) Ist das Darlehen (ganz oder teilweise) kurz-, mittel- oder langfristig?
12. Ist das Unternehmen der Kapitalgesellschaft gesund?
13. Ist die Darlehensgewährung Teil einer weiterreichenden Gesamtplanung?

«Damit ist», so BREZING, «wirtschaftswissenschaftlichen Erwägungen Rechnung getragen. Nur ging dabei leider die Anwendbarkeit des § 3 Abs. 1 KVStG verloren ... Man könnte versuchen, in etwa 10 bis 20 Druckseiten umfassenden Durchführungsbestimmungen festzulegen, wie die einzelnen Kriterien bestimmt und abgewogen werden sollen.» In der Tat ist – wie erörtert (vgl. oben 1.2.2 (2) (d)) – die Verwaltungspraxis oft den Weg gegangen, eine Rechtsprechung im Wege von Verwaltungsvorschriften praktikabel zu machen. Doch kann sich Rechtsprechung darauf verlassen?

Keine Berufung auf eine «Politik des Gesetzes» kann den Juristen von der Beachtung der Tatbestandsmäßigkeit, von der Einordnung seiner Entscheidung in einen allgemeineren, gleichheits- und rechtssicherheitsverbürgenden normativen Zusammenhang und von der Rechtfertigung ihrer Zumutbarkeit für die von ihr Betroffenen entbinden. Insofern ist der Forderung nach einem der Politik des Gesetzes folgenden richterlichen Entscheidungsverhalten, was STEINDORFF (1973, 223, 235 f.) keineswegs verleugnet, eine klare Grenze gesetzt.

Faktisch ergibt sich die geringe Tragweite dieses Postulats vielfach schon daraus, daß «die Politik des Gesetzes» oder jedenfalls die Reichweite einer solchen Politik vom Gesetzgeber im Unbestimmten gelassen worden ist.

Entspricht z. B. die Grundlinie der Rechtsprechung zum Personengesellschaftsrecht der Politik des Gesetzes? Hier haben die Gerichte dem Erfindungsreichtum der Kautelarjurisprudenz weiten Raum gewährt und praktisch den Umbau der Personengesellschaft zur Gesellschaft mit beschränkter Haftung zugelassen. Die meisten Zielsetzungen, für die die Personengesellschaft geöffnet worden ist (insbesondere GmbH & Co.), hätten sich auch in der GmbH verwirklichen lassen. Doch war hier und ist zum Teil noch heute die steuerliche Situation für die Gesellschafter ungünstiger. Hätten die Richter etwa die Entwicklung des Personengesellschaftsrechts als Umgehung des Körperschaftsteuerrechts unterdrücken sollen? Oder war der Gesetzgeber nicht gewissermaßen geradezu froh darüber, daß die für die Eigenfinanzierung der Unternehmen hinderlichen Bedingungen unseres Körperschaftsteuerrechts für eine Vielzahl mittelständischer Unternehmen vermieden werden konnten? Immerhin hat der Gesetzgeber die steuerlichen Vergünstigungen, die zu den Publikumskommanditgesellschaften geführt haben, gerade auf die Rechtsform der Personengesellschaft zugeschnitten, obwohl hier vom Typ her die Aktiengesellschaft die adäquate Gesellschaftsform gewesen wäre. Mußten die Richter etwa in Erwägung ziehen, daß sich die Personengesellschaft mitbestimmungsrechtlichen Zielsetzungen schlechter fügen würde? Wieweit müssen sie heute die Erleichterung der Körperschaftsteuerlast in Rechnung stellen? Wenn es heute steuerlich «zumutbarer» sein mag, Personengesellschaften in Kapitalgesellschaften zu überführen, so läßt sich keineswegs in allen Fällen das Problem der stillen Reserven lösen, die bei einer Änderung der Gesellschaftsform zu versteuern wären. Muß man deshalb doch die volle Anwendungsbreite des Personengesellschaftsrechts erhalten? Gerade im Hinblick auf die stillen Reserven führt das Gesellschaftsrecht einen stillen Kampf gegen das Steuerrecht. Mit wem ist der Gesetzgeber im Bunde?

Sicherlich zeigt das Steuerrecht am besten, daß die Forderung nach Beachtung der «Politik des Gesetzes» in einem vielschichtigen Gewirr von fiskalischen und wirtschaftspolitischen Zwecksetzungen, von mehr oder weniger unbeabsichtigten wirtschaftspolitischen Nebenwirkungen und von unterschiedlichen historischen Rechtsschichten kaum geeignet ist, dem Interpreten konkrete Anleitung zu geben. BREZING (1971, 229) weist in diesem Zusammenhang auf die bedauerliche Praxisferne der rechtsetzenden und rechtsprechenden Stellen und auf die Langwierigkeit des Gesetzgebungsverfahrens hin: «Manche gesetzlichen Regelungen, die bei ihrer Schaffung einen nützlichen Sinn hatten oder, wenn ihnen dieser fehlte, doch nicht unerträglich waren, sind im Laufe der Jahrzehnte wegen Veränderungen der Realität, der übrigen Gesetze oder der Steuersätze sinnwidrig oder unerträglich geworden. Selbst in krassen Fällen kann eine überfällige Gesetzgebung jahrzehntelang auf sich warten lassen. Man denke nur an die seit einer Generation verschleppte Neuordnung der Einheitsbewertung des Grundbesitzes.»

Die Einsicht in die Mangelhaftigkeit unseres Steuerrechts dürfte es verbieten, gemäß § 6 StAnpG alle zivilrechtlichen Gestaltungen, die anstelle einfacher Wege komplizierte Pfade beschreiben, um sich steuerlichen Wirkungen zu entziehen, für steuerrechtlich unbeachtlich zu erklären. Vielmehr muß überlegt werden, ob die Steuervorschrift ihrerseits nicht wegen unbeabsichtigter oder unvertretbarer Nebenwirkungen nach ihrer Entschärfung durch die Kautelarpraxis geradezu ruft. So nimmt es nicht wunder, wenn z. B. Gestaltungen wie die Null-Uhr-Praxis[53] oder

53 Nach § 102 BewG hängt das vermögenssteuerliche Schachtelprivileg davon ab, daß eine Beteiligung seit 12 Monaten vor dem Abschlußstichtag besteht. Daher hat es sich in der Praxis – bei Übereinstimmung von Geschäftsjahr und Kalenderjahr –

die Zwischenholding zum Zweck der Erlangung des Schachtelprivilegs mit Billigung von Finanzbehörden und Gerichten trotz § 6 StAnpG zugelassen werden.[54]

Manchmal beachtet der Gesetzgeber selbst nicht die Bedingungen des Rechtssystems, die der Durchsetzung seiner Politik im Wege stehen. Für den Richter kann es dann schwierig werden, ihm zu helfen. Nach § 6 MontanmitbestG werden beispielsweise die Arbeitnehmervertreter durch das Wahlorgan der Gesellschafter, also bei der Aktiengesellschaft durch die HV, gewählt. Diese ist aber an die Vorschläge der Arbeitnehmerseite gebunden. Das bedeutet sicherlich, daß die HV nicht von sich aus Arbeitnehmervertreter bestimmen kann; aber kann sie die vorgeschlagenen zurückweisen? Das würde einem «apriorischen Sinnbegriff» der Wahl wohl eher entsprechen; denn eine Wahl, bei der es keine Wahl gibt, «ist» keine Wahl. Andererseits dürfte der Gesetzgeber die Wahl durch die HV tatsächlich als einen rein formalen Akt verstanden haben; er hat sich in späteren Vorschriften über die unternehmerische

---

eingebürgert, daß Schachtelbeteiligungen zum 31. 12., 24 Uhr, oder zum 1. 1., 0 Uhr übertragen werden. Soll die Übertragung praktisch im Laufe des Jahres erfolgen, könnte man daran denken, den Übergang aufschiebend befristet zum 31. 12., 24 Uhr, vorzusehen, den Kaufpreis aber bereits zum wirklichen Übertragungszeitpunkt fällig werden zu lassen und dem Erwerber von diesem Zeitpunkt ab eine unwiderrufliche Stimmrechtsvollmacht für die gekauften Anteile zu geben. Hierin würde steuerrechtlich aber ein sofortiger Übergang des wirtschaftlichen Eigentums zu sehen sein. Daher sind in der Praxis noch aufwendigere Konstruktionen erfunden worden. Dazu Brezing (1971, 232): «Beispielsweise kann ein Optionsvertrag abgeschlossen werden, wobei eine Partei gleich die dingliche Einigungserklärung abgeben kann. Der Optionsvertrag kann beiderseitige Optionsrechte (Ankaufsrecht und Andienungsrecht) enthalten. Der Kaufpreis muß – ggf. unter Beachtung des Zinsfaktors – auf den 31. Dez. 1971 abgestellt werden. Und zur Sicherung der gesellschaftsrechtlichen Herrschaftsrechte des Erwerbers vor dem Anteilsbesitz müssen besondere Abmachungen getroffen werden. Beispielsweise kann der Erwerber einen kleinen Anteil sofort erwerben und sich darauf ein mehrfaches Stimmrecht einräumen lassen, um den Veräußerer bereits majorisieren zu können. Ferner sind noch geeignete Abmachungen über das Dividendenbezugsrecht in der Zeit zwischen 31. März und 31. Dez. zu treffen.»

54 Brezing gibt hierzu folgendes Beispiel:

Die Kapitalgesellschaften A, B, C und D sind an der Kapitalgesellschaft K beteiligt in Höhe der angegebenen Prozentsätze:

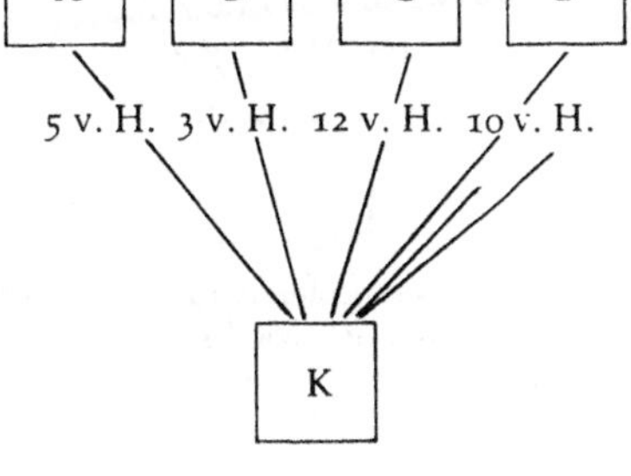

Mitbestimmung auch folgerichtig dafür entschieden, die HV in das Bestellungsverfahren der Arbeitnehmervertreter überhaupt nicht mehr einzuschalten. Diese «Politik des Gesetzes» aber läßt sich mit rechtlichen Mitteln gar nicht kurzfristig durchführen; denn man kann nicht verhindern, daß die HV mit faktischer Wirksamkeit einen vorgeschlagenen Arbeitnehmervertreter ablehnt. Der Weg über § 894 ZPO führt, wenn man ihn für zulässig hält, wegen des Zeitraums, den er beansprucht, zu keiner Lösung. Soll man nun einer undurchsetzbaren Politik des Gesetzes gleichwohl nachgeben oder sich dann doch eher an den Begriff der Wahl halten (dazu MERTENS, Köln. Komm. z. AktG, Anh. § 96 Anm. 130)?

Selbst bei Vorhaben mit relativ klarer politischer Zwecksetzung kommt bei der gesetzgeberischen Umsetzung in juristische Normen nicht selten ein Teil dieses Zwecks abhanden, etwa weil der Kompromiß zwischen den politisch maßgeblichen Richtungen nur unter Verzicht auf eine Zweckfestlegung möglich war:

Die BegrRegE zum MitbestG spricht noch von Gleichberechtigung und Gleichgewichtigkeit der Arbeitnehmer als Gesetzeszweck. Das Gesetz enthält wegen der

---

Um für die Beteiligung an K und deren Dividenden das Schachtelprivileg zu erlangen, werden die Zwischenholdinggesellschaften Z_1 und Z_2 eingeschoben. Obwohl sich an den – jetzt mittelbaren – Beteiligungsquoten von A, B, C und D an K nichts geändert hat, liegen jetzt sämtliche unmittelbaren Beteiligungsquoten über 25 v. H., so daß das Schachtelprivileg durchgehend zum Zuge kommt:

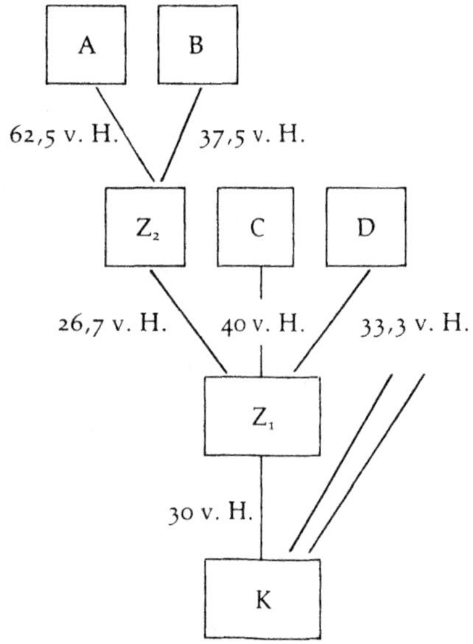

Trotz Einschubs von zwei weiteren Stufen wird so die Besteuerungsstufe um eine vermindert. Mit Recht führt BREZING aus, daß die 25 %-Grenze für das Schachtelprivileg keine innere Berechtigung besitzt; für verfassungswidrig hält sie deshalb SONNENSCHEIN 1977.

Schwierigkeiten der Einigung in der SPD-FDP-Koalition weder diesen Grundsatz noch sonst inhaltliche Aussagen über den Zweck der Mitbestimmung. Es ist seinem Text nach ein Organisationsgesetz. Die organisatorische Umgestaltung des Aufsichtsrats kann aber wohl juristisch sinnvoll nur interpretiert werden, wenn man die in ihr liegende Veränderung der Bewertung der im Unternehmen beteiligten Interessen nicht außer acht läßt. Andererseits kann man nicht daran vorbeigehen, daß das Mitbestimmungsgesetz rechtsformspezifisch abgefaßt ist und daher den einzelnen Gesellschaftsformen angepaßt werden muß (vgl. auch S. 240ff.).

Soweit der Jurist hier vom Gesetzgeber im Stich gelassen wird oder soweit die gesetzliche Zweckfixierung jedenfalls zu allgemein ist, um für die Entscheidung des Einzelfalls eine klare Orientierung zu erlauben, sollte der Jurist nicht «politischer» sein als der Gesetzgeber selbst. *Systembezug, Anpassung an traditionelle Wertungen und Topoi pragmatischer Vernunft* treten notwendig in den Vordergrund seiner Entscheidung. Daß er insoweit auf diese Kriterien zurückgreift, entspricht gerade den Anforderungen des Gesetzgebers, der sich vom Juristen den «vernünftigen» Interessenausgleich erhofft, den er selbst, sei es wegen seiner pluralistischen Zusammensetzung, sei es wegen der relativ eng gezogenen Grenzen der Gesetzgebungskapazität, von sich aus nicht zu erreichen vermochte. Daß der Jurist sich bei dieser Arbeit nicht durch Rückgriff auf absolut richtige Einsichten legitimieren kann, sollte gerade der aufgeklärte Wissenschaftstheoretiker ihm nicht verübeln. Die Erhaltung geschichtlicher und systematischer Folgerichtigkeit einerseits, die Verarbeitung einzelner sozialer Konflikte und das Lernen aus solchen Konflikten andererseits sind unverzichtbare politische Systemleistungen. Ihre Zuweisung an einen – heute immerhin letztlich demokratisch eingebundenen und kontrollierten – Berufsstand ist nur die Konsequenz daraus, daß «die Existenzbedingungen einer demokratisch verfaßten Industriegesellschaft . . . mehr Vernunft (oder Rationalität) und Verantwortung (verlangen), als der Mechanismus des pluralistisch-politischen Prozesses (mit Sicherheit) zu erzeugen vermag» (Kübler 1974, 725).

Gerade darin, daß Jurisprudenz und Politik auf unterschiedlichen, wenn auch ineinander verschränkten Argumentationsstrukturen beruhen, daß ihre Argumentationshorizonte nicht verschmelzen, daß Jurisprudenz sich nicht reibungslos zu einer Systemsteuerung auf Grund utilitaristischer Zwecksetzungen handhaben läßt, daß im richterlichen Verfahren zumeist der Einzelfall als solcher gewürdigt und nicht im Systemvollzug unbeachtlich wird, daß der Zukunftsgestaltung durch den jeweiligen politischen Machthaber Grenzen kraft der System- und Traditionsbezogenheit des Rechts, nicht zuletzt auch durch die «Umständlichkeit» rechtlicher Verfahren gezogen sind, liegt ein wesentliches *Element gesellschaftlicher Gewaltenteilung und sozialer Differenzierung* und damit ein Kernstück rechtsstaatlichen Verfassungsdenkens.

Sicherlich kann das Zusammenspiel von Gesetzgebung und Rechtsanwendung als ineinandergreifenden Subsystemen einer freiheitlich-demokratisch verfaßten Gesellschaft nicht ohne Störungen und Reibungsverluste ablaufen. Verbesserungen dieses Zusammenspiels sind möglich und wichtig. Es erscheint heute z. B. nicht unproblematisch, daß in manchen gesellschaftlichen Bereichen die politisch brisanten Entscheidungen gerade von der Justiz und nicht von der Legislative getroffen werden, so z. B. über Produzentenhaftung oder Kernenergiepolitik.[55] Es ist bedenklich, wenn Richter Entscheidungen treffen, deren Folgen sie nicht übersehen, aber faktisch auch nicht begrenzen können. Insofern ist die Wirkungsanalyse juristischer Entscheidungen, die Anpassung der Entscheidungskompetenzen an die vorhandene Entscheidungskapazität, die Erhöhung der Kapazität an verantwortlich zu treffenden Entscheidungen heute zu einer wichtigen Aufgabe der Rechtswissenschaft geworden, die sie nur lösen kann, wenn sie Zielinterdependenzen, Steuerungstechniken und Informationsstand anderer politischer Subsysteme wie z. B. der Wirtschaftspolitik interdisziplinär verarbeitet. Umgekehrt müssen sich auch ein solches System und seine wissenschaftliche Bearbeitung auf die spezifischen Orientierungen und funktionellen Bedingungen des Justizsystems einstellen. Nicht zuletzt darum scheint es zweckmäßig, die wirtschaftspolitischen Systemsteuerungsinteressen, die für den Juristen entscheidungsrelevant sind, die juristischen Entscheidungen, für die solche Interessen maßgeblich werden, und die juristischen Determinanten wirtschaftspolitischer Entscheidungen in ihren Wechselbeziehungen unter dem Stichwort «Wirtschaftsrecht» zu thematisieren.

55 Dazu aus richterlicher Erfahrung Bachof 1977, der sich in diesem Zusammenhang vor allem mit solchen verfassungsgerichtlichen Entscheidungen befaßt, die Normen für verfassungswidrig erklären, aber vorläufig fortgelten lassen.

2. Wirtschaftsrecht

Es ist oft versucht worden, Wirtschaftsrecht als ein spezifisches und eigenständiges Rechtsgebiet abzugrenzen (vgl. MERTENS, AG 1976, 63). Zuletzt hat in diesem Sinne KOPPENSTEINER (1973) vorgeschlagen, es als ein Normensystem darzustellen, dessen allgemeiner Teil die Normen umgreife, die «für Ordnung und Rhythmus der gesamten Volkswirtschaft den makroökonomischen Rahmen setzen», und dessen besonderer Teil aus den Normen bestehe, «die sich auf das Unternehmen . . . als soziale . . . Kategorie beziehen».

Stellt die Definition des Rechts als Inbegriff bestimmter Normen von vornherein eine unzulässige Verengung dar, so scheint es aussichtsreicher, unter Verzicht auf die scharfe Abgrenzung eines Normbereichs Wirtschaftsrecht darunter die rechtlichen Bedingungen und Ausformungen wirtschaftspolitischer Regelung und insofern den Zusammenhang zwischen Wirtschaftspolitik und Recht selbst zu fassen.

Auf einen Teil dieses Zusammenhangs beschränkt sich OTT (1972, 349, 356, 359f.), wenn er Wirtschaftsrecht von bestimmten Anforderungen und Funktionen her zu beschreiben versucht, die sich aus der Verwendung des Rechts als Instrument der Wirtschaftspolitik ergeben. In diesem Sinne kennzeichnet er Wirtschaftsrecht als ein Gebiet, in dem sich der Schwerpunkt des Rechts «von der Abgrenzung individueller Interessensphären und von der Erzwingung bestimmter Verhaltensregeln» verlagere zur zukunftsgestaltenden «Koordination und Organisation gesellschaftlichen Handelns, zur Zielorientierung und zur Austragung von Zielkonflikten». «Das Recht regelt hier Zuständigkeiten und Kompetenzzuweisungen, es regelt Verfahrensarten und programmiert Verfahrensabläufe und Entscheidungen . . .; im Vordergrund steht . . . nicht isoliertes individuelles Verhalten, sondern das Funktionieren des Ganzen: wer die Funktionen im Einzelfall wahrnimmt, ist für dieses Recht grundsätzlich ohne Belang. Normiert wird ein bestimmter Output des organisatorischen Systems, die Regulation individuellen Verhaltens wird dabei vorausgesetzt und sekundären Normen . . . überlassen.» Wirtschaftsrecht steht hier für «ein neuartiges Recht . . ., das instrumental der Umsetzung politischer Aktionsprogramme dient und das sich auf die Steuerung organisatorischer Prozesse bezieht . . ., das die Bedingungen für seine eigene Wirksamkeit zu gewährleisten sucht und das deshalb zunehmend die Basis relativ primitiver Sanktionsmechanismen verläßt und sich aus der Abhängigkeit traditional geprägter Ordnungsstrukturen herauslöst und das statt dessen den Rechtsvollzug selbst unmittelbar organisiert: durch seinen Administrativstab und durch die organisatorische Verflechtung mit den ‹Normadressaten›, mit denen dieser, ungeachtet aller Beharrungstendenzen in beiden Bereichen und den daraus resultierenden Spannungen und Inkongruenzen, zu einem komplizierten Steuerungssystem zusammengeschlossen ist.»

Dieser Versuch einer Charakterisierung trifft Wesentliches; aber er ist einseitig in seiner Gegenüberstellung von altem – auf individuelle Konflikte bezogenem – und modernem, systemsteuernd-programmierendem Recht, und er sieht nur die instrumentale, nicht aber die konstitutive Funktion des Rechts.

2.1. «Klassisches» Privatrecht und wirtschaftspolitische Perspektive

Auch herkömmliche Rechtsgebiete haben – gezielt oder ungezielt – Steuerungsfunktionen, die weit über die Entscheidung von Einzelkonflikten hinausgehen. Mit Recht bezeichnet es STEINDORFF (1977, 5) gerade als eine wesentliche Aufgabe, den Beitrag klassischer Rechtsgebiete zu wirtschaftspolitischer Steuerung zu begreifen und, so wäre hinzuzufügen, sich über makropolitische Funktionen und Dysfunktionen mikropolitischer Konfliktregelungen klarzuwerden. Ob eine makropolitische Abstimmung individueller Konfliktschlichtung erfolgen soll oder nicht, ist dabei nicht grundsätzlich zu bejahen oder zu verneinen. Es kann sein, daß die verfahrensmäßige Isolierung des Konflikts zwischen den Beteiligten und das Gebot einer ihren Interessen angemessenen Lösung die Befolgung allgemeiner wirtschaftspolitischer Zielsetzungen verbietet. So sollte z. B. das Sachmängelgewährleistungsrecht nicht konjunkturabhängig gehandhabt werden (vgl. aber OLG Frankfurt NJW 1978, 273; dazu auch oben S. 163). Vielfach aber ergibt die makropolitische Perspektive maßgebliche Entscheidungskriterien auch für die Regelung privater Konflikte.

Dazu BADURA (1976, 128): «Die heute zur Herrschaft gelangten politischen Grundsätze der Demokratie und des Sozialstaates lassen Privatrecht und Privatautonomie nicht mehr in der Rolle gewissermaßen ‹natürlicher› Regeln der kommutativen Gerechtigkeit. Auch das Zivilrecht erweist sich in mehr oder minder großem Maße als Medium der Sozialgestaltung, so daß die zivilrechtlich zugeteilten Befugnisse der Privatautonomie, der Vertragsfreiheit und des Eigentums nach Maßgabe ihrer sozialen und öffentlichen Erheblichkeit durch die staatlich gesetzte Wirtschaftsverfassung gestaltet und inhaltlich bestimmt werden. Diese Rechte und Freiheiten verfügen, so gesehen, nicht mehr über eine vorstaatliche ‹Richtigkeitsgewähr›. Das Zivilrecht kann jedoch, ohne sein unaufhebbares Lebensprinzip der Privatautonomie einschließlich der grundsätzlich privatautonomen Nutzung des Eigentums preiszugeben, dem sozialstaatlichen Gestaltungswillen nur begrenzt sich anpassen. Schon Otto von Gierke, dem die ‹sozialen Aufgaben des Privatrechts› vor Augen standen und der den neuen Bedingungen mit dem ‹Sozialrecht› jenseits der liberalen Dichotomie Rechnung zu tragen suchte, beharrte klarsichtig darauf, daß die Ordnungen des Privatrechts zu ‹Mitteln des Gesellschaftszwecks› verkümmern müßten, wenn im Privatrecht nicht mehr das Individuum als Selbstzweck anerkannt würde.»

So kommt beispielsweise dem Zweck wirtschaftslenkender Gesetze wesentliche Bedeutung für die vertragliche Geschäftsgrundlage zu.

ULMER (1974, 196) nennt als Beispiel die Kaliabbaufälle (BGH LM Nr. 34, 39 zu § 242 [Bb] BGB), in denen der BGH die Anpassung der Geldleistung in langfristigen

Dauerschuldverträgen trotz erheblich gesunkenen Geldwerts auch wegen des währungsrechtlich verfolgten Nominalprinzips abgelehnt hat. Ob eine Vertragsanpassung in Betracht kommt oder nicht, ist nicht zuletzt nach dem Lenkungszweck zu entscheiden.

Von besonderer Bedeutung ist die wirtschaftspolitische Perspektive für die Rechtsfortbildung im Schadensersatz- und Bereicherungsrecht.

Für das Schadensersatzrecht ist hier vor allem auf die Arbeit von WEYERS (1971) über Unfallschäden hinzuweisen; zur ökonomischen Analyse des Schadensersatzrechts vgl. HORN (1976, 324); zur wirtschaftspolitischen Problematik des Deliktsrechts MERTENS (1978).

Von KÖNDGEN (1977, 15) stammt der Hinweis darauf, daß die modernen Tendenzen zur Ausdehnung des Vermögensschadens («Kommerzialisierungsmethode») als Folge eines sozialen Änderungsprozesses zu begreifen sind: «In der Klassengesellschaft des ausgehenden 19. Jahrhunderts war Vermögen im allgemeinen nur vorstellbar entweder als Produktivvermögen in Unternehmerhand oder als Arbeitslohn, der selten zu mehr als einem notdürftigen Familienunterhalt ausreichte. Den Verfassern des BGB war in dieser historischen Situation der Gedanke fremd, daß dereinst rapide steigende Masseneinkommen im Zusammenwirken mit einer stetigen Verkürzung der Arbeitszeit den Konsum – und zwar gerade auch den Konsum zu effektiven oder ideellen Zwecken – zur absolut dominierenden Form der Vermögensverwendung machen würden. Um diesen fundamentalen Wandel der Vermögensfunktionen zu illustrieren, mag ein Hinweis auf die Stichworte Urlaubs- oder Freizeitindustrie genügen. Das Schadensrecht konnte diesen Wandel auf Dauer nicht ignorieren. Die aktuelle Schadensrechtspraxis ist deshalb auch nicht als ‹Erziehung zum Materialismus› zu tadeln, sondern spiegelt lediglich entsprechende gesellschaftliche Tendenzen wider.» Eine solche Perspektive dürfte das Verständnis dafür erhöhen, daß die «Kommerzialisierungsmethode» keineswegs als Fehlentwicklung zu verwerfen ist.

Dem Bereicherungsrecht in wirtschaftspolitischer Perspektive ist vor allem JOERGES (1977) nachgegangen. Im Hinblick auf die Eingriffskondiktion legt er dar, daß das Bereicherungsrecht der Eigentumsmarktgesellschaft die schützenswerten Positionen in der Figur des subjektiv-dinglichen Rechts zusammenfassen und auf die Bewertung privater Rechte durch den Markt Bezug nehmen konnte. Alle Elemente dieser Konzeption aber seien erheblichen Veränderungen unterworfen worden; insbesondere müßten die subjektiven Rechte des gewerblichen Rechtsschutzes infolge der mit ihnen verbundenen Marktmacht in einer «mixed economy» kontrolliert und in ihren wirtschaftspolitischen Funktionen reguliert werden. Damit verliere aber der Bereicherungsanspruch seine überkommene Bedeutung als ausschließlich privater Rechtsschutz und gewinne als Eingriffskondiktion wirtschaftsrechtliche Funktionen. Die sich hier und in anderen Anwendungsbereichen der Eingriffskondiktion aufdrängende Frage nach den Funktionen einer Anspruchsgewährung betreffe darüber hinaus auch die Form des Rechtsschutzes, den das Bereicherungsrecht zur Verfügung stellt. «Dieser Rechtsschutz war unproblematisch, solange er sich lediglich auf die Rückforderung von Vermögensbestandteilen richtete, die dem Gläubigervermögen entnommen worden waren. Die Angemessenheit der erweiterten Liquidationstechniken . . . ist aber fragwürdig, wenn, wie im Fall der Inanspruchnahme fremder Sachen und Dienstleistungen, die Realisierung von Verwertungsinteressen und, wie im Falle eines Eingriffs in Immaterialgüterrechte oder Wettbewerbspositionen, die Umverteilung neu produzierter Werte zur Debatte steht. Eingriffskondiktion und dreifache

Schadensberechnung übernehmen hier offenbar eine die Interessen gewerblicher Anbieter sichernde und die Interessensphäre von Konkurrenten abgrenzende Funktion.» Dabei verdeutliche die Anerkennung von Liquidationsmöglichkeiten in Bereichen, in denen Lizenzrechte fingiert werden müßten, eine Frage von grundsätzlicher Bedeutung, nämlich nach dem Maßstab für die Bemessung des Anspruchsinhalts der Eingriffskondiktion. «Die h. L. hat mit dem Verweis auf die Marktpreise einen nur scheinbar objektiven Bezugspunkt für die Wertbestimmung gefunden. Aus der Preis- und Wettbewerbstheorie ist bekannt, daß nur in den beiden extremen Fällen der vollständigen Konkurrenz und des absoluten Monopols die Preisbildung als Ergebnis rein ökonomischer Prozesse aufgefaßt werden kann. Für alle dazwischenliegenden Fälle ist der Preis nicht einfach eine Resultante aus Angebots- und Nachfragegrößen, sondern Gegenstand unternehmerischer Politiken, die sich ihrerseits, wie § 22 GWB ergibt, nicht mehr in einem gänzlich rechtsfreien Raum bewegen. Damit entfällt aber prinzipiell die Möglichkeit, am Markt durchgesetzte Preise unbesehen als ‹angemessene Vergütung› auszuzeichnen.» Insofern bestätige der Blick auf die Preisbildungsprozesse unter oligopolistischen Bedingungen, daß der Eingriffskondiktion wirtschaftspolitische Funktionen zugewachsen seien, «daß folglich die private Liquidation mit den objektiv-rechtlichen Zwecken der Eingriffskondiktion kompatibel gehalten und die Begünstigung des Bereicherungsgläubigers wirtschaftsrechtlich legitimiert werden muß . . . An den nicht nur dogmatisch-konstruktiv, sondern auch argumentativ unterschiedlichen Entscheidungen des Untermiet-, des Flugreise- und des Parkplatzfalles hat sich gezeigt, daß eine Sanktionierung der Inanspruchnahme von individuell, gewerblich oder öffentlich angebotenen Leistungen jeweils wirtschafts- und sozialpolitische Implikationen hat, die eingeebnet werden, solange man für die Gewährung eines Kondiktionsanspruchs lediglich auf eine ‹produktive Natur› subjektiver Rechte hinweist. Eine Diskussion solcher Implikationen setzt voraus, daß die bereicherungsrechtliche Privilegierung der betroffenen Positionen nicht als bloßer Vollzug eines subjektiven Rechten immanenten Erwerbsanspruchs, sondern als Anerkennung eines mit subjektiven Rechten verbundenen Zweckprogramms verstanden wird. Die Differenz einer solchen Interpretation der Eingriffskondiktion zur Lehre WILBURGS und v. CAEMMERERS besteht vor allem darin, daß infolge der Berücksichtigung der Regelungsfunktionen einer Anspruchsgewährung diejenige public policy dargelegt werden muß, die einen besonderen Schutz der betroffenen Positionen verlangt und in deren Vollzug die Abschöpfung der Bereicherung geschieht» (JOERGES 1977, 42 f., 68 f.).

2.2. *Recht als Fundament und Instrument der Wirtschaftspolitik*

Recht erscheint bei OTT letztlich nur in einer instrumentalen Funktion. Als konstitutives Element von Gesellschaft aber kann es in einer auf Würde und Freiheit des Menschen gestützten Gesellschaftsordnung nicht allein als ein Problem «ökonomischer Funktionalität» behandelt werden. Es ist nicht nur «auf die Konstanz von bestimmten Systemfunktionen gerichtet, auch nicht auf die Gewährleistung bestimmter sozialer Ergebnisse» (MESTMÄCKER 1973, 104 f.). Die professionelle und geschichtliche Rolle des Juristen und seine wesentliche politische Aufgabe in unserem Verfassungssystem liegt darin, das Spannungsverhältnis von Recht als Gesellschaftssteuerung und Recht als Freiheitsverbürgung aufrechtzuerhalten.

2.3. *Pragmatische Eingrenzung eines Gegenstandsbereichs Wirtschaftsrecht*

Wirtschaftspolitik bezeichnet letztlich keinen fest abgrenzbaren Gegenstandsbereich, sondern menschliches Verhalten in einer bestimmten Zielperspektive (vgl. oben I.2.1). Insofern kann es auch keinen klar abgrenzbaren Gegenstandsbereich Wirtschaftsrecht geben. Wirtschaftspolitische Kriterien können – wie erörtert – Einfluß auf die Entscheidung «klassischer Rechtsfragen» gewinnen, rechtliche Entscheidungen, die keineswegs auf einen wirtschaftspolitischen Effekt abzielen, können ihn trotzdem haben. Daher kommt die Darstellung einer bestimmten Regelungsmaterie «Wirtschaftsrecht» allenfalls als Systematisierung in pragmatischer Absicht in Betracht.

Die Kommission der EG hat Berichte über das nationale Wirtschaftsrecht der Mitgliedstaaten in Auftrag gegeben, um die Angleichung des Wirtschaftsrechts im Rahmen der EG vorzubereiten und das Recht der Gemeinschaften mit dem der Mitgliedstaaten zu koordinieren. Die für diese Aufgabe bestellten nationalen Berichterstatter haben sich zu diesem Zweck auf ein einheitliches Berichtsschema geeinigt, das ebenfalls ein pragmatisches und offenes Verständnis des Wirtschaftsrechts zugrunde legt. Es versteht darunter «sämtliche zu wirtschaftspolitischen Zwecken erlassenen Rechtsvorschriften, erstreckt sich darüber hinaus aber auch auf Regelungen, die zwar keinen wirtschaftspolitischen Zweck verfolgen, jedoch wesentliche wirtschaftliche Auswirkungen auf das Funktionieren des Gemeinsamen Marktes haben oder für die Koordinierung der Wirtschaftspolitik im Rahmen der Art. 103 und 105 des EWG-Vertrags von besonderer Bedeutung sind». Zacher (1973, Tz. 13), der deutsche Berichterstatter, sagt dazu mit vollem Recht, daß dieses elastische, pragmatische Programm auch für das deutsche Wirtschaftsrecht anwendbar sei. Auch hier zeige sich immer wieder, daß Wirtschaftsrecht «durch nichts als durch den stets in Entwicklung begriffenen Zusammenhang zwischen Recht und Wirtschaft definiert ist, der auf vielfältige Weise zutage tritt, so daß ‹Wirtschaftsrecht› nicht als präzis gegenständlich abgegrenztes und abgrenzbares Rechtsgebiet erscheint. Nur die jeweiligen Schwerpunkte jenes Zusammenhanges zwischen Recht und Wirtschaft können im ‹Wirtschaftsrecht› exemplarisch sichtbar gemacht werden – ohne Anspruch auf Ausschließlichkeit und historisch abgeschlossenen Bestand.»

IV. Kapitel
Wirtschaftsrecht und Wirtschaftsordnung

1. Wirtschaftsordnung als «Allgemeiner Teil» des Wirtschaftsrechts

Wirtschaftspolitik und damit Wirtschaftsrecht bezieht sich auf die Ordnung der Wirtschaft und die Steuerung wirtschaftlicher Prozesse. Die normativen Grundlagen, Entwicklungsbedingungen und Ausformungen der Politik der Wirtschaftsordnung könnte man zu einem «Allgemeinen Teil» des Wirtschaftsrechts zusammenzufassen versuchen; ihm ließen sich als «Besonderer Teil» des Wirtschaftsrechts die rechtlichen Grundlagen, Mechanismen und Instrumente sektoraler Wirtschaftspolitiken gegenüberstellen. Im folgenden soll versucht werden, den «Allgemeinen Teil» des Wirtschaftsrechts als Recht der Wirtschaftsordnung zu skizzieren, und zwar einmal im Hinblick auf das Wirtschaftssystem der Bundesrepublik, zum anderen auch – allerdings können hier nur einige wenige Gesichtspunkte zur Sprache kommen – im Hinblick auf das Weltwirtschaftssystem, in das die deutsche Wirtschaft integriert ist.

Unter Wirtschaftsordnung verstehen wir die prägenden Strukturen eines Wirtschaftssystems, unabhängig davon, ob sie rechtlich fixiert sind oder nicht. Doch können Tatsache und Art der rechtlichen Fixierung ihrerseits zu den prägenden Strukturen gehören und so wesentlicher Bestandteil der Wirtschaftsordnung sein. Der «Besondere Teil» des Wirtschaftsrechts wird in diesem Buch nicht behandelt; er soll Gegenstand weiterer Darstellungen der Reihe sein. Im folgenden geht es weder um eine relativ umfassende Bestandsaufnahme wirtschaftsrechtlicher Regelungen – sie ist in dem Bericht über das in der Bundesrepublik Deutschland geltende Wirtschaftsrecht von ZACHER (1973) und bei RINCK (1977) zu finden – noch um die systematische Erörterung von Rechtsgebieten, die Gegenstand spezifischer juristischer Vorlesungen und ausreichend in leicht zugänglichen Lehrbüchern dargestellt sind, wie insbesondere das Wettbewerbsrecht, das Unternehmens- und Gesellschaftsrecht und das Wirtschaftsverfassungs- und Wirtschaftsverwaltungsrecht.[1] Ausdrücklich hingewiesen sei hier auch auf die Einführung in das Wirtschaftsrecht der Bundesrepublik Deutschland von STEINDORFF (1977). Wir versuchen, nicht nur in Materialauswahl und Schwerpunktsetzung – soweit dies von der Sache her möglich erscheint –

---

1 Den Zugang zu diesen Gebieten eröffnen EMMERICH (1976) für das Wettbewerbsrecht, KRAFT/KREUTZ (1977) für das Gesellschaftsrecht, EMMERICH/SONNENSCHEIN (1977) für das Konzernrecht, MAUNZ (1977) und STEIN (1976) für das Wirtschaftsverfassungsrecht, v. MÜNCH (Hg., 1976) für das Wirtschaftsverwaltungsrecht. Zu Wirtschaftsverfassung und Wirtschaftsverwaltung immer noch zur vertiefenden Einführung besonders geeignet BADURA (1971).

eine gewisse Komplementarität zu diesem Buch zu wahren, sondern beschränken uns auch darauf, jeweils die *Problemsituation* anzudeuten, die Ausgangspunkt der rechtlichen Gestaltung ist, die *politische Aufgabe* zu skizzieren, die das Recht erfüllen soll, und die «*policies*» hervorzuheben, von denen sich die gesetzgebenden Instanzen im Rahmen der Verfassung – gegebenenfalls auch internationaler Bindungen – und die Gerichte im Rahmen des ihnen vom Gesetz gelassenen Spielraums leiten lassen könnten. In diesem Zusammenhang sind wir bestrebt, die wirtschaftspolitischen Implikationen wesentlicher dogmatischer Streitfragen darzustellen, nicht aber, solche Fragen zum Gegenstand eigener dogmatischer Analyse zu machen. Auch insoweit sei hier grundsätzlich auf die zusammenfassenden und weiterführenden Übersichten bei RINCK (1977) und STEINDORFF (1977) verwiesen.[2]

2 Das Buch von REICH, Markt und Recht (1977), ist erst nach Fertigstellung des Manuskripts erschienen und konnte nicht mehr berücksichtigt werden.

2. Wirtschaftsrecht als Teil und Voraussetzung der Wirtschaftsordnung

Der «reine» Jurist fragt anders nach dem Recht als der «reine» Wirtschaftspolitiker. Dem ersten geht es um normative Entscheidungsempfehlungen, für den zweiten ist der Rechtszustand ein Datum wirtschaftspolitischer Entscheidungen. Wesentliches methodisches Anliegen der wirtschaftsrechtlichen Perspektive ist die Überwindung einer derart gespaltenen Betrachtung des Rechts: Normative Entscheidungsempfehlungen für den Juristen müssen berücksichtigen, ob und wie sich eine juristische Entscheidung auf den wirtschaftspolitischen Datenkranz auswirkt; für den Wirtschaftspolitiker stellt sich mit der Frage nach dem Recht zugleich immer auch die Frage nach dessen möglicher Veränderung durch Gesetzgebung, Rechtsprechung, Verwaltungspraxis oder nach wirtschaftspolitischen Einwirkungen auf seine Effektivität. Wirtschaftsrecht ist somit zugleich normative Voraussetzung und «faktisches» Datum der Wirtschaftspolitik.

Als Voraussetzung und Teil der Wirtschaftsordnung läßt sich der Rechtszustand nicht allein statisch in Form einer Momentaufnahme beschreiben. Es gilt vielmehr, die im Status quo angelegten Entwicklungsmöglichkeiten und Grenzen mitzuerfassen, zumindest anzudeuten. Damit stellt sich die Frage nach dem Zeithorizont der Aussagen über geltendes Recht.

Beispiel: Mittelfristig wird man die Rechtsprechung des Bundesverfassungsgerichts zu den wirtschaftlich relevanten Grundrechten als Grenze gewisser Möglichkeiten staatlicher Planung der Wirtschaft einschätzen müssen. Langfristig könnte man zu anderen Ergebnissen kommen bei Berücksichtigung der Möglichkeiten der Verfassungsänderung, der politischen Einwirkungschancen auf die Besetzung des Gerichts, auf dessen unpräzise «Wertschau-Rechtsprechung», die ein hohes Maß politischer «Revidierbarkeit» zuläßt, schließlich im Hinblick auf die Möglichkeit, Grundrechte in ihren Versionen als Abwehrrechte, als sozialgestaltende Wertungen und als soziale Teilhaberechte gegeneinander auszuspielen,[3] und im Hinblick auf die Möglichkeit, wirtschaftspolitische Veränderungen in einer Weise vorzunehmen, daß ein klarer und justitiabler Einschnitt, wo quantitative Änderungen eine andere «Qualität» des Wirtschaftssystems erzeugen, nicht faßbar wird.

Der Jurist selbst kann bei seinen Entscheidungen nur naheliegende – kurz- oder allenfalls mittelfristige – Entwicklungsmöglichkeiten verarbeiten. Darüber hinaus sind Prognosen praktisch aber auch für den Wirtschaftspolitiker kaum möglich. Die folgende Skizze muß sich in diesem Rahmen halten und kann auch nicht beanspruchen, ihn auszufüllen. Sie beschäftigt sich zunächst mit dem nationalen Wirtschaftsrecht der Bundesrepublik.

---

3 Zur Problematik etwa Böckenförde 1974, Denninger 1975, Häberle und Martens 1972, Grabitz 1976, 24ff.

3. Wirtschaftsrecht und Wirtschaftsordnung in der Bundesrepublik

3.1. Soziale Marktwirtschaft als maßgebliches ordnungspolitisches Konzept?

Es liegt nahe, die Wirtschaftsordnung der Bundesrepublik vom Leitbild der sozialen Marktwirtschaft (3.1.1) her zu beschreiben; denn es läßt sich ein weitgehender politischer Konsens darüber registrieren, daß dieses Leitbild die maßgebliche Ordnungsidee unseres Wirtschaftssystems sein soll (3.1.2). Auch ist dieses Leitbild gesetzlich festgeschrieben (3.1.3) und als eine von der Rechtsprechung zu beachtende «Gemeinwohlrichtlinie» (dazu oben S. 162 f.) anzuerkennen (3.1.4). Umstritten ist allerdings, welche staatlichen Eingriffe in Wirtschaftsstrukturen und -prozesse mit diesem Ordnungskonzept vereinbar sind (3.1.5) und wieweit die marktwirtschaftliche Wirtschaftsordnung verfassungsrechtlich abgesichert und damit auch in Zukunft für den Gesetzgeber verbindlich ist (3.1.6). Eine kurze Erörterung dieser heute vielfach behandelten Fragen wird es zweifelhaft erscheinen lassen, ob sich der Ordnungsidee der sozialen Marktwirtschaft überhaupt ausreichend konkrete Strukturprinzipien für unser Wirtschaftssystem entnehmen lassen (3.1.7).

3.1.1. Die Ordnungsidee der sozialen Marktwirtschaft

Die soziale Marktwirtschaft ist nach Müller-Armack (1947, 390) eine «ordnungspolitische Idee, deren Ziel es ist, auf der Basis der Wettbewerbswirtschaft die freie Initiative mit einem gerade durch die marktwirtschaftliche Leistung gesicherten sozialen Fortschritt zu verbinden». Als prägende Strukturen erscheinen (vgl. Tietmeyer 1976, 183):

- die Dezentralisation der wirtschaftlichen Planungs- und Entscheidungsvorgänge;
- die Koordination der Entscheidungen über Märkte;
- die grundsätzlich privatrechtliche Organisation der wirtschaftlichen Planungs-, Entscheidungs- und Koordinationsverfahren und die Autonomie der Entscheidungsträger;
- die Zuweisung von Erfolg und Risiko an die Nächstbeteiligten;
- die Sicherung des sozialen Fortschritts primär durch die Entmachtungs- und Ausgleichfunktion des Marktes und durch soziale Bindungen der Entscheidungsträger, erst in zweiter Linie durch staatliche Verteilungskorrekturen;
- die grundsätzliche Beschränkung der Aufgabe des Staates auf die Aufrechterhaltung der Bedingungen für die Funktionsfähigkeit der Ordnung, die Einhaltung der Spielregeln und – so jedenfalls im Zeichen der 1967 begründeten Verantwortung des Staates für das gesamtwirtschaft-

liche Gleichgewicht (Art. 104a Abs. 4 Satz 1, 109 Abs. 2 GG) – die kontinuierliche Stabilisierung des Wirtschaftssystems.

3.1.2. Politische Maßgeblichkeit des Ordnungskonzepts der sozialen Marktwirtschaft

Alle tragenden Kräfte der Wirtschaftspolitik gehen derzeit von der politischen Maßgeblichkeit des Ordnungskonzepts der sozialen Markwirtschaft aus. Es wird weithin anerkannt, daß Marktwirtschaft ein System hoher ökonomischer Effizienz und Anpassungsfähigkeit darstellt, das zugleich dem Staat eine politische Führungsaufgabe abnimmt, die dieser selbst unter Einsatz eines großen bürokratischen Apparates nicht mit annähernd vergleichbarer Effizienz lösen könnte.

Als auch für die Zukunft politisch unanfechtbar kann die Idee der sozialen Marktwirtschaft allerdings nicht gelten: Die gegen sie erhobenen kritischen Einwände lassen sich in den folgenden sechs Punkten zusammenfassen.

(1) Marktwirtschaft im Sinne einer durch Konsumentenpräferenzen geleisteten Wirtschaft gebe es tatsächlich nicht: sie sei nur ein ideologisches Modell zur Verdeckung einer vom Prinzip der Kapitalverwertung bestimmten gesellschaftlichen Herrschaftsstruktur (dazu etwa Grauhan 1975, 33 ff.; eine differenzierende Analyse des Verhältnisses von sozialer Marktwirtschaft als Sollsystem zur «realen» Machtverteilung im Sozialstaat versuchen Böckels/Scharf/Widmaier 1976).

(2) Marktwirtschaft sei der Würde des Menschen nicht gemäß, weil sie unter Erhaltung des Arbeitsleids der Lohnabhängigen Bedürfnisse produzieren müsse, um sich selbst zu konservieren, und durch den ständigen Appell an einen materialistischen Individualismus den demokratischen Gemeinsinn untergrabe (vgl. z. B. Ehmke 1961, 18 ff.); dies, zumal der Wettbewerb den Menschen zwinge, in Angst zu erwerben und in Angst zu besitzen, und das Ziel der reichlichsten Versorgung der Allgemeinheit mit den besten Gütern zum billigsten Preis auf das durch die Furcht vor dem Konkurrenten beschränkte Streben gründe, die schlechteste Ware zum höchsten Preis zu verkaufen (Krüger 1966, 454 ff., 482). Die von der kapitalistischen Dynamik bewegte Marktwirtschaft trage zum kulturellen Ungleichgewicht der heutigen Gesellschaft insbesondere durch das Eindringen der Konkurrenzmentalität in die Konsumsphäre bei, «die wirksamste und massivste Form des hedonistischen Durchbruchs» (Löwenthal 1977, 22 im Anschluß an Bell 1976).

(3) Marktwirtschaft stehe dem wahren Fortschritt im Wege, weil die angebliche «invisible hand» durch etablierte Machtstrukturen, Vermögensungleichgewichte und Wertskalen geprägt sei, so daß Marktwirtschaft prinzipiell die bestehende Sozialstruktur reproduziere.

(4) Marktwirtschaft sei mit dem Gedanken der Gleichheit aller Menschen nicht vereinbar: Indem sie Leistungsanreize verwende und den Unterneh-

mer als Investor prämiiere, verstärke sie die Ungleichheiten der Vermögensverteilung und begründe damit unterschiedliche Einflußchancen der Konsumenten. Eine soziale Korrektur könne vom Staat als Kostgänger der Wirtschaft, der auf die Investitionsneigung der Unternehmer angewiesen sei, nur in unzulänglicher Weise erwartet werden.

(5) Marktwirtschaft sei für konjunkturelle Krisen anfällig, führe zur Unterversorgung mit öffentlichen Gütern und vernachlässige die Bedürfnisse zukünftiger Generationen (dazu etwa Böckels/Scharf/Widmaier 1976).

(6) Die Effizienz der Marktwirtschaft führe nur zu einem quantitativen Wachstum, das im Zeichen schwindender Ressourcen kein legitimes Ziel einer Wirtschaftsordnung mehr sei. Geringere Effizienz sei in einer Wirtschaftsordnung, die langfristig zum Nullwachstum tendieren müsse, kein Nachteil.

Die Befürworter der Marktwirtschaft halten dem entgegen,

(1) daß funktionsfähiger Wettbewerb als Voraussetzung der Marktwirtschaft weithin empirisch feststellbar und jedenfalls mit Hilfe entsprechender staatlicher Regelungen zu gewährleisten sei;

(2) daß konjunkturelle Krisen kein Spezifikum marktwirtschaftlicher Ordnungen seien, sondern auch in nichtmarktwirtschaftlichen Wirtschaftssystemen aufträten und jedenfalls bei niveau- und strukturpolitischer Hilfestellung des Staates durch das marktwirtschaftliche System dank seiner besonderen Anpassungskräfte leichter überwunden werden könnten als in Wirtschaftsordnungen, die durch staatliche Mikroprozeßpolitik gekennzeichnet sind;

(3) daß die Ineffizienz nichtmarktwirtschaftlicher Wirtschaftssysteme in höherem Maße zur Verschleuderung von Ressourcen führe als die Marktwirtschaft, die zudem auch durchaus auf ein qualitatives Wachstum ausgerichtet werden könne, daß im übrigen angesichts weltweiter Not das Wachstumsziel noch keineswegs obsolet sei;

(4) daß sich ein anderes System als das der sozialen Marktwirtschaft ohne Eingriffe in elementare menschliche Freiheiten nicht schaffen lasse und

(5) daß die Kritik an der Ordnungsidee der Marktwirtschaft von ebenso illusionären wie gefährlichen Heilserwartungen in bezug auf die Leistungsmöglichkeiten des politischen Systems und von utopischen Voraussetzungen – insbesondere der einer Überflußgesellschaft – ausgehe, während die Inhumanität real existierender nichtmarktwirtschaftlicher Systeme um ein Vielfaches größer sei als die Beschränkung menschlicher Entfaltungsmöglichkeiten durch die Marktwirtschaft.

Doch sind die von den Kritikern vorgebrachten Einwände gegen die Marktwirtschaft für die Befürworter insofern von Gewicht, als sie die Richtung bezeichnen, in die eine *soziale Ordnungspolitik für das marktwirtschaftliche System* zu gehen hat:

Als vordringliche Aufgaben, die einer sozialstaatlichen Einbindung der Marktwirtschaft gestellt sind, werden anerkannt:

(1) Verstärkung der realen Grundlagen der Konsumentensouveränität;
(2) Erhaltung des Wettbewerbs;
(3) Korrekturen der Einkommensverteilung bis zu der durch die Anreizfunktion gesetzten Grenze;
(4) Humanisierung der Arbeit, nicht nur im Sinne einer Minderung des Arbeitsleids, sondern der Vermittlung sinnvoller Befriedigung aus der Arbeit selbst;
(5) Erhaltung des Investitionsspielraums für öffentliche Güter und Sicherung der menschlichen Umwelt unter Rücksichtnahme auf die Lebensbedingungen künftiger Generationen;
(6) soziale Normbildung im Sinne einer Abkehr von der Aufwandskonkurrenz;
(7) ein «technology assessment» durch gesellschaftspolitisch verantwortliche Instanzen (dazu KÜNG 1976, 99);
(8) die konjunkturelle und strukturelle Systemstabilisierung und schließlich
(9) die Ergänzung einer leistungsorientierten Wirtschaftspolitik durch eine bedürfnisorientierte Sozialpolitik.

Vielfach geht es auch den Kritikern der Marktwirtschaft nicht darum, sie abzuschaffen, sondern sie in Richtung auf die von ihnen verfolgten Ziele weiterzubilden. Insofern steht in der derzeitigen Diskussion um die Marktwirtschaft weniger die Frage ihrer Aufrechterhaltung oder Abschaffung im Vordergrund als die Frage, wieweit das marktwirtschaftliche Prinzip durch soziale Korrekturen überformt werden kann, ohne seine Funktionstüchtigkeit zu verlieren.

3.1.3. Gesetzliche Anerkennung des marktwirtschaftlichen Ordnungsprinzips

In einer Reihe gesetzlicher Bestimmungen ist die wettbewerbliche Marktwirtschaft, deren soziale Gebundenheit sich aus dem Sozialstaatsprinzip (Art. 20, 28 GG) ergibt, als Grundsatz der Wirtschaftsordnung anerkannt:

– So in § 1 StWG: Die wirtschafts- und finanzpolitischen Maßnahmen zur Erhaltung des gesamtwirtschaftlichen Gleichgewichts «sind so zu treffen, daß sie im Rahmen der marktwirtschaftlichen Ordnung gleichzeitig zur Stabilität des Preisniveaus, zu einem hohen Beschäftigungsstand und außenwirtschaftlichem Gleichgewicht bei stetigem und angemessenem Wirtschaftswachstum beitragen».

– In § 2 des Gesetzes über die Bildung eines Sachverständigenrates zur Begutachtung der gesamtwirtschaftlichen Entwicklung: Der Sachverständigenrat hat zu «untersuchen, wie im Rahmen der marktwirtschaftlichen Ordnung» die Ziele des Stabilitätsgesetzes gewahrt werden.

– Nach Art. 8 des Gesetzes über das Bundesamt für die gewerbliche Wirtschaft hat dieses Amt «die ihm übertragenen Aufgaben gemäß den marktwirtschaftlichen Grundsätzen der Wirtschaftspolitik durchzuführen».

– Nach § 6 Außenwirtschaftsgesetz sind außenwirtschaftliche Beschränkungen zur Abwehr markt- und wettbewerbsfeindlicher Einflüsse zulässig.

– Nach dem Wirtschaftssicherstellungsgesetz und dem Ernährungssicherstellungsgesetz darf die Bundesregierung selbst im Krisenfall nur dann zu den dort vorgesehenen Maßnahmen greifen, wenn «ihr Zweck durch marktgerechte Maßnahmen nicht, nicht rechtzeitig oder nur mit unverhältnismäßigen Mitteln erreicht werden kann» (vgl. § 2 Abs. 2 Nr. 2 WirtschSG, § 2 Abs. 2 Nr. 2 ErnährungsSG).

– Vor allem kommt im Gesetz gegen Wettbewerbsbeschränkungen zum Ausdruck, daß der wirtschaftliche Wettbewerb als entscheidender Ordnungsfaktor der Marktwirtschaft durch den Staat gewährleistet wird. Nach § 24 Abs. 3 GWB darf der Bundesminister für Wirtschaft die notwendige Erlaubnis zu einem Zusammenschluß nur erteilen, «wenn durch das Ausmaß der Wettbewerbsbeschränkung die marktwirtschaftliche Ordnung nicht gefährdet wird».

Der Gedanke der sozialen Marktwirtschaft ist außerdem auch im Recht der Europäischen Gemeinschaft als maßgebliches Prinzip verankert. Der Gemeinsame Markt wird durch die sogenannten fünf Freiheiten bestimmt: freier Warenverkehr (Art. 9–37 EWGV), Freizügigkeit der Arbeitnehmer und freies Niederlassungsrecht für Unternehmen (Art. 48, 52 EWGV), freier Dienstleistungsverkehr (Art. 59 EWGV), freier Kapitalverkehr (Art. 67–73 EWGV), freier Zahlungsverkehr (Art. 106 EWGV). Der Wettbewerb als entscheidender Ordnungsfaktor wird gewährleistet durch die Art. 85–90 EWGV (Abdr. von Art. 85, 86 im Anhang, S. 311 f.). Die sozialstaatliche Bindung der Marktwirtschaft läßt sich hier vor allem den Art. 117–122 EWGV entnehmen (dazu Scherer 1970).

3.1.4. Marktwirtschaft als «Gemeinwohlrichtlinie» der Rechtsprechung

Für die Rechtsprechung gehört die Gewährleistung und Sicherung des marktwirtschaftlichen Prinzips, soweit das Gesetz nicht ausdrücklich nichtmarktwirtschaftliche Lösungen vorsieht, zu den bei der Interessenabwägung im Rahmen offener Tatbestände maßgeblichen (vgl. III. 1.3 u. 1.4) öffentlichen Interessen. Das ergibt sich nicht nur aus den aufgezählten Gesetzen, sondern darüber hinaus aus der spezifischen Affinität des marktwirtschaftlichen Prinzips zu den drei grundlegenden Bausteinen unserer Verfassung, dem Rechtsstaats-, dem Sozialstaats- und dem Demokratieprinzip.

(1) Die der *Marktwirtschaft* zugrundeliegende Kommunikationsstruktur der Bedarfsbefriedigung, die Knappheitsdifferenzen durch Preise anzeigt und damit die dezentrale Planung des Wirtschaftsprozesses durch die Marktsubjekte – einschließlich des Staates als Marktteilnehmer – ermöglicht, deren eigene Interessen als entscheidenden Leistungsanreiz verwendet und den Wettbewerb als wichtiges Kontrollinstrument der Interessendurchsetzung einsetzt, steht in einem engen Zusammenhang mit dem *Prinzip des freiheitlichen Rechtsstaates* (dazu Stern 1977, § 20).

Nach Franz Böhm (1974, 10f.) ist die Entdeckung des Marktmechanismus durch die Klassiker ein Beitrag von «unermeßlicher geschichtlicher Wirkung» zu dem «denkwürdigen Emanzipations- und Befreiungsversuch . . . jener Freiheitsbewegung, die sich im amerikanischen Unabhängigkeitskrieg und in der Französischen Revolution manifestiert hat». BÖHM charakterisiert das Staats-Gesellschafts-Modell dieser großen Freiheitsbewegung durch folgende Stichworte: «Radikale Beseitigung aller rechtlichen Herrschafts- und Gewaltelemente im Bereich der Gesellschaft, Verwandlung der Stände- und Privilegiengesellschaft in eine reine Privatrechtsgesellschaft autonomer, einander gleichberechtigter Gesellschaftsmitglieder. Konzentration aller Gewalt- und Herrschaftsbefugnisse, auf die auch eine freie Gesellschaft nicht verzichten kann und will, im Bereich des Staates. Bestimmung des Verhältnisses zwischen Staat und Gesellschaft als eine Art von Auftrags- und Organverhältnis: Der Staat als organisierter Exekutivausschuß der an sich nicht handlungsfähigen Gesellschaft.» Domestizierung der staatlichen Herrschaftsgewalt «durch entschlossene Begrenzung der Machtmittel, durch ebenso entschlossene Begrenzung der Staatsaufgaben, durch Aufteilung der Staatsgewalt in drei Gewalten, durch Unterwerfung der exekutiven Gewalt als der gefährlichsten von ihnen unter rechtsstaatliche und parlamentarische Kontrolle».

Die Marktwirtschaft leistet zu dieser Domestizierung der staatlichen Herrschaftsgewalt einen wesentlichen Beitrag. Mag – wie oben II. 2.3 näher ausgeführt – das von BÖHM hier vorgestellte Staats-Gesellschafts-Modell im Zeichen der umfassenden sozialstaatlichen Verantwortung des Staates für die Wirtschaft durch neue Formen der Symbiose von Staats- und Wirtschaftsordnung relativiert und überlagert sein, mag man im Zeichen dieser Symbiose eine weitgehende Abhängigkeit politischer Entscheidungen von wirtschaftlichen Vorgegebenheiten registrieren, mag der Staat in mancher Hinsicht nur noch als «Gruppe» im Rahmen eines pluralistischen Gesellschaftssystems erscheinen, so hat doch das Rechtsstaatsprinzip als Gebot der Bindung, Teilung, Begrenzung und der Öffentlichkeit staatlicher Machtausübung nichts von seiner Aktualität verloren; es wird im Gegenteil als Richtlinie auch der Gesellschaftsverfassung und als Gewährleistung der freiheitlichen Grundordnung der Gesellschaft auf der Basis politischer, wirtschaftlicher, sozialer und kultureller Autonomie gegenüber der Bildung von Gruppenmacht verstanden (BÖCKENFÖRDE 1976, 185ff.; 336, 343f.; DENNINGER 1973, 91f.; SCHOLZ 1974, 25; 1976, 120ff.; zusammenfassend und weiterführend W. SCHMIDT 1976).

(2) Aber auch *zum Sozialstaatsprinzip* (dazu STERN 1977, § 21), das im Grundgesetz dem Rechtsstaatsprinzip als gleichrangiges Element hinzugesellt ist, *hat das marktwirtschaftliche System eine spezifische Affinität.* Zwar wird das Prinzip der freien Marktwirtschaft durch die Verantwortung des Staates für soziale Gerechtigkeit begrenzt, die «bei den Gegebenheiten der industriellen Massengesellschaft nicht ohne eine starke Gleichheitskomponente zu denken ist» (HERZOG in: MAUNZ/DÜRIG/HERZOG/SCHOLZ, Art. 20 Rn. 183); doch wird es zugleich auch aus dieser Staatszielbestimmung legitimiert. Freilich ist der verfassungsrechtliche Gehalt des Sozialstaatsprinzips noch wenig gesichert.[4]

---

4 Vgl. hierzu die Diskussion auf der Augsburger Tagung des Vereins für Socialpolitik in KÜLP/HAAS 1977.

Vgl. HERZOG a.a.O., Rn. 150ff., 166: «... so vieldeutig wie kaum ein anderer Begriff des geltenden Verfassungsrechts ... Vorstellungen und Forderungen sozialstaatlichen Charakters sind in der jüngeren deutschen Geschichte nicht nur von einer einzigen politischen Richtung vertreten worden, sondern fast von jeder Richtung, die es in den letzten hundert Jahren überhaupt gegeben hat. Sie finden sich nicht nur in den verschiedenen marxistischen Denominationen, bei den sog. Kathedersozialisten und in den Flügeln der deutschen Sozialdemokratie, sondern auch bei den verschiedenen konservativen Parteien, bei Lorenz v. Stein und seinen Nachfolgern sowie vor allem in der Soziallehre der katholischen Kirche und – damit zusammenhängend – in den politischen Programmen der deutschen Zentrumspartei. Schon diese Aufzählung ... zeigt, wie vorsichtig mit einem Verfassungsbegriff umgegangen werden muß, der zwar gerade deshalb in das GG aufgenommen werden konnte, weil sich alle maßgeblichen politischen Richtungen mit ihm identifizieren konnten, der aber – gleichwohl oder gerade deshalb – das Stigma des Dissenses geradezu auf der Stirn geschrieben trägt.»

Immerhin läßt sich aber in Rechtsprechung und Rechtswissenschaft ein weitgehender Konsens darüber konstatieren, daß die Verfassung das Sozialstaatsprinzip nicht als eine neue Legitimationsgrundlage staatlicher Herrschaft schützt, als die es etwa BAIER (1977, 137) aus der Sicht des Soziologen beschreibt:

«Unter seiner Wirkung verwandeln sich Legitimität und Räson des nationalen Machtstaates – Sicherheit nach außen, Wirtschaftsfreiheit und Rechtsgleichheit nach innen – zur neuen Machtordnung des Sozialstaats: verläßliche Zuteilung von Sozialleistungen nicht mehr in persönlichen Krisen, sondern im Normalfall. ‹Soziale Sicherheit› bleibt unter den Folgen der Wirtschafts- und Staatskrise im Ablauf der letzten 100 Jahre nicht mehr ein Schutzgut für den Ärmsten, sondern wird ein knappes Daseinsgut für fast alle. Es eignet sich vorzüglich zur wohlregulierten und straff administrierten Verteilung von existentiellen Lebensgütern durch Herrschaftseliten und nötigt unter dem Anschauungszwang der abgelaufenen Geschichte die wirtschaftlich depossedierten und politisch verunsicherten Bürger zur Fügsamkeit.

Die Geschichte des nationalen Machtstaats ist im Kern die Anfangsgeschichte des sozialen Versorgungsstaates. Noch befinden wir uns im Übergang zu einer neuen Herrschafts- und Sozialordnung. Ihre Verteilereliten, ihre Versorgungsbürokratien und ihre Sozialklientele haben sich noch nicht vollends ausgefaltet, sondern vermischen sich noch mit den traditionellen Strukturen des bürgerlichen Staates. Aber wir können in seinem abgelebten und verunstalteten Profil bereits deutlich die Züge der neuen Herrschaft erkennen. Unser soziologisches Paradigma der Sozialpolitik gibt am geschichtlichen Beispiel unseres eigenen Landes schon genaue empirische Hinweise auf dieses sich enthüllende Macht- und Gesellschaftsprofil des Sozialstaates.»

Der Versuch, den normativen Gehalt des Sozialstaatsprinzips zu umschreiben, wird zwar einerseits den Akzent darauf legen müssen, daß dieses Prinzip die aktive Mitwirkung des Staates an der Gestaltung der Gesellschaft im Sinne sozialer Gerechtigkeit fordert und legitimiert und insofern nicht nur die Zulässigkeit, sondern zum Zweck der Daseins- und Wachstumsvorsorge für alle auch die Notwendigkeit staatlicher Planung impliziert (HERZOG in: MAUNZ/DÜRIG/HERZOG/SCHOLZ, Art. 20 Rn. 159ff.; SCHOLZ 1976,

119f.), zumal «mit zunehmender Vergesellschaftung bei insgesamt knappen und ungleich verteilten Ressourcen die Erhaltung der Freiheit des einzelnen immer intensivere Lenkungseingriffe, organisatorische und andere Leistungen des Staates voraussetzt» (DENNINGER 1977, 38). Doch bleibt der Sozialstaat dabei stets der offenen Gesellschaft verpflichtet (BADURA 1976, 210; HERZOG a.a.O., Rn. 199ff.; SCHOLZ 1976, 122ff.). Soweit die Selbststeuerungskräfte des Gesellschaftssystems ein Mehr an Leistung und Freiheit verbürgen, erscheint es nicht nur nicht als Verstoß gegen das Sozialstaatsgebot, wenn man sie gewähren läßt, sondern es gehört zur Erfüllung dieses Gebots, ihnen Raum zu geben.[5] Das Streben nach möglichst rationaler und effektiver Überwindung des Knappheitsproblems wird durch das Sozialstaatsprinzip nicht eingeschränkt, sondern herausgefordert. Insofern bedarf Marktwirtschaft sozialstaatlicher Überformung und Korrektur, ist aber zugleich als das Wirtschaftssystem, das sich im historischen Vergleich als unübertroffen effektiv und lernfähig erwiesen hat, Realisierung des Sozialstaatsauftrags; es sei denn, man versteht diesen von vornherein im Sinne eines «alternativen Modells des demokratisch-sozialistischen Sozialstaats» (HARTWICH 1977, 361) als «Chance», das Wirtschaftssystem legal «in eine sozialistische Ordnung zu verwandeln» (*Abendroth* 1976, 67 ff., 69); dagegen explizit BVerfGE 12, 107.

(3) Die Funktion des Marktes als «Sozialwahlsystem» begründet auch einen *Zusammenhang des marktwirtschaftlichen Modells mit dem Demokratieprinzip*[6] (dazu STERN 1977, § 18). Die Bedürfnisse der Individuen, die ihre Präferenzen als Informationen in den Markt eingeben, bestimmen nach diesem Modell die Bewertung der Güter. Über den Markt werden individuelle Wahlakte zu kollektiven Entscheidungen aggregiert. Die freie Konsumwahl soll letztlich die Produktions- und Investitionsentscheidungen ebenso lenken wie die freie Wahl des Arbeitsplatzes die Gestaltung der Arbeitsbedingungen. Konsum- und Arbeitsplatzwahl zusammen sollen Konsummöglichkeiten und Arbeitsbedingungen in ein einheitliches Präferenzsystem

---

5 Zur Bedeutung einer freiheitlichen Gesellschaftsverfassung für die Überlebensfähigkeit der westlichen Staats- und Gesellschaftssysteme HERZOG (a. a. O., Anm. 205): «Ein politisch-gesellschaftliches System ist in der dynamisierten Umwelt des 20. Jahrhunderts nur dann lebensfähig, wenn es eine ausreichende Anzahl von Antennen oder Sensoren besitzt, durch die es über die laufenden Veränderungen der Umwelt möglichst präzise informiert wird, und wenn es außerdem über eine ausreichende Anzahl von Handlungsorganen verfügt, die es instand setzen, die immer wieder neu herandrängenden Probleme möglichst rasch und effektiv zu bewältigen. ... Je mehr Sensoren und Organe der soeben geschilderten Art ein politisch-gesellschaftliches System besitzt, desto größer ist seine Überlebenschance in der dynamisierten Umwelt.»

6 Marktwirtschaft und repräsentative Demokratie stehen, wie es bei STOHLER (1964, 349) heißt, als politökonomische Leitsysteme nebeneinander, um individuelle Präferenzen in gesellschaftspolitische Entscheidungen zu transformieren; dazu auch KANTZENBACH 1966, 72.

integrieren und damit einen Rahmen bieten, in dem sich die Gewerbefreiheit für Unternehmen im Sinne des Wettbewerbs als Entdeckungsverfahren entfalten kann. Die entscheidenden und bei allen unterschiedlichen Varianten der Demokratietheorie (Überblick bei Teubner, Organisationsdemokratie und Verbandsverfassung 1978, 113) außer Streit stehenden Merkmale des Demokratieprinzips – die Offenheit für innovatorische Prozesse und die Zurückdrängung freiheitsgefährdender Eliteherrschaft, «die nicht einmal eine gleichmäßige Berücksichtigung aller Gruppeninteressen in technokratischer Scheinneutralität garantiert» (Denninger 1977, 39) – prägen zugleich das Modell der marktwirtschaftlichen Wettbewerbswirtschaft. Bei funktionierender Konsumentensouveränität räumt der Markt überdies Minderheiten in weit höherem Maße Einflußchancen ein als die politische Abstimmung, bei der vielfach nur die Verwirklichung der einen Möglichkeit auf Kosten anderer gewählt werden kann.

(4) Insofern ist das *marktwirtschaftliche Modell legitime Leitlinie der Gemeinwohljudikatur,* der allerdings übergeordnete Gesichtspunkte der Gewährleistung einer befriedigenden politischen, sozialen und ökologischen Ordnung entgegenstehen können. Kritisch muß darauf geachtet werden, daß nicht als Funktionselemente des marktwirtschaftlichen Modells etablierte Besitzstände und traditionelle Strukturen geschützt werden, die der Offenhaltung der Bildungs- und Sozialisationsprozesse, der Gewährleistung von Veränderungs- und Innovationschancen und der Freiheitlichkeit der Ausbildung der Präferenzstrukturen des Marktbürgers entgegenstehen. Andererseits kann man nicht mit der unbeweisbaren «wissenschaftlichen» Behauptung, es könne in der marktwirtschaftlichen Realität im Hinblick auf die Kapitalabhängigkeit des Arbeitnehmers wie des Konsumenten keine «reale» Freiheit geben, die normative Verbindlichkeit des marktwirtschaftlichen Modells im Namen eines utopischen Freiheitsbegriffs bestreiten (so aber Reifner 1977, Roppo 1976, Tonner 1975).

Das *Bundesverfassungsgericht* hat das «System einer grundsätzlich freien Wirtschaft» (BVerfGE 18, 315, 327; 37, 1, 20 – in E 30, 292, 312 spricht es von einer «grundsätzlich marktwirtschaftlich geordneten Wirtschaft») als Grundlage für die Beurteilung staatlicher Marktordnungen herangezogen und deren Einführung davon abhängig gemacht, daß überwiegende Gründe des Gemeinwohls sie rechtfertigen oder gebieten. Allerdings ist die Verfassungsrechtsprechung offenbar bereit, ein relativ breites gesetzgeberisches Ermessen in der Bestimmung des Gemeinwohls zu respektieren. Jedenfalls zeigen die bestehenden Marktordnungen (insbesondere Landwirtschaft), daß partikulare Interessen, ideologische Vorurteile und politische Rücksichten relativ unkritisch als Gemeinwohlbestandteile akzeptiert werden. Im Rahmen der Europäischen Gemeinschaft kommen außenpolitische Rücksichten hinzu. Zwar ist nicht auszuschließen, daß auch die Agrarpolitik der EG an Art. 2 GG gemessen wird, da das Bundesverfassungsgericht im Hinblick auf die gegenwärtige Struktur der EG nicht darauf verzichtet, den Grundrechtsschutz gegenüber ihren Maßnahmen zur Geltung zu bringen

(BVerfGE 37, 271); doch dürfte die Rechtsprechung hier schon deshalb zur Frage der sachlichen Angemessenheit der Agrarmarktordnungen der EG kaum vordringen können, weil auch das Interesse der Bundesrepublik am Bestand der Gemeinschaft ein gerichtlich zu respektierender Gemeinwohlgrund ist. Soweit der Gesetzgeber in seinen Regelungen zulässigerweise von marktwirtschaftlichen Prinzipien abweicht, ist dies selbstverständlich auch für die Gemeinwohljudikatur maßgeblich. Sie kann in diesem Fall nicht auf solche Prinzipien als beachtliche öffentliche Interessen zurückgreifen.

3.1.5. Begrenzung staatlicher Eingriffe in die Wirtschaft durch das marktwirtschaftliche Prinzip?

3.1.5.1. Bindung von Legislative und Exekutive an ein Gebot der Systemkonformität?

Es ist der Staat, der als Sozialstaat die Verantwortung für Effizienz, Humanität und soziale Integration des Wirtschaftsprozesses trägt. Insofern muß es ihm freistehen, Wirtschaftsstrukturen und Wirtschaftsprozesse politisch zu beeinflussen. Aus dem marktwirtschaftlichen Prinzip läßt sich hier nur das Postulat ableiten, daß er bei mehreren Möglichkeiten des Eingriffs im Rahmen des politisch Durchsetzbaren systemkonforme Lösungen zu wählen habe, im Zweifel also eine, die das Selbststeuerungspotential der Wirtschaft aktiviert, den Bereich autonomer Entscheidung relativ wenig verengt und volkswirtschaftlich die geringsten Kosten verursacht. Eine Rechtsbindung für Gesetzgebung, Regierung und Verwaltung konstituiert dieses Postulat insofern nicht, als diese sich von unterschiedlichen Möglichkeiten des Eingriffs auch unterschiedliche Wirkungen versprechen können. In der Frage, welche wirtschaftspolitischen Ziele von Staats wegen an den Wirtschaftsprozeß herangetragen, welche sozialen Korrekturen vorgenommen und welche gesellschaftspolitischen Rahmensetzungen dem Wirtschaftssystem vorgegeben werden sollen, entscheiden aber im Rahmen der Verfassung der Gesetzgeber und im Rahmen des vom Gesetzgeber offengelassenen Spielraums Regierung und Verwaltung. Haben allerdings Legislative oder Exekutive die Ziele ihres Eingriffs definiert, so können die Gerichte bei der Überprüfung seiner Verhältnismäßigkeit dem Gedanken der Systemkonformität Rechnung tragen.

3.1.5.2. Verfassungsrechtliche Absicherung des Prinzips der sozialen Marktwirtschaft?

Eine *verfassungsrechtliche Gesamtentscheidung* für die – global gesteuerte – soziale Marktwirtschaft läßt sich dem Grundgesetz nach durchaus herrschender Meinung *nicht* entnehmen.[7] Das ergibt sich im Grunde schon daraus, daß das Prinzip der sozialen Marktwirtschaft überhaupt nicht den Anspruch erheben kann, definitive Aussagen darüber zu machen, unter welchen Voraussetzungen, in welchem Umfang, mit welchen Mitteln und zu welchen Zwecken Gesetzgebung, Regierung und Verwaltung regelnd, lenkend und korrigierend eingreifen dürfen. Der wirtschaftspolitische Spielraum des Gesetzgebers wird insoweit nur durch die allgemeine Begrenzung seiner verfassungsmäßigen Kompetenzen und durch die Grundrechte definiert. Daß den Staat eine umfassende politische Verantwortlichkeit für die Wirtschaft trifft, geht aus einer Reihe von Verfassungsvorschriften hervor: Über das Sozialstaatsprinzip und die Gesetzgebungsermächtigungen der Art. 74 Nr. 1 GG («Recht der Wirtschaft») und Art. 74 Nr. 16 GG («Verhütung des Mißbrauchs wirtschaftlicher Machtstellung») hinaus sind inzwischen durch Verfassungsergänzung festgeschrieben worden: Die Verantwortung des Staates für das gesamtwirtschaftliche Gleichgewicht (Art. 104a Abs. 4, 109 Abs. 2 GG), der Auftrag, die Einheitlichkeit der Lebensverhältnisse im Bundesgebiet zu wahren (Art. 106 Abs. 3 Satz 4 Nr. 2 GG), sowie die Kompetenzen zur Verbesserung der regionalen Wirtschaftsstruktur und Agrarstruktur (Art. 91a Abs. 1 Nr. 2, 3 GG). Allerdings ist ein *umfassendes hoheitliches Zuteilungs- und Zielvorgabesystem* durch das Grundgesetz *ausgeschlossen*: Die verfassungsmäßige Gesetzgebungs-, Verordnungs- und Verwaltungsstruktur, insbesondere Art. 80 GG, der föderative Staatsaufbau sowie die Grundrechte – insbesondere Art. 1, 2, 9, 11, 12, 14 GG – lassen die hierzu erforderliche staatliche Preis- und Lohnfestsetzung und eine entsprechende Arbeitskräfte-, Investitions- und Kreditlenkung nicht zu (Kriele 1974, 108). Insofern ist zwar nicht die Freiheit des einzelnen Marktes oder gar aller Märkte Eingriffsgrenze für den Staat, wohl aber der «konkurrenzwirtschaftliche Rechnungszusammenhang» (v. Stackelberg 1949, 201; vgl. auch Schiller 1965, 214) der Volkswirtschaft insgesamt.

Das Bundesverfassungsgericht hat schon sehr frühzeitig – in seinem Investitionshilfeurteil (E 4, 7, 17f.) – hervorgehoben, daß das Grundgesetz nicht als Entscheidung für ein bestimmtes wirtschaftliches System verstanden werden kann: «Das Grundgesetz garantiert weder die wirtschaftspolitische Neutralität der Regierungs- und Gesetzgebungsgewalt noch eine nur mit marktkonformen Mitteln zu steuernde ‹soziale Marktwirtschaft›. Die ‹wirtschaftspolitische Neutralität› des Grundgesetzes besteht lediglich darin, daß sich der Verfassungsgeber nicht ausdrücklich für ein bestimmtes Wirtschaftssystem entschieden hat. Dies ermöglicht dem Gesetzgeber, die ihm jeweils sachgemäß erscheinende Wirtschaftspolitik zu verfolgen, sofern er dabei das

7 Vgl. die Nachweise bei Papier (1977, 56, 71, 74), der (77) mit Recht darauf hinweist, daß «mit dem verkehrswirtschaftlichen Koordinationsprinzip zu Unrecht immer wieder eine monistische Vorstellung vom ‹Rationalitätstypus›, vom Marktpreismechanismus als ausschließlicher Steuerungstechnik und von der Unzulässigkeit jeder Form zentraler Wirtschaftsplanung verbunden worden (ist). In Wahrheit war selbst in der Nationalökonomie der Dualismus der Steuerungsmethoden nie streitig. Es ging immer nur um das optimale Rang- oder Prioritätsverhältnis.»

Grundgesetz beachtet. Die gegenwärtige Wirtschafts- und Sozialordnung ist zwar eine nach dem Grundgesetz mögliche Ordnung, keineswegs aber die allein mögliche. Sie beruht auf einer vom Willen des Gesetzgebers getragenen wirtschafts- und sozialpolitischen Entscheidung, die durch eine andere Entscheidung ersetzt oder durchbrochen werden kann.»

Aus diesem Urteil darf freilich nicht geschlossen werden, das Grundgesetz sei wirtschaftspolitisch neutral; denn mit den Grundrechten der Freizügigkeit und der allgemeinen wirtschaftlichen Handlungsfreiheit, vor allem aber der Berufsfreiheit und des Eigentums, die das Bundesverfassungsgericht inzwischen durch eine dichte, wenn auch nicht immer einheitliche Rechtsprechung (Einzelnachweise etwa bei *Leibholz/Rinck* 1975 ff.) weitgehend zu konkreten Entscheidungsnormen ausgebaut hat, sind Gebote aufgestellt, die sich ohne eine grundsätzlich marktwirtschaftlich ausgerichtete und den konkurrenzwirtschaftlichen Rechnungszusammenhang aufrechterhaltende Wirtschaftsordnung nicht einhalten lassen (dazu *Friauf* 1976, 625; *Herzog* in: *Maunz/Dürig/Herzog/Scholz*, Art. 20 Rn. 207 ff.; *Papier* 1977, 71 ff.; *Rupp* 1971, 6 f.; *Scheuner* 1971, 26 ff.; *Schmidt-Preuss* 1977, 81 ff.; *Scholz* 1976, 117 f.).

Das BVerfG interpretiert Art. 12 GG als ein einheitliches Grundrecht der Berufsfreiheit und setzt sich damit zu Recht darüber hinweg, daß nach dem Gesetzeswortlaut nur die Berufsausübung, nicht die Berufswahl einem Vorbehalt gesetzlicher Regelungen unterliegt. Jedoch geht das Gericht in der von ihm entwickelten Stufentheorie davon aus, daß die Eingriffsbefugnis des Gesetzgebers in die Berufswahl weit enger gezogen ist als in die Berufsausübung. Inzwischen dürfte kaum noch zu bestreiten sein, daß diese Unterscheidung keine geeignete Grundlage der Rechtsprechung darstellt, und zwar schon deshalb nicht, weil der Begriff des Berufs verfassungsrechtlich nicht festliegt, insbesondere auch nicht einfach an herkömmlichen Berufsbildern orientiert werden kann. So fallen die Differenzierungen des Gerichts zwischen Berufswahl und Berufsausübung durchaus widersprüchlich aus. Die Zulassung als Kassenarzt wertet es als Berufsausübung (E 11, 30 ff.), wobei es jedoch wegen ihrer schwerwiegenden Bedeutung Grundsätze über die Berufswahl anwendet. Der Verkauf loser Milch in kleinen Lebensmittelgeschäften (E 9, 39, 48) soll nicht eine bloße Erweiterung des Warensortiments des Lebensmittelhändlers sein, sondern ein eigenständiger Sonderberuf, den der Lebensmittelhändler durch einen Akt der Berufswahl aufnimmt. Auch ein Versandhändler, der Warenautomaten aufstellt, übt dadurch nach der Rechtsprechung des Gerichts (E 14, 19, 22) nicht nur seinen Beruf aus, sondern wählt zusätzlich den eigenständigen Beruf eines «Warenautomatenaufstellers». Umgekehrt soll das Verbot der Aufnahme von Spalt-Tabletten in das Warensortiment des Drogisten (E 9, 73, 78) nur dessen Berufsausübung betreffen. Wird ein Produktionsunternehmen durch eine Sondersteuer in der Beförderung seiner Produkte durch eigene Lastkraftwagen behindert, so soll dies nicht als Beschränkung der Wahl des eigenständigen Berufs des Fuhrunternehmers, sondern nur als Eingriff in die Berufsausübung eines Fabrikanten gelten (E 16, 147, 164).

Wenn die Ergebnisse des Gerichts trotzdem eine gewisse Überzeugungskraft ausstrahlen, so liegt die Annahme nahe, daß es sich an einem anderen Kriterium orientiert als an den Abstufungen seiner eigenen Stufentheorie. Offenbar geht es letztlich nicht von einem abstrakten Begriff von Berufsfreiheit aus, sondern von einem konkreten Verständnis, das die soziale Situation und die sozialen Chancen der Betroffenen berücksichtigt. Es schützt die Freiheit des Berufs in erster Linie um der Freiheit des Menschen, um seiner konkreten beruflichen Betätigung willen. So bezieht es sich ausdrücklich auf die Einsicht, daß Art. 12 GG ein Grundrecht enthalte, «das seiner Idee nach mit der Entfaltung der menschlichen Persönlichkeit eng zusammenhängt und das aber deshalb auch praktisch von größter Bedeutung für die gesamte Lebensgestaltung jedes einzelnen ist . . .» (E 7, 377, 400; dazu DORNDORF 1978). Das Gericht gewährt deshalb Personen, die einen Beruf konkret ergriffen haben, bei an sich zulässiger gesetzlicher Abänderung eines Berufsbildes durch den Gesetzgeber die Erhaltung ihres konkreten beruflichen Besitzstandes (E 21, 173; 25, 236). Erst eine solche konkrete Interpretation der Berufsfreiheit vermag dieses Grundrecht für die große Mehrheit der Erwerbstätigen fruchtbar zu machen; andererseits läßt sich bei einer solchen konkreten Interpretation auch nichts dagegen einwenden, daß das Bundesverfassungsgericht die Berufsfreiheit zugleich als ein gewerbefreiheitliches Grundrecht auffaßt (vgl. etwa E 30, 292, 312; 31, 8, 26; kritisch dazu RIDDER 1975, 122ff.).

Art. 14 GG liegt nach der Rechtsprechung des BVerfG die Idee zugrunde, daß das Eigentum Mittel und Ausdruck individueller Selbstverwirklichung ist und in einem engen Zusammenhang mit der Garantie der persönlichen Freiheit steht. Die Intensität dieses Zusammenhangs bestimmt die individuelle Schutzwirkung der Eigentumsgarantie im Rahmen der sozialen Eigentumsbindung. Zwar gewährleistet Art. 14 GG das Eigentum in umfassender Weise, und auch nicht nur das individuelle Gebrauchs- und Verbrauchseigentum, sondern alle vermögenswerten Rechte und deren wirtschaftliche Verwertung. Art. 14 GG erfaßt insbesondere auch das privatunternehmerisch genutzte Produktionseigentum. Jedoch ist der Schutzgehalt der Eigentumsgarantie je nach dem Zusammenhang des Eigentums mit persönlicher Freiheit und Leistung und nach der Gemeinschaftsbezogenheit und Gemeinschaftsbedeutung des Eigentumsobjekts abgestuft. So macht BGHZ 48, 193 z. B. einen Unterschied zwischen dem durch die Sozialbindung des Eigentums gedeckten Verbot, ein kriegszerstörtes Hinterhaus entgegen modernen Erfordernissen der Städteplanung wieder aufzubauen, und dem nicht mehr im Rahmen der Sozialbindung liegenden Gebot, ein nichtzerstörtes Gebäude ähnlicher Art abzureißen. Die vergütungsfreie Verwendung von urheberrechtlich geschützten Werken in Schulbüchern hat BVerfGE 31, 229, 243 nicht zuletzt deshalb als Verstoß gegen Art. 14 Abs. 1 Satz 1 GG gewertet, weil «es um das Ergebnis der geistigen und persönlichen Leistung des Urhebers geht, nicht aber etwa um einen unverdienten Vermögenszuwachs» und daher der Ausschluß eines Vergütungsanspruchs nicht durch jede Gemeinwohlerwägung gerechtfertigt werde. Mit Recht bezeichnet es BADURA (1972, T 11f.) als «primäre Aufgabe der Verfassungsauslegung, den unterschiedlichen Gewährleistungsinhalt der Eigentumsgarantie für das individuelle Gebrauchs-, Verbrauchs- und Versorgungseigentum, für das von der Urbanisierung erfaßte Grundeigentum, für das ernährungswirtschaftlich genutzte Eigentum der agrarischen Urproduktion, für das industrielle Unternehmenseigentum und für andere Eigentumskategorien herauszuarbeiten. Es gibt verfassungsrechtlich kein absolutes und kein einheitliches Eigentum.» Das gleiche gilt auch in zeitlicher Hinsicht: Das Eigentumsrecht unterliegt in besonderem Maße dem sozialen Wandel (TIMM 1977); so geraten z. B. die eigentumsrechtliche Bodennutzung und die eigentumsrechtliche Baufreiheit immer stärker unter Planvorbehalt (dazu SENDLER 1974, 82; umfassende Behandlung der Eigentumsgarantie im Hinblick auf Bodenmarkt, Bodennutzung und Städtebau bei BREUER 1976; zur verfassungsrechtlichen Problematik der Aufspaltung des Bodeneigentums in Verfügungs- und Nutzungseigentum H. WESTERMANN 1974). Immerhin billigt das Bundesverfassungsgericht auch juristischen Personen und damit den Trägern von Großunternehmen das Eigentumsfreiheitsrecht aus Art. 14 GG zu (Kritik bei RIDDER 1975, 111; RITTSTIEG 1975, 308ff.; vgl. demgegenüber PAPIER 1977, 71ff.; FRIAUF

1976, 626; LEISNER in ISSING/LEISNER 1976, 85 f.; RÜFNER 1976, 689 f.)

Art. 12 GG und Art. 14 GG sind nach der Rechtsprechung des Bundesverfassungsgerichts nicht nur Freiheitsgrundrechte, sondern enthalten als sog. Einrichtungsgarantien grundsätzliche Ordnungsentscheidungen der Verfassung zugunsten der Gewerbefreiheit, der freien privaten und individuellen Nutzung wirtschaftlichen Vermögens und damit auch zugunsten einer freiheitlich-dezentralen Wirtschaftsordnung (dazu statt aller FRIAUF 1976, 626 m. Nachw.).

3.1.6. Soziale Marktwirtschaft als regulative Idee

Lassen sich aus dem Prinzip der sozialen Marktwirtschaft keine definitiven Kriterien für die Frage ableiten, unter welchen Voraussetzungen und in welcher Breite der Marktmechanismus überformt oder durch andere Regelungen ersetzt werden kann, so ist nicht nur die Frage, ob es sich hierbei um ein Verfassungsprinzip handelt, relativ müßig; es ist auch zweifelhaft, ob mit dem Hinweis auf die Geltung dieses Prinzips die Struktur einer Wirtschaftsordnung konkret genug beschrieben werden kann. Der strukturelle Gehalt dieses Ordnungskonzepts mag genügen, um die Wirtschaftssysteme westlicher Länder von zentralverwaltungswirtschaftlichen Ordnungen abzugrenzen. Es kann im konkreten Entscheidungsfall auch als «policy»-Richtlinie für die Bildung einer richterrechtlichen Entscheidungsnorm ausreichen, insbesondere wenn marktwirtschaftliche und nichtmarktwirtschaftliche Lösungen zur Auswahl stehen und keine sozialstaatlich begründbare Präferenz für die letztere gegeben erscheint. Zur Beschreibung der prägenden Strukturen eines Wirtschaftssystems und zur Festlegung der Veränderungsspielräume aber, die für die Legislative nach der Verfassung und für die Exekutive nach Gesetz und Verfassung bestehen, gibt die Formel «soziale Marktwirtschaft» zu wenig her. Sie kann Wirtschaftssysteme vom Typ der gelenkten ebenso wie der gemischten Marktwirtschaft abdecken, die in der Realität wiederum in sich eine große «Bandbreite» haben und ineinander übergehen können (dazu oben I. 2.3 und I. 2.4). Insofern ist der normative Gehalt des Konzepts der sozialen Marktwirtschaft relativ gering, der Versuch, eine konkrete und präzise Wirtschaftsordnung aus diesem Konzept zu deduzieren, zum Scheitern verurteilt.

3.2. *Beschreibung der Wirtschaftsordnung auf Grund eines Katalogs wirtschaftspolitischer Basisentscheidungen*

Um das Augenmerk auf die vom Recht zu lösenden Ordnungsaufgaben zu richten, die als Gegenstand eines Allgemeinen Teils des Wirtschaftsrechts in Betracht kommen, könnte es demgegenüber erfolgversprechender sein, an den Katalog wirtschaftspolitischer Basisentscheidungen anzuknüpfen, die wir oben (I. 2.3) als strukturbestimmend für ein Wirtschaftssystem angesehen haben. Im folgenden soll der Versuch unternommen werden, die Wirtschaftsordnung der Bundesrepublik von diesem Erklärungssystem her zu erfassen.

Dabei wenden wir uns zunächst den Konsum-, Spar-, Produktions- und Investitionsentscheidungen zu. Wir geben – um die Darstellung zu vereinfachen – im folgenden zunächst einen das Tatsächliche hervorhebenden Überblick über die wesentlichen Entscheidungsträger – also vor allem die einzelnen (Einzelhaushalte) als Konsumenten, Sparer und Arbeitnehmer, die Unternehmen, die Tarifpartner und den Staat, ihre Entscheidungsbereiche, die Abstimmungsprozesse zwischen ihnen und die institutionellen und organisatorischen Bedingungen ihrer Entscheidungsmacht. In einem zweiten Durchgang sollen dann einige der einschlägigen rechtlichen Regelungsprobleme skizziert werden.

Anschließend werden die Regelungsprobleme, -grundlagen und -spielräume im Bereich der Basisentscheidungen über Geld- und Währungsfragen, Systemstabilisierungsfragen und Fragen der Außenwirtschaft dargelegt. Hier stehen naturgemäß weniger die für die Gerichte als die für den Gesetzgeber in Betracht kommenden «policies» im Vordergrund. Das gleiche gilt für den Ausblick auf die Fragen der internationalen Wirtschaftsordnung, mit denen das Kapitel schließt. Nicht in einem besonderen Abschnitt, sondern im Zusammenhang mit den jeweiligen Sachentscheidungen werden die Basisentscheidungen über die Entscheidungsträger und die Abstimmung der Entscheidungsprozesse hinsichtlich der Gestaltung der Wirtschaftspolitik selbst behandelt. Der Problemkreis der Einordnung des Subsystems Wirtschaft in das Gesellschaftssystem, der ebenso zur Wirtschaftspolitik gehört, wie er sie überschreitet, ist hier gleichfalls nicht explizit zu behandeln.

3.2.1. Konsum-, Spar-, Produktions- und Investitionsentscheidungen – Kompetenzen und Interdependenzen

3.2.1.1. Konsum- und Sparentscheidungen

(1) *Entscheidungsträger* ist vor allem der *einzelne:*[8] Er bestimmt über seinen Konsum, über Sparen und Kreditaufnahme und über das Verhältnis von Konsum und Sparen. Darüber hinaus tritt *auch* der Staat (Fiskus) in großem Maße als Konsument, Sparer (Kreditgeber) und vor allem als Kreditnehmer (Staatsverschuldung) auf.

(2) *Beeinflußt* werden die Konsum- und Sparentscheidungen der Einzelhaushalte in erheblichem Maße *durch die Produktionsentscheidungen der einzelnen* als Arbeitnehmer oder Unternehmer, insofern die Mittel für den Konsum der meisten Bürger von ihrem Arbeitseinsatz oder ihrer unternehmerischen Leistung abhängen. Der mittelbare Zwang zu einer Arbeit, deren

8 «Einzelne» steht hier zugleich stets für den «Einzelhaushalt».

Zweck weniger in sich selbst als in der Beschaffung der für den Konsum erforderlichen Mittel gesehen wird, ergibt sich aus der Notwendigkeit der Überwindung der Knappheit mit Hilfe einer arbeitsteiligen Wirtschaft.

(3) Auf die Entscheidungen der Einzelhaushalte und des Staates wirken die *Unternehmen* ein, und zwar nicht nur durch ihre Produktionsentscheidungen, sondern auch dadurch, daß sie die Bedürfnisstrukturen der Konsumenten im Sinne ihrer Strategien zu formen versuchen (Angebotsstruktur, Marketing, Werbung).

Wieweit die Verbraucherentscheidung durch Produktions- und Absatzentscheidungen der Unternehmen geprägt wird, die ihrerseits nicht als Reaktion auf Informationen von seiten der Verbraucher interpretiert werden können, ist eine umstrittene Frage, auf die je nach der politischen Grundeinschätzung, mit der man an sie herangeht, unterschiedliche Antworten gegeben werden können (vgl. die Nachw. bei K. Simitis 1976, 87, 97). Andererseits ist es kaum möglich, eine «unideologische» Antwort auf diese Frage zu geben, weil man eine Vorstellung darüber zugrunde legen muß, welche Bedürfnisstrukturen den Menschen «eigentlich» kennzeichnen. Aufschlußreich ist, daß die Kommission für wirtschaftlichen und sozialen Wandel in ihrem Schlußgutachten (1977, Kap. IX) sich über die Frage, ob der Konsument die Wirtschaft lenke oder eher als Objekt planmäßig entwickelter Absatzstrategien zu sehen sei, nicht einig werden konnte. Fest steht, daß die Produktions- und Absatzstrategien der Unternehmen vielfach schon deshalb keine unmittelbare Reaktion auf das Konsumentenverhalten darstellen können, weil sie im Hinblick auf technische Gegebenheiten unter Investitions- und Produktionsgesichtspunkten langfristig konzipiert sind. Andererseits hat sich an vielen Beispielen gezeigt, daß der Erfolg eines Produkts trotz aufwendigen Marketings nicht «machbar» ist (unterschiedliche Aspekte der Problematik etwa bei Green 1976; Scitovsky 1977; Küng 1972).

(4) *Konsum und Sparen als Aggregat* beeinflußt der *Staat* als Hoheitsträger, Unternehmer und als Konsument durch Einwirkungen insbesondere auf die Konjunktur, die Staats- und die Sparquote und durch seine Verteilungs- und Sozialpolitik, insofern durch diese die Kaufkraft der Nichterwerbstätigen entscheidend bestimmt wird. Damit wirkt er – bei endlichen Ressourcen – zugleich auf das Verhältnis von gegenwärtigem Konsum und dem Konsum zukünftiger Generationen ein.

(5) *Strukturell* beeinflußt der Staat Konsum und Sparen:

(a) wiederum durch seine Verteilungs- und Sozialpolitik:

Steuersystem, Progression der Einkommensteuer, steuerliche Abzugsfähigkeit von Ausgaben, Sparförderung mit Einkommensobergrenzen, sozialpolitische Umverteilung zwischen jung und alt, Gesunden und Kranken, Erwerbstätigen und Erwerbslosen sowie allgemein zwischen Höher- und Geringerverdienenden (die z. B. in der gesetzlichen Krankenversicherung prinzipiell gleiche Leistungen bei unterschiedlichen Beiträgen erhalten), regionale Umverteilung (Finanzausgleich), unentgeltliches oder nicht kostendeckendes Angebot öffentlicher Güter, wirtschafts- und sozialpolitische Subventionen in den verschiedensten Ausprägungen (dazu z. B. ZEPPERNICK 1976, 19) und reale Transferleistungen (z. B. verbilligte Sozialwohnungen);

(b) durch Bereitstellung und Ausdifferenzierung von Rechtsformen für den Waren- und Dienstleistungsverkehr und für den Kapitalmarkt;

Beispielsweise werden Konsumentscheidungen durch die rechtliche Zulassung und Ausgestaltung des Leasing und des finanzierten Abzahlungskaufs beeinflußt. Für die Heranführung von Sparern an den Kapital- und an den Grundstücksmarkt ist die Frage, ob Investmentfonds und Grundstücksfonds zugelassen und wie sie ausgestaltet werden, von Interesse. Die Art der Stückelung von Aktien hat Auswirkungen auf die soziale Schichtung des Anlagepublikums;

(c) ausnahmsweise durch positiven Konsum- und Sparzwang:

Z. B. Anschluß- und Benutzungszwang bei kommunalen Einrichtungen; Bestattungszwang; auf Breitenwirkung angelegte Maßnahmen der Gesundheitsfürsorge – wie bis vor kurzem die Pockenschutzimpfung – und in steigendem Maße Zwangsvorsorgeuntersuchungen, Sozialversicherung, Pflichthaftpflichtversicherung, Verbindung freier Konsumentscheidungen mit dem Zwang zur Anschaffung weiterer Güter wie Sicherheitsausrüstungen oder fälschungssichere Kennzeichen für Kfz;

(d) durch Ausschluß bestimmter Güter vom Konsum oder durch einschränkende Voraussetzungen des Konsums:

Z. B. Verbot des Drogenkonsums, Rezeptpflicht von Medikamenten, administrative Kontrolle des Waffenerwerbs, Importrestriktionen, zeitweilige Fahrverbote zum Zweck der Energieeinsparung, Sicherheitsanforderungen beim Betrieb von Geräten, Gefährdungshaftung für bestimmte Formen der Konsumausübung, Umweltschutzanforderungen, Pornographieverbote, Nichtzulassung Jugendlicher zu bestimmten Veranstaltungen;

(e) durch die «künstliche» Verteuerung und Verbilligung von Gütern;

Handelshemmnisse, Konsumsteuern einerseits, Konsumsubventionen – etwa für bestimmte soziale Schichten Mietzuschüsse, Heizkostenzuschüsse – andererseits. Als Mittel der Verteilungspolitik haben sich solche Konsumsubventionen kaum bewährt. SCHMÖLDERS (1972, 249) weist im Anschluß an PECHTOLD (1963, 33) auf die zu Beginn der 50er Jahre eingeführte und 1953 in aller Stille wieder abgeschaffte Konsumbrotsubvention als ein besonders warnendes Beispiel für eine redistributiv gemeinte Subvention hin: Sie gelangte keineswegs in vollem Umfang an die Haushalte mit niedrigem Einkommen, sondern versickerte zum Teil auf den einzelnen Produktions- und Handelsstufen, wirkte sich im übrigen vorwiegend in den Haushalten der besser Verdienenden aus, da diese das verbilligte Konsumbrot gern kauften, ohne sich – wie die Minderverdienenden selbst – von dem verbreiteten Vorurteil gegen das «Armeleutebrot» irremachen zu lassen.

(f) Auch für die Lenkung von Sparentscheidungen kommen entsprechende Förderungsmaßnahmen oder Restriktionen, «künstliche» Verteuerungen und Verbilligungen in Betracht:

Z. B. Prämien- und Steuerbegünstigung des Bau- und Anlagesparens einerseits, andererseits Belastung der Aktienanlage durch Doppelbesteuerungseffekte, früher im Einkommenssteuer-, jetzt noch im Vermögenssteuerrecht sowie durch Anknüpfung spezifischer Abschreibungsmöglichkeiten an das steuerrechtliche Institut der Mitunternehmerschaft, die es nur bei Personengesellschaften gibt, schließlich auch durch die Spekulationssteuer.

(6) Die *Tarifpartner* beeinflussen – kraft ihrer Einwirkung auf die Verteilung des Einkommens zwischen selbständigen Haushalten, Arbeitnehmerhaushalten und Haushalten von Nichterwerbstätigen – Konsum und Sparen, und zwar jeweils sowohl als Gesamtaggregat wie in struktureller Hinsicht (relativ sinkt der auf den Konsum entfallende Einkommensanteil mit steigendem Einkommen).

(7) Die *Konsumentscheidungen des Staates* werden *beeinflußt durch* Produktions-, Forschungs- und Absatzpolitik der *Unternehmen*, durch Rückwirkungen der Konsumentscheidungen der *Privathaushalte*, durch die politischen Entscheidungen der einzelnen als *Wähler*, schließlich durch die *Tarifpartner*, und zwar einmal dadurch, daß diese unmittelbar politischen Einfluß geltend machen, zum anderen dadurch, daß sie durch die Lohnfindung auf die staatliche Niveausteuerung einwirken. Hinzu kommt der Einfluß der Gewerkschaften als Tarifpartner des Staates und der Gebietskörperschaften im Bereich des öffentlichen Dienstes.

3.2.1.2. *Produktions- und Investitionsentscheidungen*

(1) Unmittelbare *Entscheidungsträger* sind die produzierenden und investierenden Unternehmen. Dabei ist zu beachten, daß auch der Staat im großen Maße ein solches Unternehmen darstellt bzw. solche Unternehmen unterhält. Auch die Gewerkschaften beherrschen in erheblichem Umfang Unternehmen und können insoweit unternehmerischen Einfluß ausüben.

(2) Über die Waren- und Dienstleistungsmärkte beeinflussen die einzelnen durch ihre *Konsumentscheidungen* die Produktions- und Investitionsentscheidungen der Unternehmen. Ebenso werden diese Entscheidungen über den Kapitalmarkt durch die *Sparentscheidungen* der einzelnen geprägt.

(3) Der *Sparer* kann gegebenenfalls *als Anleger* über seine Kapitalbeteiligung auf die Willensbildung der Unternehmen einwirken.

(4) Über das politische System beeinflußt der *einzelne als Wähler* die Produktion öffentlicher Güter und das unternehmerische Verhalten des Staates im allgemeinen.

(5) Produktionsentscheidungen treffen auch die *einzelnen als Arbeitnehmer*, indem sie ihre Arbeitskraft anbieten. Sie beeinflussen dadurch die Produktions- und Investitionsentscheidungen der Unternehmen.

(6) Als Arbeitnehmer hat der einzelne kraft der Regelungen über die *betriebliche und unternehmerische Mitbestimmung* auf die Produktions-

und Investitionsentscheidungen der Unternehmen und des Staates intern mitbestimmenden Einfluß.

(7) *Unter den Unternehmen* selbst gibt es *wechselseitige Einwirkungen* auf die Produktions- und Investitionsentscheidungen. Insbesondere können Banken und institutionelle Kapitalanleger durch ihre Kreditpolitik das Investitionsverhalten anderer Unternehmen beeinflussen; Unternehmen können die unternehmerischen Entscheidungen anderer Unternehmen ihrem Eigeninteresse unterwerfen und kontrollieren.

(8) Zum mittelbaren Einfluß der einzelnen und der Unternehmen auf die Entscheidungen von Staat und Tarifpartnern, die sich ihrerseits auf die Produktions- und Investitionsentscheidungen der Unternehmen auswirken, vgl. unten 14, 16.

(9) Der *Staat beeinflußt Produktions- und Investitionsentscheidungen als Gesamtaggregat* zunächst durch alle auf den Konsum wirkenden Maßnahmen sowie durch Maßnahmen, die sich auf die Investitionsquote auswirken:

Einschlägig ist neben der staatlichen Finanzpolitik vor allem die Steuerpolitik: Höhe der Substanzbesteuerung bei gewerblichen Unternehmen, die von deren Ertragskraft unabhängig ist und damit nichts anderes bedeutet als eine staatliche «Konzessionsgebühr für wirtschaftliche Betätigung in der Bundesrepublik» (Kuhnke 1976, 28); Höhe der Besteuerung von Unternehmereinkommen; Niveausteuerung durch Investitionsprämien (vgl. § 51 Abs. 1 Nr. 2 Buchstabe s EStG) und Steuern; Variationen der steuerlichen Abschreibungssätze (§ 51 Abs. 2 EStG).

(10) *Strukturell* beeinflußt der Staat Produktions- und Investitionsentscheidungen durch eine kaum übersehbare Vielzahl gesetzlicher Regelungen, finanzieller Begünstigungen und Belastungen und informeller Eingriffe:

Hier ist einmal wiederum die Politik der finanzwirtschaftlichen Globalsteuerung unter Einschluß steuerpolitischer Maßnahmen und die Politik der gesamtwirtschaftlichen Geldversorgung zu nennen, die beide keineswegs nur global, sondern auch strukturell wirken; weiter die Wettbewerbspolitik, die Außenwirtschaftspolitik, die Arbeitsmarktpolitik und vor allem die sektorale und regionale Strukturpolitik, die Umweltschutz- sowie die Forschungs- und Technologiepolitik.

Der *Staat verzichtet* jedoch prinzipiell *auf mikroprozeßpolitischen Einfluß* auf die Investitionen. Er sieht von einer imperativen Investitionslenkung ab und macht auch von einer indikativen Investitionslenkung, die aus naheliegenden Gründen stets die Möglichkeit zu einer «imperativen Umfunktionierung» in sich birgt, nur zurückhaltend Gebrauch. Strukturprozeßpolitik betreibt er im Gegensatz zur Strukturordnungspolitik (dazu Kantzenbach 1966, 71 f.) im wesentlichen nur durch finanzielle Förderungsmaßnahmen.

(11) Der *Staat* nimmt ordnungs- und strukturpolitischen – grundsätzlich aber (außerhalb staatlich beherrschter Unternehmen) nicht prozeßpolitischen – *Einfluß auf die Entscheidungen von Unternehmen über* die Produk-

tions- und Investitionsentscheidungen anderer *Unternehmen*; und zwar insbesondere durch seine Wettbewerbspolitik, seine Konzentrationspolitik, durch die ordnungspolitische Ausformung institutioneller Anlagemöglichkeiten, z. B. Verhinderung des unternehmerischen Einflusses von Investmentfonds, schließlich – insofern z. T. auch prozeßpolitisch – durch Maßnahmen der Wirtschaftsaufsicht.

(12) Der *Staat lenkt* in bestimmten Wirtschaftsbereichen die Produktions- und Investitionsentscheidungen *ausnahmsweise durch Marktordnungen und Preisregelung.*

So vor allem im Bereich der Landwirtschaft, wo allerdings «staatliche» Entscheidungen großenteils im Rahmen der EG getroffen werden, weiter aber auch in Bereichen der Verkehrspolitik, z. B. für die Binnenschiffahrt.

(13) Zum mittelbaren Einfluß des Staates auf Produktions- und Investitionsentscheidungen auf Grund seiner Einwirkungsmöglichkeiten auf die Tarifpartner vgl. 15.

(14) Die *Entscheidungen des Staates*, die sich auf Produktion und Investition der Unternehmen auswirken, *werden* ihrerseits *beeinflußt*

– durch die Entscheidungen der *einzelnen* (Konsumenten, Wähler, Arbeitnehmer).

– durch die Entscheidungen der *Unternehmen*: Diese beeinflussen generell den finanziellen Spielraum des Staates und die davon abhängigen staatlichen Entscheidungen. Sie nehmen darüber hinaus unmittelbaren Einfluß insbesondere auf die subventions-, struktur- und organisationspolitischen Entscheidungen und Regelungen der öffentlichen Hand. Schließlich beeinflussen sie das Arbeitsplatz- und das Ausbildungsplatzangebot und wirken insofern auf Lohn- und Arbeitsbedingungen, auf die Lohnpolitik der Tarifpartner, auf die staatliche Beschäftigungs-, Bildungs- und Sozialpolitik ein.

– durch die *Tarifpartner*, die auf vielfältigen Kanälen (z. B. Konzertierte Aktion, ministerielle Anhörungsregelungen, Zusammensetzung der Parlamente, Querverbindungen zu Parteien) an den staatlichen Entscheidungen teilhaben und außerdem die Wirtschaftspolitik des Staates durch ihre Lohnpolitik beeinflussen.

(15) Die *Produktions- und Investitionsentscheidungen der Unternehmen* werden *durch* die Entscheidungen der *Tarifpartner* über Tariflöhne und Arbeitsbedingungen *beeinflußt*. Überdies wirken die Gewerkschaften auf die Unternehmensentscheidungen auf Grund rechtlicher und faktischer Mitbestimmungskompetenzen ein, nicht zuletzt dadurch, daß sie faktisch auf die Mitbestimmung der unternehmensangehörigen Arbeitnehmer einen erheblichen Einfluß ausüben.

(16) *Kraft* der Möglichkeit, die *Mitgliedschaft in Gewerkschaften* zu erwerben, oder kraft seiner Mitgliedschaft kann der *einzelne* mit den Mitteln der positiven Mitentscheidung, des Widerspruchs und der Abwanderungsdrohung (grundlegend HIRSCHMANN 1970, 1974) auf die Willensbildung dieser Organisationen und deren Einfluß auf Produktions- und Inve-

stitionsentscheidungen der Unternehmen einwirken. Entsprechende Einwirkungsmöglichkeiten haben die *Unternehmen* auf die *Arbeitgeberverbände.*

Schließlich übt der *Staat* seinerseits auch *Einfluß* auf die Entscheidungen der *Tarifpartner* aus, insbesondere einmal durch die Konjunktur- und Geldpolitik, zum anderen durch «moral persuasion» (Konzertierte Aktion), schließlich auch auf Grund der personalpolitischen Verknüpfungen zwischen öffentlicher Hand und den Gewerkschaften.

3.2.2. Der Zusammenhang von Konsum-, Spar-, Produktions- und Investitionsentscheidungen als Problem rechtlicher Gestaltung

Das skizzierte Bild faktischer Kompetenzen und Interdependenzen ist in vielfältiger Weise rechtlich fundiert und definiert (dazu umfassend ZACHER 1973), enthält aber auch rechtlich offene Spielräume. Als *Recht der Wirtschaftsordnung* lassen sich im Bereich der hier behandelten Basisentscheidungen die Regelungen zusammenfassen, die der Aufgabe dienen, über die Sicherung des sozialen Friedens und die allgemeine Gewährleistung des Güter- und Dienstleistungsverkehrs hinaus das skizzierte Bild rechtlich zu strukturieren, vor allem die vielen einander überschneidenden Kompetenzen zu begrenzen und für Kompetenzkonflikte Prioritäten zu setzen. Es wird schon aus der Übersicht deutlich, daß einerseits eine Wirtschaftsordnung ohne rechtliche Strukturierung kaum beschreibbar ist, andererseits aber eine totale rechtliche Fixierung aller Zusammenhänge einschließlich der erforderlichen Quantifizierung von Entscheidungsanteilen der einzelnen Entscheidungsträger utopisch wäre. Auch zeigt sich, daß die Frage nach den Entscheidungsträgern, ihren Entscheidungsanteilen und den Interdependenzen zwischen den Entscheidungen bereits weit in positiv-rechtlich unterschiedlich regelbare Details hineinreicht. Die ein Wirtschaftssystem prägenden Strukturen lassen sich insofern nicht ohne Willkür aus einer Vielzahl von Gestaltungen und Gestaltungsmöglichkeiten abheben. Quantitative Gesichtspunkte spielen neben qualitativen eine bedeutsame Rolle. Immerhin werden sich bei wertender Betrachtung folgende in enger Wechselbeziehung stehende Strukturierungsgesichtspunkte als besonders charakteristisch für die Wirtschaftsordnung festhalten lassen: Die *Freiheitlichkeit* der *Konsum- und Sparentscheidungen*, die Freiheitlichkeit der *Arbeitsplatzwahl* und der *unternehmerischen Entscheidungen*; die *Vermögensverteilung*; die *Macht der Unternehmen*; der *investitionslenkende Einfluß des Bankensystems*; der *Staatseinfluß*; insbesondere der Grad unmittelbaren prozeßpolitischen Einflusses auf Investitionen, das *Verhältnis des Staates* und der *einzelnen* zu den *Tarifpartnern.*

3.2.2.1. *Aufgaben einer rechtlichen Grundlegung der Wirtschaftsordnung für die Bereiche Konsum/Sparen, Produktion/Investition*

(1) Im folgenden sollen exemplarisch nur *vier wesentliche Gestaltungsprobleme* hervorgehoben werden, die mit Hilfe des Rechts gelöst werden müssen, wenn ein nicht zentral geplantes Wirtschaftssystem die Aufgabe erfüllen soll, den Zusammenhang von Konsum-/Spar- und Produktions-/Investitionsentscheidungen rechtlich zu verfassen und dabei die Beziehung der letzteren auf die ersteren zu gewährleisten.

(a) Die *Rolle des einzelnen* als des maßgeblichen Entscheidungsträgers muß ein *rechtliches Fundament* erhalten. Soweit der Zusammenhang zwischen den einzelnen und den Unternehmen marktmäßig hergestellt wird, ist dafür zu sorgen, daß der einzelne Zugang zum Markt hat; soweit der Staat Leistungen erbringt, muß das Recht vor allem den allgemeinen Zugang zu diesen Leistungen offenhalten.

(b) Es ist zu gewährleisten, daß der *einzelne* seine Rolle als Entscheidungsträger inhaltlich durch (relativ) *freie Entscheidungen* ausfüllen kann.

(c) Die rechtliche Organisation des Unternehmensbereichs – gegebenenfalls eines vermittelnden oder selbst produzierenden und investierenden Staatsbereichs – muß gewährleisten, daß die *Produktion* von Gütern *auf* die *Bedarfsentscheidungen* (Konsum- und Sparentscheidungen) der *einzelnen reagiert.*

(d) Der *Staat* ist in mehreren Funktionen an den Konsum-, Spar-, Produktions- und Investitionsentscheidungen beteiligt. Es stellt sich die Frage, an welche Regeln diese *Einflußnahme* zu binden ist, ob ihr – sei es punktuell, sei es global – *Grenzen* zu setzen und wie diese Grenzen zu definieren sind.

(2) Diese Gestaltungsprobleme sind nicht je für sich lösbar. Sie hängen miteinander, aber darüber hinaus auch mit den Gestaltungsproblemen zusammen, die sich im Bereich der unten (3.2.3ff.) noch zu behandelnden Basisentscheidungen ergeben. Das gilt insbesondere für die rechtliche Strukturierung und Begrenzung der Staatsfunktionen und für die Probleme der intermediären Gewalten.

3.2.2.2. *Rechtliche Medien der Konsumfreiheit*

(1) Zu einer marktbezogenen Ausübung der Konsumfreiheit bedarf der einzelne der rechtlichen Gewährleistung entsprechender Handlungsmöglichkeiten. Hierzu gehört seine *rechtliche Anerkennung als handlungs- und vermögensfähige Rechtsperson* (Rechtsfähigkeit, Geschäftsfähigkeit, Privatautonomie, Vertragsfreiheit, Vermögensschutz), andererseits die währungsrechtliche *Gewährleistung des Geldes* als organisierte Spezialsprache und grundlegendes Kommunikationsmittel (dazu unten 3.2.3).

(a) Die Wahrnehmung privatautonomer Handlungsmöglichkeiten ist gefährdet, wenn die Unternehmen als Verhandlungs- und Vertragspartner übermächtig sind; sie können dann die Bedingungen des Gütererwerbs von sich aus festsetzen. Insofern gehören (vgl. oben II. 4.4) zwingende Grenzen für die privatautonome Ausformung des Vertragsrechts, insbesondere die Kontrolle allgemeiner Geschäftsbedingungen sowie die Inhalts- und Abschlußkontrolle von Rechtsgeschäften (dazu LIEB 1978) ebenso zu den rechtlichen Aufgaben im Rahmen der Sicherung der Konsumfreiheit wie die Verhinderung überragender Machtpositionen von Unternehmen durch Veranstaltung von Wettbewerb, die Statuierung von Verhaltensregeln für marktmächtige Unternehmen und – im Hinblick auf die Gefährdung des Wettbewerbs durch Unternehmenskonzentration – die Zusammenschlußkontrolle (vgl. unten S. 221 f.). Die *Aufrechterhaltung der Richtigkeitsgewähr von Verträgen bei Machtungleichgewicht* zwischen Vertragspartnern kann in diesem Sinne als eine die Rechtsprechung bindende «Gemeinwohlrichtlinie» aus dem Gedanken der Konsumfreiheit abgeleitet werden; ebenso der *Gedanke einer sozialen Verhaltensbindung marktstarker Unternehmen,* der über den positivrechtlichen Kern von Monopolmißbrauch und Diskriminierungsverbot (§§ 22, 26 GWB) hinaus von der Rechtsprechung zu einem grundsätzlichen Verbot «unbilliger Behinderung» ausformbar ist (MERTENS 1978).

(b) Problematisch erscheint, wieweit die Gerichte *Vertragsgerechtigkeit im Hinblick auf Veränderungen der Währungsordnung* zu ihrer «policy» erheben dürfen; dies ist nämlich nicht möglich, ohne zugleich die Entwicklung der Währungsordnung (dazu unten 3.2.3) selbst maßgeblich zu beeinflussen. Außerdem besteht die Gefahr, daß sich die Rechtsprechung dysfunktional zu unternehmensinternen Maßnahmen der Absicherung des Währungsrisikos verhält, die in der Praxis insbesondere der Großunternehmen einen hohen Stand erreicht haben. Grundsätzlich können die Gerichte daher zu währungspolitischen Entscheidungen nur als «nachrangig» berufen (HORN 1975, 40 f.) angesehen werden (vgl. aber SIMITIS 1976, 121 f.). Zwar kann ihnen die Korrektur offenbarer Ungerechtigkeiten nicht versagt bleiben. Doch empfiehlt sich für sie um so größere Zurückhaltung, je wahrscheinlicher es ist, daß Einzelfallkorrekturen gesamtwirtschaftliche Auswirkungen haben, und je weniger den Gerichten ein Überblick über solche Auswirkungen möglich ist.

Bedenklich weit geht demgegenüber v. MAYDELL (1974, 117 f., 410), wenn er das Schweigen des BGB über Äquivalenzstörungen von der Geldseite her als eine – aus der Entstehung des BGB zu einer Zeit der Währungsstabilität zu erklärende – grundsätzlich vom Richter auszufüllende Lücke behandelt und dem Geldgläubiger bei unzumutbarem Mißverhältnis von Leistung und Gegenleistung generell ein Lösungsrecht zugesteht, es sei denn, der Schuldner biete eine angemessene Vertragsanpassung an (vgl. die Kritik von REUTER 1976, 81 f.). Zu folgen ist v. MAYDELL und SIMITIS aber darin, daß der Spielraum der Rechtsprechung zu valoristischen Korrekturen des Nominalprinzips auf Grund einer problemorientierten Typologie der verschiedenen Geldschulden unterschiedlich zu bestimmen ist. Er ist beispielsweise größer, wenn Schuldverhältnisse durch den Versorgungsgedanken bestimmt sind, wenn das Schuldverhältnis in erster Linie der Befriedigung konkreter Bedürfnisse dient und die summenmäßige Festlegung des Anspruchs wesentlich auf diesen Gesichtspunkt ausgerichtet ist oder wenn sich ein Ersatz- oder Bereicherungsanspruch in erster Linie auf einen Sachwert richtet, an dessen Stelle nur sekundär Geldersatz tritt. Bei Verträgen und manchen gesetzlichen Institutionen (Zugewinnausgleich, Pflichtteilsergänzung) kann es Sache der Auslegung sein, ob dem Gläubiger der reale Wertzuwachs zukommen soll (so BGH NJW 1974, 137 zum Zugewinn) oder auch ein entwertungsbedingter Scheingewinn. Eine Befugnis der Gerichte, durch das Gesetz summenmäßig festgelegte Beträge (Steuertarife, Haftungshöchstgrenzen in der Gefährdungshaftung usw.) von sich aus an die Geldentwertung anzupassen, ist dagegen auszuschließen. Hier gibt es nur die Alternative, solche Vorschriften strikt anzuwenden oder sie gegebenenfalls für verfassungswidrig zu erklären.

Geht man davon aus, daß den Gerichten währungspolitischer Spielraum prinzipiell nicht zukommen soll, so ergibt sich daraus das Postulat, daß sie die Richtlinienbildung über maßgebliche Entwertungsraten grundsätzlich zu unterlassen und in Einzelfällen der Anpassung stets auf Grund einer konkreten Interessenabwägung zu entscheiden haben, bei der nicht nur das Schutzbedürfnis des Gläubigers, sondern auch die Zumutbarkeit für den Schuldner berücksichtigt werden muß (REUTER 1976, 83; 1974, 504; dort auch eine grundsätzliche Auseinandersetzung mit der Rechtsprechung; vgl. außerdem m. w. Nachw. v. MAYDELL 1977; SIMITIS 1976; HORN 1975).

Das durch die Rechtsprechung relativ locker gehandhabte Verbot der Wertsicherungsklauseln in § 3 Währungsgesetz (Abdr. im Anhang S. 315; Übersicht bei v. MAYDELL 1974, 376ff.) ist rechtspolitisch unter mehreren Gesichtspunkten fragwürdig, nicht zuletzt im Hinblick auf die weitgehende gesetzliche Dynamisierung im Sozialrecht, zumal durchaus zweifelhaft ist, ob es tatsächlich das Vertrauen in die Stabilität der Währung verbessern und eine Beschleunigung inflationärer Prozesse verhindern kann (kritisch insbesondere BETTERMANN 1975; v. MAYDELL 1974, 383ff.). Doch läßt sich – wie auch v. MAYDELL a. a. O. zugesteht – § 3 Währungsgesetz nicht als verfassungswidrige Einschränkung der Vertragsfreiheit einstufen. Zur Frage Valorismus und Nominalismus aus makropolitischer Sicht unten 3.2.3.2 (4).

(2) Konsumfreiheit im Hinblick auf öffentliche Güter gewährleistet der *Gemeingebrauch*, im Hinblick auf die vom Staat produzierten Güter und Dienstleistungen der *allgemeine Zugang zu öffentlichen Einrichtungen* unter abstrakt definierten Voraussetzungen (dazu etwa BREHM 1975; SALZWEDEL 1976). Auch gegenüber der aus sozialen Leistungsgründen vom Staat betriebenen Konkurrenz- und Monopolwirtschaft ist das grundgesetzliche Gleichbehandlungsgebot anwendbar; doch kann dieses das Ermessen der Verwaltung in der Bildung politischer Preise (dazu SCHMIDTCHEN 1973, 1974; Stellungnahme des Wiss. Beirats beim BMWi. Bull.BReg. Nr. 4 v. 8. 1. 1976, 36 über Kosten und Preise öffentlicher Unternehmen) nur in Extremfällen eingrenzen. Die Rechtsprechung kann aber auch hier die über den Bereich von § 26 Abs. 2 GWB hinausreichenden Prinzipien des Diskriminierungsverbots zur Geltung bringen. Gemeinwirtschaftliche Unternehmen, die einen öffentlichen Verwaltungsauftrag erfüllen, sind im Rahmen ihrer Möglichkeiten grundsätzlich auch dann einem Kontrahierungszwang

zu unterwerfen, wenn es nicht um die Bereitstellung lebensnotwendiger Güter geht (vgl. etwa BGH NJW 1974, 1903; OVG Münster NJW 1969, 1077; VGH München NJW 1969, 1078).

3.2.2.3. *Gewährleistung der Präferenzbildung durch den Konsumenten*

(1) Der einzelne kann seine Rolle als Entscheidungsträger nur nach dem Maß der ihm zur Verfügung stehenden Geldmittel ausfüllen. Im Hinblick darauf, daß Geld anstelle staatlichen Zwangs als Anreiz und Belohnung für den Beitrag des einzelnen zur allgemeinen Versorgung verwendet wird, läßt sich zwar einerseits eine gleiche Freiheit für alle von Staats wegen nicht herstellen. Andererseits ist erst mit einer *relativ gleichmäßigen Vermögensbildung* die Legitimation der Marktwirtschaft als eines freiheitlichen, demokratischen und sozialstaatlichen Wirtschaftssystems gesichert. Das Argument, daß in diesem System wenige Investoren Herrschaft über viele Konsumenten ausüben, kann erst dann als erledigt angesehen werden, wenn die Konsumenten in ihrer Mehrzahl als Kapitalgeber maßgeblich an den Investitionsentscheidungen beteiligt sind. Den Staat insoweit allein auf eine korrigierende Rolle zu verweisen (progressive Besteuerung, Hilfestellung zur Vermögensbildung, sonstige Systeme des sozialen Ausgleichs, Gewährleistung eines sozialen Minimums), kann bei stark ungleicher Verteilung des Produktivvermögens kaum als ausreichend angesehen werden.

Rechtspolitisch werden hier zwei einander entgegengesetzte Wege erörtert: Die *fondskonzentrierte Vermögensbildung* und die *partnerschaftliche Beteiligung* der Arbeitnehmer *am individuellen Unternehmensgewinn.*

Nach den über das Ministerium für Arbeit und Sozialordnung verlautbarten Grundlinien eines von der Bundesregierung erwogenen Vermögensbeteiligungsgesetzes vom 19. 1. 1974 (in: Sozialpolitische Informationen, Sonderausgabe vom 2. 2. 1974 = BABl. 1974, 85) sollten alle Unternehmen von einem bestimmten körperschaft- oder einkommensteuerpflichtigen Gewinn ab einer nach der Höhe des Gewinns bemessenen Abgabepflicht unterworfen werden. Grundsätzlich sollte die Abgabe 10% vom Gewinn betragen und in Form von Beteiligungswerten geleistet werden, und zwar entweder in Form von börsennotierten Aktien oder in sonstigen Beteiligungswerten, die über besondere, nach dem Vermögensbildungsgesetz zu schaffende Kapital-Aktiengesellschaften in börsennotierte Aktien umgewandelt werden sollten. Die Anlagegesellschaften sollten besondere Anteilsrechte ausgeben, für die alle Arbeitnehmer innerhalb einer bestimmten Einkommensgrenze bezugsberechtigt sein sollten. Doch sollten die Anteile einer langjährigen Verfügungssperre unterliegen (dazu Barth 1974; Börner 1974; Vollmer 1976, 80).

In der verfassungsrechtlichen Diskussion (Überblick bei Lutter 1975, 18; Schröder 1974; Vollmer 1976, 80) ist gegen die geplante fondskonzentrierte Vermögensbildung geltend gemacht worden, sie sei vor allem aus folgenden Gründen verfassungswidrig: Verpflichtung zum Zwangssparen anstelle einer freiheitlichen Lösung; Verstoß des vorgesehenen Veranlagungsverfahrens gegen Art. 19 Abs. 4, 103 Abs. 1 GG (hierzu vor allem PHILIPP 1974); Belastung des freiwilligen Anlegers, und zwar auch des kleinen; Enteignung der jetzigen Eigentümer, erhebliche Gefährdung der marktmäßigen Steuerung der Unternehmen, zumal wenn über die Fonds durch ihre Träger, womöglich und wohl unvermeidlich in erster Linie Gewerkschaften, Investitionslenkung ausgeübt würde. Für die Befürworter einer überbetrieblichen Ertragsbeteiligung (vor allem SCHEUNER 1972; STEIN 1974) war im wesentlichen das Argument maßgeblich, daß anders eine effektive Beteiligung der Arbeitnehmer am Produktivvermögen nicht erreichbar sei. Dies ist allerdings zu bezweifeln (vgl. dazu auch HORN 1976; SCHLESINGER 1975). Die partnerschaftliche Beteiligung der Arbeitnehmer am Unternehmensgewinn ihres eigenen Unternehmens stößt allerdings ihrerseits auf relativ enge Grenzen, wenn sie durch Gesetz bestimmt werden soll (dazu mit Nachw. VOLLMER 1976, 84ff.), schon weil nicht alle Unternehmen in die hier möglichen Konstruktionen einbeziehbar sind. Mit Hilfe tarifvertraglicher Lösungen und der Einschaltung des Steuerrechts, möglicherweise auch durch die Einrichtung von Indexfonds (vgl. unten S. 240ff.), sollten sich hier aber Lösungen konzipieren lassen, die ohne Zwangskollektivierung des Gewinns auskommen. Dem Ziel, die Marktwirtschaft zu legitimieren, können jedenfalls nur solche Lösungen dienen, die auf eine Vermögensbildung ohne Zwangskollektivierung abzielen.

Tatsächlich ist nach der Untersuchung von HEILMANN (1976) eine erhebliche Umverteilung der Einkommen durch den Staat in der Bundesrepublik zu registrieren. Die sog. bereinigte Umverteilungsmasse ist, bezogen auf das gesamte Nettosozialprodukt zu Marktpreisen, von 28,7% in 1960 auf 32,6% in 1972 angewachsen (HEILMANN 129).

Hinsichtlich der Umverteilung auf die Haushalte registriert HEILMANN vor allem eine deutliche Verbesserung der Verteilungsposition zugunsten der Rentnerhaushalte und eine erhebliche Belastung der selbständigen Haushalte. Bei den Angestellten- und Arbeiterhaushalten sind es gerade die untersten Einkommensklassen, deren Verteilungsposition nicht verbessert, sondern infolge der relativ hohen steuerlichen Gesamtbelastung und der ebenfalls hohen Belastung mit Sozialversicherungsbeiträgen verschlechtert wird.

(2) Konsumentensouveränität als *Freiheit der Präferenzbildung* durch den Konsumenten ist weiter davon abhängig, daß dieser sich über das Güterangebot ausreichend und zuverlässig informieren und es im Hinblick auf seine Bedürfnisse einschätzen kann. Der staatlichen Rechtsetzung fällt hier die Aufgabe zu, für Transparenz des Güterangebots und angemessene Informationsmöglichkeiten des Verbrauchers zu sorgen, irreführende Informationen zu verhindern und den manipulativen Charakter von Werbung und Marketing in Grenzen zu halten.

(a) Die *Information über das Güterangebot* kann in der Wettbewerbswirtschaft grundsätzlich von den am Absatz ihrer Güter interessierten Unternehmen selbst erwartet werden. Doch wird diese Information weder neutral noch manipulationsfrei sein können. Werbung und Marketing der

Unternehmen machen sich die verhaltenswissenschaftliche Erkenntnis zu eigen, daß es großenteils nicht kognitive Prozesse, sondern steuerbare emotionale und motivationale Vorgänge sind, die Konsum-(und Spar-)Entscheidungen prägen. Die Unternehmen versuchen daher, durch emotional wirksame Gestaltung von Werbung, Produktgestaltung und -präsentation und durch manipulative (also für den Verbraucher nicht ohne weiteres durchschaubare und nicht willentlich kontrollierbare) Techniken – wie z. B. Förderung reizgebundenen Verhaltens, emotionale Konditionierung, Aufmerksamkeitslenkung – die Bedürfnisse des Konsumenten in die Richtung ihrer Absatzstrategie zu dirigieren. Die dauernde Entwicklung und Vermittlung neuer Konsumleitbilder hat dabei im Zeichen des Geltungskonsums und der Massenmedien erheblichen Einfluß auf die Persönlichkeitsstruktur des Bürgers, ein Einfluß, der unzweifelhaft über die Konsumsphäre hinausreicht und unsere Gesellschaft als Konsumgesellschaft prägt. Im einzelnen darf allerdings die Stärke möglicher Nachfragemanipulationen nicht überbewertet werden (Reuter 1975, 533). Von einer sicheren Lenkung von Kaufentscheidungen durch solche Techniken kann nicht die Rede sein.

(b) Im Hinblick auf die zentrale Bedeutung der Konsumentensouveränität für die Marktwirtschaft und ihre nachhaltige Gefährdung durch die den Unternehmen zur Verfügung stehenden kommunikativen Strategien müßte eine Politik, die den Verbraucher gegenüber manipulierenden Einflüssen der Produzenten abschirmt, ein wesentliches Element staatlicher Wirtschaftspolitik in einem marktwirtschaftlichen System sein. Tatsächlich ist sie bisher über bescheidene Ansätze nicht hinausgelangt (vgl. Biervert/Fischer-Winkelmann/Rock 1977; Kroeber-Riel 1977; K. Simitis 1976). Im Jahre 1972 hat der Bund rund 14 Mio. DM unmittelbar für die Verbraucherinformation aufgewandt, im Jahre 1975 25 Mio. DM. Eine *Intensivierung der Verbraucherpolitik* steht vor erheblichen strukturellen und rechtlichen Schwierigkeiten. Wenn es richtig ist, daß sozialer Friede und Autorität des politischen Entscheidungssystems bei Wirtschaftswachstum besser aufrechtzuerhalten sind als bei Stagnation und der Staat um so abhängiger vom Gedeihen der Wirtschaft ist, je mehr er sozialer Umverteilungsstaat zu sein beansprucht, so wird man sich von ihm eine grundsätzliche Problematisierung der Konsumgesellschaft kaum erwarten können, ehe nicht zwingende Grenzen des Wachstums zu erheblichem politischem Druck führen. Auch kann es nicht Funktion eines freiheitlichen Staates sein, noch so erwünschte «emanzipatorische» Prozesse menschlicher Selbstverwirklichung mit staatlichen Machtmitteln durchzusetzen. Ihm kann es allein darum gehen, die Möglichkeit solcher Prozesse offenzuhalten und zu fördern.

Die rechtliche Organisation der Verbraucherpolitik im engeren Sinne stößt vor allem auf zwei *Wirksamkeitshindernisse*, die ihrerseits keineswegs nur negativ gewürdigt werden dürfen.

Einmal dürfte sich eine effektive Verbraucherpolitik nicht an Modellvorstellungen über die Erziehbarkeit des Konsumenten zur Rationalität ausrichten, sondern müßte genau wie das Marketing selbst Beeinflussungstechniken anwenden, die den Konsumenten emotional aktivieren und realistisch auf sein tatsächliches Entscheidungsverhalten Rücksicht nehmen. Die Vorstellung, man könnte die Souveränität des Konsumenten gegenüber moderner Marketingstrategien dadurch stärken, daß man ihn aufklärt, ist unter verhaltenswissenschaftlichen Gesichtspunkten verhältnismäßig naiv. Ihn durch Gegenstrategien, die selbst wie das Marketing bei reizgebundenem Verhalten, emotionaler Konditionierung, Aufmerksamkeitslenkung und Ablenkung ansetzen, dagegen zu immunisieren, wäre aber in einem Staat, der das Leitbild des mündigen Bürgers zum Ausgangspunkt seiner Politik erhebt und nach Art. 1 GG auch erheben soll, ein rechtlich und politisch bedenkliches Vorhaben.

Immerhin könnte auch eine am Aufklärungsziel festhaltende Verbraucherpolitik zur Kenntnis nehmen, daß es unterschiedliche Arten von Kaufentscheidungen gibt, die eine differenzierte verbraucherpolitische Strategie bedingen. Kaufverhalten besteht großenteils – und zwar unter Gesichtspunkten des Entscheidungsaufwands: vernünftigerweise – gerade aus routinemäßigen und vereinfachten Entscheidungen. Im Bereich derartiger Entscheidungen dürfte eine Verbraucherpolitik realistisch sein, der es weniger darum geht, die Kaufentscheidung durch zusätzliche Informationen zu komplizieren als dafür zu sorgen, daß der Verbraucher mit einem geringen Entscheidungsaufwand auskommt, ohne fürchten zu müssen, daß er hintergangen wird. Anders bei Gütern, wo von überwiegenden Käuferschichten ein relativ hohes Kaufrisiko empfunden wird und sich der Vergleich zwischen unterschiedlichen Angeboten lohnt. An solche Gesichtspunkte könnte z. B. eine unterschiedliche Konzeption von Testurteilen oder von rechtlichen Anforderungen an den Informationsgehalt von Werbemaßnahmen anknüpfen (dazu im einzelnen KROEBER-RIEL 1977).

Insofern dürfte der Staat von der einzigen effektiven Strategie, die ihm im Bereich der Verbraucherpolitik zur Durchsetzung der Konsumentensouveränität gegenüber dem Marketing zur Verfügung steht, nämlich der restriktiven Definition zulässiger Marketingpraktiken, einen wesentlich stärkeren Gebrauch machen müssen, als dies bisher geschieht. Die Fortentwicklung des Begriffs der unlauteren Werbung in diesem Sinne dürfte in der Marktwirtschaft als legitime «policy» der Gerichte zu betrachten sein.

Zum anderen steht einer effektiven Verbraucherpolitik im Wege, daß die Verbraucher nur schwer zu organisieren, unorganisiert aber in der Gefahr sind, im Konzert organisierter Interessen einflußlos zu bleiben, weil sich relativ breit gestreute und unspezifische Interessen nach der Logik kollektiven Handelns (grundlegend OLSON 1968) nur schwer bündeln lassen.

Heute ist es im wesentlichen die öffentliche Hand selbst, die den Verbraucherschutz organisiert und vor allem finanziert. Es ist kaum zu erwarten, daß eine solche «subventionierende Lösung» auf die Dauer zu schlagkräftiger Wahrnehmung der Verbraucherinteressen führen kann. Ehe sich nicht die Leistungen der Verbraucherverbände (dazu v. FALCKENSTEIN 1977) für den einzelnen konkret so vorteilhaft auswirken, daß er seinerseits bereit ist, ihnen – nicht nur aus ideellen Motiven – als Mitglied beizutreten und durch Beiträge an ihrer Finanzierung mitzuwirken, werden die Verbraucherverbände weiterhin ein Schattendasein führen. Dazu aber könnte es erforderlich sein, das Privatrecht so fortzuentwickeln, daß der Privatinitiative auf dem Gebiet des Verbraucherschutzes kollektive Durchsetzungsmöglichkeiten gewährleistet werden.[9]

In ihrer in vieler Hinsicht berechtigten Kritik der gegenwärtigen Verbraucherpolitik weisen BIERVERT/FISCHER-WINKELMANN/ROCK 1977 mit Recht darauf hin, daß diese das Verhältnis von Arbeit und Konsum nicht thematisiert. Für ihre Forderung, daß Produktionsentscheidungen unter Partizipation der Verbraucher demokratisch und machtfrei gefällt werden, gibt es bisher aber nur ein ausgearbeitetes Sozialmodell, nämlich das der Marktwirtschaft auf der Basis einer – relativen – Konsumentensouveränität. Dieses Modell halten die Verfasser allerdings nicht für realisierbar; dabei berufen sie sich nach bekanntem Muster einmal auf die angebliche Übermacht von Kapitalverwertungsinteressen, zum anderen auf die praktische Unmöglichkeit theoretisch vollkommenen Wettbewerbs und zum dritten auf die Problematik der Präferenzbildung, die von der herrschenden Wirtschaftstheorie weitgehend «externalisiert» würde. Andererseits sehen sie sehr wohl, daß die Lenkung der Präferenzbildung in einem freiheitlichen Staatswesen nicht einer staatlichen oder gesellschaftlichen Elite überlassen werden kann. So gelangen sie zu der Forderung einer partizipatorisch-emanzipatorisch im permanenten gesellschaftlichen Diskurs legitimierten Bedarfsrangskala unter gebrauchswertrationalen Gesichtspunkten, wobei sie Stichworte wie Konsumentenräte, Investitionslenkung, Abbau gesellschaftlicher Konsummuster, die nicht einer gesellschaftlichen Rationalität entspringen, usw. nennen. Wieso ein Staatswesen einen permanenten gewaltfreien Diskurs über Präferenzen und seine Umsetzung in die Praxis, nicht aber die soziale Marktwirtschaft auf der Basis gegebener Präferenzen gewährleisten können soll, geht aus ihren Ausführungen nicht hervor. Immerhin beurteilen sie die Realisierungschancen für ihre Vorschläge selbst mit Skepsis. Dieser Ansatz ist ein Musterbeispiel dafür, wie der Versuch einer Annäherung der wirtschaftlichen Realität an das marktwirtschaftliche Modell auf der Basis empirisch ungesicherter Behauptungen und idealisierter Kriterien (vollkommener Wettbewerb, eine als absolut vorgestellte Konsumentensouveränität) «wissenschaftlich» diskreditiert und dafür gesellschaftliche Veränderungen propagiert werden, die weder ohne Gewalt noch unter Aufrechterhaltung des Rechtsstaats durchzusetzen wären.

(c) Von den *gesetzlichen Regelungen*, die zum gegenwärtigen Stand der rechtlichen Gewährleistung der Konsumfreiheit beitragen, ist in erster Linie das UWG zu nennen (zusammenfassende Übersicht über das Gesetz und seine Nebengesetze bei RINCK 1977, 200).

Nach dem UWG sind es die gewerblichen Unternehmen selbst, denen der Staat die Beachtung der Grenzen lauteren Wettbewerbs und damit auch

---

9 Dazu MERTENS, ZHR 1975; kritisch gegenüber dem dort vorgeschlagenen kollektivrechtlichen Schadensersatz bei irreführenden Angaben nach § 3 UWG WRONKA, WRP 1975. Umfangreiches rechtsvergleichendes Material zur Bekämpfung irreführender Werbung bei SCHRICKER, GRUR Int. 1976, 315. Instruktiv zur Entwicklung in den USA PITOFSKY 1977. Kollektivrechtliche Möglichkeiten des Verbraucherschutzes eröffnet der vom Bundesjustizministerium Ende 1977 vorgelegte RefE einer Novelle zum UWG.

lauterer Werbung in erster Linie anvertraut. Das UWG geht davon aus, daß es Konkurrenten nicht hinnehmen werden, wenn ein Unternehmen sich durch gesetzwidriges Marketing einen Vorsprung verschafft. Mit der Ergänzung von § 13 UWG durch den Abs. Ia (ÄnderungsG vom 21. 7. 1965 [BGBl. I 625]) ist aber auch den Verbraucherverbänden ein entsprechendes Klagerecht eingeräumt. Die *Integration des Verbraucherschutzes in das UWG* dürfte heute bereits so weit fortgeschritten sein, daß es als legitime «policy» der Gerichte angesehen werden kann, wenn sie diesen Gesichtspunkt bei der Interpretation der Einzeltatbestände des UWG als maßgebliches Kriterium berücksichtigen.[10]

Unter den aus § 1 UWG entwickelten Entscheidungsnormen leistet Verbraucherschutz insbesondere das Verbot des Kundenfangs. §§ 3 und 4 UWG untersagen die irreführende Werbung, nicht aber die «manipulative». Da es zwischen dieser und der informierenden Werbung keine scharfe Grenze gibt, ist ein pauschales Verbot «manipulativer» Werbung schon im Hinblick auf die gemäß Art. 2, 5 GG grundsätzlich gewährleistete Werbefreiheit ausgeschlossen. Verboten sind jedoch nach § 1 UWG solche Werbemaßnahmen, die für den Umworbenen als solche nicht erkennbar sind, vor allem also subliminale Werbung (dazu Schluep 1972), grob unsachliche Werbemaßnahmen, Werbemaßnahmen, die auf Verdrängungswettbewerb gerichtet sind, den Bestand des Wettbewerbs gefährden oder sonst den Kunden wettbewerbswidrig beeinflussen. Werbung braucht dagegen nicht vollständig zu sein – das wäre eine unerfüllbare Forderung –, und auch die informationsleere Suggestivwerbung ist nicht generell verbietbar; sie wird jedoch von der Rechtsprechung derzeit noch viel zu unkritisch hingenommen (dazu Merk 1977). Für bestimmte Bereiche existieren weitergehende Einschränkungen, so für Lebens-, Arznei- und Heilmittel, für jugendgefährdende Schriften, für die Werbung von Ärzten, Anwälten und ähnlichen Berufen (Näheres bei Baumbach/Hefermehl 1974, Anm. 17 vor § 3). Der im Verbraucherinteresse grundsätzlich zu befürwortenden sachlich vergleichenden Werbung hat sich die Rechtsprechung (vgl. BGHZ 49, 325; 50, 1) nur langsam geöffnet.

Auch den *Vorschriften des GWB*, insbesondere den §§ 28 ff. über Wettbewerbsregeln, die der Förderung des Leistungswettbewerbs und der Zurückdrängung des Behinderungswettbewerbs (dazu Ulmer, GRUR 1977, 565) dienen sollen, kommt eine die Freiheit der Präferenzbildung des Verbrauchers fördernde Funktion zu; praktisch liegt hier allerdings die Gefahr nahe, daß sie zur Reduktion «lästigen» Wettbewerbs mißbraucht und damit gegen den Verbraucher gekehrt werden (Steindorff 1977, 83). Allgemein ist die Aufrechterhaltung des Wettbewerbs und die Beschränkung der Unterneh-

---

10 Zum Verhältnis des UWG zur Wirtschaftspolitik und zum Kartellrecht und zu den systemgestaltenden Aufgaben dieses Gesetzes im Rahmen des Verbraucherschutzes vgl. Steindorff 1977, 84 f. m. Nachw.; s. auch Joerges 1972, Ott 1974, Sack 1974.

mensmacht, wie sie das GWB anstrebt, ein wesentliches Element staatlicher Gewährleistung der Konsumentensouveränität.

In vielfacher Hinsicht trägt staatliche Rechtsetzung positiv zu besserer Information des Verbrauchers bei, wie etwa durch Statuierung von Aufklärungs-, Deklarations- und Auszeichnungspflichten oder durch Förderung von Warentests, durch Regelungen über Gütezeichen, durch technische Normen (dazu K. Simitis 1976, 21 ff. mit kritischen Hinweisen) sowie durch Haftungsregelungen, die an mangelnde Information anknüpfen.

Die Aufgabe des Rechts, für eine Transparenz des Güterangebots zu sorgen, gewinnt dort eine spezifische Dimension, wo Güter und Dienstleistungen durch das Recht selbst ausgestaltet werden, wie insbesondere im Bereich des Kapitalmarkts und des Anlagewesens. Die *Ausdifferenzierung und Standardisierung von Vermögensanlagen* ist hier Voraussetzung der Sparfreiheit. Dieser Aufgabe hat der deutsche Gesetzgeber einerseits durch gesellschaftsrechtliche Regelungen, insbesondere das Aktienrecht (dazu Wiedemann 1975), andererseits durch die Organisation der beteiligten intermediären Institutionen wie Banken, Börsen, Investmentgesellschaften, Versicherungen sowie durch eine Staatsaufsicht über diese Organisationen (Bankenaufsicht, Versicherungsaufsicht; dazu Steindorff 1977, 103) zu lösen versucht. Neuerdings zeichnet sich hier die Hinwendung zu einem Kapitalmarktrecht ab, das in erster Linie an kapitalmarktrechtliche Strukturen und Vorgänge selbst anknüpft, so insbesondere an den öffentlichen Vertrieb von Vermögensanlagen.[11]

(d) Der zentralen Bedeutung der freien Präferenzbildung des Verbrauchers für die Marktwirtschaft trägt die Rechtsprechung noch immer nicht ausreichend Rechnung. Erst langsam tritt die traditionelle Überbewertung des Unternehmensschutzes gegenüber der *Anerkennung von Verbraucherschutz- und Anlegerschutzprinzipien*[12] in der «policy» der Gerichte zurück. So zeichnet sich eine großzügigere Anerkennung der Kritik an gewerblichen Leistungen ab (dazu Kübler 1972; Schricker 1972; BGH WRP 1975, 166 «Stiftung Warentest»).

3.2.2.4. Gewährleistung der Bindung der Unternehmen an die Konsum- und Sparentscheidungen der einzelnen

(1) Die Reaktion der Unternehmen auf die Konsumentscheidungen der einzelnen ist im marktwirtschaftlichen System prinzipiell dadurch sicherge-

---

11 Dazu Hopt, ZHR 1976 und 1977; Hopt, Gutachten, 1976; Mertens, Sitzungsbericht, 1977; Kübler 1977.

12 Hervorzuheben ist die Ausarbeitung des Kapitalanlegerschutzprinzips im Recht der Banken durch Hopt 1975, das allerdings nur als «policy»-Richtlinie für die Rechtsprechung anzuerkennen ist (dazu Mertens, Sitzungsbericht, 1977, P 40), nicht als eine einem gesetzlichen Schuldverhältnis auf Anlegerschutz entspringende Norm (so aber Hopt, 408 ff.).

stellt, daß die Gewinnerzielung auf Dauer Voraussetzung ihrer Existenz ist. Nur das rentable Unternehmen kann dauerhaft Kapital und Arbeitskraft an sich binden. Die ordnungspolitische Aufgabe des Rechts beschränkt sich hier – außer der Gewährleistung einer relativ unmanipulierten Präferenzbildung bei den Verbrauchern – darauf, für eine möglichst direkte Steuerung der Unternehmen im Sinne der Konsumentenerwartungen zu sorgen. Dies geschieht vor allem durch die Gewährleistung von *Wettbewerb*, einer das Unternehmen bei Verletzung seiner rechtlichen Pflichten treffenden *Sanktionsordnung* (Mängel- und Produzentenhaftung, sonstige Haftung wegen Vertragsverletzung) und der in Zwangsvollstreckung und Konkurs realisierbaren *Haftung für den Unternehmensmißerfolg*. Letzterer schlägt in einer auf Privatkapital gegründeten Unternehmensverfassung auf den Anleger zurück. Dieser muß daher bestrebt sein, sein Kapital in solchen Unternehmen arbeiten zu lassen, von denen er sich Erfolg verspricht. Dieser Zusammenhang ist zu bedenken, wenn der Idee der Konsumentensouveränität entgegengehalten wird, die langfristige Investitions-, Produktions- und Absatzstrategie der Unternehmen gebiete weitgehend die Vorwegnahme konkreter Verbrauchererwartungen. Das vorausplanende Unternehmen ist nicht nur «Mandatar» des einzelnen in seiner Rolle als Konsument, sondern auch als Sparer und Anleger. Vorausplanung ist die Leistung, die der Unternehmer als Träger der Unternehmensfunktion Konsumenten und Sparern gegenüber als seine eigentliche Leistung erbringt, wobei sein Erfolg im Modell der Marktwirtschaft weitgehend davon abhängt, daß sie vom Anleger, bei freiem Arbeitsmarkt auch vom Arbeitnehmer, mitgetragen und vom Konsumenten bestätigt wird.

Dieser Modellzusammenhang zwischen Konsum-/Spar- und Produktions-/Investitionsentscheidungen wird in der Realität grundsätzlich dadurch gestört, daß die Träger von Unternehmerrisiko, Anlegerrisiko und Arbeitsplatzrisiko natürlicherweise bestrebt sind, ihr Risiko durch Einsatz von Machtmitteln – nicht zuletzt mit Hilfe des Staates – auf Kosten anderer – nicht zuletzt wiederum der durch den Staat repräsentierten Gesamtheit – zu minimieren. Der Staat kann auf kontrollierende und ausgleichende Eingriffe in diesen permanenten Machtkampf insoweit nicht verzichten, als ungleiche Risiken auf dem Spiele stehen und die Machtgewichte ungleich verteilt sind. Das gilt in einem demokratischen Staat um so mehr, je ungleicher die Verteilung des Produktivvermögens und damit die Verteilung der Investitionschancen ist und je weniger der Wettbewerb funktioniert. Im Hinblick auf den Vermachtungs- und Konzentrationsgrad unserer Wirtschaft und die Ungleichheit der Verteilung des Produktivvermögens in unserer Gesellschaft, aber auch im Hinblick darauf, daß die politischen Wahlentscheidungen in relativ kurzen Abständen getroffen werden und wesentlich durch die wirtschaftlichen Erfolge der regierenden Kräfte im Rahmen relativ kurzer Wahlperioden bedingt sind (Dinkel 1977) und daß schließlich der Staat als Nachfrager und Anbieter selbst eine große wirtschaftliche Macht darstellt, wäre es alles andere als realistisch, ihn auf

Funktionen der ordnungspolitischen Erhaltung des Marktmechanismus einschließlich der globalen Systemsteuerung und Systemstabilisierung zu beschränken. Kann es aus diesem Grunde *kein generelles Verbot staatlicher Interventionspolitik* geben, so läßt sich aber auch die Gefahr nicht abwenden, daß politische Aktivitäten des Staates im Bereich der Wirtschaft zusätzliche marktwirtschaftliche Störfaktoren bilden und daß Kontrahenten, die sich auf dem Markt oder in Gruppenverhandlungen gegenüberstehen, ihre Positionen nicht allein mit den ihnen zu Gebote stehenden wirtschaftlichen Waffen, sondern durch Einflußnahme auf das politische System auszubauen und zu verfestigen versuchen. Im einzelnen kann der intervenierende ausgleichende Staat hier Spielball der Gruppen werden und Machtungleichgewichte eher verschärfen als ausgleichen: Der Schiedsrichter wird zur Gruppe, schlimmstenfalls zum Mitglied eines umfassenden Kartells organisierter Interessen. Immerhin kommt dem Staat hier zugute, daß an ihn wie an keine Organisation sonst Interessen auf breiter Front herangetragen werden, daß er im Verhältnis zu anderen Organisationen über eine unverhältnismäßig hohe Problemverarbeitungskapazität verfügt, daß im Selbstverständnis der demokratischen Bürokratie wie im Bewußtsein des Volkes und damit der Wähler – unterstützt durch die Verfassung – seine Legitimation gerade aus der Bindung an ein partikulare Interessen überschreitendes «Gemeinwohl» abgeleitet wird. Insofern erfüllt die Überwindung partikularer Interessen durch den jeweiligen Regierungsträger eine für seine Bestätigung im Amt wichtige Erwartung, und die dauerhafte Bindung an partikulare Interessen begründet die Gefahr seiner Ablösung. In besonderem Maße sind die Gerichte berufen, diese Gemeinwohlbindung zu akzentuieren. Sie haben daher im marktwirtschaftlichen System den ordnungspolitischen Interessen an der Erhaltung des Wettbewerbs, der Bekämpfung der Vermachtung der Wirtschaft sowie der Förderung einer breiten Verteilung des Produktivvermögens als «policies» im Rahmen der Gemeinwohljudikatur maßgebliche Bedeutung beizumessen. Doch können sie dem Staat keine Beschränkung auf Ordnungspolitik diktieren. Hier bleibt festzuhalten, daß es im Hinblick auf unsere konkrete Wirtschaftsordnung ein Mißverständnis wäre, wenn man den Staat aus einer sich theoretisch von selbst ergebenden Interdependenz von Konsum-/Sparentscheidungen einerseits und Produktions-/Investitionsentscheidungen andererseits hinaushalten und ihn radikal auf die ordnungspolitische Aufgabe der Sorge für den Wettbewerb und die Haftung des Unternehmens beschränken würde.

Fließen die Interessen des Konsumenten, des Sparers und des Arbeitnehmers nicht von selbst zu einer die Unternehmenspolitik unausweichlich determinierenden Resultante zusammen, verbleibt dem Unternehmen autonomer Entscheidungsspielraum, den auch der Wettbewerb nicht beseitigen kann, so stellt sich für die staatliche Wirtschaftspolitik vor allem die Frage, ob die externe Macht des Unternehmens und die interne Machtkonzentration im Unternehmen durch spezifische Organisationsregelungen einzugrenzen und möglicherweise auch unternehmensexterne Instanzen an der Unternehmenspolitik zu beteiligen sind. Ähnliche Regelungsprobleme ergeben sich bei Verbänden, deren Zweck darin besteht, den Einfluß der einzelnen zu bündeln: die Beteiligung der einzelnen an ihrer Willensbildung ist zu gewährleisten, ihr öffentlicher Status festzulegen, ihre externe Macht zu begrenzen; übermäßiger interner Machtkonzentration ist entgegenzutreten. *Wettbewerbsrecht, Unternehmensrecht* und *Verbandsrecht* sind daher Schwerpunkte staatlicher Tätigkeit im Bereich der Sicherung des Zusammenhangs von Konsum-/Spar- und Produktions-/Investitionsentscheidungen.

(2) Überragende Bedeutung hat in diesem Zusammenhang die *Organisation des Wettbewerbs* durch den Staat. Das Verständnis der hier gegebenen Regelungsprobleme (dazu auch OTT 1977) ist ohne Einblick in die Wettbewerbstheorie kaum möglich. Daher soll im folgenden versucht werden, die Funktionsweise eines Wettbewerbssystems in aller Kürze zu skizzieren. Dies ist um so schwieriger, als die Erkenntnisse der Wettbewerbstheorie in vielen Punkten umstritten und viele relevante Fragen bisher nicht oder nur unzureichend erforscht sind (Überblick bei HERDZINA 1975).

(a) *Wettbewerb* kennzeichnet eine Verhaltensweise von Anbietern und Nachfragern. Das wettbewerbliche Verhalten von *Anbietern* zeichnet sich dadurch aus, daß es auf den Absatz von Gütern gerichtet ist. Um dieses Ziel zu erreichen, steht den Anbietern eine Vielzahl von Mitteln (Parameter) zur Verfügung: Variierung der Abgabekonditionen, Produktgestaltung, Einflußnahme auf potentielle Nachfrager, Einflußnahme auf andere Anbieter, die sich an dieselbe Gruppe potentieller Nachfrager richten, oder an einen Teil dieser Gruppe. Der Katalog der einsetzbaren Wettbewerbsparameter ist nicht abschließend. Er kann sich im Zeitablauf ändern.

Beispiel: Hersteller von Strümpfen setzen zunächst maßgeblich den Preis als Wettbewerbsparameter ein; mehr und mehr wird der «Preiswettbewerb» jedoch durch «Produktwettbewerb» ersetzt, in dem die einzelnen Hersteller die Produktqualität und das Markenimage als Parameter verwenden. Mit der Zunahme der Konkurrenz aus dem Ausland wird die Industrie – verbandsmäßig organisiert – bei der Regierung vorstellig, um eine Behinderung der freien Einfuhr der Konkurrenzprodukte zu erreichen.

Selten wird die Verwendung eines neuen Parameters die der anderen völlig ersetzen; vielmehr kommt es zu ständig neuen Variationen des Parametereinsatzes.

Die von *Nachfragern* im Wettbewerb einsetzbaren Parameter konzentrieren sich hauptsächlich auf den Preis; daneben können aber langfristige Abnahmeverpflichtungen, Gegenleistungsverpflichtungen, verbandsmäßige Beeinflussung der Angebotsseite eine Rolle spielen. Auch dieser Katalog ist nicht vollständig und ändert sich ständig.

(b) Der reale oder gedachte Ort, an dem sich Anbieter und Nachfrager treffen, um die angebotenen und nachgefragten Güter zu tauschen – bzw. zu verkaufen und zu kaufen –, wird *Markt* genannt.

Für die Art und Funktionsweise des Wettbewerbs ist vor allem die *Markt-*

struktur von Bedeutung, die ihrerseits das *Marktverhalten* prägt (SCHERER 1970, 3–6). Das Marktverhalten wirkt seinerseits auf die Marktstruktur zurück (Rückkopplung). Dazu ein Beispiel:

Die Marktstruktur des Marktes für Seife sei im Zeitpunkt t_0 dadurch gekennzeichnet, daß viele Anbieter zueinander in Wettbewerb stehen, daß es für Neukommer sehr leicht ist, auf dem Markt Fuß zu fassen, und daß die Preise für die angebotenen Güter bei weitgehender Produkthomogenität nur geringfügig voneinander abweichen. Zehn große Seifenunternehmen versuchen, ihre Ertragssituation dadurch zu verbessern, daß sie jeweils die Qualität der von ihnen angebotenen Seife leicht abändern und massiv Produktwerbung betreiben. Es kommt zur Herausbildung starker Preisdifferenzen auf dem Seifenmarkt. Die Möglichkeit für Neukommer, auf den Markt vorzustoßen, verschlechtert sich, da hierfür jetzt aufwendige Werbekampagnen erforderlich sind. In t_1 ist demnach die Marktstruktur durch Produktdifferenzierung und hohe Marktzutrittsschranken gekennzeichnet. Als Folge dieses erschwerten Marktzutritts und des zugleich weiterlaufenden üblichen Ausscheidens kleinerer Firmen aus dem Markt (meist durch Fusion) vermindert sich die Zahl der Wettbewerber. In t_2 ist die Marktstruktur durch hohe Produktdifferenzierung, hohe Marktzutrittsschranken und die Existenz weniger Anbieter (Oligopol) gekennzeichnet.

Marktstruktur und Marktverhalten bestimmen ihrerseits das Marktergebnis (SCHERER 1970, 5; CAVES 1972, 97). Im Beispielfall heißt dies, daß sich die Struktur des Warenangebots und die Preise ändern; zugleich verschieben sich die Relationen zwischen Produktionskosten und Umsatzerlösen. Die Verteilung ändert sich zugunsten der nun marktmächtigen Anbieter.

Die Art des Wettbewerbs bestimmt das Marktergebnis; dies wiederum ist für eine Reihe volkswirtschaftlicher Faktoren relevant. Je größer also die Rolle des Wettbewerbs als Steuerungsinstrument in einem Wirtschaftssystem ist, um so entscheidender ist die Frage der «richtigen» Organisation dieses Wettbewerbs für das betreffende System.

(c) Wettbewerb – genauer gesagt: die Wirkungsweise einer bestimmten Organisationsform von Wettbewerb – läßt sich *unter wirtschaftlichem Aspekt* betrachten und beurteilen. Die Frage lautet hier: Wie wirkt sich eine bestimmte Art von Wettbewerb auf Produktion, Nachfrage und Verteilung in einer Volkswirtschaft aus? Normativ gestellt heißt die Frage: Kann ein richtig organisierter Wettbewerb eine optimale Güterversorgung der Nachfrager gewährleisten? Dabei bezieht sich die Optimalitätsanforderung nicht auf einen Zeitpunkt, sondern auf die sich im Zeitablauf verändernde Güterversorgung. Es wird also auch relevant, wie sich der Wettbewerb etwa auf Art und Tempo des technischen Fortschritts und seiner wirtschaftlichen Nutzbarmachung auswirkt. Dazu ein Beispiel:

Auf dem Markt für Kassettenrekorder mag es zehn große Anbieter geben, die vergleichbare Rekorder produzieren. Es gelingt der Forschungsabteilung des Unternehmens A, die Klangqualität der von A produzierten Rekorder deutlich zu erhöhen. Die Nachfrage nach diesen verbesserten Rekordern steigt zu Lasten der traditionellen Rekorder. Die anderen Produzenten werden gezwungen, durch vermehrte Forschung ihre Produkte zu verbessern. Dabei gelingt es dem Unternehmen B, einen Rekorder zu entwickeln, der in seiner Klangqualität den neuen Rekorder von A übertrifft. In einem Prozeß des Voreilens und Einholens wird die Produktqualität der Rekorder in den Folgejahren ständig weiter erhöht.

Variante: Durch die Verbesserung der Qualität seiner Rekorder gelingt es dem Unternehmen A, seinen Marktanteil und seinen Gewinn so stark zu erhöhen, daß es jeweils solche Unternehmen aufkaufen kann, bei denen die Gefahr besteht, daß sie weitergehende Neuerungen auf den Markt bringen. Dadurch kann A jede Produktänderung verhindern und bei steigenden Absatzzahlen die Vorteile der Massenproduktion nutzen. Infolgedessen kann es seinen Marktanteil und seinen Gewinn weiter steigern. Nach einigen Jahren hat A alle anderen Unternehmen aus dem Markt gedrängt. Technische Verbesserungen bringt es jetzt jeweils nur noch auf den Markt, wenn dieser für traditionelle Standardprodukte gesättigt ist und die absolute Nachfrage deshalb zurückgeht.

Das Beispiel verdeutlicht, daß die Auswirkungen des Wettbewerbs auf die qualitative Veränderung des Güterangebots von seiner spezifischen Organisation abhängen. In der zweiten Fallvariante ist die Möglichkeit, Konkurrenzunternehmen aufzukaufen, maßgeblich für die Monopolisierung des Marktes und die Verlangsamung des technischen Fortschritts.

Wettbewerb kann sich auf eine ganze Reihe volkswirtschaftlicher Größen und Faktoren auswirken, so auf das Wachstumstempo, auf die Geldwertstabilität, auf den Saldo der Zahlungsbilanz, auf die Verteilung von Vermögen und Einkommen usw.

(d) Wettbewerb läßt sich auch *unter außerwirtschaftlichen Aspekten* betrachten und beurteilen. Es liegt auf der Hand, daß er sich als Sozialverhalten nicht nur auf das Subsystem Wirtschaft, sondern auch auf das Gesellschaftssystem als Ganzes auswirkt.[13] Insofern Wettbewerb jeweils die Wahlfreiheit der Personen auf der Marktgegenseite betrifft, liegt die Verbindung zwischen Wettbewerb und persönlicher Entfaltungsfreiheit nahe. Da Wettbewerb zugleich den Handlungsspielraum jedes einzelnen dadurch eingrenzt, daß dieser bei seinen eigenen Entscheidungen die Reaktionen auf der eigenen Marktseite und auf der Marktgegenseite in Rechnung stellen muß, läßt sich Wettbewerb unter dem Aspekt gesellschaftlicher Machtbegrenzung betrachten (KAYSEN/TURNER 1965, 14). Es lassen sich auch Verbindungen zwischen Wettbewerb und der Art der Austragung sozialer Konflikte herstellen. Wettbewerb kann für die soziale Schichtung relevant werden, zumal der Wettbewerb verschiedener Bewerber auf dem Arbeitsmarkt. Der Wettbewerb auf dem wirtschaftlichen Sektor kann sich auf das Sozialverhalten auch in anderen Bereichen auswirken – bzw. dort seine Parallelen finden –, so daß die Entwicklung einer Gesellschaft stark von der Art des Wettbewerbs auf dem Wirtschaftssektor betroffen wird.

Fragt man unter diesen gesellschaftlichen Aspekten nach der Organisa-

---

13 Darauf weisen insbesondere Wettbewerbstheoretiker der ordoliberalen Schule hin; vgl. HOPPMANN 1966, 1967.

tion von Wettbewerb, so stellt man fest: Dieses Feld ist zum einen bisher wenig erforscht, und zum andern sind die Funktionszusammenhänge so komplex, daß es schwierig sein wird, gewissen Organisationsformen bestimmte gesellschaftliche Auswirkungen eindeutig zuzuordnen. Trotz dieser Erkenntnismängel ist dieser Aspekt auch für die Regelung des Wettbewerbs unter wirtschaftlichen Gesichtspunkten wichtig; insbesondere relativiert er vorschnelle Optimierungshoffnungen.

Die Problemsituation läßt sich insofern wie folgt umreißen: Verschiedene Organisationsformen von Wettbewerb wirken sich unterschiedlich auf das Subsystem Wirtschaft und auf das Gesellschaftssystem aus. Selbst wenn es gelänge, diejenige Organisationsform von Wettbewerb ausfindig zu machen und durchzusetzen, die langfristig eine «optimale» Güterversorgung gewährleistete, wäre noch nicht sicher, ob damit auch ein gesellschaftliches Optimum erreicht wäre. Zusätzlich wird die Problematik dadurch kompliziert, daß es neben Wettbewerb andere Steuerungsmechanismen gibt, die entweder substitutiv oder komplementär zum Wettbewerb eingesetzt werden können.

(e) Ausgangspunkt des GWB war zunächst das *Konzept des vollkommenen Wettbewerbs* (vgl. Gemeinschaftskommentar 1972, § 1 Rn. 42). Dieses System geht davon aus, daß viele Anbieter auf einem Markt jeweils austauschbare (substituierbare) Güter anbieten. Die Nachfrager können zwischen verschiedenen Angeboten wählen. Ist die Variierung des Preises der einzige Wettbewerbsparameter, so bedeutet dies, daß von den Nachfragern jeweils nur die relativ preiswerteren Produkte nachgefragt werden. Dieses Verhalten veranlaßt die Anbieter, bis zu einem Preis herunterzugehen, bei dem die Grenzkosten (Kosten für das letzte produzierte Stück) noch gedeckt sind. Der Preis wird dadurch für die Anbieter zu einem Datum. Jeder Anbieter wird die Angebotsmenge so wählen, daß eine Vermehrung oder eine Herabsetzung dieser Menge zu einer Gewinneinbuße führen würde. In diesem System werden die Preise durch die Kosten bestimmt; die Absatzmenge aller Unternehmen richtet sich nach der Struktur der Nachfrage und nach den Kosten. Bei Verschiebungen einer der beiden Größen werden Preise und Mengen «automatisch» angepaßt. Aus diesem Grunde läßt sich ein solches Wettbewerbssystem auch als «kybernetisches System» begreifen. Bei idealem Funktionieren des vollkommenen Wettbewerbs sollen verschiedene wirtschaftspolitische Ziele gleichzeitig erreicht werden: Minimierung des einzelwirtschaftlichen Machtspielraums, Minimierung der gesamtwirtschaftlichen Kosten für die Erstellung eines gegebenen Güterangebots (optimale Faktorallokation), optimale Güterversorgung.

(f) Dieses System des vollkommenen Wettbewerbs ist von verschiedenen Seiten kritisiert worden (vgl. I. Schmidt 1973, 23 f.). Der Gesetzgeber hat es mit der Novellierung des GWB im Jahre 1973 aufgegeben. Man ist sich heute darüber einig, daß die Prämissen dieses Systems (etwa vollkommene Information, keine zeitlichen und räumlichen Präferenzen, homogene Güter) in modernen Volkswirtschaften nicht gegeben sind und sich auch nicht herstellen lassen. Folglich stellt sich die Frage, *wie unvollkommen* der Wettbewerb sein darf und wie sich ein darauf bezogenes Optimum herstellen läßt.[14] Für die Diskussion von Wettbewerbssystemen hat diese Überlegung dazu geführt, daß man sowohl nach den Funktionsvoraussetzungen für eine Wettbewerbssteuerung zu fragen hat als auch nach den von dieser zu erfüllenden Funktionen. Bezüglich beider Fragestellungen herrscht unter Ökonomen, Wettbewerbspolitikern und Juristen keine Einigkeit.

(g) Die Reihe der genannten Funktionen, die Wettbewerb erfüllen soll, wechselt bei den verschiedenen Autoren (Übersicht bei I. SCHMIDT 1973, 0–39). Da Wettbewerb sich tatsächlich direkt oder indirekt auf fast alle volkswirtschaftlich relevanten Faktoren auswirkt, lassen sich relativ beliebig viele *Funktionen von Wettbewerb* behaupten. Immerhin wird man sich darauf verständigen können, daß Wettbewerb – als eines unter mehreren Mitteln – vor allem zur Lösung der folgenden Aufgabe eingesetzt werden kann:

- Lenkung der Angebotsstruktur nach den Konsumentenpräferenzen;
- langfristige Annäherung der Preise an die Kosten;
- Lenkung der Produktionsfaktoren in Bereiche möglichst hoher Produktivität;
- Begrenzung wirtschaftlicher Macht;
- schnelle Entwicklung und Durchführung des technischen Fortschritts;
- hohe Flexibilität der Gesamtwirtschaft.

(h) Einigt man sich auf einen Katalog von Funktionen, die das Wettbewerbssystem erfüllen soll, so ist als nächste Frage die nach den *Funktionsvoraussetzungen des Wettbewerbssystems* zu klären. Obwohl es kein Modell für einen ideal funktionierenden Markt bei unvollkommenem Wettbewerb gibt, lassen sich einige Voraussetzungen für funktionsfähigen Wettbewerb aufzeigen; entscheidend sind die Zahl der Anbieter (bzw. Nachfrager), die Höhe der Marktzutrittsschranken, der Grad der Produktdifferenzierung und das Informationsniveau der Nachfrager (bzw. Anbieter). Trotz recht weitgehender Einigkeit der Ökonomen über die relevanten Faktoren der Marktstruktur bleiben viele Einzelfragen, die für die Wettbewerbspolitik relevant sind, streitig (dazu HOPPMANN 1977 und der Fragenkatalog bei MÖSCHEL 1977, 341 f.), so vor allem:

– Soll der Wettbewerb in erster Linie funktional für die Erfüllung gesamtwirtschaftlicher Ziele eingesetzt werden, oder ist (auch) auf den gesellschaftlichen Wert von Wettbewerb abzustellen (dazu IMMENGA 1976)?

– Soll der Staat dafür sorgen, daß alle Märkte funktionsfähig sind, oder soll er in nicht funktionsfähigen Märkten durch Aufsichtsmaßnahmen eine Simulation funktionsfähiger Märkte durchführen? Soll er in der zweiten Alternative allein auf die wirtschaftliche Funktionsfähigkeit abstellen?

---

14 Es handelt sich hier um ein Problem der «Theorie des Zweitbesten»; dazu grundlegend LIPSEY/LANCASTER 1956/57, 11; für die Wettbewerbstheorie SCHERER 1970, 22.

– Soll der Staat zeitlich begrenzte Marktmachtbildungen unter gewissen Bedingungen zulassen?

– Soll der Staat die Bildung von Marktmachtbildung dann zulassen, wenn sich damit gesamtwirtschaftliche Kostenvorteile ergeben?

Aus all diesen Fragen ergeben sich Gestaltungsprobleme hinsichtlich der «richtigen» Organisation eines Wettbewerbssystems. Hier soll lediglich auf *zwei zentrale Regelungsprobleme* eines Wettbewerbssystems eingegangen werden:

– Man muß dafür Sorge tragen, daß eine ausreichende Zahl von Wettbewerbern auf dem Markt aktiv sind.

– Man muß die Marktzutrittsschranken so niedrig halten, daß die Marktteilnehmer ständig unter dem Druck des Neuzutritts durch neue Konkurrenten stehen.

(i) Das *Problem der «richtigen» Zahl der Marktteilnehmer* ist Gegenstand des *Kartellverbots* (§§ 1 ff. GWB) und der *Fusionskontrolle* (§§ 23 ff. GWB). Das Kartellverbot zielt darauf ab, zu verhindern, daß sich die existierenden Wettbewerber zusammenschließen und den bestehenden Wettbewerb ganz oder teilweise zwischen sich ausschließen, also ein Kollektivmonopol bilden. Die Fusionskontrolle, die in der gegenwärtigen gesetzlichen Ausgestaltung nur geringe Effizienz entfaltet (dazu EMMERICH 1978), zielt darauf ab, solche Zusammenschlüsse zu unterbinden, durch die der Wettbewerb unter den verbleibenden Marktteilnehmern verschlechtert würde. Vergleicht man diese beiden Strategien mit der gestellten Aufgabe, so wird deutlich, daß lediglich Verschlechterungen aufgehalten werden, daß aber nicht positiv auch für die Vermehrung der Anzahl der Wettbewerber Sorge getragen wird. Die Strategien verteidigen also in jeder gegebenen Situation den Status quo, nicht mehr.

Eine wettbewerbspolitische *Strategie zur Niedrighaltung von Marktzutrittsschranken* ist bis heute nicht entwickelt. Bedingungen für den Marktzutritt ergeben sich aus einer Vielzahl von Faktoren (notwendige Höhe des Startkapitals, Produktdifferenzierung, Zugang zum Kredit- und Arbeitsmarkt usw.). Rechtliche Regelungen wie etwa Vertragsfreiheit, Gewerbefreiheit, Zulässigkeit von Wettbewerbsklauseln, Verbot von Boykott und Diskriminierung sind für die Höhe dieser Marktzutrittsschranken wesentlich. Sie sind aber nicht als rechtliches Programm für die Wettbewerbspolitik zusammengefaßt.

(j) Aus der nur teilweise gelungenen Lösung der beiden zentralen Regelungsprobleme für ein funktionierendes Wettbewerbssystem ergibt sich ein Folgeproblem:

Existiert auf einem Markt Marktmacht eines oder mehrerer Marktteilnehmer, ist der Status quo also durch das Nichtfunktionieren des Wettbewerbs gekennzeichnet, muß dies entweder samt den wirtschaftlichen Konsequenzen (Preisbildung, mangelnde Durchführung des technischen Fortschritts, mangelnde Anpassungsflexibilität) hingenommen werden, oder es muß das nicht vorhandene Marktergebnis durch Eingriffe in den Markt hergestellt, simuliert werden. Das Dilemma der zweiten Handlungsalternative liegt darin, daß ein Marktergebnis simuliert werden soll, das ein Markt hervorbringen würde, der aber nicht existiert. Jede *Simulation* dieses *Idealmarkts* enthält notwendigerweise ein gewisses Maß an *Dezisionismus*. Zudem taucht die Frage auf, ob lediglich die wirtschaftliche Funktionsweise dieses Idealmarktes simuliert werden soll (und kann) oder auch die nichtwirtschaftliche. Schließlich ist ungewiß, ob nicht gerade durch diese Simulation verhindert wird, daß sich die Marktstruktur im Zeitablauf durch den Zutritt neuer Anbieter wieder ändert. In einem realen Wirtschaftssystem ist zudem zu klären, ob diese Problematik vom Gesetzgeber oder von den Gerichten im Einzelfall zu entscheiden ist und ob bei Inaktivität des Gesetzgebers die Gerichte gehalten sind, trotz der Dilemmasituation die «Quasifunktionsfähigkeit» des betreffenden Einzelmarktes herzustellen.

Daran ist die Frage anzuschließen, wieweit sich die Gerichte gegebenenfalls der typisch juristischen Strategien bedienen können, die sie üblicherweise anwenden, wenn das zur Verfügung stehende Wissen nicht ausreicht, um daraus eine wissenschaftlich begründete Entscheidung herzuleiten, gleichwohl aber entschieden werden muß: Anknüpfung an Gefährdungssachverhalte, Beweislastverteilung unter Wahrscheinlichkeitsgesichtspunkten, vorsichtige Benutzung von Erfahrungswissen und der Einbau von Margen auf der Tatbestandsseite, um der Unsicherheit des Beurteilungskonzepts Rechnung zu tragen.[15]

Schließlich legt die Eröffnung der Möglichkeit, Marktergebnisse zu simulieren, die Versuchung nahe, mit Hilfe der Wettbewerbspolitik eine weit über die Organisation des Wettbewerbs hinausgehende *Industriepolitik* zu treiben.

In diesem Fragenkomplex liegen die unvermeidlichen Anwendungsprobleme insbesondere des § 22 GWB (dazu etwa Gabriel 1976; Möschel 1976; Munzinger 1977) begründet. Die Rechtsprechung (BGH «Valium» NJW 1977, 675 m. Anm. Reich = BB 1977, 259 m. Anm. Ulmer, 357) hat das Vergleichsmarktkonzept zwar grundsätzlich zugelassen, jedoch so hohe Beweisanforderungen gestellt, daß es zu einem praktisch relativ untauglichen Instrument geworden ist. Die Monopolkommission erhebt grundsätzliche Bedenken gegen eine auch unter verfassungsrechtlichen Gesichtspunkten (Ipsen 1976; Scholz 1977) umstrittene kartellrechtliche *Preisaufsicht*:

Vgl. etwa Sondergutachten 1, Tz. 67: «Die Erfahrungen mit der Mißbrauchsaufsicht zeigen, daß es schwer, wenn nicht unmöglich ist, die Wirkung fehlenden Wettbewerbs durch behördliche Maßnahmen zu ersetzen. Ein Kennzeichen der Preisaufsicht besteht darin, daß sie die Störungen des Wettbewerbs als gegeben hinnimmt und die sich im Preis niederschlagenden Auswirkungen korrigieren will.

---

15 Z. B.: Das Ermessen muß *offenbar* überschritten sein, der Preis des Marktbeherrschers *erheblich* vom wettbewerbsanalogen Preis abweichen (dazu Möschel 1977, insbesondere 341, 353).

Die Annahme, daß der Wettbewerbsprozeß auf Märkten, die der Mißbrauchsaufsicht unterliegen, sich nicht mehr verbessern lasse, trifft für die Mehrzahl der Fälle nicht zu. Der wichtigste Anwendungsbereich der Mißbrauchsaufsicht betrifft marktbeherrschende Oligopole sowie marktstarke Unternehmen. Diese Tatbestandsgruppe hat wirtschaftlich und seit der zweiten Kartellgesetznovelle auch rechtlich ein weit größeres Gewicht als der durch das Fehlen von Wettbewerb definierte Grenzfall des Einzelmonopols. Deshalb sollte der noch mögliche Wettbewerb auf den Märkten marktbeherrschender Unternehmen soweit wie möglich geschützt werden. Eine Mißbrauchsaufsicht, die ihr Ziel darin sieht, die Wirkungen funktionsfähigen Wettbewerbs zu ersetzen, kann dagegen dazu führen, daß sie den noch möglichen Wettbewerb weiter beschränkt. Aus den gleichen Gründen bestehen Bedenken dagegen, die Mißbrauchsaufsicht von ihrer Koppelung an die Marktbeherrschung zu lösen, um bestimmte Verhaltensweisen als solche zu untersagen.»

Im Hinblick darauf, daß außerhalb der Fusionskontrolle im deutschen Recht Entflechtungsmöglichkeiten noch fehlen, möchte demgegenüber das Bundeskartellamt die Möglichkeiten zur Bildung wettbewerbsanaloger Preise durch gesetzliche Vorschriften ausgebaut sehen. Es denkt an die Lockerung des Mißbrauchsbegriffs, damit auch Kosten- und Gewinnvergleiche herangezogen werden können, sowie an die Einführung eines verbraucherschutzorientierten Angemessenheitskriteriums wie in Art. 86 lit. a EWGV, an gesetzliche Vermutungen, wonach bei regionalen und internationalen Preisdifferenzierungen der höhere Preis als mißbräuchlich zu gelten habe, solange seine «sachliche Rechtfertigung» nicht nachgewiesen sei, und an eine Voranmeldepflicht für Preiserhöhungen mit behördlicher Widerspruchsmöglichkeit.

Nach dem gegenwärtigen Stand der Rechtsprechung steht als maßgebliche «policy» der Gerichte jedenfalls fest, daß § 22 als Ermächtigungsnorm zur Preiskontrolle in Einzelfällen und insofern auch zur Höchstpreisfestsetzung anzusehen ist, nicht aber zu einer ständigen Preisverhaltenskontrolle, die mit dem freiheitlichen Ordnungszweck des GWB nicht in Einklang gebracht werden kann.

Angesichts der engen Grenzen einer Verhaltenskontrolle nach § 22 GWB müßte für die Rechtsprechung weiter die «policy» naheliegen, den Behinderungsmißbrauch – insbesondere über § 26 Abs. 2 GWB – so nachhaltig als möglich zu bekämpfen (vgl. auch Möschel 1976, 50f.).

Strukturellen Ausgestaltungen ist grundsätzlich der Vorrang vor Verhaltenskontrollen und Verhaltenskorrekturen der Vorrang vor Ergebniskorrekturen einzuräumen; Kausaltherapien sollten gegenüber Kompensationstherapien bevorzugt werden (Möschel 1976, 50; 1977, 350).

Wenn die Rechtsprechung die Möglichkeiten des GWB relativ restriktiv handhabt, so spricht dafür immerhin, daß der Gesetzgeber auf dem politisch brisanten und komplexen Feld der Wettbewerbspolitik und im Hinblick auf deren weitreichende Folgen nicht nur eher zur Fortbildung des Rechts berufen ist als die Rechtsprechung, sondern sich in zunehmendem Maße auch als aktiv und handlungsfähig erweist. Aus dieser Sicht war die «Politik des BGH» in der Teerfarbenentscheidung[16] im Endergebnis die «bessere» Politik als die «Politik des Gesetzes» seines Kritikers STEINDORFF (1973).

(k) Probleme einer Fortbildung des Wettbewerbsrechts, die nur der Gesetzgeber lösen kann, sind vor allem die Fragen, ob wettbewerbsrechtliche Vorschriften mit *Strafdrohungen* versehen werden sollen (vgl. STEINDORFF 1977, 64) und wie durch den Ausbau eines wettbewerblichen *Rechtsschutzsystems* die Berücksichtigung der Interessen aller Betroffenen gesichert werden kann.

Den Versuch, ein einheitliches System des materiellen und formellen Rechts gegen Wettbewerbsbeschränkungen zu entwerfen, hat K. SCHMIDT (1977) unternommen. Er plädiert vor allem für den Ausbau des kartellverwaltungsrechtlichen Drittschutzes; demgegenüber steht er möglichen «policies» der Gerichte zur Erweiterung des privatrechtlichen Drittschutzes auf der Basis des geltenden Rechts (dazu STEINDORFF 1974, 508ff.) eher skeptisch gegenüber. Im Hinblick auf die grundlegende Bedeutung des GWB für unsere Wirtschaftsordnung könnte es aber richtiger sein, auch den privatrechtlichen Drittschutz extensiv zu handhaben (vgl. MERTENS 1978).

Die KOMMISSION WIRTSCHAFTSKRIMINALITÄT hat die Kriminalisierung des Kartellrechts auf ihrer zehnten Arbeitstagung (Band 10 der Tagungsberichte, 1976) erörtert. Die – im folgenden leicht gekürzt wiedergegebene – zusammenfassende Übersicht über die Argumente für und gegen eine Kriminalisierung, der vor allem die im gleichen Band abgedruckten Gutachten von RAISCH, TIEDEMANN und ULMER zugrunde liegen, gibt zugleich einen guten Einblick in die Policy-Probleme des GWB:

«(1) Argumente gegen eine Kriminalisierung:
Das Gesetz selbst werte Wettbewerbsbeschränkungen nicht als Unrecht per se; vielmehr müßten zur Begründung eines Unwerturteils regelmäßig weitere Umstände außerhalb der Wettbewerbsbeschränkung selbst hinzutreten. Für diese Umstände wiederum und ihre Abwägung durch die Kartellbehörde bei der Entscheidung über ein Eingreifen oder über die Erteilung einer Erlaubnis seien markt- und wirtschaftspolitische Gesichtspunkte von entscheidendem Gewicht. Die Entscheidung über Wert und Unwert einer Wettbewerbsbeschränkung hänge deshalb nicht selten von der Konjunktur im Bereich der gesamten Wirtschaft oder eines Wirtschaftszweiges und deren Wertung innerhalb eines wirtschaftspolitischen Gesamtkonzepts ab. Innerhalb eines solchen Konzepts sei das Dilemma eines Konflikts zwischen mehreren als erstrebenswert angesehenen Zielen, z. B. des Schutzes und der Förderung des Wettbewerbs auf dem nationalen Markt einerseits und der Abschirmung eines Unternehmens gegen diesen Wettbewerb aus einem gleichrangigen wirtschaftspolitischen oder aus einem übergeordneten nationalen Interesse andererseits nicht auszuschließen . . .

Die Materie des GWB sei zu komplex, als daß sie in einen Straftatbestand gegossen werden könne, der den Anforderungen des Art. 103 Abs. 2 GG an die Bestimmtheit eines Strafgesetzes genüge.

Zudem stelle das GWB im Fünften Teil (§§ 99ff.) einzelne Bereiche der Wirtschaft

16 BGHSt 24, 45; dazu ULMER 1972, 5 m. w. Nachw.; STEINDORFF 1973, 219.

ganz oder teilweise von allen oder einzelnen Bestimmungen des Ersten Teils frei, ohne daß dem eine in sich abgewogene und durchgehende Wertung zugrunde liege; das gelte ebenso für die Ausnahmeregelungen der §§ 2ff. GWB und die übrigen Ausnahmeregelungen (Wertungsinkongruenz/Ungleichbewertung). Das Gesetz sei insgesamt von wirtschaftspolitischem Kompromißdenken bestimmt und trage Maßnahmecharakter.

Einerseits ermögliche dieser Wesenszug eine instrumentale Handhabung des Kartellrechts – dessen Einsatz zu wirtschaftspolitischen Zwecken – bis hinein in das Verfahren wegen Kartellordnungswidrigkeiten; auch dort hätten im Rahmen des Opportunitätsprinzips des § 47 OWiG wirtschaftspolitische Überlegungen Platz. Andererseits schließe er es aus, eine Wettbewerbsbeschränkung als sozialschädlich und deshalb strafwürdig zu werten; das um so mehr, als Kartelle, wie z. B. im Tiefbaubereich gegenüber einem Nachfragemonopol des Fiskus, häufig Kinder der Not seien. Abgesehen von den Fällen, in denen eine Wettbewerbsbeschränkung zugleich einen der Tatbestände des allgemeinen Strafrechts verwirkliche, fehle eine verläßliche Grundlage für die Feststellung der Sozialschädlichkeit. Im wesentlichen handele es sich um Verwaltungsunrecht, das durch Bußgeld hinreichend geahndet werden könne . . .

– Für das Verwaltungsverfahren allgemein werde die Einführung von Straftatbeständen und damit verbunden die Übernahme des Legalitätsprinzips im Strafverfahren den Wirtschaftsverwaltungsbehörden den Verhandlungsspielraum beschneiden, obwohl sie diesen Raum zur – die Trennung der Funktionen beachtenden – Kooperation zwischen Staat und Wirtschaft zwingend benötigten. Im besonderen bestehe die Gefahr, daß das objektive Untersagungsverfahren des § 37a GWB an Wert verliere; dessen Vorteil, daß, gestützt auf das Opportunitätsprinzip des § 47 OWiG, ohne Einleitung eines Bußgeldverfahrens wegen einer Ordnungswidrigkeit in einem reinen Verwaltungsverfahren die Statthaftigkeit einer Wettbewerbsbeschränkung gerade in schwierigen und umstrittenen Fällen geklärt werden könne, werde zunichte gemacht, wenn wegen des Legalitätsprinzips zugleich ein Strafverfahren eingeleitet werden müsse. Insgesamt werde die Einführung von Straftatbeständen auf das Verwaltungsverfahren hemmend zurückwirken.

– Das gelte ebenso für das Bußgeldverfahren wegen Kartellordnungswidrigkeiten. Dessen Vorteile – geringere Formenstrenge als die des Strafverfahrens, geringere Ausrichtung an einer personalen Schuld mit den daraus folgenden Erleichterungen für Verfolgung und Ahndung – würden gefährdet; eine Aufspaltung der Ermittlungen und deren Verlagerung auf mit der Sache nicht vertraute Staatsanwaltschaften und Kollisionen zwischen Staatsanwaltschaft und Bußgeldbehörde seien unvermeidbar.

– Ferner rechtfertigten Erfahrungen des Auslandes, insbesondere der USA, die Voraussage, daß Strafverfahren länger als Bußgeldverfahren dauern, bis zur letzten Instanz durchgetrieben und ohne eindrucksvolle Strafen enden würden . . .

(2) Argumente für eine Kriminalisierung:
Werde das GWB hauptsächlich unter dem Blickpunkt wirtschaftspolitischer Opportunität betrachtet, so könne das im äußersten Fall

– entweder dazu führen, daß das Gesetz nicht mehr als Garantie einer Wettbewerbswirtschaft, sondern als Grundlage einer staatlichen Planwirtschaft diene

– oder dazu, daß das Gesetz künftig als Planinstrument ausgestaltet werde, wie das z. B. in Vorschlägen deutlich werde, bei dem Mißbrauchsverbot auf das Tatbestandsmerkmal der Marktbeherrschung zu verzichten oder zur Investitionskontrolle die mißbräuchlich unterlassene Abschreibung von Investitionen zu erfassen und zu sanktionieren.

Demgegenüber sei bei aller Hervorhebung des – zweifellos vorhandenen – wirtschaftspolitischen Wesenszuges des Kartellrechts nicht zu verkennen, daß das deutsche Kartellrecht – im Unterschied zu ausländischen Dekartellierungsgesetzen – seinen Ausgang von der Sperrpraxis der Kartelle (u. a. Boykott und Verdrängung) während der Depression genommen habe. Damals sei der Unrechtscharakter des Organisationszwangs, der in seinen einzelnen Formen dicht an die Nötigung, die Erpressung und an den Betrug heranreiche, deutlich zutage getreten.

Von daher sei das GWB entscheidend mitgeprägt worden. Seine normativen Unwerturteile seien nicht insgesamt nur Ausdruck wirtschaftspolitischer Opportunität. Es treffe nicht zu, daß innerhalb des gesamten Wettbewerbsrechts allein das UWG materiale Unwerturteile enthalte. Vielmehr drückten besonders die auf den kollektiven Organisationszwang bezogenen Vorschriften materiale Unwerturteile aus. Hier wie auch sonst gehe es dem GWB wesentlich um den Schutz der Freiheit des Wettbewerbs und zugleich – gleichgültig, ob primär oder wegen der Funktion für den Wettbewerb – um den Schutz der Freiheit des Individuums. Der Schutz beider Güter sei untrennbar miteinander verknüpft. Ohne die Freiheit der Wettbewerber untereinander gebe es keinen Wettbewerb; diese seien deshalb sowohl vor Zwang als auch vor freiwilliger Selbstbeschränkung zu bewahren. Dahinter stehe die Grundentscheidung des Gesetzgebers für den Wettbewerb und für die Marktwirtschaft als denjenigen Steuerungsfaktor des Wirtschaftsablaufs, der allein sowohl als Steuerungsfaktor als auch als Mittel, die Freiheit der Beteiligten zu wahren, am besten geeignet sei. Außer der Freiheit der Beteiligten gegenüber dem Staat und untereinander gewährleiste das Gesetz, daß private Wirtschaftsmacht sich nicht zu politischer Macht neben dem Staat und seinen verfassungsgemäß berufenen Organen entwickele. Das GWB sei daher insgesamt als ein wirtschaftsverfassungsrechtliches Gesetz mit gesellschaftspolitischen Implikationen zu betrachten; seinen Unwerturteilen komme materialer Rang zu.

Darauf müsse für die Entscheidung über die Wertung bestimmter Kartellverstöße als Straftaten zurückgegriffen werden; hinzu komme, daß die Rechtsordnung und besonders die Strafrechtsordnung in sich aus- und abgewogen sein müsse. Deshalb sei die Sozialschädlichkeit von Verhaltensweisen, die im GWB mit Geldbuße bedroht seien, und die anderer mit Strafe, z. B. in § 4 UWG und im Strafgesetzbuch, bedrohter Verhaltensweisen miteinander zu vergleichen. Halte man der Schädlichkeit von Fällen der leichteren und mittleren Kriminalität die von Kartellverstößen gegenüber, so folge daraus, daß solche Kartellverstöße als Straftaten einzustufen seien, welche in das Gefüge der vom GWB verfaßten Ordnung tief eingriffen, darunter jene, welche sich den Tatbeständen des allgemeinen Strafrechts, wie denen der Nötigung, der Erpressung und des Betrugs, besonders annäherten ...

Dem stünden weder die Komplexität der Materie des GWB noch dessen Mangel an durchgehender und ausgewogener Wertung der Ausnahmen und der insbesondere dort erkennbare Einfluß wirtschaftspolitischer Opportunität, noch das Wort von den Kartellen als Kindern der Not entgegen:

– Die Schwierigkeiten, die sich aus der vielfältigen Verknüpfung des GWB von beschreibenden und wertenden Tatbestandsmerkmalen und aus den zu erfassenden Lebenssachverhalten selbst ergäben, bestünden auch für die Ausformung der bereits vorhandenen Bußgeldtatbestände. Seien sie für diese in einer den – gleichmäßig für Straf- wie für Bußgeldtatbestände geltenden – Anforderungen des Art. 103 Abs. 2 GG genügenden Weise zu lösen gewesen – bislang habe die Rechtsprechung sie unter diesem Aspekt jedenfalls nicht beanstandet –, so müsse das auch für Kartellstraftatbestände möglich sein. Im übrigen leuchte nicht ein, daß als strafwürdiges Unrecht erkanntes Verhalten nur deshalb straflos bleiben solle, weil die Sachverhalte und die sie regelnden Normen besonders verwickelt und Straftatbestände nur schwer zu formulieren seien.

– Der Mangel des GWB an abgewogener und durchgehender Wertung bei Ausnahmeregelungen ändere nichts daran, daß jedenfalls dem vom GWB erfaßten Bereich eine Ordnung gegeben und daß diese Ordnung zu beachten sei . . .

– Dem Einfluß wirtschaftspolitischer Opportunität setze das GWB Grenzen und Schranken; wie die Wirtschaftsverwaltung auch selbst betone, sei sie gleich jedem anderen Zweig der vollziehenden Gewalt an Gesetz und Recht gebunden (Art. 20 Abs. 3 GG). Soweit sie in diesem Rahmen wirtschaftspolitischen Erwägungen Raum gebe, mit der Wirtschaft kooperiere oder sonst ihren Einfluß geltend mache, seien ihre Entscheidungen zu Recht von Belang für die Wertung eines Kartells und gegebenenfalls eines Kartellverstoßes. Zur Ordnung des Wettbewerbs gehöre nun einmal nach der Konzeption des GWB auch das Wirken der Wirtschaftsverwaltung. Das wüßten auch Täter von Kartellverstößen und rechneten damit. Jedoch sollten sie nicht sogar bei schwerwiegenden Kartellverstößen – allein um solche gehe es – noch auf wirtschaftspolitische Erwägungen zu ihren Gunsten zählen können; das sei wohl schon im geltenden Recht ungeachtet der Einstufung von Kartellverstößen als Ordnungswidrigkeiten bei richtigem Verständnis des Opportunitätsprinzips des § 47 OWiG nicht anders.

– Das Wort von den Kartellen als Kindern der Not dürfe den Blick nicht dafür verstellen, daß allenfalls die äußerste Not kein Gebot kenne und daß gesetzwidrige Kartelle regelmäßig das falsche Mittel darstellten . . .

Nachteile für das Kartellverwaltungsverfahren seien nicht zu erwarten. Verhandlungsspielraum gebe es ohnehin nur im Rahmen des Gesetzes. Bei schwerwiegenden Kartellverstößen sei für Verhandlungen wohl auch jetzt schon kein Raum. Im übrigen handele es sich um ein allgemeines Problem des Wirtschaftsrechts; in anderen Bereichen des Wirtschaftsrechts (KWG; AktG) seien Straftatbestände vorhanden und würden Verstöße als Straftaten verfolgt, ohne daß bislang Unzuträglichkeiten hervorgetreten seien . . .

Schwierigkeiten für das Untersagungsverfahren des § 37a GWB würden durch die Einführung von Straftatbeständen nicht neu geschaffen.

Erfahrungen des Auslandes seien an Hand anders strukturierter Kartellgesetze und an Hand anderer Verfahrensordnungen gewonnen worden. Sie könnten daher kein Maß für die hier zu treffende Entscheidung geben.»

(3) Die *Probleme der rechtlichen Unternehmensorganisation* (historischer Überblick in II. 4.2.2 und 3) werden in der Reihe rororo studium von Raisch (1974) dargestellt. Es ist daher auf sie hier nicht näher einzugehen. Zur aktuellen Lage sei lediglich vermerkt, daß der Erlaß des Mitbestimmungsgesetzes 1976, insofern als dieses an der gesellschaftsformspezifischen Mitbestimmung festhält, nicht eigentlich als ein unternehmensrechtlicher Fortschritt angesehen werden kann. «Die Mitbestimmung als Flickwerk eines vom Gesellschaftsrecht her konzipierten und formulierten Unternehmensrechts muß sich zwangsläufig als Quelle konstanter Konflikte und nahezu unlösbarer Widersprüche erweisen» (S. Simitis 1975, 326; vgl. auch Badura 1976, 211). Den Versuch, andere Möglichkeiten der Macht-

kontrolle des Großunternehmens, insbesondere über einen funktionsfähigen Kapitalmarkt und über die Vermögensbildung in Arbeitnehmerhand sowie die Funktionen der Tarifautonomie in einen sinnvollen Zusammenhang mit einer Mitbestimmung der Gewerkschaften und der Arbeitnehmer zu bringen, hat der Gesetzgeber nicht unternommen.

Jedenfalls sollte der durch Betriebsverfassung und Mitbestimmung eingeschlagene Weg der repräsentativen Beteiligung der Gruppe der Arbeitnehmer durch gesetzliche Mitwirkungsrechte Modelle einer kapitalbezogenen Beteiligung der Arbeitnehmer nicht ausschließen. Neben Belegschaftsaktien könnten beispielsweise auch Beteiligungen an sogenannten Indexfonds treten. Solche Fonds sind gesammelte Vermögensbeteiligungen, die sich auf alle an der Börse gehandelten Aktien beziehen. Die Aktien werden in den Fonds nach ihrem jeweiligen Marktgewicht eingestellt. Eine derartige hochdiversifizierte Anlage hätte den Vorteil der Risikoausschaltung durch extreme Diversifizierung. Der Fonds ist sozusagen ein Segment des gesamten Produktivkapitals. Als nicht unternehmensbezogene Beteiligung hinderte diese Anlage nicht die Mobilität der Arbeitnehmer. Sie würde zudem die mit der Belegschaftsaktie verbundene feste Kapitalbildung auflösen und damit begünstigen, daß Risikokapital an Punkte mit gesamtwirtschaftlicher Effizienz gelangt. Die Treuhänder der Fonds könnten gegebenenfalls nach bestimmten Wahlverfahren bestimmt werden; dabei ist denkbar, daß verschiedene Fonds mit der gleichen Anlagestrategie verschiedene arbeitnehmerspezifische Strategien bei der Ausübung ihrer Stimmrechte verfolgen (zum Konzept der Indexfonds im einzelnen: SCHANZE, AG 1977).

Zur Bindung der Mitbestimmung an das *Unternehmensinteresse* und zur Integration der Mitbestimmungsträger in eine nach wie vor gesellschaftsrechtlich konzipierte Verfassung des Großunternehmens liegen nur wenige gesetzliche Anhaltspunkte vor. Eine Verbesserung der Steuerungsfähigkeit der Großunternehmen und ihre verstärkte Bindung an Interessen der Allgemeinheit kann von der jetzigen Neuverteilung der Macht im Unternehmen in Form der Mitbestimmung nicht ohne weiteres erwartet werden. Bei einer Neuordnung des immer stärker anstaltliche Züge ausprägenden Großunternehmens, die durch das Mitbestimmungsgesetz 1976 einen erhöhten Dringlichkeitsgrad bekommen hat, wird auch die gegenwärtige Ausgestaltung des Konzerns als eines nichtrechtsfähigen Verbandes von im Prinzip als selbständig gedachten Gesellschaften in Frage gestellt werden müssen. Sie geht an realen Unternehmensstrukturen vorbei, ohne sie verhindern zu können (dazu etwa BÄLZ 1974).

Das *Übergangsstadium*, in dem sich das *Recht des Großunternehmens* befindet, macht es der Rechtsprechung schwer, sich an eindeutige «policies» zu binden. Von der Rechtswissenschaft bekommt sie gegensätzliche Empfehlungen. Die einen halten es für angebracht, die Mitbestimmung als reine Organisationsregelung grundsätzlich hinter das Gesellschaftsrecht zurücktreten zu lassen (z. B. MARTENS 1976), die anderen empfehlen der Rechtsprechung im Namen der Mitbestimmung weitgehende Eingriffe in das Gesellschaftsrecht (vgl. etwa STEINDORFF 1975). Die einen definieren das Unternehmensinteresse nach wie vor allein vom Gesellschaftsinteresse her, die anderen stellen auf das volkswirtschaftliche Interesse am Unternehmen ab, manche leugnen einen normativen Gehalt des Unternehmensinteresses überhaupt (dazu MERTENS, ZGR 1977, 275ff.; WIEDEMANN, ZGR 1977, 165). Die einen halten den faktischen Konzern weitgehend für verboten, die anderen grundsätzlich für erlaubt (Überblick bei KROPFF in GESSLER/HEFERMEHL/ECKARDT/KROPFF 1976, § 311 AktG, Anm. 33).

Bisher existiert keine Konzeption eines Unternehmensrechts, an der sich die Rechtsprechung bei dem ihr aufgegebenen Versuch, die Brüche zwischen Konzern-, Gesellschafts- und Mitbestimmungsrecht zu überwinden, orientieren könnte. Ob die zu erwartende Entscheidung des Bundesverfassungsgerichts über die Frage der *Verfassungsmäßigkeit* des Mitbestimmungsgesetzes 1976 (dazu verneinend BADURA/RITTNER/RÜTHERS 1977; bejahend KÜBLER/SCHMIDT/S. SIMITIS 1978) hierzu Hinweise geben kann und wird, steht dahin.[17]

Im *Verhältnis von Mitbestimmungs- und Gesellschaftsrecht* werden sich die Gerichte – jedenfalls bis zu einer Entscheidung durch das Bundesverfassungsgericht – daran zu halten haben,

– daß die unternehmerische Mitbestimmung den Rahmen dezentraler Steuerung nicht grundsätzlich sprengen soll;

– daß sie die Funktionsfähigkeit der Unternehmen im Rahmen dieser Ordnung nicht gefährden soll;

– daß sie die betriebliche Mitbestimmung nicht aufsaugen oder aushöhlen soll;

– daß sie einerseits rechtsformspezifisch konzipiert, also den Gegebenheiten der jeweiligen Gesellschaftsform anzupassen ist und die Organisationsautonomie des Anteilseignerverbandes nicht gänzlich aufhebt (zu deren Grenzen MERTENS, ZGR 1977; ULMER, ZHR 1977);

– daß sie andererseits aber die mitbestimmenden Arbeitnehmervertreter nicht Anteilseignerinteressen unterwerfen darf;

– daß sie von ihrer Legitimation her nicht in erster Linie auf Machtteilhabe der Gewerkschaften abzielt und daß die Gewerkschaften und ihre Funktionäre nicht derart in Arbeitgeberfunktionen hineinwachsen dürfen, daß sie als Gegenspieler der Unternehmer im Rahmen der Tarifautonomie nicht mehr in Betracht kommen (in diesem Zusammenhang zur Problematik des Arbeitskampfes MERTENS, AG 1977). Ob diese Forderung bei der gegenwärtigen Ausgestaltung des Mitbestimmungsgesetzes erfüllbar ist, wird für die Entscheidung des Bundesverfassungsgerichts jedenfalls dann von tragender Bedeutung sein, wenn es im gleichen Umfange wie bisher die tarifautonome

---

17 Das BVerfG hat inzwischen durch Urteil vom 1.3.1979 (BVerfGE 50, 290) die Verfassungsmäßigkeit des Mitbestimmungsgesetzes bejaht. Die im Text für das Verhältnis von Mitbestimmungs- und Gesellschaftsrecht skizzierten Grundsätze werden durch die Entscheidung im Prinzip bestätigt. Die Arbeiten der von der Bundesregierung eingesetzten Unternehmensrechtskommission haben nicht zur Ausarbeitung eines Konzeptes geführt; dazu etwa *Kübler* ZGR 1981, 377.

Lohnfindung auf der Basis des Arbeitskampfrechts für verfassungsrechtlich geschützt hält.

Von der Entscheidung des Bundesverfassungsgerichts erhoffen sich nicht wenige eine generelle Stellungnahme des Gerichts zum *Prinzip der paritätischen Mitbestimmung* selbst. Jedoch sollten schon allgemeine Überlegungen zur Funktion einer verfassungsgerichtlichen Instanz das Gericht davor bewahren, die nicht zuletzt auf seiner Rechtsprechung beruhende Entwicklung des Grundgesetzes seit 1949 zum Anlaß zu nehmen, um ein grundsätzliches Verdikt gegenüber einer politischen Strömung auszusprechen, die prinzipiell von allen relevanten politischen Kräften getragen wird. Letztlich muß es im übrigen darauf ankommen, welche gesetzlichen Lösungen für dieses Prinzip gefunden werden; denn seine Auswirkungen hängen entscheidend davon ab, in welcher Breite und Tiefe man es durchführt, z. B. ob und in welchem Umfang die Banken als Kreditgeber und als Inhaber von Beteiligungen betroffen sind, ob die Mitbestimmung im Aufsichtsrat auf die Geschäfts- und Personalpolitik der Geschäftsführung durchschlagen kann, ob der Einfluß des Kapitalmarktes auf die Unternehmenspolitik gewahrt bleibt, ob die Wahrung des Renditeinteresses haftungsrechtlich erzwungen werden kann usw. Jedoch eröffnet der Verfassungsstreit um das Mitbestimmungsgesetz dem Gericht die – auch unter politischen Gesichtspunkten nicht inopportune – Möglichkeit, auf eine Nachbesserung oder zumindest auf eine Interpretation dieses Gesetzes im Sinne seiner Anpassung an rechtsstaatliche Standards und die Herstellung seiner Kompatibilität mit Tarifautonomie und betrieblicher Mitbestimmung Einfluß zu nehmen.

Das Spannungsverhältnis von rechtlicher Selbständigkeit und faktischer Abhängigkeit von Gesellschaften im Konzernverbund muß von der Rechtsprechung auf der Basis der gesetzlichen Grundentscheidung bewältigt werden, wonach außerhalb der Regelung des Vertragskonzerns die *faktische Beherrschung keine rechtliche Legitimation* zur Durchbrechung rechtlicher Strukturen des Gesellschaftsrechts enthält. Überdies ist die mit der Nachteilsausgleichspflicht kombinierte Einflußnahme nach den Regeln der §§ 311, 317 AktG immer dann für unzulässig zu halten, wenn ein Nachteilsausgleich nach diesen Regeln mangels Berechenbarkeit nicht in Betracht kommt (dazu m. w. Nachw. STROHN 1977). Im Bereich der GmbH hat der Bundesgerichtshof mit dem ITT-Urteil (BGHZ 65, 15) den Weg zu einem auf die Treuepflicht des Mehrheitsgesellschafters zu gründenden Konzernrecht eröffnet.

(4) Das Verbandsrecht so zu regeln, daß die Mediatisierung des einzelnen durch die in einem pluralistischen System ebenso unvermeidliche wie notwendige Kollektivbildung dem Bürger die Chance gibt, die Willensbildung in seinem Sinne zu beeinflussen, stößt auf Schwierigkeiten, die von der Organisationssoziologie eingehend beschrieben sind (grundlegend OLSON 1968; w. Nachw. bei TEUBNER 1977, 74ff., 84ff.). Die Frage, «wie es möglich ist», durch geeignete Rechtsnormen die Steuerungsmittel der Mitglied-

schaft, der Wahlstimmen und der Interessenkommunikation so zu verstärken, daß in der resultierenden Verbandspolitik die Authentizität der repräsentierten Mitgliederinteressen gesteigert wird» (TEUBNER 1978, 185), kann hier nur angedeutet, für mögliche Antworten muß auf die umfassende Untersuchung TEUBNERS verwiesen werden. Ist die juristische Diskussion auch noch im Anfangsstadium (vgl. oben II. 3.4.1.3), so wird doch die Rechtsprechung bereits heute nicht mehr daran vorbeigehen können, daß durch die Ausrichtung auf liberale Verbandstheorie und klassische Demokratietheorie eine wesentliche Verstärkung der Verbandsposition des einzelnen nicht zu erreichen ist. TEUBNER arbeitet – auf der Basis einer funktionalen Typologie der Verbände (vgl. die Zusammenfassung bei TEUBNER 1978, 257) – als wesentliche Mittel rechtlicher Verstärkung heraus:

– im Hinblick auf die Steuerung durch Mitgliedschaft: Sicherung und Erleichterung des Austrittsrechts; Erleichterung des Zugangs; rechtliche Absicherung von sozialen Mobilitätsbedingungen; Begrenzung von Organisationszwecken (185 ff.);

– durch Wahlen: Sonderwahlen für externe Verbandsvertreter (192);

– durch «reale Interessenkommunikation»: Normierung von Rechtspflichten für die Verbandsführung, Mitgliederinteressen konkret zu ermitteln und effektiv zu berücksichtigen, und Bildung von autonomen, funktional organisierten Gruppen innerhalb des Verbandes im Sinne eines verbandsinternen Pluralismus (192 ff.).

De lege lata ergeben sich hier gewisse «policy»-Gesichtspunkte für die Satzungskontrolle (TEUBNER 1978, 308). Im Hinblick auf eine verfassungsrechtliche Durchsetzung von Verbandsdemokratie empfiehlt TEUBNER (258 f.) mit guten Gründen Zurückhaltung.

3.2.2.5. *Gewährleistung der Bindung von Produktions- und Investitionsentscheidungen an Konsum- und Sparentscheidungen bei staatlicher Vermittlung*

Soweit ein staatlicher Apparat die Produktions- und Investitionsentscheidungen lenkt, müßten *Garantien einer dauernden politischen Rückkopplung* an die Bedarfsentscheidungen des einzelnen institutionalisiert werden. Sicherlich kann die Einsetzung des Apparats durch demokratische Wahlen auf der Basis des allgemeinen Wahlrechts zu einer solchen Rückkopplung allein nicht ausreichen. Sie gewährleistet Führungsauslese und globale Richtungsbestimmung für die Politik der Gewählten, aber nicht mehr. Vorschläge der neueren partizipatorischen Demokratietheorie, die auf stärkere individuelle Selbstverwirklichung durch politisches Handeln ausgehen, sind nicht auf das Problem einer überaus differenzierten und komplexen Interessenberücksichtigung gerichtet (SCHARPF 1972, 107). Rätedemokratische Konzeptionen werden auch in neueren partizipatorischen Theorien wegen zu geringen Komplexitätsgrades und ungenügender Informationskapazität für unzureichend gehalten (TEUBNER 1978, 100). Daher ist zu konstatieren, daß eine staatliche Einflußnahme nach heutigem Erkenntnisstand nicht an die Artikulation konkreter Bedarfsentscheidungen durch einzelne angebunden werden kann. Ob dies einmal durch Aufbau umfassender Informationssysteme geändert werden könnte, ist jedenfalls insofern zweifelhaft, als es wohl nie zu vermeiden wäre, daß der einzelne an seine dem staatlichen Apparat mitgeteilte Bedarfsentscheidung mehr oder minder gebunden sein müßte. Die Möglichkeiten spontaner Bedarfsentscheidung dürften gegenüber dem marktwirtschaftlichen Vermittlungsmechanismus stets zurückbleiben. Im Hinblick darauf, daß der Staat auch in unserem Wirtschaftssystem in erheblichem Umfang – insbesondere im Bereich der Produktion öffentlicher Güter – die Vermittlerrolle zwischen Konsum und Produktion übernommen hat, steht das Recht durchaus vor der aktuellen Aufgabe «der Ergänzung der allgemeinen demokratischen Repräsentations- und Legitimationsstrukturen durch eine demokratisch-partizipatorische» Politisierung «der Entscheidungs- und Vollzugsprozesse auf der administrativen Ebene» (DENNINGER 1977, 41).

Die Grundsatzproblematik einer solchen Teilhabe beschreibt einleuchtend DENNINGER (1977, 39f.): «Die Berücksichtigung der maximalen Vielzahl divergenter und opponenter Interessen im politischen Prozeß führt entweder zum totalen Immobilismus durch wechselseitige Blockaden oder zu einem plan- und ziellosen ‹Muddling through›. Die politische Durchsetzung technokratisch erarbeiteter oder auch nur drapierter ‹Gemeinwohl-Konzepte› ist andererseits nur um den Preis der Unterdrükkung und Vernachlässigung aller mit ihnen unverträglichen politischen Ideen und Willensbekundungen möglich. Die Demokratieproblematik besteht praktisch-verfassungspolitisch darin, anstelle einander ausschließender Maximierungen ein realisierbares Optimum zu ermitteln und institutionell abzusichern.»

Auch hier werden sich neuere Forschungen zur politischen Wirksamkeit von Verbänden (dazu TEUBNER 1978) nutzbringend auswerten lassen; bisher jedenfalls kann im Bereich staatlicher Leistungen von wirksamer Konsumentensouveränität nicht die Rede sein.

3.2.2.6. *Eingrenzung der staatlichen Einflußnahme*

Von entscheidender Bedeutung für die konkrete Strukturierung eines Systems der sozialen Marktwirtschaft ist es, in welchem Maß Beteiligung und Einflußnahme des Staates rechtlich strukturiert und welche Grenzen ihnen gezogen sind. Diese Frage reicht weit in allgemeine Fragen des Staatsaufbaus, der Grundrechte und der Verwaltungsorganisation hinein. Sie soll daher im Rahmen der Reihe rororo studium dem Staats- und Verwaltungsrecht vorbehalten bleiben. Hier ist nur auf ihre wirtschaftsrechtliche Dimension aufmerksam zu machen. Wesentliche Strukturierungselemente ergeben sich vor allem aus der *Reichweite der Verfassungsgerichtsbarkeit*, aus der *Grundrechtspolitik*, hier insbesondere aus den Verhältnismäßigkeitsanforderungen, die an Eingriffe in Grundrechte gestellt werden (vgl. MERTENS 1975, 95, 98f. m. Nachw.), und im Zusammenhang damit aus der verfassungsrechtlichen Verteilung der Prognoselast bei verfassungsgerichtlichen Entscheidungen (dazu OSSENBÜHL 1976; H. SCHNEIDER 1976). Hat z. B. das Verfassungsgericht dem Gesetzgeber zu «glauben», daß ein Wirtschaftsbereich durch eine an Pläne der Verwaltung anknüpfende Investitionslenkung «wirtschaftlicher» geordnet werden könnte als durch den Markt, so wird es ein öffentliches Interesse an ihrer Einführung nicht verneinen können. Darf das Gericht aber diese Behauptung überprüfen, darf es etwa aus der Tatsache, daß bisher selbst die kurzfristigen Jahresprojektionen der Bundesregierung meistens unzutreffend waren[18] oder daß Marktordnungen bisher noch stets zu gravierenden Fehlinvestitionen geführt haben, eine Vermutung dafür herleiten, daß der Gesetzgeber die für die Planung erforderliche Prognosekapazität nicht besitzt, so wird es einen entsprechenden Eingriff in Grundrechte eher mißbilligen. Für die «policies» zur Handhabung der Grundrechte kommt es prinzipiell darauf an, wieweit man in ihnen nicht nur Abwehrrechte, sondern auch institutionelle Garantien und Ordnungsentscheidungen sieht und wieweit man Abwehr- und Teilhabeaspekte gegeneinander ausspielt. Betrachtet man z. B. das Eigentumsgrundrecht als eine Ordnungsentscheidung, die prinzipiell zur Marktwirtschaft tendiert, wird man es schon gegenüber weichen Formen prozeßpolitischer Investitionslenkung ins Spiel bringen können, wenn diese sich auf bisher marktwirtschaftlich geordnete Bereiche beziehen und in einer gewissen Breite erfolgen. Daß jede Art der Investitionslenkung – im Gegensatz zur Investitionsförderung – «die marktwirtschaftliche Ordnung in ihrem Lebensnerv» treffe, hat der SACHVERSTÄNDIGENRAT überzeugend hervorgehoben.[19] Praktisch wenig erfolgversprechend scheint es, aus Grundrechten weitgehende Ansprüche gegen den Staat auf eine bestimmte positive Politik herzuleiten, so etwa aus Art. 14 GG ein Recht auf Inflationsvermeidung (so aber PAPIER 1973). Andererseits ist die offene Flanke des Eigentumsrechts die Steuerpolitik, die sich gegebenenfalls durch eine Politik des leichten Geldes noch potenzieren läßt (zu verfassungsrechtlichen Grenzen des Steuerinterventionismus SELMER 1972). Wesentlich hängt die Wirtschaftsordnung weiter davon ab, wieweit der Staat in seiner Eigenschaft als größter Unternehmer, Nachfrager, Bankier und Arbeitgeber im Bereich fiskalischen Handelns an Grundrechte und an Individualgarantien des Privatrechts gebunden werden kann

18 Vgl. Handelsblatt Nr. 106 vom 15. 6. 1976, 2; zur Fehllenkung von Investitionen durch die gesellschafts-, wirtschafts- und steuerpolitisch verfehlte Subventionspraxis des Gesetzgebers MERTENS, Sitzungsbericht, 1977, P 25, 45.

19 BT-Ds 7/4326, Nr. 292, 1975; vgl. demgegenüber die Bagatellisierung der verfassungsrechtlichen Bedenken bei REICH, ZRP 1976 m. Nachw. zum Streitstand. Autoren, die sich für eine Investitionslenkung einsetzen (vgl. etwa MEISSNER 1974, HELMS 1976), versuchen die bisherigen Mißerfolge im wesentlichen damit zu erklären, daß sich der Staat noch nicht umfangreich genug um die Planung der Wirtschaft bemüht habe; vgl. etwa MEISSNER a. a. O., 65.

und staatliche Leistungen grundrechtlichen Drittschutz zu erzeugen vermögen. Gegen eine zu weit gehende grundrechtliche und gesetzliche Einbindung staatlicher Leistungen – etwa in Form eines ordnungspolitischen Subventionsgesetzes – mag man anführen, daß die Wirtschaftsförderung der Wirtschaftslenkung mit hoheitlichen Mitteln in einer marktwirtschaftlichen Ordnung bei weitem vorzuziehen ist, weil sie den Unternehmen das Investitionsrisiko allenfalls zum Teil abnehmen kann und überdies die Fehllenkung von Geld wesentlich eher bemerkbar wird und hier die Erfolgsrechnung einfacher ist als bei hoheitlich durchgesetzten Fehlentscheidungen. Daher könnte hier der Freiraum der Exekutive größer sein. Dennoch wäre eine stärkere Beteiligung der Legislative an Subventionsentscheidungen nicht nur ordnungs-, sondern auch staatspolitisch von wesentlicher Bedeutung. Außerhalb der Grundrechtspolitik kommt es für die Einflußnahme des Staates vor allem auf die *Sicherung der Kontinuität staatlicher Rahmenbedingungen* und auf *Grenzen* gegenüber einer beliebigen Ausweitung der *Staatsquote* an. Hier bietet das Grundgesetz mit den verfassungsrechtlichen Grenzen der Einnahmen- und Ausgabenpolitik des Staates, dem Gesetzesvorbehalt (dazu KISKER 1977), den Anforderungen an das Gesetzgebungsverfahren, mit der föderalistischen Gewaltenteilung und den Möglichkeiten föderalistischer Politikverflechtung (zum bundesstaatlichen Prinzip STERN 1977, § 19) eine Reihe bedeutsamer Regelungsfaktoren. Sie werden auf Gesetzesebene ergänzt durch die Regeln des Haushaltsgrundsätzegesetzes, der Bundeshaushaltsordnung (vgl. insbesondere § 65; Abdr. in Anh. S. 320) und der Gemeindeordnungen über die Beteiligung der öffentlichen Hand an privatrechtlichen Unternehmen. Der *Rechtsschutz des einzelnen gegenüber staatlicher Ermessensentscheidung* und das *öffentliche Haftungs- und Entschädigungsrecht* enthalten weitere das staatliche Handeln determinierende Elemente, die für die Einflußnahme des Staates auf die Wirtschaft von erheblichem Gewicht sind.

3.2.3. Die Regelung des Geld- und Währungssystems

In komplexen Wirtschaftssystemen sind die Entscheidungen, die das Geld- und Währungssystem betreffen, von ausschlaggebender Bedeutung für die *Effizienz* des Systems, die *Systemsteuerung,* inbesondere die *Systemstabilisierung,* sowie für die *Verteilungsfrage.*

Im folgenden soll von «Geld», «Geldpolitik» und «Geldordnung» dann die Rede sein, wenn es um Fragen der quantitativen Wirtschaftspolitik geht, von «Währung», «Währungspolitik» und «Währungsordnung», wenn der institutionelle Rahmen, die qualitative Wirtschaftspolitik oder außenwirtschaftliche und internationale Aspekte angesprochen sind.[20]

---

20 Vgl. SCHMÖLDERS 1966, 597; VEIT 1969, 25; VEIT geht allerdings davon aus, daß die Begriffe «Geldpolitik» und «Währungspolitik» gleichbedeutend seien, daß

3.2.3.1. *Die wirtschaftspolitische Aufgabe der Regelung des Geld- und Währungssystems*

(1) Zur Erleichterung des Tauschs und der Wirtschaftsrechnung werden *Güter* ausgewählt, die als allgemeine *Tauschmittel (Zahlungsmittel)* akzeptiert werden und die sich als *Recheneinheit* eignen. Dazu ein Beispiel:

Nach einem länger anhaltenden Bürgerkrieg in Land A ist die Währung des Landes zerrüttet. Die außenwirtschaftlichen Kontakte sind abgebrochen. Als Zahlungsmittel werden Eier, Zigaretten und Nähnadeln verwendet. Als Verrechnungseinheit verwenden gewerbliche Unternehmen den Wert einer 100-Watt-Glühbirne.

Welche volkswirtschaftlichen Wohlfahrtsverluste erleidet das Land A durch diese «Währungssituation»? Reicht es für die Sanierung der Währung aus, neue Banknoten zu drucken und eine gesetzliche Annahmepflicht zu begründen? Welche Bedeutung käme dieser neuen Währung zu, wenn man damit seine Steuern bezahlen kann? Welche Schritte sind notwendig, um den Zahlungsverkehr mit dem Ausland wiederaufzunehmen?

Zur Notwendigkeit einer allgemeinen Recheneinheit in komplexen Wirtschaftssystemen folgende ökonomische Überlegung (STOBBE 1975, 178 f.):

«In einer Volkwirtschaft, deren Wirtschaftssubjekte sich mit n Gütern ($n \geqq 2$) am Tauschverkehr beteiligen, gibt es $n^2 - n$ Tauschverhältnisse ... Die Zahl der voneinander unabhängigen Tauschverhältnisse beträgt also $0{,}5\,(n^2 - n)$ ... Die Zahl der Tauschverhältnisse sinkt nun auf n, wenn in den Zähler aller Tauschverhältnisse dieselbe Recheneinheit (RE) tritt ... Ihre Zahl sinkt auf $n - 1$, wenn eines der n Güter als Recheneinheit fungiert. Die entsprechenden Geldpreise oder einfach Preise sind außerdem sehr viel leichter miteinander zu vergleichen als Realtauschverhältnisse und erleichtern damit einen großen Teil wirtschaftlicher Entscheidungen ... Angesichts dieser hervorragenden Bedeutung von Preisvergleichen erspart der Gebrauch einer Recheneinheit also in erheblichem Maße Rechenarbeit und setzt damit Produktionsfaktoren für andere Verwendungen frei ... Wird anderseits die Kenntnis von Realtauschverhältnissen benötigt, so lassen sie sich durch Division zweier Geldpreise bei gegebenen physischen Maßeinheiten leicht errechnen. Man nennt sie deshalb auch relative Preise oder Preisverhältnisse.»

Die Vorteile einer allgemeinen Recheneinheit für ein Wirtschaftssystem, das auf der Koordination von wirtschaftlichen Einzelentscheidungen beruht, liegen auf der Hand. Aber auch *Wirtschaftssysteme*, die auf *zentraler Planung und Leitung* beruhen, können von einem gewissen Komplexitätsgrad an ohne diese allgemeine Recheneinheit nicht effizient verwaltet werden.[21]

---

der letztere aber im deutschen Sprachraum üblich geworden sei; dies trifft für die 70er Jahre nicht mehr zu; vgl. etwa die Titel WOLL/VOGL, Geldpolitik, 1976; SIEBKE/WILLMS, Theorie der Geldpolitik, 1974; DICKERTMANN/SIEDENBERG 1975; JARCHOW 1976; DUWENDAG u. a. 1977.

21 Vgl. v. EYNERN 1972, 96; die geld- und währungspolitische Literatur geht in aller Regel implizit von der Existenz eines dezentral gesteuerten Wirtschaftssystems aus; so etwa ISSING 1977, DICKERTMANN/SIEDENBERG 1975.

(2) Die Funktion des Geldes als Zahlungsmittel ist der Ausgangspunkt der gängigen geldtheoretischen Überlegungen (LIPFERT 1974, 2; JARCHOW 1976, 13–15; ISSING 1977, 1; VEIT 1969, 25; SCHILCHER 1973, 49–51).[22] Man kann diesen Gedankengang auch umkehren und das als Geld bezeichnen, was allgemein als Zahlungsmittel verwendet wird, im Problemfall unter (1) also Eier, Zigaretten, Nähnadeln, nicht aber Glühbirnen.

(3) Geldtheoretiker stellen neben die Funktion des Geldes als Recheneinheit *(Rechenfunktion)* und als Zahlungsmittel *(Zahlungsmittelfunktion)* in der Regel die *Wertaufbewahrungsfunktion* (ISSING 1977, 1 f.; LIPFERT 1974, 3; STOBBE 1975, 183 f.; einschränkend JARCHOW, Geldtheorie, 1976, 15 f.). Aus der Währungsgeschichte scheint dies belegbar zu sein: Es wurden nur solche Güter als Geld verwendet, die nicht verdarben (etwa Zigaretten, nicht jedoch Eier), die ihre Zahlungsfunktion also auch über die Zeit beibehielten. Voraussetzung für das gute Funktionieren einer Währungsordnung war die Geldwertstabilität; waren etwa Goldmünzen im Umlauf und wurde die vorhandene Goldmenge durch bedeutende Goldfunde vermehrt, so kam damit die Währungsordnung ins Wanken. Ähnliche Wirkungen treten heute ein, wenn das Geld (aus anderen Gründen) seine Kaufkraft einbüßt. Doch ist die Problematik dadurch komplexer geworden, daß Geldwertstabilität zugleich eines der Ziele der allgemeinen Wirtschaftspolitik ist (S. 47 ff.), das mit anderen Zielen in einem interdependenten Zusammenhang steht. Die Diskussion der möglichen Zielinkompatibilitäten (S. 49 ff.) hat gezeigt, daß die volle Erreichung eines dieser Ziele zugleich die teilweise Aufopferung eines anderen Zieles bedeutet. Für die Gestaltung des Geld- und Währungssystems stellt sich damit die Frage, ob die Wertaufbewahrungsfunktion von Geld ein absolutes Ziel ist, dem andere wirtschaftspolitische Ziele unterzuordnen sind, oder ob *Geldwertstabilität* lediglich eines unter einer Reihe von Zielen ist. Im zweiten Falle müßten dann die konkreten Wirkungen eines instabilen Preisniveaus – etwa unerwünschte Verteilungswirkungen, abnehmende Rechenhaftigkeit des Wirtschaftssystems, wachsende Gefahr von Fehlallokationen bei Investitionen – gegen die möglichen Folgewirkungen der Geldwertstabilisierung in anderen Bereichen (Unterbeschäftigung, außenwirtschaftliches Ungleichgewicht) abgewogen werden. In diesem Fall könnte man nur von einer relativen Wertaufbewahrungsfunktion sprechen.

Das aufgezeigte Problem hat eine regelungspolitische und eine konzeptionelle Seite. Die politische Frage besteht darin, ob man das Teilsystem, das

---

22 ISSING (1977, 1) macht darauf aufmerksam, daß die Zahlungsmittelfunktion über die Tauschmittelfunktion des Geldes hinausgeht, da die erste auch die Schuldentilgung umfasse. STOBBE (1975, 183) sieht auch in der Gewährung und Rückzahlung von Krediten Tausch- und Übertragungsakte und wählt deshalb den Terminus «Transaktionsmittelfunktion» als Oberbegriff. Da dem allgemeinen Sprachgebrauch zufolge jedoch eine wirtschaftliche Transaktion, bei der Geld verwendet wird, als «Zahlung» bezeichnet wird, soll hier von «Zahlungsmittelfunktion» die Rede sein.

das Geld- und Währungssystem bildet, nach autonomen Gesichtspunkten regeln und die Ergebnisse dieser Regelung für die allgemeine Wirtschaftspolitik als Datum betrachten will[23] oder ob man von einer einheitlichen wirtschaftspolitischen Zielbestimmung und -durchsetzung ausgeht und von da aus geld- und währungspolitischen Zielen nur einen Platz unter anderen konkurrierenden Zielen einräumt. Der Währungsausschuß der Europäischen Gemeinschaften hat dazu wie folgt Stellung genommen:

«In allen Ländern sind den Währungsbehörden die folgenden allgemeinen Ziele gesetzt: Wirtschaftswachstum, Preisstabilität, hohes Beschäftigungsniveau und außenwirtschaftliches Gleichgewicht.»

Dies sind die üblichen Ziele des magischen Vierecks (dazu S. 47ff.).[24] Im Gesetz über die Deutsche Bundesbank (BBankG) vom 26. Juli 1957[25] wird dagegen in § 3 zu den Aufgaben der Deutschen Bundesbank nur auf das Ziel der Währungssicherung abgestellt (abgedr. im Anhang, S. 314).

Die konzeptionelle Problematik besteht darin, daß die Feststellungen von Geldfunktionen ihrerseits die Zieldiskussion der Wirtschaftspolitik prägen. Durch eine Funktionsumschreibung wird also eine wirtschaftspolitische Vorentscheidung getroffen. Eine offene Diskussion möglicher Zielinkompatibilitäten findet nicht statt.

Die Problematik der *Wertaufbewahrungsfunktion* des Geldes läßt sich dadurch aus dem Wege räumen, daß man in der Funktionsbeschreibung des Geldes lediglich auf die *Zahlungsmittelfunktion* abstellt, diese aber so faßt, daß auch die zeitliche Komponente erfaßt wird: Geld ist dann als Zahlungsmittel brauchbar, wenn die wirtschaftenden Subjekte davon ausgehen können, daß es nicht nur im gegenwärtigen Zeitpunkt als Zahlungsmittel verwendbar ist, sondern daß es diese Eigenschaft auch innerhalb des Zeitraums behält, für den sie planen. Diese *Erhaltung der Zahlungsmittelfunktion im Zeitablauf* muß nicht notwendigerweise vollkommen sein; es kann auch ihre relative Erhaltung ausreichend sein; dies ist dann der Fall, wenn zum einen die Kaufkraftänderungsrate für den Planenden vorhersehbar ist und wenn zum anderen neben Geld andere Wertaufbewahrungsmittel existieren.

(4) Die Frage der Geldwertstabilität betrifft nicht allein die Zahlungsmittelfunktion des Geldes, sondern auch seine *Rechenfunktion*. Die wirtschaftlich Planenden können Geld nur als allgemeine Recheneinheit verwenden, wenn entweder die Kaufkraft konstant ist oder wenn die Kaufkraftänderungsrate exakt vorherbestimmbar ist. Allerdings ist die Geldrechnung mit

---

23 Dieser Ansatz findet sich bei SCHMÖLDERS 1966, 599; er unterscheidet zwischen endogener und exogener Währungspolitik; so auch VEIT 1969, 31.

24 Diese sind nach § 1 StWG für die Wirtschaftspolitik der Bundesregierung für verbindlich erklärt. Ob und wie dies die Währungspolitik der Bundesbank betrifft, ist umstritten; dazu unten 3.2.4.2 (1).

25 BGBl. I, 745; Kommentierung v. SPINDLER/BECKER/STARKE 1973.

sich ändernder Kaufkraft des Geldes umständlicher als mit konstanter Kaufkraft. Kann man etwa davon ausgehen, daß sich die Kaufkraft des Geldes jährlich um 3 % verringert, so entsprechen 100 Geldeinheiten zum Wert des Geldes am 1. Januar eines Jahres 103 Geldeinheiten zum Wert des Geldes am 1. Januar des folgenden Jahres. Will man also für das folgende Jahr planen, muß man entweder in alten Recheneinheiten rechnen und Einnahmen und Ausgaben der Folgeperiode mit dem Faktor 100/103 multiplizieren, oder man kann in neuen Recheneinheiten rechnen und die Zahlungen in der ersten Periode mit dem Faktor 103/100 bereinigen. Erfolgt diese Art der Rechnung über eine Reihe von Jahren hinweg, so hat das Rechnen in alten (konstanten) Recheneinheiten den Vorteil, daß die verschiedenen Jahresrechnungen direkt miteinander vergleichbar sind; allerdings wird der Zusammenhang zwischen der verwendeten Recheneinheit und dem Wert des Geldes als Zahlungsmittel immer lockerer. Die andere Alternative besteht darin, jeweils in aktuellen Recheneinheiten zu rechnen; eine Vergleichbarkeit der verschiedenen Jahresrechnungen ist dann nicht direkt gegeben; die Rechnungen der vergangenen Jahre müssen in diesem Fall jeweils «bereinigt» werden.[26] Die Rechenproblematik bei Kaufkraftänderungen des Geldes wird zusätzlich dadurch erschwert, daß sie verschiedene Wirtschaftsbereiche unterschiedlich betreffen kann. Schließlich sagt auch die exakte Prognose einer jährlichen Kaufkraftänderungsrate nichts darüber aus, wie die Kaufkraftänderung über ein Jahr verteilt ist, ob sie schubweise oder kontinuierlich erfolgt. Es läßt sich festhalten, daß auch bei Kaufkraftänderungen die Rechenfunktion des Geldes erhalten bleiben kann, daß aber eine exakte Vorhersage über die tatsächliche Kaufkraftänderung notwendig ist und daß sich die erforderlichen Rechnungen sehr viel schwieriger gestalten als bei konstanter Kaufkraft.

(5) Die Kaufkraftänderung wirkt sich nicht allein auf die Zahlungsmittelfunktion des Geldes und auf seine Rechenfunktion aus, sondern auch auf die *Verteilung von Vermögen und Einkommen.* Alle monetären Positionen (Nominalwerte)[27] unterliegen im Zeitablauf einer Wertänderung, nämlich der Kaufkraftänderung des Geldes. Die Art der Vermögensanlage unterscheidet sich stark nach ihrer Abhängigkeit von Kaufkraftänderungen. Können die Wirtschaftssubjekte exakte Vorhersagen über Kaufkraftänderungen machen und sind sie frei in der Auswahl ihrer Vermögensanlage, so können sie sich auf die Kaufkraftänderung einstellen und jeweils individuell optimale Anlagepläne aufstellen. Eine Umverteilung durch eine Kaufkraftänderung des Geldes würde dann nur nach dem Grad der Rationalität der Vermögensanlage erfolgen. Wer also falsch plant, muß Vermögensnachteile in Kauf nehmen. Da jedoch in der Praxis die Arten der Vermögensanlage oft

26 Dazu Hax 1970; Kirchner 1978, 95–97; J. Mitschke, Bilanzierungsprobleme bei Geldentwertung, WiSt 1975, 525; J. A. Largay/J. L. Livingstone, Accounting for Changing Prices, 1976.

27 Dazu H. Havermann 1974, 426f.; Kirchner 1978, 95.

beschränkt sind und ein großer Teil von Werten in Form von Geldforderungen (etwa Löhne und Gehälter) besteht, bringt jede Kaufkraftänderung eine Vermögensumverteilung zu Lasten derjenigen mit sich, die faktisch daran gehindert sind, in günstigere Anlageformen auszuweichen. Dadurch entsteht die Frage, ob die durch Kaufkraftänderungen bedingten Umverteilungen teilweise oder völlig korrigiert werden sollen (dazu unten S. 261 ff.). Die wirtschaftliche Problematik besteht darin, daß in viele wirtschaftliche Planungen bereits Kaufkraftänderungserwartungen eingeflossen sind, die durch eine Korrektur der Ergebnisse dieser Planungen also nachträglich ihrer Grundlage beraubt werden.

(6) Die *Geldfunktionen* lassen sich in einer Matrix darstellen, in der explizit auf den Zeithorizont der planenden Wirtschaftssubjekte abgestellt wird:[28]

Geldfunktionen

Funktion / Zeit	Zahlungsmittelfunktion	Rechenfunktion
Gegenwart	Liquidität Kaufkraft	Wertrelationen zu allen Gütern
Planungshorizont	Kaufkraftänderungserwartung	Erwartung der Veränderungen der Wertrelationen

(7) Stellt man auf die Zahlungsmittelfunktion und die Rechenfunktion jeweils im Zeitablauf ab, so wird deutlich, daß Fragen der *Deckung einer Währung* (Golddeckung, Goldkerndeckung, Devisendeckung usw.) nur mittelbar von Bedeutung sind, nämlich nur insoweit, als dadurch die Erwartungen der Wirtschaftssubjekte bezüglich der Kaufkraftentwicklung des Geldes berührt werden. Das entscheidende Problem ist das der Qualität wirtschaftspolitischer Entscheidungen, die diese Geldfunktionen betreffen *(Geldwertstabilitätspolitik)*.

(8) Für die Gestaltung des Geld- und Währungssystems gewinnen *juristische Regelungen* auf zwei Ebenen Bedeutung:

– Es muß geregelt werden, wer berechtigt ist, auf die Geldschöpfung und die Kaufkraftentwicklung des Geldes Einfluß zu nehmen *(Kompetenzregelung)*.

– Es muß geregelt werden, ob durch Kaufkraftveränderungen bewirkte Umverteilungen *juristischen Korrekturen* unterliegen sollen.

---

28 Auf diesen Zeitaspekt macht auch Dahl (1975, 286) aufmerksam. Zum Aspekt der Entscheidung unter Unsicherheit vgl. Goodhart 1975.

3.2.3.2. *Fragen der rechtlichen Regelung des Geld- und Währungssystems*

Im folgenden soll nicht versucht werden, einen systematischen Überblick über alle rechtlich relevanten Fragen des Geld- und Währungssystems einzugehen. Dafür sei auf die ausführliche und gründliche Diskussion in der Literatur hingewiesen.[29] Hier sollen vielmehr die entscheidenden rechtlichen Regelungsfragen behandelt werden, wie sie sich aus der ökonomischen Diskussion in 3.2.3.1 ergeben haben.

(1) Die Rechtsordnung bestimmt, wer auf die *Geldschöpfung* und die *Kaufkraftentwicklung* des Geldes Einfluß nehmen soll. Teils liegen gesetzliche Regelungen vor, die wichtigsten: Art. 73 Ziff. 4, 5 und Art. 88 GG, im Geld- und Währungsbereich das Bundesbankgesetz (BBankG) von 1957, das Gesetz über das Kreditwesen (KWG) von 1961, das Währungsgesetz und das Außenwirtschaftsgesetz (AWG) mit der Außenwirtschaftsverordnung (AWV).[30] Teilweise ergeben sich aber auch Kompetenzen im Geld- und Währungsbereich aus der allgemeinen Handlungsfreiheit sowie aus der Autonomie der Tarifpartner. Folgende Entscheidungsträger sind für die Geldschöpfung und die Kaufkraftentwicklung von Bedeutung:

- Bundestag,
- Bundesregierung,
- Bundesbank,
- Internationaler Währungsfonds (IWF),
- Kreditinstitute,
- Bundesaufsichtsamt für das Kreditwesen,
- Tarifpartner,
- Unternehmen und Haushalte.

Die Bedeutung des Bundestages liegt bei der Gestaltung der rechtlichen Währungsordnung, die der Bundesregierung bei der Beeinflussung des Geld- und Währungssystems durch die Wirtschaftspolitik (besonders Konjunkturpolitik) und bei der Entscheidung über die Währungsparität,[31] die der Bundesbank bei der Ausgabe von Zentralbankgeld, der Kontrolle der Zinshöhe und des Kreditschöpfungsspielraums der Banken und der Geldmenge, die des Internationalen Währungsfonds in der Aufrechterhaltung der Funktionsfähigkeit des internationalen Geld- und Währungssystems

---

29 v. Spindler/Becker/Starke 1973; Fögen 1969; Deutsche Bundesbank (Hg.) 1975; v. Arnim, Volkswirtschaftspolitik, 1976, 204–220.

30 KWG: BGBl. 1961 I, 881; AWG: BGBl. 1961 I, 481; AWV: BGBl. 1967 I, 2; Währungsgesetz: Gesetz 61 Amtsblatt der Militärregierung der amerikanischen Zone vom 1. 8. 1948, 6; BGBl. 1955 II, 405; zum Währungsgesetz vgl. Fögen 1969, 55–57.

31 Dazu W. P. Hoffmann 1969; Dickertmann/Siedenberg 1975, 80f.; v. Arnim, Volkswirtschaftspolitik, 1976, 227; zur Mitwirkungsbefugnis der Bundesbank vgl. v. Spindler/Becker/Starke 1973, § 3 Anm. 4; zum möglichen Konflikt zwischen Bundesregierung und Bundesbank bei Fragen der Währungsparität vgl. J. Starbatty, Muß die Deutsche Bundesbank auf dem Devisenmarkt intervenieren? WD 1977, 131.

(dazu unten 4.2), die der Kreditinstitute in der Beeinflussung der Geldmenge durch Kreditschöpfung, die des Bankenaufsichtsamtes bei der Kontrolle der Geschäftsbanken, die der Tarifpartner in der Beeinflussung der Geldmenge durch die Tarifpolitik, die der Unternehmen und Haushalte in der Beeinflussung der Geldmenge und der Geldumlaufgeschwindigkeit.

(2) Die *Geldschöpfung* liegt in der Bundesrepublik für *Zentralbankgeld* (Notenausgabe) bei der Bundesbank (§ 14 BBankG):

«Die Deutsche Bundesbank hat das ausschließliche Recht, Banknoten im Geltungsbereich dieses Gesetzes auszugeben. Ihre Noten lauten auf Deutsche Mark. Sie sind das einzige unbeschränkte gesetzliche Zahlungsmittel.»

Dieses *Recht der Notenausgabe* leitet sich auch aus der allgemeinen Aufgabenbestimmung der Bundesbank in § 3 BBankG ab:

«Die Deutsche Bundesbank regelt mit Hilfe der währungspolitischen Befugnisse, die ihr nach diesem Gesetze zustehen, den Geldumlauf und die Kreditversorgung der Wirtschaft mit dem Ziel, die Währung zu sichern, und sorgt für die bankmäßige Abwicklung des Zahlungsverkehrs im Inland und mit dem Ausland.»

Auf der Grundlage des Zentralbankgeldes können die Geschäftsbanken Kredit- und Geldschöpfung betreiben.[32] Sie nehmen Zentralbankgeld herein und weisen die Einlagen als Sichteinlagen aus. Diese sind jederzeit in Zentralbankgeld umtauschbar und haben deshalb Geldcharakter (Giralgeld). Da die Geschäftsbanken nicht mit der Situation rechnen müssen, daß alle Sichtguthaben in Zentralbankgeld umgetauscht werden, können sie auf der Grundlage des hereingenommenen Zentralbankgeldes Kredite ausgeben, die die verfügbaren Zentralbankgeldreserven überschreiten. Zu dieser Kreditschöpfung heißt es im Gutachten des Sachverständigenrates zur Begutachtung der gesamtwirtschaftlichen Entwicklung von 1971/72 (Ziff. 142):

Das Geschäftsbankensystem kann mit einer Einheit Zentralbankgeld ein Mehrfaches an Krediten schaffen. Kreditschöpfung können die Banken sowohl auf ihren frei verfügbaren Bestand an Zentralbankgeld (Überschußreserve) als auch auf Zentralbankgeld gründen, das sie sich durch Hingabe liquider Aktiva an die Notenbank beschaffen können. Solche Aktiva sind inländische Geldmarktpapiere und offene Rediskontkontingente; in einem System fester Wechselkurse zählen auch die Geldmarktanlagen im Ausland dazu.

Für die Geldschöpfung, die mit dieser Kreditschöpfung einhergeht, sind eine Reihe von Faktoren relevant:
- die Politik der Bundesbank gegenüber den Geschäftsbanken,
- die Kreditaufnahme durch Unternehmen und Haushalte sowie durch die öffentliche Hand,

32 Zur Geldschöpfung durch Zentralbank und Geschäftsbanken vgl. Jarchow, Geldtheorie, 1976, 25–55; Schilcher 1973, 103–108; Duwendag u. a. 1977, 107–115; Issing 1977, 30–50; Stobbe 1975, 221–225.

- die Ordnung des internationalen Währungssystems und die außenwirtschaftliche Absicherung der Währungspolitik der Bundesbank.

Der rechtliche Rahmen, innerhalb dessen sich die Politik der Bundesbank zu bewegen hat und der die Instrumente dieser Politik festlegt, ist im BBankG fixiert. Die wichtigsten Instrumente sind die folgenden:[33]
- Mindestreservepolitik,
- Refinanzierungspolitik,
- Offenmarktpolitik,
- Einlagenverpflichtung und Einlagenpolitik,
- Devisenkurspolitik,
- Bardepotpolitik,
- Beschränkungen des Geld- und Kapitalverkehrs mit dem Ausland.

Mit Hilfe dieses Instrumentariums wirkt die Bundesbank direkt auf das Geschäftsbankensystem ein und indirekt auf die Wirtschaftsentscheidungen von Unternehmen und Haushalten, indem sie die Zinshöhe und die Verschuldungsmöglichkeiten beeinflußt.

Neben der Politik der Bundesbank gegenüber den Geschäftsbanken spielt auch die Kreditaufnahme von Unternehmen, Haushalten und der öffentlichen Hand eine wichtige Rolle für die Geldschöpfung. Die Kreditaufnahme der öffentlichen Hand hat sich an den Zielen der *Stabilitätspolitik* auszurichten (dazu unten 3.2.4). Die Entscheidungen der Unternehmen und Haushalte hängen nicht allein von den Daten ab, welche von der Bundesbank gesetzt sind, sondern auch von subjektiven Einschätzungen der Konjunktur und der erwarteten Inflationsrate. Die Bundesbank kann zwar die Kreditaufnahmemöglichkeiten beschränken; sie kann aber Unternehmen und Haushalte nicht zur Kreditaufnahme veranlassen. Eine gesetzliche Verschuldungspflicht gibt es nicht und kann es bei der gegenwärtigen verfassungsmäßigen Ordnung nicht geben. Damit sind die Kreditaufnahmeentscheidungen der Unternehmen und Haushalte als wichtige Faktoren der Geldschöpfung in Rechnung zu stellen.

Die Ordnung des *internationalen Währungssystems* wirkt sich insofern auf die inländische Geldschöpfung aus, als bei festen Wechselkursen die Bundesbank gezwungen ist, ausländische Geldmarktpapiere (Devisen) in Zentralbankgeld umzutauschen, wenn die Nachfrage nach inländischer Währung das Angebot übersteigt und die Parität sich dadurch über eine gewisse Grenze (Interventionspunkt) von der offiziellen Parität entfernt.[34] Nachdem das Abkommen von Bretton Woods nunmehr einem Floaten von

---

33 Deutsche Bundesbank (Hg.) 1975; Dickertmann/Siedenberg 1975, 44–97; Jarchow, Geldmarkt, Bundesbank und geldpolitisches Instrumentarium, 1976, 71–176; Stobbe 1975, 238–260.

34 Koch 1976, 201; Aschinger 1971, 31–33; Jarchow, Geldmarkt, Bundesbank und geldpolitisches Instrumentarium, 1976, 62 f.; Abkommen über den Internationalen Währungsfonds (Abkommen von Bretton Woods), BGBl. 1952 II, 638.

Währungen nicht mehr entgegensteht,[35] entfällt eine solche Umtauschpflicht seitens der Bundesbank. Allerdings wird die Notwendigkeit zum Intervenieren auch bei flexiblen Wechselkursen dann auftauchen, wenn die Zentralbank zu starke Schwankungen der Parität verhindern will (näher zum internationalen Währungssystem unten 4.2).

Die Geldschöpfung und damit die *Geldmenge* wird heute nicht mehr ausschließlich durch die Entscheidungen der Haushalte und Unternehmen und mittels der «klassischen Instrumente» der Bundesbank beeinflußt. Unter dem Einfluß der Renaissance der Geldtheorie,[36] die den direkten Zusammenhang zwischen Geldmenge und Kaufkraftentwicklung behauptet, ist die Bundesbank seit 1973 zur direkten *Steuerung der Geldmenge* übergegangen.[37] Für 1975 hat die Bundesbank zum erstenmal ein «monetäres Wachstumsziel» (8 %) angegeben (vgl. auch III. 1.2.1, Beispiel 4). Der Beschluß des Zentralbankrats der Deutschen Bundesbank am 16. Dezember 1976 für das Jahr 1977 lautete:[38]

> «Die Deutsche Bundesbank wird 1977 die Geldpolitik so führen, daß der Preisanstieg weiter gedämmt wird und das reale Sozialprodukt kräftig wachsen kann. Mit dieser Zielsetzung hält die Bundesbank aus heutiger Sicht eine Zunahme der Zentralbankgeldmenge um 8 % im Jahresdurchschnitt 1977 gegenüber dem Jahresdurchschnitt 1976 für vereinbar. Da die Zentralbankgeldmenge in den letzten Monaten von 1976 besonders stark gestiegen ist, muß sich ihr Zuwachs im Verlauf von 1977 erheblich abschwächen, um das angestrebte Ziel erreichen zu können. Eine stetige Entwicklung vorausgesetzt, darf daher die Zentralbankgeldmenge vom 4. Quartal 1976 zum 4. Quartal 1977 nur um 6 bis 7 % zunehmen.»

Diese Politik ist nicht explizit im BBankG geregelt; ihre rechtliche Grundlage ist folglich in § 3 BBankG zu sehen, da und soweit die Geldmengenpolitik erforderlich und geeignet ist, die Währung zu sichern. Legalität und Effektivität stehen hier also in einem sehr engen Verhältnis zueinander.

---

35 Vgl. zur Entwicklung v. SPINDLER/BECKER/STARKE 1973, 97–101; H. W. GERHARD, Die Haltung der Währungsbehörden gegenüber Wechselkursproblemen, in: HORN (Hg.) 1976, 239; im Anhang dieses Beitrags (260–262) findet sich ein Auszug aus der IMF-Pressemitteilung Nr. 74/30 vom 13. Juni 1974, in der die Richtlinien für Floaten enthalten sind; zu den neuesten Entwicklungen des internationalen Währungssystems vgl. G. HABERLER 1977.

36 H. G. JOHNSON, Neue Entwicklungen in der Geldtheorie: Ein Kommentar, in BRUNNER/MONISSEN/NEUMANN (Hg.) 1973, 26; K.-H. KETTERER, Zwischen Geldtheorie und Kreditstopp, in DUWENDAG (Hg.) 1973, 186; P. KALMBACH, Einleitung: Der neue Monetarismus, in P. KALMBACH (Hg.) 1973, 9; A. WOLL, Die Renaissance der Quantitätstheorie, 1974; DICKERTMANN/SIEDENBERG 1975, 116–119; M. FRIEDMAN, Die optimale Geldmenge, 1970; M. FRIEDMAN, Die Quantitätstheorie des Geldes: Eine Neuformulierung, 1970.

37 Vgl. SACHVERSTÄNDIGENRAT ZUR BEGUTACHTUNG DER GESAMTWIRTSCHAFTLICHEN ENTWICKLUNG, 1973, Nr. 170–172; zur Änderung der Geld- und Währungspolitik der Bundesbank in den 70er Jahren DUWENDAG u. a. 1977, 290ff.

38 Monatsbericht der Deutschen Bundesbank vom Januar 1977, 5.

In seinem Jahresgutachten 1974/75 nahm der Sachverständigenrat zur Begutachtung der gesamtwirtschaftlichen Lage in Ziff. 316 wie folgt Stellung:

«Unser Wissen über die quantitativen Zusammenhänge zwischen den steuerbaren monetären Größen einerseits und den gesamtwirtschaftlichen Ausgaben, der Beschäftigungs- und Preisniveauentwicklung andererseits ist nicht gut genug, als daß wir für die gegenwärtige Ausnahmesituation einer Inflationsbekämpfung bei Unterbeschäftigung dazu raten könnten, eine exakte Zielgröße für die Expansion der Zentralbankgeldmenge möglichst verbindlich zu erklären. Klarheit sollte jedoch herrschen hinsichtlich der Stärke der gesamtwirtschaftlichen Ausgabenexpansion, für die eine ausreichende Geldversorgung angestrebt wird – möglicherweise verbunden mit einem Vorbehalt hinsichtlich der Preisniveauentwicklung, der angibt, daß die Bundesbank gegenhalten werde, wenn der gewährte Finanzierungsspielraum fast vollständig zur Finanzierung der Inflation und kaum zur Finanzierung zusätzlicher Produktion genutzt wird. Eine klare Zielvorstellung ist für die Geldpolitik nicht weniger dringlich und zumutbar als etwa für die Finanzpolitik. Im Gegenteil, sie ist besonders dringlich, und zwar vor allem dann, wenn es zu den Spielregeln gehören soll, daß alle den Kurs der Geldpolitik zu respektieren haben.»

In der Zwischenzeit ist der Optimismus, daß man den Zusammenhang von Geldmengenwachstum und der Entwicklung anderer volkswirtschaftlicher Makrogrößen erfassen könne, gewachsen.[39] Insofern ist kein Angriff auf die Zulässigkeit der Geldmengenpolitik der Bundesbank zu erwarten.

Gibt die Bundesbank ein Geldmengenziel an, so muß sie dabei von gewissen Inflationsannahmen ausgehen. Sie ist also gezwungen, das Ziel «Sicherung der Währung», verstanden als Preisniveaustabilität, zu relativieren. Dies ist mit § 3 BBankG wohl deshalb zu vereinbaren, weil auch bei der Anwendung anderer geldpolitischer Instrumente völlige Preisniveaustabilität kaum herzustellen ist und die Bundesbank dieses Ziel lediglich soweit anstreben kann, wie es auch faktisch durchsetzbar ist. Doch ändert die Hereinnahme der Geldmengenpolitik in den Katalog der Bundesbankmaßnahmen die Situation insofern, als eine Abwägung zwischen der Preisniveaustabilität und anderen wirtschaftspolitischen Zielen erforderlich wird. Dies wiederum hat Auswirkungen auf das Verhältnis der Bundesbank zur Bundesregierung, der Trägerin der allgemeinen Wirtschaftspolitik. Dieses Problem der Regelungskompetenz wird im folgenden Punkt diskutiert.

Durch die explizite Angabe des Geldmengenziels erhöht die Bundesbank den Grad der Vorhersehbarkeit der Währungsentwicklung für die anderen Träger wirtschaftlicher Entscheidungen. Wie sich aus der Diskussion der Geldfunktionen ergeben hat, verbessert sie damit sowohl die Zahlungsmittelfunktion als auch die Rechenfunktion des Geldes. Die relative Wertaufbewahrungsfunktion wird insofern geändert, als die Betroffenen in ihrer Vermögensanlage von exakteren Prognosen bezüglich der Kaufkraftent-

---

39 Vgl. Monatsbericht der Deutschen Bundesbank vom Januar 1977, 5f.; Sachverständigenrat zur Begutachtung der gesamtwirtschaftlichen Entwicklung, 1976, Nr. 467, 495.

wicklung ausgehen können. Allerdings können die Bundesbankprognosen wegen schwer berechenbarer Größen aus anderen Bereichen fehlerhaft sein. Die Formulierung des Geldmengenziels trägt dem Rechnung, indem der Prognose der Zusatz «aus heutiger Sicht» zugefügt wird.

(3) Dieselben Entscheidungsträger, welche Geldschöpfung und Geldmenge beeinflussen, haben auch auf die Kaufkraftentwicklung der Währung Einfluß. Dies geht bereits aus dem volkswirtschaftlichen Zusammenhang zwischen Geldmenge und Kaufkraftentwicklung hervor. Simplifiziert besagt dieser Zusammenhang, daß die Kaufkraft einer Währung dann sinkt, wenn bei Konstanz von Güterangebot und -nachfrage die Geldmenge vermehrt wird.[40] Die Problematik wird aber dadurch erheblich komplexer, daß auch die *Geldumlaufgeschwindigkeit* eine Rolle spielt und daß es *«Geldsubstitute»* gibt, die ähnliche Funktionen wie Geld erfüllen können. So ist die exakte Bestimmung der Geldmenge in einer Volkswirtschaft zu einem gegebenen Zeitpunkt eine Aufgabe, die mit statistischen Problemen verbunden ist und die zudem von Annahmen über die Geldqualität bestimmter Forderungen und Anlageformen geprägt wird.[41]

Ein Sichtguthaben bei einer Geschäftsbank ist Teil der Geldmenge. Soll auch ein Sparguthaben dazu gerechnet werden? Soll das Sparguthaben nicht zur Geldmenge zählen, wenn es zwar der gesetzlichen Kündigung unterliegt, wenn es aber faktisch wie ein Sichtguthaben verwendet wird? Soll Festgeld zur Geldmenge gezählt werden?

Die Geldmenge ist zwar ein wichtiger Faktor für die Kaufkraftentwicklung des Geldes; allerdings läßt sich aus ihrer Änderung kaum direkt auf die konkrete Kaufkraftänderung schließen.[42]

Die Stabilität der Kaufkraft ist ein gesetzlich verankertes *Ziel* der Wirtschaftspolitik. Als *Preisniveaustabilität* wird es in § 1 des Gesetzes zur Förderung der Stabilität und des Wachstums der Wirtschaft (StWG) (abgedruckt im Anhang, S. 313f.) genannt, daneben in § 2 Satz 2 des Gesetzes über die Bildung eines Sachverständigenrates zur Begutachtung der gesamtwirtschaftlichen Entwicklung vom 14. 8. 1963 (BGBl. I, 685). § 3 BBankG weist der Bundesbank die Aufgabe der Sicherung der Währung zu. In den ersten beiden Gesetzen erscheint die Preisniveaustabilität als ein Ziel im magischen Viereck (dazu I. 2.9.1), das mit anderen gesamtwirtschaftlichen Zielen konkurriert. In § 3 BBankG hingegen wird nur auf die Währungssicherung abgestellt. Der Streit, ob dies darauf schließen lasse, daß die Bun-

40 Vgl. dazu einführend ISSING 1977, 93–95.

41 ISSING 1977, 3–6; zur Geldmengenkonzeption der Bundesbank 4–6; JARCHOW, Geldtheorie, 1976, 17–22; DUWENDAG u. a. 1977, 39–42.

42 Darstellungen der Quantitätstheorie, der Neoquantitätstheorie und ihrer Kritik finden sich bei SIEBKE/WILLMS 1974, 73–76, 91–95; JARCHOW, Geldtheorie, 1976, 180–197, 233–245, 255–274; DICKERTMANN/SIEDENBERG 1975, 116–119; BRUNNER/MONISSEN/NEUMANN (Hg.) 1973; KALMBACH (Hg.) 1973.

desbank die Zielinkompatibilitäten der Ziele des magischen Vierecks unberücksichtigt lassen dürfe oder nicht,[43] ist müßig. Eine Verpflichtung der Bundesbank, für die gleichzeitige Erreichung aller Ziele des magischen Vierecks zu sorgen, bliebe schon deshalb theoretisch, da die Bundesbank allein mit Hilfe des geldpolitischen Instrumentariums dazu nicht in der Lage wäre (FÖGEN 1969, 65 f.). Entscheidend für die Erreichung der in § 1 StWG genannten Ziele ist also eine Aufgabenteilung zwischen Bundesregierung und Bundesbank. § 12 BBankG regelt das Verhältnis beider wie folgt:

«Die Deutsche Bundesbank ist verpflichtet, unter Wahrung ihrer Aufgabe die allgemeine Wirtschaftspolitik der Bundesregierung zu unterstützen. Sie ist bei der Ausübung der Befugnisse, die ihr nach diesem Gesetz zustehen, von Weisungen der Bundesregierung unabhängig.» (1977, 5)

Diese gesetzliche Bestimmung hat für juristische und politische Diskussionen Anlaß gegeben, ob und wieweit die Bundesbank autonom sein solle, ob diese Autonomie eingeschränkt werden solle und ob die Autonomie durch Art. 88 GG verfassungsrechtlich garantiert sei.[44] Ohne auf diese Diskussion im einzelnen einzugehen, läßt sich aus der Sicht der konkreten Aufgaben der Bundesbank festhalten: Eine Abstimmung mit der Bundesregierung ist unabdingbar.

In der Praxis nimmt die Bundesbank durchaus von sich aus eine Abwägung der verschiedenen gesamtwirtschaftlichen Ziele vor; ein Indiz dafür ist ihre Bezugnahme auf Abstimmungen mit der Bundesregierung bezüglich ihrer jeweils zugrunde gelegten Zielprojektion. Im Monatsbericht vom Januar 1977 heißt es etwa:

«Bei ihrer monetären Zielfestlegung ist die Bundesbank von einer gesamtwirtschaftlichen Zielprojektion für 1977 ausgegangen, über die zwischen der Bundesbank und der Bundesregierung Einverständnis besteht.»

Des weiteren betont die Bundesbank in diesem Bericht ihre in Übereinstimmung auch mit dem Sachverständigenrat und den Wirtschaftsforschungsinstituten vorgenommene Einschätzung des erreichbaren Wirtschaftswachstums. Dies läßt darauf schließen, daß für die Bestimmung des konkreten Ziels der Kaufkraftentwicklung ein Konsens zwischen verschiedenen Gruppen und Institutionen herbeigeführt wird, die Bundesbank also keineswegs als einzige Instanz für die Wahrung der Geldwertstabilität zuständig und verantwortlich ist.

Die Bundesbank ist somit faktisch eine von mehreren Institutionen, die

---

43 Dazu FÖGEN 1969, 65 f.; O. LAMPE 1971; R. POHL, Konfliktverschärfung durch Verstetigung – Ziele der Notenbankpolitik, in DUWENDAG (Hg.) 1973, 55; FABER 1969, 40–50; v. SPINDLER/BECKER/STARKE 1973, § 12 Anm. 1; STERN/MÜNCH/HANSMEYER 1972, § 13 Anm. II. 4; KOCH 1976, 188; TEICHMANN 1976, 114 f.; MÖSCHEL 1974, 41 ff.

44 O. LAMPE 1971; FABER 1969; D. UHLENBRUCK, 1968; BVerfG NJW 1973, 1338 mit Anmerkung von P. SELMER, JuS 1973, 644.

auf die gesamtwirtschaftliche Zielsetzung Einfluß nehmen. Worin liegt dann aber das Besondere ihrer *Autonomie?*

Der Bundesbank muß durchaus ein eigenes Gewicht zukommen, da in der Entscheidung des Gesetzgebers, die Währungssicherung aus der allgemeinen Kompetenz der Regierung institutionell herauszunehmen, ein Votum für eine Kompetenzteilung zwischen Bundesregierung und Bundesbank zu sehen ist. Zugleich kann die Bundesbank ihre Aufgaben nur unabhängig ausüben, wenn sie sachlich und personell so ausgestattet ist, daß sie eigene Prognosen und Diagnosen bezüglich der gesamtwirtschaftlichen Lage und der Währungsentwicklung erarbeiten kann. Die Kernaussage von § 12 BBankG liegt also darin, daß die Bundesbank faktisch dazu in der Lage sein muß, die Konsensbildung zwischen den verschiedenen Gruppen und Institutionen bezüglich der Kaufkraftentwicklung der Währung maßgeblich zu beeinflussen. Damit verliert das Spannungsfeld zwischen Bundesbank und Bundesregierung an Bedeutung.

Auch die *Tarifpartner* können die Kaufkraftentwicklung der Währung beeinflussen; die Höhe der Tarifabschlüsse betrifft nicht nur Einkommen und Kosten, sondern zugleich auch die Gesamtnachfrage und die Preise. Wird nun durch die Geldmengensteuerung seitens der Bundesbank der Preisgestaltungsspielraum der Unternehmen eingeengt, so können sie steigende Lohnkosten nicht auf die Preise überwälzen. Erhöhte Lohnforderungen können dann nur durch Rationalisierungsmaßnahmen aufgefangen werden, oder sie führen zu Kostensteigerungen und Absatzrückgängen. Damit wird ein enger Zusammenhang zwischen Lohnhöhe und Beschäftigungsniveau hergestellt. Die Tarifpartner werden also, wenn sie an einem hohen Beschäftigungsniveau interessiert sind und nicht mit einer Geldmengenausweitung rechnen können, in ihrem Lohnerhöhungsspielraum eingeengt. Der Konflikt mit der Bundesbank, die durch ihre Geldmengenpolitik zu dieser Änderung des Handlungsspielraums beiträgt, liegt auf der Hand.[45] Damit wird die Konzertierte Aktion[46] als Gesprächsforum, an dem neben Vertretern der Bundesregierung, der Gebietskörperschaften, des Sachverständigenrates, des Bauernverbandes, der Gewerkschaften und Unternehmerverbände seit 1968 auch die Deutsche Bundesbank teilnimmt, zu einem zentralen Abstimmungsinstrument für die Währungspolitik. Für diese Abstimmung ist die Autonomie der Bundesbank gegenüber der Regierung faktisch insofern von Bedeutung, als sie dadurch auch vor einer Einflußnah-

45 Vgl. Teichmann 1976, 44f., 139f.; zum Zusammenhang zwischen Preisniveaustabilität und Vollbeschäftigung (Phillips-Kurve) vgl. Zahn 1973; Stobbe 1975, 403–405.

46 Hoppmann (Hg.) 1971; Böckenförde 1972; Stern/Münch/Hansmeyer 1972, Kommentierung zu § 3 StWG, 157–181; zur Geschichte der Konzertierten Aktion vgl. Giersch 1977, 136; ob die derzeit diskutierten Pläne einer Umgruppierung der Teilnehmer der Konzertierten Aktion – bedingt durch den Boykott seitens der Gewerkschaftsmitglieder – zu wesentlichen Änderungen führen, ist noch nicht absehbar; zur Konzertierten Aktion auch oben III. 1.1.2 (5), S. 132.

me seitens der Tarifpartner abgeschirmt wird.

Für die *Kaufkraftentwicklung* der Währung spielt neben der Bundesbankpolitik die allgemeine Wirtschaftspolitik insofern eine Sonderrolle, als über den *internationalen Inflationszusammenhang*[47] sich die Festlegung der Währungsparität, die der Bundesregierung obliegt, auf das inländische Preisniveau auswirkt. Die Wirtschaftspolitik der Bundesregierung richtet sich nicht ausschließlich am Ziel der Geldwertstabilität aus; die Bundesbank muß hingegen ihre Interventionen auf den Devisenmärkten primär in den Dienst der Währungssicherung stellen. Als «policy» für solche Streitfragen wird man folgende Überlegungen zu berücksichtigen haben:

– Die Bundesregierung darf langfristig nicht an fixen Wechselkursen festhalten, die zur Unwirksamkeit des geldpolitischen Instrumentariums der Bundesbank führen.

– Die Bundesbank hat Interventionen in einem System flexibler Wechselkurse (Floaten) mit der Bundesregierung abzustimmen, wenn dadurch wichtige außenwirtschaftliche Ziele der Bundesregierung berührt werden.

Die Einpassung der Geldwertstabilitätspolitik in die allgemeine Stabilitätspolitik wird unten (3.2.4) erörtert.

(4) *Kaufkraftänderungen* können zu *Umverteilungen* größeren Ausmaßes führen.[48] Für das Rechtssystem stellt sich damit die Frage, wieweit es korrigierend eingreifen soll. Diese Problematik wird in der juristischen Literatur unter der Devise «*Nominalismus contra Valorismus*» geführt.[49] Dabei stellen beide Positionen, Nominalismus und Valorismus, Extrempositionen in einer breiten Skala von Handlungsmöglichkeiten dar. Die *juristische* Fragestellung muß demnach darauf gerichtet sein, wieweit der Nominalismus (Nominalwertprinzip) durch den Valorismus eingeschränkt werden soll und ob eine solche Einschränkung nur für den konkreten Einzelfall oder für ganze Regelungsgebiete (etwa Arbeitsrecht) in Betracht kommen soll.

(a) Ändern Gerichte durch Urteil Vertragsverhältnisse, die Geldschulden betreffen,[50] so stellen sie implizit fest, wieweit sich die Kaufkraft des geschuldeten Nennwerts von derjenigen entfernt hat, welche die Vertragspartner unterstellt hatten. Dies ist im Einzelfall, wie die Praxis zeigt, durchaus möglich. Für eine wirtschaftsrechtliche Regelung stellt sich aber die Frage, ob sich aus solchen Einzelfällen eine allgemeine Regel ableiten läßt. Das ist – wie oben S. 218f. schon hervorgehoben wurde – nicht der Fall. Denn es ist nach der konkreten Sachlage zu entscheiden, ob die Parteien von einer

---

47 Fels 1969; Johnson 1975, 116–142; Kirchner 1978, 35.

48 Vgl. Teichmann 1976, 41–45; W. J. Mückl/R. Hanser 1975; Giersch 1977, 69f.

49 Dazu v. Maydell 1974; Horn 1975; Bettermann 1975; Simitis, Inflationsbewältigung im Zivil- und Arbeitsrecht, 1976, 49; Koch 1976, 183; Reuter 1976.

50 Nachweise bei den in Fn. 49 angegebenen Autoren; vgl. insbes. BGH NJW 1973, 1599; BAG NJW 1973, 959; BGH AG 77, 254.

konstanten Kaufkraft ausgegangen sind, von einer höheren oder niedrigeren Inflationsrate; ebensowenig läßt sich allgemein festlegen, ob die Parteien kurzfristig Kaufkraftkonstanz unterstellen, langfristig aber Kaufkraftänderungen. Noch schwieriger wird das Problem der Verallgemeinerung, wenn Gerichte nicht auf den «wirklichen» Parteiwillen abstellen, sondern auf einen «gerechten» Ausgleich zwischen den Parteien. In jedem Einzelfall müßten genaue wirtschaftliche Analysen über alternative Vertragsinhalte bei jeweils anderen Risikoverteilungen vorgenommen werden. Als «policy» für Einschränkungen des Nominalprinzips durch Gerichte läßt sich demnach festhalten, daß es bei Einzelfallkorrekturen bleiben muß; sie lassen sich am ehesten in solchen Fällen begründen, in denen die Parteien objektiv daran gehindert waren, das Geldwertveränderungsrisiko zu berücksichtigen. Das ist in der Regel bei solchen Schuldverhältnissen der Fall, die über den (normalen) Planungszeitraum der Parteien hinausgehen, bei gesetzlichen Schuldverhältnissen und bei staatlichen Abgaben.

(b) Obliegt die Einschätzung und Risikoverteilung der Folgen der Geldentwertung den vertragschließenden Parteien, so ist für diese relevant, wie sie ihre jeweiligen Positionen schützen können. Ein Mittel dafür sind Vertragsklauseln, die den geschuldeten Geldbetrag offenlassen und eine Formel vorsehen (etwa unter Verwendung eines Inflationsindex), nach der dann der zu zahlende Betrag errechnet wird (Wertsicherungsklauseln).[51] Auf die rechtspolitische Fragwürdigkeit des in § 3 Währungsgesetz statuierten Verbots solcher Wertsicherungsklauseln ist bereits S. 218f. hingewiesen worden. Unter dem Aspekt der rechtlichen Regelung des Geld- und Währungssystems ist die entscheidende Frage nicht, ob der Gesetzgeber solche Wertsicherungsklauseln zuläßt oder nicht; das fällt in seinen wirtschafts- und währungspolitischen Entscheidungsfreiraum. Wenn er sie zuläßt, so ist ganz entscheidend, ob die Beteiligten im voraus abschätzen können, ob eine vorgesehene Wertsicherungsklausel gemäß § 49 Abs. 2 AWG von der Bundesbank genehmigt wird oder nicht. Diese Vorschrift ist so weit und unbestimmt, daß dies kaum möglich ist.[52] Für die Prognose der Parteien ist deshalb die Mitteilung der Bundesbank Nr. 1018/64 wichtig (abgedr. im Anhang, S. 315f.).

(c) Da statt der richterlichen Einzelfallkorrektur und/oder einer vertraglich vereinbarten Wertsicherungsklausel eine Korrektur auch dadurch erfolgen kann, daß der Gesetzgeber automatische Anpassungen von auf Geldforderungen lautenden Schuldverhältnissen vorsehen kann *(Indexierung)*,[53]

---

51 Mittelbach 1974; Horn 1975, 10; Fögen 1969, 137ff.; Dürkes 1972; Bettermann 1975, 4ff.; Simitis 1976, 50.

52 Vgl. auch Horn 1975, 13–15; Fögen 1969, 150; zu den Grundsätzen bei der Entscheidung über Genehmigungsanträge nach § 3 WährG/ 49 II AWV: Mitteilung der Deutschen Bundesbank Nr. 1018/64 vom 26. 8. 64, BAnz. 160 vom 29. 8. 1964, geändert durch Mitteilung Nr. 1006/69 vom 9. 9. 1969, BAnz. 1969 vom 12. 9. 69; abgedruckt im Anhang auf S. 315f.

53 Horn 1975, 26–32; Simitis 1976, 103–121.

muß hier die Wirkung einer solchen Indexierung auf das Geld- und Währungssystem angesprochen werden. Über die wirtschaftlichen Wirkungen einer Indexierung besteht unter Ökonomen keine Einigkeit.[54] Einer Einführung der Indexierung stände rechtlich nichts im Wege.[55] Doch würde ein solcher Schritt eine Reihe von Folgeproblemene im rechtlichen Bereich mit sich bringen: Es müßten Abgrenzungen von Bereichen, in denen Indexierung gilt, und solchen, in denen sie nicht angewendet wird, gefunden werden. Und es müßte vor allem ein rechtlicher Schutz gegen die Manipulierung des zugrunde gelegten Index gewährleistet werden.[56]

(d) Es wurde bereits erwähnt, daß bei gesetzlichen Schuldverhältnissen und staatlichen Abgaben die Möglichkeit einer individuellen Vorsorge gegen Geldwertänderungen nicht gegeben ist. Der wichtigste Fall solcher Schuldverhältnisse sind Steuerschulden. Die Steuer wird auf einen in konstanten Geldeinheiten ausgedrückten Differenzbetrag zwischen zwei Geldwertbeständen oder in Geld ausgedrückten Sachwertbeständen erhoben. Dazu zwei Beispiele:[57]

(1) Der Privatmann A möge ein in Sparbüchern angelegtes Vermögen von 2000000,– DM besitzen. Zu Beginn des nächsten Kalenderjahres hat sich sein Vermögen durch Zinsgutschriften auf 2100000,– DM erhöht. Wegen der Geldentwertung entspricht dies einem Betrag von DM 2050000,–, gemessen in Recheneinheiten zum Wert des Beginns der Periode. An Einkommens- und Vermögenssteuer hat A DM 60000,– zu zahlen.

(2) Das Unternehmen B kauft zu Beginn der Rechnungsperiode eine Maschine für DM 1000000,–. Die Lebensdauer dieser Maschine beträgt 10 Jahre; in diesem Zeitraum ist die Maschine steuerlich linear abzuschreiben. Am Ende des Rechnungsjahres beträgt der Wiederbeschaffungspreis für eine Maschine dieser Art DM 1100000,–. Als steuerabzugsfähigen Aufwand kann B DM 100000,– abschreiben. Der betrieblich entstandene Aufwand – unter der Annahme der Fortführung des Betriebes (going concern aspect) – beträgt aber 110000,– DM. Damit wird der zu besteuernde Gewinn mit DM 10000,– zu hoch ausgewiesen (Scheingewinn).

An dieser Stelle ist nicht zu entscheiden, ob eine solche Besteuerung die in

---

54 Vgl. H. GIERSCH 1973; SACHVERSTÄNDIGENRAT ZUR BEGUTACHTUNG DER GESAMTWIRTSCHAFTLICHEN ENTWICKLUNG 1973; ISSING 1973; WISSENSCHAFTLICHER BEIRAT BEIM BUNDESMINISTERIUM FÜR WIRTSCHAFT 1975; LIESNER/KING (Hg.) 1975; ZINN 1977, 151; GIERSCH 1977, 278–282; W. EHRLICHER (Hg.) 1974; MÜLLER/RÖCK, Konjunktur- und Stabilisierungspolitik, 1976, 180–183.

55 Vgl. HORN 1975; SIMITIS, Inflationsbewältigung im Zivil- und Arbeitsrecht, 1976; v. MAYDELL 1974.

56 Dazu HORN 1975, 31; SIMITIS, Inflationsbewältigung im Zivil- und Arbeitsrecht, 1976, 118–120; vgl. auch III. 1.1.2 (6), S. 132.

57 H. H. v. ARNIM/R. BORELL/K. SCHELLE 1973; H. H. v. ARNIM, Steuerrecht bei Geldentwertung, BB 1973, 621; SPANNER, Steuer und Geldentwertung – Verfassungsprobleme, Deutsches Steuerrecht 1975, 475; v. ARNIM 1976, 246f.; zu Scheingewinnen und ihrer Besteuerung H. HAVERMANN 1974, 428; vgl. auch KIRCHNER 1978, 97.

Art. 14 GG gewährleistete Garantie des Eigentums verletzt; hier sind die Wirkungen auf das Geld- und Währungssystem von Interesse. Eine Besteuerung, die eine Geldentwertung richtig erfassen wollte, müßte nicht nur Scheingewinne, sondern auch Scheinverluste berücksichtigen.[58] Angesichts der komplexen Vorsorge von Unternehmen und teils auch von Haushalten[59] würde die Besteuerung in jedem Fall sehr viel aufwendiger und unübersichtlicher. Dies würde die Informationsbasis für die Unternehmen und Haushalte wesentlich verschlechtern. Deshalb erscheint es sinnvoll, das Problem der Umverteilung, das durch die Besteuerung von Scheingewinnen verursacht wird, und das Problem der schleichenden Änderung der Steuerlastquote von der Frage des Nominalprinzips loszulösen und etwa Regelbindungen für Steuersenkungen vorzusehen und Abschreibungsmöglichkeiten neu zu fassen. Werden diese beiden Probleme nicht gelöst, besteht die Wirkung der Inflation auf die Regierung darin, daß sie deren fiskalischen Handlungsspielraum erweitert (automatische Steuererhöhungen), ohne daß dies einer parlamentarischen Zustimmung bedarf.

3.2.4. Systemstabilisierung – Globalsteuerung

Jedes Wirtschaftssystem unterliegt destabilisierenden Einflüssen. Diese können zurückzuführen sein auf:[60]

- Änderungen in der *Bedürfnisstruktur* und daraus folgende Umstellungen der Produktionsstruktur,
- Entwicklungen neuer Produkte und Technologien,
- politische Einflüsse,
- außenwirtschaftliche Einflüsse, insbesondere Änderungen im Weltwirtschaftssystem.

Neben diese mittel- und langfristigen Destabilisierungsursachen treten kurzfristige wie

- Änderungen in der Nachfrageneigung,

---

58 Zur Notwendigkeit, auch Scheinverluste zu erfassen: KIRCHNER 1978, 97.

59 Vgl. KRUK (Hg.) 1975; A. D. BOY, An Input-Output Planning Model That Takes into Account Price-Level Changes, Journal of Business Finance & Accounting 3 (1976), Frühjahr, Nr. 1, 15; D. T. NGUYEN/R. A. WHITAKER, Inflation, Replacement and Amortisation Funds: a Case Study of U. K. Industries, Journal of Business Finance & Accounting 3 (1976), Frühjahr, Nr. 1, 43; BUCHES 1976, 1633; zur Inflationsvorsorge bei Haushalten SIMITIS, Inflationsbewältigung im Zivil- und Arbeitsrecht, 1976, 72.

60 Die genannten Faktoren sind unabhängig vom Wirtschaftssystem; sie zeigen auf, daß die Unterscheidung zwischen immanenten und externen Ursachen für Konjunkturschwankungen wenig fruchtbar ist. Üblicherweise werden als Determinanten des Konjunkturverlaufs genannt privater Verbrauch, private Investitionen, Staatsausgaben, Exporte und Importe; dazu MÜLLER/RÖCK, Konjunktur- und Stabilisierungspolitik, 1976, 34–45; KNORRING 1972.

– Änderungen in der Verschuldungsneigung,
– Änderungen in der Investitionsneigung.

Diesen zuletzt genannten Destabilisierungsfaktoren widmen die verschiedenen Konjunkturtheorien[61] den Großteil ihrer Aufmerksamkeit.

Als Folge einer Destabilisierung des Wirtschaftssystems kann es zu Anpassungsprozessen kommen, zu Akkumulationsprozessen, zu Schwingungen, zur Systemstabilisierung bei Unterbeschäftigung. Diese auszuschalten ist das Ziel der Stabilisierungspolitik.

3.2.4.1. *Die wirtschaftspolitische Aufgabe der Systemstabilisierung*

(1) Die wirtschaftlich bedeutendste Destabilisierung in einer Marktwirtschaft betrifft die Unter- und Überbeschäftigung von Produktionsfaktoren. Man spricht in diesem Fall von *Konjunkturschwankungen.* GIERSCH (1977, 15) definiert diese als «Schwankungen im Auslastungsgrad des gesamtwirtschaftlichen Produktionspotentials». Im Fall der Unterbeschäftigung der Produktionsfaktoren spricht man von *Rezession* oder *Depression,* im Fall ihrer Überbeschäftigung von *Überkonjunktur* oder *Boom* (dazu GIERSCH 1977, 21; TEICHMANN 1976, 6). In der Regel ist eine Rezession durch Arbeitslosigkeit, die Überkonjunktur durch hohe Geldentwertungsraten gekennzeichnet. Fallen Arbeitslosigkeit und die Existenz hoher Geldentwertungsraten zusammen, spricht man von *Stagflation* (TEICHMANN 1976, 6).[62] Konjunkturtheorien untersuchen Ursachen und Wirkungen dieser verschiedenen Konjunkturphasen; die *theoretische Konjunkturpolitik* diskutiert Vorschläge zur Ausschaltung oder Abschwächung dieser Schwankungen in der Auslastung des Produktionspotentials (MÜLLER/RÖCK, Konjunktur- und Stabilisierungspolitik, 1976, 13). Stellt man nicht allein auf diesen Aspekt der Auslastung der Produktionskapazitäten ab, sondern allgemein auf eine Politik, die Destabilisierungen des Wirtschaftssystems entgegenwirken soll, so läßt sich allgemeiner von *Verstetigungspolitik* (GIERSCH 1977, 133 ff.) oder *Stabilisierungspolitik* (MÜLLER/RÖCK, Konjunktur- und Stabilisierungspolitik, 1976, 13) sprechen.

Die praktische Wirtschaftspolitik versucht durch den Einsatz eines differenzierten Instrumentariums, das teilweise gesetzlich fixiert ist, Konjunkturschwankungen auszuschalten oder sie zu dämpfen.

(2) Wirtschaftliche Systemstabilisierung als Aufgabe einer Regelung des Wirtschaftssystems setzt eine Klärung des *Stabilitätsziels* voraus. Dazu zwei Problemfälle:

---

61 ZINN 1977; TEICHMANN 1976; GIERSCH 1977; GAHLEN 1971, 75–83; STOBBE 1975, 40–174; KROMPHARDT 1972; GRAF 1977; TICHY 1976; W. WEBER (Hg.) 1967; MÜLLER/RÖCK, Konjunktur- und Stabilisierungspolitik, 1976; DÜRR/NEUHAUSER 1975; HABERLER 1975; KOOK u. a. 1976; H. K. SCHNEIDER/ W. WITTMANN/H. WÜRGLER (Hg.) 1975; v. ARNIM 1976, 151 ff.

62 SCHMAHL 1972; BRAUCHLI 1975.

(a) Wirtschaftswissenschaftliche Experten mögen festgestellt haben, daß sich das Ziel der Stabilisierung des Wirtschaftssystems nur erreichen läßt, wenn

- außenwirtschaftliche Interdependenzen auf ein Minimum reduziert werden,
- die Konsumfreiheit durch die allgemeine Bedürfnisplanung eingeschränkt wird,
- jegliche föderalistischen Elemente im Wirtschaftssystem eliminiert werden.

Welche .Zugeständnisse sollen für die Erreichung des Stabilitätsziels gemacht werden?

(b) Wirtschaftswissenschaftler mögen Stabilisierungsstrategien für das Wirtschaftssystem nur bei Annahme eines realen Wachstums des Bruttosozialprodukts erarbeitet haben. Wegen des Fehlens von Stabilisierungsstrategien für Nullwachstum oder negatives Wachstum würde eine Politik, die darauf gerichtet wäre, mit hoher Wahrscheinlichkeit zu schweren Wirtschaftskrisen führen.

Gleichzeitig mögen Ökologen festgestellt haben, daß sich das ökologische System nur bei Nullwachstum realisieren ließe. Politologen mögen ermittelt haben, daß bei Fortbestehen der gegenwärtigen Verteilung des Weltvermögens zwischen reichen und armen Staaten eine politische Stabilität ausgeschlossen sei.

Die Problemfälle machen die Einbindung der Frage der Stabilisierung des Wirtschaftssystems in das Problem der Stabilität des Gesellschaftssystems (Müller/Röck, Konjunktur- und Stabilisierungspolitik, 1976, 14), aber auch in die Stabilität des ökologischen Systems deutlich. Fritsch (1975, 69) spricht deshalb vom «neuen Stabilitätsproblem». Zur Interdependenz zwischen wirtschaftlicher und politischer Systemstabilisierungsfrage heißt es bei Jochimsen (1975, 79):

«Im Kontext der Erörterung von Stabilitätsziel und Zielsystemen kann es nicht sinnvoll sein, den ökonomischen Bereich als geschlossenes, sich selbst regulierendes System oder Subsystem zu sehen; denn zumindest die Qualifizierung der Stabilitätszielsetzung, d. h. insbesondere die Gewichtung der einzelnen Zielkomponenten, findet im politischen Raum statt. Aber auch die Realisierung der Stabilitätszielsetzung setzt politische Aktivität voraus.»

Die Interdependenz zwischen dem Wirtschaftssystem und dem politischen System lenkt die Stabilitätsproblematik auf das Gesamtsystem. Die Aufgabe besteht dann darin, «aufgrund der Lernfähigkeit des Gesamtsystems die einzelnen Subsysteme ultrastabil zu gestalten, das heißt, ihre Verhaltensweise bei veränderten Störeinflüssen zu modifizieren und im weiteren das Gesamtsystem so zu gestalten, daß es sich besser organisieren kann, um mit den Störungen möglichst gut fertig zu werden.» (Jöhr 1975, 28)

Die Stabilisierung des Wirtschaftssystems kann also ihrerseits nicht letztes Ziel sein (Müller/Röck, Konjunktur- und Stabilisierungspolitik, 1976, 14). Sie kann nicht nur – wie gezeigt – mit außerökonomischen Zielen in Konflikt geraten; sie ist auch mit anderen ökonomischen Zielsetzungen abzustimmen, etwa mit dem Wachstumsziel. Das Stabilisierungsziel wird dann so umformuliert, daß es darauf gerichtet ist, das jeweils angestrebte Wachstum zu verstetigen *(optimaler Wachstumspfad).*[63] Dabei muß aber

63 Dazu Giersch 1977, 28 mit weiteren Nachweisen.

offenbleiben, ob in einer konkreten Gesellschaft Wachstum angestrebt wird, und gegebenenfalls, welche Wachstumsrate als wünschenswert erscheint. Diese Wachstumsentscheidung ist nicht allein wirtschaftlich zu beantworten (oben I.1.3); sie betrifft sowohl das politische wie das wirtschaftliche System und darüber hinaus auch das ökologische System.[64]

(3) In der Bundesrepublik ist die Problematik der Stabilisierung des Wirtschaftssystems spätestens ab Mitte der sechziger Jahre ein relevantes wirtschaftspolitisches Problem (MÖLLER 1969, 13).[65] Die Frage, ob eine Wirtschaftspolitik auf die Ausschaltung bzw. Abschwächung konjunktureller Schwankungen zielen soll oder nicht, ist durch die Verabschiedung des Gesetzes zur Förderung der Stabilität und des Wachstums der Wirtschaft (StWG) vom 8. Juni 1967 positiv entschieden (zur Vorgeschichte des Gesetzes MÖLLER 1969, 13–17; STERN/MÜNCH/HANSMEYER 1972, 31–35). Die konkrete Aufgabenstellung der Wirtschaftspolitik ist durch § 1 StWG (abgedruckt im Anhang S. 313) auf Stabilität und Wachstum gerichtet (zur politischen Entscheidung für die Aufnahme des Wachstumsziels in das Gesetz vgl. STERN/MÜNCH/HANSMEYER 1972, 35).

(4) Besteht über das *konkrete Stabilitätsziel* hinreichend Einigkeit, ist die Frage zu klären: Sollen eine (oder mehrere) *wirtschaftspolitische Instanz*(en) damit betraut werden, bei auftretenden Störungen (Ungleichgewichten), die Stabilität (den Gleichgewichtszustand) wiederherzustellen, oder soll man das Wirtschaftssystem so konstruieren, daß es bei Störungen sich nach dem Muster eines *Regelkreises* selbst wieder auf den gewünschten Sollwert einspielt?[66] Im ersten Fall ist zu entscheiden, welche wirtschaftspolitische Instanz(en) für die Stabilisierung verantwortlich sein soll(en). Im zweiten Fall ist zu entscheiden, wieweit *Kompetenzumverteilungen* und *Verteilungseffekte*, die durch diesen Selbststeuerungsmechanismus bewirkt werden, hingenommen werden sollen. In der Bundesrepublik gibt es bisher nur Rudimente eines Selbststeuerungssystems bei Destabilisierungen.[67] Die Frage der Konstruktion eines Regelungsmodells ist für das Wirtschaftsrecht also rechtspolitischer Natur. Dieses Problem soll deshalb erst im Anschluß an die Diskussion der Funktionsfähigkeit des existierenden Stabilisierungsinstrumentariums erörtert werden.

---

64 WOLFF (Hg.) 1974; FRITSCH 1975, 69 f.

65 Vgl. WISSENSCHAFTLICHER BEIRAT BEIM BUNDESWIRTSCHAFTSMINISTERIUM 1956; ein Kurzüberblick über die Konjunkturzyklen der Nachkriegszeit in der Bundesrepublik Deutschland findet sich bei SOHN 1977, 73 f.

66 Dazu FRITSCH 1975, 62–64; zur Verstetigung im Selbststeuerungsmodell bereits NEUMARK 1971, MUSGRAVE 1969; vgl. jetzt ausführlich GIERSCH 1977, 167 ff.

67 Zur These der marktwirtschaftlichen Selbstheilungskräfte TEICHMANN 1976, 18–22; GIERSCH 1977, 156; als Beispiel kann im jetzigen Steuersystem die Einkommenssteuerprogression genannt werden; dadurch werden in der Überkonjunktur, die in der Regel mit starkem Preisauftrieb verknüpft ist, die Einkommen stärker besteuert; allerdings kann dieser Effekt dadurch neutralisiert werden, daß der Staat die Mehreinnahmen in vollem Umfang konjunkturwirksam ausgibt.

(5) Die Frage der Kompetenzregelung bei einem *diskretionären Stabilisierungsmechanismus*[68] wird durch die wirtschaftliche Fragestellung überlagert, wie der Entscheidungsprozeß organisiert sein muß, damit wirksame Stabilisierung betrieben werden kann. Von da aus läßt sich dann ausmachen, welche Entscheidungsträger unter den gegebenen rechtlichen Strukturen dafür herangezogen werden können.

Das erste Problem jeder Konjunktursteuerung besteht darin, daß Störungen (Ungleichgewichte) erfaßt werden müssen, sowohl in ihrem Ausmaß als auch in ihrer Entwicklung. Es müssen Prognosen über den künftigen Konjunkturverlauf erstellt werden.[69]

Das zweite Problem besteht darin, daß für die verschiedenen Mittel, die eingesetzt werden können, Prognosen bezüglich der Wirkung des Mitteleinsatzes existieren müssen.

Das dritte Problem besteht darin, daß jede konjunkturpolitische Maßnahme sowohl konjunkturelle Wirkungen hat, aber auch andere wirtschaftliche Wirkungen (etwa auf die Marktstruktur) und schließlich auch außerwirtschaftliche (etwa auf die politische Position der Gebietskörperschaften).

Diesem Problemkatalog zufolge müßten für alle einsetzbaren Mittel konkrete (hypothetische) Wirkungsstudien erstellt werden (Simulation); dann wäre dasjenige Mittel, genauer die Mittelkombination auszuwählen, die unter Abwägung aller wirtschaftlichen und außerwirtschaftlichen Aspekte als die beste erscheint (zu dieser Art der Zielbestimmung vgl. I. 2.9.2).

(6) Die Aufgabenstellung für die Systemstabilisierungspolitik ist auf diese Art zwar erfaßt; sie wird aber erst handhabbar, wenn sie auf die konkreten wirtschaftlichen Rahmenbedingungen in der Bundesrepublik abstellt, die diese gemeinsam mit einer Reihe westlicher Industriestaaten aufweist. Diese Rahmenbedingungen sind dadurch geprägt, daß zwei wirtschaftliche Steuerungsmechanismen von zentraler Bedeutung sind:

– Die *marktwirtschaftliche Steuerung* (Wettbewerb) bestimmt für viele Bereiche die Produktionsstruktur, die Auslastung der Produktionskapazitäten und deren Wachstum.

– Die *staatliche Steuerung* durch Wirtschaftspolitik bestimmt globale Größen wie Zins, Geldentwertungsrate usw.

Durch die Größe des Staatsanteils und durch die (wirtschaftliche) Unabhängigkeit staatlichen Handelns von Marktprozessen (und damit von Gewinn- und Kostenüberlegungen) kann der Staat bei konjunkturellen Ungleichgewichten jeweils seine Aktivitäten auf der Einnahmen- und Ausgabenseite so einsetzen, daß er dem Ungleichgewicht entgegensteuert, gegen

---

68 Zum Begriff der «diskretionären Konjunkturpolitik» GIERSCH 1977, 189ff.; sie ist dadurch gekennzeichnet, daß eine wirtschaftspolitische Instanz die Konjunktursituation beobachtet und fallweise eingreift.

69 Dazu H. TIETMEYER, Stabilisierungspolitik: von der Diagnose zum Programm, in H. K. SCHNEIDER/W. WITTMANN/H. WÜRGLER (Hg.) 1975, 503; MÜLLER/RÖCK, Konjunktur- und Stabilisierungspolitik, 1976, 125–133.

den Konjunkturzyklus angeht (antizyklisches Verhalten), um damit das System zu stabilisieren. Dieser Kerngedanke der «KEYNESschen Revolution» ist trotz einer Reihe kritischer Stimmen[70] bis heute für die Wirtschaftspolitik westlicher Industrieländer Leitschnur der Konjunkturpolitik.[71] Da zugleich durch diese staatlichen Aktivitäten aber die Marktsteuerung nicht außer Kraft gesetzt werden soll, hat sich die Stabilisierungspolitik des Staates nicht direkt auf die einzelwirtschaftlichen Planungen zu beziehen, sondern auf die Globalgrößen. Diese sollen so gesteuert werden *(Globalsteuerung)*, daß sie in Form von Datenänderungen das wirtschaftliche Verhalten der einzelnen wirtschaftlichen Entscheidungsträger im gewünschten Sinn beeinflussen. Ein maßgeblicher Vertreter der Globalsteuerung, KARL SCHILLER, drückte dies wie folgt aus (1966, 21):

«Für die Regelung der einzelwirtschaftlichen Beziehungen ist der Wettbewerb das adäquate Mittel, damit die Kombination der Produktionsfaktoren tendenziell in Übereinstimmung mit den Konsumentenwünschen und in optimaler Kostenlage erfolgt. Die Steuerung über diese doppelte Rechenoperation genügt aber nicht, um gewisse gesamtwirtschaftliche Ziele (magisches Dreieck usw.) zu erreichen. Hierzu bedarf es der planvollen makroökonomischen Beeinflussung der Kreislaufgrößen. Die optimale Zuordnung der Lenkungsmittel besteht demnach in der kombinierten Anwendung des Prinzips der Selbststeuerung für die Mikrorelationen und der Globalsteuerung für die Makrorelationen.»

Stabilisierungspolitik mit Hilfe der Globalsteuerung soll also staatliche Steuerung und marktwirtschaftliche Regelung so aufeinander abstimmen, daß die Effizienzvorteile eines marktwirtschaftlichen Systems nicht durch Krisen kompensiert werden.[72]

(7) *Praktische Probleme* einer Stabilisierungspolitik durch *Globalsteuerung* tauchen auf, wenn Diagnose- und/oder Prognosefehler vorliegen, wenn die Zeitabstände zwischen Diagnose und Wirkung der eingesetzten Mittel zu groß werden («time lag»-Problematik), wenn die Globalsteuerung wirtschaftliche und außerwirtschaftliche «Neben»effekte hat. Im schlimmsten Fall sind die *zeitlichen Verzögerungen* so groß, daß antizyklisch inten-

---

70 Die Kritik kommt zum einen von «Fiskalisten», die einen anderen Einsatz der Fiskalpolitik empfehlen, vgl. MUSGRAVE 1969; die zweite Front existiert zwischen (keynesianischen) Fiskalisten und Monetaristen; eine gute Kurzübersicht findet sich bei TEICHMANN 1976, 140; zur Position der Monetaristen vgl. die Nachweise in Fn. 36.

71 In der Bundesrepublik ist die diskretionäre Konjunkturpolitik durch das Stabilitäts- und Wachstumsgesetz gesetzlich verankert; sie ist offizielle Regierungspolitik; vgl. SCHLECHT 1976. Zur keynesianischen Konjunkturpolitik in anderen westlichen Industrieländern STERN/MÜNCH/HANSMEYER 1972, 80.

72 Es geht dabei zum einen um die nachteiligen Wirkungen der mit Inflation verbundenen Überkonjunktur auf die Allokation, GIERSCH 1977, 70f., 195; zum anderen geht es um die «Verluste», die durch einen «ungenutzten gesamtwirtschaftlichen Produktionsspielraum» entstehen; dazu SACHVERSTÄNDIGENRAT ZUR BEGUTACHTUNG DER GESAMTWIRTSCHAFTLICHEN ENTWICKLUNG 1967, Ziff. 83–85.

dierte Maßnahmen prozyklisch wirken (K.-D. SCHMIDT 1977, 55f.). In diesem Fall werden die Ungleichgewichte durch den staatlichen Eingriff verstärkt. Schließlich unterliegt diese Art von Globalsteuerung den Rahmenbedingungen des politischen Systems, so daß Regierung und/oder Parlament aus politischen Rücksichten daran gehindert sein können, zu einem Zeitpunkt die für die Systemstabilisierung beste Maßnahme zu ergreifen.[73]

(8) Die Kritik an der Funktionsfähigkeit einer auf *diskretionärer* Globalsteuerung beruhenden Systemstabilisierung ist in den letzten Jahren so gewichtig geworden,[74] daß derjenige, der die juristische Regelungsproblematik der Systemstabilisierung klären will, sich auch mit Methoden der regelgebundenen Systemstabilisierung befassen muß. Die Vertreter einer solchen Stabilisierungspolitik sprechen von verschiedenen Alternativkonzeptionen zur diskretionären Globalsteuerung, und zwar von *«eingebauter Flexibilität»* (built-in flexibility), *«Formelflexibilität»* (formula flexibility) (Nachweis bei MÜLLER/RÖCK, Konjunktur- und Stabilisierungspolitik, 1976, 163) sowie von *«automatischen und halbautomatischen Verstetigungsmechanismen»* (GIERSCH 1977, 167ff.). Mittel für diese Stabilisierungskonzepte mit kybernetischen Regelmechanismen sind vor allem Steuern, Staatsausgaben sowie die Instrumente der Geldpolitik (GIERSCH 1977, 167–188; MÜLLER/RÖCK, Konjunktur- und Stabilisierungspolitik, 1976, 163–166).

Die juristischen Regelungsprobleme von Stabilisierungskonzepten mit kybernetischen Regelmechanismen liegen vor allem in der *Bestimmtheitsanforderung* an die aufzustellenden Regeln und in der *Kompetenzfrage.* Kompetenzen müßten weitgehend auf rechtlich autonome Instanzen, etwa die Zentralbank, übertragen werden (GIERSCH 1977, 164), so daß die verfassungsmäßig garantierte Kompetenzregelung in der parlamentarischen Demokratie berührt wäre (dazu unten S. 273f.).

3.2.4.2. *Rechtliche Regelungsprobleme der Systemstabilisierung*

Rechtliche Regelungsprobleme der Systemstabilisierung treten auf vier Ebenen auf, nämlich der

- Zielebene,
- der Ebene der Kompetenzverteilung,
- der Effizienzebene,
- der Ebene juristischer «policies».

(1) Auf der Zielebene stellen sich zwei Fragen, nämlich die nach einer verfassungsmäßigen oder möglicherweise auch einer wirtschaftswissen-

73 C. CH. v. WEIZSÄCKER 1975; GIERSCH 1977, 135, 139; STARBATTY 1975; STARBATTY 1976.

74 E. SCHNEIDER 1970, G. SCHWÖDIAUER 1977, K.-D. SCHMIDT 1977, W. SCHMITZ 1976, W. SCHMITZ 1977, W. HANKEL/F. LEHNER 1976, KLOTEN 1976, GIERSCH 1977.

schaftlichen Absicherung der in § 1 StWG formulierten Zielsetzung der Stabilisierungspolitik und die Frage nach der Rangordnung der Ziele des magischen Vierecks.

(a) In § 1 StWG (abgedr. im Anhang, S. 313) werden die Ziele des sogenannten magischen Vierecks für die Wirtschaftspolitik der Regierung für verbindlich erklärt. Die Diskussion in I. 2.9.1 (S. 47f.) hat gezeigt, daß in solche Zielkataloge weitere Ziele aufgenommen, daß existierende Ziele ausgeschieden, daß die wirtschaftspolitischen durch gesellschaftspolitische Ziele ergänzt werden können. So ist etwa auch während der Entstehungsgeschichte des StWG (dazu oben S. 267) der ursprüngliche Zielkatalog des magischen Dreiecks um das Wachstumsziel ergänzt worden. Ebenso könnte der Gesetzgeber heute den Zielkatalog erweitern, verkürzen oder die einzelnen Ziele qualifizieren. Eine verfassungsmäßige Gewährleistung gerade des Zielkatalogs des magischen Vierecks läßt sich nicht begründen.[75]

Von Verfechtern des Stabilitäts- und Wachstumsgesetzes ist versucht worden, den Inhalt der wirtschaftspolitischen Zielbestimmung dadurch der Kritik und auch der möglichen Änderung zu entziehen, daß sie als «wirtschaftswissenschaftliches Allgemeingut» hingestellt wird, das lediglich gesetzlich normiert sei (Möller 1969, 17). Eine solche Argumentation überschätzt die Tragfähigkeit wirtschaftswissenschaftlicher Erkenntnisse oder verkennt die Komplexität wirtschaftspolitischer Zielbestimmungen.

(b) Die Art, wie die Ziele des magischen Vierecks in § 1 StWG formuliert sind, hat Anlaß zur Überlegung gegeben, ob damit eine Rangordnung der Ziele intendiert war.[76] Wie bereits in I. 2.9.2 (S. 49ff.) erörtert wurde, geht es hier um die Frage der gleichzeitigen Erreichung sich gegenseitig ausschließender Ziele. Angesichts dieser Problemkonstellation ist die Behauptung des Vorrangs eines Ziels arbiträr, solange er nicht explizit durch Gesetz normiert wird.[77]

(2) Fragen der rechtlichen Kompetenzregelung bei der politischen Realisierung des Stabilisierungsziels sind für die Funktionsfähigkeit der im StWG normierten Globalsteuerung von entscheidender Bedeutung. Es geht um folgende potentielle Kompetenzkonflikte:
- Bundesregierung – Landesregierungen,
- Bundesregierung – Bundesbank,
- Bundesregierung – Europäische Gemeinschaften,
- Bundesregierung – OECD,
- Bundesregierung – Internationaler Währungsfonds,

75 Zwar verpflichtet Art. 109 Abs. 2 GG Bund und Länder bei ihrer Haushaltswirtschaft, den Erfordernissen des gesamtwirtschaftlichen Gleichgewichts Rechnung zu tragen; diese Zielsetzung ist aber sehr weit und für neue Erkenntnisse offen; Stern/Münch/Hansmeyer 1972, 116.

76 Dazu Stern/Münch/Hansmeyer 1972, § 1 Anm. IV. 1; Möller 1969, § 1 Anm. 8; Schmahl 1970, 26f.; v. Arnim 1976, 168.

77 Diskutiert wird, ob gegebenenfalls der Geldwertstabilität besondere Bedeutung eingeräumt werden soll; Andeutungen in dieser Richtung bei Giersch 1977, 69, 196.

- Bundesregierung – Gemeinden und Gemeindeverbände,
- Partner der Konzertierten Aktion,
- Bundesregierung, Landesregierungen, Gemeinden und Gemeindeverbände – politische Interessengruppen.

(a) Kompetenzkonflikte zwischen verschiedenen Trägern wirtschaftspolitischer Entscheidungen in der Bundesrepublik treten dann auf, wenn unterschiedliche Instanzen die konkrete Konjunkturlage unterschiedlich beurteilen und folglich unterschiedlich reagieren. In einem föderalistischen System ist zwangsläufig ein Spannungsverhältnis zwischen den verschiedenen wirtschaftspolitischen Akteuren angelegt.[78] Das StWG versucht in den §§ 1, 16 und 18 Abstimmungsfragen zwischen Bundesregierung, Landesregierungen und Gemeinden sowie Gemeindeverbänden zu regeln. Das Problem wird dadurch noch kompliziert, daß diese verschiedenen Träger der Wirtschaftspolitik je anderen politischen Einflußnahmen durch Interessengruppen unterliegen. Als «policy» für diesen Fragenkreis kann nur darauf hingewiesen werden, daß eine gemeinsame Ausrichtung der stabilitätspolitischen Maßnahmen von Bund, Ländern und Gemeinden an «neutralen» Instanzen zu einer Verminderung des Konfliktpotentials beiträgt. Als solche «neutrale» Instanzen kommen die Bundesbank und der Sachverständigenrat zur Begutachtung der gesamtwirtschaftlichen Entwicklung in Betracht. Dabei ist aber in Rechnung zu stellen, daß die *Bundesbank* mit den Mitteln der Geldpolitik ihrerseits auf die Erreichung eines der Ziele des magischen Vierecks, nämlich auf das Ziel der Preisniveaustabilität, hinzuwirken hat (dazu oben S. 254f.) und dabei in einen Kompetenzkonflikt mit der Bundesregierung geraten kann.

(b) *Kompetenzkonflikte* zwischen nationalen und internationalen wirtschaftspolitischen Instanzen ergeben sich insbesondere, wenn internationale Instanzen bestimmte Anforderungen an die Wirtschaftspolitik der Bundesrepublik aus international-rechtlicher Zuständigkeit formulieren.[79] Die Verpflichtungen der Bundesrepublik ergeben sich in diesem Fall aus ihren vertraglichen Verpflichtungen sowie aus dem Koordinierungsgebot in § 4 StWG.[80] Die Problematik verweist auf den *internationalen Konjunkturzusammenhang*.[81] Mit zunehmender internationaler Interdependenz (dazu unten S. 281) sinkt die Möglichkeit, eine effektive binnenwirtschaftlich ausgerichtete Stabilisierungspolitik zu betreiben.[82]

---

78 Dazu Müller/Röck, Konjunktur- und Stabilisierungspolitik, 1976, 14f.; Stern/Münch/Hansmeyer 1972, § 1 Anm. I. 2; Schmahl 1970, 63–71; Schlesinger 1977, 506.

79 Zu dieser Problematik Schmahl 1970, 71; Möller 1969, § 4 Anm. 6.

80 Stern/Münch/Hansmeyer 1972, § 4 Anm. VI; Möller 1969, § 4 Anm. 6.

81 Graf 1975; Teichmann 1976, 220ff.; Majer/Wagner 1974.

82 Zu diesem Problem der «außenwirtschaftlichen Absicherung» vgl. Teichmann 1976, 210ff.; Zinn 1977, 141ff.; Müller/Röck, Konjunktur- und Stabilisierungspolitik, 1976, 146–149; Giersch 1977, 125ff., 247ff.; Stern/Münch/Hansmeyer 1972, Kommentierung zu § 4; Möller 1969, Kommentierung zu § 4.

(c) *Konflikte* zwischen den öffentlichen Entscheidungsträgern der Wirtschaftspolitik und *«privaten» Machtgruppen*, die ihrerseits auch Träger wirtschaftspolitischer Entscheidungen sein können (oben I.2.1), sollen durch das Instrument der «Konzertierten Aktion» (§ 3 StWG) kanalisiert werden,[83] lassen sich aber kaum auf den Teilnehmerkreis dieser Gesprächsrunde begrenzen. Diese Konflikte, die besonders bei einer diskretionären Stabilisierungspolitik auftreten, führen zu erheblichen Einbußen der Funktionsfähigkeit der Globalsteuerung.[84]

(3) Rechtliche Regelungsprobleme, die sich aus rechtlich gesetzten Restriktionen für effiziente Stabilisierungspolitik ergeben, rühren zum einen aus dem *Föderalismusprinzip* her (dazu oben 2 a), zum anderen aus parlamentarischen Mitwirkungsrechten (dazu STERN/MÜNCH/HANSMEYER 1972, 72–74). Diese parlamentarischen Mitwirkungsrechte, die notwendiger Ausfluß der parlamentarischen Demokratie sind, können bei einer diskretionären Stabilisierungspolitik zwei Nebeneffekte haben:

– Organisierten Interessengruppen wird eine weitere Sphäre der Einflußnahme auf die Stabilisierungspolitik zur Verfügung gestellt.[85]

Die *zeitlichen Verzögerungen* zwischen der Diagnose eines gesamtwirtschaftlichen Ungleichgewichts und dem Wirken des eingesetzten Instrumentariums (dazu oben S. 270) werden gegebenenfalls so groß, daß die Maßnahmen nicht stabilisierend wirken, sondern im Gegenteil die Konjunkturschwankungen verstärken.[86]

(4) Die Entwicklung juristischer «policies» für offene Regelungsfragen der Stabilisierungspolitik stößt auf das Problem, daß die *diskretionäre Stabilisierungspolitik* in einem föderativen Staat mit parlamentarisch-demokratischer Regierungsform und starkem Einfluß organisierter Interessengruppen zu einem Dilemma führt: Wahrt man die verfassungsmäßigen Rechte von Landesregierungen, Gemeinden und Parlament, so führt dies zu erheblichen Funktionsverlusten der Globalsteuerung. Folglich muß man entweder diese Rechte einschränken,[87] oder es müßte das Konzept der Stabilisierungspolitik geändert werden. Eine Einschränkung verfassungsmäßiger Rechte mit der Begründung einer effizienten Regierungspolitik paßt wohl kaum in das politische Wertsystem des Grundgesetzes.[88] Der Einsatz alternativer Kon-

---

83 STERN/MÜNCH/HANSMEYER 1972, Kommentierung zu § 3; weitere Nachweise in Fn. 46.

84 Dazu insbes. STARBATTY 1975 und 1976; GIERSCH 1977, 135ff.

85 Eine Analyse der Einflußnahmen von organisierten Interessengruppen auf die verschiedenen an der Stabilisierungspolitik beteiligten Instanzen gibt STARBATTY 1975, 584–601.

86 Etwa K.-D. SCHMIDT 1977, 55f.; GIERSCH 1977, 206.

87 Dazu STERN/MÜNCH/HANSMEYER 1972, 70ff.

88 Es ist hier der in Art. 20 Abs. 3 GG statuierte Grundsatz der Gewaltenteilung betroffen; die grundgesetzlich vorgeschriebene Gewaltentrennung kann nicht durch Effektivitätsgesichtspunkte geändert werden; zu dieser Problematik MAUNZ/DÜRIG/

zepte der Stabilisierungspolitik stößt aber auch seinerseits auf Restriktionen, die sich aus dem Rechtssystem ergeben:

– Eine weitgehende Übertragung wirtschaftspolitischer Entscheidungsbefugnisse auf eine Instanz, die nicht direkt der parlamentarischen Kontrolle unterliegt («neutrale» Instanz), widerspricht der verfassungsmäßig garantierten Position des Parlaments.[89]

– Abstrakte Regeln, die für den Einsatz bereitstehender konjunkturpolitischer Instrumente formuliert werden, müssen so beschaffen sein, daß alle zentralen wirtschaftspolitischen Grundentscheidungen in Händen der parlamentarisch bestimmten politischen Kompetenz bleiben.[90]

Beide Problempunkte zeigen, daß auch eine *regelgebundene Stabilisierungspolitik* zu einem Kompetenzverlust des Parlaments (STERN/MÜNCH/HANSMEYER 1972, 72) führen kann. Der Unterschied zur diskretionären Politik liegt dann bei der Einflußmöglichkeit organisierter Machtgruppen und beim Effizienzproblem. In der Entscheidung für das eine oder andere Konzept der Stabilisierungspolitik ist der Gesetzgeber daher nicht gebunden. Als «policy» hat er dabei aber die verfassungsmäßige Kompetenzverteilung zu beachten. Kompetenzänderungen stehen unter dem Vorbehalt des verfassungsändernden Gesetzes. Es ist zur Zeit eine offene Frage, ob das Kompetenzproblem sich leichter lösen läßt, wenn auch im parlamentarischen System seinerseits das Verstetigungsziel durch neue verfassungsrechtliche Konstruktionen angegangen wird.[91]

3.2.5. Die Regelung der außenwirtschaftlichen Beziehungen

Die Wirtschaftsordnung der Bundesrepublik und deren rechtliche Regelung läßt sich nur dann adäquat erfassen, wenn man ihre Verknüpfung mit anderen Volkswirtschaften berücksichtigt und deren rechtliche Dimensionen erörtert. Die außenwirtschaftliche Fragestellung betrifft unmittelbar das Problem der internationalen Wirtschaftsordnung und damit des internationalen Wirtschaftsrechts.

Fragen des internationalen Wirtschaftsrechts werden in IV.4. behandelt. Hier sind nur einige spezifische Aspekte außenwirtschaftlicher Regelungsprobleme zu diskutieren, die bei der Regelung einer Volkswirtschaft ange-

---

HERZOG/SCHOLZ, Grundgesetz, Kommentar, Stand 1977, Art. 20 Rz. 91 (MAUNZ/Dürig).

89 STERN/MÜNCH/HANSMEYER 1972, 72f.; zu Vorschlägen einer Kompetenzänderung GIERSCH 1977, 162ff.

90 Es würde dadurch die in Art. 20 Abs. 3 GG statuierte Gewaltenteilung verletzt; dazu MAUNZ/DÜRIG/HERZOG/SCHOLZ, Grundgesetz, Kommentar, Stand 1977, Art. 20 Rz. 90f. (MAUNZ/DÜRIG).

91 In anderen westlichen Demokratien wird dies etwa dadurch erreicht, daß die Wahlperioden länger als 4 Jahre sind, daß jeweils nur ein Teil der Parlamentssitze neu besetzt wird, daß schließlich die Wahlperioden in einem Zweikammersystem für beide Kammern unterschiedlich sind.

sichts ihrer Einbindung in die internationale Wirtschaftsordnung auftauchen: der nationalstaatliche Reflex der Internationalisierung der Wirtschaft.

3.2.5.1. *Die außenwirtschaftspolitische Aufgabe*

Da außenwirtschaftliche Regelungen aus dem Blickwinkel der betroffenen Volkswirtschaft vorgenommen werden, lautet die grundlegende Frage: Wie wird die Volkswirtschaft durch ihre Verknüpfung mit anderen Volkswirtschaften berührt? Daran schließt sich die Frage an: Sind diese Auswirkungen positiv oder negativ zu beurteilen? Schließlich ist bei negativen Einwirkungen zu entscheiden, wie der gewünschte Zustand hergestellt werden kann.

(1) Die verwendete implizite Definition von Außenwirtschaft stellte bereits auf die *Interdependenz vorhandener*, unterscheidbarer *Volkswirtschaften* ab. Dies verweist darauf, daß von Außenwirtschaft in der Regel nur die Rede ist, wenn wirtschaftliche Aktivitäten über *Staatsgrenzen* hinausgreifen. Außenwirtschaft setzt also die Existenz des Nationalstaats voraus. Man kann aber auch auf andere Abgrenzungen von Wirtschaftsgebieten Bezug nehmen:

Für einen Bayern mag der Handel mit «Preußen» Außenhandel sein; für einen Beamten bei der EG-Kommission in Brüssel mag ein Import deutscher oder italienischer Waren nach Belgien Binnenhandel sein.

Die außenwirtschaftliche Perspektive kann sich durchaus im Zeitablauf wandeln. So kann man schon heute in vielen Punkten von einem EG-Binnenmarkt sprechen.[92] Daß sich Binnenwirtschaften nicht immer mit Volkswirtschaften decken, zeigt auch das Beispiel der Schweiz und Liechtensteins, die gemeinsam ein einheitliches Wirtschaftsgebiet bilden.[93] Diese Relativierung der Staatsgrenzen für den Begriff der Außenwirtschaft macht deutlich, daß der internationale Handel lediglich einen *Spezialfall des interregionalen Handels* darstellt (Ohlin 1952). Der außenwirtschaftliche Aspekt wird erst dadurch konstituiert, daß man alle wirtschaftlichen Aktivitäten in einem Gebiet zusammenfaßt, sie aus der Weltwirtschaft herauslöst, gesondert betrachtet und die Auswirkungen «fremder» Einflüsse feststellt und bewer-

---

92 In der Präambel zum EWG-Vertrag drücken die Unterzeichner den Wunsch aus, «durch eine gemeinsame Handelspolitik zur fortschreitenden Beseitigung der Beschränkungen im zwischenstaatlichen Wirtschaftsverkehr beizutragen». Ab 1. Juli 1977 sind nunmehr die Zollschranken zwischen allen EG-Mitgliedsländern beseitigt, nachdem die Übergangsphase für Dänemark, Großbritannien und die Republik Irland zu diesem Zeitpunkt abgelaufen ist.

93 Vertrag zwischen der Schweiz und Liechtenstein über den Anschluß des Fürstentums Liechtenstein an das schweizerische Zollgebiet, abgeschlossen am 29. 3. 1923, in Kraft getreten am 1. 1. 1924; Text in Schweizerische Bundeskanzlei (Hg.), Bereinigte Sammlung der Bundesgesetze und Verordnungen 1848–1947, Bern 1953.

tet. Hinter dieser Betrachtungsweise steht eine wohlfahrtstheoretische Überlegung: Man versucht, auf die Wohlfahrt einer Gruppe von Wirtschaftseinheiten (Inländer) abzustellen; das *Gemeinwohl wird nationalstaatlich definiert* und zum Ausgangspunkt der Außenwirtschaftspolitik gemacht; dies ist der wirtschaftspolitische Ansatz der merkantilistischen Wirtschaftsordnung (dazu oben S. 61). Aber auch der Liberalismus knüpft in seiner Begründung der Außenhandelsfreiheit an das Gemeinwohl der in einer Volkswirtschaft zusammengefaßten Bürger an, wenn er nach den Vorteilen des Freihandels für die betroffenen Länder fragt.[94] Das Problem der Wohlfahrtseffekte des internationalen Handels für den Nationalstaat – und damit des Außenhandels – ist heute die von der normativen Außenwirtschaftstheorie gestellte Grundfrage (dazu etwa ROSE 1976, 384ff.; SCHUMANN 1977).

(2) In der Diskussion um die *Wohlfahrtseffekte der Außenwirtschaft* spielt nach wie vor das sogenannte *Freihandelstheorem* eine wichtige Rolle (Überblick bei SCHUMANN 1977, 411–422), demzufolge alle Handelspartner durch den *Abbau von Handelsschranken Wohlfahrtsgewinne* erzielen.[95] Dieses Freihandelstheorem ist nicht unbestritten.[96] Als negative Wirkungen des Freihandels für ein Land werden etwa genannt:

– Die Gewinne aus dem Freihandel sind zwischen den Beteiligten so ungleich verteilt, daß diejenigen, die den geringeren Teil erhalten, gegenüber den «Gewinnern» weiter zurückfallen, als dies ohne Freihandel der Fall wäre.

– Wird eine nationale Industrie in der Phase ihres Aufbaus (infant industry) dem Freihandel ausgesetzt, wird sie dadurch ruiniert (Argument für «Erziehungszölle»).

– Die Öffnung des Binnenmarktes für ausländische Produkte führt zu einer grundlegenden Änderung der inländischen Bedürfnisstrukturen. Dadurch verliert ein Land seine kulturelle Autonomie (Coca-Cola-Kultur).

– Bei Unterbeschäftigung im Inland kann es für eine Volkswirtschaft günstiger sein, mit im internationalen Vergleich überhöhten Kosten zu produzieren, als preiswerte Produkte zu importieren und Wohlfahrtseinbußen durch die Unterbeschäftigung hinzunehmen.

Dieser Katalog von kritischen Vorbehalten gegenüber Freiheit in den außenwirtschaftlichen Beziehungen ließe sich ergänzen, wenn man nicht nur auf den Handel abstellt, sondern auch auf die internationale Mobilität von Kapital, Arbeitskräften, Technologie und Finanzmitteln (dazu unten S.

94 Vgl. SCHUMANN 1977, 412ff.; KIRCHNER 1975, 58ff.

95 ROSE 1976, 384ff.; BERG 1976, 41ff.

96 BECHLER 1976; BERG 1976, 41ff.; CAVES 1960; KIRCHNER 1975, 58–65; in der heutigen Diskussion wird die Überlegung angestellt, wie Länder, die vom Freihandel gewinnen, solche Länder entschädigen können, die daraus Verluste erleiden; ist der Gewinn größer als die zu zahlende Kompensation, soll der Freihandel trotz seiner unterschiedlichen Wirkungen insgesamt für beide vorteilhaft sein; dazu Teil 3 in J. BHAGWATI (Hg.) 1969; SCHUMANN 1977, 415f.

283 ff.). Unabhängig vom Argument, daß Freihandel prinzipiell vorteilhaft für ein Land sei (strenges Freihandelstheorem), läßt sich analog dem Katalog der negativen Wirkungen ein Katalog möglicher Vorteile aufstellen:

– Ein Land kann diejenigen Produkte einführen, die es nicht selbst erzeugen kann oder für deren Produktion es mehr Produktionsfaktoren einsetzen müßte, als es für die Erzeugung des für den Import notwendigen Exportäquivalents benötigen würde.[97]

– Ein Land kann das gewünschte quantitative oder qualitative Wachstum seiner Volkswirtschaft nur erreichen, wenn es Güter, Kapitel, Arbeitskräfte und Finanzmittel aus dem Ausland erhalten kann.

– Ein Land benötigt für die Erfüllung binnenwirtschaftlicher Konsumbedürfnisse Waren und Dienstleistungen aus dem Ausland, für die es in Form von Exporten zahlt. Dies setzt freien Zugang zu Auslandsmärkten voraus, der nur unter der Einhaltung von *Reziprozität* gewährt wird.

Auch dieser Katalog ließe sich erweitern.

Die Gegenüberstellung der möglichen Argumente für oder gegen außenwirtschaftliche Freiheit oder Restriktionen zeigt, daß in der Außenwirtschaftspolitik eines Landes eine Reihe von Faktoren zusammenspielen, die in einem interdependenten Zusammenhang stehen. Die Formulierung bestimmter Aufgaben für die Außenwirtschaftspolitik, die dann ihrerseits für wirtschaftsrechtliche Regelungen relevant sein können, ist allenfalls unter engen nationalstaatlichen Perspektiven möglich.

(3) Außenwirtschaftspolitik – als Teil der Wirtschaftspolitik eines Landes (Nationalstaat) – wird entsprechend der nationalstaatlichen Gemeinwohlbestimmung auf die volkswirtschaftlichen Wohlfahrtseffekte der außenwirtschaftlichen Beziehungen abstellen müssen. Doch ist bei dieser Abwägung volkswirtschaftlicher Wohlfahrtseffekte die unterschiedliche Auswirkung einer außenwirtschaftspolitischen Maßnahme auf *verschiedene Gruppen* zu berücksichtigen (dazu unten S. 279).

Daneben wird jede außenwirtschaftspolitische Regelung auf die *guten Beziehungen zu anderen Staaten* abzustellen haben. Außenwirtschaftspolitik ist ein wesentlicher Faktor der Außenpolitik; die Verknüpfung wirtschaftlicher und außerwirtschaftlicher Aspekte ist besonders in internationalen Wirtschaftsbeziehungen sehr eng,[98] so daß eine rein wirtschaftliche Beurteilung außenwirtschaftspolitischer Maßnahmen nicht möglich ist.

---

97 Der Fall einer Einfuhr von Produkten, die ein Land nicht selbst erzeugen kann, wird in der Literatur als «Nichtverfügbarkeit» bezeichnet; vgl. Hesse 1977, 367 ff.; für westliche Industrieländer spielt dies besonders bei Rohstoffen eine Rolle; zur Lage der Bundesrepublik Deutschland Jägeler 1975; zum Kosteneinsparungsargument vgl. die Formulierung bei Marshall 1923, 109 f.: «The direct gain which a country derives from her foreign trade is the excess of the value to her of the things which she imports over the value to her of the things which she could have made for herself with the capital and labour devoted to producing the things which she exported in exchange for them.»

98 Vgl. Hirschmann 1945; I. Walter 1972.

Schließlich kann Außenwirtschaftspolitik bei der vorliegenden internationalen Interdependenz der einzelnen Volkswirtschaften nicht die globalen Effekte der außenwirtschaftlichen Regelungen außer Betracht lassen. Insofern steht jede außenwirtschaftspolitische Maßnahme nicht allein unter dem Aspekt der nationalen Wohlfahrtssteigerung, sondern auch unter dem Aspekt der positiven oder negativen *Auswirkungen auf die Weltwirtschaft.* So kann die Weltwirtschaft etwa durch wachsende Ungleichverteilung zwischen «reichen» und «armen» Nationen negativ betroffen werden.

3.2.5.2. Rechtliche Regelungsprobleme der Außenwirtschaftspolitik

(1) In einer international stark verflochtenen Volkswirtschaft wie derjenigen der Bundesrepublik gibt es kaum relevante rechtliche Regelungen, die nicht (auch) Auswirkungen auf die Außenwirtschaft hätten.[99] Dies betrifft auch das Zivilrecht; so wird etwa die Ausgestaltung der Privatautonomie für ausländische Unternehmen, die Niederlassungen in der Bundesrepublik unterhalten, relevant. Die Frage patentrechtlicher und warenzeichenrechtlicher Regelungen kann ganz erhebliche Wirkungen auf den Außenhandel haben.[100] Die Frage der Zulässigkeit wettbewerbsbeschränkender Absprachen kann inländische wie ausländische Marktteilnehmer oder potentielle Marktteilnehmer betreffen. Eine Aufzählung aller rechtlichen Regelungen, die für die außenwirtschaftlichen Beziehungen der Bundesrepublik von Bedeutung sind, würde den Rahmen dieses Abschnitts sprengen. Es kann deshalb nur auf Rechtsgrundsätze und «policies» hingewiesen werden.

(2) Für die Bundesrepublik gilt das Prinzip der Außenwirtschaftsfreiheit. Dieser Grundsatz ist in § 1 Abs. 1 Außenwirtschaftsgesetz vom 28. April 1961 fixiert:

> «Der Waren-, Dienstleistungs-, Kapital-, Zahlungs- und sonstige Wirtschaftsverkehr mit fremden Wirtschaftsgebieten sowie der Verkehr mit Auslandswerten und Gold zwischen Gebietsansässigen (Außenwirtschaftsverkehr) ist grundsätzlich frei. Er unterliegt den Beschränkungen, die dieses Gesetz enthält oder die durch Rechtsverordnung auf Grund dieses Gesetzes vorgeschrieben werden.»

Diese Formulierung zeigt, daß für die Praxis die möglichen Beschränkungen der Außenwirtschaftsfreiheit die eigentliche rechtliche Regelungsproblematik ausmachen.[101] Wie in (1) aber bereits erwähnt, haben nicht nur gezielte Beschränkungen des Außenwirtschaftsverkehrs außenwirtschaftliche Auswirkungen, sondern eine Fülle weiterer inländischer rechtlicher

---

99 Für das Wettbewerbsrecht wird dieses Problem relevant, wenn es darum geht, ob nur auf das Inland bezogene Wettbewerbsbeschränkungen auch den zwischenstaatlichen Handel beeinträchtigen; vgl. Mestmäcker 1974, 117f.

100 Dazu ausführlich Kirchner 1975, bes. 180ff.

101 E. Langen 1968, B Einf. Rz. 2.

Regelungen. Hinzu kommen Regelungen des internationalen Wirtschaftsrechts.

(3) Für rechtliche Regelungen mit außenwirtschaftlichen Auswirkungen lassen sich getrennt nach restriktiven (protektionistischen) und liberalisierenden Maßnahmen folgende Gesichtspunkte nennen, die zu berücksichtigen sind:

(a) Bei Protektionsmaßnahmen ist neben der direkten Auswirkung – etwa dem Schutz einer betroffenen Wirtschaftsgruppe – auch in Rechnung zu stellen, wie sich die Maßnahme volkswirtschaftlich auswirkt[102] und welchen Effekt sie auf andere, nicht direkt betroffene Gruppen hat. So sind bei Schutzzöllen etwa die Auswirkungen auf Veränderungen der Produktionsstruktur und damit verbundene Produktivitätseffekte zu berücksichtigen, außerdem auch die Position von Verbrauchern, die auf das inländische Güterangebot verwiesen werden.

Protektionsmaßnahmen haben zudem die wirtschaftlichen Auswirkungen auf Partnerländer sowie die weltwirtschaftlichen Konsequenzen in Rechnung zu stellen (oben S. 277 f.). Bei negativen Auswirkungen auf Dritte sind angesichts der internationalen Interdependenz auch die Rückwirkungen auf die Volkswirtschaft (und deren einzelne Gruppen) zu beachten.

(b) Bei Liberalisierungsmaßnahmen sind entsprechend die Auswirkungen auf die Volkswirtschaft und die einzelnen Gruppen zu berücksichtigen. Hier ist auch der Zeitfaktor in Rechnung zu stellen: Bei solchen Liberalisierungsmaßnahmen ist den inländischen Betroffenen eine Anpassungszeit zu gewähren, so daß Liberalisierungspolitik für einen bruchlosen volkswirtschaftlichen Strukturwandel einsetzbar wird.[103]

---

102 Dazu GLISMANN 1974.

103 Diese Problematik wird in der Literatur unter dem Problemkreis «Erziehungszölle» diskutiert; ROSE 1976, 402; SCHUMANN 1977, 424; BECHLER 1976, 93 ff.

4. Wirtschaftsrecht und internationale Wirtschaftsordnung

Die rechtliche Regelung der internationalen Wirtschaftsbeziehungen *(Internationales Wirtschaftsrecht)* kann im folgenden nur skizziert werden.[104] Für diese Skizze wollen wir so vorgehen, daß wir zu Beginn das Problem der internationalen Wirtschaftsbeziehungen und seine Erklärung durch die Theorie der internationalen Wirtschaftsbeziehungen (international economics) ansprechen, dann die gegenwärtige Situation thesenförmig erfassen, um anschließend die vier Ebenen der internationalen Wirtschaftsbeziehungen (internationale Mobilität von Gütern, Kapital, Arbeitskräften und Technologie) zu erörtern. Auf dieser Grundlage werden wir in einem zweiten Abschnitt die rechtliche Regelungsproblematik von fünf Problemgebieten diskutieren, die in der Einschätzung der verschiedenen politischen Instanzen die wichtigsten Aufgaben für die Gestaltung einer «neuen Weltwirtschaftsordnung» darstellen.[105] Es handelt sich dabei um

- die internationale Rohstoffversorgung,
- den internationalen Technologietransfer,
- die internationale Währungsordnung,
- die internationale Gewährleistung der Mobilität von Gütern, Kapital, Arbeitskräften und Technologie («Handelsschranken»problematik),
- den Konflikt zwischen Nationalstaaten und multinationalen Unternehmen.

4.1. *Die «internationale Wirtschaftsordnung»*

4.1.1. Grundlagen

(1) Die Gesamtheit der internationalen Wirtschaftsbeziehungen kann als *«internationale Wirtschaftsordnung»* bezeichnet werden, ohne daß damit aber zum Ausdruck gebracht werden soll, daß es sich um ein geordnetes Ganzes handelt. Solange Wirtschaftsgebiete mit den Staatsterritorien der Nationalstaaten zusammenfallen, betreffen internationale Wirtschaftsbeziehungen alle grenzüberschreitenden wirtschaftlichen Aktivitäten.[106] Zwischen den einzelnen Wirtschaftsgebieten werden Güter (Konsum- und Inve-

---

104 Bisher gibt es keine zusammenfassende, systematische Darstellung des «internationalen Wirtschaftsrechts»; es werden vielmehr jeweils bestimmte Regelungsprobleme der internationalen Wirtschaftsbeziehungen unter ihren rechtlichen Aspekten analysiert; vgl. etwa EBB 1964, FULDA/SCHWARTZ 1970, STEINER/VAGTS 1976, KÖPERNICK u. a. 1976/77; zum Sondergebiet des «internationalen Rohstoffrechts» KIRCHNER u. a. 1977.

105 Vgl. BUNDESMINISTERIUM FÜR WIRTSCHAFTLICHE ZUSAMMENARBEIT (Hg.) 1976; ausführliche Nachweise zur «Neuen Weltwirtschaftsordnung» in Fn. 133.

106 Je nach dem Untersuchungsfeld und nach dem Blickwinkel des betreffenden Autors werden die Begriffe «international», «multinational», «transnational» verwendet. Der Terminus «international» impliziert bereits die Existenz unterschiedlicher (und unterscheidbarer) Nationalwirtschaften, die miteinander in Wirtschaftsverkehr treten; vgl. dazu bereits kritisch oben 3.2.5.1 (1).

stitionsgüter), Arbeitskräfte, Technologie und Zahlungsmittel ausgetauscht.

(2) Der *Grad der internationalen Verflechtung* (internationale Interdependenz) der verschiedenen Wirtschaftsgebiete (in der Regel Volkswirtschaften) ist unterschiedlich. Wichtige Bestimmungsgründe für diese Verflechtung sind:

- die Ausgewogenheit der Ausstattung eines Wirtschaftsgebietes mit Produktionsfaktoren,
- die Größe des jeweiligen Marktes,
- der industrielle Entwicklungsgrad.

Neben wirtschaftlichen Gründen spielen auch politische und kulturelle Ursachen für die internationale Interdependenz eine Rolle.

Am 25. Januar 1949 bilden osteuropäische Staaten unter der Führung der UdSSR den Rat für gegenseitige Wirtschaftshilfe (RGW – COMECON) mit dem Ziel, einen sozialistischen Wirtschaftsblock zu schaffen.[107] Islamische Staaten vereinbaren regelmäßige Treffen der Regierungen, auf denen auch die Wirtschaftsbeziehungen zwischen diesen Staaten erörtert werden.[108]

(3) Mit den Faktoren zur Erklärung der internationalen Wirtschaftsbeziehungen und insbesondere der internationalen Arbeitsteilung beschäftigen sich verschiedene ökonomische Theorien.[109] Als wichtigste Faktoren für die internationale Arbeitsteilung werden genannt:

- Unterschiede in den absoluten Kosten,
- Unterschiede in den komparativen Kosten,
- Unterschiede in der Faktorausstattung.

Diese Theorien – alle Teil der «reinen Außenwirtschaftstheorie» (BHAGWATI 1971, 3 ff.) – lassen viele Fragen offen. Kann man die Überlegungen zum internationalen Handel auch auf die Mobilität von Kapital, Arbeitskräften und Technologie übertragen? Welche Rolle spielt die Tatsache, daß auf internationalen Märkten nur in Ausnahmefällen vollkommener Wettbewerb herrscht, die genannten Theorien aber meist von der Existenz vollkommenen Wettbewerbs ausgehen? Welche Rolle spielt die Ausstattung mit Technologie für internationale Wirtschaftsbeziehungen? Wie wirken sich Entwicklungsunterschiede der miteinander in Austausch stehenden Wirtschaftsgebiete auf deren Wirtschaftsbeziehungen aus?

---

107 Gesetzblatt der DDR, T. I 1960, 283; die neueste deutschsprachige Fassung des Statuts des RGW findet sich in USCHAKOW 1972, 43 ff.; zum RGW auch H. WINTER 1976.

108 Die Islamische Konferenz wurde im Mai 1971 gegründet; zu den Zielen der Konferenz gehört «die Konsolidierung der Zusammenarbeit in den Bereichen Wirtschaft . . .»; die 7. Tagung der islamischen Außenminister am 12.–15. Mai 1976 in Istanbul befaßte sich auch mit Wirtschaftsfragen und vereinbarte eine wirtschaftliche Zusammenarbeit der Mitgliedsländer.

109 Vgl. etwa BHAGWATI 1971; ROSE 1976, 235 ff.; GIERSCH (Hg.) 1974; HESSE 1977; SOHNS 1976 mit einer Kurzaufzählung der unterschiedlichen theoretischen Ansätze auf S. 444.

(4) Im Unterschied zur reinen Außenwirtschaftstheorie versucht die *normative Außenwirtschaftstheorie* (dazu BHAGWATI 1971, 3ff.; ROSE 1965, 13), Ziele und Mittel einer Außenwirtschaftspolitik bzw. einer internationalen Wirtschaftspolitik zu klären.[110] Die Problematik der nationalen Außenwirtschaftspolitik wurde bereits in 3.2.5 erörtert. Hier geht es in erster Linie um «internationale Wirtschaftspolitik». Auch hier sind die zentralen Fragen offen: Wie soll die Weltwirtschaft organisiert werden? Welchen internationalen Organisationen sollen welche Kompetenzen übertragen werden? Welche Vermögens- und Einkommensverteilung soll in der Weltwirtschaft angestrebt werden? Wie soll das Spannungsverhältnis zwischen Nationalstaaten und Unternehmen, Nationalstaaten und Arbeitskräften geregelt werden? Zur Verdeutlichung dieser Fragestellungen einige Problemfälle:

(a) In einer internationalen Konferenz mögen sich die in den Vereinten Nationen vertretenen Staaten darauf geeinigt haben, für die Kontrolle und Durchführung des Bergbaus in der Tiefsee außerhalb der nationalen Küstengewässer eine «Internationale Meeresbergbaubehörde» zu schaffen. Es ist keine Einigung über die Frage zu erzielen, welche Kompetenzen diese Behörde erhalten soll, ob sie lediglich Lizenzen an Bergbauunternehmen zu vergeben hat oder ob sie selbst die Bodenschätze ausbeuten soll. (Dazu KIRCHNER/SCHANZE/V. SCHLABRENDORFF/STOCKMAYER/WÄLDE/FRITZSCHE/PATZINA 1977, 35f.)

(b) Berechnungen mögen ergeben haben, daß die Industrieländer in den kommenden 30 Jahren jedes Jahr 5% ihres Bruttosozialprodukts für Entwicklungsländer aufwenden müßten, damit eine «gerechte Verteilung des Weltvermögens» erreicht würde. Wer hat über einen solchen Ressourcentransfer zu beschließen? Wie ist er abzuwickeln? Ist zu berücksichtigen, daß ein solcher Transfer seinerseits zur Reduzierung des Bruttosozialprodukts der Geberländer beitragen kann?

(c) Das Land A hat beschlossen, die Lohn- und Einkommenssteuer sowie die Körperschaftssteuer um 100% anzuheben. Daraufhin drohen die multinationalen Unternehmen, die in A umfangreiche Investitionen getätigt haben, mit einem Rückzug ihres Kapitals. Zur Unterstützung ihrer Arbeitskollegen in A einigen sich Gewerkschaften aus Ländern, mit denen A Handel treibt, Güter aus A so lange nicht zu entladen, bis die Lohnsteueranhebung auf 20% reduziert ist. Sollen internationale Vorschriften ein solches Vorgehen von Unternehmens- und Arbeitnehmerseite untersagen? Wie sollen solche Vorschriften durchgesetzt werden?

4.1.2. Die gegenwärtige Situation der internationalen Wirtschaftsbeziehungen

Die internationalen Wirtschaftsbeziehungen sollen durch fünf Aussagen zur Struktur der Weltwirtschaft und zwei Aussagen zu Entwicklungstendenzen charakterisiert werden:

(1) Die internationalen Wirtschaftsbeziehungen werden in erster Linie von Wirtschaftsunternehmen *(multinationale Unternehmen)* abgewickelt. Staaten mit einem Monopol bezüglich der außenwirtschaftlichen Aktivitä-

110 Vgl. v. EYNERN 1972, 253ff.; GLASTETTER 1975, 32–35.

ten (Staatshandelsländer) handeln als «Unternehmen».

(2) Die internationalen Wirtschaftsbeziehungen werden von den *nationalen Instanzen* der Wirtschaftspolitik durch eine Reihe von Maßnahmen beeinflußt. Am offensichtlichsten sind die Errichtung und der *Abbau von Handelshemmnissen und Devisenkontrollen.* Neben den gezielt außenwirtschaftlich eingesetzten Maßnahmen spielt auch die interne Gestaltung der Wirtschaftsordnung eines Landes eine maßgebliche Rolle für seine internationale Wirtschaftsverflechtung.

(3) Die internationalen Wirtschaftsbeziehungen werden zunehmend von der *Tätigkeit internationaler Organisationen* beeinflußt. Die bedeutendsten sind der Internationale Währungsfonds (IWF), die Vereinten Nationen (UN) (Vollversammlung, Wirtschafts- und Sozialrat – ECOSOC, Konferenz für Handel und Entwicklung – UNCTAD, Unterorganisationen des Sekretariats, besonders das Zentrum für transnationale Unternehmen – CTC), das Allgemeine Zoll- und Handelsabkommen (GATT), die Organisation für wirtschaftliche Zusammenarbeit und Entwicklung (OECD), die Bank für internationalen Zahlungsausgleich (BIZ).

(4) Die beiden entscheidenden Faktoren für die internationale wirtschaftliche Position eines Landes sind die Ausstattung mit Technologie (auch in Form qualifizierter Arbeitskräfte) und natürlichen Ressourcen.

(5) Die *internationalen Austauschrelationen (terms of trade)* sind für diejenigen Länder ungünstig, deren Güterangebot

- auf eine preiselastische Nachfrage stößt,
- einem intensiven Wettbewerb ausgesetzt ist.

(6) Verschiebungen der internationalen wirtschaftlichen Positionen ergeben sich durch die *Änderung der relativen Faktorausstattung* (vor allem Technologie und natürliche Ressourcen) der einzelnen Länder. Sie erfolgen durch Ressourcentransfer und durch Veränderungen der relativen internationalen Wettbewerbsfähigkeit eines Landes.

(7) Mit steigendem Entwicklungsgrad einer Volkswirtschaft wächst die *Tendenz zu* ihrer *internationalen Verflechtung.* Es ist deshalb mit einer Intensivierung der internationalen Interdependenz zu rechnen.

4.1.3. Die internationale Mobilität von Gütern, Kapital, Arbeitskräften, Technologie und Finanzmitteln

Die Regelungsproblematik bezüglich der internationalen Wirtschaftsbeziehungen wird deutlicher, wenn man ihr auf den verschiedenen Ebenen internationaler wirtschaftlicher Aktivitäten nachgeht. Diese Aktivitäten betreffen die Mobilität von Gütern, Kapital, Arbeitskräften, Technologie und Finanzmitteln.

(1) Die *internationale Mobilität von Gütern (internationaler Güteraustausch)* betrifft Waren und Dienstleistungen. Der internationale Warentausch steht (noch) im Mittelpunkt außenwirtschaftlicher und internationa-

ler Regelungen. Ausgangspunkt für diese Problematik ist, daß jeder (souveräne) Staat das Recht hat, die Ein- und Ausfuhr von Gütern zu unterbinden, zu begrenzen (Import- und Exportkontingentierungen) oder zu belasten (Steuern, Zölle). Die verschiedenen Staaten haben von diesen Möglichkeiten unterschiedlichen Gebrauch gemacht; so existiert heute ein komplexes System internationaler Handelshemmnisse (international trade barriers).

Wegen der unterschiedlichen Wirkungsweisen ist zwischen Zöllen und nichttarifären Handelshemmnissen (nontariff barriers) (QUAMBUSCH 1976, 4–43) zu unterscheiden. Neben staatliche Handelshemmnisse treten außerdem auch private (private trade barriers) (MASON 1946, 21).

(a) Das *internationale Regelungsproblem* bezüglich *internationaler* Handelshemmnisse besteht darin, daß sie zugleich die Wohlfahrt des Landes betreffen, das sie einsetzt, als auch diejenige der betroffenen Länder. Ergibt sich für alle Beteiligten ein Vorteil aus dem *Abbau* gegenseitiger *Handelshemmnisse*, so steht einer Regelung kein wesentliches Hindernis im Wege; wird hingegen ein Land bevorzugt, das andere benachteiligt, so kann der Abbau der Handelshemmnisse nur erfolgen, wenn sich die Länder auf ein Kompensationsverfahren einigen. Es ist jeweils zu klären:

- Welche Arten von Handelshemmnissen existieren?
- Welche Auswirkungen haben diese für die verschiedenen beteiligten Staaten?
- Wie kann ein Äquivalenzverhältnis zwischen den «Zugeständnissen» der einzelnen Beteiligten erzielt werden?
- Soll einigen Staaten die Errichtung relativ stärkerer Handelshemmnisse zugestanden werden (Präferenzsystem)?

Die beiden Fragen, die in der Praxis zu den größten Problemen führen, betreffen die Messung der Auswirkungen von Handelshemmnissen – besonders bei *nichttarifären Handelshemmnissen* (dazu QUAMBUSCH 1976) – sowie die Frage von Präferenzsystemen.

(b) Partner des internationalen Güteraustauschs sind «private» Unternehmen, möglicherweise aber auch staatliche Organisationen. Die Scheidung von «privaten» und «staatlichen» Handelspartnern ist oft mit Schwierigkeiten verbunden (dazu BÖCKSTIEGEL 1971). Dazu ein Beispiel:

Im Land A ist die Regierung am Unternehmen B mit 26% des Eigenkapitals beteiligt. Das Unternehmen ist der größte Automobilhersteller des Landes. Als sich die Zahlungsbilanz des Landes verschlechtert, machen Regierungsvertreter im Aufsichtsrat darauf aufmerksam, daß eine Umstellung der Beschaffungspolitik des Unternehmens die Handelsbilanz merklich entlasten könnte, wenn nämlich die Karosseriebleche statt von ausländischen Herstellern von inländischen Lieferanten bezogen würden. Der Vorstand befürchtet Schwierigkeiten bei der geplanten Kapitalerhöhung und beschließt, den Bezug inländischer Bleche trotz Kostenbedenken aufzunehmen. Die betroffenen ausländischen Unternehmen beschweren sich bei ihren Regierungen. Diese drohen der Regierung von A mit Retaliationsmaßnahmen, wenn B seine Importe nicht wieder aufnimmt. Die Regierung von A weist auf die Unabhängigkeit des Unternehmens B hin. Die Frage der Importe sei allein Sache der beteiligten Unternehmen.

Auch treten Probleme auf, wenn ein Staat zugleich als Handelsunternehmen tätig ist und sich dennoch auf seine «Immunität» als Träger der staatlichen Souveränität beruft.[111] Dazu ein Beispiel:

Die Regierung des Landes A kauft für den Ausbau des Erziehungswesens Lehrmaterialien von Unternehmen aus Land B. Nach Lieferung der Materialien stellt man die Unbrauchbarkeit für die gewünschten Aufgaben fest. A behält die Materialien, verweigert aber die Zahlung. Die Lieferanten fragen an, ob sie die Waren beschlagnahmen lassen können, die sich auf einem Schiff der Staatsreederei von A befinden, das in einem Hafen von B vor Anker liegt.

(c) Für den internationalen Güteraustausch ist die *Funktionsfähigkeit des internationalen Wettbewerbs* von Bedeutung (zur Regelungsproblematik des Wettbewerbs auf dem nationalen Markt vgl. oben S. 229ff.). Die Probleme, die sich auf nationaler Ebene ergeben, potenzieren sich im internationalen Bereich.

Internationale Wettbewerbsbeschränkungen wirken sich in verschiedenen Staaten unterschiedlich aus. So kann von einer internationalen Marktaufteilung ein Land profitieren, ein anderes hingegen nachteilig betroffen werden (KIRCHNER 1975, 58–80). Dazu ein Beispiel:

Fünf Hersteller des Medikaments M einigen sich darauf, den Marktpreis von M in verschiedenen Ländern jeweils an der Nachfragestruktur des regionalen Marktes auszurichten. Dies führt zu starken Preisdifferenzen von M in den Ländern A, B und C. Um einen Handel mit M zwischen diesen Ländern zu verhindern, benutzen die Hersteller ihre jeweils nationalen Patentrechte zur Verhinderung unerwünschter Importe. Jeder nicht genehmigte internationale Handel mit M stellt im Einfuhrland eine Patentverletzung dar. Die betroffenen Länder können sich nicht auf eine einheitliche Politik gegenüber dieser Art von «Marktaufteilung» verständigen, da Politiker aus C befürchten, daß bei Wegfall der «privaten Handelsschranken» sich ein einheitlicher Preis für M herausbilden würde, der über dem aktuellen Preis in C läge.

Schließen sich die Exporteure eines Produkts eines Landes zusammen, um auf «Dritt»märkten ihre Verhandlungsmacht und damit ihren Preisgestaltungsspielraum zu erhöhen, so wirkt sich dies für die Verbraucher auf den Drittmärkten negativ aus; gleichzeitig können dadurch die Exporterlöse des Heimatlandes der Produzenten erhöht werden.[112]

---

111 Vgl. zur jüngsten Entwicklung der Sovereign-Immunity-Lehre KINCAID, Sovereign Immunity and State-Owned Corporation, Journal of World Trade Law 10 (1976), 110; vgl. in der deutschen Rechtsprechung LG Frankfurt, AG 1976, 47 mit Anm. H.-J. MERTENS AG 1976, 49, 53; zur britischen Rechtsprechung: Relativierung der Immunität ausländischer Staatsvermögen in England: Variante der Nigeria-Zementfälle vor dem Court of Appeal, Urteilsauszug und Besprechung von E. SCHANZE, AG 1977, 81.

112 EICHLER/HOPPMANN/SCHÄFER 1964; GROSSFELD, Praxis des internationalen Privat- und Wirtschaftsrechts, 1975, 115f.; GLISMANN 1975.

Eine internationale Regelung zur Herstellung funktionsfähigen Wettbewerbs auf internationalen Märkten stößt also auf große Schwierigkeiten und ist bis heute nicht realisiert worden (vgl. den historischen Rückblick bei KIRCHNER 1975, 84–92). Da die Wettbewerber auf internationalen Gütermärkten in der Regel *multinationale Unternehmen* sind, wird die Problematik des internationalen Wettbewerbs heute meist unter dem Stichwort «Kontrolle der multinationalen Unternehmen» diskutiert.[113]

Die Wettbewerbssituation auf internationalen Gütermärkten differiert stark nach dem betroffenen Markt. Dennoch lassen sich einige generelle Aussagen machen:

– Für die Mehrzahl der Güter gibt es nicht einen internationalen Markt, sondern eine Vielzahl territorialer Märkte, in denen die Wettbewerbsintensität differiert und die mehr oder minder stark durch internationalen Güteraustausch verknüpft sind.

– Die Zahl der Wettbewerber auf dem internationalen Markt ist größer als diejenige auf den einzelnen nationalen Märkten. Auf den einzelnen nationalen Märkten stehen sich jeweils unterschiedliche Untergruppierungen dieser Gesamtgruppe von Wettbewerbern gegenüber.

– Internationale Abstimmungen werden dadurch erleichtert, daß sich nationale Unternehmensgruppen in Exportkartellen zusammenschließen können.

– Internationale Abstimmungen sind dann entbehrlich, wenn ein bewußtes Parallelverhalten der Anbieter (in der Marktform des engen Oligopols) zu einer faktischen Wettbewerbsbeschränkung führt, die für die Anbieter günstig ist (KIRCHNER 1975, 39–46).

– Nationales Wettbewerbsrecht kann internationale Wettbewerbsbeschränkungen nur unzulänglich erfassen.

– Staatliche Handelsschranken und gewerbliche Schutzrechte spielen für die Beschränkung eines internationalen Wettbewerbs eine entscheidende Rolle (zur Wirkungsweise des heutigen internationalen Systems gewerblicher Schutzrechte vgl. KIRCHNER 1975, 182 ff.).

(d) Für die Beurteilung des internationalen Gütertauschs wird es zunehmend problematisch, allein auf den marktmäßigen Tausch abzustellen. Häufig findet der Austausch zwischen Wirtschaftseinheiten statt, die einer einheitlichen Leitung unterstellt sind (Konzern). Die Austauschrelationen (Transferpreise) können sich dann außer nach Kostengesichtspunkten auch danach richten, wie sie sich auf die Steuerbelastung des Konzerns auswirken,

---

113 Zur Literatur zu diesem Thema jetzt: UNITED NATIONS, ECONOMIC AND SOCIAL COUNCIL, COMMISSION ON TRANSNATIONAL CORPORATIONS, Research on Transnational Corporations, Preliminary Report of the Secretariat; im Annex I sind auf 97 Seiten die Veröffentlichungen über multinationale Unternehmen aufgeführt. Zum Kontrollaspekt multinationaler Unternehmen sind in der deutschen Literatur seit 1975 zu nennen GROSSFELD, Multinationale Unternehmen als Regelungsproblem, 1975; BIEDENKOPF 1975; GRÜNARML 1975; FIW 1976; KÜNG 1977; HOPT 1977.

wie sie die Mobilität von Finanzmitteln innerhalb des Konzerns betreffen, welchen Einfluß sie auf die Konzernpublizität haben.[114] Das Phänomen der *innerkonzernlichen Liefer- und Leistungsbeziehungen (intracompany trade)* hat in den letzten Jahrzehnten mit wachsendem Welthandelsanteil *multinationaler Unternehmen* stark an Bedeutung zugenommen. Es wirkt sich auf die beteiligten Konzerne selbst, aber auch auf die Wohlfahrt der betroffenen Länder aus.[115] Die rechtliche Regelungsproblematik liegt

- beim nationalen und internationalen Steuerrecht,
- bei der Effektivität von Kontrollrechten gegenüber im Staatsgebiet tätigen multinationalen Unternehmen,
- beim Publizitätsrecht.

Aus diesem Grunde wird auch die Problematik der Transferpreise wie diejenige internationaler Wettbewerbsbeschränkungen heute vor allem im Zusammenhang mit multinationalen Unternehmen und deren Kontrolle diskutiert.

(2) (a) Die *internationale Kapitalmobilität* betrifft Investitionen von Unternehmen eines Landes in einem anderen Land. Von seiten des «Geberlandes» (home country) werden solche Investitionen als «Auslandsinvestitionen» bezeichnet.[116] Im «Nehmerland» (host country) wird eine Investition dann als «ausländische Investition» (foreign investment) angesehen, wenn sie von einem ausländischen Unternehmen getätigt wird. Ob ein Unternehmen als inländisches oder ausländisches qualifiziert wird, ist eine Frage der Rechtsordnung des betreffenden Landes (dazu GROSSFELD 1975, 26–86). Wirtschaftlich ist von vorrangigem Interesse, ob für eine solche Investition Kapital transferiert wird. Nur wenn das der Fall ist, gewinnt diese Investition für die internationalen Wirtschaftsbeziehungen direkte Bedeutung.

(b) Für die *Ursachen* einer solchen internationalen Kapitalmobilität gibt es verschiedene theoretische Erklärungen.[117] Die beiden wesentlichen Überlegungen auf seiten des Investors dürften die folgenden sein:[118]

---

114 Vgl. zum Problem der Transferpreise etwa ARPAN 1972; LALL 1973; VERLAGE 1975.

115 Aus diesem Grunde wird versucht, das Vorgehen der nationalen Steuerbehörden aufeinander abzustimmen und durch eine verbesserte Publizität der multinationalen Unternehmen eine bessere Überprüfung zu gewährleisten.

116 Es wird auch von «Direktinvestitionen» gesprochen; im Englischen heißt es «direct foreign investment». Ob eine Investition als «Auslandsinvestition» eingestuft wird, hängt davon ab, wer als «Investor» auftritt und welche Nationalität dieser hat.

117 Vgl. etwa CAVES 1971 und 1974; HYMER 1976; MACHLUP/SALANT/TARSIS (Hg.), International Mobility and Movement of Capital, 1972; HEIDHUES 1969; AHARONI 1966; STEVENS 1975; SOLDNER 1977.

118 Unterstellt ist hier, daß der Investor entweder privatwirtschaftlich handelt oder zumindest privatwirtschaftlichen Grundsätzen folgt. Staatliche Unternehmen, die keiner wirtschaftlichen Leistungskontrolle unterliegen, können eine Reihe weiterer Überlegungen bei Auslandsinvestitionen heranziehen.

- Ist die Auslandsinvestition für den Güterabsatz auf dem Markt des Nehmerlandes förderlich?
- Ist die Auslandsinvestition geeignet, die Produktionskosten gegenüber alternativen Investitionen zu senken?

(c) Die erste Überlegung (Marktzutrittsproblem) betrifft zwei unterschiedlich gelagerte Fallkonstellationen, die sich allerdings überlagern können. In der ersten Fallkonstellation unterbindet ein Land durch staatliche Handelsschranken den Import bestimmter Produkte; will ein Unternehmen ein von dieser Maßnahme betroffenes Gut dennoch auf dem Markt dieses Landes anbieten, erhält es die Gelegenheit, es im Lande selbst herzustellen.[119] Dazu ein Beispiel:

Das Land A möchte seine Industrieproduktion steigern. Es erteilt keine Devisengenehmigungen mehr für die Einfuhr von Autos, Kühlschränken, Klimaanlagen, Traktoren und Mähdreschern. Gleichzeitig bietet es interessierten Unternehmen Gelände für den Bau von Werksanlagen zur Produktion der genannten Waren an. Nach eingehenden Marktanalysen finden sich ein Unternehmen, das Kühlschränke und Klimaanlagen herstellt, sowie ein Unternehmen, das Traktoren und Mähdrescher produziert, zu Investitionen in A bereit. Autofirmen scheuen die Investition, da der Markt zu eng sei, bieten aber an, die Montage von Fertigteilen im Lande vorzunehmen.

In der zweiten Fallkonstellation unterscheiden sich die Nachfragestrukturen in verschiedenen Ländern. Um die jeweiligen Märkte besser betreuen zu können und vor allem sich schneller Geschmacksänderungen anpassen zu können, gehen multinationale Unternehmen dazu über, Produktionsstätten in den einzelnen Ländern für den lokalen Markt zu errichten.

Zur Überlagerung beider Fallkonstellationen das folgende Beispiel:

Das Land A möchte aus Industrieansiedlungsgründen mehr ausländische Unternehmen für Investitionen gewinnen. Um dies zu erreichen, beschließt es folgenden Maßnahmenkatalog:

(a) Die Industrienormen werden so geändert, daß je eigene nationale Produktmärkte entstehen.

(b) In der staatlichen Beschaffungspraxis wird inländischen Produkten der Vorzug gegeben. Ein Produkt gilt dann als «inländisch», wenn seine Wertschöpfung zu mehr als 50 % im Inland erfolgt.

(c) Es wird eine Werbekampagne finanziert, die den privaten Verbrauchern die qualitative Überlegenheit inländischer Produkte erklären soll.

(d) Die zweite Überlegung *(Kostenvorteile)* betrifft die unterschiedlichen Kostenstrukturen in verschiedenen Ländern. Diese haben ihre Ursache zum einen in der unterschiedlichen Faktorausstattung dieser Wirtschaftsgebiete. Daneben können sie aber auch durch wirtschaftspolitische Maßnahmen –

---

119 Die Errichtung von Handelsschranken ist in diesem Fall ein Teilstück der auf *Importsubstitution* gerichteten Außenwirtschaftspolitik; dazu Kebschull/Fasbender/Naini 1975, 194ff.

etwa Subventionen – beeinflußt werden. Die Faktorausstattung kann ihrerseits durch gezielte Maßnahmen seitens der Regierung verändert werden, etwa durch verstärkte Ausgaben im Bildungs- und Ausbildungssektor. Als Beispiel für Investitionen, die auf die unterschiedliche Faktorausstattung verschiedener Länder zurückgehen, kann auf Bergbauinvestitionen hingewiesen werden. Sie erfolgen in aller Regel dort, wo die Abbaukosten (unter Einschluß aller Nebenkosten) am niedrigsten liegen. Ein anderes Beispiel, auf das häufig verwiesen wird, ist die Verlagerung arbeitsintensiver Produktionen in Länder mit großen Reserven an Arbeitskräften. Investitionen der Elektroindustrie, der Foto- und Textilindustrie in einigen Ländern Südostasiens belegen dies. Allerdings ist bei all diesen Beispielen eines zu berücksichtigen: Auch wenn die Faktorausstattung wesentlicher Anreiz für ausländische Investitionen ist, hängt die tatsächliche Kostenstruktur daneben von der Wirtschaftspolitik und der Rechtsordnung des Nehmerlandes ab. So kann etwa bei Bergbauinvestitionen die Frage, wer finanziell für die Kompensation von Umweltbelastungen aufzukommen hat, für die Kostenfrage entscheidend sein (dazu KIRCHNER/SCHANZE/v. SCHLABRENDORFF/STOCKMAYER/WÄLDE/FRITZSCHE/PATZINA 1977, 107f.). Für die Lohnkosten sind nicht nur die effektiv gezahlten Löhne maßgeblich, sondern auch die Lohnnebenkosten, die ihrerseits durch die Arbeits- und Sozialgesetzgebung bestimmt sind. Für die Lohnkostenhöhe kann auch die gesetzliche Regelung der Tarifautonomie oder deren Fehlen eine Rolle spielen. Diese Qualifizierungen des Faktors «Ausstattung einer Volkswirtschaft mit natürlichen Ressourcen und Arbeitskräften» durch die Berücksichtigung der jeweiligen Wirtschaftspolitik und Rechtslage führen zu der allgemeinen Frage nach der Rolle staatlicher Einflußnahme auf die internationale Kapitalmobilität.

(e) Sowohl Geber- als auch Nehmerländer versuchen durch *wirtschaftspolitische Maßnahmen* – meist in der Form entsprechender Gesetze – die internationale Kapitalmobilität in für sie günstige Bahnen zu lenken.[120] Daneben kommen bilateralen Verträgen zwischen Geber- und Nehmerländern bezüglich Förderung und Sicherung von Auslandsinvestitionen Bedeutung für die Richtung und die Stärke der Kapitalströme zu.[121] Ebenso wie multinationale Unternehmen als aktuelle oder potentielle Investoren in Wettbewerb zueinander stehen (zur Funktionsfähigkeit des internationalen Wettbewerbs vgl. oben S. 285f.), können auch Nehmerländer, die sich um

---

120 Zur deutschen Position etwa JÜTTNER 1975; LANGER 1975; SCHARRER (Hg.) 1972; KIRCHNER u. a. 1977, 194ff.; zum internationalen Aspekt vgl. WERNER 1976; GOLBERG/KINDLEBERGER 1976; zur Politik von Nehmerländern vgl. CANADA, GOVERNMENT, Foreign Direct Investment in Canada, 1972; auszugsweise wiederabgedruckt in SAUVANT/LAVIPOUR (Hg.) 1976, 169; FURNISH 1972; KIRCHNER u. a. 1977, 215ff., 282ff.

121 Besondere Bedeutung kommt Investitionsförderungsverträgen und Doppelbesteuerungsabkommen zu; vgl. ALENFELD 1969; LANGER 1973; KIRCHNER u. a. 1977, 196ff.; zu Doppelbesteuerungsabkommen vgl. «Stand der Doppelbesteuerungsabkommen am 1. 1. 1977» in RIW/AWD 1977, 112.

ausländische Investitionen bemühen, in Wettbewerb zueinander treten.[122] Wettbewerbsparameter ist in diesem Fall die Veränderung von Investitionskonditionen. Es kann zu einem Wettlauf der Nehmerländer um die günstigsten Investitionsbedingungen kommen. In dieser Situation erlangt auf seiten der Nehmerländer und der Investoren die Abstimmung ihrer Verhaltensweisen große Bedeutung.[123] Dazu ein Beispiel:

Fünf Staaten bieten von ihrer Faktorausstattung her günstige Investitionsvoraussetzungen für die Ansiedlung petrochemischer Anlagen.

Variante 1: Die fünf Staaten kommen überein, jeweils eine 40 %ige Beteiligung inländischer Anleger an einem neu zu gründenden Unternehmen zur Investitionsbedingung zu machen.

Variante 2: Die fünf interessierten Unternehmen verständigen sich, von jeder Investition in einem Land abzusehen, in dem die Steuerbelastung über 30 % steigt.

Das Beispiel zeigt, daß Abstimmungen auf beiden Seiten durchaus möglich sind, daß es zu einem zweiseitigen Monopol kommen kann. Soweit die Abstimmung zwischen Investoren betroffen ist, fällt die Regelungsproblematik in das Problemfeld «Kontrolle multinationaler Unternehmen»; dazu aber ein Grenzfall:

Eine Gruppe von Staatshandelsländern möchte in Entwicklungsländern gemeinschaftliche Werke errichten, an denen jeweils das Gastland und die Gruppe der Geberländer zu 50 % beteiligt sein sollen. Die Regierungen der Staatshandelsländer stimmen sich untereinander ab, die Entwicklungsländer von der Anwärterliste zu streichen, welche mit solchen Ländern Handel treiben, die von den Staatshandelsländern auf eine «Schwarze Liste» gesetzt worden sind.

Der wichtige Unterfall der Abstimmung unter Nehmerländern ist die Bildung einer regionalen Wirtschaftsgemeinschaft (Beispiel Andenpakt);[124] ein weiterer Fall ist der Zusammenschluß zu einem internationalen Produzenten-Kartell. Dazu ein Beispiel:[125]

Alle Staaten, die über Vorräte des Metallerzes Z verfügen, mögen sich darauf einigen, Bergbauinvestitionen ausländischer Investoren im Z-Bergbau nur dann zu genehmigen, wenn auf die Erzexporte eine 60 %ige Wertsteuer (bezogen auf den Weltmarktpreis) erhoben wird.

---

122 Die wichtigsten Parameter dieses Wettbewerbs sind Steuerregelungen und Investitionsschutz.

123 Als Abstimmung auf der Seite von Nehmerländern ist etwa der Andenpakt zu nennen; Nachweise in Fn. 124; Abstimmungen zwischen Investoren bezüglich ihres Investitionsverhaltens sind nicht offiziell dokumentiert; eine gewisse Abstimmung wird durch die OECD-Richtlinien für multinationale Unternehmen erreicht; vgl. OECD 1976, 11; deutsche Fassung: Leitsätze für multinationale Unternehmen, in FIW 1977, 125.

124 International Legal Materials 11 (1972) 126; Oliver 1972; Lortie 1975, 78ff.; Kirchner u. a. 1977, 218f., 225; Furnish 1972.

125 Kirchner u. a. 1977, 182ff., 272ff.; die zur Zeit ausführlichste Diskussion der Problematik findet sich in Clarfield/Jackson/Keeffe/Noble/Ryan 1975; vgl. auch Horstmann 1974; Senti 1975; Bergsten/Krasner 1973/74.

In allen Abstimmungsfällen fehlt es bisher an Kriterien zur wirtschaftlichen Beurteilung und damit an Anhaltspunkten für die Feststellung der Rechtmäßigkeit solcher Maßnahmen. Allerdings ist ein Abstimmungsverhalten von Nehmerländern heute weitgehend akzeptiert und wird als Ausfluß der Souveränitätsrechte der beteiligten Staaten angesehen.[126]

(3) Die *internationale Mobilität von Arbeitskräften* wird in der Regel durch Unterbeschäftigung in einem Wirtschaftsgebiet bei gleichzeitiger Überbeschäftigung in einem anderen ausgelöst.

(a) Die *wirtschaftlichen Ursachen* für die internationale Mobilität von Arbeit liegen in den Differenzen der Arbeitsproduktivität in verschiedenen Wirtschaftsgebieten; diese wiederum sind die Ursache für Unter- und Überbeschäftigungsprobleme.[127] Würde die internationale Kapitalmobilität zur Angleichung der Arbeitsproduktivität in allen Wirtschaftsgebieten führen, würde eine internationale Wanderung von Arbeitskräften weitgehend entfallen. Dazu ein Beispiel:

Land A ist wenig industrialisiert. Die Beschäftigung von Arbeitskräften in der Landwirtschaft ist möglich; die Produktivität ist aber so gering, daß die Betätigung in der Landwirtschaft nur das Existenzminimum sichert. In Land B liegt die Arbeitsproduktivität in der Industrie sehr hoch. Neuinvestitionen stoßen auf Schwierigkeiten, da Arbeitskräfte fehlen. A und B einigen sich, «Gastarbeiter» aus A in der Industrie von B zu beschäftigen.

Das Beispiel verdeutlicht, daß Mobilität von Arbeitskräften und Kapitalmobilität bis zu einem gewissen Grad substituierbar sind.

(b) Die Mobilität von Arbeitskräften wirkt sich auf die Wirtschaft der Geber- und der Nehmerländer aus. Das Geberland kann profitieren von

- Transferzahlungen seiner Arbeitskräfte,
- Ausbildungseffekten der Arbeitskräfte im Ausland,
- Überbrückung von konjunkturellen Krisen durch Verminderung der zeitlich begrenzten Unterbeschäftigung.

Die Abwanderung von Arbeitskräften kann aber auch negative Auswirkungen auf die Wirtschaft des Geberlandes haben, etwa:

- Ansteigen des Lohn- und Einkommensniveaus im Inland,
- Verlust qualifizierter Arbeitskräfte (brain drain) und damit eine Einbuße in der Technologieausstattung des Landes.

Für das Nehmerland können sich folgende Vorteile ergeben:

- Erweiterung des Wachstumsspielraums der Volkswirtschaft,
- Abmilderung konjunktureller Überkonjunkturen,

---

126 Vgl. Resolution 3281 (XXIX) der UN-Generalversammlung vom 12. Dez. 1974: Charta der wirtschaftlichen Rechte und Pflichten der Staaten, Art. 4 und 6; abgedruckt im Anhang auf S. 330f.; vgl. auch das Ergebnis der 4. Welthandelskonferenz (UNCTAD IV) in Nairobi; dazu BUNDESMINISTERIUM FÜR WIRTSCHAFTLICHE ZUSAMMENARBEIT (Hg.) 1976.

127 Vgl. etwa CAVES/JONES 1973, 467ff.; H. G. JOHNSON, Some Economic Aspects of Brain Drain, The Pakistan Development Review 7 (1967), Aug., 379.

- Druck auf den Lohn- und Einkommensauftrieb,
- Steigerung der internationalen Wettbewerbsfähigkeit.

Als Nachteile kommen in Betracht:

- Zahlungsbilanzungleichgewichte durch Transferzahlungen ausländischer Arbeitnehmer,
- Abbau technologischer Vorsprünge, soweit diese an Qualifikation von Arbeitskräften gebunden sind.

(c) Die Kataloge der Vor- und Nachteile zeigen, daß diese von verschiedenen Betroffenen in den Geber- und Nehmerländern durchaus unterschiedlich beurteilt werden können. So wird der Punkt «Druck auf den Lohn- und Einkommensauftrieb» im Nehmerland von Arbeitnehmerseite anders eingeschätzt werden als von Arbeitgeberseite. Hinzu kommt die Problematik, daß besonders bei der internationalen Mobilität von Arbeitskräften wirtschaftliche, politische, gesellschaftliche und kulturelle Faktoren kaum exakt trennbar sind. Dazu ein Beispiel:

In das Geberland A zurückkehrende Arbeitskräfte, die lange Zeit im Nachbarland B gearbeitet haben, erleichtern die Industrieansiedlung in A, da sie während ihrer Arbeit in B ausreichend Know-how angesammelt haben. Gleichzeitig verschlechtert sich die Handelsbilanz von A gegenüber B, da die zurückkehrenden Arbeitnehmer ihre Konsumgewohnheiten geändert haben und deshalb solche Produkte eingeführt werden müssen, die nicht in A hergestellt werden, wohl aber in B.

(d) Die *Regelungsproblematik* bezüglich der internationalen Mobilität von Arbeitskräften entsteht in erster Linie bei den Geber- und Nehmerländern, nicht auf der internationalen Ebene. Die betroffenen Staaten versuchen, mit einem abgestuften Instrumentarium die Wanderungsbewegungen in für sie günstige Bahnen zu lenken.

Auf seiten der Geberländer gehört zu diesem Instrumentarium das Ausreiseverbot, die Ausreisesteuer, Ausbildungsförderung zur Erleichterung der Mobilität, konsularische Unterstützung der Arbeitskräfte im Ausland.

Auf seiten der Nehmerländer wird vor allem das Instrument der «Arbeitsgenehmigung» eingesetzt.[128] Daneben ist die Gleichstellung oder Diskriminierung ausländischer Arbeitnehmer von Bedeutung, Regelungen der beruflichen Qualifikationsvoraussetzungen, des Sozialversicherungsrechts, Maßnahmen staatlicher Förderung bei der Anwerbung ausländischer Arbeitnehmer im Ausland usw.

Übernationale Regelungen bezüglich der Mobilität von Arbeitskräften

---

128 Seit dem 1. 7. 69 ist dies in der Bundesrepublik durch das Arbeitsförderungsgesetz (AFG) vom 25. 6. 69 (BGBl. I, 582) geregelt; § 19 Abs. 1–5 bestimmt, daß Arbeitgeber nur Nichtdeutsche beschäftigen dürfen, die eine Arbeitserlaubnis besitzen; Näheres ist in der Verordnung über die Arbeitserlaubnis für nichtdeutsche Arbeitnehmer vom 2. 3. 71 (BGBl. I, 152) bestimmt; Fragen der materiellen Voraussetzung der Arbeitserlaubnis sind geregelt im Ausländergesetz vom 28. 4. 65 (BGBl. I, 353) und in der Verordnung zur Durchführung des Ausländergesetzes vom 10. 9. 65 (BGBl. I, 1341).

gibt es im EG-Bereich und in bilateralen Abkommen zwischen Geber- und Nehmerländern.[129]

(4) Neben die internationale Mobilität von Gütern, Kapital und Arbeit tritt heute zunehmend die *internationale Mobilität von Technologie.*

(a) Technologie (produktiv verwertbares Wissen) kann in Form von Formeln, Plänen, Ablaufschemata, Blaupausen, Patenten usw. niedergelegt sein. Es kann auch personengebunden als Expertenwissen vorhanden sein. Die Erzeugung von Technologie ist mit Kosten (Einsatz von Produktionsfaktoren) verbunden. Wirtschaftlich stellt Technologie einen Wert dar: Sie läßt sich zur Rationalisierung der Produktion existierender Produkte sowie für die Entwicklung neuer Produkte verwenden. Da sie transferierbar ist, kann sie ebenso wie Güter international getauscht werden. Gegenüber dem Güteraustausch ergeben sich aber eine Reihe von Besonderheiten, die für die internationalen Wirtschaftsbeziehungen von Bedeutung sind.[130]

(b) Die Voraussetzung für den Erzeuger für eine wirtschaftliche Verwertung von Technologie besteht darin, daß dieses Wissen nicht frei zugänglich ist (vgl. die Definition des wirtschaftlichen Gutes in Kap. I.1.1) und daß es geeignet ist, die wirtschaftliche Position des Erwerbers zu verbessern. Der wirtschaftliche Wert einer Technologie entfällt also, wenn das Wissen veröffentlicht oder eine neue, leistungsfähigere Technologie entwickelt worden ist. Für den Erzeuger von Technologie hat dies folgende Konsequenzen: Er wird Interesse an der Geheimhaltung seines Wissens gegenüber Außenseitern haben, und er wird Anstrengungen unternehmen, um seine eigene Technologie in einem Tempo zu verbessern, daß sie jeweils mit anderen Technologien wettbewerbsfähig ist. Diese Überlegungen haben Auswirkungen für den internationalen Austausch von Technologie (unten d).

(c) Die Kosten für die Erzeugung neuer Technologien werden in allen industrialisierten Ländern in vielen Fällen teilweise durch den Staat getragen, werden also gegenüber dem privatwirtschaftlichen System externalisiert (z. B. Ausbildungs- und Forschungsförderung durch den Staat). Je stärker Staaten die Entwicklung solcher Technologien unterstützen, die für Drittländer zugänglich gemacht werden, um so mehr betreiben sie Exportsubventionspolitik.

(d) Die Ausstattung einer Volkswirtschaft mit moderner Technologie rechnet zur *Faktorausstattung.*[131] Sie gehört neben der Ausstattung mit natürlichen Ressourcen zu den wichtigsten Bestimmungsgrößen für die Position eines Landes in der Weltwirtschaft. Wie sich aus der Argumenta-

---

129 Für den EG-Bereich sind Art. 48–51 EWGV einschlägig; vgl. auch KNOLLE 1964; MILLER 1968.

130 Vgl. VERNON (Hg.) 1970; GRUEBER/METHA/VERNON 1967; AGARWAL/DONGES/HORN/NEU 1975; HESSE 1977, 380ff.

131 In der herkömmlichen Theorie von den Produktionsfaktoren (I. 1.4.1) erscheint Technologie nicht als eigenständiger Produktionsfaktor, da der Stand der Technologie eine Qualifizierung der Produktionsfaktoren Arbeit und Kapital darstellt.

tion in (b) ergeben hat, ist diese Ausstattung mit Technologie keine statische Größe; sie ist ständigen Veränderungsprozessen unterworfen. Da permanent Technologien wirtschaftlich entwertet werden, ist für die Technologieausstattung einer Volkswirtschaft die Rate der Technologieentwicklung im Zeitablauf der maßgebliche Faktor. Diese Rate hängt von den vorhandenen Ausbildungs- und Forschungskapazitäten sowie von deren Produktivität ab. Dafür ist die staatliche Förderung (oben c) und ihre spezifische Ausgestaltung wesentlich. Beim internationalen Austausch von Technologie sind die Staaten also direkter beteiligt als bei der internationalen Mobilität von Gütern und Arbeitskräften. Dazu ein Beispiel:

Das Land A möchte seine internationale Wirtschaftsposition stärken. Es fördert die technologische Entwicklung von Gezeitenkraftwerken mit großem Aufwand. Nach zehn Jahren sind die Unternehmen des Landes die führenden Exporteure technischer Anlagen für Gezeitenkraftwerke.

(e) Der *internationale Austausch von Technologie* kann auf verschiedene Arten abgewickelt werden. Technologie kann Bestandteil von Anlagenexporten sein. Technologisches Wissen kann verkauft und/oder lizenziert werden. Schließlich liegt in jeder internationalen Wanderung qualifizierter Arbeitskräfte ein Technologietransfer. Dieser Transfer ist aber zeitlich begrenzt, und zwar auf die Zeit, in der eine qualifizierte Fachkraft im Ausland tätig ist. Doch ist es möglich, daß während dieser Zeit die betreffende Technologie im Nehmerland zur freien Technologie oder daß sie an bestimmte Personen weitergegeben wird, die dann ihrerseits zu Technologieträgern werden. In beiden Fällen liegt ein dauerhafter internationaler Technologietransfer vor.

(f) Die Ungleichverteilung der Technologie auf die verschiedenen Volkswirtschaften bringt Positionsvorteile für diejenigen Länder, die

- über ein hohes Ausgangsniveau an Technologie verfügen,
- eine hohe Entwicklungsrate neuer Technologien aufweisen,
- neue Technologien kostengünstiger entwickeln als andere.

Dieser Katalog von Kriterien für eine positive Faktorausstattung mit Technologie zeigt, daß eine hohe Korrelation zwischen dem Entwicklungsstand einer Volkswirtschaft (Industrialisierung) und einer günstigen Technologieausstattung besteht. Zugleich wird auch die Problematik derjenigen Länder deutlich, die sich auf einem niedrigeren Entwicklungsniveau befinden und ein höheres Niveau anstreben. Meist fallen bei diesen Ländern drei negative Faktoren zusammen, nämlich ein geringes Ausgangsniveau an Technologieausstattung, eine niedrige Technologieentwicklungsrate und eine ungünstige Kostensituation für die Entwicklung neuer Technologien. Kommt außerdem der «brain drain» hinzu, also die Abwanderung qualifizierter Arbeitskräfte in solche Länder, in denen sie relativ höher entlohnt werden, so verschlechtert sich die Situation noch weiter. Diese Kluft in der Technologieausstattung und deren Entwicklungsrate macht deutlich, weshalb das Thema Technologietransfer von den Industrieländern in die Entwicklungsländer heute zu den Kernproblemen der Weltwirtschaftsordnung gezählt wird (dazu unten 4.2.2).

Welche Faktoren sind für den Technologietransfer von Bedeutung?

– Technologietransfer findet wie Güteraustausch heute vielfach innerkonzernlich statt.

– Technologietransfer kann schnell die Richtung ändern, wenn der Empfänger eher zu Neu- und Weiterentwicklungen in der Lage ist und sich in einer Position befindet, diese neue Technologie seinerseits frei zu verwenden und zu verwerten.

– Technologietransfer ist für die Heimatstaaten der Technologie ein sensitiver Vorgang, da er die Rendite volkswirtschaftlicher Investitionen (im Ausbildungs- und Forschungsförderungssektor) betrifft.

– Technologietransfer ist meist (auch) mit Mobilität von Arbeitskräften verknüpft. Der eigentliche Transfer findet im Nehmerland statt, wenn einheimische Arbeitskräfte ausgebildet werden.

– Technologietransfer findet in Form von Ausbildungsförderung seitens entwickelter Länder an Personen aus Ländern mit einem niedrigen Technologieniveau statt, soweit diese Personen später in ihrem Heimatland tätig werden (Problem des «brain drain»).

Die Aufzählung dieser Faktoren zeigt, daß wirtschaftliche und politische Bedingungen des Technologietransfers von vorrangiger Bedeutung sind. Rechtliche Regelungen spielen insbesondere für die Weiterentwicklung von Technologien und die betreffenden Verwertungsrechte eine Rolle. Zudem sind rechtliche Vorschriften für die Geheimhaltung von Technologien relevant. Dies gilt im internationalen Bereich um so mehr, als für den rechtlichen Schutz der Geheimhaltung dasjenige Land zuständig ist, das am Technologietransfer auf eigene Unternehmen und Arbeitskräfte interessiert ist.

(5) Internationale Mobilität von Finanzmitteln: Die Mobilität von Gütern, Kapital und Technologie ist in aller Regel mit Zahlungen verbunden. Es finden Übertragungen von Finanzmitteln statt. Daneben gibt es auch «autonome» Finanztransaktionen, die ihren Grund darin haben, daß die Wirtschaftseinheiten Geld- oder Finanzanlagen außerhalb ihres Heimatlandes suchen und/oder Gewinn aus Verschiebungen der Austauschrelationen der Währungen ziehen. Die Mechanik der internationalen Finanzströme ist von der Wirtschaftstheorie bisher nicht hinreichend erklärt.[132] Am einfachsten ist die Problematik zu erschließen, wenn man sie aus der Sicht eines Unternehmens angeht, das sowohl Auslandsinvestitionen vornimmt, Güter exportiert und importiert, Technologie importiert und exportiert und Finanz-

132 In der Literatur wird diese Problematik meist als Unterproblematik der Zahlungsbilanztheorie behandelt; vgl. Rose 1976, 90ff. In der modernen Diskussion erscheint die Problematik als Unterfall des Problemfelds «multinationales Unternehmen»; vgl. Manser 1973; Wilson/Scheffer 1974. Eine weitere Schwierigkeit für die Erklärung internationaler Finanzströme stellt die Unterscheidung in lang- und kurzfristige Kapitalbewegungen dar; zu den langfristigen rechnen dann sowohl Direktinvestitionen als auch Portfolioinvestitionen; vgl. Caves/Jones 1973, 474ff.

anlagen im Ausland vornimmt. Es wird versuchen, seinen internationalen Zahlungsverkehr so zu gestalten, daß

- das Ausfallrisiko niedrig gehalten wird,
- Unterschiede in der Anlagerendite in verschiedenen Volkswirtschaften ausgenutzt werden,
- das «Währungsrisiko», das durch Paritätsänderungen bedingt ist, vermindert bzw. der Gewinn aus dem Ausnutzen dieser Währungsänderungen optimiert wird.

Die Problematik des Ausfallrisikos bei internationalen Finanztransaktionen ist in der Regel höher als bei nationalen; denn die Information über die Bonität der Schuldner ist geringer; politische Einflüsse spielen oft neben den wirtschaftlichen eine erhebliche Rolle.

Unterschiede in der Anlagerendite stellen sich bei Finanzanlagen als Zinsunterschiede dar. Diese Zinsunterschiede können aber nur wirtschaftlich eingeschätzt werden, wenn zugleich das «Währungsrisiko» berücksichtigt ist. *Währungssicherungsgeschäfte* (hedging operations) sind ihrerseits mit Kosten verbunden; diese sind von einem positiven Zinsunterschied in Abzug zu bringen (KIRCHNER 1978, 62–65).

Betrachtet man die internationalen Finanztransaktionen aus der Sicht der für die Wirtschaftspolitik eines Landes verantwortlichen Instanzen, so erweitert sich der Problemkatalog um folgende Punkte:

– Internationale Finanztransaktionen jeglicher Art wirken sich auf die *Zahlungsbilanz* des Landes aus. Sie betreffen damit die internationale Schuldner- bzw. Gläubigerposition des Landes.

– Internationale Finanztransaktionen können die inländische Geldmenge verändern (dazu oben S. 254ff.). Sie wirken sich damit auf die Rate der Kaufkraftveränderung der einheimischen Währung aus.

– Internationale Finanztransaktionen, die kurzfristig, massiert und in einer Richtung (Ein- oder Ausflüsse) auftreten, berühren die internationale Austauschrelation der einheimischen Währung (Parität, Wechselkurs).

Betrachtet man die internationalen Finanztransaktionen aus dem Blickwinkel einer «Weltwirtschaftspolitik», so treten weitere Problempunkte hinzu:

– Internationale Finanztransaktionen verändern die Austauschrelationen zwischen den Währungen und Gläubiger- und Schuldnerpositionen der einzelnen Länder. Dadurch verändern sie zugleich die Gewichte der einzelnen Währungen in der Weltwährungsordnung. Währungen, die längere Zeit hinweg durch internationale Finanztransaktionen negativ betroffen worden sind, können ihre Rolle als internationales Zahlungs- und Reservemittel einbüßen (Pfund Sterling seit 1945).

– Massierte, kurzfristige, einseitige internationale Finanztransaktionen (internationale Spekulationswellen) können das Weltwährungssystem erschüttern (Währungskrisen) und damit die Abwicklung des internationalen Zahlungsverkehrs gefährden. Dies wirkt sich negativ auf die internationalen Austauschbeziehungen aus.

4.2. *Regelungsprobleme in den internationalen Wirtschaftsbeziehungen*

Probleme der rechtlichen Regelungen der internationalen Wirtschaftsbeziehungen werden heute vorwiegend im Kontext der Diskussion um die Schaffung einer «*Neuen Weltwirtschaftsordnung*» (New International Economic Order – NIEO) erörtert.[133] Das Konzept der «Neuen Weltwirtschaftsordnung» zielt in erster Hinsicht auf eine Neuordnung des Nord-Süd-Verhältnisses, also auf die Beziehungen zwischen den industrialisierten Staaten der nördlichen Hemisphäre (unter Einschluß von Australien, Neuseeland, Südafrika) und den nicht oder wenig industrialisierten Staaten der südlichen Hemisphäre («Dritte und Vierte Welt»). Die wichtigen Regelungspunkte für die Schaffung der «Neuen Weltwirtschaftsordnung» betreffen folglich diejenigen Probleme, die für die Länder der Dritten und Vierten Welt von besonderer Bedeutung sind:

- Regelung der Rohstoffmärkte,
- Technologietransfer,
- Instrumentalisierung des Weltwährungssystems für Zwecke der Entwicklungshilfe,
- Schaffung von Präferenzsystemen für Exporte von Halb- und Fertigprodukten aus Entwicklungsländern in Industrieländer,
- Kontrolle multinationaler Unternehmen,
- Schuldenerlaß für stark verschuldete Entwicklungsländer.

Diese Punkte sollen mit Ausnahme des letzten, der keine ausgeprägte rechtliche Regelungsproblematik enthält, zum Ausgangspunkt der folgenden Skizzen rechtlicher Regelungsprobleme gemacht werden. Dabei wird allerdings nicht allein auf die Interessenlage der Entwicklungsländer abgestellt, sondern auf den weltwirtschaftlichen Aspekt.

4.2.1. Regelung der internationalen Rohstoffversorgung

4.2.1.1. *Das Regelungsproblem*

Internationale Rohstoffmärkte zeichnen sich durch starke Preisschwankungen aus.[134] Viele Rohstoffmärkte weisen keinen funktionierenden Wettbe-

---

133 Vgl. Bundesministerium für wirtschaftliche Zusammenarbeit (Hg.) 1975; Bundesministerium für wirtschaftliche Zusammenarbeit (Hg.) 1976, mit einer Bibliographie zur «Weltwirtschaftsordnung», 121 ff.; A. Weber 1977; Tomuschat 1975; Corea 1977; Corea u. a. 1977; Besters (Hg.) 1975; Glismann/Juhl/Stecher 1976; Michalsky 1976; Sauvant/Hasenpflug (Hg.) 1977; vgl. auch Tinbergen u. a. 1976.

134 Kebschull/Künne/Menck 1977, 64–71; Kirchner u. a. 1977, 30 f., 40.

werb auf.[135] Da Rohstoffexporte für die Mehrzahl der Entwicklungsländer erhebliche volkswirtschaftliche Bedeutung haben,[136] versuchen die in den Vereinten Nationen vertretenen Entwicklungsländer seit einigen Jahren eine Regelung der Weltrohstoffmärkte durch *internationale Rohstoffabkommen* zu erreichen.[137] Die IV. Welthandelskonferenz (UNCTAD IV) billigte im Mai 1976 im Grundsatz ein «*Integriertes Rohstoffprogramm*» (integrated programme for commodities), demzufolge für eine Reihe von Rohstoffen internationale Abkommen abgeschlossen werden sollen, deren jeweils vorgesehene *Preisstabilisierungslager* (buffer-stocks) aus einem *Gemeinsamen Fonds* (Common Fund) finanziert werden sollen.[138] Bisher haben sich jedoch Anbieter- und Verbraucherländer nicht auf die Modalitäten der einzelnen Abkommen einigen können. Auch über Funktionsweise und Finanzausstattung des Gemeinsamen Fonds besteht noch keine Einigung.[139]

Die vieldiskutierte Frage der Marktregulierung betrifft nur einen Aspekt des Problems der internationalen Rohstoffversorgung. Ebenso relevant ist die Frage der Ausgestaltung von *Rohstoffprojektverträgen*, die Rohstoffstaaten mit Bergbaugesellschaften zum Zweck der Ausbeutung ihrer Rohstoffvorkommen schließen.[140] Diese Verträge bestimmen ihrerseits Voraussetzungen und Grenzen der Marktregulierungsproblematik.

4.2.1.2. Entwicklungen

Die Entwicklung bezüglich des Abschlusses weiterer *Rohstoffabkommen* – bisher existieren solche Abkommen für Kaffee, Kakao, Zucker, Zinn – ist angesichts der unterschiedlichen Standpunkte von Anbietern und Nachfragern und der Fülle offener Fragen noch nicht abzusehen.[141] Doch ist anzunehmen, daß eine *Stabilisierung der Exporterlöse* für rohstoffexportierende Entwicklungsländer vereinbart werden kann.[142]

---

135 Kirchner u. a. 1977, 24ff., 47ff.; zur Kartellierung Clarfield/Jackson/Keeffe/Noble/Ryan 1975.

136 Kebschull/Künne/Menck 1977, 27–63; Kirchner u. a. 1977, 70ff.

137 UNCTAD, An Integrated Programme for Commodities, UN-Doc. TD/B/C. 1/166 Suppl. 1; Kebschull/Künne/Menck 1977; Kirchner u. a. 1977, 279ff.; Lörcher 1976; Köpernick u. a. 1976/77, 1977, 367ff.

138 Kebschull/Künne/Menck 1977, 75ff.; Kirchner u. a. 1977, 279ff.; Lörcher 1976, 52ff.

139 Bisher sind alle Einigungsversuche gescheitert; vgl. D. Kebschull, Divergent Opinions on the Common Fund, 1977, 88; o. V., Entwicklungsländer ziehen den Theater-Coup vor, F. A. Z. vom 5. 12. 1977, Nr. 282, 13.

140 Vgl. etwa Mikesell 1975; Smith/Wells 1975; beide Werke besprochen von E. Schanze 1977; Kirchner u. a. 1977, bes. 16ff., 301–377.

141 Zu den offenen Fragen Kirchner u. a. 1977, 188ff., 281.

142 Dazu Kebschull/Künne/Menck 1977, 120ff.; Köpernick u. a. 1976/77, JuS 1977, 372.

Die Ausgestaltung von Rohstoffprojektverträgen wird in erster Linie durch die Machtverteilung zwischen den an solchen Projekten beteiligten Aktoren geprägt.[143] Die inhaltliche Ausgestaltung hängt vor allem von der langfristigen Marktlage des betreffenden Rohstoffmarktes ab sowie von den Differenzen in der Technologieausstattung von Investor (Bergbauunternehmen) und Rohstoffstaat.[144] In Rohstoffprojektverträgen werden für das Einzelprojekt, das vielfach ein wichtiger Faktor für die Volkswirtschaft des betroffenen Landes ist, Sonderregelungen getroffen, die faktisch oder auch rechtlich gesetzesvertretend sind und bisweilen über existierende Gesetzesnormen disponieren. Die Regelungsmodalitäten hängen nicht nur von der Machtverteilung im Einzelfall ab, sondern auch von der Frage, inwieweit sich ein internationaler Erfahrungsaustausch und möglicherweise internationale Standards für langfristige Regelungen herausbilden.[145]

4.2.2. Regelung des internationalen Technologietransfers

4.2.2.1. Das Regelungsproblem

Die Bedeutung der Technologieausstattung für die Position eines Landes in der Weltwirtschaft wurde bereits angesprochen (oben S. 283 Ziff. (4) und (6), S. 293 ff.). Für Länder mit *defizienter* Technologieausstattung liegt die Problematik bei folgenden Punkten:[146]

– Technologietransfer setzt vertragliche Regelungen mit den Eigentü-

---

143 Kirchner u. a. 1977, 301 ff.; Smith/Wells 1975.

144 Kirchner u. a. 1977, 326 ff.

145 An diesem Prozeß sind eine Reihe von Personen und Organisationen beteiligt; neben den direkt an den Vertragsverhandlungen Beteiligten sind vor allem internationale Institutionen wie Weltbank, Kommission und Zentrum für transnationale Unternehmen (CTC) zu nennen; daneben spielt auch die wissenschaftliche Klärung und Systematisierung des Stoffes eine Rolle; dazu etwa das am Institut für Ausländisches und Internationales Wirtschaftsrecht in Frankfurt a. M. laufende Forschungsprojekt «Rohstofferschließungsvorhaben in Entwicklungsländern»; in der Forschungsreihe «Studien zum internationalen Rohstoffrecht», hg. von H.-J. Mertens, E. Rehbinder, G. Jaenicke, ist bisher Bd. 1 (Kirchner u. a. 1977) erschienen; Bd. 2–4 erscheinen 1978.

146 Dazu insbes. Vaitsos 1972; für die UN sind eine Reihe von Einzelstudien über den Technologietransfer in Entwicklungsländer erstellt worden; vgl. R. B. Stobough, The International Transfer of Technology in the Establishment of the Petrochemical Industry in Developing Countries, UNITAR Paper Nr. 12, 1971; S. Lall, Major Issues in Transfer of Technology to Developing Countries: A Case Study of the Pharmaceutical Industry, UNCTAD, UN-Doc. TD/B/C.6/U.; vgl. zur Haltung der Vereinten Nationen etwa FIW 1977, Empfehlungen des Berichts der Gruppe der «Eminent Persons» des Wirtschafts- und Sozialrates der Vereinten Nationen (ECOSOC) über den «Einfluß der multinationalen Unternehmen auf den Entwicklungsprozeß und die internationalen Beziehungen», Kap. VI, Technologie, 72 f.

mern der Technologie – meist multinationale Unternehmen – voraus.

– Technologietransfer erfolgt vorzugsweise an im Lande tätige Tochtergesellschaften multinationaler Konzerne.

– Lizenzverträge geben den Lizenznehmern oftmals nicht die Möglichkeit, die betreffenden Produkte international zu vermarkten, die Technologien weiterzuentwickeln und selbständig zu verwerten, die Technologie nach Ablauf von Patenten frei zu verwenden.

– Technologietransfer in Form der Ausbildung einheimischer Arbeitskräfte stößt oft an die Grenzen der Belastbarkeit der im Lande tätigen ausländischen Unternehmen.

– Technologietransfer durch multinationale Unternehmen erfolgt oft nur, wenn der Gaststaat über ein System gewerblicher Schutzrechte verfügt, das internationalen Standards entspricht. Durch ein solches System aber ist die erfolgreiche nationale Technologieentwicklung nur in Abstimmung mit den multinationalen Unternehmen möglich.

Für Länder mit *fortgeschrittener* Technologie, deren internationale Wettbewerbsposition von diesem Technologievorsprung abhängt, ergeben sich folgende Regelungsprobleme:[147]

– Ist die Faktorausstattung (natürliche Ressourcen, Arbeitskräfte) ansonsten ungünstig, so kann ein freier Zugang anderer Länder zur eigenen Technologie zu einer entscheidenden Schwächung der Wettbewerbsposition führen.

– Läßt sich Technologie in Drittländern nicht durch Patente schützen, gewinnt die Geheimhaltung neuer Technologien zunehmende Bedeutung.

– Ist ein hinreichender Schutz von Technologien nicht gewährleistet, kommt es in dem betreffenden Land zu Desinvestitionen. Existieren zudem Handelsschranken gegen Warenimporte, kommt der internationale wirtschaftliche Austausch zum Erliegen.

4.2.2.2. Ansätze zur Neuregelung

Ansätze zur Neuregelung im nationalen Bereich gibt es auf seiten der Technologienehmerländer auf folgenden Gebieten:[148]

- Die Ausbildung einheimischer Arbeitskräfte wird zunehmend gesetzlich und vertraglich verankert.

---

147 Diese Problematik findet in der Literatur wenig Beachtung, da die Länder mit fortgeschrittener Technologie in aller Regel zugleich die «reichen» Länder sind. Das Problem wird meist aus der Sicht der Unternehmen diskutiert, die Technologie übertragen; aus dem Pharmaziesektor BARTLING 1972.

148 Trotz verschiedener Einzelmaßnahmen gibt es bisher bei Technologienehmerländern keine theoretische Diskussion einer Technologietransferpolitik. Am weitesten analysiert ist das Problem der Patentlizenzen; vgl. VAITSOS 1972; PENROSE 1973.

- Der Zugang zu existierenden, aber nicht ausgebeuteten Patenten wird durch Benutzungspflichten verbessert.
- Der Zugang zu patentmäßig geschützten Technologien wird durch das Instrument der «Zwangslizenz» verbessert.
- Die nationale Weiterentwicklung von im Lizenzwege erworbenen Technologien wird durch eine Kontrolle der Lizenzverträge verbessert.

Auf der internationalen Ebene gibt es Bestrebungen, durch Änderungen des jetzigen internationalen Systems der gewerblichen Schutzrechte
- Sonderrechte für Entwicklungsländer zu begründen,
- die internationale Verwertbarkeit der Technologie durch den Lizenznehmer zu verbessern.[149]

4.2.3. Regelung der internationalen Währungsordnung

4.2.3.1. *Das Regelungsproblem*

Dem internationalen Währungssystem kommt für die internationalen Wirtschaftsbeziehungen eine *Schlüsselrolle* zu.[150] Es muß zur Abwicklung des internationalen Zahlungsverkehrs, der Voraussetzung für die Mobilität von Gütern, Kapital, Technologie und Arbeitskräften ist, internationale Liquidität zur Verfügung gestellt werden. Zudem müssen das Austauschverhältnis der einzelnen nationalen Währungen geregelt bzw. Verfahren für diese Regelung geschaffen werden. Daneben wird als Aufgabe der Regelung der internationalen Währungsordnung teils auch gesehen:

– Erleichterung der Umverteilung der Ressourcen von «reichen» Ländern auf «arme» durch die Zuteilung neuer internationaler Liquidität (Sonderziehungsrechte) an Entwicklungsländer.[151]

– Gewährleistung ausgeglichener Zahlungsbilanzen bei allen Ländern, die sich der internationalen Währungsordnung unterstellen.[152]

Bei diesen beiden Aufgaben stellt sich die Frage, ob sie Voraussetzung für

---

149 Vgl. BUREAUX INTERNATIONAUX RÉUNIS POUR LA PROTECTION DE LA PROPRIETÉ INDUSTRIELLE (BIRPI) (Hg.) 1965; KIRCHNER 1975, bes. 182ff.; Überblick bei UN, ECONOMIC AND SOCIAL COUNCIL, COMMISSION ON TRANSNATIONAL CORPORATIONS, Research on Transnational Corporations 1976, 30.

150 ASCHINGER 1971; KRÄGENAU 1974; BERG 1976, 84ff.; G. M. MEIER 1974; HABERLER 1977; G. BAER in KÖPERNICK u. a. 1976/77, JuS 1977, 506.

151 Dazu IWF, Jahresbericht 1972, 72f.; HAAN 1971; ASCHINGER 1972, 48ff.; BERG 1976, 114ff.; P.-J. SCHNEIDER 1974.

152 Eine solche Regelung sah der sogenannte Keynes-Plan (Fassung April 1943, Cmd. 6437) vor; abgedruckt bei G. M. MEIER 1974, 21; doch wurde in den Verhandlungen zum Abkommen von Bretton Woods diese Regelung von den Amerikanern, die den White-Plan vorlegten, abgelehnt, da zu erwarten war, daß die USA als wahrscheinlich größtes Überschußland von dieser Regelung nachteilig betroffen würden; vgl. MEIER 1974, 24.

die Funktionsfähigkeit des internationalen Währungssystems sind, oder ob sie nicht lediglich deshalb von den internationalen Währungsinstanzen wahrgenommen werden, weil diese zugleich als Instanzen einer Weltwirtschaftspolitik tätig sind.[153]

4.2.3.2. Rechtliche Regelungen

Das gegenwärtige Weltwährungssystem wird von den Mitgliedern des *Internationalen Währungsfonds* (IWF – International Monetary Fund – IMF) und der Bank für internationalen Wiederaufbau und Entwicklung (Weltbank – International Bank for Reconstruction and Development – IBRD) getragen.[154] Nach dem revidierten Abkommen von Bretton Woods[155] wird die internationale Liquidität durch Ausgabe von Sonderziehungsrechten (SZR – Special Drawing Rights – SDR) gesteuert.[156] Die Mitgliedsländer haben die Möglichkeit, für ihre Währung entweder eine feste Parität zu fixieren oder den Wert durch Käufe und Verkäufe an den Devisenmärkten bestimmen zu lassen (Floaten).[157] Durch Zuteilung von Sonderziehungsrechten an Entwicklungsländer und durch teilweise Verwendung der Erlöse aus Goldverkäufen (aus der Umwandlung der Goldeinlagen) trägt der IWF zur Ressourcenumverteilung zugunsten der Entwicklungsländer bei.[158] Auf die Zahlungsbilanzpolitik nimmt der Fonds bei den Ländern Einfluß, die sich über die Höhe der (normalen) Ziehungsrechte hinaus bei ihm verschulden.[159] Dem Fonds stehen hingegen keine Mittel zur Verfügung, auf solche Länder einzuwirken, die aktive Zahlungsbilanzen aufweisen.[160]

---

153 Vgl. HALM 1975, 118; MIKESELL 1972. Seit Gründung eines Trustfonds für die Erlöse aus den Goldverkäufen des IWF (5. Mai 1976) vergibt der IWF als Treuhänder Anleihen an Entwicklungsländer und ist damit ebenfalls indirekt als Entwicklungspolitikinstanz tätig; vgl. IMF-Survey vom 7. Feb. 1977.

154 Vgl. Abkommen von Bretton Woods, BGBl. 1952 II, 638; ergänzt und geändert BGBl. 1968 II, 1225; zum jetzigen Stand HABERLER 1977; BERG 1976, 84ff.

155 Zur Reform des Weltwährungssystems vgl. H. MÖLLER 1972; ASCHINGER 1972; KRÄGENAU 1974; W. F. MONROE 1974; G. M. Meier 1974, 212ff.; BERNHOLZ 1974; HALM 1975; A. WAGNER 1977; HABERLER 1977.

156 HAAN 1971; ASCHINGER 1972, 48ff.; G. M. MEIER 1974, 218ff.; ITH 1975.

157 Dazu H. MÖLLER 1972, 75ff.; BERNHOLZ 1974, 65ff.; G. M. MEIER 1974, 212ff.; ITH 1975, 229ff.; KRÄGENAU 1974, 36ff.

158 Zur theoretischen Diskussion Nachweise in Fn. 151; in der gegenwärtigen Diskussion wenden sich die Industrieländer gegen die inflationsanheizende Schaffung neuer Liquidität zu entwicklungspolitischen Zwecken; vgl. HABERLER 1977; statt dessen soll den Entwicklungsländern durch Anleihen aus dem Trustfonds geholfen werden; dazu oben Fn. 153.

159 Vgl. dazu das Prozedere des IWF-Kredits an Italien am 25. April 1977. Die italienische Regierung hatte am 14. April eine Absichtserklärung abgegeben, bestimmte wirtschaftspolitische Maßnahmen zu ergreifen. Im August richtete die Leitung des IWF in einem vertraulichen Schreiben an die italienische Regierung die

4.2.4. Regelung der internationalen Mobilität von Gütern, Kapital, Arbeitskräften, Technologie und Finanzmitteln

4.2.4.1. Das Regelungsproblem

Bei der Regelung der internationalen Mobilität von Gütern, Kapital, Arbeitskräften, Technologie und Finanzmitteln geht es allgemein um das Problem der *Freiheit des internationalen Wirtschaftsverkehrs* (entsprechend der «Außenwirtschaftsfreiheit» im nationalen Bereich). Auf die für die einzelnen Länder damit verbundenen Probleme wurde in S. 276 f. eingegangen. Die einzelnen Länder räumen der Mehrung der nationalen Wohlfahrt wohl ausnahmslos außenwirtschaftspolitischen Vorrang ein; zur Vermittlung dieser Prioritäten könnte ein Netz bilateraler umfassender Verträge errichtet werden. Solche bilateralen Abkommen finden sich vor allem in den sogenannten «Handels-, Schiffahrts- und Freundschaftsverträgen», in Investitionsschutzverträgen und in bilateralen Handelsverträgen.[161] Eine multilaterale Abstimmung setzt voraus, daß die «Zugeständnisse» und «Forderungen» der Länder quantifizierbar gemacht werden, um auf diese Art und Weise Aufrechnungen zu ermöglichen. Schemata dafür sind bisher nur auf dem Sektor der Gütermobilität entwickelt worden. Die Regelungsproblematik besteht also zum einen darin, wie sich neben der außenwirtschaftspolitischen Ausrichtung am jeweils nationalen Wohlfahrtsziel eine Berücksichtigung weltwirtschaftlicher Aspekte einführen läßt und wie Verhandlungsfaktoren in multilateralen Verhandlungen operationalisiert werden können.

4.2.4.2. Entwicklungen

Internationale Regelungen gibt es bisher nur auf dem Sektor der Gütermobilität. Im Rahmen des Internationalen Zoll- und Handelsabkommens (General Agreement on Tariffs and Trade – GATT) werden jeweils im Abstand von einigen Jahren multilaterale Verhandlungen über den Abbau von Handelsschranken geführt.[162] Auf dem Gebiet des Abbaus von Zöllen wurden

---

Bitte, die Auflagen zu erfüllen.

160 Der internationale Druck richtet sich seit Beginn der 70er Jahre vornehmlich gegen Japan und die Bundesrepublik Deutschland. Da diejenigen Länder, die im IWF über die Stimmenmehrheit verfügen, zugleich Mitglieder der OECD sind, erscheint es heute nicht dringlich, die Befugnisse des IWF gegenüber Überschußländern auszubauen.

161 Während Handels-, Schiffahrts- und Freundschaftsverträge sowie Investitionsförderungsverträge und Investitionsschutzabkommen nur die Rahmenbedingungen festlegen, regeln bilaterale Handelsverträge mitunter den Umfang des Austauschs und die Zusammensetzung der Handelsströme.

162 Vgl. Dam 1970; Liebich 1971; Gupta 1967; Frantz 1975; Harbrecht 1976.

seit Ende des Zweiten Weltkriegs Regelungen in beachtlichem Umfang geschaffen; doch liegt das Kernproblem in der Frage, ob nicht Zugeständnisse auf dem Zollsektor durch den Ausbau eines komplexen Systems nichttarifärer Handelshemmnisse kompensiert worden sind.[163] Die weitere Entwicklung wird demnach davon abhängen, inwieweit nichttarifäre Handelshemmnisse erfaßt und Standards ihrer Meßbarkeit entwickelt werden können, so daß sie verhandlungsfähiger Gegenstand multilateraler Abkommen werden.[164] Analog stellen sich wirtschaftsrechtliche Analyse- und Bewertungsaufgaben für Hemmnisse der freien Mobilität von Kapital, Arbeitskräften, Technologie und Finanzmitteln.

4.2.5. Regelung des Konflikts zwischen Nationalstaaten und multinationalen Unternehmen

4.2.5.1. *Das Regelungsproblem*

Konflikte zwischen Nationalstaaten und multinationalen Unternehmen ergeben sich zwangsläufig aus dem heutigen System der internationalen Wirtschaftsbeziehungen, in dem die internationale Mobilität von Gütern, Kapital, Technologie und Finanzmitteln in erster Linie durch die Aktivitäten multinationaler Unternehmen bewirkt wird, in dem aber jedes Land die Auswirkungen dieser Mobilität unter nationalen Gemeinwohlaspekten zu regulieren sucht.[165] Ein und derselbe Vorgang wird also jeweils von verschiedenen Akteuren unter verschiedenen Interessenvorzeichen zu regeln und zu beeinflussen versucht.

Aus der Sicht der Nationalstaaten sind die Regelungsfragen dieses Konflikts:

---

163 Dazu UNCTAD 1967 und 1974; HEIDUK 1973; RONINGEN/YEATS 1976; QUAMBUSCH 1976; QUAMBUSCH 1977; HASENPFLUG 1977; begrifflich von nichttarifären Handelshemmnissen zu trennen sind verborgene Handelshemmnisse (hidden barriers), die eine Unterkategorie der nichttarifären Handelshemmnisse bilden; dazu G. und V. CURZON 1970, GRIFFITHS 1975.

164 QUAMBUSCH 1976, 324ff.; HASENPFLUG 1977, 16f.

165 Diese Problematik wird gegenwärtig vor allem unter dem Aspekt «multinationale Unternehmen und Entwicklungsländer» diskutiert; vgl. BETHKE/KOOPMANN 1975; GRÜNARML 1975; JUNGNICKEL/KOOPMANN 1976; SENGHAAS/MENZEL 1976 (mit ausführlicher Bibliographie). Voraussetzung für die Erfassung der möglichen Konflikte ist eine weltweite Publizität von multinationalen Unternehmen; dazu BUSSE VON COLBE/ORDELHEIDE 1976, 291ff.; WANG 1977; BRESSER/KIRCHNER 1977, 157f.; KIRCHNER 1978; zur besonderen Bedeutung dieser Problematik für Entwicklungsländer UN, ECONOMIC AND SOCIAL COUNCIL, COMMISSION ON TRANSNATIONAL CORPORATIONS, Some Aspects of Corporate Accounting and Reporting of Special Interest to Developing Host Countries, Report of the Secretariat, UN-Doc. E/C.10/AC.1/4 1976. Zur neuesten deutschen Diskussion über das Regelungsproblem «multinationale Unternehmen» HOPT 1977.

– Kann die nationale Außenwirtschaftspolitik auch gegenüber andersgerichteten Interessen multinationaler Unternehmen durchgesetzt werden?

– Kann bei ausländischen Investitionen im Inland die binnenwirtschaftlich ausgerichtete Wirtschaftspolitik gegenüber den Interessen multinationaler Unternehmen durchgesetzt werden?

Aus der Sicht der multinationalen Unternehmen stellt sich die Frage, welche Rahmenbedingungen für weltweite Strategien (etwa langfristige Gewinnmaximierung oder Umsatzmaximierung) durch die Wirtschaftspolitiken der Nationalstaaten als externe Daten vorgegeben werden und inwieweit sie sich beeinflussen lassen.

Das *Problem des Konflikts zwischen Nationalstaaten und multinationalen Unternehmen* gewinnt damit eine *globale und* eine *nationale Dimension.* Als Problem wird es erst dann regelungsfähig, wenn auch die Nationalstaaten ihre Interessen so weit koordinieren, daß sie eine globale, nicht nur eine nationale Position gegenüber den multinationalen Unternehmen einnehmen.

4.2.5.2. *Rechtliche Regelungen und Entwicklungen*

Die rechtliche Regelungsproblematik ist ausführlich bei GROSSFELD (1975, rororo studium Nr. 67) abgehandelt. Für die weitere Entwicklung sind die Tätigkeit der Kommission für transnationale Unternehmen und die Tätigkeit des Zentrums für transnationale Unternehmen (CTC) von besonderem Interesse.[166]

Der angestrebte Verhaltenskodex für transnationale Unternehmen[167] entspricht insofern dem oben skizzierten Regelungskonflikt zwischen multinationalen Unternehmen und Nationalstaaten, als er voraussichtlich diejenigen Punkte enthalten wird, auf die sich die Nationalstaaten einigen können. Es werden also diejenigen Verhaltensweisen der multinationalen Unternehmen herausgegriffen, die von allen betroffenen Staaten als jeweils schädlich für die Erreichung der nationalen wirtschaftspolitischen Ziele angesehen werden. Vorausgesetzt, daß eine Kontrolle bezüglich der Einhaltung der Verhaltensregeln durchgeführt werden kann, werden damit einige Konfliktsituationen zwischen Nationalstaaten und multinationalen Unternehmen entschärft. Eine weiterreichende Lösung hängt davon ab, inwieweit Nationalstaaten Souveränitätsrechte an eine internationale Instanz abtre-

---

166 Vgl. die Selbstdarstellung des Zentrums: Excerpts from the Report on the First Session of the Commission on Transnational Corporations, in SAUVANT/LAVIPOUR (Hg.) 1976, 229.

167 Dazu WANG 1976, 222 f.; UN, ECONOMIC AND SOCIAL COUNCIL, COMMISSION ON TRANSNATIONAL CORPORATIONS 1977; WÄLDE 197; zu den bereits existierenden Verhaltensrichtlinien der OECD und Internationalen Handelskammer vgl. FIW 1976, 125 ff., 209 ff.; auch OECD 1976, 11 ff.

ten; damit wäre aber zugleich die nationalwirtschaftliche Ausrichtung der Außenwirtschaftspolitik berührt, die angesichts der augenblicklichen Relevanz der Souveränitätsdiskussion auf internationalen Foren ein politisch besonders sensitiver Bereich ist.

Über die Verfasser

Hans-Joachim Mertens, geboren 1934 in Guben, 1954–1957 Studium der Rechts- und Wirtschaftswissenschaften in Kiel und Lausanne, 1957 erstes, 1961 zweites Staatsexamen, 1961 Promotion. 1966 Habilitation für Bürgerliches Recht, Handelsrecht, Rechtsvergleichung und Internationales Privatrecht in Mainz. 1967 Professor für Deutsches Recht an der Universität Lausanne, 1969 Professor in Frankfurt a. M., Direktor des Instituts für Ausländisches und Internationales Wirtschaftsrecht.

Wichtigste Veröffentlichungen:

Die Selbstbindung der Verwaltung auf Grund des Gleichheitssatzes, 1963 / Eigentumsvorbehalt und sonstige Sicherungsmittel des Verkäufers im ausländischen Recht, 1964 / Der Begriff des Vermögensschadens im Bürgerlichen Recht, 1967 / Kommentierung des Aktiengesetzes im Kölner Kommentar §§ 76–117, 278–290, 1970ff. / Internationales Kaufrecht, Kommentar zu den Einheitlichen Kaufgesetzen (zusammen mit E. Rehbinder), 1974 / Kommentierung des GmbH-Gesetzes in Hachenburg, GmbHG, Anh. zu § 13: Einmanngesellschaft und Durchgriffshaftung, 1975 / Das Recht der Geschäftsführer der GmbH, 1979 / Münchener Kommentar zum BGB, Band III Schuldrecht Besonderer Teil «Deliktsrecht» (§§ 823–838, 840–853) 1980.
Außerdem Beteiligung an Sammelwerken und Aufsätze auf den Gebieten des Bürgerlichen Rechts, insbesondere des Haftungsrechts, des Gesellschafts- und Konzernrechts, des Kapitalmarktrechts, des Wettbewerbsrechts, des Wirtschaftsrechts, des IPR und der Rechtsvergleichung.

Christian Kirchner, geboren 1944 in Potsdam-Babelsberg. Studium der Rechtswissenschaft und Wirtschaftswissenschaft an den Universitäten Tübingen, Frankfurt, Harvard und MIT; 1970 erstes juristisches Staatsexamen; 1972 Master of Laws an der Harvard Law School; 1974 juristische Promotion, 1977 ökonomische Promotion an der Universität Frankfurt; 1974 Lehrbeauftragter am Fachbereich Rechtswissenschaft, seit 1977 Dozent für Wirtschaftsrecht an der Universität Frankfurt.

Wichtigste Veröffentlichungen:

Kölner Kommentar zum Aktiengesetz, §§ 329–338 (zusammen mit H. Kronstein), 1971 / Die Umrechnung ausländischer Bilanzen für internationale Konzernbilanzen, Zeitschrift für Betriebswirtschaft, 43 (1973), 795 / Internationale Marktaufteilungen, 1975 / Teilkonzernrechnungslegung – eine Regelung mit Funktionsmängeln, BB 1975, 1611 / Reformansätze für eine Verwaltungsmachtkontrolle von Großunternehmen (zusammen mit R. Bresser), AG 1977, 145 / Rohstofferschließungsvorhaben in Entwicklungsländern, 1977 (Mitautor) / Weltbilanzen, 1978 / Ökonomische Analyse des Rechts, 1978 (Mitautor) / Mining Agreements in Developing Countries, Journal of World Trade Law 12 (1978), 135 (Mitautor) / Mining Ventures in Developing Countries, Part 1, 1979 (Mitautor) / «Ökonomische Analyse des Rechts» und Recht der Wettbewerbsbeschränkungen, ZHR 144 (1980) 563 / Rohstofferschließungsvorhaben in Entwicklungsländern, Teil 2, 1981 (Mitautor) / Mining Ventures in Developing Countries, Part 2, 1981 (Mitautor).

Erich Schanze, geboren 1942 in Frankfurt a. M. Studium der Rechtswissenschaft in Frankfurt, Edinburgh und Harvard. 1967 erstes, 1972 zweites juristisches Staatsexamen, 1967 Tutor am Department of Civil Law, Universität Edinburgh; 1969 Master of Laws an der Harvard Law School; 1975 juristische Promotion an der Universität Frankfurt. 1969 bis 1972 Mitarbeiter am Institut für Wirtschaftsrecht, ab 1972 am Institut für Ausländisches und Internationales Wirtschaftsrecht in Frankfurt. Seit 1972 Rechtsanwalt. 1978 Visiting Scholar, Stanford Law School. Seit 1979 Hochschulassistent am Fachbereich Rechtswissenschaft der Universität Frankfurt. 1980 Visiting Associate Professor of Law, University of Chicago.

Wichtigste Veröffentlichungen:

Römisches Recht in Edinburgh, SavZ. Rom. Abt. 85 (1968), 413 / Stichworte «Angloamerikanischer Rechtskreis», «Anspruch» und «Rechtsvergleichung» im Handlexikon zur Rechtswissenschaft, Hg. Görlitz, 1972, 1974 / Einmanngesellschaft und Durchgriffshaftung, 1975 / Anlegerschutz bei Aktienfonds, AG 1977, 102 / Rohstofferschließungsvorhaben in Entwicklungsländern, 1977 (Mitautor) / Culpa in contrahendo bei Jhering, Ius Commune, 1978 / Ökonomische Analyse des Rechts, 1978 (Mitautor) / Mining Agreements in Developing Countries, Journal of World Trade Law 12 (1978), 135 (Mitautor) / Mining Ventures in Developing Countries, Part 1, 1979 (Mitautor) / A Joint Venture for Seabed Mining, 1981 (Mitautor) / Rohstofferschließungsvorhaben in Entwicklungsländern, Teil 2, 1981 (Mitautor) / Mining Ventures in Developing Countries, Part 2, 1981 (Mitautor).

Anhang

Grundgesetz

Art. 1. Die Würde des Menschen ist unantastbar. Sie zu achten und zu schützen, ist Verpflichtung aller staatlichen Gewalt.

Das Deutsche Volk bekennt sich darum zu unverletzlichen und unveräußerlichen Menschenrechten als Grundlage jeder menschlichen Gemeinschaft, des Friedens und der Gerechtigkeit in der Welt.

Die nachfolgenden Grundrechte binden Gesetzgebung, vollziehende Gewalt und Rechtsprechung als unmittelbar geltendes Recht.

Art. 2 Abs. 1. Jeder hat das Recht auf die freie Entfaltung seiner Persönlichkeit, soweit er nicht die Rechte anderer verletzt und nicht gegen die verfassungsmäßige Ordnung oder das Sittengesetz verstößt.

Art. 9 Abs. 1 und 3. Alle Deutschen haben das Recht, Vereine und Gesellschaften zu bilden.

Das Recht, zur Wahrung und Förderung der Arbeits- und Wirtschaftsbedingungen Vereinigungen zu bilden, ist für jedermann und für alle Berufe gewährleistet. Abreden, die dieses Recht einschränken oder zu behindern suchen, sind nichtig, hierauf gerichtete Maßnahmen sind rechtswidrig. Maßnahmen nach den Artikeln 12a, 35 Abs. 2 und 3, Artikel 87a Abs. 4 und Artikel 91 dürfen sich nicht gegen Arbeitskämpfe richten, die zur Wahrung und Förderung der Arbeits- und Wirtschaftsbedingungen von Vereinigungen im Sinne des Satzes 1 geführt werden.

Art. 11 Abs. 1. Alle Deutschen genießen Freizügigkeit im ganzen Bundesgebiet.

Art. 12 Abs. 1. Alle Deutschen haben das Recht, Beruf, Arbeitsplatz und Ausbildungsstätte frei zu wählen. Die Berufsausübung kann durch Gesetz oder auf Grund eines Gesetzes geregelt werden.

Art. 14. Das Eigentum und das Erbrecht werden gewährleistet. Inhalt und Schranken werden durch die Gesetze bestimmt.

Eigentum verpflichtet. Sein Gebrauch soll zugleich dem Wohle der Allgemeinheit dienen.

Eine Enteignung ist nur zum Wohle der Allgemeinheit zulässig. Sie darf nur durch Gesetz oder auf Grund eines Gesetzes erfolgen, das Art und Ausmaß der Entschädigung regelt. Die Entschädigung ist unter gerechter Abwägung der Interessen der Allgemeinheit und der Beteiligten zu bestimmen. Wegen der Höhe der Entschädigung steht im Streitfalle der Rechtsweg vor den ordentlichen Gerichten offen.

Art. 15. Grund und Boden, Naturschätze und Produktionsmittel können zum Zwecke der Vergesellschaftung durch ein Gesetz, das Art und Ausmaß der Entschädigung regelt, in Gemeineigentum oder in andere Formen der Gemeinwirtschaft überführt werden. Für die Entschädigung gilt Artikel 14 Abs. 3 Satz 3 und 4 entsprechend.

Art. 20 Abs. 1–3. Die Bundesrepublik Deutschland ist ein demokratischer und sozialer Bundesstaat.

Alle Staatsgewalt geht vom Volke aus. Sie wird vom Volke in Wahlen und Abstimmungen und durch besondere Organe der Gesetzgebung, der vollziehenden

Gewalt und der Rechtsprechung ausgeübt.

Die Gesetzgebung ist an die verfassungsmäßige Ordnung, die vollziehende Gewalt und die Rechtsprechung sind an Gesetz und Recht gebunden.

Art. 80 Abs. 1. Durch Gesetz können die Bundesregierung, ein Bundesminister oder die Landesregierungen ermächtigt werden, Rechtsverordnungen zu erlassen. Dabei müssen Inhalt, Zweck und Ausmaß der erteilten Ermächtigung im Gesetze bestimmt werden. Die Rechtsgrundlage ist in der Verordnung anzugeben. Ist durch Gesetz vorgesehen, daß eine Ermächtigung weiter übertragen werden kann, so bedarf es zur Übertragung der Ermächtigung einer Rechtsverordnung.

Art. 104a Abs. 4. Der Bund kann den Ländern Finanzhilfen für besonders bedeutsame Investitionen der Länder und Gemeinden (Gemeindeverbände) gewähren, die zur Abwehr einer Störung des gesamtwirtschaftlichen Gleichgewichts oder zum Ausgleich unterschiedlicher Wirtschaftskraft im Bundesgebiet oder zur Förderung des wirtschaftlichen Wachstums erforderlich sind. Das Nähere, insbesondere die Arten der zu fördernden Investitionen, wird durch Bundesgesetz, das der Zustimmung des Bundesrates bedarf, oder auf Grund des Bundeshaushaltsgesetzes durch Verwaltungsvereinbarung geregelt.

Art. 109 Abs. 1–4. Bund und Länder sind in ihrer Haushaltswirtschaft selbständig und voneinander unabhängig.

Bund und Länder haben bei ihrer Haushaltswirtschaft den Erfordernissen des gesamtwirtschaftlichen Gleichgewichts Rechnung zu tragen.

Durch Bundesgesetz, das der Zustimmung des Bundesrates bedarf, können für Bund und Länder gemeinsam geltende Grundsätze für das Haushaltsrecht, für eine konjunkturgerechte Haushaltswirtschaft und für eine mehrjährige Finanzplanung aufgestellt werden.

Zur Abwehr einer Störung des gesamtwirtschaftlichen Gleichgewichts können durch Bundesgesetz, das der Zustimmung des Bundesrates bedarf, Vorschriften über

1. Höchstbeträge, Bedingungen und Zeitfolge der Aufnahme von Krediten durch Gebietskörperschaften und Zweckverbände und
2. eine Verpflichtung von Bund und Ländern, unverzinsliche Guthaben bei der Deutschen Bundesbank zu unterhalten (Konjunkturausgleichsrücklagen),

erlassen werden. Ermächtigungen zum Erlaß von Rechtsverordnungen können nur der Bundesregierung erteilt werden. Die Rechtsverordnungen bedürfen der Zustimmung des Bundesrates. Sie sind aufzuheben, soweit der Bundestag es verlangt; das Nähere bestimmt das Bundesgesetz.

EWG-Vertrag

Art. 9 Abs. 1
Grundlage der Gemeinschaft ist eine Zollunion, die sich auf den gesamten Warenaustausch erstreckt; sie umfaßt das Verbot, zwischen den Mitgliedstaaten Ein- und Ausfuhrzölle und Abgaben gleicher Wirkung zu erheben, sowie die Einführung eines Gemeinsamen Zolltarifs gegenüber dritten Ländern.

Art. 48 Abs. 1–4
Spätestens bis zum Ende der Übergangszeit wird innerhalb der Gemeinschaft die Freizügigkeit der Arbeitnehmer hergestellt.

Sie umfaßt die Abschaffung jeder auf der Staatsangehörigkeit beruhenden unterschiedlichen Behandlung der Arbeitnehmer der Mitgliedstaaten in bezug auf Beschäftigung, Entlohnung und sonstige Arbeitsbedingungen.

Sie gibt – vorbehaltlich der aus Gründen der öffentlichen Ordnung, Sicherheit und Gesundheit gerechtfertigten Beschränkungen – den Arbeitnehmern das Recht,

a) sich um tatsächlich angebotene Stellen zu bewerben;
b) sich zu diesem Zweck im Hoheitsgebiet der Mitgliedstaaten frei zu bewegen;
c) sich in einem Mitgliedstaat aufzuhalten, um dort nach den für die Arbeitnehmer dieses Staates geltenden Rechts- und Verwaltungsvorschriften eine Beschäftigung auszuüben;
d) nach Beendigung einer Beschäftigung im Hoheitsgebiet eines Mitgliedstaates unter Bedingungen zu verbleiben, welche die Kommission in Durchführungsverordnungen festlegt.

Dieser Artikel findet keine Anwendung auf die Beschäftigung in der öffentlichen Verwaltung.

Art. 52

Die Beschränkungen der freien Niederlassung von Staatsangehörigen eines Mitgliedstaates im Hoheitsgebiet eines anderen Mitgliedstaates werden während der Übergangszeit nach Maßgabe der folgenden Bestimmungen schrittweise aufgehoben. Das gleiche gilt für Beschränkungen der Gründung von Agenturen, Zweigniederlassungen oder Tochtergesellschaften durch Angehörige eines Mitgliedstaates, die im Hoheitsgebiet eines Mitgliedstaates ansässig sind.

Vorbehaltlich des Kapitels über den Kapitalverkehr umfaßt die Niederlassungsfreiheit die Aufnahme und Ausübung selbständiger Erwerbstätigkeiten sowie die Gründung und Leistung von Unternehmen, insbesondere von Gesellschaften im Sinne des Artikels 58 Absatz 2, nach den Bestimmungen des Aufnahmestaates für seine eigenen Angehörigen.

Art. 59

Die Beschränkungen des freien Dienstleistungsverkehrs innerhalb der Gemeinschaft für Angehörige der Mitgliedstaaten, die in einem anderen Staat der Gemeinschaft als demjenigen des Leistungsempfängers ansässig sind, werden während der Übergangszeit nach Maßgabe der folgenden Bestimmungen schrittweise aufgehoben.

Der Rat kann einstimmig auf Vorschlag der Kommission beschließen, daß dieses Kapitel auch auf Erbringer von Dienstleistungen Anwendung findet, welche die Staatsangehörigkeit eines dritten Landes besitzen und innerhalb der Gemeinschaft ansässig sind.

Art. 67 Abs. 1

Soweit es für das Funktionieren des Gemeinsamen Marktes notwendig ist, beseitigen die Mitgliedstaaten untereinander während der Übergangszeit schrittweise alle Beschränkungen des Kapitalverkehrs in bezug auf Berechtigte, die in den Mitgliedstaaten ansässig sind, und heben alle Diskriminierungen auf Grund der Staatsangehörigkeit oder des Wohnorts der Parteien oder des Anlageorts auf.

Art. 85 Abs. 1–3

Mit dem Gemeinsamen Markt unvereinbar und verboten sind alle Vereinbarungen zwischen Unternehmen, Beschlüsse von Unternehmensvereinigungen und aufeinander abgestimmte Verhaltensweisen, welche den Handel zwischen Mitgliedstaaten zu beeinträchtigen geeignet sind und eine Verhinderung, Einschränkung oder Verfäl-

schung des Wettbewerbs innerhalb des Gemeinsamen Marktes bezwecken oder bewirken, insbesondere
a) die unmittelbare oder mittelbare Festsetzung der An- oder Verkaufspreise oder sonstiger Geschäftsbedingungen;
b) die Einschränkung oder Kontrolle der Erzeugung, des Absatzes, der technischen Entwicklung oder der Investitionen;
c) die Aufteilung der Märkte oder Versorgungsquellen;
d) die Anwendung unterschiedlicher Bedingungen bei gleichwertigen Leistungen gegenüber Handelspartnern, wodurch diese im Wettbewerb benachteiligt werden;
e) die an den Abschluß von Verträgen geknüpfte Bedingung, daß die Vertragspartner zusätzliche Leistungen annehmen, die weder sachlich noch nach Handelsbrauch in Beziehung zum Vertragsgegenstand stehen.

Die nach diesem Artikel verbotenen Vereinbarungen oder Beschlüsse sind nichtig.

Die Bestimmungen des Absatzes 1 können für nicht anwendbar erklärt werden auf
- Vereinbarungen oder Gruppen von Vereinbarungen zwischen Unternehmen,
- Beschlüsse oder Gruppen von Beschlüssen von Unternehmensvereinigungen,
- aufeinander abgestimmte Verhaltensweisen oder Gruppen von solchen,

die unter angemessener Beteiligung der Verbraucher an dem entstehenden Gewinn zur Verbesserung der Warenerzeugung oder -verteilung oder zur Förderung des technischen oder wirtschaftlichen Fortschritts beitragen, ohne daß den beteiligten Unternehmen
a) Beschränkungen auferlegt werden, die für die Verwirklichung dieser Ziele nicht unerläßlich sind, oder
b) Möglichkeiten eröffnet werden, für einen wesentlichen Teil der betreffenden Waren den Wettbewerb auszuschalten.

Art. 86

Mit dem Gemeinsamen Markt unvereinbar und verboten ist die mißbräuchliche Ausnutzung einer beherrschenden Stellung auf dem Gemeinsamen Markt oder auf einem wesentlichen Teil desselben durch ein oder mehrere Unternehmen, soweit dies dazu führen kann, den Handel zwischen Mitgliedstaaten zu beeinträchtigen.

Dieser Mißbrauch kann insbesondere in folgendem bestehen:
a) der unmittelbaren oder mittelbaren Erzwingung von unangemessenen Einkaufs- oder Verkaufspreisen oder sonstigen Geschäftsbedingungen;
b) der Einschränkung der Erzeugung, des Absatzes oder der technischen Entwicklung zum Schaden der Verbraucher;
c) der Anwendung unterschiedlicher Bedingungen bei gleichwertigen Leistungen gegenüber Handelspartnern, wodurch diese im Wettbewerb benachteiligt werden;
d) der an den Abschluß von Verträgen geknüpften Bedingung, daß die Vertragspartner zusätzliche Leistungen annehmen, die weder sachlich noch nach Handelsbrauch in Beziehung zum Vertragsgegenstand stehen.

Art. 106 Abs. 1 und 2

Jeder Mitgliedstaat verpflichtet sich, in der Währung des Mitgliedstaates, in dem der Gläubiger oder der Begünstigte ansässig ist, die Zahlungen zu genehmigen, die sich auf den Waren-, Dienstleistungs- und Kapitalverkehr beziehen, sowie den Transfer von Kapitalbeträgen und Arbeitsentgelten zu gestatten, soweit der Waren-, Dienstleistungs-, Kapital- und Personenverkehr zwischen den Mitgliedstaaten nach diesem Vertrag liberalisiert ist.

Die Mitgliedstaaten sind bereit, über die im vorstehenden Unterabsatz vorgesehene Liberalisierung des Zahlungsverkehrs hinauszugehen, soweit ihre Wirtschaftslage im allgemeinen und der Stand ihrer Zahlungsbilanz im besonderen dies zulassen.

Soweit der Waren-, Dienstleistungs- und Kapitalverkehr nur durch Beschränkungen der diesbezüglichen Zahlungen begrenzt ist, werden diese Beschränkungen durch entsprechende Anwendung der Kapitel über die Beseitigung der mengenmäßigen Beschränkungen, die Liberalisierung der Dienstleistungen und den freien Kapitalverkehr schrittweise beseitigt.

Art. 117
Die Mitgliedstaaten sind sich über die Notwendigkeit einig, auf eine Verbesserung der Lebens- und Arbeitsbedingungen der Arbeitskräfte hinzuwirken und dadurch auf dem Wege des Fortschritts ihre Angleichung zu ermöglichen.

Sie sind der Auffassung, daß sich eine solche Entwicklung sowohl aus dem eine Abstimmung der Sozialordnungen begünstigenden Wirken des Gemeinsamen Marktes als auch aus den in diesem Vertrag vorgesehenen Verfahren sowie aus der Angleichung ihrer Rechts- und Verwaltungsvorschriften ergeben wird.

§§ 1–3 des Gesetzes zur Förderung der Stabilität und des Wachstums der Wirtschaft (Stabilitätsgesetz)

§ 1 *[Erfordernisse der Wirtschaftspolitik]*
Bund und Länder haben bei ihren wirtschafts- und finanzpolitischen Maßnahmen die Erfordernisse des gesamtwirtschaftlichen Gleichgewichts zu beachten. Die Maßnahmen sind so zu treffen, daß sie im Rahmen der marktwirtschaftlichen Ordnung gleichzeitig zur Stabilität des Preisniveaus, zu einem hohen Beschäftigungsstand und außenwirtschaftlichem Gleichgewicht bei stetigem und angemessenem Wirtschaftswachstum beitragen.

§ 2 *[Jahreswirtschaftsbericht]*
(1) Die Bundesregierung legt im Januar eines jeden Jahres dem Bundestag und dem Bundesrat einen Jahreswirtschaftsbericht vor. Der Jahreswirtschaftsbericht enthält:

1. die Stellungnahme zu dem Jahresgutachten des Sachverständigenrates auf Grund des § 6 Abs. 1 Satz 3 des Gesetzes über die Bildung eines Sachverständigenrates zur Begutachtung der gesamtwirtschaftlichen Entwicklung vom 14. August 1963 (Bundesgesetzbl. I S. 685) in der Fassung des Gesetzes vom 8. November 1966 (Bundesgesetzbl. I S. 633);

2. eine Darlegung der für das laufende Jahr von der Bundesregierung angestrebten wirtschafts- und finanzpolitischen Ziele (Jahresprojektion); die Jahresprojektion bedient sich der Mittel und der Form der volkswirtschaftlichen Gesamtrechnung, gegebenenfalls mit Alternativrechnungen;

3. eine Darlegung der für das laufende Jahr geplanten Wirtschafts- und Finanzpolitik.

(2) Maßnahmen nach § 6 Abs. 2 und 3 und nach den §§ 15 und 19 dieses Gesetzes sowie nach § 51 Abs. 3 des Einkommensteuergesetzes und nach § 19c des Körperschaftsteuergesetzes dürfen nur getroffen werden, wenn die Bundesregierung gleichzeitig gegenüber dem Bundestag und dem Bundesrat begründet, daß diese Maßnahmen erforderlich sind, um eine Gefährdung der Ziele des § 1 zu verhindern.

§ 3 *[Orientierungsdaten für konzertierte Aktion]*
(1) Im Falle der Gefährdung eines der Ziele des § 1 stellt die Bundesregierung Orientierungsdaten für ein gleichzeitiges aufeinander abgestimmtes Verhalten (kon-

zertierte Aktion) der Gebietskörperschaften, Gewerkschaften und Unternehmensverbände zur Erreichung der Ziele des § 1 zur Verfügung. Diese Orientierungsdaten enthalten insbesondere eine Darstellung der gesamtwirtschaftlichen Zusammenhänge im Hinblick auf die gegebene Situation.

(2) Der Bundesminister für Wirtschaft hat die Orientierungsdaten auf Verlangen eines der Beteiligten zu erläutern.

Gesetz über die Deutsche Bundesbank (Bundesbankgesetz)

§ 3 *Aufgabe*
Die Deutsche Bundesbank regelt mit Hilfe der währungspolitischen Befugnisse, die ihr nach diesem Gesetz zustehen, den Geldumlauf und die Kreditversorgung der Wirtschaft mit dem Ziel, die Währung zu sichern, und sorgt für die bankmäßige Abwicklung des Zahlungsverkehrs im Inland und mit dem Ausland.

§ 12 *Verhältnis der Bank zur Bundesregierung*
Die Deutsche Bundesbank ist verpflichtet, unter Wahrung ihrer Aufgabe die allgemeine Wirtschaftspolitik der Bundesregierung zu unterstützen. Sie ist bei der Ausübung der Befugnisse, die ihr nach diesem Gesetz zustehen, von Weisungen der Bundesregierung unabhängig.

Außenwirtschaftsgesetz (AWG)

§ 1 *Grundsatz.* (1) Der Waren–, Dienstleistungs-, Kapital-, Zahlungs- und sonstige Wirtschaftsverkehr mit fremden Wirtschaftsgebieten sowie der Verkehr mit Auslandswerten und Gold zwischen Gebietsansässigen (Außenwirtschaftsverkehr) ist grundsätzlich frei. Er unterliegt den Beschränkungen, die dieses Gesetz enthält oder die durch Rechtsverordnung auf Grund dieses Gesetzes vorgeschrieben werden.

(2) Unberührt bleiben Vorschriften in anderen Gesetzen und Rechtsverordnungen, zwischenstaatliche Vereinbarungen, denen die gesetzgebenden Körperschaften in der Form eines Bundesgesetzes zugestimmt haben, sowie Rechtsvorschriften der Organe zwischenstaatlicher Einrichtungen, denen die Bundesrepublik Deutschland Hoheitsrechte übertragen hat.

§ 2 *Art und Ausmaß von Beschränkungen.* (1) Soweit in diesem Gesetz Beschränkungen zugelassen sind, kann durch Rechtsverordnung vorgeschrieben werden, daß Rechtsgeschäfte und Handlungen allgemein oder unter bestimmten Voraussetzungen

1. einer Genehmigung bedürfen oder
2. verboten sind.

(2) Beschränkungen sind nach Art und Umfang auf das Maß zu begrenzen, das notwendig ist, um den in der Ermächtigung angegebenen Zweck zu erreichen. Sie sind so zu gestalten, daß in die Freiheit der wirtschaftlichen Betätigung so wenig wie möglich eingegriffen wird. Beschränkungen dürfen abgeschlossene Verträge nur berühren, wenn der angestrebte Zweck erheblich gefährdet wird.

(3) Beschränkungen sind aufzuheben, sobald und soweit die Gründe, die ihre Anordnung rechtfertigten, nicht mehr vorliegen.

§ 49 *Anpassungsvorschrift.* (1) § 3 Satz 1 des Währungsgesetzes findet auf Rechtsgeschäfte zwischen Gebietsansässigen und Gebietsfremden keine Anwendung.

(2) Für die Erteilung von Genehmigungen nach § 3 des Währungsgesetzes ist die Deutsche Bundesbank zuständig.

Währungsgesetz

§ 3 *[Geldschulden]* Geldschulden dürfen nur mit Genehmigung der für die Erteilung von Devisengenehmigungen zuständigen Stelle in einer anderen Währung als in Deutscher Mark eingegangen werden. Das gleiche gilt für Geldschulden, deren Betrag in Deutscher Mark durch den Kurs einer solchen anderen Währung oder durch den Preis oder eine Menge von Feingold oder von anderen Gütern oder Leistungen bestimmt werden soll.

Grundsätze bei der Entscheidung über Genehmigungsanträge nach § 3 des Währungsgesetzes (Nr. 2 c der Währungsverordnung für Berlin)

– Mitteilung der Deutschen Bundesbank Nr. 1015/78 vom 9. Juni 1978, veröffentlicht im Bundesanzeiger Nr. 109 vom 15. Juni 1978 –

Die Deutsche Bundesbank weist zur Unterrichtung der Öffentlichkeit auf folgendes hin:

1. Klauseln, nach denen ein in Deutscher Mark geschuldeter Betrag durch den künftigen Kurs einer anderen Währung oder durch den künftigen Preis oder Wert von Gütern oder Leistungen bestimmt werden soll (§ 3 Satz 2 des Währungsgesetzes, Nr. 2 c Satz 2 der Währungsverordnung für Berlin), werden nicht genehmigt

a) bei Zahlungsverpflichtungen aus Darlehen, auch aus in Darlehen umgewandelten Schuldverhältnissen anderer Art, aus Schuldverschreibungen, Kapital- und Rentenversicherungen, Bankguthaben oder Abmachungen anderer Art, die die Rückzahlung eines Geldbetrages zum Gegenstand haben (Zahlungsverpflichtungen aus dem Geld- und Kapitalverkehr);

b) in Miet- und Pachtverträgen über Gebäude oder Räume, es sei denn, daß der Vertrag

– für die Lebenszeit einer der Parteien,
– für die Dauer von mindestens zehn Jahren,
– mit dem Recht des Mieters oder des Pächters, die Vertragsdauer auf mindestens zehn Jahre zu verlängern, oder
– in der Weise abgeschlossen ist, daß er vom Vermieter oder Verpächter durch Kündigung frühestens nach Ablauf von zehn Jahren beendet werden kann.

2. Unabhängig von der Art des Schuldverhältnisses werden solche Klauseln nicht genehmigt, wenn

a) einseitig ein Kurs-, Preis- oder Wertanstieg eine Erhöhung, nicht aber umgekehrt ein Kurs-, Preis- oder Wertrückgang eine entsprechende Ermäßigung des Zahlungsanspruchs bewirken oder nur der Gläubiger das Recht haben soll, eine Anpassung zu verlangen oder die Bezugsgröße zu bestimmen (Mindestklauseln, Einseitigkeitsklauseln);

b) der geschuldete Betrag an den künftigen Goldpreis gebunden sein soll;

c) der geschuldete Betrag allgemein von der künftigen »Kaufkraft« der Deutschen Mark oder einem anderen Maßstab abhängig sein soll, der nicht erkennen läßt, welche Preise oder Werte dafür bestimmend sein sollen;

d) der geschuldete Betrag sich gegenüber der Entwicklung der Bezugsgröße überproportional ändern kann (z. B. durch Gleichsetzung von Indexpunkten mit dem Prozentsatz der Änderung der Geldschuld).

3. Außerdem werden Klauseln nicht genehmigt, nach denen der geschuldete Betrag

a) von der künftigen Entwicklung der Lebenshaltungskosten (einem Preisindex für die Lebenshaltung) abhängig sein soll, es sei denn, daß es sich um

aa) wiederkehrende Zahlungen handelt, die

– auf Lebenszeit des Gläubigers oder des Schuldners,
– bis zum Erreichen der Erwerbsfähigkeit oder eines bestimmten Ausbildungszieles des Empfängers,
– bis zum Beginn der Altersversorgung des Empfängers,
– für die Dauer von mindestens zehn Jahren (gerechnet vom Vertragsschluß bis zur Fälligkeit der letzten Zahlung) oder
– auf Grund von Verträgen zu entrichten sind, die die Laufzeitvoraussetzungen von Nr. 1 b erfüllen,

oder

bb) Zahlungen handelt, die

– auf Grund einer Verbindlichkeit aus der Auseinandersetzung zwischen Miterben, Ehegatten, Eltern und Kindern,
– auf Grund einer letztwilligen Verfügung oder
– von dem Übernehmer eines Betriebes oder eines sonstigen Sachvermögens zur Abfindung eines Dritten zu entrichten sind,

sofern zwischen dem Entstehen der Verbindlichkeit und der Endfälligkeit ein Zeitraum von mindestens zehn Jahren liegt oder die Zahlungen nach dem Tode eines Beteiligten zu erbringen sind,

b) von der künftigen Einzel- oder Durchschnittsentwicklung von Löhnen, Gehältern, Ruhegehältern oder Renten abhängig sein soll, es sei denn,

aa) daß es sich um regelmäßig wiederkehrende Zahlungen handelt, die

– für die Lebensdauer,
– bis zum Erreichen der Erwerbsfähigkeit oder eines bestimmten Ausbildungszieles oder
– bis zum Beginn der Altersversorgung des Empfängers zu entrichten sind oder

bb) daß der jeweils noch geschuldete Betrag insoweit von der Entwicklung von Löhnen oder Gehältern abhängig gemacht wird, als diese die Selbstkosten des Gläubigers bei der Erbringung der Gegenleistung unmittelbar beeinflussen,

c) vom künftigen Preis oder Wert sonstiger verschiedenartiger Güter oder Leistungen (z. B. vom Baukostenindex oder einem anderen die Preis- oder Wertentwicklung von einer Anzahl von Gütern oder Leistungen bezeichnenden Index) abhängig sein soll, es sei denn, daß der jeweils noch geschuldete Betrag

aa) von der Entwicklung der Preise oder Werte für Güter oder Leistungen abhängig gemacht wird, die der Schuldner in seinem Betriebe erzeugt, veräußert oder erbringt, oder

bb) insoweit von der Entwicklung der Preise oder Werte für Güter oder Leistungen abhängig gemacht wird, als diese die Selbstkosten des Gläubigers bei der Erbringung der Gegenleistung unmittelbar beeinflussen,

d) durch den künftigen Kurs einer anderen Währung bestimmt werden soll, es sei denn, daß es sich handelt um

aa) Einfuhrverträge, Einfuhranschlußverträge zwischen Importeuren und Erstabnehmern, Ausfuhr-Zulieferungsverträge zwischen Exporteuren und ihren unmittelbaren Zulieferern oder Kaufverträge des «gebrochenen» Transithandels, sofern die Ware von den Importeuren, den Exporteuren oder den Transithändlern unverändert weiterveräußert wird, oder

bb) Passage- oder Frachtverträge im grenzüberschreitenden Verkehr,

e) von der künftigen Einzel- oder Durchschnittsentwicklung des Preises oder Wertes von Grundstücken abhängig sein soll, es sei denn, daß sich das Schuldverhältnis auf die land- oder forstwirtschaftliche Nutzung eines Grundstückes beschränkt.

4. Soweit nach den vorstehenden Grundsätzen eine nach § 3 Satz 2 des Währungsgesetzes (Nr. 2 c Satz 2 der Währungsverordnung für Berlin) erforderliche Genehmigung nicht ausgeschlossen ist, kann im allgemeinen mit ihrer Erteilung gerechnet werden.

5. Bei Verträgen der in Nr. 3 d bezeichneten Art kann auch mit der Genehmigung zur Eingehung von Verbindlichkeiten in fremder Währung (§ 3 Satz 1 des Währungsgesetzes, Nr. 2 c Satz 1 der Währungsverordnung für Berlin) gerechnet werden.

6. Diese Grundsätze treten an die Stelle der im Bundesanzeiger Nr. 160 vom 29. August 1964 (durch die Mitteilung der Deutschen Bundesbank Nr. 1018/64) bekanntgegebenen und durch die Mitteilung der Deutschen Bundesbank Nr. 1006/69 (Bundesanzeiger Nr. 169 vom 12. September 1969) geänderten Grundsätze. Soweit sie abweichend von den bisherigen Grundsätzen eine Genehmigung ausschließen, werden sie auf Vereinbarungen angewandt, die nach dem 30. September 1978 getroffen werden. Im übrigen werden diese Grundsätze bei allen Genehmigungsanträgen angewandt, über die nach der Bekanntgabe dieser Grundsätze entschieden wird.

7. Eine Änderung dieser Grundsätze bleibt vorbehalten.

8. Genehmigungsanträge nach § 3 des Währungsgesetzes (Nr. 2 c der Währungsverordnung für Berlin) sind bei der zuständigen Landeszentralbank einzureichen.

§ 1. *Aufgaben und Ziele der Raumordnung.*

(1) Das Bundesgebiet ist in seiner allgemeinen räumlichen Struktur einer Entwicklung zuzuführen, die der freien Entfaltung der Persönlichkeit in der Gemeinschaft am besten dient. Dabei sind die natürlichen Gegebenheiten sowie die wirtschaftlichen, sozialen und kulturellen Erfordernisse zu beachten.

(2) Das Ziel der Wiedervereinigung des gesamten Deutschlands ist zu berücksichtigen und seine Verwirklichung zu fördern. Dabei ist der räumliche Zusammenhang der Gebiete zu beachten und zu verbessern.

(3) Die Raumordnung im Bundesgebiet hat die räumlichen Voraussetzungen für die Zusammenarbeit im europäischen Raum zu schaffen und sie zu fördern.

(4) Die Ordnung der Einzelräume soll sich in die Ordnung des Gesamtraumes einfügen. Die Ordnung des Gesamtraumes soll die Gegebenheiten und Erfordernisse seiner Einzelräume berücksichtigen.

§ 2. *Grundsätze der Raumordnung.*

(1) Grundsätze der Raumordnung sind:

1. Die räumliche Struktur der Gebiete mit gesunden Lebens- und Arbeitsbedingungen sowie ausgewogenen wirtschaftlichen, sozialen und kulturellen Verhältnissen soll gesichert und weiter entwickelt werden. In Gebieten, in denen eine solche Struktur nicht besteht, sollen Maßnahmen zur Strukturverbesserung ergriffen werden. Die verkehrs- und versorgungsmäßige Aufschließung, die Bedienung mit Verkehrs- und Versorgungsleistungen und die angestrebte Entwicklung sind miteinander in Einklang zu bringen.

2. Eine Verdichtung von Wohn- und Arbeitsstätten, die dazu beiträgt, räumliche Strukturen mit gesunden Lebens- und Arbeitsbedingungen sowie ausgewogenen wirtschaftlichen, sozialen und kulturellen Verhältnissen zu erhalten, zu verbessern oder zu schaffen, soll angestrebt werden.

3. In Gebieten, in denen die Lebensbedingungen in ihrer Gesamtheit im Verhältnis zum Bundesdurchschnitt wesentlich zurückgeblieben sind oder ein solches Zurückbleiben zu befürchten ist, sollen die allgemeinen wirtschaftlichen und sozialen Verhältnisse sowie die kulturellen Einrichtungen verbessert werden. In den Gemeinden dieser Gebiete sollen die Lebensbedingungen der Bevölkerung, insbesondere die Wohnverhältnisse sowie die Verkehrs- und Versorgungseinrichtungen allgemein verbessert werden. In einer für ihre Bewohner zumutbaren Entfernung sollen Gemeinden mit zentralörtlicher Bedeutung einschließlich der zugehörigen Bildungs-, Kultur- und Verwaltungseinrichtungen gefördert werden.

4. Die Leistungskraft des Zonenrandgebietes ist bevorzugt mit dem Ziel zu stärken, daß in allen seinen Teilen Lebens- und Arbeitsbedingungen sowie eine Wirtschafts- und Sozialstruktur geschaffen werden, die denen im gesamten Bundesgebiet mindestens gleichwertig sind. Die Bildungs-, Kultur-, Verkehrs-, Versorgungs- und Verwaltungseinrichtungen sind vordringlich zu schaffen.

5. Es sind die räumlichen Voraussetzungen dafür zu schaffen und zu sichern, daß die land- und forstwirtschaftliche Bodennutzung als wesentlicher Produktionszweig der Gesamtwirtschaft erhalten bleibt. Die Landeskultur soll gefördert werden. Für die landwirtschaftliche Nutzung gut geeignete Böden sind nur in dem unbedingt notwendigen Umfang für andere Nutzungsarten vorzusehen. Das gleiche gilt für forstwirtschaftlich genutzte Böden. Für ländliche Gebiete sind eine ausreichende Bevölkerungsdichte und eine angemessene wirtschaftliche Leistungsfähigkeit sowie ausrei-

chende Erwerbsmöglichkeiten, auch außerhalb der Land- und Forstwirtschaft, anzustreben. Nummer 3 Sätze 2 und 3 finden entsprechende Anwendung.

6. In Verdichtungsräumen mit gesunden räumlichen Lebens- und Arbeitsbedingungen sowie ausgewogener Wirtschafts- und Sozialstruktur sollen diese Bedingungen und Strukturen gesichert und, soweit nötig, verbessert werden. Der Verdichtung von Wohn- und Arbeitsstätten, die zu ungesunden räumlichen Lebens- und Arbeitsbedingungen sowie zu unausgewogenen Wirtschafts- und Sozialstrukturen führt, soll entgegengewirkt werden. Wo solche ungesunden Bedingungen und unausgewogenen Strukturen bestehen, soll deren Gesundung gefördert werden. Maßnahmen zur Erreichung dieser Ziele sind eine vorausschauende örtliche und regionale Planung, die Verbesserung der Verkehrsverhältnisse und der der Versorgung der Bevölkerung dienenden Einrichtungen sowie die Entwicklung von Gemeinden zu Entlastungsorten für die Aufnahme von Wohn- und Arbeitsstätten in angemessener Entfernung. Art und Umfang dieser Maßnahmen sollen die Verwirklichung der Grundsätze nach den Nummern 1 bis 5 in den anderen Gebieten nicht beeinträchtigen. Sie sollen auch der Erhaltung der den Verdichtungsräumen zugeordneten Landschaft dienen.

7. Für die Erhaltung, den Schutz und die Pflege der Landschaft einschließlich des Waldes sowie für die Sicherung und Gestaltung von Erholungsgebieten ist zu sorgen. Für die Reinhaltung des Wassers, die Sicherung der Wasserversorgung und für die Reinhaltung der Luft sowie für den Schutz der Allgemeinheit vor Lärmbelästigungen ist ausreichend Sorge zu tragen.

8. Die landsmannschaftliche Verbundenheit sowie die geschichtlichen und kulturellen Zusammenhänge sollen berücksichtigt werden.

9. Die Erfordernisse der zivilen und militärischen Verteidigung sind zu beachten.

(2) Die Grundsätze sind von den in § 3 genannten Stellen im Rahmen des ihnen zustehenden Ermessens gegeneinander und untereinander nach Maßgabe des § 1 abzuwägen.

(3) Die Länder können weitere Grundsätze aufstellen, soweit diese dem Absatz 1 und dem § 1 nicht widersprechen.

Gewerbeordnung

§ 1 Abs. 1. Der Betrieb eines Gewerbes ist jedermann gestattet, soweit nicht durch dieses Gesetz Ausnahmen oder Beschränkungen vorgeschrieben oder zugelassen sind.

§ 34c *[Vermittlung von Grundstücken, Wohnräumen u. a.]*

(1) Wer gewerbsmäßig

1. den Abschluß von Verträgen über
   a) Grundstücke, grundstücksgleiche Rechte, gewerbliche Räume, Wohnräume oder Darlehen,
   b) den Erwerb von Anteilscheinen einer Kapitalanlagegesellschaft, von ausländischen Investmentanteilen, von sonstigen öffentlich angebotenen Vermögensanlagen, die für gemeinsame Rechnung der Anleger verwaltet werden, oder von öffentlich angebotenen Anteilen an einer und von verbrieften Forderungen gegen eine Kapitalgesellschaft oder Kommanditgesellschaft

   vermitteln oder die Gelegenheit zum Abschluß solcher Verträge nachweisen will,
2. Bauvorhaben

a) als Bauherr in eigenem Namen für eigene oder fremde Rechnung vorbereiten oder durchführen und dazu Vermögenswerte von Erwerbern, Mietern, Pächtern oder sonstigen Nutzungsberechtigten oder von Bewerbern um Erwerbs- oder Nutzungsrechte verwenden,

b) als Baubetreuer im fremden Namen für fremde Rechnung wirtschaftlich vorbereiten oder durchführen

will, bedarf der Erlaubnis der zuständigen Behörde. Die Erlaubnis gilt für den Geltungsbereich des Gesetzes. Sie kann inhaltlich beschränkt und zum Schutze der Allgemeinheit und der Auftraggeber unter Auflagen erteilt werden; die nachträgliche Beifügung, Änderung oder Ergänzung von Auflagen ist zulässig.

(2) Die Erlaubnis ist zu versagen,

1. wenn Tatsachen die Annahme rechtfertigen, daß der Antragsteller oder eine der mit der Leitung des Betriebes oder einer Zweigniederlassung beauftragten Personen die für den Gewerbebetrieb erforderliche Zuverlässigkeit nicht besitzt; die erforderliche Zuverlässigkeit besitzt in der Regel nicht, wer in den letzten fünf Jahren vor Stellung des Antrages wegen eines Verbrechens oder wegen Diebstahls, Unterschlagung, Erpressung, Betruges, Untreue, Urkundenfälschung, Hehlerei, Wuchers oder einer Konkursstraftat rechtskräftig verurteilt worden ist.
2. wenn der Antragsteller in ungeordneten Vermögensverhältnissen lebt; dies ist in der Regel der Fall, wenn über das Vermögen des Antragstellers der Konkurs oder das Vergleichsverfahren eröffnet worden oder er in das vom Konkursgericht oder vom Vollstreckungsgericht zu führende Verzeichnis (§ 107 Konkursordnung, § 915 Zivilprozeßordnung) eingetragen ist.

(3) Der Bundesminister für Wirtschaft wird ermächtigt, durch Rechtsverordnung mit Zustimmung des Bundesrates zum Schutze der Allgemeinheit und der Auftraggeber Vorschriften zu erlassen über den Umfang der Verpflichtungen des Gewerbetreibenden bei der Ausübung des Gewerbes, insbesondere über die Verpflichtungen

1. ausreichende Sicherheiten zu leisten oder eine zu diesem Zweck geeignete Versicherung abzuschließen, sofern der Gewerbetreibende Vermögenswerte des Auftraggebers erhält oder verwendet,
2. die erhaltenen Vermögenswerte des Auftraggebers getrennt zu verwalten,
3. nach der Ausführung des Auftrages dem Auftraggeber Rechnung zu legen,
4. der zuständigen Behörde Anzeige beim Wechsel der mit der Leitung des Betriebes oder einer Zweigniederlassung beauftragten Personen zu erstatten,
5. dem Auftraggeber die für die Beurteilung des Auftrages und des zu vermittelnden oder nachzuweisenden Vertrages jeweils notwendigen Informationen schriftlich oder mündlich zu geben,
6. Bücher zu führen,
7. der zuständigen Behörde Auskünfte zu erteilen,
8. die behördliche Nachschau zu dulden; das Grundrecht des Artikels 13 des Grundgesetzes kann für die Nachschau eingeschränkt werden.

In der Rechtsverordnung nach Satz 1 kann ferner die Befugnis des Gewerbetreibenden zur Entgegennahme und zur Verwendung von Vermögenswerten des Auftraggebers beschränkt werden, soweit dies zum Schutze des Auftraggebers erforderlich ist. Außerdem kann in der Rechtsverordnung der Gewerbetreibende verpflichtet werden, die Einhaltung der nach Satz 1 Nr. 1 bis 6 und Satz 2 erlassenen Vorschriften auf seine Kosten regelmäßig sowie aus besonderem Anlaß prüfen zu lassen und den Prüfungsbericht der zuständigen Behörde vorzulegen, soweit es zur wirksamen Überwachung erforderlich ist; hierbei können die Einzelheiten der Prüfung, insbesondere deren Anlaß, Zeitpunkt und Häufigkeit, die Auswahl, Bestellung und Abberufung der Prüfer, deren Rechte, Pflichten und Verantwortlichkeit, der Inhalt des Prüfungsberichts, die Verpflichtungen des Gewerbetreibenden gegenüber dem Prüfer sowie das Verfahren bei Meinungsverschiedenheiten zwischen dem Prüfer und dem Gewerbetreibenden, geregelt werden.

(4) (*aufgehoben*)

(5) Die Absätze 1 bis 4 gelten nicht für

1. Organe der staatlichen Wohnungspolitik und gemeinnützige Wohnungsunternehmen, soweit sie nach den für sie maßgebenden Vorschriften Geschäfte im Sinne des Absatzes 1 tätigen dürfen,
2. gemeinnützige ländliche Siedlungsunternehmen und andere Unternehmen, insbesondere freie Wohnungsunternehmen, die nach § 37 Abs. 2 Buchstabe b des Zweiten Wohnungsbaugesetzes als Betreuungsunternehmen zugelassen sind oder gelten, soweit sie nach ihrer Satzung Geschäfte im Sinne des Absatzes 1 Nr. 2 tätigen dürfen,
3. Kreditinstitute, für die eine Erlaubnis nach § 32 Abs. 1 des Gesetzes über das Kreditwesen vom 10. Juli 1961 (Bundesgesetzbl. I S. 881), zuletzt geändert durch das Gesetz zur Änderung des Gesetzes betreffend die Erwerbs- und Wirtschaftsgenossenschaften vom 9. Oktober 1973 (Bundesgesetzbl. I S. 1451) erteilt wurde,
4. Kursmakler und freie Makler, die an einer deutschen Wertpapierbörse mit dem Recht zur Teilnahme am Handel zugelassen sind.

Bundeshaushaltsordnung

§ 65 Abs. 1. Der Bund soll sich, außer in den Fällen des Absatzes 5, an der Gründung eines Unternehmens in einer Rechtsform des privaten Rechts oder an einem bestehenden Unternehmen in einer solchen Rechtsform nur beteiligen, wenn

1. ein wichtiges Interesse des Bundes vorliegt und sich der vom Bund angestrebte Zweck nicht besser und wirtschaftlicher auf andere Weise erreichen läßt,
2. die Einzahlungsverpflichtung des Bundes auf einen bestimmten Betrag begrenzt ist,
3. der Bund einen angemessenen Einfluß, insbesondere im Aufsichtsrat oder in einem entsprechenden Überwachungsorgan erhält,
4. gewährleistet ist, daß der Jahresabschluß, soweit nicht andere gesetzliche Vorschriften entgegenstehen, entsprechend den aktienrechtlichen Vorschriften aufgestellt und geprüft wird.

Gesetz gegen den unlauteren Wettbewerb (UWG)

§ 1. Wer im geschäftlichen Verkehre zu Zwecken des Wettbewerbes Handlungen vornimmt, die gegen die guten Sitten verstoßen, kann auf Unterlassung und Schadensersatz in Anspruch genommen werden.

§ 3. Wer im geschäftlichen Verkehr zu Zwecken des Wettbewerbs über geschäftliche Verhältnisse, insbesondere über die Beschaffenheit, den Ursprung, die Herstellungsart oder die Preisbemessung einzelner Waren oder gewerblicher Leistungen oder des gesamten Angebots, über Preislisten, über die Art des Bezugs oder die Bezugsquelle von Waren, über den Besitz von Auszeichnungen, über den Anlaß oder den Zweck des Verkaufs oder über die Menge der Vorräte irreführende Angaben macht, kann auf Unterlassung der Angaben in Anspruch genommen werden.

§ 4 Abs. 1 und 2. Wer in der Absicht, den Anschein eines besonders günstigen Angebots hervorzurufen, in öffentlichen Bekanntmachungen oder in Mitteilungen, die für einen größeren Kreis von Personen bestimmt sind, über geschäftliche Verhältnisse, insbesondere über die Beschaffenheit, den Ursprung, die Herstellungsart oder die Preisbemessung von Waren oder gewerblichen Leistungen, über die Art des Bezugs oder die Bezugsquelle von Waren, über den Besitz von Auszeichnungen, über den Anlaß oder den Zweck des Verkaufs oder über die Menge der Vorräte wissentlich unwahre und zur Irreführung geeignete Angaben macht, wird mit Freiheitsstrafe bis zu einem Jahre oder mit Geldstrafe bestraft.

Werden die im Absatz 1 bezeichneten unrichtigen Angaben in einem geschäftlichen Betriebe von einem Angestellten oder Beauftragten gemacht, so ist der Inhaber oder Leiter des Betriebs neben dem Angestellten oder Beauftragten strafbar, wenn die Handlung mit seinem Wissen geschah.

Gesetz gegen Wettbewerbsbeschränkungen (GWB)

§ 1 Abs. 1. Verträge, die Unternehmen oder Vereinigungen von Unternehmen zu einem gemeinsamen Zweck schließen, und Beschlüsse von Vereinigungen von Unternehmen sind unwirksam, soweit sie geeignet sind, die Erzeugung oder die Marktverhältnisse für den Verkehr mit Waren oder gewerblichen Leistungen durch Beschränkung des Wettbewerbs zu beeinflussen. Dies gilt nicht, soweit in diesem Gesetz etwas anderes bestimmt ist.

§ 22 Abs. 4. Die Kartellbehörde hat gegenüber marktbeherrschenden Unternehmen die in Absatz 5 genannten Befugnisse, soweit diese Unternehmen ihre marktbeherrschende Stellung auf dem Markt für diese oder andere Waren oder gewerbliche Leistungen mißbräuchlich ausnutzen.

Abs. 5. Die Kartellbehörde kann unter den Voraussetzungen des Absatzes 4 marktbeherrschenden Unternehmen ein mißbräuchliches Verhalten untersagen und Verträge für unwirksam erklären.

§ 24 Abs. 1–3. Ist zu erwarten, daß durch einen Zusammenschluß eine marktbeherrschende Stellung entsteht oder verstärkt wird, so hat die Kartellbehörde die in den folgenden Bestimmungen genannten Befugnisse, es sei denn, die beteiligten Unternehmen weisen nach, daß durch den Zusammenschluß auch Verbesserungen der Wettbewerbsbedingungen eintreten und daß diese Verbesserungen die Nachteile der Marktbeherrschung überwiegen.

Liegen die Voraussetzungen des Absatzes 1 vor, so untersagt das Bundeskartellamt den Zusammenschluß.

Der Bundesminister für Wirtschaft erteilt auf Antrag die Erlaubnis zu dem Zusammenschluß, wenn im Einzelfall die Wettbewerbsbeschränkung von gesamtwirtschaftlichen Vorteilen des Zusammenschlusses aufgewogen wird oder der Zusammenschluß durch ein überragendes Interesse der Allgemeinheit gerechtfertigt ist; hierbei ist auch die Wettbewerbsfähigkeit der beteiligten Unternehmen auf Märkten außerhalb des Geltungsbereiches dieses Gesetzes zu berücksichtigen. Die Erlaubnis darf nur erteilt werden, wenn durch das Ausmaß der Wettbewerbsbeschränkung die marktwirtschaftliche Ordnung nicht gefährdet wird. Die Erlaubnis kann mit Beschränkungen und Auflagen verbunden werden. Diese dürfen sich nicht darauf richten, die beteiligten Unternehmen einer laufenden Verhaltenskontrolle zu unterstellen. § 22 bleibt unberührt.

§ 25 Abs. 1. Ein aufeinander abgestimmtes Verhalten von Unternehmen oder Vereinigungen von Unternehmen, das nach diesem Gesetz nicht zum Gegenstand einer vertraglichen Bindung gemacht werden darf, ist verboten.

§ 26 Abs. 1 und 2. Unternehmen und Vereinigungen von Unternehmen dürfen nicht ein anderes Unternehmen oder Vereinigungen von Unternehmen in der Absicht, bestimmte Wettbewerber unbillig zu beeinträchtigen, zu Liefersperren oder Bezugssperren auffordern.

Marktbeherrschende Unternehmen, Vereinigungen von Unternehmen im Sinne der §§ 2 bis 8, 99 Abs. 2, § 100 Abs. 1 und 7, §§ 102 bis 103 und Unternehmen, die Preise nach den §§ 16, 100 Abs. 3 oder § 103 Abs. 1 Nr. 3 binden, dürfen ein anderes Unternehmen in einem Geschäftsverkehr, der gleichartigen Unternehmen üblicherweise zugänglich ist, weder unmittelbar noch mittelbar unbillig behindern oder gegenüber gleichartigen Unternehmen ohne sachlich gerechtfertigten Grund unmittelbar oder mittelbar unterschiedlich behandeln.

§ 28 Abs. 1–3. Wirtschafts- und Berufsvereinigungen können für ihren Bereich Wettbewerbsregeln aufstellen.

Wettbewerbsregeln im Sinne dieser Vorschriften sind Bestimmungen, die das Verhalten von Unternehmen im Wettbewerb regeln zu dem Zweck, einem den Grundsätzen des lauteren oder der Wirksamkeit eines leistungsgerechten Wettbewerbs zuwiderlaufenden Verhalten im Wettbewerb entgegenzuwirken und ein diesen Grundsätzen entsprechendes Verhalten im Wettbewerb anzuregen.

Wirtschafts- und Berufsvereinigungen können bei der Kartellbehörde die Eintragung von Wettbewerbsregeln in das Register für Wettbewerbsregeln beantragen. Änderungen und Ergänzungen eingetragener Wettbewerbsregeln sind der Kartellbehörde mitzuteilen.

Tarifvertragsgesetz

§ 1 *Inhalt und Form des Tarifvertrages*

(1) Der Tarifvertrag regelt die Rechte und Pflichten der Tarifvertragsparteien und enthält Rechtsnormen, die den Inhalt, den Abschluß und die Beendigung von Arbeitsverhältnissen sowie betriebliche und betriebsverfassungsrechtliche Fragen ordnen können.

(2) Tarifverträge bedürfen der Schriftform.

§ 2 *Tarifvertragsparteien*

(1) Tarifvertragsparteien sind Gewerkschaften, einzelne Arbeitgeber sowie Vereinigungen von Arbeitgebern.

(2) Zusammenschlüsse von Gewerkschaften und von Vereinigungen von Arbeitgebern (Spitzenorganisationen) können im Namen der ihnen angeschlossenen Verbände Tarifverträge abschließen, wenn sie eine entsprechende Vollmacht haben.

(3) Spitzenorganisationen können selbst Parteien eines Tarifvertrages sein, wenn der Abschluß von Tarifverträgen zu ihren satzungsgemäßen Aufgaben gehört.

(4) In den Fällen der Absätze 2 und 3 haften sowohl die Spitzenorganisationen wie

die ihnen angeschlossenen Verbände für die Erfüllung der gegenseitigen Verpflichtungen der Tarifvertragsparteien.

§ 3 *Tarifgebundenheit*

(1) Tarifgebunden sind die Mitglieder der Tarifvertragsparteien und der Arbeitgeber, der selbst Partei des Tarifvertrages ist.

(2) Rechtsnormen des Tarifvertrages über betriebliche und betriebsverfassungsrechtliche Fragen gelten für alle Betriebe, deren Arbeitgeber tarifgebunden ist.

(3) Die Tarifgebundenheit bleibt bestehen, bis der Tarifvertrag endet.

§ 4 *Wirkung der Rechtsnormen*

(1) Die Rechtsnormen des Tarifvertrages, die den Inhalt, den Abschluß oder die Beendigung von Arbeitsverhältnissen ordnen, gelten unmittelbar und zwingend zwischen den beiderseits Tarifgebundenen, die unter den Geltungsbereich des Tarifvertrages fallen. Diese Vorschrift gilt entsprechend für Rechtsnormen des Tarifvertrages über betriebliche und betriebsverfassungsrechtliche Fragen.

(2) Sind im Tarifvertrag gemeinsame Einrichtungen der Tarifvertragsparteien vorgesehen und geregelt (Lohnausgleichskassen, Urlaubskassen usw.), so gelten diese Regelungen auch unmittelbar und zwingend für die Satzung dieser Einrichtung und das Verhältnis der Einrichtung zu den tarifgebundenen Arbeitgebern und Arbeitnehmern.

(3) Abweichende Abmachungen sind nur zulässig, soweit sie durch den Tarifvertrag gestattet sind oder eine Änderung der Regelungen zugunsten des Arbeitnehmers enthalten.

(4) Ein Verzicht auf entstandene tarifliche Rechte ist nur in einem von den Tarifvertragsparteien gebilligten Vergleich zulässig. Die Verwirkung von tariflichen Rechten ist ausgeschlossen. Ausschlußfristen für die Geltendmachung tariflicher Rechte können nur im Tarifvertrag vereinbart werden.

(5) Nach Ablauf des Tarifvertrages gelten seine Rechtsnormen weiter, bis sie durch eine andere Abmachung ersetzt werden.

§ 5 *Allgemeinverbindlichkeit*

(1) Der Bundesminister für Arbeit und Sozialordnung kann einen Tarifvertrag im Einvernehmen mit einem aus je drei Vertretern der Spitzenorganisationen der Arbeitgeber und der Arbeitnehmer bestehenden Ausschuß auf Antrag einer Tarifvertragspartei für allgemeinverbindlich erklären, wenn

1. die tarifgebundenen Arbeitgeber nicht weniger als 50 vom Hundert der unter den Geltungsbereich des Tarifvertrages fallenden Arbeitnehmer beschäftigen und
2. die Allgemeinverbindlicherklärung im öffentlichen Interesse geboten erscheint.

Von den Voraussetzungen der Nummern 1 und 2 kann abgesehen werden, wenn die Allgemeinverbindlicherklärung zur Behebung eines sozialen Notstandes erforderlich erscheint.

(2) Vor der Entscheidung über den Antrag ist Arbeitgebern und Arbeitnehmern, die von der Allgemeinverbindlicherklärung betroffen werden würden, den am Ausgang des Verfahrens interessierten Gewerkschaften und Vereinigungen der Arbeitgeber sowie den obersten Arbeitsbehörden der Länder, auf deren Bereich sich der Tarifvertrag erstreckt, Gelegenheit zur schriftlichen Stellungnahme sowie zur Äußerung in einer mündlichen und öffentlichen Verhandlung zu geben.

(3) Erhebt die oberste Arbeitsbehörde eines beteiligten Landes Einspruch gegen die beantragte Allgemeinverbindlicherklärung, so kann der Bundesminister für Arbeit

und Sozialordnung dem Antrag nur mit Zustimmung der Bundesregierung stattgeben.

(4) Mit der Allgemeinverbindlicherklärung erfassen die Rechtsnormen des Tarifvertrags in seinem Geltungsbereich auch die bisher nicht tarifgebundenen Arbeitgeber und Arbeitnehmer.

(5) Der Bundesminister für Arbeit und Sozialordnung kann die Allgemeinverbindlicherklärung eines Tarifvertrages im Einvernehmen mit dem in Abs. 1 genannten Ausschuß aufheben, wenn die Aufhebung im öffentlichen Interesse geboten erscheint. Die Absätze 2 und 3 gelten entsprechend. Im übrigen endet die Allgemeinverbindlichkeit eines Tarifvertrages mit dessen Ablauf.

(6) Der Bundesminister für Arbeit und Sozialordnung kann der obersten Arbeitsbehörde eines Landes für einzelne Fälle das Recht zur Allgemeinverbindlicherklärung sowie zur Aufhebung der Allgemeinverbindlichkeit übertragen.

(7) Die Allgemeinverbindlicherklärung wie die Aufhebung der Allgemeinverbindlichkeit bedürfen der öffentlichen Bekanntmachung.

Arbeitsförderungsgesetz

§ 116 *[Keine Beeinflussung von Arbeitskämpfen durch Arbeitslosengeldgewährung]*

(1) Durch die Gewährung von Arbeitslosengeld darf nicht in Arbeitskämpfe eingegriffen werden.

(2) Ist der Arbeitnehmer durch Beteiligung an einem inländischen Arbeitskampf arbeitslos geworden, so ruht der Anspruch auf Arbeitslosengeld bis zur Beendigung des Arbeitskampfes.

(3) Ist der Arbeitnehmer durch einen inländischen Arbeitskampf, an dem er nicht beteiligt ist, arbeitslos geworden, so ruht der Anspruch auf Arbeitslosengeld bis zur Beendigung des Arbeitskampfes, wenn

1. der Arbeitskampf auf eine Änderung der Arbeitsbedingungen in dem Betrieb, in dem der Arbeitnehmer zuletzt beschäftigt war, abzielt oder
2. die Gewährung des Arbeitslosengeldes den Arbeitskampf beeinflussen würde.

Die Bundesanstalt kann Näheres durch Anordnung bestimmen; sie hat dabei innerhalb des Rahmes des Satzes 1 die unterschiedlichen Interessen der von den Auswirkungen der Gewährung oder Nichtgewährung Betroffenen gegeneinander abzuwägen.

(4) Ist bei einem Arbeitskampf das Ruhen des Anspruchs nach Absatz 3 für eine bestimmte Gruppe von Arbeitnehmern ausnahmsweise nicht gerechtfertigt, so kann der Verwaltungsausschuß des Landesarbeitsamtes bestimmen, daß ihnen Arbeitslosengeld zu gewähren ist. Erstrecken sich die Auswirkungen eines Arbeitskampfes über den Bezirk eines Landesarbeitsamtes hinaus, so entscheidet der Verwaltungsrat. Dieser kann auch in Fällen des Satzes 1 die Entscheidung an sich ziehen.

Vertrag zwischen der Bundesrepublik Deutschland und dem Deutschen Institut für Normung

§ 1

(1) Die Bundesregierung erkennt das DIN Deutsches Institut für Normung e. V. nach Maßgabe der in DIN 820 Blatt 1 Abschnitt 3, Ausgabe Februar 1974 (Anlage 1),

getroffenen Regelung als die zuständige Normenorganisation für das Bundesgebiet und Berlin (West) sowie als die Nationale Normenorganisation in nichtstaatlichen Internationalen Normenorganisationen an.

(2) Das DIN verpflichtet sich, bei seinen Normungsarbeiten das öffentliche Interesse zu berücksichtigen. Es wird bei der Ausarbeitung der DIN-Normen insbesondere dafür Sorge tragen, daß die Normen bei der Gesetzgebung, in der öffentlichen Verwaltung und im Rechtsverkehr als Umschreibungen technischer Anforderungen herangezogen werden können.

(3) Die Bundesregierung hat die Absicht, das Normenwesen auch künftig im Rahmen der verfügbaren Mittel des Bundeshaushalts zu fördern. Hierbei soll auch der Nutzen berücksichtigt werden, der der Bundesregierung aus der Tätigkeit des DIN unmittelbar und mittelbar erwächst.

§ 2

(1) Das DIN räumt der Bundesregierung im Rahmen ihrer fachlichen Zuständigkeiten auf Antrag Sitze in den Lenkungsgremien der Normenausschüsse ein.

(2) Das DIN verpflichtet sich, die jeweils in Betracht kommenden behördlichen Stellen bei der Durchführung der Normungsarbeit zu beteiligen.

§ 3

Das DIN gewährleistet, daß DIN 820 sowie die Richtlinien für Fachnormenausschüsse von seinen Organen eingehalten werden und daß Beschlüsse des Präsidiums für sie verbindlich sind. Bei Änderung von DIN 820 wird das DIN dafür Sorge tragen, daß hierdurch die in diesem Vertrag von ihm übernommenen Verpflichtungen nicht beeinträchtigt werden.

§ 4

(1) Das DIN verpflichtet sich, Anträge der Bundesregierung auf Durchführung von Normungsarbeiten, für die von der Bundesregierung ein öffentliches Interesse geltend gemacht wird, bevorzugt zu bearbeiten. Die Bundesregierung kann zur Durchführung einer Normungsarbeit nach Satz 1 nach Abstimmung mit dem DIN eine Frist setzen. Das DIN trägt dafür Sorge, daß diese Frist von seinen zuständigen Arbeitsgremien eingehalten wird.

(2) Während dieser Frist wird die Bundesregierung entsprechende Regelungen, sofern diese nicht der Gesetzgebung oder dem Vollzug von Gesetzen dienen sollen oder sonstige öffentliche Interessen es erforderlich machen, weder selbst aufstellen, noch durch Dritte aufstellen lassen.

(3) Wird eine DIN-Norm innerhalb der gesetzten Frist nicht fertiggestellt, so legt das DIN einen Bericht vor. Die Bundesregierung entscheidet, ob sie einer Fristverlängerung zustimmt oder eine eigene Regelung trifft.

(4) Erläßt die Bundesregierung eine Regelung, dann verpflichtet sich das DIN, eine dieser Regelung widersprechende Norm anzupassen, zurückzuziehen oder nicht herauszugeben.

§ 5

(1) Das DIN wird die zuständigen Bundesministerien über das Normengeschehen – soweit das öffentliche Interesse berührt ist – informieren und sich für Beratungen und gutachtliche Stellungnahmen auf dem Gebiet der Normung auf Wunsch zur Verfügung stellen.

(2) Die Bundesregierung wird das DIN über Vorgänge und Entwicklungen auf dem Gebiet der Normung, des damit zusammenhängenden technischen Vorschriftenwesens und der EG-Richtlinien mit technischem Inhalt unterrichten, soweit die Interes-

sen des DIN berührt sind und keine wichtigen Gründe dem entgegenstehen.

(3) Die Bundesregierung wird das DIN im Zusammenhang zwischenstaatlicher Vereinbarungen und der Tätigkeit amtlicher, zwischenstaatlicher Organisationen, die sich mit Fragen der Normung und damit zusammenhängenden technischen Vorschriften beschäftigen, über wesentliche Vorgänge und Entwicklungen unterrichten oder an ihnen beteiligen, soweit es für die Erfüllung der Aufgaben des DIN erforderlich ist und keine wichtigen Gründe dem entgegenstehen.

(4) Die Bundesregierung kann an ihren Beratungsausschüssen Sachverständige des DIN beteiligen, soweit Aufgaben des DIN berührt werden.

§ 6

(1) Das DIN wird sich bemühen, auf dem Gebiet der Normung zur internationalen Verständigung beizutragen. Es wird alles in seiner Macht Stehende tun, daß von der Bundesregierung durch zwischenstaatliche Vereinbarungen eingegangene Verpflichtungen zur Liberalisierung des Handels und zum Abbau technischer Handelshemmnisse nicht durch DIN-Normen behindert werden.

(2) Das DIN wird die Bundesregierung bei der Erfüllung ihrer sich aus zwischenstaatlichen Vereinbarungen ergebenden Verpflichtungen auf dem Gebiet der Normung und der damit zusammenhängenden technischen Vorschriften unterstützen.

§ 7

Das DIN stellt sein Informationssystem Technik (DINST) als zentrale, allgemein zugängliche Informations- und Dokumentationsstelle über das Deutsche Normenwerk einschließlich sicherheitstechnischer Festlegungen sowie über andere technische Regelwerke, auch Regelwerke ausländischer Normenorganisationen und über andere einschlägige Dokumentationen gegen Entgelt zur Verfügung.

§ 8

Die Bundesregierung wird sich – unbeschadet ihrer internationalen Verpflichtungen – in der Verwaltung, bei Ausschreibungen und bei Bestellungen der DIN-Normen bedienen und wird darauf hinwirken, daß andere öffentliche Auftraggeber in gleicher Weise verfahren. Sie behält sich jedoch vor, notwendige Ergänzungen oder Einschränkungen der DIN-Normen für ihren Bereich zu verfügen.

§ 9

Die Bundesregierung stellt sicher, daß eine Liste der neu erschienenen DIN-Normen und DIN-Norm-Entwürfe sowie Hinweise auf geplante Normungsvorhaben und Änderungen des Deutschen Normenwerkes im Bundesanzeiger veröffentlicht werden.

§ 10

(1) Dieser Vertrag erstreckt sich auf Bereiche, für die der Bund Zuständigkeiten nach dem Grundgesetz besitzt. Unbeschadet der Gültigkeit dieses Vertrages können für einzelne Fachgebiete besondere Absprachen oder Vereinbarungen unmittelbar zwischen den zuständigen behördlichen Stellen und dem DIN unter Mitwirkung der zuständigen Normenausschüsse getroffen werden.

(2) Für die Begriffe

Nationale Normenorganisation
Internationale Normenorganisation
DIN-Normen
Normungsarbeit

wird auf DIN 820 Blatt 1, Ausgabe Februar 1974 (Anlage 1), und DIN 820 Teil 3,

Ausgabe März 1975 (Anlage 2), verwiesen, und zwar für den Begriff

Nationale Normenorganisation	DIN 820 Teil 3, Ausgabe März 1975, Anhang A Seite 11, Nr A. 11
Internationale Normenorganisation	DIN 820 Teil 3, Ausgabe März 1975, Anhang A Seite 11, Nr A. 12
DIN-Normen	DIN 820 Blatt 1, Ausgabe Februar 1974, Abschnitt 4.1
Normungsarbeit	DIN 820 Teil 3, Ausgabe März 1975, Nr 5

(3) Für die Auslegung dieses Vertrages sind die als Anlage 3 beigefügten Erläuterungen maßgebend.

§ 11

Dieser Vertrag wird auf unbestimmte Zeit abgeschlossen. Jede Partei kann den Vertrag unter Einhaltung einer Frist von einem Jahr zum Ende eines jeden Jahres kündigen.

Anlage 1 DIN 820 Blatt 1, Ausgabe Februar 1974
«Normungsarbeit, Grundsätze»
Anlage 2 DIN 820 Teil 3, Ausgabe März 1975
«Normungsarbeit, Begriffe»
Anlage 3 Erläuterungen zum Vertrag

Bonn, den 5. Juni 1975

Der Bundesminister für Wirtschaft

Der Präsident
des DIN Deutsches Institut für Normung e. V.

Vereinbarung zwischen der Schweizerischen Nationalbank und den Schweizer Banken über Sorgfaltspflicht und Bankgeheimnis

Die unterzeichneten Banken schließen im Bestreben, den guten Ruf des Finanzplatzes Schweiz zu wahren und die Wirtschaftskriminalität zu bekämpfen; im Willen, die geltenden Regeln einer den guten Sitten entsprechenden Bankführung zu bestätigen, mit der Schweizerischen Nationalbank die folgende Vereinbarung ab:

I. *Zweck*

Art. 1. Die Vereinbarung bezweckt sicherzustellen, daß die Identität der Bankkunden zuverlässig abgeklärt wird und zu verhindern, daß unter mißbräuchlicher Verwendung des Bankgeheimnisses Handlungen ermöglicht oder erleichtert werden, die im Sinne dieser Vereinbarung als verpönt gelten.

II. *Verpönte Handlungen*

Art. 2. Als verpönt im Sinne dieser Vereinbarung gelten: a) die Eröffnung und Führung von Konti und Depots ohne Feststellung des Berechtigten; b) die Entgegennahme von Geldern, die für die Bank erkennbar durch Handlungen erlangt worden sind, die nach schweizerischem Recht strafbar oder auslieferungsfähig sind; c) Beihilfe zu Kapitalflucht und zu Steuerhinterziehungen (vergleiche Art. 8 und 9).

III. *Sorgfaltspflicht bei der Entgegennahme von Geldern*

Art. 3. Die Banken verpflichten sich, Bankkonti und Wertschriftendepots nur zu eröffnen, Treuhandanlagen nur vorzunehmen und Schrankfächer nur zu vermieten, wenn sie mit der nach den Umständen zumutbaren Sorgfalt sich vergewissert haben, wer der wahre Berechtigte an den gutzuschreibenden oder anzulegenden Geldern oder der Mieter des Schrankfaches ist.

Art. 4. Die Banken verpflichten sich, keine Geschäfte zu tätigen, wenn ihnen bekannt ist oder bei der Anwendung der ihnen zumutbaren Sorgfalt bekannt sein müßte, daß ihnen die Gelder zu Zwecken, die nach dieser Vereinbarung verpönt sind, anvertraut werden.

Art. 5. Handelt der Kunde durch eine Person, für die ein gesetzlich geschütztes Berufsgeheimnis gilt, oder durch einen Treuhändler, so hat die Bank von dieser Person eine schriftliche Erklärung zu verlangen, daß ihr der Berechtigte bekannt sei und daß keine verpönten Geschäfte im Sinne der Vereinbarung vorliegen.

Auf die Erklärung kann verzichtet werden, wenn die Bank auf Grund aller Umstände (zum Beispiel der bisherigen Geschäftsbeziehungen, der bekannten Sorgfalt des Trägers des Berufsgeheimnisses) annehmen darf, daß diese Voraussetzungen gegeben sind.

Für Konti und Depots von in- und ausländischen Banken entfällt die schriftliche Erklärung.

Art. 6. Die Banken verlangen im Zweifelsfalle bei der Eröffnung eines Kontos oder Depots eine schriftliche Erklärung des Kunden, ob er für eigene Rechnung oder für Rechnung eines anderen und gegebenenfalls für wessen Rechnung er handelt. Die Banken verwenden ein einheitliches Formular, das einen integrierenden Bestandteil dieser Vereinbarung bildet.

Art. 7. Von in- und ausländischen Sitzgesellschaften sind zu verlangen: a) ein Handelsregisterauszug oder ein gleichwertiger Ausweis, b) die schriftliche Erklärung der zuständigen Organe über die Beherrschungsverhältnisse und c) über die beherrschenden natürlichen Personen die gleichen Angaben, wie wenn diese Personen direkt als Kunde auftreten würden. Als Sitzgesellschaften gelten im Sinne dieser Vereinbarung alle Gesellschaften, Anstalten, Stiftungen, Treuunternehmungen usw., die in der Schweiz nicht einen Betrieb des Handels, der Fabrikation oder eines anderen nach kaufmännischer Art geführten Gewerbes führen. Wo der Bank die Zugehörigkeit einer Sitzgesellschaft zu einer Konzerngruppe oder die Beherrschungsverhältnisse und die Identität der beherrschenden Personen bekannt sind, kann sie auf die Angaben gemäß Buchstaben b und c verzichten.

IV. *Beihilfe zur Kapitalflucht, zu Steuerhinterziehungen*

Art. 8. Die Banken verpflichten sich, keine aktive Beihilfe zum Kapitaltransfer aus Ländern zu leisten, deren Gesetzgebung die Anlage von Geldern im Ausland einschränkt, wie zum Beispiel durch organisierten Empfang von Kunden im Ausland außerhalb der eigenen Bankräumlichkeiten zwecks Entgegennahme von Geldern, Bestellung von Agenten im Ausland zur Organisation der Kapitalflucht, Versprechen von Provisionen an Kapitalfluchthelfer und an Vermittler von Fluchtkapital.

Art. 9. Die Banken leisten Täuschungsmanövern ihrer Kunden gegenüber Behörden des In- und Auslands, insbesondere gegenüber Steuerbehörden, weder durch unvollständige noch auf andere Weise irreführende Bescheinigungen Vorschub.

V. *Nummernkonti und -depots*

Art. 10. Auf unter Nummern und Kennworten geführte Konti und Depots sind die Vorschriften der vorliegenden Vereinbarung uneingeschränkt anwendbar.

VI. *Überprüfung bestehender Konti*

Art. 11. Für Kunden mit Konti und Depots von mehr als 1 Million Franken, die schon vor Inkrafttreten dieser Vereinbarung Kunden der Bank waren, ist das Verfahren gemäß Art. 6 und Art. 7 innert einem Jahr nachzuholen.

VII. *Auflösung von Beziehungen*

Art. 12. Die Banken verpflichten sich, die Beziehungen zu Kunden abzubrechen, sofern sich aus dem Geschäftsverkehr der Verdacht aufdrängt, daß die Angaben über den wahren Berechtigten nicht zutreffen oder daß der Kunde über die Bank verpönte Geschäfte im Sinne dieser Vereinbarung (Art. 2) abwickelt.

VIII. *Kontrolle*

Art. 13. Durch die Unterzeichnung dieser Vereinbarung beauftragen und ermächtigen die Banken ihre bankengesetzliche Revisionsstelle, die Einhaltung der Vereinbarung anläßlich der ordentlichen Bankrevision stichprobeweise zu überprüfen und Verstöße oder den begründeten Verdacht von Verstößen der nach Art. 14 eingesetzten Schiedskommission sowie der Eidgenössischen Bankenkommission zu melden.

Die Nationalbank wird den anerkannten Revisionsstellen den Text dieser Vereinbarung sowie die Liste der Unterzeichner und damit deren Auftrag bekanntgeben.

Sie gilt jeweils für ein Jahr weiter, wenn sie nicht von der Bankiervereinigung oder von der Nationalbank unter Einhaltung einer Kündigungsfrist von drei Monaten gekündigt wird.

Jede unterzeichnende Bank ist berechtigt, unter Einhaltung einer Kündigungsfrist von drei Monaten auf das Ende eines Vertragsjahres, erstmals auf den 30. Juni 1982, die Vereinbarung zu kündigen.

Die unterzeichnenden Banken ermächtigen den Verwaltungsrat der Bankiervereinigung, die sich aus den Erfahrungen ergebenden Änderungen oder Präzisierungen der Vereinbarung mit der Nationalbank vorzunehmen.

IX. *Sanktionen*

Art. 14. Für die Abklärung und Ahndung von Verletzungen dieser Vereinbarung wird eine Schiedskommission mit Sitz in Zürich gebildet, der je zwei Vertreter der Nationalbank und der Bankiervereinigung angehören und die von einem von diesen Vertretern einstimmig bezeichneten Bundesrichter präsidiert wird. Das Sekretariat der Schiedskommission wird von der Nationalbank geführt.

Die Schiedskommission kann die einer Verletzung der Vereinbarung überführte Bank zu einer Konventionalstrafe bis zu 10 Millionen Franken verurteilen; bei der Bemessung der Konventionalstrafe sind die Schwere der Vertragsverletzung, der Grad des Verschuldens und die Vermögenslage der Bank gebührend zu berücksichtigen. Die Schiedskommission wendet die Konventionalstrafe einem gemeinnützigen Zweck zu.

Die Schiedskommission ordnet das Verfahren; die Art. 36 bis Art. 65 des Bundesgesetzes vom 4. Dezember 1947 über den Bundeszivilprozeß und die Art. 22 bis Art. 26 des Bundesgesetzes vom 16. Dezember 1943 über die Organisation der Bundesrechtspflege sind sinngemäß anwendbar.

Die Mitglieder der Schiedskommission haben über die ihnen im Verfahren bekanntgewordenen Tatsachen strenge Verschwiegenheit zu wahren (Art. 47 des Bankengesetzes).

Die Schiedskommission gibt von ihren Entscheiden der Eidgenössischen Bankenkommission zur Prüfung der Frage Kenntnis, ob die mit der Verwaltung und Geschäftsführung der Bank betrauten Personen noch «Gewähr für eine einwandfreie Geschäftstätigkeit» im Sinne von Art. 3 Abs. 2 lit. c des Bankengesetzes bieten.

Art. 15. Diese Vereinbarung tritt am 1. Juli 1977 in Kraft und gilt für eine feste Laufzeit von fünf Jahren.

Charta der wirtschaftlichen Rechte und Pflichten der Staaten
Resolution 3281 (XXIX) der UN-Generalversammlung vom 12. Dezember 1974

Artikel 1: Jeder Staat hat das souveräne und unveräußerliche Recht, sein Wirtschaftssystem sowie sein politisches, soziales und kulturelles System entsprechend dem Willen seines Volkes ohne Einmischung, Zwang oder Drohung irgendwelcher Art von außen zu wählen.

Artikel 2: 1. Jeder Staat hat die volle und ständige Souveränität einschließlich des Besitz-, des Nutzungs- und des Verfügungsrechts über alle seine Reichtümer, Naturschätze und wirtschaftlichen Betätigungen und übt diese Souveränität ungehindert aus.

2. Jeder Staat hat das Recht,

a) die Aufsicht über ausländische Investitionen in seinem nationalen Hoheitsbereich nach Maßgabe seiner Rechts- und sonstigen Vorschriften und entsprechend seinen nationalen Zielen und Prioritäten zu regeln und auszuüben. Ein Staat darf nicht gezwungen werden, für ausländische Investitionen Vorzugsbehandlung zu gewähren;

b) die Tätigkeiten transnationaler Gesellschaften in seinem nationalen Hoheitsbereich zu regeln und zu überwachen und Maßnahmen zu treffen, um sicherzustellen, daß diese Tätigkeiten seinen Rechts- und sonstigen Vorschriften entsprechen und mit seinen wirtschaftlichen und sozialen Zielsetzungen in Einklang stehen. Transnationale Gesellschaften dürfen nicht in die inneren Angelegenheiten eines Gaststaates eingreifen. Jeder Staat soll unter voller Berücksichtigung seiner souveränen Rechte mit anderen Staaten bei der Ausübung des unter diesem Buchstaben festgesetzten Rechtes zusammenarbeiten;

c) ausländisches Vermögen zu verstaatlichen, zu enteignen oder das Eigentum daran zu übertragen; in diesem Fall soll der diese Maßnahmen treffende Staat unter Berücksichtigung seiner einschlägigen Rechts- und sonstigen Vorschriften und aller von ihm für wesentlich erachteten Umstände eine angemessene Entschädigung zahlen. Ist die Frage der Entschädigung im Einzelfall umstritten, so wird sie nach dem innerstaatlichen Recht des verstaatlichenden Staates und von seinen Gerichten beigelegt, sofern nicht alle betroffenen Staaten frei und einvernehmlich vereinbaren, auf der Grundlage der souveränen Gleichheit der Staaten und im Einklang mit dem Grundsatz der freien Wahl der Mittel eine andere friedliche Art der Beilegung zu suchen.

Artikel 3: Bei der Ausbeutung von Naturschätzen, die zwei oder mehr Ländern gemeinsam gehören, muß jeder Staat auf der Grundlage eines Systems der Information und vorheriger Konsultationen daran mitwirken, die bestmögliche Nutzung dieser Schätze zu erreichen, ohne das legitime Interesse anderer zu schädigen.

Artikel 4: Jeder Staat hat das Recht, internationalen Handel und andere Formen der wirtschaftlichen Zusammenarbeit ungeachtet etwaiger Unterschiede im politischen, wirtschaftlichen und sozialen System zu betreiben. Ein Staat darf nicht allein auf Grund solcher Unterschiede irgendeiner Diskriminierung ausgesetzt werden. Bei der Durchführung des internationalen Handels und anderer Formen der wirtschaftlichen Zusammenarbeit steht es jedem Staat frei, die Formen der Gestaltung seiner Wirtschaftsbeziehungen zum Ausland zu wählen und zwei- und mehrseitige Abmachungen zu schließen, die im Einklang mit seinen internationalen Verpflichtungen und mit den Erfordernissen der internationalen wirtschaftlichen Zusammenarbeit stehen.

Artikel 5: Alle Staaten haben das Recht, sich in Organisationen von Grundstofferzeugern zusammenzuschließen, um ihre nationalen Volkswirtschaften zu entwickeln und dadurch eine stabile Finanzierung ihrer Entwicklung zu erreichen, sowie in Verfolg ihrer Ziele zur Förderung eines beständigen Wachstums der Weltwirtschaft beizutragen und dabei insbesondere die Entwicklung der Entwicklungsländer zu beschleunigen. Dementsprechend haben alle Staaten die Pflicht, dieses Recht zu achten, indem sie sich aller wirtschaftlichen und politischen Maßnahmen enthalten, die es beschränken würden.

Artikel 6: Es ist die Pflicht der Staaten, zur Entwicklung des internationalen Warenhandels beizutragen, insbesondere durch Regelungen und gegebenenfalls durch den Abschluß langfristiger mehrseitiger Grundstoffübereinkommen, wobei die Interessen der Erzeuger und Verbraucher zu berücksichtigen sind. Alle Staaten sind gemeinsam dafür verantwortlich, den regelmäßigen Fluß und Zugang aller Handelsgüter, die zu stabilen, lohnenden und gerechten Preisen gehandelt werden, zu fördern und dadurch zur gerechten Entwicklung der Weltwirtschaft beizutragen, wobei insbesondere die Interessen der Entwicklungsländer zu berücksichtigen sind.

Literaturverzeichnis

Den Titeln sind die Ziffern der Seiten hinzugesetzt, auf denen sie angeführt werden. Auf ein Abkürzungsverzeichnis wurde verzichtet; die Abkürzungen entsprechen im wesentlichen denen im Abkürzungsverzeichnis der Rechtssprache von H. Kirchner, 2. Auflage, 1968.

ABENDROTH, W.: Das Grundgesetz, 6. Aufl., 1976. – *203*

ADOMEIT, K.: Rechtsquellenfragen im Arbeitsrecht, 1969. – *124, 125*

ADORNO, T. W. / H. ALBERT / R. DAHRENDORFF / J. HABERMAS / H. PILOT / K. R. POPPER: Der Positivismusstreit in der deutschen Soziologie, 1969. – *53*

AGARWAL, J. P. / J. B. DONGES / E.-J. HORN / A. D. NEU: Übertragung von Technologien an Entwicklungsländer, 1975. – *293*

AHARONI, Y.: The Foreign Investment Decision Process, 1966. – *287*

ALBACH, H. / D. SADOWSKI (Hg.): Die Bedeutung gesellschaftlicher Veränderungen für die Willensbildung im Unternehmen, 1976. – *106*

ALBERT, H.: Ökonomische Ideologie und politische Theorie, 1954. – *30*

–: Marktsoziologie und Entscheidungslogik und ökonomische Probleme in soziologischer Perspektive, 1967.

–: Wissenschaftstheorie, in: Handwörterbuch der Betriebswirtschaft, hg. von E. Grochla / W. Wittmann, 4. Aufl., 1976, Bd. I/3, 4674. – *52, 53*

ALEMANN, U. v.: Innerverbandliche Demokratie – Privatsache oder Politikum? Politik und Zeitgeschichte, B 8/77, 3. – *88*

ALENFELD, J.: Die Investitionsförderungsverträge der Bundesrepublik, 1969. – *289*

ALLEN, R. G. D.: Mathematische Wirtschaftstheorie, 1971. – *31*

ALTMANN, R.: Muß unsere politische Maschinerie umkonstruiert werden? In O. E. Kempen (Hg.), Sozialstaatsprinzip und Wirtschaftsordnung, 1976. – *88*

ANDERSEN, U.: Das internationale Währungssystem zwischen nationaler Souveränität und supranationaler Integration, Entwicklungstendenzen seit Bretton Woods im Spannungsfeld der Interessen, 1977.

ANDRÉ, H.: Die geschäftsplanmäßige Erklärung, 1969. – *145*

ARENDT, W.: Die Leitsätze für Auslandsinvestitionen der Internationalen Handelskammer Paris, RIW (BB) 1973, 247. – *153*

ARNIM, *H. H. v.*: **Volkswirtschaftspolitik, 1976, 2. Aufl. 1977.** — *33, 35, 37, 38, 137, 168, 253, 265*

ARNIM, H. H. v.: Steuerrecht bei Geldentwertung, BB 1973, 621. – *263*

–: Gemeinwohl und Gruppeninteressen, 1977. – *82, 162, 172*

ARNIM, H. H. v. / R. BORELL / K. SCHELLE: Geldentwertung und Steuerrecht, Karl-Bräuer-Institut des Bundes der Steuerzahler, Heft 24, 1973. – *263*

ARPAN, J. S.: International Intracorporate Pricing, Non-American Systems and Views, 1972. – *287*

ASCHINGER, F.: Das Währungssystem in der Metamorphose, 1971. – *255, 301, 302*

–: Das Währungssystem des Westens, 1973.

BACHOF, O.: Der Richter als Gesetzgeber? Festschrift zum 500jährigen Bestehen der Tübinger Juristenfakultät, 1977, 177. – *186*

BADURA, P.: Wirtschaftsverfassung und Wirtschaftsverwaltung. Ein exemplarischer Leitfaden, 1971. – *193*

–: Eigentum im Verfassungsrecht der Gegenwart, Verhandlungen des 49. Deutschen Juristentages, 1972 (Teil T). – *208*

–: Grundprobleme des Wirtschaftsverfassungsrechts, JuS 1976, 205. – *240*

–: Möglichkeiten und Grenzen des Zivilrechts bei der Gewährleistung öffentlicher und sozialer Erfordernisse im Bodenrecht, AcP 176 (1976), 120. – *188, 203*

BADURA, P. / F. RITTNER / B. RÜTHERS: Mitbestimmungsgesetz 1976 und Grundgesetz, 1977. – *242*

BÄLZ, U.: Einheit und Vielheit im Konzern, Festschrift L. Raiser 1974, 287. – *241*

BAIER, H.: Herrschaft im Sozialstaat, Z. f. Soziologie und Sozialpolitik, 1977, 128. – *96, 97, 202*
BALDWIN, R. E.: Nontariff Distortions of International Trade, 1970.
BALLERSTEDT, K.: Wirtschaftsverfassungsrecht, in: Die Grundrechte, Bd. 3, 1. Hb., 1958.
BALOGH, TH.: Internationale Wirtschaftsbeziehungen, Doktrin und Wirklichkeit, 1975 (Fact and Fancy in International Economic Relations, 1973).
BARTH, K.: Vermögensbeteiligungsabgabe und Anteilsbewertung, DB 1974, 1739, 1786. – *220*
BARTLING, D.: Die Rolle der Patente bei der Übertragung von Technologie auf Entwicklungsländer aus der Sicht der pharmazeutischen Industrie, GRUR Int. 1972, 396. – *300*
BASEDOW, J.: Die Industrie- und Handelskammern – Selbstverwaltung zwischen Staat und Verbandswesen, BB 1977, 366. – *89, 90*
BATTIS, U.: Rechtsfragen zum Bundesraumordnungsprogramm, JZ 1976, 73. – *130*
BAUMBACH / HEFERMEHL: Wettbewerbs- und Warenzeichenrecht, Bd. 1, Wettbewerbsrecht, 11. Aufl., 1974. – *142, 225*
BAUMGARTEN, P. / W. MÜCKL: Die mögliche Inkompatibilität wirtschaftspolitischer Zielsetzungen, Untersuchung im Auftrag des Bundesministeriums für Wirtschaft, 1968. – *49, 50*
BAUR, F.: Möglichkeiten und Grenzen des Zivilrechts bei der Gewährleistung öffentlicher und sozialer Erfordernisse im Bodenrecht, AcP 176 (1976), 97.
BAUR, J. F.: Wettbewerbsregeln und Außenseiter, ZHR 141 (1977), 293. – *135*
BECHLER, E.: Internationale Arbeitsteilung und Dritte Welt, Handelsbeziehungen auf Kosten oder im Dienste der Entwicklungsländer, 1976. – *276, 279*
BECKERATH, H. v.: Großindustrie und Gesellschaftsordnung, industrielle und politische Dynamik, 1954.
BEHRENS, P.: Kontrolle ausländischer Direktinvestitionen, RabelsZ 40 (1976), 233. – *77*
BELL, D.: Die nachindustrielle Gesellschaft, 2. Aufl., 1976. – *197*
–: Die Zukunft der westlichen Welt, 1976.
BENDA, E.: Industrielle Herrschaft und sozialer Staat, 1966.
BENHAM, E.: Das reale Austauschverhältnis, (The Terms of Trade), in K. Rose (Hg.), Theorie der internationalen Wirtschaftsbeziehungen, 1965, 143.
BENISCH, W.: Neuauflage der Kooperationsfibel des Bundesministers für Wirtschaft, WuW 26 (1976), 233. – *127*
BERBER, F.: Das Staatsideal im Wandel der Weltgeschichte, München 1973. – *59*
BERG, H.: Internationale Wirtschaftspolitik, 1976. – *276, 301, 302*
BERGSTEN, C. F. / ST. D. KRASNER: One, Two, Many OPECs . . .? Foreign Policy 1973, No. 11, 107; 1974, Nr. 14, 68, 84, wieder abgedruckt in Sauvant/Lavipour (Hg.) 1976, 195. – *290*
BERLE/MEANS: The Modern Corporation and Private Property, 1932. – *75*
BERNHOLZ, P.: Grundlagen der politischen Ökonomie, Bd. 1, 1972. – *48*
–: Währungskrisen und Währungsordnung, 1974. – *302*
BERTALANFFI, L. v.: General System Theory, 1968. – *29*
BESTERS, H. (Hg.): Eine neue Ordnung der Weltwirtschaft, 1975. – *297*
BETHKE, V. / G. KOOPMANN: Multinationale Unternehmen und Entwicklungsländer, Interessenkonflikte und Verhandlungspositionen, 1975. – *304*
BETHUSY-HUC, V. v.: Das Sozialleistungssystem der Bundesrepublik Deutschland, 2. Aufl., 1976.
BETTERMANN, K. A.: Über Inhalt, Grund und Grenzen des Nominalismus, RdA 1975, 2. – *219, 261, 262*
BHAGWATI, J.: The Pure Theory of International Trade, 1971. – *281, 282*
– (Hg.): International Economics, 1969. – *276*
BIEDENKOPF, K.: Zur Selbstbeschränkung auf dem Heizölmarkt, BB 1966, 1113. – *139*
–: Zur Diskussion über ein neues Unternehmensrecht, Festschrift für L. Raiser, 1974, 339.
–: Multinationale Unternehmen und Wettbewerbspolitik, in Bayer / Busse von Colbe / Lutter (Hg.), Aktuelle Fragen multinationaler Unternehmen, Sonderheft 4/75 der zfbf, 1975, 35. – *286*

–: Das Verhältnis von Staat und gesellschaftlichen Gruppen, Festschrift für Kurt Ballerstedt 1976, 13.
BIERVERT, B. / FISCHER-WINKELMANN, W. F. / ROCK, R.: Grundlagen der Verbraucherpolitik, 1977. – *222, 224*
BLAICH, F.: Die Epoche des Merkantilismus, 1973. – *59*
BLANKE, B.: Verbände in der Parteiendiskussion, Zur Frage des Verhältnisses von Parteien und Verbänden in der Bundesrepublik Deutschland, Politik und Zeitgeschichte, B 8/77, 45. – *88*
BLEEK, W.: Von der Kameralausbildung zum Juristenprivileg, Studium, Prüfung und Ausbildung der höheren Beamten des allgemeinen Verwaltungsdienstes in Deutschland im 18. und 19. Jahrhundert, 1972. – *79*
BODENHÖFER, H.-J.: Technischer Fortschritt, Forschung und Entwicklung und internationaler Handel: Der Fall der Bundesrepublik Deutschland, JNSt 190 (1975), 152.
BÖCKELS, L. / B. SCHARF / H. P. WIDMAIER: Machtverteilung im Sozialstaat, 1976. – *197, 198*
BÖCKENFÖRDE, CH.: Konzertierte Aktion, Zu institutionellen Problemen der Globalsteuerung, Der Staat 11 (1972), 367. – *260*
BÖCKENFÖRDE, E.-W.: Grundrechtstheorie und Grundrechtsinterpretation, NJW 1974, 1529. – *195*
–: Gesellschaft, Freiheit; Studien zur Staatstheorie und zum Verfassungsrecht, 1976, 185. – *63, 97, 201*
–: Regiert bei uns nur der Staat? FAZ v. 22. 12. 1976, Nr. 289, S. 11 = erweitert: Die politische Funktion wirtschaftlich-sozialer Verbände und Interessenträger in der sozialstaatlichen Demokratie, Ein Beitrag zum Problem der «Regierbarkeit», Der Staat 15 (1976), 457. — *87*
–: Methoden des Rechts in vergleichender Darstellung, Bd. II, 1975. — *123*
–: Methoden des Rechts in vergleichender Darstellung, Bd. IV, 1977. — *173*
BÖCKSTIEGEL, K.-H.: Der Staat als Vertragspartner ausländischer Privatunternehmen, 1971. – *284*
BÖHM, F.: Die Ordnung der Wirtschaft als geschichtliche Aufgabe und rechtsschöpferische Leistung, 1937. – *95*
–: Wirtschaftsordnung und Geschichtsgesetz, 1974. – *200*
BÖHM, F. / G. BRIEFS: Mitbestimmung – Ordnungselement oder politischer Kompromiß, 1971.
BÖHME, H.: Deutschlands Weg zur Großmacht, Studien zum Verhältnis von Wirtschaft und Staat während der Reichsgründungszeit, 1848–1881, 1966. – *65*
–: Prolegomena zu einer Sozial- und Wirtschaftsgeschichte Deutschlands im 19. und 20. Jahrhundert, 6. Aufl., 1976. – *64, 66*
BÖRNER, D.: Zur Problematik der Vermögensbeteiligungsabgabe, AG 1974, 163. – *220*
BÖSSELMANN, K.: Die Entwicklung des deutschen Aktienwesens im 19. Jahrhundert, 1939. – *74*
BOY, A. D.: An Input-Output Planning Model That Takes into Account Price-Level Changes, Journal of Business Finance & Accounting 3 (1976). – *264*
BORCHARDT, K.: Grundriß der deutschen Wirtschaftsgeschichte, in: Kompendium der Volkswirtschaftslehre, hg. von W. Ehrlicher, I. Isenwein-Rothe, H. Jürgensen, K. Rose, Bd. 1, 2. Aufl., 1969, 350. – *69*
BRANDES, H.: Der Euro-Dollarmarkt, 1968.
BRAUCHLI, W.: Das Phänomen der Stagflation, 1975. – *265*
BREHM, R.: Benutzungsregelungen gemeindlicher öffentlicher Einrichtungen, 1975. – *219*
BRESSER, R. / CH. KIRCHNER: Reformansätze für eine Verwaltungsmachtkontrolle von Großunternehmen, AG 1977, 145. – *76, 110, 304*
BREUER, R.: Direkte und indirekte Rezeption technischer Regeln durch die Rechtsordnung, AÖR 101 (1976) 69 ff. – *152*
–: Die Bodennutzung im Konflikt zwischen Städtebau und Eigentumsgarantie, 1976. – *208*
BREZING, H.: Steuerrechtliche Vorschriften als Hindernisse für ökonomisches Handeln, Festschrift K. Barth, 1971, 227. – *180–184*
BRINKMANN, W.: Die Verbraucherorganisation in der Bundesrepublik Deutschland und ihre Tätigkeit bei der überbetrieblichen technischen Normung, 1976.

BROHM, W.: Strukturen der Wirtschaftsverwaltung, 1969. – *89, 90, 133*
BRÜGGEMEIER, G.: Entwicklung des Rechts im organisierten Kapitalismus, Materialien zum Wirtschaftsrecht, Bd. 1: Von der Gründerzeit bis zur Weimarer Republik, 1977. – *66, 85*. – Bd. 2: Vom Faschismus bis zur Gegenwart, 1978. – *85*
BRUNNER, K. / H. G. MONISSEN / M. J. M. NEUMANN: Geldtheorie, 1973. – *256, 258*
BUCHES, J. H.: Analyse von Unternehmens-Zielkonflikten bei Inflation, DB 1976, 1633. – *264*
BULLINGER, M.: Öffentliches Recht und Privatrecht, Studien über Sinn und Funktionen der Unterscheidung, 1968. – *102*
BUNDESMINISTERIUM FÜR WIRTSCHAFTLICHE ZUSAMMENARBEIT (Hg.): Die neue Weltwirtschaftsordnung, Materialien Nr. 49, 1975. – *297*
–: IV. Welthandelskonferenz in Nairobi, Materialien Nr. 53, 1976. – *280, 291, 297*
BURCHARDT, L.: Wissenschaftspolitik im Wilhelminischen Deutschland, Vorgeschichte, Gründung und Aufbau der Kaiser-Wilhelm-Gesellschaft zur Förderung der Wissenschaften, 1975. – *82*
BUREAUX INTERNATIONAUX RÉUNIS POUR LA PROTECTION DE LA PROPRIÉTÉ INDUSTRIELLE (BIRPI) (Hg.): Model Law for Developing Countries on Inventions, 1965. – *301*
BUSSE V. COLBE, W. / D. ORDELHEIDE: Konzernabschlüsse, Rechnungslegung für Konzerne nach betriebswirtschaftlichen Grundsätzen und gesetzlichen Vorschriften, 2. Aufl., 1976. – *304*
CANADA, GOVERNMENT: Foreign Direct Investment in Canada, 1972. – *289*
CAVES, R. E.: Trade and Economic Structure, 1960. – *276*
–: International Corporations: The Industrial Economics of Foreign Investment, Economica 37 (1971), 1. – *287*
–: American Industry: Structure, Conduct, Performance, 3. Aufl., 1972. – *230*
–: International Trade, International Investment and Imperfect Markets, 1974. – *287*
CAVES, R. E. / R. W. JONES: World Trade and Payments, An Introduction, 1973. – *291, 295*
CHRISTEN, H. P.: Die Wirtschaftsverfassung des Interventionismus, 1970. – *96*
CHUANG, R. Y.: The International Air Transport Association, 1972. – *143*
CHURCHMANN, C. W.: The System Approach, 1968. – *29*
CLARFIELD, K. W. / S. JACKSON / J. KEEFFE / M. A. NOBLE / A. P. RYAN: Eight Mineral Cartels: The New Challenge to Industrialized Nations, 1975. – *290, 298*
COING, H.: Wirtschaftswissenschaften und Rechtswissenschaften, in Raiser / Sauermann / Schneider (Hg.), Das Verhältnis der Wirtschaftswissenschaft zur Rechtswissenschaft, Soziologie und Statistik, 1964, 1. – *52, 53*
CONZE, W. (Hg.): Staat und Gesellschaft im deutschen Vormärz 1815–1848, 1972. – *64*
COREA, G.: North-South Dialogue at the United Nations, International Affairs 53 (1977), 177. – *297*
COREA, G , u. a.: Umstrittene Weltwirtschaftsordnung, 1977. – *297*
CUNTZE, W.: Die geschäftsplanmäßige Erklärung in der Versicherungsaufsicht (öffentlich-rechtliche Selbstbindung privater Versicherungsunternehmen), Diss. Hamburg 1965. – *145*
CURZON, G. und V.: Hidden Barriers to International Trade, 1970. – *304*
CZAYKA, L.: Systemwissenschaft, 1974. – *29*.
DABIN, L.: Le contrôle des holdings en droit belge, 1977. – *146*
DAHL, D.: Volkswirtschaftslehre, 2. Aufl., 1975. – *252*
DAHL, R. A. / C. E. LINDBLOHM: Politics, Economics and Welfare, 1953 (Ausgabe 1963). – *72*
DALBERG, C. v.: Von der Erhaltung der Staatsverfassungen, 1795. – *55*
DAM, K. W.: The GATT, Law and International Economic Organization, 1970. – *303*
DENNINGER, E.: Staatsrecht I, Einführung in die Grundprobleme des Verfassungsrechts der Bundesrepublik Deutschland, 1. Die Leitbilder: Leerformeln? Lügen? Legitimationen? 1973. – *72, 76, 98, 201*
–: Freiheitsordnung – Wertordnung – Pflichtordnung, Zur Entwicklung der Grundrechtsjudikatur des Bundesverfassungsgerichts, JZ 1975, 545. – *195*
–: Demokratieprinzip und Verfassung – eine Problemskizze in didaktischer Absicht, in:

Sozialwissenschaften im Studium des Rechts, Bd. II, Verfassungs- und Verwaltungsrecht, hg. von W. Hoffmann-Riem, 1977. – *203, 204, 245*
Deutsch, K. W.: Nerves of Government, 1966. – *173*
Deutsche Bundesbank (Hg.): Die währungspolitischen Institutionen und Instrumente in der Bundesrepublik Deutschland, Sonderdruck der Deutschen Bundesbank, 2. Aufl., o. J. (1975).
Dicke, D. C.: Verfassungsrechtliche Möglichkeiten und Grenzen der Wirtschaftslenkung in Italien und der Bundesrepublik Deutschland, 1969.
Dickertmann, D. / A. Siedenberg: Geldpolitische Lenkungsinstrumente in der BRD, 2. Aufl., 1975. – *248, 253, 255, 256, 258*
Dinkel, R.: Der Zusammenhang zwischen der ökonomischen und politischen Entwicklung einer Demokratie, 1977. – *227*
Dörge, F. W.: Die Bundesbank – eine Nebenregierung? Gegenwartskunde H. 1 u. 2/1969, 91, 211. – *81*
Dorndorf, E.: Freie Arbeitsplatzwahl und Recht am Arbeitsergebnis – Zur rechtlichen Bedeutung des Konflikts zwischen Arbeitsmobilität und Aneignungsfähigkeit des Arbeitsprodukts, 1978.
Dreier, R. / S. Schwegmann (Hg.): Probleme der Verfassungsinterpretation, 1976.
Dürkes, W.: Wertsicherungsklauseln, 8. Aufl., 1972. – *152, 262*
Dürr, E. / G. Neuhauser: Währungspolitik, Konjunktur- und Beschäftigungspolitik, 1975. – *265*
Dunning, J. H. (Hg.): Economic Analysis and the Multinational Enterprise, 1975.
Duwendag, D. (Hg.): Macht und Ohnmacht der Bundesbank, 1973. – *256*
–: Der Staatssektor in der sozialen Marktwirtschaft, 1976.
Duwendag, D. / K.-H. Ketterer / W. Kösters / R. Pohl / D. B. Simmert: Geldtheorie und Geldpolitik, Eine problemorientierte Einführung mit einem Kompendium bankstatistischer Fachbegriffe, 2. Aufl., 1977. – *248, 254, 256, 258, 259*
Ebb, L. F.: International Business, Regulation and Protection, 1964; Supplement 1968. – *280*
Ehmke, H.: Wirtschaft und Verfassung, 1961. – *197*
–: «Staat» und «Gesellschaft» als verfassungstheoretisches Problem, Festgabe Smend, 1962, 23. – *63*
Ehrlicher, W. (Hg.): Probleme der Indexierung, 1974. – *263*
Eichler, H. / E. Hoppmann / E. Schäfer: Exportkartell und Wettbewerb, 1964. – *285*
Eickhoff, N.: Eine Theorie der Gewerkschaftsentwicklung, 1973.
Ellwein, T.: Das Regierungssystem der Bundesrepublik Deutschland, 4. Aufl., 1977.
Emmerich, V.: Das Wirtschaftsrecht der öffentlichen Unternehmen, 1969. – *91, 92*
–: Wettbewerbsrecht, Eine Einführung, 2. Aufl., 1976. – *193*
–: Die bisherige Praxis zur Fusionskontrolle – eine kritische Analyse, AG 1978, 85. – *234*
Emmerich, V. / J. Sonnenschein: Konzernrecht, 2. Aufl., 1977. – *193*
Eschenburg, R.: Der ökonomische Ansatz zu einer Theorie der Verfassung, 1977.
Esser, J.: Grundsatz und Norm in der richterlichen Fortbildung des Privatrechts, 2. Aufl., 1964. – *160*
–: Richterrecht, Gerichtsgebrauch und Gewohnheitsrecht, Festschrift für F. von Hippel, 1967, 95.
–: Vorverständnis und Methodenwahl, 2. Aufl., 1972
–: Möglichkeiten und Grenzen des dogmatischen Denkens im modernen Zivilrecht, AcP 172 (1972), 97.
–: Traditionale und postulative Elemente der Gerechtigkeitstheorie, Festschrift zum 500jährigen Bestehen der Tübinger Juristenfakultät, 1977, 113. – *125*
– in H.-J. Vogel / J. Esser, 100 Jahre oberste deutsche Justizbehörde, Vom Reichsjustizamt zum Bundesministerium der Justiz, 1977, Recht und Staat, Heft 470.
Etzioni, A.: A Comparative Analysis of Complex Organizations, 1961. – *173*
Eucken, W.: Grundsätze der Wirtschaftspolitik, 4. Aufl., 1968. – *29, 30, 39, 60*
Europäische Gemeinschaften – Währungsausschuss: Die Währungspolitik in den

Ländern der Europäischen Wirtschaftsgemeinschaft, Institutionen und Instrumente, 1972.
EVERLING, U.: Eigentumsordnung und Wirtschaftsordnung der Europäischen Gemeinschaft, Festschrift für L. Raiser, 1974, 379.
EVERS, H.-U.: Regionalplanung als gemeinsame Aufgabe von Staat und Gemeinden, 1976.
EYNERN, G. v.: Grundriß der Politischen Wirtschaftslehre I, 2. Aufl., 1972. – *38, 39, 248, 282*
FABER, H. P.: Wirtschaftsplanung und Bundesbankautonomie, 1969. – *259*
FACIUS, F.: Wirtschaft und Staat, Die Entwicklung der staatlichen Wirtschaftsverwaltung in Deutschland vom 17. Jahrhundert bis 1945, 1959. – *67, 80*
FALCKENSTEIN, R. v.: Die Bekämpfung unlauterer Geschäftspraktiken durch Verbraucherverbände, 1977. – *223*
FECHNER, E.: Rechtsphilosophie, 1956. – *123*
FELDMANN, G. D.: Wirtschafts- und sozialpolitische Probleme der deutschen Demobilmachung 1918/19, in Mommsen / Petzina / Weisbrod (Hg.), Industrielles System und politische Entwicklung in der Weimarer Republik, 1974, 618. – *85*
FELS, G.: Der internationale Preiszusammenhang, 1969. – *261*
FICKEL, F.: Leitlinien für ein einheitliches Energierecht in fusionierten europäischen Verträgen, Diss. Frankfurt 1972.
FIKENTSCHER, W.: Die Geschäftsgrundlage als Frage des Vertragsrisikos, 1971. – *137*
–: Methoden des Rechts, Bd. II, 1975. – *123*
–: Methoden des Rechts in vergleichender Darstellung, Bd. IV, Dogmatischer Teil, 1977. – *173*
FISCHER, R.: Die Weiterbildung des Rechts durch die Rechtsprechung, 1971. – *177*
FISCHER, W.: Wirtschaft und Gesellschaft im Zeitalter der Industrialisierung, Aufsätze, Studien, Vorträge, Göttingen 1972. – *63, 64, 73*
FITTING, K. / O. WLOTZKE / H. WISSMANN: Mitbestimmungsgesetz, Kommentar, 1976.
FIW: Multinationale Unternehmen in der Diskussion, Einleitung und Bearbeitung von J. Poeche, 1977. – *286, 290, 299, 305*
FLACHMANN, K.: Bardepot, Gesetze, Verordnungen und Materialien mit Einleitung und Kommentierung, 1972.
FLUME, W.: Allgemeiner Teil des Bürgerlichen Rechts, 2. Bd.: Das Rechtsgeschäft, 1965. – *112*
FÖGEN, H.: Geld- und Währungsrecht, 1969. – *253, 259, 262*
FORSTHOFF, E.: Der Staat der Industrie-Gesellschaft, Dargestellt am Beispiel der Bundesrepublik Deutschland, 1973. – *55, 94*
FRAENKEL, E.: Deutschland und die westlichen Demokratien, 6. Aufl., 1974. – *98*
FRANTZ, U.: Welthandelspolitik, Ziele und Ergebnisse des Allgemeinen Zoll- und Handelsabkommens (GATT) 1948–1973, 1975. – *303*
FRIAUF, K. H.: Verfassungsrechtliche Grenzen der Wirtschaftslenkung und Sozialgestaltung durch Steuergesetze, 1966.
–: Unternehmenseigentum und Wirtschaftsverfassung, DÖV 1976, 624. – *207–209*
FRIEDEL, G. B.: Von nationaler zu supranationaler Wirtschaftsplanung, 1972. – *127, 132*
FRIEDMAN, L. M. / ST. MACAULAY / M. REHBINDER: The Impact of Large Scale Business Enterprise upon Contract, in: International Encyclopedia of Comparative Law, Vol. VII: Contract in General, 1974. – *105*
FRIEDMAN, M.: Die optimale Geldmenge und andere Essays, 1970. – *256*
FRIEDMANN, W.: Recht und sozialer Wandel (Hg.: S. Simitis), 1969 (Law in a Changing Society).
FRITSCH, B.: Stabilität als systemares Problem, in Schneider / Wittmann / Würgler (Hg.), Stabilisierungspolitik in der Marktwirtschaft, 1975, 61. – *266, 267*
FROWEIN, J. A.: Gemeinschaftsaufgaben im Bundesstaat, VVDStRL 31 (1973), 13. – *129*
FULDA, C. H. / W. F. SCHWARTZ: Regulation of International Trade and Investment, Cases and Materials, 1970. – *280*
FURNISH, D. B.: The Andean Common Market's Common Regime for Foreign Investments, Vanderbilt Journal of Transnational Law 5 (1972), No. 2, wiederabgedruckt in Sauvant / Lavipour (Hg.) 1976, 181. – *289, 290*

GABLERS Wirtschaftslexikon, hg. von R. Sellien und H. Sellien, 9. Aufl., 1975. – *18*
GABRIEL, S.: Preiskontrolle im Rahmen der Wettbewerbspolitik, 1976. – *235*
GÄFGEN, G.: Allgemeine Wirtschaftspolitik, in Ehrlicher / Esenwein-Rothe / Jürgensen / Rose (Hg.), Kompendium der Volkswirtschaftslehre, Bd. 1, 5. Aufl., 1975, 1. – *33–35, 37*
GAHLEN, B.: Einführung in die Wachstumstheorie, Bd. 1, 1973.
GAHLEN, B., u. a..: Volkswirtschaftslehre, Eine problemorientierte Einführung, 1971. – *31, 265*
GALBRAITH, J. K.: Die moderne Industriegesellschaft, 1968 (The New Industrial State, 1967), zitiert nach der engl. Taschenbuchausgabe 1967. – *75, 106, 109*
–: Wirtschaft für Staat und Gesellschaft, 1974 (Economics and the Public Purpose, 1973).
GALLWAS, H. U.: Buchbesprechung U. Steiner, Öffentliche Verwaltung durch Private, NJW 77, 944. – *142*
GAMERDINGER, D. / G. SAUPE: Kontrolle ausländischer Direktinvestitionen in der Bundesrepublik – eine Untersuchung der Kriterien, Möglichkeiten und Notwendigkeiten, AG 1976, 1; 26. – *77*
GEMEINSCHAFTSKOMMENTAR: Gesetz gegen Wettbewerbsbeschränkungen und Europäisches Kartellrecht, hg. v. H. Müller-Henneberg u. G. Schwartz, 3. Aufl., 1972ff. – *232*
GERBER, B.: Stabilitätspolitik; Vollbeschäftigung, Preisniveaustabilität und Zahlungsbilanzgleichgewicht im wirtschaftspolitischen Spannungsfeld, 1976.
GERFIN, H.: Funktionswandel der Tarifverträge, in H. Sinzheimer, Gedächtnisveranstaltung zum hundertsten Geburtstag, 1976.
GERHARD, H. W.: Die Haltung der Währungsbehörden gegenüber Wechselkursproblemen, in Horn (Hg.) 1976, 239. – *256*
GERMANN, O. A.: Durch die Judikatur erzeugte Rechtsnormen, 1976.
GESSLER, E. / W. HEFERMEHL / U. ECKARDT / B. KROPFF: Aktiengesetz, 1973 ff. – *242*
GIERKE, O. v.: Der Entwurf eines bürgerlichen Gesetzbuchs und das deutsche Recht, 1889. – *104*
GIERSCH, H.: Allgemeine Wirtschaftspolitik, Bd. 1: Grundlagen, 1960. – *33, 48, 52*
–: Indexklauseln und Inflationsbekämpfung, 1973. – *263*
–: Konjunktur- und Wachstumspolitik in der offenen Wirtschaft, Allgemeine Wirtschaftspolitik, 2. Bd., 1977. – *260*
–: Perspektiven der Entwicklung der Weltwirtschaft, 1977. – *261, 263, 265–274*
– (Hg.): The International Division of Labour – Problems and Perspectives, 1974. – *281*
GLASTETTER, W.: Außenwirtschaftspolitik, Eine problemorientierte Einführung mit einem Kompendium außenwirtschaftlicher Fachbegriffe, 1975. – *282*
GLISSMANN, H. H : Die gesamtwirtschaftlichen Kosten der Protektion, 1974. – *279*
–: Wettbewerbsbeschränkende Absprachen im Außenhandel, Exportkartelle und Selbstbeschränkungsabkommen mit deutscher Beteiligung, 1975. – *285*
GLISSMANN, H. H. / P. JUHL / B. STECHER: Ökonomische Implikationen der «Neuen Weltwirtschaftsordnung», 1976. – *297*
GLOSSNER, O.: Technisches Sachverständigen-Gutachten, BB 1977, 678. – *135*
GÖTZ, V. / R. LUKES: Zur Rechtsstruktur der Technischen Überwachungsvereine, 1975. – *143*
GOLDBERG, P. M. / CH. P. KINDLEBERGER: Toward a GATT for Investment: A Proposal for Supervision of the International Corporation, Law and Policy in International Business 2 (1976), 298. – *289*
GOODHART, C. A. E.: Money, Information and Uncertainty, 1975. – *252*
GOSSEN, H. H.: Entwicklung des Gesetzes des menschlichen Verkehrs und der daraus fließenden Regeln für menschliches Handeln, 1854, 3. Aufl. 1926. – *26*
GOTTHOLD, J.: Macht und Wettbewerb in der Wirtschaft, 1975.
GRABITZ, E.: Freiheit und Verfassungsrecht, 1976. – *195*
GRAF, G.: Hypothesen zur internationalen Konjunkturtransmission, Weltwirtschaftliches Archiv 111 (1975), 529. – *272*
–: Beschäftigungstheorie, in W. Albers u. a. (Hg.), Handwörterbuch der Wirtschaftswissenschaft, 1. Bd., 1977, 513. – *265*

GRAUHAN, R.-R.: Grenzen des Fortschritts? Widersprüche der gesellschaftlichen Rationalisierung, 1975. – *197*
GREEN, H. A. J.: Consumer Theory, 1976. – *211*
GRIFFITHS, B.: Invisible Barriers to Invisible Trade, 1975. – *304*
GRIMM, D.: Soziale, wirtschaftliche und politische Voraussetzungen der Vertragsfreiheit. Eine vergleichende Skizze, in: La formazione storica del diritto moderno in Europa, Vol. III, 1977, 1222. – *63, 115*
– (Hg.): Rechtswissenschaft und Nachbarwissenschaften, 1973.
GRÖNER, H.: Nichttarifäre Handelshemmnisse, WiSt 1977, 312. – *142*
GROSSFELD, B.: Multinationale Unternehmen als Regelungsproblem, AG 1975, 1. – *286, 287*
–: Praxis des internationalen Privat- und Wirtschaftsrechts, Rechtsprobleme multinationaler Unternehmen, 1975. – *77, 280, 285, 305*
GROSSFELD, B. / W. EBKE: Probleme der Unternehmensverfassung in rechtshistorischer und rechtsvergleichender Sicht, AG 1977, 57; 92.
GROTTIAN, P.: Strukturprobleme staatlicher Planung, Eine empirische Studie zum Planungsbewußtsein der Bonner Ministerialbürokratie und zur staatlichen Planung der Unternehmenskonzentration und des Wettbewerbs (GWB), 1974. – *81*
GRUEBER, W. H. / D. METHA / R. VERNON: The R & D Factor in International Trade and International Investment of United States Industries, Journal of Political Economy, 75 (1967), 20. – *293*
GRÜNARML, F.: Multinationale Unternehmen und staatliche Wirtschaftspolitik, 1975. – *286, 304*
GRUHL, H.: Ein Planet wird geplündert, 1975. – *23*
GUPTA, K. R.: A Study of General Agreement on Tariffs and Trade, 1967. – *303*
GUTENBERG, E.: Grundlagen der Betriebswirtschaftslehre, Bd. 1, Die Produktion, 15. Aufl., 1969. – *76*
HAAN, R. L.: Special drawing rights and development. An inquiry into the monetary aspects of link between special drawing rights and development finance, 1971. – *301, 302*
HABERLER, G.: Wirtschaftswachstum und Stabilität, 1975. – *265*
–: The International Monetary System after Jamaica and Manila, Weltwirtschaftliches Archiv 113 (1977), 1. – *256, 301, 302*
HABERMAS, J.: Legitimationsprobleme des Spätkapitalismus, 1973. – *101*
HÄBERLE, P.: Öffentliches Interesse als juristisches Problem, 1970. – *161, 162*
HÄBERLE, P. / W. MARTENS: Grundrechte im Leistungsstaat, VVDStRL 30 (1972), 1. – *195*
HAHN, H. J. / A. WEBER: Die OECD, Organisation für Wirtschaftliche Zusammenarbeit und Entwicklung, 1976.
HALLER, M.: Wirtschaftspolitische Zielkonflikte, 1973. – *49*
HALM, G. N.: Probleme der internationalen Geldreform, 1975. – *302*
HANKEL, W. / F. LEHNER: Die gescheiterte Stabilitätspolitik und ihre politischen Bedingungen. Von der Unvereinbarkeit wirtschaftlicher Monopol- und demokratischer Konkurrenzsysteme, Hamburger Jahrbuch für Wirtschafts- und Gesellschaftspolitik 1976, 207. – *270*
HANSMEYER, K. H. (Hg.): Subventionen in der Bundesrepublik Deutschland, 1963.
HARBRECHT, W.: Das Allgemeine Zoll- und Handelsabkommen (GATT), WiSt 1976, 375. – *303*
HARDER, K.: Wirtschaftsgeschichte Deutschlands im 20. Jahrhundert, 1976. – *64*
HARMS, U.: Die Forderungen eines konstanten Staatsanteils am Bruttosozialprodukt, 1970. – *101*
HART, D.: Allgemeine Geschäftsbedingungen und Justizsystem, Diss. Frankfurt 1974.
–: Vom Bürgerlichen Recht zur politischen Verwaltung, KJ 1974, 275 ff. – *116*
HARTWICH, H.-H.: Sozialstaatspostulat und gesellschaftlicher status quo, 2. Aufl., 1977. – *203*
HASENPFLUG, H.: Nicht-tarifäre Handelshemmnisse. Formen, Wirkungen und wirtschaftspolitische Beurteilung, 1977. – *304*
HASSEMER, W.: Strafrechtsdogmatik und Kriminalpolitik, 1974. – *180*

Havermann, H.: Zur Berücksichtigung von Preissteigerungen in der Rechnungslegung von Unternehmen (Teil I), WPg 1974, 423. – *251, 263*
Hax, K.: Geldwertänderungen und Rechnungswesen, in E. Kosiol (Hg.), Handwörterbuch des Rechnungswesens, 1970, 553. – *251*
Hedemann, J. W.: Grundzüge des Wirtschaftsrechts, 1922. – *57*
–: Deutsches Wirtschaftsrecht. Ein Grundriß, 2., erw. Aufl. 1943. – *70*
–: Das Wirtschaftsrecht, Rückblick und Abschied, in: Beiträge zum Arbeits-, Handels- und Wirtschaftsrecht, Festschrift für A. Hueck, 1959, 377. – *56, 70*
Hedtkamp, G.: Wirtschaftssysteme, Theorie und Vergleich, 1974. – *29*
Heggen, A.: Erfindungsschutz und Industrialisierung in Preußen, 1793–1877, 1975. – *85*
Heidhues, F.: Zur Theorie der internationalen Kapitalbewegungen, 1969. – *287*
Heiduk, G.: Die wirtschaftlichen Ordnungsprinzipien von GATT und UNCTAD, 1973. – *304*
Heilmann, M.: Die Umverteilung der Einkommen durch den Staat in der Bundesrepublik Deutschland 1960–1972, 1976. – *221*
Heinze, C.: Gesetzesähnliche Wirkung von Verwaltungsvorschriften? BB 1976, 772.
Helm, H.: Das Kartellrecht in der Wirtschaftspraxis, 2. Aufl., 1977. – *158*
Helms, V.: Investitionsfonds und Lenkung privater Investitionen, 1976. – *246*
Henning, F. W.: Die Industrialisierung in Deutschland 1800–1914, 1973. – *64*
Hensche, D.: Die Bedeutung von Mitbestimmung und Selbstbestimmung am Arbeitsplatz für die Willensbildung im Unternehmen, in Albach / Sadowski (Hg.) 1976, 441. – *141*
Hensel, K. P.: Grundformen der Wirtschaftsordnung. Marktwirtschaft – Zentralverwaltungswirtschaft, 2. Aufl., 1974. – *31, 39*
Herdzina, K. (Hg.): Wettbewerbstheorie, 1975. – *229*
Herschel, W.: Rechtsfragen der Technischen Überwachung, 1972. – *143*
Hesse, H.: Außenhandel I: Determinanten, in W. Albers u. a. (Hg.), Handwörterbuch der Wirtschaftswissenschaft, 1. Bd., 1977, 364. – *277, 281, 293*
Heuer, U.-J. / G. Klingler / W. Panzer / G. Pflicke: Sozialistisches Wirtschaftsrecht – Instrument der Wirtschaftsführung, 1971. – *31*
Heusinger, B.: Rechtsfindung und Rechtsfortbildung im Spiegel richterlicher Erfahrung, 1975. – *177*
Heymann, E.: Die Rechtsformen der militärischen Kriegswirtschaft als Grundlage des neuen deutschen Industrierechts, 1921. – *57*
Hicks, J. R.: Einführung in die Volkswirtschaftslehre (The Social Framework), 1962. – *18*
Hilger, M. L.: Überlegungen zum Richterrecht, Festschrift für K. Larenz, 1973, 109. – *147, 176, 177*
Hirschmann, A. O.: National Power and the Structure of Foreign Trade, 1945. – *277*
–: Abwanderung und Widerspruch, 1974, deutsche Übersetzung von: Exit, Voice and Loyalty, 1970. – *215*
Hoenisch, H. J.: Planifikation, 1974. – *128*
Hoffmann, R.: Haushaltsvollzug und Parlament, 1972. — *128*
Hoffmann. W. G.: Allgemeine Wirtschaftspolitik, in: K. Hax/Th. Wessels (Hg.), Handbuch der Wirtschaftswissenschaften, Bd. II — Volkswirtschaft, 1966, 161. — *33*
Hoffmann, W. P.: Rechtsfragen der Währungsparität, Festsetzung und Vollzug der DM-Parität im Verfassungs-, Verwaltungs- und Völkerrecht, 1969. — *253*
Hofmann, H.: Legitimität und Rechtsgeltung, 1977.
Hofmann, W.: Theorie der Wirtschaftsentwicklung – Vom Merkantilismus bis zur Gegenwart, 2. Aufl., 1971. – *79*
Holmes, O. W.: The Path of the Law, Harv. L. Rev. 10 (1896/97), 457. – *123*
Hoppe, W.: Planung und Pläne in der verfassungsrechtlichen Kontrolle in: Bundesverfassungsgericht und Grundgesetz, hg. von Ch. Starck, 1976, Bd. I, 663. – *130, 131*
Hoppe, W. / Stüer: Analyse des Meerbusch-Urteils, Städte- und Gemeindetag 1975, 371. – *131*
Hoppmann, E.: Das Konzept der optimalen Wettbewerbsintensität, Rivalität oder Freiheit des Wettbewerbs: Zum Problem eines wettbewerbspolitisch adäquaten Ansatzes der

Wettbewerbstheorie, Jahrbücher für Nationalökonomie und Statistik 179 (1966), 286. – *231*
–: Die Funktionsfähigkeit des Wettbewerbs, Bemerkungen zu Kantzenbachs Erwiderung, Jahrbücher für Nationalökonomie und Statistik, 181 (1967), 251.
–: Fusionskontrolle, 1972.
–: Marktmacht und Wettbewerb, 1977. – *233*
– (Hg.): Konzertierte Aktion, 1971. – *260*
Hopt, K.: Der Kapitalanlegerschutz im Recht der Banken, 1975. – *226*
–: Inwieweit empfiehlt sich eine allgemeine gesetzliche Regelung des Anlegerschutzes? Gutachten G zum 51. Deutschen Juristentag, 1976. – *226*
–: Vom Aktien- und Börsenrecht zum Kapitalmarktrecht? ZHR 140 (1976), 201; 141 (1977), 389. – *146, 226, 286*
–: Recht und Geschäftsmoral multinationaler Unternehmen, Unlautere Finanztransaktionen und Geldzuwendungen im internationalen Wirtschaftsrecht, Festschrift zum 500jährigen Bestehen der Tübinger Juristenfakultät 1977, 279. – *153, 304*
Horn, N.: Geldwertveränderungen, Privatrecht und Wirtschaftsordnung, 1975. – *218, 219, 261–263*
–: Zur ökonomischen Rationalität des Privatrechts, Die privatrechtstheoretische Verwertbarkeit der Economic Analysis of Law, AcP 176 (1976), 307.
–: Werksparkassenverbot und Vermögensbildung durch Belegschaftsdarlehen und -obligationen, ZGR 5 (1976), 435.
–: Das Unternehmen als Gegenstand des Rechts und der Wirtschafts- und Sozialwissenschaften, in: Sozialwissenschaften im Studium des Rechts, Bd. I, Zivil- und Wirtschaftsrecht, hg. von N. Horn und R. Tietz, 1977, 117. – *242*
– (Hg.): Monetäre Probleme im internationalen Handel und Kapitalverkehr, Rechtliche und wirtschaftliche Risikokontrollen, 1976. – *189, 221, 256*
Horstmann, H.: Der Drang zum Rohstoffkartell, Europa-Archiv 28 (1974), 738. – *290*
Huber, E. R.: Wirtschaftsverwaltungsrecht, 2. Aufl., 1. Bd., 1953.
–: Selbstverwaltung der Wirtschaft, 1958.
Huffschmidt, J.: Die Politik des Kapitals. Konzentration und Wirtschaftspolitik in der Bundesrepublik, 3. Aufl., 1970.
Humboldt, W. v.: Auswahl und Einleitung, hg. von H. Weinstock, 1957. – *55, 62*
Hutchinson, Th.: «Positive» Economics and Policy Objectives, 1964. – *46*
Hymer, S.: The International Operations of National Firms, A Study of Direct Foreign Investment, 1976. – *287*
Immenga, U.: Politische Instrumentalisierung des Kartellrechts? 1976. – *233*
Ipsen, J.: Richterrecht und Verfassung, 1975. – *167*
Ipsen, K.: Kartellrechtliche Preiskontrolle als Verfassungsfrage, 1976. – *235*
Issing, O.: Indexklauseln und Inflation, 1973. – *263*
–: Einführung in die Geldtheorie, 2. Aufl., 1976. – *248, 249, 254, 258*
Issing, O. / W. Leisner: «Kleineres Eigentum» – Grundlage unserer Staats- und Wirtschaftsordnung, 1976. – *209*
Ith, H.: Die Sonderziehungsrechte und die internationale Währungsreform, 1975. – *302*
IWF: Jahresbericht 1972. – *301*
Jägeler, F. J.: Die Rohstoffabhängigkeit der Bundesrepublik Deutschland, 1975. – *277*
Jaeggi, U.: Kapital und Arbeit in der Bundesrepublik (neue Ausgabe von «Macht und Herrschaft in der BRD»), 1973. — *71*
Jahr, G.: Funktionsanalyse von Rechtsfiguren als Grundlage einer Begegnung von Rechtswissenschaft und Wirtschaftswissenschaft, in Raiser / Sauermann / Schneider (Hg.), Das Verhältnis der Wirtschaftswissenschaft zur Rechtswissenschaft, Soziologie und Statistik, 1964, 14. – *51*
Jarchow, H.-J.: Theorie und Politik des Geldes, Bd. 1, Geldtheorie, 3. Aufl., 1976. – *249, 254, 258.* – Bd. 2, Geldmarkt, Bundesbank und geldpolitisches Instrumentarium, 2. Aufl., 1976. – *248, 249, 255*
Jhering, R. v.: Der Zweck im Recht, 1. Aufl. 1877, 5. Aufl. 1960. – *123*

JOCHIMSEN, R.: Koreferat zu B. Fritsch, Stabilität als systemares Problem, 1975 (s. dort), 79. – *266*
–: Welche Bedeutung hat die Berufsbildungspolitik als Instrument zur Beeinflussung der Unternehmenspolitik im Sinne gesellschaftlicher Zielvorstellungen? in Albach / Sadowski (Hg.) 1976. – *76*
JÖHR, W. A.: Das Stabilitätsziel im Widerstreit der Meinungen, in Schneider / Wittmann / Würgler (Hg.), Stabilisierungspolitik in der Marktwirtschaft, 1975, 15. – *266*
JØRGENSEN, S.: Vertrag und Recht, 1968. – *112*
JOERGES, CH.: Die klassische Konzeption des internationalen Privatrechts und das Recht des unlauteren Wettbewerbs, RabelsZ 36 (1972), 421. – *225*
–: Bereicherungsrecht als Wirtschaftsrecht – eine Untersuchung zur Entwicklung von Leistungs- und Eingriffskondiktion, 1977; zuerst erschienen in AG 1976, 281 ff., 315 ff. – *189, 190*
JOHNSON, H. G.: International Trade Theory and Monopolistic Competition Theory, in R. E. Kuenne (Hg.), Monopolistic Competition Theories: Studies in Impact, Essays in Honour of Edward H. Chamberlin, 1967, 203. – *291*
–: Neue Entwicklungen in der Geldtheorie: Ein Kommentar, in Brunner / Monissen / Neumann (Hg.) 1973, 26. – *256*
–: Inflation: Theorie und Politik, 1975. – *261*
JÜTTNER, H.: Förderung und Schutz deutscher Direktinvestitionen in Entwicklungsländern unter besonderer Berücksichtigung der Wirksamkeit von Investitionsförderungsverträgen, 1975. – *289*
JUNGNICKEL, R. / G. KOOPMANN: Die Rolle der multinationalen Unternehmen in der neuen Weltwirtschaftsordnung, Wirtschaftsdienst 1976, 37. – *304*
KAHN-FREUND, O.: Einleitungsreferat, Deutscher Juristentag, Podiumsdiskussion: Kodifizierung des Arbeitskampfrechts? Sitzungsbericht R zum 51. Deutschen Juristentag 1976, 1976. – *87*
–: Rapport générale: La participation. Quelques expériences étrangères, Revue internationale de droit comparé, 1976, 68. – *87*
KAISER, G. / G. METZGER-PREGIZER (Hg.): Betriebsjustiz, Untersuchungen über die soziale Kontrolle abweichenden Verhaltens in Industriebetrieben, 1976. – *135*
KAISER, J. H. (Hg.): Planung I–III, 1966.
KALMBACH, P. (Hg.): Der neue Monetarismus, 1973. – *256, 258*
KANTZENBACH, E.: Einzel-, Struktur- und Niveausteuerung der Wirtschaft in einer freiheitlichen Gesellschaftsordnung, Hamburger Jahrbuch für Wirtschafts- und Gesellschaftspolitik, 1966, 67. – *203, 214*
–: Die Funktionsfähigkeit des Wettbewerbs, 2. Aufl., 1967.
KAYSEN, C. / D. F. TURNER: Antitrust Policy, An Economic and Legal Analysis, 1965. – *231*
KEBSCHULL, D.: Divergent Opinions on the Common Fund, Intereconomics 1977, 88. – *298*
KEBSCHULL, D. / K. FASBENDER / A. NAINI: Entwicklungspolitik, Eine Einführung, 2. Aufl., 1975. – *288*
KEBSCHULL, D. / O. G. MAYER (Hg.): Multinationale Unternehmen, Anfang oder Ende der Weltwirtschaft? 1974.
KEBSCHULL, D. / W. KÜNNE / W. MENCK: Das internationale Rohstoffprogramm, Prüfung entwicklungspolitischer Ansätze im Rohstoffvorschlag der UNCTAD, 1977. – *297, 298*
KETTERER, K. H.: Zwischen Geldtheorie und Kreditstopp, in: Duwendag (Hg.) 1973, 186. – *256*
Keynes, J. M.: The General Theory of Employment, Interest and Money, 1936, deutsch: Allgemeine Theorie der Beschäftigung, des Zinses und des Geldes, 1936, 4. Aufl. 1974. — *45, 69*
KILIAN, W.: Juristische Entscheidung und elektronische Datenverarbeitung, 1974. – *155*
–: Forschungssubventionen als Wettbewerbsinstrument, WuW 1975, 435. – *129*
KINCAID, P. J.: Sovereign Immunity and State-Owned Corporation, Journal of World Trade Law 10 (1976), 110. – *285*
KINDERMANN, H. H.: Die Anfechtung von kreditpolitischen Beschlüssen der Bundesbank, 1974. – *153*

KINDLEBERGER, CH. P.: International Economics, 4. Aufl., 1968.
KIRCHNER, CH.: Internationale Marktaufteilungen, 1975. – *51, 276, 278, 285, 286, 301*
–: Weltbilanzen, Probleme der internationalen Konzernrechnungslegung, 1978. – *110, 251, 261, 263, 264, 296, 304*
KIRCHNER, CH. / E. SCHANZE / F. v. SCHLABRENDORFF / A. STOCKMAYER / T. WÄLDE / M. FRITZSCHE / R. PATZINA, Rohstofferschließungsvorhaben in Entwicklungsländern. Teil 1: Interessenrahmen, Verhandlungsprozeß, rechtliche Konzeptionen, 1977. – *78, 280, 282, 289, 290, 297–299*
KISKER, G.: Neue Aspekte im Streit um den Vorbehalt des Gesetzes, NJW 1977, 1313. – *247*
KITTNER, M.: Streik und Aussperrung, 1974.
KLAUSING, F.: Wirtschaftsrecht, in: Beiträge zum Wirtschaftsrecht, Festschrift für Ernst Heymann, 1931, 1. – *56*
KLEPS, K.: Langfristige Wirtschaftspolitik in Westeuropa. Die neuen wirtschaftspolitischen Konzeptionen und ihre Problematik, 2. Aufl., 1970. – *80*
KLOTEN, N.: Zur Typenlehre der Wirtschafts- und Gesellschaftsordnungen, Ordo 7 (1955), 123. – *39*
–: Erfolg und Mißerfolg der Stabilisierungspolitik (1969–1974), in: Deutsche Bundesbank (Hg.), Währung und Wirtschaft in Deutschland 1876–1975, 1976, 643. – *270*
KLOTZ, J.: Dampf ist aus der Bahnsanierung raus – Lenker wollen Weichen stellen, Frankfurter Rundschau v. 5. 11. 1977, Nr. 258, 6. – *91*
KNIPS, W.: Die Problematik wirtschaftspolitischer Zielkonflikte, 1970. – *49*
KNOEPFEL, P.: Demokratisierung der Raumplanung, 1977.
KNOLLE, H.: Die Beschäftigungsfreiheit in der Europäischen Wirtschaftsgemeinschaft, Bundesarbeitsblatt 1964, 363. – *293*
KNORRING, E.: Die makroökonomische Konsumtheorie – Ein Überblick, WiSt 1972, 288. – *264*
Koch, E.: Wirtschaftswissenschaften für Juristen, 1976. — *255, 259, 261*
KOCK, H. / E. LEIFERT / A. SCHMID / L. STIRNBERG: Stabilitätspolitik – Ein Überblick über die aktuelle Diskussion und Perspektiven einer Neuorientierung, 1976.
KOCKA, J.: Management und Angestellte im Unternehmen der Industriellen Revolution. In: Gesellschaft in der industriellen Revolution, hg. von R. Braun / W. Fischer / H. Großkreutz / H. Volkmann, 1973, 162. – *71, 74*
–: Von der Manufaktur zur Fabrik, Technik und Werkstattverhältnisse bei Siemens 1847–1873, in: Moderne Technikgeschichte, hg. von K. Hausen und R. Rürup, 1975, 267.
KÖLNER KOMMENTAR zum Aktiengesetz von K. Biedenkopf, C. Claussen, G. Geilen, H.-G. Koppensteiner, A. Kraft, H. Kronstein, M. Lutter, H.-J. Mertens, W. Zöllner, 1970. – *141, 184*
KÖNDGEN, J.: Ökonomische Aspekte des Schadensproblems – Bemerkungen zur Kommerzialisierungsmethode des Bundesgerichtshofs, AcP 177 (1977), 1. – *189*
KÖPERNIK, G. / W. HANTKE / H. BERZAU / G. BAER / H.-D. HAFERLAND: Internationale Wirtschaftsorganisationen, JuS 1976, 634, 705, 779; JuS 1977, 9, 297, 367, 433, 506, 648. – *280, 298, 301*
KÖTZ, H.: Deliktsrecht, 1976. – *115, 166*
KÖTZ, H. / F. REICHERT-FACILIDES (Hg.): Inflationsbewältigung im Zivil- und Arbeitsrecht, 1976
KOLBECK, R.: Das Unternehmen als Gegenstand der Wirtschaftswissenschaften – speziell der Betriebswirtschaftslehre, in: Sozialwissenschaften im Studium des Rechts, Bd. 1, Zivil- und Wirtschaftsrecht, hg. von N. Horn und R. Tietz, 1977. – *110*
KOMMISSION FÜR WIRTSCHAFTLICHEN UND SOZIALEN WANDEL: Wirtschaftlicher und sozialer Wandel in der Bundesrepublik Deutschland, Gutachten, 1977.
KOMMISSION WIRTSCHAFTSKRIMINALITÄT: Tagungsberichte, Band 10, 1976, mit Gutachten von Raisch, Tiedemann und Ulmer. – *237*
Konzen, H.:* Tarifvertragliche und innerbetriebliche Normsetzung BB 1977, 1307. — *140

KOOK u. a.: Stabilitätspolitik 1976. – *265*
KOPPENSTEINER, H.-P.: Wirtschaftsrecht, Rechtstheorie 4 (1973), 1. – *187*
KOPPERSCHMIDT, J.: Allgemeine Rhetorik, 1973. – *160*
KOSELLECK, R.: Preußen zwischen Reform und Revolution, Allgemeines Landrecht, Verwaltung und soziale Bewegung von 1791–1848, 1967. – *64*
KOSIOL, E.: Die Unternehmung als wirtschaftliches Aktionszentrum, 1972.
KRÄGENAU, H.: Die Reform des internationalen Währungssystems, Einführung und Dokumentation, 1974. – *301, 302*
KRAFT, A.: SAE 1971, 7. Anm. zu BAGE v. 5. 12. 1969, SAE 71, 1 – «Wettbewerbsverbot» (§ 75 b HGB).
KRAFT, A. / P. KREUTZ: Gesellschaftsrecht, 2. Aufl., 1977. – *193*
KRAMER, E. A.: Die «Krise» des liberalen Vertragsdenkens, Eine Standortbestimmung, 1974. – *116*
KRELLE, W. / D. COENEN: Präferenz- und Entscheidungstheorie, 1968. – *26*
KREMENDAHL, H.: Pluralismustheorie in Deutschland, Entstehung, Kritik, Perspektiven, 1977. – *98, 100*
KREUZER, K.: Die Neutralität der Bundesanstalt für Arbeit, 1975. – *147*
KRIELE, M.: Wirtschaftsfreiheit und Grundgesetz, ZRP 1974, 105. – *206*
–: Einführung in die Staatslehre, 1975.
–: Theorie der Rechtsgewinnung, 2. Aufl., 1977. – *125, 173, 174, 175*
KROEBER-RIEL, W.: Kritik und Neuformulierung der Verbraucherpolitik auf verhaltenswissenschaftlicher Grundlage, Die Betriebswirtschaft 37 (1977), 89. – *222, 223*
KRÖGER, K.: Sparzinsbesteuerung und Geldentwertung, NJW 1973, 1017
KROMPHARDT, J.: Wachstum und Konjunktur, 1972. – *265*
KRONSTEIN, H.: Ausgewählte Schriften – Selected Essays, 1962.
–: Das Recht der internationalen Kartelle, 1967 (The Law of International Cartels, 1973). – *136*
KRONSTEIN, H. / J. T. NÜKKER / P. DONNER: Major American Antitrust Laws, N.Y. 1965.
KRÜGER, H.: Allgemeine Staatslehre, 2. Aufl., 1966. – *59, 197*
KRÜSSELBERG, H.-G.: Wirtschaftswissenschaft und Rechtswissenschaft, in D. Grimm (Hg.), Rechtswissenschaften und Nachbarwissenschaften, 1973, 168. – *52*
KRUK, M. (Hg.): Unternehmensführung in der Inflation, 1975. – *264*
KÜBLER, F.: Kodifikation und Demokratie, JZ 1969, 645. – *150*
–: Öffentliche Kritik an gewerblichen Erzeugnissen und beruflichen Leistungen, AcP 172 (1972), 177. – *226*
–: Privatrecht und Demokratie, Festschrift für L. Raiser 1974, 697. – *178, 185*
–: Über die praktischen Aufgaben zeitgemäßer Privatsrechtstheorie, 1975. – *96*
–: Pflicht der Presse zur Veröffentlichung politischer Anzeigen? 1976.
–: Transparenz am Kapitalmarkt, AG 1977, 85. — 226
KÜBLER, F. / W. SCHMIDT / S. SIMITIS: Zur Verfassungsmäßigkeit des Mitbestimmungsgesetzes, 1978. – *242*
KÜLP, B. / H.-D. HAAS (Hg.): Soziale Probleme der modernen Industriegesellschaft, 1977, 487. – *201*
***Küng, E.:* Wirtschaft und Gerechtigkeit. — Sozialethische Probleme im Lichte der Volkswirtschaftslehre. 1967.**
–: Wohlstand und Wohlfahrt, Von der Konsumgesellschaft zur Kulturgesellschaft, 1972. – *211*
–: Steuerung und Bremsung des technischen Fortschritts, 1976. – *199*
–: Die Marktmacht und ihr Mißbrauch im internationalen Rahmen, WiSt 1977, 134. – *286*
KUHNKE, H.-H.: Die Bedeutung gesellschaftlicher Werthaltungen und Zielvorstellungen für die Unternehmensziele, in Albach / Sadowski (Hg.) 1976. – *214*
KUSIMOW, I. I.: Abriß der politischen Ökonomie des Sozialismus – Methodologie, 1976. – *29*
LACHMAYER, F.: Grundzüge einer Normentheorie, 1977.
LALL, S.: Transfer-Pricing by Multinational Manufacturing Firms, Oxford Bulletin of Economics and Statistics 35 (1973), 173. – *287*

—: Major Issues in Transfer of Technology to Developing Countries: A Case Study of the Pharmaceutical Industry, UNCTAD, UN-Doc. TD/B/C.6/U. — *299*
LAMPE, O.: Die Unabhängigkeit der Deutschen Bundesbank, Eine verfassungsrechtliche und verwaltungsrechtliche Untersuchung, 2. Aufl., 1971. – *259*
LANGEN, E.: Außenwirtschaftsgesetz, 1968. – *278*
LANGER, G.: Rechtsschutz für Kapitalanlagen in Entwicklungsländern, 1973. – *289*
–: Die staatliche Förderung von Privatinvestitionen in Entwicklungsländern, Beilage zum Bundesanzeiger Nr. 84 vom 7. 5. 1975. – *289*
LARGAY, J. A. / J. L. LIVINGSTONE: Accounting for Changing Prices, 1976. – *251*
LECHELER, H.: Zur Reform der atomrechtlichen Anlagenbau- und -betriebsgenehmigung, ZRP 1977, 242. – *164*
LEFEVRE, D.: Staatliche Ausfuhrförderung und das Verbot wettbewerbsverfälschender Beihilfen im EWG-Vertrag, 1977.
LEHMANN, H.: Grundlinien des deutschen Industrierechts, Festschrift für Ernst Zitelmann, 1913. – *104*
LEIBHOLZ, G. / H. J. RINCK: Grundgesetz für die Bundesrepublik Deutschland, 5. Aufl., 1975 ff.
LEIPOLD, H.: Wirtschafts- und Gesellschaftssysteme im Vergleich, 1976. – *21, 29, 39, 41*
LEISNER, W.: Privatinteressen als öffentliches Interesse, DÖV 1970, 217.
LEONTIEF, W., u. a.: The Future of the World Economy, A United Nations Study, New York 1977.
LERCHE, P.: Verfassungsrechtliche Zentralfragen des Arbeitskampfes, 1968.
–: Rechtsprobleme der wirtschaftslenkenden VEraltung, in U. Scheuner (Hg.), Die staatliche Einwirkung, 1971, 449. – *149*
LESSMANN, H.: Die öffentlichen Aufgaben und Funktionen privatrechtlicher Wirtschaftsverbände, 1976. – *88*
LIEB, M.: AcP 178 (1978). – *218*
LIEBICH, F. K.: Das GATT als Zentrum der internationalen Handelspolitik, 1971. – *303*
LIESNER, TH. / M. A. KING (Hg.): Indexing for Inflation, 1975. – *263*
Limbach, J.: Der verbändige Rechtsgenosse, 1977. — *161*
Lindblom, Ch.: The Intelligence of Democracy, 1965. — *72*
LINDENLAUB, D.: Richtungskämpfe im Verein für Socialpolitik. 1967. – *67*
LIPFERT, H.: Einführung in die Währungspolitik, 6. Aufl., 1974. – *249*
LIPSET, S. M.: Der politische Prozeß in den Gewerkschaften, Eine theoretische Darstellung, in B. Külp / U. W. Schreiber (Hg.), Arbeitsökonomik, 1972, 141.
LIPSEY, F. G. / K. LANCASTER: The General Theory of Second Best, Review of Economics and Statistics, 24 (1956), 11. – *233*
LÖRCHER, S.: Zum Rohstoffvorschlag der UNCTAD, 1976. – *298*
LOESCH, A. v.: Die gemeinwirtschaftliche Unternehmung, Vom antikapitalistischen Ordnungsprinzip zum marktwirtschaftlichen Regulativ, 197. – *92*
LOEWE, W. / GRAF v. WESTPHALEN / R. TRINKNER: Kommentar zum Gesetz zur Regelung des Rechts der Allgemeinen Geschäftsbedingungen, 1977. – *136*
LOEWENSTEIN, K.: Kooptation und Zuwahl, 1973.
LÖWENTHAL, R.: Kapitalistische Dynamik und westliche Werte, Neue Rundschau 1977. – *197*
LÖWISCH, M.: Arbeitskampf und Vertragserfüllung, AcP 174 (1974), 202.
–: Der Einfluß der Gewerkschaften auf Wirtschaft, Gesellschaft und Staat, RdA 1975, 53.
LOMPE, K.: Gesellschaftspolitik und Planung, Probleme politischer Planung in der sozialstaatlichen Demokratie, 1971.
LORTIE, P.: Economic Integration and the Law of GATT, 1975. – *290*
LOWE, A.: Politische Ökonomie, 1969. – *29*
LÜDERSSEN, K.: Erfahrung als Rechtsquelle, 1972. – *175*
LUHMANN, N.: Grundrechte als Institution, 1965. – *18*
–: Rechtssoziologie I und II, 1972. – *56, 96*
–: Zweckbegriff und Systemrationalität, 1973. – *47*
–: Rechtssystem und Rechtsdogmatik, 1974. – *175*

Luhmann, U.: Betriebsjustiz und Rechtsstaat, 1975. – *135*
Lutter, M.: Vermögensbildung und Unternehmensrecht, 1975. – *220*
Machlup, F. / W. S. Salant / L. Tarsis (Hg.): International Mobility and Movement of Capital, 1972. – *287*
Majer, H. / A. Wagner: Der internationale Konjunkturzusammenhang, 1974. – *272*
Manser, W. A. P.: Die multinationalen Unternehmen, Ihre Bedeutung für die nationalen und internationalen Geld- und Kapitalmärkte und die internationalen Zahlungsbilanzen, 1973 (engl.: The Financial Role of Multinational Enterprises, 1973). – *295*
Marshall, A.: Money, Credit and Commerce, 1923. – *277*
Martens, K.-P.: Allgemeine Grundsätze zur Anwendbarkeit des Mitbestimmungsgesetzes, AG 1976, 113. – *133, 241*
–: Rechtsgeschäft und Drittinteressen, AcP 177 (1977), 113. – *117, 136*
Martens, W.: Öffentlich als Rechtsbegriff, 1969.
Marx, K.: Das Kapital, Bd. 1–3 (1867–1894), Marx/Engels Werke (MEW) Bd. 23–25, 1972. – *18, 29*
–: Zur Kritik der Politischen Ökonomie, Marx/Engels Werke (MEW), Bd. 13, 1972. – *17*
Mason, E. D.: Controlling World Trade, 1946. – *284*
Maunz, Th.: Deutsches Staatsrecht. 21. Aufl., 1977. – *193*
Maunz, Th. / G. Düring / R. Herzog / R. Scholz: Grundgesetz, Kommentar, 4. Aufl., fortlaufend. – *149, 201–203, 207, 273, 274*
Maydell, B. v.: Geldschuld und Geldwert, 1974. – *218, 219, 261, 263*
–: Geld und Währung, in: Sozialwissenschaften im Studium des Rechts, Band I, Zivil- und Wirtschaftsrecht, hg. von N. Horn und R. Tietz, 1977, 31. – *219*
Mayntz, R.: Soziologie der Organisation, 1963. – *71*
McConnel, C. R.: Volkswirtschaftslehre, Eine problembezogene Grundlegung, Bd. 1, 1975. – *18*
Meadows, D. H., u. a.: The Limits to Growth, 1972 (deutsch: Die Grenzen des Wachstums, 1972). – *23*
Meessen, K. M.: Erlaß eines Verbändegesetzes als rechtspolitische Aufgabe? 1976.
Meier, G.: Zur Sicherung des Leistungswettbewerbs, BB. 1977, 720. – *142, 143*
Meier, G. M.: Problems of a World Monetary Order, 1974. – *301, 302*
Meissner, W.: Investitionslenkung, 1974. – *246*
Merk, G.: Zur Begrenzung der Offensivwerbung, 1977. – *225*
Merkel, R.: Zum Schutz des Leistungswettbewerbs durch die Gerichte, DB 1977, 705.
Mertens, H.-J.: Berufshaftung, VersR 1974, 509.
–: Grundgesetz und Gewährleistung einer funktionsfähigen Marktwirtschaft, Hessische Hochschulwochen für Staatswissenschaftliche Fortbildung 79 (1975), 31.
–: Kollektivrechtlicher Schadensersatz als Mittel des Verbraucherschutzes, ZHR 139 (1975), 438. – *224*
–: Über politische Argumente in der verfassungsrechtlichen Diskussion der paritätischen Mitbestimmung, RdA 1975, 89. – *246*
–: Inwieweit empfiehlt sich eine allgemeine gesetzliche Regelung des Anlegerschutzes, Sitzungsbericht P zum 51. Deutschen Juristentag 1976, 10 (1977). Sitzungsbericht P zum 51. Deutschen Juristentag 1976, 10.
–: Wirtschaftsrecht, AG 1976, 62.
–: Urteilsanmerkung, AG 1976, 47. – *187*
–: Aufsichtsratsmandat und Arbeitskampf, AG 1977, 306. – *242*
–: Sitzungsbericht DJT 1977, P 41 f. – *146, 226, 246*
–: Zuständigkeiten des mitbestimmten Aufsichtsrats (Korreferat), ZGR 6 (1977), 270. – *242*
–: Deliktsrecht und Sonderprivatrecht – zur Rechtsfortbildung des deliktischen Schutzes von Vermögensinteressen –, AcP 178 (1978). – *144, 176, 189, 218, 237*
–: s. a. Kölner Kommentar
Mertens, H.-J. / E. Rehbinder: Internationales Kaufrecht, Kommentar zu den Einheitlichen Kaufgesetzen, 1975. – *134*
Mertens, H.-J. / E. Rehbinder / G. Jaenicke (Hg.): Studien zum internationalen Rohstoffrecht, 1977 ff.

MESTMÄCKER, E.-J.: Macht – Recht – Wirtschaftsverfassung, ZHR 137 (1973), 97. – *190*
–: Europäisches Wettbewerbsrecht, 1974. – *278*
–: Wirtschaftsordnung und Staatsverfassung, Festschrift für Franz Böhm, 1975, 383. – *95*
MEYER, H.: Das neue öffentliche Vertragsrecht und die Leistungsstörungen, NJW 1977, 1705. – *115*
MEYER-CORDING, U.: Die Rechtsnormen, 1971. – *140*
MICHALSKY, W.: Die neue Weltwirtschaftsordnung, Konzept, ökonomische Implikationen, wirtschaftliche Konsequenzen, Hamburger Jahrbuch für Wirtschafts- und Gesellschaftspolitik 1976, 105. – *297*
MIKESELL, R. F.: The Emergence of the World Bank as a Development Institution, in A.L.K. Acheson / J. F. Chant / M. F. J. Prachowny (Hg.), Bretton Woods Revisited, 1972, 70. – *302*
–: Foreign Investment in Copper-Mining – Case Studies of Mines in Peru und Papua New Guinea, 1975. – *298*
MIKSCH, L.: Wettbewerb als Aufgabe, 2. Aufl., 1947. – *70*
MILIBAND, R.: Der Staat in der kapitalistischen Gesellschaft, 1972.
MILLER, R.: Völlige Freizügigkeit der Arbeitskräfte in den Europäischen Gemeinschaften, Bundesarbeitsblatt 1968, 690.
MITSCHKE, J.: Bilanzierungsprobleme bei Geldentwertung, WiSt 1975, 525. – *251*
MITTELBACH, R.: Wertsicherungsklauseln in Zivil- und Steuerrecht. 3. Aufl., 1974. – *262*
MÖLLER, A. (Hg.): Gesetz zur Förderung der Stabilität und des Wachstums der Wirtschaft und Art. 109 Grundgesetz, Kommentar, 2. Aufl., 1969. – *267, 271, 272*
MÖLLER, H.: Das Ende der Weltwährungsordnung? 1072. – *302*
MÖSCHEL, W.: Das Wirtschaftsrecht der Banken, 1972. – *259*
–: Marktmacht und Preiskontrolle, BB 1976, 49. – *235, 236*
–: Wettbewerb im Schnittfeld von Rechtswissenschaft und Nationalökonomie, in: Tradition und Fortschritt im Recht, Festschrift zum 500jährigen Bestehen der Tübinger Juristenfakultät, 1977, 333. – *233, 235*
–: Wettbewerb im Schnittfeld von Rechtswissenschaft und Nationalökonomie, Festschrift zum 500jährigen Bestehen der Tübinger Juristenfakultät, 1977. 333. – *235*
MONOPOLKOMMISSION: Sondergutachten 1; Anwendung und Möglichkeit der Mißbrauchsaufsicht über marktbeherrschende Unternehmen seit Inkrafttreten der Kartellgesetznovelle, 1975.
MONROE, W. F.: International Monetary Reconstruction, 1974. – *302*
MOTTEK, H.: Wirtschaftsgeschichte Deutschlands. Ein Grundriß, Bd. 2: Von der Zeit der Französischen Revolution bis zur Zeit der Bismarckschen Reichsgründung, 2. Aufl., 1971. – *64*
MOXTER, A.: Bilanzlehre, 1974. – *110, 142*
–: Grundsätze ordnungsmäßiger Unternehmensbewertung, 1976. – *142*
MÜCKL, W. J. / R. HANSER: Die Wirkungen der Inflation auf die Einkommens- und Vermögensverteilung – zwei Literaturstudien, 1975. – *261*
MÜLLER, F.: Korporation und Assoziation, 1965. – *73*
–: Juristische Methodik, 2. Aufl., 1976. – *125*
MÜLLER, G.: Gedanken zum Richterrecht, AuR 1977, 129. – *168*
MÜLLER, R. / W. RÖCK: Konjunktur- und Stabilisierungspolitik, Theoretische Grundlagen und wirtschaftspolitische Konzepte, 1976. – *263–266, 268, 270, 272*
–: Ökonomische Fragen der öffentlichen Verwaltung I, Gesamtwirtschaftliche Grundlagen, 1976. – *101*
MÜLLER, W.: Die Zwischenberichtspublizität der deutschen Aktiengesellschaften, 1976. – *139*
MÜLLER-ARMACK, A.: Soziale Marktwirtschaft, in: Handwörterbuch der Sozialwissenschaften, Bd. 9, 1956, 390. – *196*
–: Wirtschaftslenkung und Marktwirtschaft, 1947. – *70*
MÜLLER-HENNEBERG, H. / G. SCHWARTZ (Hg.): Gesetz gegen Wettbewerbsbeschränkungen und Europäisches Kartellrecht – Gemeinschaftskommentar – 3. Aufl., 1972 ff.
MÜNCH, I. v. (Hg.): Besonderes Verwaltungsrecht, 4. Aufl., 1976. – *193*

Munzinger, D. K.: Mißbräuchliche Preise, Preisbildungssysteme und Preisstrukturen nach § 22 GWB, 1977. – *235*
Musgrave, R. A.: Finanztheorie, 1969. – *267, 269*
Myrdal, G.: Objektivität in der Sozialforschung, 2. Aufl., 1971. – *52*
Naphtali, F.: Wirtschaftsdemokratie, Ihr Wesen, Weg und Ziel, 1928, auszugsweise wiederabgedruckt bei G. Brüggemeier, Entwicklung des Rechts, 1977, 380. – *111*
Narr, W. D.: Theoriebegriffe und Systemtheorie, Einführung in die moderne politische Theorie, 3. Aufl., 1972.
Narr, W. D. / F. Naschold: Theorie der Demokratie, Einführung in die moderne politische Theorie, Teil 3, 1071.
Naschold, F.: Systemsteuerung, Einführung in die moderne politische Theorie, 3. Aufl. 1972. – *72*
Naucke, W. / E. Deutsch / H. Stoll / G. Arzt: Sanktionen für Kleinkriminalität, Verhandlungen des 51. DJT, 1976. – *135*
Nawroth, E. E.: Die Sozial- und Wirtschaftsphilosophie des Neo-Liberalismus, 2. Aufl., 1962. – *96*
Neumann, F.: Ökonomie und Politik im zwanzigsten Jahrhundert (1955), in: Demokratischer und autoritärer Staat – Beiträge zur Soziologie der Politik, 1967, 171. – *55*
Neumark, F.: Ermessensfreiheit oder Automatismus? Zur ökonomischen und politischen Problematik moderner Fiskalpolitik, 1971. – *267*
Nguyen, D. T. / R. A. Whitaker: Inflation, Replacement and Amortisation Funds: a Case Study of U. K. Industries, Journal of Business Finance & Accounting 3 (1976). – *264*
Niedenhoff, H. U.: Die unbekannte Macht, Unternehmer DGB, 1975.
Nipperdey, Th.: Interessenverbände und Parteien in Deutschland vor dem Ersten Weltkrieg, in: Moderne deutsche Sozialgeschichte, hg. von H.-U. Wehler, 2. Aufl., 1968. – *83, 84*
Nirk, R.: Hundert Jahre Patentschutz in Deutschland, in: Hundert Jahre Patentamt, 1977, 345. – *85*
Noll, P.: Gesetzgebungslehre, 1973. – *128*
Nuscheler, F. / W. Steffani: Pluralismus: Konzeptionen und Kontroversen, 1972.
Nussbaum, A.: Das neue deutsche Wirtschaftsrecht, Eine systematische Übersicht über die Entwicklung des Privatrechts und der benachbarten Rechtsgebiete seit Aufbruch des Weltkriegs, 1920. – *56*
OECD: International Investment and Multinational Enterprises, 1976. – *290, 305*
Oehler, W.: Entflechtung und Kontrahierungszwang, Methoden und Erfahrungen im amerikanischen Recht der Wettbewerbsbeschränkungen, 1976, – *146*
Oertli-Cajacob, P.: Praktische Wirtschaftskybernetik, 1977. – *31*
Oertzen, P. v.: Die soziale Funktion des staatsrechtlichen Positivismus, Eine wissenssoziologische Studie über die Entstehung des formalistischen Positivismus in der deutschen Staatsrechtswissenschaft, 1974. – *78*
Offe, C.: Strukturprobleme des kapitalistischen Staates, 1972. – *101*
Ohlin, B.: Interregional and International Trade, 2. Aufl., 1952. – *275*
Oliver, C. T.: The Andean Foreign Investment Code: A New Phase in the Quest for Normative Order as to Direct Foreign Investment, American Journal of International Law 66 (1972), 763. – *290*
Olsen, M.: Die Logik des kollektiven Handelns, 1968. – *223, 243*
Ossenbühl, F.: Gutachten zum 50. Deutschen Juristentag 1974, B 176. – *131*
–: Die Kontrolle von Tatsachenfeststellungen und Prognoseentscheidungen durch das Bundesverfassungsgericht, in: Bundesverfassungsgericht und Grundgesetz, Bd. II, 1976, 458. – *246*
Ott, A. E.: Magische Vielecke, in A. E. Ott (Hg.), Fragen der wirtschaftlichen Stabilisierung, 1967, 93. – *48*
Ott, C.: Die soziale Effektivität des Rechts bei der politischen Kontrolle der Wirtschaft, Jahrbuch für Rechtssoziologie und Rechtstheorie, Bd. III, 1972, 345. – *30, 187*
–: Systemwandel im Wettbewerbsrecht, Festschrift L. Raiser, 1974, 403. – *225*
–: Recht und Realität der Unternehmenskorporation, 1977. – *73, 75, 109, 133*

–: Rechtsprobleme des Wettbewerbs – Fragen an Wirtschafts- und Sozialwissenschaften, in: Sozialwissenschaften im Studium des Rechts, Bd. I, Zivil- und Wirtschaftsrecht, hg. von N. Horn und R. Tietz, 1977, 173. – *229*
PAGE, S. A. B.: International Experience of Indexing, in Th. Liesner / M. A. King (Hg.), Indexing for Inflation, 1975, 97.
PAPIER, H. J.: Eigentumsgarantie und Geldentwertung, AöR 98 (1973), 528. – *246*
–: Unternehmen und Unternehmer in der verfassungsrechtlichen Ordnung der Wirtschaft, Referat in VVDStRL 35, 1977, 55. – *112, 206–208*
PARSONS, T.: Das System moderner Gesellschaften, 1972. – *83*
PARSONS, T. / N. L. SMELSER: Economy and Society, 1969.
PECHTOLD, L.: Zum Wohle der Verbraucher, Die Konsumbrotsubventionierung, in: K. H. Hansmeyer (Hg.), Subventionen in der Bundesrepublik Deutschland, 1963, 33. – *212*
PENROSE, E.: International Patenting and the Less Developed Countries, Economic Journal, Sept. 1973. – *300*
PETERS, H.-R.: Typologie der Wirtschaftssysteme, WiSt 1976, 398. – *39*
PHILIPP, W.: Verfahrensrechtliche Probleme der sogenannten Vermögensbeteiligung, DB 1974, 872. – *221*
PIEPENBROCK, R.: Der Gedanke eines Wirtschaftsrechts in der neuzeitlichen Literatur bis zum 1. Weltkrieg, 1964. – *56*
PITOFSKY, R.: Verbraucherschutz und Kontrolle der Werbung in den USA, GRUR Int. 1977, 304. – *224*
POHL, R.: Konfliktverschärfung durch Verstetigung – Ziele der Notenbankpolitik, in Duwendag (Hg.) 1973, 55. – *259*
PREUSS, U. K.: Zum staatsrechtlichen Begriff des Öffentlichen, untersucht am Beispiel des verfassungsrechtlichen Status kultureller Organisationen, 1969.
–: Legalität und Pluralismus – Beiträge zum Verfassungsrecht der Bundesrepublik Deutschland, 1973.
PRIESTER, J. M.: Rationalität und Normkritik, Diss. Saarbrücken 1972. – *175*
PROSS, H.: Manager und Aktionäre in Deutschland, Untersuchungen zum Verhältnis von Eigentum und Verfügungsmacht, 1965. – *109*
PRYBYLA, J. S.: Meaning and Classification of Economic Systems, An Outline, in J. S. Prybyla (Hg.), Comparative Economic Systems, 1969, 9. – *29*
PUCHTA, G. F.: Pandekten, 3., verbesserte Aufl., 1845.
PÜTTNER, G.: Die öffentlichen Unternehmen, Verfassungsfragen zur wirtschaftlichen Betätigung der öffentlichen Hand, 1969.
PÜTZ, TH.: Grundlagen der theoretischen Wirtschaftspolitik, 1971. – *33–34, 47, 52*
QUACK, G./H. LIST: Norm und Wirklichkeit im Steuerrecht aus der Sicht von Verwaltung und Rechtsprechung, BB 1973, 437. – *149*
QUAMBUSCH, L.: Nicht-tarifäre Handelshemmnisse, 1976. – *284, 304*
–: Non-Tariff Barriers to Trade, Intereconomics 1977, 79. – *304*
RAABE, K.-H.: Projektionen eines «Korridors für den Staatssektor» in: Der Staatssektor in der sozialen Marktwirtschaft, hg. von D. Duwendag, 1976, 37. – *101*
RADBRUCH, G.: Rechtsphilosophie, 1932, 6. Aufl. 1963. – *123*
RAHMEYER, F.: Pluralismus und rationale Wirtschaftspolitik, 1974.
RAISCH, P.: Unternehmensrecht I und II, 1974. – *240*
RAISER, L.: Vertragsfunktion und Vertragsfreiheit, in: Hundert Jahre deutsches Rechtsleben I (1960), 101. – *112*
–: Die Aufgabe des Privatrechts, Aufsätze aus drei Jahrzehnten, 1977. – *56*
RAISER, TH.: Grundgesetz und paritätische Mitbestimmung, 1975.
–: Mitbestimmungsgesetz, Kommentar, 1977. – *111*
RAWLS, J.: Eine Theorie der Gerechtigkeit, 1975 – (A Theory of Justice, 1971). – *171, 176*
Recht und Macht in Politik und Wirtschaft, mit Beiträgen von D. Sternberger, A. Brodersen, A. Passerin de Entrèves, J. Hirsch, H. Thielicke, H. Schelsky, E.-J. Mestmäcker, Ch. G. Hanson, 1976.
Redeker, K.: Gesetzrationalität und verständliches Recht, NJW 1977, 1183. — *150*

Reich, N.: Zivilrechtstheorie, Sozialwissenschaften und Verbraucherschutz, ZRP 1974, 187. – *105*
–: Markt und Lenkung, ZRP 1976, 67. – *246*
–: Markt und Recht, Theorie und Praxis des Wirtschaftsrechts in der Bundesrepublik Deutschland, 1977. – *194*
Reich, N. / K. Tonner / H. Wegener: Verbraucher und Recht, 1976.
Reidel, J.: The Nature and Determinants of Export-Oriented Direct Foreign Investment in a Developing Country: A Case Study of Taiwan, Weltwirtschaftliches Archiv 111 (1975), 505
Reifner, U.: Abzahlungsrecht und Verbraucherschutz, Demokratie und Recht 1977, 133. – *204*
Reinhart, G.: Änderung privatrechtlicher Begriffe durch die Einflüsse des Kartellrechts, Festgabe W. Hefermehl 1976, 517.
Reithmann, Ch.: Der Beitrag der Notare zur Rechtsentwicklung, DNotZ, Sonderheft 1977. – *134*
Renner, K.: Die Rechtsinstitute des Privatrechts und ihre soziale Funktion, 1929. – *113*
Reuss, W.: Bindung der Rechtsprechung an die autonome Konkretisierung abstrakter Begriffe, RdA 1976, 53. – *140*
Reuter, D.: Privatrechtliche Schranken der Perpetuierung von Unternehmen, 1973. – *133*
–: Nominalprinzip und Geldentwertung, ZHR 137 (1974), 482.
–: Die Arbeitskampffreiheit in der Verfassungs- und Rechtsordnung der Bundesrepublik Deutschland, in: Wirtschaftsordnung und Staatsverfassung, Festschrift für Franz Böhm, 1975, 521. – *222*
–: Geldschuld und Geldwert, ZHR 140 (1976), 73. – *218, 219, 261*
Reuter, D. / J. Körnig: Mitbestimmung und gesellschaftliche Gestaltungsfreiheit, ZHR 140 (1976), 494. – *134*
Ricardo, D.: Grundsätze der politischen Ökonomie und der Besteuerung, 3. Aufl., 1821.
Richardi, R.: Der Mitbestimmungsgedanke in der Arbeitsordnung, Das Arbeitsrecht der Gegenwart 13, 1976.
Ridder, H.: Die soziale Ordnung des Grundgesetzes, 1975. – *208*
Riese, H.: Wohlfahrt und Wirtschaftspolitik, 1975. – *35, 36, 52*
Rinck, G.: Wirtschaftsrecht – Wirtschaftsverfassung, Wirtschaftsverwaltung, Wettbewerbs- und Kartellrecht – 5. Aufl., 1977. – *56, 193, 194, 224*
Rinken, A.: Das Öffentliche als verfassungstheoretisches Problem, dargestellt am Rechtsstand der Wohlfahrtsverbände, 1971. – *159*
–: Einführung in das juristische Studium, 1977. – *125*
Rittner, K.: Die §§ 96–99 AktG und das BVerfG, DB 1969, 2165.
Rittstieg, H.: Eigentum als Verfassungsproblem, 1975. – *208*
Robertson, D.: International Trade Policy, 1972.
Rödig, J. (Hg.): Studien zu einer Theorie der Gesetzgebung, 1976.
Roellecke, G. / Ch. Starck: Die Bindung des Richters an Gesetz und Verfassung, VV DStRL 34 (1976), 7. — *167*
Rolfe, S. E.: On the Importance of Conflicts Between National Goals and Corporate Objectives for the Process of Policy Formulation, in Albach / Sadowski (Hg.) 1976. — *77, 112*
Ronningen, V. / A. Yeats: Nontariff Distortions of International Trade: Some Preliminary Empirical Evidents, Weltwirtschafts-Archiv 112 (1976), 613. – *304*
Roppo, E.: Verbraucherschutz und Klassentheorie, Demokratie und Recht 1976, 109. – *204*
Rose, K.: Grundlagen der Wachstumstheorie, 2. Aufl., 1974.
–: Theorie der Außenwirtschaft, 6. Aufl., 1976. – *276, 279, 281, 282, 295*
Rübberdt, R.: Geschichte der Industrialisierung, Wirtschaft und Gesellschaft auf dem Wege in unsere Zeit, 1972. – *64*
Rüfner, W.: Formen öffentlicher Verwaltung im Bereich der Wirtschaft – Untersuchungen zum Problem der leistenden Verwaltung, 1967. – *91*
–: Unternehmen und Unternehmer in der verfassungsrechtlichen Ordnung der Wirtschaft, DVBl. 1976, 689. – *209*

RÜTHERS, B.: Die unbegrenzte Auslegung, Zum Wandel der Privatrechtsordnung im Nationalsozialismus, 1973

RUNGE, U.: Antinomien des Freiheitsbegriffs im Rechtsbild des Ordoliberalismus, 1971. – *96*

RUPP, H. H.: in E. Hoppmann (Hg.), Konzertierte Aktion, 1971, 1. – *207*

SACHVERSTÄNDIGENRAT ZUR BEGUTACHTUNG DER GESAMTWIRTSCHAFTLICHEN ENTWICKLUNG: Stabilität im Wachstum, Jahresgutachten 1967/68, 1967. – *269*

–: Gleicher Rang für den Geldwert, Jahresgutachten 1972/73, 1972.

–: Mut zur Stabilisierung, Jahresgutachten 1973/74, 1973. – *256, 263*

–: Vollbeschäftigung für morgen, Jahresgutachten 1974–75, 1974 – *246*

–: Zeit zum Intervenieren, Jahresgutachten 1976/77, 1976. – *257*

SACK, R.: § 1 UWG und Wirtschaftspolitik, WRP 1974, 247. – *225*

–: Deliktsrechtlicher Verbraucherschutz gegen unlauteren Wettbewerb, NJW 1975, 1303.

SÄCKER, F.-J.: Gruppenautonomie und Übermachtkontrolle im Arbeitsrecht, 1972.

SALADIN, P.: Unternehmen und Unternehmer in der verfassungsrechtlichen Ordnung der Wirtschaft, Referat, in: VVDStRL 35 (1977). – *106*

SALZWEDEL, J. in I. v. Münch (Hg.), Besonderes Verwaltungsrecht, 4. Aufl., 1976. – *219*

SAMBUC, TH.: Folgenerwägungen im Richterrecht, 1977. – *175*

SAMUELSON, P. A.: Volkswirtschaftslehre, Band 1, 6. Aufl., 1975. – *18, 22*

SATTLER, J. (Hg.): Staat und Recht, Die deutsche Staatslehre im 19. und 20. Jahrhundert, 1972. – *78*

SAUERMANN, H.: Anmerkungen zu einem alten Thema: Politik und Ökonomik, Festschrift für Franz Böhm, 1976, 562. – *82*

SAUVANT, K. P. / H. HASENPFLUG (Hg.): New International Economic Order – Cooperation or Confrontation between North and South? 1977. – *297*

SAUVANT, K. P. / G. LAVIPOUR (Hg.): Controlling Multinational Enterprises, Problems, Strategies, Counterstrategies, 1976. – *77, 289, 305*

SAVIGNY, F. C. v.: System des heutigen Römischen Rechts, Bd. 3, 1840. – *65, 112*

SCHACHTSCHABEL, H. G.: Wirtschaftspolitische Konzeptionen, 1970, 3. Aufl., 1976. – *33, 36, 59–60, 62*

SCHÄFER, W.: Der Euro-Dollarmarkt, 1971.

SCHANZE, E.: Einmanngesellschaft und Durchgriffshaftung als Konzeptionalisierungsprobleme gesellschaftsrechtlicher Zurechnung, 1975. – *74*

–: Besprechung von D. Smith/L. Wells, Negotiating Third World Mineral Agreements, 1975, und R. Mikesell, Foreign Investment in Copper Mining, 1975, RabelsZ 41 (1977), 570. – *78, 298*

–: Urteilsanmerkung, AG 1977, 81. – *241, 285*

SCHARPF, F. W.: Demokratietheorie zwischen Utopie und Anpassung, 2. Aufl., 1972. – *244*

–: Planung als politischer Prozeß – Aufsätze zur Theorie der planenden Demokratie, 1973. – *128*

SCHARPF, F. W. / B. REISSERT / F. SCHNABEL: Politikverflechtung: Theorie und Empirie des kooperativen Föderalismus in der Bundesrepublik, 1976. – *81*

SCHARRER, H.-E. (Hg.): Förderung privater Direktinvestitionen, 1972. – *289*

SCHELSKY, H.: Nutzen und Gefahren der sozialwissenschaftlichen Ausbildung von Juristen, JZ 1974, 410.

SCHERER, F. M.: Industrial Market Structure and Economic Performance, 1970. – *200, 230, 233*

SCHERER, J.: Die Wirtschaftsverfassung der EWG, 1970.

SCHEUNER, U.: Die überbetriebliche Ertragsbeteiligung der Arbeitnehmer und die Verfassungsordnung, 1972. – *221*

– (Hg.): Die staatliche Einwirkung auf die Wirtschaft, Wirtschaftsrechtliche Aufsätze 1946–1970, 1971. – *56, 96, 207*

SCHILCHER, R.: Geldfunktionen und Buchgeldschöpfung, Ein Beitrag zur Geldtheorie, 2. Aufl., 1973. – *249, 254*

SCHILLER, F.: Wirtschaftspolitik, in: Handwörterbuch der Sozialwissenschaften, Bd. 12, 1965, 210. – *206*
–: Preisstabilität durch globale Steuerung der Marktwirtschaft, 1966. – *269*
–: Konjunkturpolitik auf dem Wege zu einer affluent society, Festgabe für A. Möller, 1968, 61.
SCHLECHT, O.: Erfahrungen und Lehren aus dem jüngsten Konjunkturzyklus, 1972.
–: Hat die Globalsteuerung versagt? in: Körner / Meyer-Dohm / Tuchtfeldt / Uhlig (Hg.), Wirtschaftspolitik – Wissenschaft und politische Aufgabe, Festschrift zum 65. Geburtstag von Karl Schiller, 1976, 297. – *269*
SCHLESINGER, H.: Vermögensbildung und Vermögensverteilung in der Bundesrepublik Deutschland, in: Vermögensbildung, Vermögensverteilung und Kapitalmarkt, Schriftenreihe des Instituts für Kapitalmarktforschung der Universität Frankfurt a. M., 1975, 7. – *221*
–: Beschäftigungs- und Konjunkturpolitik in der Bundesrepublik Deutschland, in W. Albers u. a. (Hg.), Handwörterbuch der Wirtschaftswissenschaft, 1. Bd., 1977, 499. – *272*
SCHLUEP, W. R.: Was ist Wirtschaftsrecht? Festschrift für Walther Hug, 1968, 25. – *56*
–: Wirtschaftsrechtliche Aspekte der Werbung durch Appell an das Unbewußte, Zeitschr. Schweiz. R. 1972, 353. – *225*
SCHMAHL, H.-J.: Globalsteuerung der Wirtschaft, Die neue Konjunkturpolitik in der Bundesrepublik Deutschland, 1970. – *50, 265, 271, 272*
–: Erstmals Stagflation in der Bundesrepublik Deutschland – Ursachen und Konsequenzen, Hamburger Jahrbuch für Wirtschafts- und Gesellschaftspolitik 17 (1972), 127. – *265*
SCHMIDT, I.: US-amerikanische und deutsche Wettbewerbspolitik gegenüber Marktmacht, 1973. – *232*
SCHMIDT, K.: Kartellverfahrensrecht – Kartellverwaltungsrecht – Bürgerliches Recht, 1977. – *146, 154*
–: Zusammenschlußkontrolle und Zusagenpraxis vor den Beschwerdegerichten, BB 1977, 774.
SCHMIDT, K.-D.: Strukturwandlungen des privaten Verbrauchs in der Bundesrepublik Deutschland, 1976
–: Globalsteuerung und empirische Wirtschaftsforschung – Erfahrungen in der Bundesrepublik Deutschland, in: Konjunkturpolitik in der Krise, Heft 1, 1977 (Wirtschaftspolitische Blätter 51). – *270, 273*
SCHMIDT, R.: Wirtschaftspolitik und Verfassung, 1971, – *70*
SCHMIDT, W.: Die Entscheidungsfreiheit des einzelnen zwischen staatlicher Herrschaft und gesellschaftlicher Macht, AÖR 101 (1976), 24. – *97, 201*
SCHMIDTCHEN, D.: Politische Ökonomie staatlicher Preisinterventionen, dargestellt am Beispiel der «politischen Preise» im Nachrichtenverkehr, 1973. – *219*
–: Der «politische Preis», WiSt 1974, 17.
SCHMIDT-PREUSS, M.: Verfassungsrechtliche Zentralfragen staatlicher Lohn- und Preisdirigismen, 1977. – *207*
SCHMITT, C.: Der Hüter der Verfassung, 1931. – *55, 85*
SCHMITT-RINK, G.: Wachstumstheorie, 1975.
SCHMITZ, W.: Die antizyklische Konjunkturpolitik – eine Illusion, Grenzen der Machbarkeit durch Globalsteuerung, 1976.
–: Die antizyklische Konjunkturpolitik – eine Illusion, in: Konjunkturpolitik in der Krise, Heft 1, 1977 (Wirtschaftspolitische Blätter 24). – *270*
SCHMÖLDERS, G.: Finanzpolitik, 2. Aufl., 1965.
–: Geld- und Währungspolitik, in: Evangelisches Staatslexikon, hg. von H. Kunst und S. Grundmann 1966, 597. – *247, 250*
–: Das Bild vom Menschen in der Wirtschaftstheorie, Vom Modell des «homo oeconomicus» zur empirischen Verhaltensforschung, in: Neue Anthropologie, hg. von H.-G. Gadamer, P. Vogler, Bd. 3: Sozialanthropologie, 1972. – *104, 212*

Schmoller, G.: Grundriß der Allgemeinen Volkswirtschaftslehre, Erster Teil, erg. Ausg. 1919. – *74*
Schneider, E.: Automatismus oder Ermessensentscheidungen in der Geldpolitik? 1970. – *270*
Schneider, H.: Zur Verhältnismäßigkeits-Kontrolle insbesondere bei Gesetzen, Bundesverfassungsgericht und Grundgesetz I, 1976, 390. – *246*
Schneider, H. K.: Zielbestimmung für die Wirtschaftspolitik in der pluralistischen Gesellschaft, in H. Besters (Hg.), Theoretische und institutionelle Grundlagen der Wirtschaftspolitik, 1967. – *80*
Schneider, H. K. / W. Wittmann, / H. Würgler (Hg.): Stabilisierungspolitik in der Marktwirtschaft, 1975. – *265, 268*
Schneider, P. J.: Die Bedeutung der internationalen Währungsordnung und der vorliegenden Reformvorschläge für die Entwicklungsländer, 1974. – *301*
Schönle, H.: Bank- und Börsenrecht, 2. Aufl., 1976, 438. – *153*
Scholz, R.: Koalitionsfreiheit als Verfassungsproblem, 1971.
–: Konzentrationskontrolle und Grundgesetz, 1971.
–: Paritätische Mitbestimmung und Grundgesetz, 1974. – *201*
–: Grenzen staatlicher Aktivität unter der grundgesetzlichen Wirtschaftsverfassung, in Duwendag (Hg.) 1976. – *202, 203, 207*
–: Kartellrechtliche Preiskontrolle als Verfassungsfrage, ZHR 141 (1977), 520. – *235*
Schoner, D.: Buchbesprechung R. Y. Chuang, The International Air Transport Association, 1972, Zeitschrift für Luft- und Weltraumrecht 25 (1976), 190. – *143*
Schricker, G.: Öffentliche Kritik an gewerblichen Erzeugnissen und beruflichen Leistungen, AcP 172 (1972), 203. – *226*
–: Verbraucherschutzrecht – ein neues Rechtsgebiet, GRUR Int. 1976, 315. – *224*
–: Wettbewerbsrechtliche Aspekte des Verbraucherschutzes, RabelsZ 40 (1976), 535.
Schröder, H. J.: Gesetzgebung und Verbände, 1976.
Schröder, J.: Private Möglichkeiten einer Kapitalbeteiligung der Arbeitnehmer in der deutschen Wirtschaft, AG 1974, 333. – *220*
Schulz, W.: Philosophie in der veränderten Welt, 1972. – *171*
Schumann, J.: Außenhandel III: Wohlfahrtseffekte, in W. Albers u. a. (Hg.), Handwörterbuch der Wirtschaftswissenschaft, 1. Bd., 1977. – *276, 279*
Schumpeter, J. A.: Gesammelte Aufsätze, 1953. – *60*
Schwark, E.: Börsengesetz, Kommentar, 1976. – *138*
Schweizerische Bundeskanzlei (Hg.): Bereinigte Sammlung der Bundesgesetze und Verordnungen 1848–1947, 1953. – *275*
Schwödiauer, G.: Konjunkturtheorie in der Krise, in: Konjunkturpolitik in der Krise, (Wirtschaftspolitische Blätter 14), 1977. – *270*
Scitovsky, T.: Psychologie des Wohlstands, Die Bedürfnisse des Menschen und der Bedarf der Verbraucher, 1977. – *211*
Seidl-Hohenveldern, I.: Die Verstaatlichung von Kupferbergbaubetrieben in Chile, RIW (BB) 1974, 421. – *153*
Selmer, P.: Steuerinterventionismus und Verfassungsrecht, 1972.
–: Verfassungsrechtliche Probleme einer Kriminalisierung des Kartellrechts, 1977.
Sendler, H.: Zum Wandel der Auffassung vom Eigentum, DÖV 1974, 73. – *208*
Senghaas, D. / U. Menzel (Hg.): Multinationale Konzerne und Dritte Welt, 1976. – *304*
Senti, R.: Die Monopolisierungstendenzen im internationalen Handel mit Agrarprodukten und Rohstoffen, Außenwirtschaft 30 (1975), 99. – *290*
Siebke, J. / M. Willms: Theorie der Geldpolitik, 1974. – *248, 258*
Simitis, K.: Verbraucherschutz – Schlagwort oder Rechtsprinzip? 1976. – *105, 211, 218, 219, 222, 226, 262*
Simitis, S.: Die Bedeutung von System und Dogmatik – dargestellt an rechtsgeschäftlichen Problemen des Massenverkehrs, AcP 172 (1972), 131. – *154*
–: Von der institutionalisierten zur problembezogenen Mitbestimmung, AuR 1975, 321. – *109, 240*
–: Inflationsbewältigung im Zivil- und Arbeitsrecht (Generalreferat im gleichnamigen

Sammelband, hg. von H. Kötz, F. Reichert-Facilides, 1976), 49. – *132, 133, 159, 176, 261, 263, 264*
Simon, D.: Die Unabhängigkeit des Richters, 1975. – *125, 154, 172, 176*
Sinzheimer, H.: Der korporative Arbeitsnormenvertrag, 1907, 1908.
–: Chronik, in: Die Justiz III (1927/28), 374; wiederabgedruckt in Th. Ramm (Hg.), Die Justiz in der Weimarer Republik, Eine Chronik, 1968, 139. – *57*
Sinzheimer, Hugo – Gedächtnisveranstaltung zum 100. Geburtstag, 1977.
Smelser, N. J.: Soziologie der Wirtschaft, 1968. – *59, 61*
Smith, A.: Essays on Philosophical Subjects, in J. Black, J. Hutton (Hg.), 1795. – *62*
–: The Wealth of Nations, Books I – III with an introduction by A. Skinner, rev. Ed. 1974, Titel der Originalausgabe: An Inquiry into the Nature and Causes of the Wealth of Nations, 1776; deutsche Übersetzung von H. C. v. Recktenwald, Der Wohlstand der Nationen, Eine Untersuchung seiner Natur und seiner Ursachen, 1974. – *73*
Smith, D. N. / L. T. Wells: Negotiating Third World Mineral Agreements: Promises as Prologue, 1975. – *298, 299*
Sohn, G.: Zur Konjunkturempfindlichkeit der deutschen Wirtschaft, Wirtschaftsdienst 1977, 72. – *267*
Sohns, R.: Theorie der internationalen Arbeitsteilung, Gegenwärtiger Stand und Problematik, 1976. – *281*
Soldner, H.: Weltwirtschaftliche Strukturwandlungen und Internationales Marketing, zfbf 29 (1977), 256. – *287*
Sombart, W.: Die deutsche Volkswirtschaft im neunzehnten Jahrhundert, 2. Aufl., 1909. – *64, 86*
Sonnenschein, J.: Zur Verfassungsmäßigkeit der Mindestbeteiligung bei der Schachtelvergünstigung, Gedächtnisschrift für Friedrich Klein, 1977, 500. – *184*
Spanner: Steuer und Geldentwertung – Verfassungsprobleme, Deutsches Steuerrecht 1975, 475. – *263*
Spindler J. v. / W. Becker / O.-E. Starke: Die Deutsche Bundesbank, Grundzüge des Notenbankwesens und Kommentar zum Gesetz über die Deutsche Bundesbank, 4. Aufl., 1973. – *250, 253, 256, 259*
Stackelberg, H. v.: Möglichkeiten und Grenzen der Wirtschaftslenkung, Ordo 1949, 2. – *193, 206*
–: Grundlagen der theoretischen Volkswirtschaftslehre, 1951. – *18*
Starbatty, J.: Stabilisierungspolitik im Wechsel zwischen Exekutive, Legislative und organisierten Gruppen, in Schneider / Wittmann / Würgler (Hg.), Stabilisierungspolitik in der Marktwirtschaft, 1975, 581. – *270, 273*
–: Erfolgskontrolle der Globalsteuerung, Konjunkturpolitik unter dem Einfluß der politischen Willensbildung, 1976. – *270, 273*
–: Muß die Deutsche Bundesbank auf dem Devisenmarkt intervenieren? WD 1977, 131. – *253*
Starck, Ch.: Die Bindung des Richters an Gesetz und Verfassung, VVDStRL 1976, 43.
Stein, E.: Vermögenspolitik und Grundrechte, 1974. – *220*
–: Qualifizierte Mitbestimmung unter dem Grundgesetz, 1976.
–: Staatsrecht, 5. Aufl., **1976. — *193***
Stein, L. v.: Gegenwart und Zukunft der Rechts- und Staatswissenschaft Deutschlands, 1876.
Steindorff, E.: Politik des Gesetzes als Auslegungsmaßstab im Wirtschaftsrecht, Festschrift für K. Larenz, 1973, 217. – *46, 178, 181, 188, 237*
–: Gesetzgeberische Möglichkeiten zu verbesserter Durchsetzung des Gesetzes gegen Wettbewerbsbeschränkungen, ZHR 138 (1974), 504.
–: Wirtschaftsordnung und -steuerung durch Privatrecht? Festschrift Ludwig Raiser, 1974, 621. – *237*
–: Kommanditgesellschaft auf Aktien und Mitbestimmung, Festschrift K. Ballerstedt 1975, 127. – *242*
–: Einführung in das Wirtschaftsrecht der Bundesrepublik Deutschland, 1977. – *149, 193, 194, 225, 226*

Steiner, H. J. / D. F. Vagts: Transnational Legal Problems, Materials and Texts, 2. Aufl., 1976. – *280*
Steiner, U.: Öffentliche Verwaltung durch Private, 1975. – *142*
Stern, K.: Das Staatsrecht der Bundesrepublik Deutschland, Bd. I, Grundbegriffe und Grundlagen des Staatsrechts, Strukturprinzipien der Verfassung, 1977. – *200, 201, 203, 247*
Stern / Münch / Hansmeyer: Gesetz zur Förderung der Stabilität und des Wachstums der Wirtschaft, 1972. — *259, 260, 267, 269, 271—274*
Stevens, V. G.: The Determinants of Investment, in Dunning (Hg.) 1975, 47. – *287*
Stobbe, A.: Gesamtwirtschaftliche Theorie, 1975. – *23, 45, 248, 249, 254, 255, 260, 265*
Stohler, J.: Wirtschaftswachstum und Wohlfahrtsstaat, Zeitschrift für Nationalökonomie 24 (1964), 349. – *203*
Stobough, R. B.: The International Transfer of Technology in the Establishment of the Petrochemical Industry in Developing Countries, UNITAR Paper Nr. 12, 1971. – *299*
Stolleis, M.: Öffentliches Interesse als juristisches Problem, Verw.Arch. 65 (1974), 1. – *162*
–: Quellen zur Geschichte des Sozialrechts, 1976. – *66, 68, 103*
Streckel, S.: Die Ruhrkohle-AG, Entstehungsgeschichte und Zulässigkeit, Zugleich ein Beitrag zum Verhältnis von liberalen Freiheitsrechten zum marktbeherrschenden Unternehmen und staatlicher Wirtschaftslenkung, 1973. – *91*
Strömholm, S.: Allgemeine Rechtslehre, 1976. – *134, 180*
Strohn, L.: Die Verfassung der Aktiengesellschaft im faktischen Konzern, 1977. – *243*
Struck, G.: Zur Theorie juristischer Argumentation, 1977. – *125*
Teichmann, U.: Grundriß der Konjunkturpolitik, 1976. – *52, 259–261, 265, 267, 269, 272*
Teubner, G.: Organisationsdemokratie und Verbandsverfassung, Rechtsmodelle für politisch relevante Verbände, 1977. – *75, 204, 244, 245*
–: Verbandsdemokratie durch Recht? Die Diskussion um ein Verbändegesetz in demokratietheoretischer Sicht, Politik und Zeitgeschichte B 8/77, 23. – *76, 88, 204*
Thiele, W.: Einführung in das Wirtschaftsverfassungsrecht, 1970.
Thiemeyer, Th.: Öffentliche Unternehmen, in: Wörterbuch zur politischen Ökonomie, hg. von G. v. Eynern, 1973. – *92*
–: Betriebliche Willensbildung im Dienste sozialer Gruppen – die gemeinwirtschaftlichen Betriebe, in Albach / Sadowski (Hg.) 1976, 229. – *90*
Tichy, G. J.: Konjunkturschwankungen, Theorie, Messung, Prognose, 1976. – *265*
Tietmeyer, H.: Der Einfluß wirtschaftspolitischer Instanzen auf die Willensbildung im Unternehmen, in Albach / Sadowski (Hg.) 1976, 179. – *139, 196, 268*
Tilly, R.: Verkehrs- und Nachrichtenwesen, Handel, Geld-, Kredit- und Versicherungswesen 1850–1914, in: Handbuch der Deutschen Wirtschafts- und Sozialgeschichte, hg. von H. Aubin / W. Zorn, 1976, 563.
Timm, Ch..: Eigentumsgarantie und Zeitablauf, 1977. – *208*
Tinbergen, J.: Wirtschaftspolitik, 1972. – *38, 48, 49*
–: Über die Theorie der Wirtschaftspolitik, in: Gäfgen (Hg.), Grundlagen der Wirtschaftspolitik, 1972, 383. – *33*
Tinbergen, J., u. a.: The Future of the World Economy, UN-Publikation ST/ESA/44, 1976. – *297*
Tomuschat, Ch.: Die neue Weltwirtschaftsordnung, Vereinte Nationen 23 (1975), 93. – *297*
Tonner, K.: Zum Stellenwert des Verbraucherschutzes, Demokratie und Recht, 1975, 119. – *204*
Topitsch, E.: Logik der Sozialwissenschaften, 6. Aufl., 1970.
Touraine, A.: Industriearbeit und Industrieunternehmen, vom beruflichen und technischen System der Arbeit, in: Moderne Technikgeschichte, hg. von Hausen / Rürup, 1975, 291. – *76*
Tuchtfeldt, E.: Gentlemen's Agreements als Instrument der schweizerischen Geldpolitik, Festschrift G. Schmölders, 1968, 135. – *146*
–: Zielbeziehungen in der Wirtschaftspolitik, WiSt 1975, 471. – *47, 49*
Uhlenbruck, D.: Die verfassungsmäßige Unabhängigkeit der Deutschen Bundesbank und ihre Grenzen, 1968. – *259*

ULE, C. H.: Die Bindung der Verwaltungsgerichte an die Immissionswerte der TA Luft, BB 1976, 416. – *152*
ULMER, P.: Abgestimmte Verhaltensweisen im Kartellrecht, 1972. – *237*
–: Wirtschaftslenkung und Vertragserfüllung, AcP 174 (1974), 167. – *105*
–: Fälle und Entscheidungen zum deutschen und europäischen Kartellrecht, 2. Aufl., 1975, 45.
–: Die Anpassung von AG-Satzungen an das Mitbestimmungsgesetz – eine Zwischenbilanz, ZHR 1977, 490. – *242*
–: Der Begriff «Leistungswettbewerb» und seine Bedeutung für die Anwendung von GWB und UWG-Tatbeständen, GRUR 1977, 565. – *225*
–: Schranken zulässigen Wettbewerbs marktbeherrschender Unternehmen, 1977.
ULMER, P. / H. E. BRANDNER / H.-D. HENSEN: Kommentar zum AGB-Gesetz. – *116, 136*
ULRICH, P.: Die Großunternehmung als quasi-öffentliche Institution, 1977. – *242*
Umweltschutz, Das Umweltprogramm der Bundesregierung, 1972. – *131*
UNGER, R. M.: Law in Modern Society, 1976.
UNITED NATIONS: Multinational Corporations in World Development, 1973.
UNITED NATIONS, ECONOMIC AND SOCIAL COUNCIL, COMMISSION ON TRANSNATIONAL CORPORATIONS: Research on Transnational Corporations, Preliminary Report of the Secretariat, UN-Doc. E/C. 10/12, 1976. – *286, 301*
–: Some Aspects of Corporate Accounting and Reporting of Special Interest to Developing Host Countries, Report of the Secretariat, UN-Doc. E/C. 10/AC. 1/4, 1976. – *304*
–: Transnational Corporations: Materials Relevant to the Formulation of a Code of Conduct, UN-Doc. E/C. 10/18, 1977. – *305*
UNITED NATIONS CONFERENCE ON TRADE AND DEVELOPMENT (UNCTAD): Non-Tariff Barriers, Study of the Origins and Operations of International Arrangements Relating to Cotton Textiles, Document TD/20/Supp. 3, 2nd Sess. 1967. – *304*
–: An Integrated Programme for Commodities, UN-Doc. TD/B/C. 1/166. – *298*
–: Liberalization of Non-Tariff-Barriers, Inventory of non-tariff barriers, including quantitative restrictions, applied in developed market economy countries to products of particular export-interest to developing countries, TD/B/C2/115/ Rev. 1, 29. April 1974. – *304*
USCHAKOW, A.: Der Ostmarkt im COMECON, Eine Dokumentation, 1972. – *281*
VAITSOS, C. V.: Considerations on Technological Requirements in Developing Countries with Observations on Technology Licensing Agreements, UNIDO-Publikation 1972. – *300*
–: Patents Revisited: Their Function in Developing Countries, The Journal of Development Studies, Special Issue on Science and Technology in Development 9 (1972), 71. – *299*
VEIT, O.: Grundriß der Währungspolitik, 3. Aufl., 1969. – *247, 249, 250*
VERLAGE, H. C.: Transfer Pricing for Multinational Enterprises, 1975. – *287*
VERNON, R.: Sovereignty at Bay, 1971. – *77*
– (Hg.): The Technology Factor in International Trade. A Conference of the Universities – National Bureau Committee for Economic Research, 1970. – *293*
– (Hg.): Big Business and the State, Changing relations in Western Europe, 1974.
VETTER, H. O. (Hg.): Mitbestimmung, Wirtschaftsordnung, Grundgesetz, Protokoll der wissenschaftlichen Konferenz des DGB vom 1.–3. 10. 1957 in Frankfurt/M., 1976. – *109*
VIETS, B.: Rechtsprechungsänderung und Vertrauensschutz, 1976.
VOLLMER, L.: Die Entwicklung partnerschaftlicher Unternehmensverfassungen, 1976. – *220, 221*
WÄLDE, TH.: Juristische Folgenorientierung, 1978. – *173*
–: Der Verhaltenskodex für transnationale Unternehmen: Vorreiter für ein Weltwirtschaftsrecht, RIW/AWD 1978, 285. — *305*
WAGNER, A.: Verwaltete Währung, Krise und Reform des internationalen Währungssystems unter besonderer Berücksichtigung der Entwicklungsländer, 1977. – *302*
WALLACE JR., D.: International Regulation of Multinational Corporations, 1976.

WALTER, I.: How Trade Policy is Made: A Politico-Economic Decision System, in R. Hawkins / I. Walter, The United States and International Markets, 1972, 235. – *277*
WANG, J.-H.: Die Konferenz der Vereinten Nationen über Handel und Entwicklung (UNCTAD) als neuer Faktor in der internationalen Organisation des Welthandels, 1970.
WANG, N. T.: The International Community and Transnational Corporations, in Sauvant/ Lavipour (Hg.) 1976, 215. – *305*
–: The Design of International Standards of Accounting and Reporting for Transnational Corporations, The Journal of International Law and Economics 2 (1977), No. 3, 447. – *304*
WEBER, A.: Die neue Weltwirtschaftsordnung: die Ergebnisse der 7. Sondergeneralversammlung der Vereinten Nationen, RIW/AWD 1977, 21. – *297*
WEBER, M.: Wirtschaft und Gesellschaft, 1922. – *59, 74*
–: Wirtschaftsgeschichte – Abriß der universalen Sozial- und Wirtschaftsgeschichte, 1958.
–: Rechtssoziologie, 1960.
WEBER, W. (Hg.): Konjunktur- und Beschäftigungstheorie, 1967. – *265*
WEHLER, H.-U.: Das deutsche Kaiserreich 1871–1918, 2. Aufl., 1975. – *63, 66, 74, 86*
– (Hg.): Moderne Deutsche Sozialgeschichte, 2. Aufl., 1968. – *64*
WEIZSÄCKER, C. CH. v.: Politische Grenzen der Globalsteuerung und ihre wirtschaftspolitischen Konsequenzen, in Schneider / Wittmann / Würgler (Hg.) 1975, 1469. – *270*
WERNER, H.: Die Kontrolle internationaler Kapitalbewegungen, 1976. – *289*
WESTERMANN, H.: Zulässigkeit und Folgen einer Aufspaltung des Bodeneigentums in Verfügungs- und Nutzungseigentum, 1974. – *208*
WESTERMANN, H. P.: Strukturprobleme des Gesellschaftsrechts in rechtsvergleichender Sicht, Zeitschrift für vergleichende Rechtswissenschaft 73 (1973), 176.
–: Kautelarjurisprudenz, Rechtsprechung und Gesetzgebung im Spannungsfeld zwischen Gesellschafts- und Wirtschaftsrecht, AcP 175 (1975), 375. – *136*
–: Zum Verhalten des Großaktionärs bei Umtauschangeboten gemäß § 305 AktG, 1976. – *138*
WEYERS, H.-L.: Unfallschäden – Praxis und Ziele von Haftpflicht- und Vorsorgesystemen, 1971. – *189*
WIEACKER, F.: Privatrechtsgeschichte der Neuzeit unter besonderer Berücksichtigung der deutschen Entwicklung, 2. Aufl., 1967.
–: Industriegesellschaft und Privatrechtsordnung, 1974.
WIEDEMANN, H.: Der Anlegerschutz im deutschen Gesellschaftsrecht, BB 1975, 1591. – *226*
–: Grundfragen der Unternehmensverfassung, ZGR 3 (1975), 385. – *107, 108*
–: Die Auslegung von Satzungen und Gesellschaftsverträgen, DNotZ, Sonderheft 1977, 99. – *136, 175*
–: Das Mitbestimmungsgesetz zwischen Gesellschafts-, Arbeits- und Unternehmensrecht, ZGR 6 (1977), 160. – *242*
WIEDEMANN, H. / U. A. STUMPF: Tarifvertragsgesetz, Kommentar, 1977. – *137, 140*
WIETHÖLTER, R.: Interessen und Organisation der Aktiengesellschaft im amerikanischen und deutschen Recht, 1961. – *73, 74, 110*
–: Die Position des Wirtschaftsrechts im sozialen Rechtsstaat, Festschrift Franz Böhm, 1965, 41. – *55*
–: Rechtswissenschaft, unter Mitarbeit von R. Bernhardt und E. Denninger, 1968. – *123*
–: Bürgerliches Recht; Wirtschaftsrecht, in: Handlexikon zur Rechtswissenschaft, hg. von A. Görlitz 1972/1974. – *96, 149, 172, 179*
–: Privatrecht als Gesellschaftstheorie? Festschrift für Ludwig Raiser, 1974, 645. – *96*
WILSON, J. S. G. / C. F. SCHEFFER: Multinational Enterprises – Financial and Monetary Aspects, 1974. – *295*
WINDSCHEID, B.: Die Aufgaben der Rechtswissenschaft (Leipziger Rektoratsrede) 1884 in: Gesammelte Reden und Abhandlungen, 1904, 100. – *68*
–: Lehrbuch des Pandektenrechts, 6. Aufl., bearb. v. Kipp, Bd. 1, 1906. – *103*
WINKEL, H.: Die Volkswirtschaftslehre der neueren Zeit, 1973.

WINKLER, H. A. (Hg.): Organisierter Kapitalismus, Voraussetzungen und Anfänge, 1974. – *66*
WINTER, H.: Institutionalisierung, Methoden und Umfang der Integration im RGW, 1976. – *281*
–: Wirtschafts- und Außenwirtschaftsrecht für Ökonomen, Berlin (Ost) 1977.
WISSENSCHAFTLICHER BEIRAT BEIM BUNDESWIRTSCHAFTSMINISTERIUM FÜR WIRTSCHAFT: Gutachten vom 3. Juni und 8. Juli 1956 über «Instrumente der Konjunkturpolitik und ihre rechtliche Institutionalisierung» in: Bundeswirtschaftsministerium (Hg.), Gutachten, 4. Bd., 1957, 34. – *267*
–: Indexierung wirtschaftlich relevanter Größen, Bulletin des Presse- und Informationsamtes der Bundesregierung, Bonn, 13. 8. 1975. – *263*
–: Kosten und Preise öffentlicher Unternehmen, Stellungnahme des . . , Bulletin des Presse- und Informationsamtes der Bundesregierung, 8. 1. 1976, 36.
WOLF, M.: Normsetzung durch private Institutionen, JZ 1973, 229. – *140*
–: Vertragsrecht und Sozialwissenschaften, in: Sozialwissenschaften im Studium des Rechts, Bd. 1: Zivil- und Wirtschaftsrecht, hg. von N. Horn und R. Tietz, 1977, 4. – *113*
WOLFF, J. (Hg.): Wirtschaftspolitik in der Umweltkrise, 1974. – *267*
WOLFF, H.-J. / O. BACHOF: Verwaltungsrecht I, 9. Aufl., 1974. – *148*
WOLL, A.: Die Renaissance der Quantitätstheorie, 1974. – *256*
–: Allgemeine Volkswirtschaftslehre, 5. Aufl., 1976. – *18, 19, 23*
WOLL, A. / G. VOGL: Geldpolitik, 1976. – *248*
WRONKA, G.: Verbraucherverbände und Schadensersatzklage, WRP 1975, 561. – *224*
ZACHER, H. F.: Aufgaben einer Theorie der Wirtschaftsverfassung, Festschrift Franz Böhm, 1965, 63. – *96*
–: Bericht über das in der Bundesrepublik Deutschland geltende Wirtschaftsrecht, in: Studien der Kommission der Europäischen Gemeinschaften, Reihe Wettbewerb – Rechtsangleichung – Bd. 1, 1973. – *81, 89, 91, 169, 191, 193, 216*
–: Staat und Gewerkschaften, 1977. – *169*
ZAHN, P.: Die Philips-Relationen für Deutschland, 1973. – *260*
ZEPPERNICK, R.: Staat und Einkommensverteilung, 1976. – *212*
ZINN, K. G.: Allgemeine Wirtschaftspolitik als Grundlegung einer kritischen Ökonomie, 2. Aufl., 1974. – *36, 38, 48*
–: Konjunkturlehre für Praktiker, 4. Aufl., 1977. – *263, 265, 272*
ZITSCHER, W.: Der verständige Betrachter als Rechtsquelle – Wege und Grenzen richterlicher Erkenntnisse im Arbeitsrecht, AuR 1977, 65. – *161*
ZITZMANN, G.: Die förderungsbedürftigen Gebiete und Fremdenverkehrsgebiete nach dem Investitionszulagengesetz, BB 1976, 1509. – *150, 151*
–: Neue Verwaltungsregelung zur Gewährung von Investitionszulagen, BB 1977, 680. – *150, 151*
ZÖLLNER, W.: Arbeitsrecht, 1977. – *140*
–: Recht und Politik, Zur politischen Dimension der Rechtsanwendung, Festschrift zum 500jährigen Bestehen der Tübinger Juristenfakultät, 1977, 131. – *172, 173*
–: Zur aktienrechtlichen Unternehmenseigenschaft der Bundesrepublik Deutschland, AG 1978, 40.
ZÖPEL, CH.: Ökonomie und Recht, Ein wissenschaftshistorischer Beitrag zum Verhältnis von Wirtschafts- und Rechtswissenschaften, 1974.
ZWEIGERT, K. / H. KÖTZ: Einführung in die Rechtsvergleichung auf dem Gebiete des Privatrechts, Bd. 2: Institutionen, 1969. – *117*

Register

GPSR Compliance

The European Union's (EU) General Product Safety Regulation (GPSR) is a set of rules that requires consumer products to be safe and our obligations to ensure this.

If you have any concerns about our products, you can contact us on ProductSafety@springernature.com

In case Publisher is established outside the EU, the EU authorized representative is:

Springer Nature Customer Service Center GmbH
Europaplatz 3
69115 Heidelberg, Germany

Batch number: 10809464

Printed by Printforce, the Netherlands